参議院事務局編

戦争放棄編

復刻版

分類帝国憲法改正審議録

新日本法規出版株式会社刊

分類帝國憲法改正審議録　復刻にあたって

元内閣法制局長官　大森政輔

本書は、昭和二十七年に講和記念出版として新日本法規出版株式会社により発刊されましたが、今般、同社の創立七十周年記念出版として復刻されました。

日本国憲法は、平成二十九年五月三日をもって施行七十周年を迎えましたが、折りから衆・参両議院の各憲法審査会においては、憲法の改正に関する問題点の調査検討が行われています。

本書が発刊された当初においては、それは、「日本国憲法の逐条解説書として、最も権威あるものであり、また最も綜合的な、かつ最も懇切な註釈書」（内閣総理大臣　吉田茂の序文）とされました。

ところが、過去七十年間には、憲法第九条との関係でも、我が国をめぐる内外情勢に大きな変化が生じました。昭和二十五年の朝鮮動乱を契機として創設された警察予備隊に始まり昭和二十九年の自衛隊の創設、昭和三十一年の国際連合への加盟、昭和三十五年の新安保条約の締結、平成二年の湾岸危機・湾岸戦争に際する多国籍軍への後方支援などがあります。さらに、昭和三十年以降のいわゆる五十五年体制下の国会論議では、集団的自衛権は憲法第

九条に違反する典型的問題とされてきました。

このような帝国憲法改正審議時以後に発生した諸問題については、日本国憲法に照らして解決するためには、第九条の「解釈」を経なければなりません。

一般に、憲法を始めとする法令の解釈は、その法令の規定の文言、趣旨等に則しつつ、立案者の意図や立案の背景となる社会情勢等を考慮し、また、議論の積み重ねのあるものについては、全体の整合性を保つことにも留意して、論理的に確定されるべきものとされています。

今般、復刻された「分類帝國憲法改正審議録」は、帝国憲法改正案に関する議員の質疑に対し、政府がその所信や見解を述べたもので、ここにいう「立案者の意図」や「立案の背景となる社会情勢」を知るうえで、必要不可欠の重要資料であります。

加えて、本書を熟読しますと、質問の趣旨を縷々説明する議員も、また、立案の意図を懇切に説明する政府の要人も、再び戦争の惨禍を受けることのないよう、日本国憲法の基調たる民主主義と平和主義を擁護し、それにより得られる恵沢を国民等しく享受することができるよう、心に秘めた願望が言葉の端々に感じられ、これこそが歴史的資料としての本書の価値を高めるものといえます。

平成二十九年十月

復刻版の刊行に当たって

元参議院法制局長　大島稔彦

本書は、昭和二十七年十月に発行された「分類帝國憲法改正審議録　戦争放棄編」の復刻版である。これは言うまでもなく、日本国憲法の制定についての帝国議会の審議録であり、衆議院及び貴族院の速記録のうちから戦争放棄に関する部分を参議院事務局が抽出・編集したものである。その編集方針は「編纂について」に詳しいが、議論の内容に応じて分類し、発言の要旨及び詳細な目次を付しているところに特色がある。

その刊行の目的及び意義は、本書に掲載された各氏の「序」から十分に伺えるところであり、その趣旨は憲法施行七十年となった現在においてもなお生き続けているといえよう。憲法をめぐる論議、及び改正論議は、これまでも、昭和三十一年から三十九年にかけて内閣に置かれた憲法調査会、衆議院及び参議院に平成十二年に置かれた憲法調査会、その後継で平成十九年に置かれた憲法審査会といった国の機関を始めとして、さまざまな面で行われてきているが、その過程において制定時の論議は必ずといってよいほどに参照され、かつ議論の対象となってきた。なかんずく、最大の焦点と言ってもよい憲法第九条をめぐる論議は、最近の安全保障法制の立法においても注目を集めたところであり、この論議を実のあるものと

するには、まずもって制定時の論議を再検討し、これを超えることが求められよう。
このような要請にもっとも適切な情報を提供する資料の一つが本書であろう。本書は、新日本法規出版の創立七十周年を記念して復刻されることになったものであるが、奇しくも今年は参議院開設七十周年にもあたり、憲法施行七十年を期しての時宜を得た復刻版の刊行を喜びたい。

平成二十九年十月

参議院事務局編

戦争放棄編

分類帝國憲法改正審議録

新日本法規出版株式会社刊

題簽

内閣総理大臣　吉田　茂

軍備全廃の決意

元内閣総理大臣
元衆議院議長
幣原喜重郎

あゝ八月十五日

戦後の混とんたる世相の中で、私の内閣の仕事は山ほどあつた。中でも一番重要なものは新しい憲法を起草することであつた。そしてその憲法の主眼は、世界に例のない戦争放棄、軍備全廃ということで、日本を再建するにはどうしてもこれで行かなければならんという堅い決心であつた。

これより前、私は長い浪人生活をしていて、あまり用事がないので、よく日本クラブへ出かけた。ちようど昭和二十年八月十五日の終戦の日の朝も行つていた。すると事務員がやつて来て、今日正午に陛下の玉音放送がありますという。私は前もつてポツダム宣言受諾の事など聞いていなかつたので、何の放送ですかと訊くと、それは判りませんが、とにかくそういう予定だそうですという。二階の図書室に備付の受信機の側へ行くと、もう沢山の人が集まつている。時報が終ると、放送局のアナウンサーはこれより玉音の放送ですと告げた。一同期せずして起立した。この放送で、無条件降伏ということが判つて、みな色を失つた。放送が済んでも、默つて立つていて、一言も発する者がない。隅の方に女の事務員が三、四人立つていたが、それがわあっと泣き出した。それで沈默が破られ、みなハンケチを取り出して眼を拭いた。それは実に一生忘れられない、深い〳〵感動であつた。

聞け野人の声

もうクラブなどに居る気がしない、心中おう〳〵として楽まない。家へ帰ろうと、クラブを出て電車に乗つた。そしてその電車の中で、私は再び非常な感激の場面に出逢つたのであつた。それは乗客の中に、三十代ぐらいの元気のいゝ男がいて、大きな声で、向側の乗客を呼びこう叫んだのである。

「一たい君は、こうまで、日本が追いつめられたのを知つていたのか。なぜ戦争をしなければならなかつたのか。おれは政府の発表したものを熱心に読んだが、なぜこんな大きな戦争をしなければならなかつたのか、ちつとも判らない。戦争は勝つた〳〵で、敵をひどく叩きつけたとばかり思つていると、何だ、無条件降伏じやないか。足も腰も立たぬほど負けたんじやないか。おれたちは知らん間に戦争に引入れられて、知らん間に降参する。自分は目隠しをされて屠殺場に追込まれる牛のような目に逢わされたのである。怪しからんのはわれわれを騙し討ちにした当局の連中だ」

と、盛んに怒鳴つていたが、しまいにはオイ〳〵泣き出した。車内の群集もこれに呼応して、そうだ〳〵といつてワイ〳〵騒ぐ。

私はこの光景を見て、深く心を打たれた。彼らのいうことはもつとも至極だと思つた。彼らの憤慨するのも無理はない。戦争はしても、それは国民全体の同意も納得も得ていない。国民は何も知らずに踊らされ、自分が戦争をしているのでなくて、軍人だけが戦争をしている。それをまるで芝居でも見るように、昨日も勝つた、今日も勝つたと、面白半分に眺めていた。そういう精神分裂の揚句、今日惨たんたる破滅の淵に突き落されたのである。もちろんわれ〳〵はこの苦難を克復して、日本の国家を再興しなければならんが、それにつけてもわれ〳〵の子孫をして、再びこのような、自らの意思でもない戦争の悲惨事を味わしめぬよう、

政治の組立から改めなければならぬということを、私はその時深く感じたのであつた。

日露戦争の時、私は外務省の役人をしていて、よく当時の実際を知つているが、あの時は本当に国民が政府と一緒に、あるいは軍隊と一緒に、戦争をしているという気持になつていた。その有様というものは、まあ日夜提灯行列とか、旗行列とかいうものが、何千人も外務省へやつて来て、万歳々々といつて騒いだものだ。夜になると私らの任務の一つは、玄関のところまで出て、その一行に応答することであつた。その人たちの顔を見ると、みな満面に感動と喜悦とをたたえて、その事が自分らの已むに已まれぬ仕事のように見えた。ところが今度は違う。みな黙つている。こんどの戦争では、そんな行列が外務省へやつて来なかつたと思う。それだけ国民の気持が違う。

軍備全廃の決意

私は図らずも内閣組織を命ぜられ、総理の職に就いたとき、すぐに私の頭に浮んだのは、あの電車の中の光景であつた。これは何とかしてあの野に叫ぶ国民の意思を実現すべく努めなくちやいかんと、堅く決心したのであつた。それで憲法の中に、未来永ごうそのような戦争をしないようにし、政治のやり方を変えることにした。つまり戦争を放棄し、軍備を全廃して、どこまでも民主主義に徹しなければならんということは、外の人は知らんが、私だけに関する限り、前に述べた信念からであつた。それは一種の魔力とでもいうか、見えざる力が私の頭を支配したのであつた。よくアメリカの人が日本へやつて来て、こんどの新憲法というものは、日本人の意思に反して、総司令部の方から迫られたんじやありませんかと聞かれるのだが、それは私の関する限りそうじやない、決して誰からも強いられたんじやないのである。

軍備に関しては、日本の立場からいえば、少しばかりの軍隊を持つことは、ほとんど意味がないのである。

将校の任に当つてみれば幾らかでもその任務を効果的のものにしたいと考えるのは、それは当然の事であろう。外国と戦争をすれば必ず負けるに決まつているような劣弱な軍隊ならば、誰だつて真面目に軍人となつて身命を賭するような気にはならん。それでだんだんと深入りして、立派な軍隊を拵えようとする。戦争の主な原因はそこにある。中途半端な、役にも立たない軍備を持つよりも、むしろ積極的に軍備を全廃し、戦争を放棄してしもうのが、一番確実な方法だと思うのである。

も一つ、私の考えたことは、軍備などよりも強力なものは、国民の一致協力ということである。武器を持たない国民でも、それが一団となつて精神的に結束すれば、軍隊よりも強いのである。例えば現在マッカーサー元帥の占領軍が占領政策を行つている。日本の国民がそれに協力しようと努めているから、政治、経済、その他すべてが円滑に取り行われているのである。しかしもし国民すべてが彼らと協力しないという気持になつたら、果してどうなるか。占領軍としては、不協力者を捕えて、占領政策違反として、これを殺すことが出来る。しかし八千万人という人間を全部殺すことは、何としたつて出来ない。数が物を言う。事実上不可能である。だから国民各自が、一つの信念、自分は正しいという気持で進むならば、徒手空拳でも恐れることはないのだ。暴漢が来て私の手をねじつて、おれに従えといつても、嫌だといつて従わなければ、最後の手段は殺すばかりである。だから日本の生きる道は、軍備よりも何よりも、正義の本道を辿つて、天下の公論に訴える、これ以外にはないと思う。

あるイギリス人の書いた「コンディションズ・オブ・ピース」(講和条件)という本を私は読んだことがあるが、その中にこういうことが書いてあつた。第一次世界大戦の際、イギリスの兵隊がドイツに侵入した。その時のやり方からして、その著者は、向うが本当の非協力主義というものでやつて来たら、何も出来るも

のじやないという真理を悟つた。それを司令官にいつたということである。私はこれを読んで深く感じたのであるが、日本においても、生きるか殺されるかという問題になると、今の戦争のやり方で行けば、たとえ兵隊を持つていても、殺されるときは殺される。しかも多くの武力を持つことは、財政を破綻させ、従つてわれ〳〵は飯が食えなくなるのであるから、むしろ手に一兵をも持たない方が、かえつて安心だということになるのである。日本の行く道はこの外にない。僅かばかりの兵隊を持つよりも、むしろ軍備を全廃すべきだという不動の信念に、私は達したのである。

難航した憲法の起草

いよ〳〵憲法草案の審議に取りかかると、ある規定のごときは少し進み過ぎて、世の非難を受けるだろうという多少の心配もあつた。起草に関係した人たちは二晩も徹夜したことがあり、相当難航を続けたこともあり、戦争の放棄ということもその一つであつた。また憲法草案については、その文句だとか、書き方など、専門的の問題については、起草関係者が総司令部と連絡しておつたが、これも相当議論があつた。

新憲法において、天皇は日本の象徴であるといつて、「象徴」という字を用いた。私もこれはすこぶる適切な言葉だと思つた。象徴ということは、イギリスのスタチュート・オブ・ウエストミンスターという法律、これは連邦制度になつてからだから、そう古い法律じやない。その法律の中に、キングは英連邦（ブリティッシュ・コンモンウエルス・オブ・ネーションズ）すなわちカナダやオーストラリアや南アフリカなどの国の主権の象徴（シンボル）であると書いてある。それから得たヒントであつた。

（幣原喜重郎著『外交五十年』より）

編者註　幣原氏のこの稿と共に、入江俊郎氏が、『時の法令』(五一号、昭二七、三、一三)に寄せられた『幣原さんと戦争放棄』を併せ読まれたい。入江氏は、総司令部の『日本の新憲法』(国家学会雑誌六五巻一号、昭二六、六)、マーク・ゲインの『ニッポン日記』、および、昨年五月上院軍事外交合同委員会席上、マックアーサー元帥が試みた証言等を引用して、日本国憲法の戦争放棄について、そのイニシアティヴを取つたのは、幣原氏かマ元帥かを問題とされ、「既に幣原さんもなくなられてしまつて、その間の事情をきき質すすべも失われた。」となし、「少しばかり想像の翼を拡げ」て、「マックアーサー元帥は、幣原さんと会談中、よく幣原さんの真意をつかみ、おそらくは百万の味方を得たごとく感じ、自信をもつて、戦争放棄の条項を総司令部側より日本側に提出すべき参考草案の中に盛りこむことを部下に求めたのではなかろうか。」といつておられる。この想像は当らずと雖も遠からざるものと思われるのであるが、しかし、幣原氏に、「その間の事情をきき質すすべも失われた」のではない。幣原氏は幸いにして、「その間の事情」を立派に書いて遺しておかれたのである。それが、即ち、この稿である。また、最近、わが国でも問題になつた、マーク・ゲインの『ニッポン日記』によれば、「アメリカ製日本憲法」などといつているが、幣原氏のこの稿を見れば、それが全く皮相の見に過ぎないことがわかる。この稿を本書に転載した所以である。

なお、総司令部民政局の報告書および上院軍事外交合同委員会におけるマックアーサー元帥の証言については、本書附録七および八を参照せられたい。

序

内閣総理大臣　吉田茂

帝国憲法改正案の審議に当つた第九十回帝国議会における貴衆両院の本会議および特別委員会の議事速記録の学問的価値については、今更ここにことあげするまでもない。

それは、単にわが国史ないし政治史上の歴史的文献たるにとどまるものではなく、日本国憲法の逐条解説書として、最も権威あるものであり、また最も綜合的な、かつ最も懇切な註釈書ともいうべきであろう。ただ何分にもそれがあまりに尨大なものでで発行部数も非常に限定されていたものであるから、これを繙読する機会をもつことは、一般国民にとつては、極めて困難であつた。

今般参議院事務局においてこれら速記録の全部を、合理的に分類し、詳細な目次と索引を附し、ここにその刊行を見るに至つたことは、新生日本のためにまことに喜びに堪えない。

本書は、伊藤公の憲法義解にも比すべきものであり、日本国憲法義解ともいうべきものではあるが、しかし、かくいうは、決してこれをもつて永遠に日本国憲法の解釈を公定し、これ以外の解釈を許さないということを意味するのではない。憲法義解の序文において、伊藤公は特に、「名つけて義解と謂ふ。敢て大典の註疏と為すにあらず、聊備考の一に充てむことを冀ふのみ。若夫貫穿疏通して、類を推し、義を衍ずるに至つては、之を後人に望むことあり。而して博文の敢て企つる所に非ざるなり。」といい、その版権を国家学会に寄附して、わが国憲法学ないし公法学の興隆に資せられたのである。本書の刊行に際し、私は当時の内閣総理大臣として、ここに伊藤公のこの言葉を繰返し強調して置きたいと思う。本書はつとに世に出ずべくして、いまだ世に出ることのなかつたものである。今回、講和記念出版として、その刊行を見るに至つたことは、まことに時宜を得たものであつて、衷心よろこびに堪えない。すなわち、そのよろこびを述べて序とする次第である。

昭和二十六年十一月十九日　講和条約批准の日

序

参議院議長　佐藤尚武

日本国憲法は、国の最高法規であつて、国政運用の最高規範であると同時に、また新しい教育の淵源であり、日本国民の実践要領である。日本国民は、主権が国民に存することを宣言して自ら確立した憲法の前文において、政府の行為によつて再び戦争の惨禍が起ることのないやうにすることを決意し、国家の名誉にかけ、全力をあげて、その崇高な理想と目的を達成することを誓つているのである。然らば、日本国憲法制定の経緯と精神とを具さに体得すべきことは、国民一般の責務であり、喫緊の要務といわなければならない。況んや、待望の講和がいよいよ成立し、祖国の自主独立を回復した暁においては、従来の如く、わが国政に対する外国の指導と監督はなくなり、わが国政の当否については結局、主権者たる国民自身においてその責任に任じなければならないのである。思うてここに至れば、日本国民の責務たるや、まことに重且つ大なりといわねばならない。

この責務を完全に遂行して日本国憲法の基調たる民主主義と平和主義とを擁護し文化の恵沢に浴するためには、結局、日本国憲法の精神を体得し、これを実現して行くのほかはない。而して、憲法の精神を体得するには、帝国憲法の改正、即ち日本国憲法制定の任に当つた第九十回帝国議会における貴衆両院の本会議および委員会議事速記録を熟読するに如くはない。この速記録は、わが国における一切の憲法学説ないし社会諸思想の集大成であつて、最も公正妥当なる日本国憲法義解ともいうべきものであり、日本国民必読の文献であるばかりでなく、同時に、現代日本を研究しようとする諸外国の学者や識者にとつてもまた好個の指針たるべきものであることを信じて疑わない。ただ、この速記録は極小範囲に限つて頒布されたものであり、且つ何分にも厖大なものであるために、一般国民にとつては、これを繙読するの機会を得難いばかりでなく、たとえその機会を得ても、迅速、的確に各条章の精神を会得することができない。さればといつて、これを合理的に分類し、詳細なる目次と厳密なる索引等を附してこれを刊行するは、固より至難の業に属する。然るに、本院事務局資料課が課員諸君の協力によつてよくこの困難なる事業を成就

この貴重なる文献全十篇の刊行を企画し、今回「戦争放棄編」の上梓を見るに至つたことは、まことに時宜を得たるものであつて、時節柄政界、官界ないし学界を稗益すること多大なるものあるべきことを信じて疑わない。ここに市川資料課長以下課員諸君の労を深く多とすると共に、この犠牲的大出版を敢行された新日本法規出版株式会社河合社長を初め各重役並びに北村企画部長の熱意に対して深く敬意を表するものである。わたくしは、本書が専門の学者、政治家、法曹界、教育家、実際家等の間において広く活用されるに止まらず、全国各市町村に少くとも一部づつは本書が普及して、この際日本国憲法制定の経緯と精神とが、遍く津々浦々にまで徹底するに至らんことを祈念してやまない。平素の所懐の一端を述べて序とする。

昭和二十六年十月下浣

序

元貴族院議長　徳川家正

日本国憲法は再建日本の在り方を規定した国の最高法規であり、民主的・平和的・文化的日本建設の指標である。日本国民はひとしく国家の名誉にかけ、全力をあげてこの憲法の崇高な理想と目的とを達成することを誓っているのである。国の象徴であり、国民統合の象徴たる天皇は申すに及ばず、国務大臣・国会議員・裁判官・その他の公務員は、おのおのこの憲法を尊重し擁護する義務を負うものであることはもちろんである。

然らば、帝国憲法改正の意義と日本国憲法の精神とを知悉し体得すべきことは、国民主権の原理に立つ日本国憲法下の日本国民たるものの当然の責務でなければならない。

帝国憲法改正の意義と日本国憲法の精神とを会得し、把握するには、この日本国憲法を制定するに至つた第九十回帝国議会議事の記録を具さに心読するに如くはな

い。ただ一口に、第九十回議会議事録といつても、それは貴衆両院の本会議および両院の特別委員会の議事速記録より成り、非常に浩瀚なものであるばかりでなく、現在では既に稀覯に属し、少数の議会関係者を除くの外は、これを繙読するの機会を得ることは殆んど不可能であるといつても過言ではない。

参議院事務局資料課の諸君が、資料課長の指導と監修の下に、これを最も読み易く、利用し易いように分類整理し、全十篇として刊行されるに至つたことは、この貴重な資料に新たに生命を注入し、蘇活せしめたものであり、憲法精神の普及と祖国の再建に寄与するところ多大なるものあるべきことは私の信じて疑わない所である。

顧うに戦後今日に至るまでのわが国の立法ないし行政は、すべて連合軍最高司令官の指導と監督の下にあつたのである。けれども、今回締結された平和条約がいよいよその効力を発生するに至れば、もはや連合軍の指導や監督を受けることはできない。またいつまでもその指導と監督を必要とするようであつてはならないのである。かくして、わが国が、主権の自主独立を回復するに至れば、わが国運と民命とについては、主権者たる国民自身において、大いに覚悟を新たにして、専らその責

に任じなければならないのである。

講和記念出版として、今回刊行された本書は、日本国憲法下における日本国政の指針として、国民の誰もが一度は必ず読まなければならないものである。況んや、国会並に地方議会の議員各位、および中央ないし地方の公務員各位に対しては、私は新憲法下におけるその地位と職責の重要性とに鑑み、可なるべく本書を座右に備えられるよう、特にこれを推奨いたしたいと思う。

ここに編纂者各位の労を多とし、所懐の一端を述べて序言とする次第である。

昭和二十六年十一月　勤労感謝の日

序

法務総裁 大橋武夫

第九十回帝国議会における貴衆両院の本会議及び特別委員会の議事録が、新憲法制定の精神と新憲法の条規に関する政府の見解を知る上に好個の資料であることは、今さら多言を要しない。殊に、わたくしは、内閣において法務を掌る最高の責任者として、機会あるごとにこの議事録をひもどき、憲法の理解に資してきたものである。それにつけても、この貴重にして同時に尨大多岐にわたる記録を体系的に整序し、もつて国民の誰しもが容易に理解し、繙読し得るような記録として広く一般に刊行されることは、わたくしの心ひそかに期待しているところであつた。ところが、今回はからずも、参議院事務局資料課において、この困難な事業に着手され、並々ならぬ労苦を重ねた上、この挙を完成され、本書の刊行をみるに至つたことは、憲法普及に志を同じくする者として、まことに慶賀に堪えない次第である。

いうまでもなく、この審議録は、第九十回帝国議会における貴衆両院の帝国憲法

改正案に関する議員の質疑に対して、政府がその所信、見解を述べた記録である。いいかえれば、右の審議に際し、現行日本国憲法に関して政府のとつた解釈をなまのままに示したものであり、この意味で、本書は、現行憲法に対する立案者の見解を知る上に重要な資料となるものである。

もつとも、およそ成文法の解釈は、第一次的には各条文の表現するところに即して客観的合理的になされるべきであつて、立案者の見解、立法の経緯等によつて直ちに支配されるべきものではない。従つて、この審議録に述べられている見解が、憲法の解釈を公に確定したものと見ることは行き過ぎであるが、本書があだかも明治憲法における伊藤博文公の憲法義解にも比すべき大なる権威をもつものであることはこれまたいうを待たないところである。

日本国憲法の施行後、日を経るに従つて、憲法の解釈について多くの新しい問題を生じ、種々の疑問が生まれてくることは、われわれの身をもつて知るところであるが、これらの問題を解決するについて、本書はその最も有力なる参考文献として、測り知れない知識と資料を提供するであろう。今や平和条約の調印成り、わが

国が独立を回復するのも間近い今日、国民一般が、わが憲法に対する認識を新たにすべきときにあたつて本書が刊行されるに至つたことは、まことに御同慶に堪えないところである。

ここに、感想を記して、序に代える次第である。

昭和二十六年十一月

序

参議院事務総長　近藤英明

終戦後の第九十回帝国議会において、帝国憲法改正の形で日本国憲法制定の審議が行われるに当り、戦後日本の進むべき方向とその理念とを明らかにするために、きわめて真剣な論議が行われた。

その審議の内容は、当時の帝国議会貴衆両院の速記録に収録されているところであるが、何ぶんにも大部なものであり、また内容も多岐にわたるものであるから、きわめて貴重な資料であるにかかわらず、その利用上いろいろの不便があり、殊に何か調査をしたい事項があつても、それに関連のある論議の部分を探し求めることは、容易なことでない。

そこで、折角のこの貴重な資料を手軽に利用できるように、整理分類を行い、目次、索引を附する仕事が必要になつて来るのである。この仕事は必要なことである

が、またなかなか容易ならぬ面倒な仕事でもある。幸いに参議院資料課の諸君が、課長市川正義君を中心として、多忙な日常の余暇を利用して、この困難な仕事を成し遂げたのである。今後、これによつて当時の憲法審議の貴重な資料を、手軽に、しかも有効精確に利用ができるようになつたことは、まことに喜ばしいことである。さらにはまた、近時、世上に憲法改正の論議のある際に、立法当時の資料を精確に認識することの必要が生ずる場合もあろうことは当然である。かかる機会に、この仕事が完成を見て、世の研究家に相当の便益を供し得ることは、意義まことに深いものがある。

こゝに関係者各位の労を多とし、かつ、一般研究家の参考に資するところ多大を、冀つてやまぬものである。

昭和二十六年仲秋

序

参議院法制局長 [signature]

敗戦の結果わが祖国は経済上、精神上、悲惨な状態に投げ込まれたのであるが、唯一つ宝玉の如き貴重な財産を取得した。それは新しい日本国憲法そのものである。旧来の帝国主義、財閥、貴族その他総べての封建的制度を完全に払拭し、外は、平和を愛する諸国民の公正と信義に信頼して、安全と生存を保持せんため戦争を放棄し戦力と交戦権を否定し、ひたすら国際平和を希求し、内は主権の国民にあることを宣言し、国政は国民の信託により、その代表者がこれを行使し、その福利は国民が享受するものであることを明かにし、特に国民の基本的人権は、個人の尊厳と法の下における平等の原理に基き最も厚くこれを保障し、自由、平和及び正義を基調とする人類普遍の理想を現わした不朽の法典である。われわれは永久にこの憲法を尊重し、擁護し、その理想を実現して、以て世界の平和と人類の福祉に貢献せねばならない。

しかしあらゆる法がそうであるように、この憲法も亦正しい認識と理解と運用があつてこそ真の理想が実現されるものである。そこで新憲法の制定の経過並びに審議の詳細を究明して、その精神と理論を正確に把握することが先づ第一の仕事である。

この意味において今回市川君の企画と監修によるところの本書が刊行されたことは、極めて深い意義があると思う。本書は先づ第一に帝国憲法改正案の審議に当つた第九十回帝国議会における貴衆両院の本会議並びに委員会の速記録を内容毎に分類整理し、殊に親切なる目次及び索引等を附し、日本国憲法の解釈に最適の文献たるよう最善の努力と工夫がほどこされており、戦後日本に於ける歴史的且つ一大劃期的なものである。

随つて本書は、われわれ法制の仕事に従事する者にとつては、座右より離すことのできない伴侶であるのみならず、国民全般の必読の文献として広く江湖にお薦めする次第である。

一九五一年十二月

「帝国憲法改正審議録」編纂について

資料課長　市川正義

一

本書は、帝国憲法改正案の審議にあたつた第九十回帝国議会における貴族院および衆議院の本会議録並に委員会議事速記録を、純客観的立場から、その内容に応じて分類し、詳細なる目次および索引を附し、日本国憲法の解釈に際し、随時、迅速に所要事項を検索し得るように、編纂したものである。かくして、帝国憲法の改正、即ち日本国憲法制定の理由と経緯とを闡明し、もつて日本国憲法義解たらしめんことを期するものである。

もちろん、第九十回帝国議会における政府の答弁をもつて、日本国憲法の解釈を公定したもの、もしくは、日本国憲法の精神そのものと速断してはならない。立法者の意思が解釈の基礎たる立法目的を明かにするための重要な参考となり、理由書・議事録等が立法者の意思を窺わせる貴重な資料であることは、固よりいうまでもないが、立法者の意思が法律そのものではなく、解釈の対象は飽くまで法文自体であることは、特に留意しなければならないところである。それ故、法令の文字から合理的に解釈されて、しかも社会の要求に適合する結論に対しては、それが単に立法者の思い設けなかつたところだ、というだけで反対するのは間違つている。（穂積重遠博士『法学通論』参照。その他、田中耕太郎博士『法律学とは何ぞや』の「立法者意思か法の意思か」、美濃部達吉博士『逐条憲法精義』の憲法解釈論、同博士『憲法及憲法史研究』『人権宣言論』中の

「憲法の改正と憲法の変遷」等参照せられたい。）

這般の消息を深く念頭に留め、日本国憲法の解釈に際し、みだりに当時の政府の答弁にとらわれてはならない。政府自体においても、また必ずしも曩の答弁に膠着し、これを墨守するを要しないのである。けれども、日本国憲法起草の任に当つた政府の、立法当時に於ける公式の見解と、これに対する議会の批判とを知悉して置くことは、憲法を合理的に解釈するに必要なことであり、これがためには、専ら本書によるのほかはないのである。本書を日本国憲法義解というのはこの意味においてであり、またこの意味において、これを日本国憲法義解と称するも、必ずしも溢美の言ではあるまい。

二

本書の題名については『日本国憲法制定審議録』とした方が通りがよいかも知れない。けれども、慎重考慮の末、結局、『帝国憲法改正審議録』を択ぶことにした。

帝国憲法第七十三条によれば、「将来此ノ憲法ノ条項ヲ改正スルノ必要アルトキハ勅命ヲ以テ議案ヲ帝国議会ノ議ニ付スヘシ」とあるが、日本国憲法草案を帝国議会に付議された勅書（衆議院議事録第一号による）によれば、「帝国憲法第七十三条によつて、帝国憲法の改正案を帝国議会の議に付する」といわれており、また、日本国憲法公布の上諭を見ても、

朕は、日本国民の総意に基いて、新日本建設の礎が、定まるに至つたことを、深くよろこび、枢密顧問の諮詢及び帝国憲法第七十三条による帝国議会の議決を経た帝国憲法の改正を裁可し、ここにこれを公布せしめる。

とあり、日本国憲法とはいわれていない。日本国憲法草案は、即ち、帝国憲法第七十三条による帝国憲法改正案にほかならない。これが審議に当つたのは、帝国憲法によつて設置された従来の帝国議会であり、その議事録は従来通りの帝国議

会議事録である。本書がその議事録をそのままに再現することを期するからには、当然「帝国憲法改正審議録」を択ばざるをえないわけであろう。帝国憲法の法理によれば、第七十三条所定の諸要件に従つて憲法を改正する以外には、これが如何なる紛更をも許されていないのである。

また、連合軍最高司令官マックアーサー元帥は、憲法改正案審議の開始に際し、特に声明を発して、やがて成立すべき日本国憲法は、明治二十二年公布の帝国憲法と「完全なる法的連続性」complete legal continuity を「確保」assure したものでなければならないとして、わが朝野の注意を喚起されたことは、周知の通りであるが、日本国憲法が、帝国憲法と完全なる法的連続性を確保するためには、結局、帝国憲法第七十三条による帝国憲法の改正として、成立する以外に途はないわけである。日本国憲法の民主性を強調しなければならないことは、固より当然であるが、これを強調するのあまり、それが帝国憲法第七十三条により、帝国憲法の改正されたものであることを、軽視ないし看過するは、取りも直さず、日本国憲法と帝国憲法との「完全なる法的連続性」を、軽視ないし看過する所以にほかならず、これを軽視ないし看過するは、単に日本国憲法の解釈を誤るばかりでなく、法論理的にいつて、実際的にも由々しき結論を誘導するに至る惧れなしとしない。

本書の題名として、『帝国憲法改正審議録』を択んだ所以のものは、即ち、這般の消息に鑑みるところあり、何よりも正確を第一義とする本書編纂の根本方針を貫こうとする以外に他意があるわけではない。題して、帝国憲法改正審議録というけれども、その実質において、日本国憲法制定審議録にほかならないことは、固よりいうまでもない。

帝国憲法の改正、即ち日本国憲法制定に関する第九十回帝国議会における貴衆両院の本会議録並に委員会議事速記録は、目下の計画によれば、大体左記の一〇編にこれを分類して刊行する予定である。但しこれは予定であるから、実際に事に当って見れば、多少の移動があるかも知れない。各編はそれぞれおよそ七〇〇頁を目標し、左記諸編にして七〇〇頁に満たず、両編を合せてこれに達するような場合には、これを合せて一冊として刊行する。また、一編にて千数百頁を超えるような場合には、これを二冊として刊行する。従って、本書の巻数は一〇巻を超えるわけである。この点あらかじめ御諒承願って置く。

なお、本書全巻の刊行を了えたならば、後記第二案により、改めて全巻の要旨を抜萃して、『日本国憲法制定審議録撮要』を編纂する予定である。

総論編　国体及天皇編　戦争放棄編　基本的人権編　雑纂編

内閣編　司法編　財政編　地方自治編　国会編

四

本書は、即ち『戦争放棄編』であって、両院の本会議および委員会の議事速記録全体を閲覧し、戦争放棄に関する質疑・応答を細大漏さず輯録したものである。その核心をなすものが第九条であることは、固よりいうまでもないが、しかし、日本国憲法における戦争放棄に関する条規が第九条の一箇条に尽きるわけではない。これに関連して、憲法前文および第九十八条第二項等を看過してはならないであろう。これに関する両院の論議をも、本巻に輯録したのは、これがためである。

本書を刊行するに当り、まず本編を上梓する所以のものは、専ら時局の要請に応えようとするにほかならない。次回には、『国会編』を、引き続いて『内閣編』を出し、以下はすべて時宜による方針である。

五

本書編纂の根本方針は、「正確・便利・典雅」というにある。本書の刊行は、戦後の本邦出版界における歴史的・画期的なものであるから、その組版・用紙・装幀等についても、なるべく典雅・優美なものを作るようにつとめた。けれども、本書はもともと国会・政府・裁判所はいうに及ばず、日本国憲法下の国民たるものは、ひとしく座右に備えて、随時繙くべきものであるから、何よりも、正確で、読み易く、質疑・応答の論旨を把握するに便利なものでなければならない。本書の編纂はすべてこの見地から企画されたものである。

六

本書の編纂に当つては、前記の根本方針に基き、左の三案について、具さにその利便・得失を比較検討した。

第一案、本書の台本たる両院の本会議および委員会の議事速記録がそうであるように、本書もまた、これを貴族院編および衆議院編となし、それぞれ別冊として、これを刊行すること。

しかし、これによれば、常に二冊を携行し、若くはこれを座右に備えて彼此参照しなければならない不便がある。のみならず、徒らにコストとを増嵩せしめるの不利がある。

第二案、両院の速記録を打つて一丸とし、同一事項に関する質疑・応答は、すべてこれを当該事項別に輯録すること。

これは、専ら、ある事項に関する政府と議会との質疑・応答を知ろうとする立場だけから見れば確かに便利なものであ

り、又必要なものでもあるに相違ない。けれども、いやしくも二院制度を採つているからには、ある事項に関する質疑・応答を知ると同時に、両院の質疑・応答がそれぞれ幾許の量に達するか、またその内容の学問的価値等を、比較対照して見ることもまた必要であろう。世上、往々にして、わが国の議会制度に関して一院制を主張するものあるを見る。かかる議論の当否を実証的に検討するためにも、両院の質疑・応答は、一応これを明確に区別して置くことがよいのではあるまいか。されぱといつて第一案では、既述の如き不利・不便を免れない。

第三案、前記二案の利弊・得失に鑑み、両院の質疑・応答は截然これを区別し、衆議院編および貴族院編として、これを輯録する。但し、第一案の不便を避けんがためにこれを一冊とする。――但し、国会編の如く二冊として刊行するほかないものは、貴族院編、衆議院編をそれぞれ別冊としてこれを刊行する。――しかも、第二案の長所・利点は充分にこれを取り入れて生かして行きたい。

第三案は、要するに、前記二案の折衷案であつて、本書が即ち、これである。そこで、本書においては、巻末に人名および件名索引をつけたばかりでなく、総目次と、事項別目次と日記体目次との三種の目次を掲げることにした。事項別目次は第二案の長所を取り入れんがためであり、日記体目次は、質疑・応答の骨子を手取早く会得すると同時に、両院における審議の進捗状況を一目にして瞭然たらしめんがためである。この両目次の作成こそ、編者の最も苦心したところである。

七

本書は、両院の速記録を、一字一句も省略することなく、すべて原文のまま、これを分類するを方針とした。例を『戦争放棄編』に取つていえば、戦争放棄に関係なく、これを他編に輯録するを適当とするものは、それぞれ適当の他編に輯

録することにした。しかし、戦争放棄にも直接関係はないが、さりとて他の諸編に輯録すべき筋のものでないものは、これを本書に輯録するの方針をとつた。また、質疑・応答にして、戦争放棄をはじめ幾多の論点を包含しており、直接戦争放棄に関する部分のみを摘録するにおいては、文脈上、不都合を生ずるような場合には、直接戦争放棄に関係のない部分をも摘録することにした。しかし、直接戦争放棄に関係のない部分は、一ポイント小さい活字を用いて、これを一目瞭然たらしめた。従つて、本書の全巻を合計すれば、速記録そのものとなるわけである。固より多少の重複はあるわけだが、一字一句も省略されてはいない筈である。分類に際し、省略した部分はすべて……をもつて現わし、速記原文中の……は：……：として、これを区別した。即ち本書の特色の一は、一字一句も省略することなく、両院の議事録を分類した点に存するのであり、編者の苦心もまたそこに存するわけである。

八

本書を繙読されるに際しては、更に、あらかじめ左記の諸点を御承知置き願いたい。

両院速記録の原文は、従来の慣行に従い、すべて片仮名であるが、本書においては、これを平仮名に改めた。親しみ易く、読み易いものたらしめんがためである。但し、仮名遣は新制によらず、旧制によることとした。漢字については、現行「当用漢字」に拘泥しないことにした。いずれも原文そのままに再現しようとするの方針に基く。但し、原文中の漢字にして、「当用漢字字体表」によつて定められた略字に該当するものある場合には、略字を用いることは、必ずしも原文の正確を害するものでないばかりでなく、却つて印刷を鮮明ならしめる上に効果があるからである。原文にはコムマはあるけれども、ピリオッドはない。けれども、本書においては、編者の見るところによつて、適

宜これをつけて置いた。質疑および答弁の骨子と目すべき部分には、傍点（、、、）を施し、且つ欄外にはその要旨を摘記することにした。迅速・的確に、質疑・応答の骨子を把握するに便せんがためである。また、人名及び件名には、ゴジック体の活字を用いた。索引による検出に便せんがためである。いづれも編者の老婆心によるものであつて、原文にはないものである。原文を読みもて行くに、往々にして明白に誤謬ないし誤植と見るべきものがある。けれども、これも一応原文のままとして置き、その右側に？若しくは、ママとして、これを指摘することにした。

また、質疑応答者の官職もしくは所属党派を明記することにした。これも原文にはないものだが、いささか読者の参考にもなれば幸である。なお、原文は、閣僚はすべて国務大臣と呼び慣わしているが、本書においては、いわゆる無任所大臣のほかは、それぞれその所管を示すように改めた。

原文にして、「註」を要するものには、「註」をつけた。「註」の簡単なるものは、本文中に挿入し、然らざるものは、これを一括して、巻末の附録に載せることにした。

各頁の柱には、憲法草案並に現行憲法の条章と共に、速記録の番号を明記することにした。これによつて、読者は容易に原文の所在を探求し得る便宜を有する筈である。

本書編輯の方針は以上の通りである。要するに、読者に対して、飽くまで正確で、便利な、しかも典雅荘厳なる日本国憲法義解を提供しようとするにほかならない。しかし、編者のこの意図が果してどの程度まで成功したか否かは、大方の批判にまつのほかはない。忌憚なき御高評を仰いで、編纂の完璧を期したいと思う。

帝国憲法の改正が、厳然たる歴史的現実であり、日本国民の何人もが夢想だもしなかつた曠古の大事件であつたとすれば、本書の刊行は、歴史的出版というも過言ではあるまい。そこで、憲法改正の重責にあたられた当時の顕官、並に憲法の施行について、現に重責を担われている高官の各位には、特に序文をお願いすることにし、憲法改正の経緯・挿話・所感ないし将来に対する御希望等を御執筆願うことにした。幸にして、吉田総理・佐藤参議院議長・田中最高裁判所長官・金森国立国会図書館長（その他の御芳名は、本文の簡潔を期するため、列挙を割愛させて頂く）をはじめ、憲法の改正に重要な役割を演ぜられた朝野の各位が本書刊行の挙を賛せられ、公務多端なる折柄にも拘わらず、それぞれ懇篤なる序文を寄せられたことは、感銘措く能わないところである。現在までに頂いた序文は、全部本編の巻頭に掲載したが、そのほかは、随時他の諸編のいづれかに掲載し、総論編には、頂いた序文を全部掲載させて頂きたいと思う。

なお、吉田総理からは、序文のほかに特に題簽を賜わり、金森国会図書館長および近藤参議院事務総長からは、見返しの御染筆をいただき、錦上更に花を添えたことは、まことに感謝に堪えないところである。

本書の編纂に際し、うたた追懐の念に堪えないのは、故幣原喜重郎氏である。戦後、内閣総理大臣として、その筋からはじめて憲法改正の必要を示唆されたのは、実に同氏であり、帝国憲法改正案としての日本国憲法草案は、同内閣の手によつて起草され、公表されたのである。第九十回議会に際しては、吉田内閣の国務大臣として、しばしば答弁にも起ち、日本国憲法の制定に極めて重要な役割を演ぜられたのであるが、今やすでに故人となられたことは、かえすがえすも痛惜に堪えない。ただ不幸中の幸とすべきは、生前『外交五十年』（昭和二十六年四月、読売新聞社発行）を発表して置かれたことである。その第一部末尾の「組閣と憲法」は、日本国憲法制定の経緯・精神ないし戦争放棄に関する同氏およびその内

閣の真意を知るに、最も権威ある貴重な文献であるから、御遺族の御諒解を得て、これを同書から転載して本書の巻頭に掲げ、もつて氏の御冥福を祈りたてまつると共に、読者の参考に資することにした。

なほ、本書の読者各位には、昨（一九五〇）年九月、連合軍最高司令部民政局から公表された報告書『リオリエンテーション・オブ・ジャパン』（二冊）の一読をおすすめいたしたい。原書の購入は、為替等の関係から目下困難であるが、幸いにして同報告書中の、日本国憲法制定の経緯に関する部分は、『日本の憲法』と題し宮澤俊義教授の懇切なる解説を附けて、国家学会雑誌（第六五巻第一号昭二六、六、一）に訳載されている。本書、特に、幣原氏の所説と併せ読まれたならば、真相の把握に裨補するところ尠くないであろう。

一〇

本書の編纂に際し、前内閣総理大臣芦田均博士が憲法改正当時の衆議院特別委員長として、種々有益なる御教示を与えられたのみならず、躬ら何かと御斡旋の労をおとり下さつたことは、特記して深く感謝しなくてはならない。御教示の件については、衆議院事務総長大池眞氏から、格別の御高配をいただき、まことに感謝に堪えない次第であるが、結局、時期尚早であるのみならず、法理的にも疑義があり、しばらく割愛するのやむなきに至つた。衆議院議事速記録が、龍を描いて点睛を欠き、聊か隔靴掻痒の憾あるを免れないのは、専らかかる事情によるものであることを予め御承知置き願いたい。

なお、衆議院法制局長入江俊郎氏、および法務府法制意見長官佐藤達夫氏は、それぞれ憲法改正当時の内閣法制局長官ないし同次長としての貴重なる体験にもとづき、しばしば懇切なる助言を与えられたことは、深く肝に銘じて、鳴謝する

ところである。

近藤総長・奥野法制局長・芥川事務次長をはじめ本院事務局並に法制局の先輩、同僚から諸般の協力をいただいたことは、固より申すまでもない。編者不敏にして、どの程度まで、各位の御期待に添い得たかは、省みて忸怩たるところであるが、本書の刊行は、偏えに前記各位の御教示と御協力のたまものといわねばならない。

二

本書の編纂に際し、朝野の識者各位から有益なる御教示と御協力をいただいたことは、上来縷述した通りであるが、編纂の実務に当つたものは、本院事務局資料課の課員諸氏であることを特記しなければならない。即ち、原文の書写・索引の作製・数次にわたる校正等については、林朝門・丸山利雄・小林克己の三氏主としてこれに当り、鈴木實・南部愛子・吉岡みどり・須磨禮子・末吉治彦等諸氏の助力を得た。就中丸山・小林両君の労を多とせざるをえない。時あたかも三伏の酷暑耐え難きに克く耐え、それぞれ年次休暇をも返上して、事に当られた課員諸氏の熱誠と努力とに対して、ここに心からなる感謝を表する次第である。但し、本書の企画・監修に関する一切の責任は、専らわたくし一己において、これを負担すべきものであることは、更めて申すまでもない。この際、わたくしは、当時の両院速記者諸氏の隠れたる奮闘と努力とに対しても、労苦を回想し、深く敬意を表したいと思う。帝国憲法の改正は、昭和二一年、すなわち終戦直後の大混乱の真只中に行われたのである。当時は、食糧難・住宅難・交通難・練達せる技能者の不足等、あらゆる困難と支障とが輻湊して深刻を極めていたことは、周知の通りである。酷暑の候にあたり、これらの困難と支障とを克服して、この浩瀚にして、貴重なる議事録を成就した速記者諸氏の労苦は、筆紙に尽し難いものがある。華かな国会の舞台裏には、両院事

務局並びに政府職員の涙ぐましき努力の黙々として働いていることを常に想起せられたいと思う。

一二

最後に、もろもろの困難なる諸事情の輻湊する戦後出版界において、本書一〇編の刊行を決意し、しかも、この歴史的出版に相応しいように、本書の用紙・活字・組版・クロース・装幀等に最善を期して、鋭意尽力された新日本法規出版株式会社社長河合善次郎氏・同社取締役渡邊孝幸・同服部春治・同馬淵佐太郎の四氏および企劃部長北村光年氏の出版良心と文化報国の熱意とに対して、深甚なる敬意を表する。

本書がかくの如き体裁を整うるまでには、校正六回、組版を組み替うること数回に及んだのであるが、常に唯々としてこれを甘受された岩田宗十郎・林健次・高屋常作の諸氏および同社々員各位の労苦と忍耐とに対しても、わたくしはここに深く感謝の意を表さなくてはならない。

観じ来れば、本書の刊行は、まことに一朝一夕にして成るものにあらず、また一人一己の能くするところではない。

本書編纂の業を畢え、わたくしは、感謝と感激との交流の裡に、この書をわが八千万同胞に送りて大方の清鑒を待つ。

昭和二六年一一月三日　文化の日

これはこれたからの文献《ふみ》ぞ書庫内《くらぬち》に空しく埋れはてまく惜しも

とことはに命あらたに変若《をち》につつわが日の本は栄え行くがね

喬《たか》松の常盤《ときは》堅盤《かきは》にたらちねのみおやの国はおふし立てむぞ

参議院事務局総務部資料課

総目次

軍備全廃の決意　元内閣総理大臣 元衆議院議長 幣原喜重郎……○—一
序文　内閣総理大臣 吉田茂……○—七
参議院議長 佐藤尚武……○—九
元貴族院議長 徳川家正……○—一三
法務総裁 大橋武夫……○—一七
参議院事務総長 近藤英明……○—二一
参議院法制局長 奥野健一……○—二三
資料課長 市川正義……○—二五
編纂について……○—三五
総目次……○—三五
審議経過及び審議要録（目次）……○—四一
衆議院本会議……○—四一
帝国憲法改正案に対する勅書朗読……○—四一
施政方針演説……○—四一

総目次

施政方針演説に関する質疑応答……………………………………○—四一
帝国憲法改正案第一読会……………………………………○—四七
衆議院帝国憲法改正案委員会……………………………………○—五四
衆議院本会議……………………………………○—八七
帝国憲法改正案第一読会の続……………………………………○—八七
帝国憲法改正案第二読会……………………………………○—八八
帝国憲法改正案第三読会……………………………………○—九一
帝国憲法改正案貴族院回付案……………………………………○—九一
貴族院本会議……………………………………○—四一
施政方針演説……………………………………○—四一
施政方針演説に関する質疑応答……………………………………○—四二
帝国憲法改正案第一読会……………………………………○—九一
貴族院帝国憲法改正案特別委員会……………………………………○—一〇一
貴族院帝国憲法改正案特別委員会小委員会……………………………………○—一四二
貴族院本会議……………………………………○—一四五
帝国憲法改正案第一読会の続……………………………………○—一四五

帝国憲法改正案第二読会……………………………………〇一四九
帝国憲法改正案第三読会……………………………………〇一五〇

戦争放棄の論理構造（目次）……………………………〇一五一

一　憲法改正の経緯……………………………………………〇一五一
二　憲法改正案に対する議会の修正権………………………〇一五六
三　前文の検討…………………………………………………〇一六二
四　第二章第九条（戦争放棄）制定の趣旨…………………〇一六八
五　「国権の発動たる戦争」の意義…………………………〇一七四
六　第二章第九条の根本義……………………………………〇一七八
七　戦争放棄と交戦団体………………………………………〇一八七
八　戦争放棄と自衛権…………………………………………〇一八九
九　戦争放棄と国内警察………………………………………〇一九三
一〇　戦力・武力と警察力との限界…………………………〇一九五
一一　戦争放棄と安全保障……………………………………〇一九七
一二　第二章第九条と国際連合憲章との関係………………〇二〇〇

一三　衆議院の修正（「日本国民は正義と秩序を基調とする国際平和を誠実に希求し」および「前項の目的を達するため」の二句を挿入）の理由……〇一二〇三
一四　衆議院修正の意義……〇一二〇四
一五　戦争放棄批判……〇一二〇六
一六　憲法と法律と条約との関係……〇一二一四

附　録

〔編注〕復刻版では割愛いたしました

（本文の頁）
一　大日本帝国憲法改正案……五五三
二　大日本帝国憲法改正案（英文・抄）……五五五
三　日本国憲法（英文・抄）……五五八
四　「憲法改正草案要綱」発表に際してのマックアーサー元帥の声明（昭二一・三・六）……五六一
五　対日理事会におけるマックアーサー元帥の演説（抄）（昭二一・四・五）……五六二
六　「新憲法草案審議について」のマックアーサー元帥の声明（昭二一・六・二一）……五六四
七　日本の新憲法―総司令部民生局報告書―……五六六
八　米上院におけるマックアーサー元帥の証言……五八〇

九　内閣総理大臣施政方針演説（衆議院）
（貴族院におけるものは衆議院と同一趣旨）……五八二
一〇　内閣総理大臣帝国憲法改正案説明（衆議院本会議）
（貴族院におけるものは衆議院と同一趣旨）……五八四
一一　金森国務大臣帝国憲法改正案説明（衆議院委員会）……五八六
一二　金森国務大臣帝国憲法改正案説明（貴族院委員会）……五九六
一三　衆議院帝国憲法改正案小委員会委員長報告（附帯決議文を含む）……六〇二
一四　衆議院帝国憲法改正案委員長報告……六〇七
一五　第九条修正の経緯と理由（法学博士　芦田　均）……六一一
一六　貴族院帝国憲法改正案小委員会委員長報告……六二四
一七　貴族院帝国憲法改正案特別委員会委員長報告……六二八
一八　各国憲法における戦争放棄に関する条項……六四三
一九　戦争放棄に関する条約……六四四
二〇　国際連合憲章（抄）……六四五
二一　カイロ宣言……六四八
二二　ヤルタ協定……六四九

二三　ポツダム宣言……六五〇
二四　ポツダム宣言受諾ニ関スル八月一〇日附日本国政府申入……六五〇
二五　合衆国、聯合王国、「ソヴィエト」社会主義共和国聯邦及中華民国ノ各政府ノ名ニ於ケル八月一一日附合衆国政府ノ日本国政府ニ対スル回答……六五二
二六　降伏文書……六五三
補遺
一　日本国民に対するマックアーサー元帥の年頭の声明（昭二五・一・一）……六五五
二　憲法記念日に際して日本国民に対するマックアーサー元帥の声明（昭二五・五・三）……六五九
三　日本国民に対するマックアーサー元帥の年頭の声明（昭二六・一・一）……六六三

索引

人名索引……七
件名索引……一
題簽……内閣総理大臣　吉田　茂
見返……参議院事務総長　近藤英明

審議経過及び審議要録（目次）

衆議院本会議　昭二一・六・二〇（木）

樋貝詮三（議長）

○帝国憲法改正案に対する勅書の朗読……（以下本文の頁）……一

貴族院本会議　昭二一・六・二一（金）

吉田茂（内閣総理大臣）

○内閣総理大臣施政方針演説……二四五

衆議院本会議　昭二一・六・二一（金）

吉田茂（内閣総理大臣）

○内閣総理大臣施政方針演説……三

片山哲（日本社会党）

○第二次世界戦争と戦争の徹底的根絶……五
○ポツダム宣言の実施と民主主義の履行……五
○新しき各国の民主主義の特色は、生活上の民主主義、経済上の民主主義、産業上の民主主義にある……六

審議経過及び審議要録（目次）

○民主主義の歴史的考察……六
○民主主義は多分に精神的要素を持つと同時に、社会主義的要素を持つ経過の綜合体……七
○平和条約・講和条約についての政府の方針と見通し如何……八
○憲法改正案は新憲法の制定を意味する……九
○憲法議会とも称すべき特殊の機会を与へよ……九
○改正案は相当広範囲に修正されなければならないが、政府はこれに応ずる用意があるか……一〇
○民主憲法は積極的に世界に向つての平和宣言を必要とする……一〇
○国政は公正と信義を基本とすることを中外に声明する必要がある……一〇

貴族院本会議　昭二一・六・二二（土）

徳川家正（議長）

○国務大臣の演説に関する質疑……二四七

山田三良（無所属）

○草案修正の必要なる所以……二四七
○第九条第一項、戦争抛棄の宣言は賛成、第二項は削除せらるべきもの……二四八
○草案に欠けて居る点……二四八

吉田茂（内閣総理大臣）

○帝国憲法改正案立案の経緯と趣旨……二四九

○憲法、国法だけの観点から立案したものではなく、国家を救ひ、皇室の御安泰を図ると云ふ観点を十分に考慮……二四九
○日本の立場は、外交に於ても、其の他に於ても、決して自由なる立場にあるのではない。内外の情勢は切迫……二四九

山田三良（無所属）

○懇切なる答弁に満足、質問中の一、二の用語は削除を願ふ……二五〇

衆議院本会議　昭二一・六・二二（土）

吉田茂（内閣総理大臣）

○民主政治は広く民意に立脚し、且つ現実に即した政治……一二
○国際信用の高揚は最も希望する所……一三
○講和会議の開催は一に国際関係による……一三
○理論的には、議会は修正権を認められて居るが、内外の諸事情を考慮、判断願ひたい……一三
○戦争抛棄の規定以外に、平和宣言を必要とするや否やは今後の国際情勢の推移による……一三

金森徳次郎（国務大臣）

○片山君の趣旨に全く同感。但し憲法の規定自体に其の趣旨は現はれて居る……一四

貴族院本会議　昭二一・六・二四（月）

佐々木惣一（無所属）

審議経過及び審議要録（目次）

○国家革新断行に際し、政府の考へて置くべき用意……二五二
○国家としての世界的使命は世界平和への貢献……二五三
○世界的平和に貢献する方法の調査工夫機関……二五四

吉田茂（内閣総理大臣）
○具体的の御提案を俟つて審議……二五六
○聯合国の疑惑誤解の一掃が急務……二五六

佐々木惣一（無所属）
○詳細懇切なる答弁を感謝……二五六

田中耕太郎（文部大臣）
○世界平和実現の使命と教育……二五七
○アメリカに於ける教育のモットーは真理と平和……二五七

佐々木惣一（無所属）
○予期せぬ答弁に御礼……二五八

衆議院本会議　昭二一・六・二四（月）

松原一彦（新光倶楽部）
○日本政治の根本理念とその実践の見透し如何……一六
○戦争抛棄は談容易にして実行困難……一七

○人間は戦争を好まない。併し、国と国とのある所、必ず戦争の起るは、歴史の示す通り……一七
○世界環視の裡に、前古未曾有の重大使命、政治責任を負ふ……一七
○議会、国会こそ日本の政治の中心を握る機関……一八
○理想郷を建設する道は、宗教と教育と政治の渾然たる三位一体……一八
○九十議会の劈頭に於ける光景に心を寒うす……一九
吉田　茂（内閣総理大臣）
○平和的国家、民主的国家の魁として戦争を抛棄。世界平和に貢献する凡ゆる手段を、凡ゆる機会に執りたい……二〇
笹森順造（日本民主党準備会）
○敵むべきは敵め、捨つべきは捨てると同時に、民族の貴重なる歴史と伝統は飽くまで保全したい……二一
○平和国際社会の一員たるべく如何なる積極的努力を講じたか……二二
○平和国家の建設と議場の光景への反省……二二
○自ら戦争を抛棄するに止まらず、世界列強に軍備撤廃を提議する準備を研究せよ……二二
○原子爆弾の絶対禁止……二二
吉田　茂（内閣総理大臣）
○講和会議に列席するためには、幾多の準備が必要。殊に軍国主義国であるとの誤解を一掃し、平和的民主主義に徹した事実を示すことが必要……二三

審議経過及び審議要録（目　次）

○原子爆弾の被害については、最も慎重、且深甚の注意を以て調査……一三

徳田球一（日本共産党）

○今次戦争の性格を如何に認めるか……一四
○戦争の根因は日本帝国主義の内部的矛盾……一四
○財産権の擁護は資本主義の本髄……一五
○財産権の擁護と労働権の弾圧……一五
○豊作飢饉と満洲戦争……一五
○民主主義的平和国家の建設は労働者、農民等一般市民の任務……一六
○戦争の根因は資本主義の内部的矛盾にある……一六
○戦争犯罪人の徹底的追求……一七
○政府は戦犯を擁護する嫌ひが十分……一七
○反戦兵士釈放問題……一八
○戦争抛棄後における民族の独立および安全保障の方法如何……一八

吉田茂（内閣総理大臣）

○今次戦争の性格は極端なる国家主義、軍国主義……一九
○資本主義を抛棄すべしと云ふは御意見……一九
○戦争責任者を保護した事実はない……一九

木村篤太郎（司法大臣）
○専ら軍刑法によつて収監されて居る者は近く仮釈放……二九
金森徳次郎（国務大臣）
○戦争を抛棄しても、国内治安の維持については、自ら別に方法がある……三〇
徳田球一（日本共産党）
○総理大臣の答弁は人民を食つたもの、人民に対して不親切……三〇
吉田茂（内閣総理大臣）
○徳田君の意見には同意が出来ない……三一
衆議院本会議　昭二一・六・二五（火）
樋貝詮三（議長）
○帝国憲法改正案は三読会の順序を経て議決する……三二
○帝国憲法改正案第一読会……三二
吉田茂（内閣総理大臣）
○帝国憲法改正案……三三
○内閣総理大臣説明……三四
○ポツダム宣言及び関聯文書は、平和新日本の向うべき大道……三四

審議経過及び審議要録（目次）

○本改正案の基調……三五
○戦争抛棄は改正案に於ける大眼目……三五
○法の民主化と口語体……三六

北　昤吉（日本自由党）

○現行憲法改正の根拠……三六
○今更憲法改正の必要なしと認める学者なきにしもあらず……三七
○政府が断乎憲法改正を決意したについては、何等か重大な根拠がなければならぬ。詳細なる説明を求む……三八
○戦争に負けて武装を解除された戦敗国が戦争を抛棄しても国際的には余り効果がない、寧ろ進んで永世局外中立運動を起すべきではないか……三八
○デモクラシーの失敗はファッショ、ナチスを擡頭せしむ……三九
○憲法で戦争抛棄を規定し乍ら、国内では到る処戦闘準備……四〇

吉田　茂（内閣総理大臣）

○現行憲法は、その精神を歪曲し、濫用される弊がある……四〇
○ポツダム宣言等の降伏条項等に照し合はせて見ても改正は必要……四一
○欧米諸国の日本に対する感情、考へ方に容易ならざる事態を認む……四一

○欧米諸国の日本に対する誤解・疑惑もまた尤も……四二
○国体を維持し、国家を維持するには、憲法を改正し、諸国の誤解を一掃する必要を感得……四二
○戦争抛棄については、御意見の通り……四三

衆議院本会議　昭二一・六・二六（水）

原　夫次郎（日本進歩党）

○戦争抛棄の問題……四六
○戦争抛棄と自衛権とのヂレンマ……四七
○不意な襲来、侵略に如何に対処するか……四七
○武力防衛が出来なければ他国に依存するのほかはない……四七
○世界聯合国家のやうなものが出来れば、日本が戦争を抛棄しても、それ程心配しなくても宜い。その点に関し説明を求む……四八

吉田　茂（内閣総理大臣）

○第九条は、直接には自衛権を否定しないが、自衛権の発動としての戦争も交戦権も抛棄したもの……四九
○日本を侵す者は平和に対する冒犯者、全世界の敵……四九

鈴木義男（日本社会党）

○明治以降未曾有の重大任務……五〇

審議経過及び審議要録（目次）

○草案は能く立案され、大体に於て我々の主張と期待に近い……五〇
○戦争抛棄の宣言……五一
○政策としての戦争抛棄と軍備撤廃は結構……五一
○進んで平和を愛好し、国際信義を尊重するの国是を憲法中に明かにしたい……五一
○戦争抛棄は自衛権の存在を抹殺するものではない。併し、軍備なくしては自衛権の行使は問題となる余地はない……五二
○国際聯合による安全保障を求める用意があるか……五二
○永世局外中立は今日の国際社会ではアナクロニズム……五二

金森徳次郎（国務大臣）

○外交手段により世界に呼び掛けたい気持は持つて居るが、未だ時期が適当でない……五三

衆議院本会議　昭二一・六・二七（木）

吉田安（日本進歩党）

○憲法改正案を提出した政府に対し、深甚の敬意と感謝……五五
○戦争抛棄に関する政府の根本理念……五六
○天皇制問題に次いで国民に大衝動……五六
○単なる贖罪的規定ではなく、更に遠大なる目的がなければならない……五七

○国内においてこの規定を如何に活かして行くか……五七

金森德次郎（国務大臣）

○大乗的見地に於て平和の一路を突進して世界文化諸国の先頭をなす……五八
○第一項については類例もあるが、第二項は劃期的な日本の努力……五八
○衆に先んじて、一大勇気を奮つて、模範を示す……五八

衆議院本会議　昭二一・六・二八（金）

野坂參三（日本共産党）

○憲法改正は日本歴史に於て劃期的事件、世界注視の的……六〇
○一部代議士諸君の熱意が足らない……六一
○憲法問題を中心にして二つの陣営……六一
○現行憲法は民主的反軍国主義的であるか……六二
○現行憲法はプロシヤの保守的な反動的な憲法を真似たもの……六二
○帝国憲法制定の二つの目的……六三
○ノーラン代将の言葉……六三
○唯ノーラン代将だけの言葉ではない……六三
○吉田・金森両相はノーランの見解を承認するか……六四

審議経過及び審議要録（目次）

○現行憲法によつて軍部に与へられた特殊な権力、所謂帷幄上奏権等々に軍国主義を生む根本がある……六四
○戦争抛棄の問題……六四
○戦争には二つの種類がある……六四
○防衛的な戦争は正しい戦争と云つて差支えない、戦争一般の抛棄と云ふ形でなく侵略戦争の抛棄とするのが的確ではないか……六五
○首相は、日本の過去の戦争は侵略戦争でないと考へるか……六五
○政府は戦争犯罪人を何処まで徹底的に究明する積りであるか……六五
○反動諸団体の取締……六六
○官僚主義、官僚機構の徹底的廃滅……六六
○侵略戦争の原動力たる財閥の解体……六六
○封建的土地所有制度の改革……六六
○教育面に於ける戦争犯罪性の徹底……六六
○憲法草案は主権在民の形を取りながら主権在君……六六
○共産党は凡ゆる機会を利用し、民主主義を仮装した非民主主義的な憲法の実体を暴露し、これが修正に努力する……六七

吉田　茂（内閣総理大臣）

○国家正当防衛権による戦争を認めることが有害……六八
○交戦権抛棄の期する所は国際平和団体の樹立……六八
○正当防衛権は戦争を誘発する。御意見の如きは有害無益……六八
金森徳次郎（国務大臣）
○特殊な場合に、特殊な人が用ひた言葉を批判的に論議することは避けたい……六九
大村清一（内務大臣）
○従来の官僚制度、官僚組織には民主的改善の余地が多々あるが、撤廃する訳には参らない……六九
○吏僚制度……六九
○公務員法……六九
田中耕太郎（文部大臣）
○文部省は教育人事と教育内容の両面に於て戦争の罪悪性、侵略性の徹底を決意……七〇
○教職員適格審査と教員再教育……七〇
○民主主義、平和主義、人類愛こそ不変の真理……七〇
野坂参三（日本共産党）
○総理大臣の答弁は非常に不満足……七一
樋貝詮三（議長）
審議経過及び審議要録（目次）

審議経過及び審議要録（目次）

○衆議院帝国憲法改正案委員会委員の選挙……七二
○議長、委員七十二名を指名……七二

衆議院帝国憲法改正案委員会　昭二一・六・二九（土）

星　一（投票管理者）
○星一君投票管理者となる……七四
○委員長互選……七四
○芦田均君委員長当選……七四
芦田　均（委員長）
○委員長挨拶……七五
○我が国の歴史に於て劃期的な文献……七五
○人類の国際政治に於ける新たなる金字塔を築くもの……七五

衆議院帝国憲法改正案委員会　昭二一・七・一（月）

芦田　均（委員長）
○政府の説明を求む……七六
吉田　茂（内閣総理大臣）
○詳細は金森国務大臣より説明……七六

金森徳次郎（国務大臣）
○憲法改正案そのものを御判断願ふのであつて、改正案の由つて生ずる基本、学理的なる考へ方は、直接には議会の御審議に属するのではない……七七
○草案は前文の外十一章……七七
○前文……七七
○戦争抛棄……七八
○是こそ自ら捨身の態勢に立つて、全世界の平和愛好諸国の先頭に立ち、恒久平和を希求する大理想を力強く宣言したもの……七八
北昤吉（日本自由党）
○「国民の至高の総意」と「国民の総意が至高」、「国の主権」と「国権」との関係……七九
○国民主権と国家主権との関係……七九
○主権と最高機関、主権と主権を発動する機関との関係……七九
金森徳次郎（国務大臣）
○総意とは、国家の統一したる意思が由つて起つて来る自然意思、人間の意思。国の主権とは、国を単一体として見て、其の意思と云ふ意味……七九
○国権とは、結局、国家意思と云ふと同じであるけれども、唯其の働きに著眼した為に権と言ふ……八〇

審議経過及び審議要録（目次）

高橋英吉（日本自由党）

○日本は絶対無条件降伏をしたものであるか。ポツダム宣言の受諾は条件附降伏ではないか……八〇

金森徳次郎（国務大臣）

○今までの研究の道行きは無条件降伏と考へる……八一

高橋英吉（日本自由党）

○ポ宣言の受諾が条件でないとすれば、どう云ふ関係であるか……八一

金森徳次郎（国務大臣）

○所管大臣から答弁を願ふ方が適切……八一

高橋英吉（日本自由党）

○国民の総意……八一

○国家が色々なる権利義務の主体になつていながら、ひとり統治権の主体となり得ない道理がない……八二

○天皇主権説盛んな時代でも、国家主権説こそ真理……八二

金森徳次郎（国務大臣）

○国の主権、自国の主権と云ふ場合の主権とは、国家が持つて居る主権を意味する、主権の本体は国家……八二

黒田壽男（日本社会党）
○民主的な憲法の草案として、条章の配列が果して適当であるか……………八四
○戦争抛棄については、更に積極的に日本が平和を愛好し、国際の信義を重んずることを国是とする国民であると云ふやうな意味の事をも附加へるが適当……………八四
金森德次郎（国務大臣）
○国法は学者の論文と同じやうなものではない……………八五
○日本国民が国の象徴を国の基本法において考へることは充分意義がある……………八五
黒田壽男（日本社会党）
○積極的に平和を愛好し、国際信義を重んずると云ふやうな意味の条項を第九条に附加へて、本章の趣旨を徹底せしめたいと考へるが、政府の所見如何……………八五
金森德次郎（国務大臣）
○前文中の種々なる言葉にその趣旨が稍ゝ強く表はれて居る……………八六
○含蓄によつて十分激しい心持を表明することを意図……………八六
黒田壽男（日本社会党）
○国内に於いても、戦争の発生防止策が執られなければならない……………八六
○漠然と戦争一般でなく、特に最近に於ける戦争の性質を突止めて見る必要がある……………八七

審議経過及び審議要録（目次）

○今次戦争の原因は資本主義の矛盾にある……………八七
○私的独占資本は必然的に戦争を惹起……………八七
○私的な独占資本の禁止を憲法上に明示する意向ありや……………八七
金森徳次郎（国務大臣）
○御質問の論点を的確に書き表はして、誤解の虞なからしめることは相当困難……………八八
北浦圭太郎（日本自由党）
○最高裁判所の違憲法令審査権と条約との関係……………八八
○誰が条約の憲法違反なりや否やを決定するか……………八八
○案九十四条・憲九十八条第一項から条約を除外した理由……………八九
金森徳次郎（国務大臣）
○条約は国際法に基いて成立するが故に、一国の独断で処置するは無理……………八九
北浦圭太郎（日本自由党）
○相手方の承諾がなければ、憲法違反の条約でも遵守するの義務があると云ふのか……………八九
金森徳次郎（国務大臣）
○原理としては、国際法の発達により国際機関に依つて解決するが正当……………八九
北浦圭太郎（日本自由党）

○今の日本としては、已むを得ないが、純理ではない……九〇

衆議院帝国憲法改正案委員会　昭二一・七・三（水）

穂積七郎（無所属倶楽部）

○戦争抛棄の条規を第二章に掲げることは、拙劣であり、不自然である……九一
○交戦権があらうが、あるまいが、戦争は起る……九二
○戦争抛棄は前文或は総則を設けて、明瞭に謳ふべきものではないか……九二
○世界の民主主義二大国家、米・ソ間に於ける対立の現実……九三
○今日警戒すべきは、第三国の戦場となり、或は他の前衛として使役されやうとする危機……九三
○まるで的外れの現実を見ない宣言……九三
○世界の政治危機に際して、世界の武力戦争其のものを絶対に反対する主体的な態度が表明されて然るべきである……九四

金森徳次郎（国務大臣）

○言葉は違ふが、前文中には第二章の由つて来たる基本的な立場、思想原理が示されて居る……九四

衆議院帝国憲法改正案委員会　昭二一・七・四（木）

林平馬（協同民主党）

○平和は神の心、人類最高の念願……九六

審議経過及び審議要録（目次）

○文化と正反対の戦争発達に一路邁進……九六
○戦争は戦争を製造……九七
○戦争抛棄の唯一絶対の方法は武力を持たないこと……九七
○敗戦の成功……九七
○平和条約成立し、独立した後に於ける国際的脅威を如何に排除するか……九七
○世界平和建設の大理想達成の為自衛権もまた抛棄……九八
○マッカーサー元帥の演説は、実に偉大なる保証……九八
○世界平和は日本民族三千年来の大理想……九八
○空前絶後の好機会、天より与へられた歴史的に唯一回限りのチャンス……九九
○世界随一の平和愛好民族……九九
○世界随一の人口稠密国……九九
○侵略移住の民族にあらず……九九
○日本の憲法たるに止まらず、世界の憲法たらしむるの信念……九九
○人類平和のための率先挺身、マ元帥の演説に呼応するの決心、覚悟があるか……一〇〇

吉田　茂（内閣総理大臣）

○自衛権による交戦権、侵略による交戦権を区別すること自体が有害無益……一〇〇
○期する所は、国際平和団体の樹立……一〇〇

○侵略戦争の絶滅に依り自衛権による交戦権は自然消滅。講和・独立後にお
ける安全保障は、国際聯合、国際聯合憲章にこれを求める……………………一〇一
○ポツダム宣言は降伏の内容をなすもので、所謂条件ではない……………………一〇一
○未帰還復員部隊及び未帰還邦人の抑留は、所謂公約された条項に違反する……………一〇二

林　平　馬（協同民主党）
○マ元帥の演説に呼応して起ち、日本国民は真の平和愛好国民であることを
世界に諒解せしめよ……………………………………………………一〇三

吉　田　茂（内閣総理大臣）
○全く御同感……………………………………………………………一〇三

衆議院帝国憲法改正案委員会　昭二一・七・五（金）

赤　澤　正　道（日本民主党準備会）
○表現の仕方が非常にぎこちない、ごたごたして居る……………………………一〇四
○もう一つ飛躍して、国際聯邦を提唱すべきではないか……………………………一〇四
○「他国との間の紛争の解決の手段としては」と云ふのは、条件的なる文義に
見へるが、何かを前提として居るのか…………………………………………一〇五

金　森　德　次　郎（国務大臣）
○特別に何物をも含んではいない……………………………………………一〇五

赤澤正道（日本民主党準備会）
○然らば、この一句は不必要ではないか……一〇五
赤澤正道（日本民主党準備会）
○前文中の「われらの安全と生存」なる文字は、解釈如何に依つては、日本の自主性、主体性が失はれるのではないか……一〇五
金森徳次郎（国務大臣）
○国を挙げて脇に依存しやうと云ふ趣旨でないことは、前文全体を見れば明瞭……一〇六
三浦寅之助（日本自由党）
○戦争抛棄は当然であるが、侵略国・好戦国の誤解を受けるに至つた根本原因を探求しなければならない……一〇七
○侵略国・好戦国であると云ふ誤解の根本原因をなくすための手段方法も第二章に書いたならばどうか……一〇八
○天災・騒擾等の場合、如何にして国内の治安を確保するか……一〇八
金森徳次郎（国務大臣）
○国家の運命を賭して、世界の平和を主張……一〇八
○幾多の不便は当然覚悟……一〇八

○国内秩序の維持には必ずしも軍隊を必要としない……一〇九
○自治力、特に警察力を注意深く育成……一〇九
○結局は国民各自の努力によつて難局打開……一〇九
三浦寅之助（日本自由党）
○条約の締結……一〇九
金森徳次郎（国務大臣）
○国会の承認を経ることの出来なかつた場合、その条約は国際法上如何に取扱ふのであるか……一〇九
○条約は国と国との約束……一一〇
○効力の条件としての国会の承認が得られなければ、条約は出来ない……一一〇
○事後の承認が得られなかつた場合は、一概に言ひ切れない……一一〇
衆議院帝国憲法改正案委員会　昭二一・七・八（月）
森三樹二（日本社会党）
○戦争抛棄を規定する以上、恐らく一千万以上に達する戦災者救済の規定を憲法に設ける意思ありや……一一一
金森徳次郎（国務大臣）
○生活保護法は広汎に過ぎる……一一二

○一回限り問題になるやうな特殊な権利は、恒久性を持つ憲法に規定するは不適当……一一二

衆議院帝国憲法改正案委員会　昭二一・七・九（火）

竹谷源太郎（無所属倶楽部）

○将来内乱・騒擾等、非常事態が発生した場合、法的措置が講ぜられるだけの実力を如何にして調達するか……一一三

金森徳次郎（国務大臣）

○国内治安の維持については、専ら警察力に依り、最善の努力を費す……一一四
○これを以て如何ともすべからざる特殊の場合を予見することは、憲法の具体的規定としては不適当……一一四

藤田榮（新光倶楽部）

○草案第二章の戦争抛棄は、制裁としての戦争、自衛としての戦争をも含むか……一一四
○交戦権の否認は、制裁の戦争、自衛の戦争にも及ぶか……一一五
○制裁の戦争は適法、これを否認する理由如何……一一五
○自衛の戦争は、一般に国際法上適法、これを否認する理由如何……一一五
○吉田首相の説明は諒解に苦しむ……一一五
○第九条第一項は結構、第二項の交戦権の否認が、なぜ制裁としての戦争或

は自衛の戦争をも含むのか……………………………………………一一六
○戦争は闘争を中心とした状態……………………………………………一一六
○交戦権を否認する憲法の規定は、如何にして国際法上の安全保障と直結するか……一一七
○日本国憲法に於ける決意だけでは、何等国際法上の権威たり得るものではない……一一七
○第二項の交戦権の否認が制裁の戦争、自衛の戦争をも抛棄するものとすれば、如何にして我々の生存と安全とを保障するか……………一一七

金森徳次郎（国務大臣）

○第九条第一項は固より自衛戦争を否定しない。第二項は、その原因の如何に拘はらず、一切の戦力ないし交戦権を抛棄する……………………一一八

藤田榮（新光倶楽部）

○国際法上の条約も、必要の前には、蹂躙されて来た……………………一一八
○将来、違法なる戦争当事国が生じた場合に於ける諸般の保障について、憲法実施までに、国民をして納得せしめる措置を講ずることが必要……………一一八
○交戦権否認は交戦団体に対する場合も適用されるか……………………一一九
○叛徒が第三国より交戦団体としての承認を受けた場合、叛徒団体と政府の間は国際法上の戦争関係になるが、政府はその時でも交戦権の否認を以て対処されるか……………一一九

審議経過及び審議要録（目 次）

金森徳次郎（国務大臣）

○第九条第二項に所謂交戦権は交戦団体にも当嵌る……一一九

藤田榮（新光倶楽部）

○国内にかける叛徒団体を第三国が交戦団体として承認しないと云ふ保障が必要……一二〇

上林山榮吉（日本自由党）

○世界平和に寄与せんとする日本の真意を世界に諒解せしめ、積極的な支持を得ることが出来るかどうか、この点に関する首相の所信如何……一二〇

○平和的天皇制を、世界に諒解せしめる自信があるか……一二一

○平和的、文化的意図を含む修正を許すか否か……一二一

吉田茂（内閣総理大臣）

○新憲法草案の趣旨は国際的に相当徹底……一二一

○天皇制の支持についても相当諒解……一二一

○審議を尽し、修正すべきは修正……一二一

森三樹二（日本社会党）

○戦争は自国の意思に依らず、他国に依つて惹起され、また第三国間の戦争の被害を受けることもある……一二二

吉田　茂（内閣総理大臣）
○国家の存立を危くしないと云ふ保障の見透しがついて初めて斯る条文は設けらるべきもの……一二二
○将来われわれが絶対的に戦争の惨害を免るる所の方法、手段等についての首相の成案如何……一二二
森　三樹二（日本社会党）
○戦争抛棄の消極的意義は日本に対する世界の疑惑を除去するにあり、その積極的意義は、国聯憲章第四十三条に依り、聯合国の保障を受けるにある……一二三
吉田　茂（内閣総理大臣）
○講和条約の時期等について首相の大体の見透し如何……一二三
森　三樹二（日本社会党）
○日本の民主化、平和化の進捗に従ひ、講和の時期は促進……一二四
吉田　茂（内閣総理大臣）
○われらの安全と生存を諸国民の公正と信義に委ねると云ふ前文の形態は、第三国の委任統治国になつたかのような弱い観念を植付ける……一二四
芦田　均（委員長）
○「委ねる」と云ふ文字の意味は、信頼すると云ふ意味を含めたもの、平和愛好国の先頭に立たうとする積極性を含蓄……一二五

審議経過及び審議要録（目次）

○芦田委員長補充質問……………………………………一一五
○終戦後の日本が憲法改正を急速に実現しなければならない理由……………………一一六
○降伏条件受諾と云ふ事実のみに依つて、改正の動機は説明し尽されない……………一一六
○動機はもつともつと深い所にある………………………………一一六
○人類共通の熱望たる戦争抛棄と、より高き文化への欲求、よりよき生活への願望とが、敗戦を契機として、一大変革を余儀なくさせるに至つた。憲法改正の根拠はそこに存する……一一六

金森徳次郎（国務大臣）

○国際情勢から来る必要と、国内情勢から来る必要との競合による……………………一一七

芦田均（委員長）

○憲法改正案の二面、現実的構成法的部門と国際生活に対する理想主義……………一一七

金森徳次郎（国務大臣）

○改正案の主たる狙ひは、日本の道義水準を国際水準にまで昂めること、及びこれを実現するための国内機構を確立するにある……………………一一七
○日本は戦争の防止、戦争抛棄の大理想を通じてのみ再建と独立の大道を歩むことができる……一一八

芦田均（委員長）

○全く御示しの通り………………………………………………一一八

○前文と第九条とは国聯憲章と緊密な関係に立つ……一一八
○日本の過去を反省して、此の際思ひ切つた思想の転換をなさねば、再び国際社会に復帰することは困難だと思ふが、政府の見解如何……一一八
金森徳次郎（国務大臣）
○国際的、国内的両面から来るが、国際面に於ては、御趣旨の通り……一一九
芦田均（委員長）
○憲法改正案は国際聯合の究極の理想と合致……一一九
金森徳次郎（国務大臣）
○憲法改正は、日本が国際聯合に加盟し、国際社会に名誉ある地位を占めるための先決条件……一一九
○御示しの方向に進む考へを以て起案……一三〇
芦田均（委員長）
○改正案第九条の三大問題
一、わが国は自衛権をも抛棄する結果となるか……一三〇
二、国際的保障でも取付けない限り、自己防衛をも全うすることが出来ないのではないか……一三〇
三、国際聯合の加盟国としての義務を果せないから国際聯合に参加を拒否せられはしないか……一三〇
○国聯憲章も自衛権は明白にこれを認めて居る……一三〇

○自衛権に関する政府の答弁は、稍〻明瞭を欠く。この場合、明白にその態度を表明せよ……一三一

金森徳次郎（国務大臣）

○憲法と国聯憲章との間には、連繋上不十分なる点がある、必要なる措置はその場合に講ずる……一三一

芦田　均（委員長）

○戦力を廃止すれば、国聯加盟を許されないかも知れないと云ふは余りに形式論理的……一三二

○本改正案の目標は国聯加盟に依つて初めて完全に貫徹……一三二

○文化、文化国家の真義……一三二

○この際政府は奮起して国民の自覚を呼び起し、世界に呼び掛けて国際平和の実現に挺身せらるべきである……一三二

金森徳次郎（国務大臣）

○憲法改正は、何千年の歴史を経過した日本に於て未曾有の変革……一三三

○改正案は全精神を以て文字に表はしたもの……一三三

○憲法の理想を実現、文化国家建設の一路に捨石となるの信念……一三三

衆議院帝国憲法改正案委員会　昭二一・七・一一（木）

芦田　均（委員長）

○逐条審議の形に依つて審議を続行……一三五

○修正等の意見は小委員会を設けて研究……一三五
武田信之助（日本自由党）
○前文と第九条……一三六
○政府の行為と主権の発動との関係……一三六
○「主権の発動」は政府が行ふのであるか、又は国民の総意によるのであるか……一三六
金森徳次郎（国務大臣）
○前文は、必ずしも法律的正確を期せず、もう少し物の本質に立入つたもの……一三七
○人民が能く物を整へ、政府をして誤つた行為をさせないやうに持つて行くと云ふのが基本的な考へ方……一三七
武田信之助（日本自由党）
○然らば「政府の行為」を削除してもよいではないか……一三七
野坂参三（日本共産党）
○前文「政府の行為によつて」の代りに「他国征服の意図を持つた」とか、或ひは「侵略的意図を持つた」と云ふやうな戦争の性質を表はす言葉を入れるべきではないか……一三八
金森徳次郎（国務大臣）
○理論的には自衛戦争は正しいが、自衛の名を藉りて侵略戦争に赴く患ひがある……一三八

野坂参三（日本共産党）○私見ではこれが一番正しい……一三九
野坂参三（日本共産党）○「委ねよう」と云ふのは、諸国民の公正と信義に委ねようと云ふのか、又は諸国民に委ねようと云ふのか……一三九
金森徳次郎（国務大臣）○武器でなければ、生存と安全は保全出来ぬと云ふ訳ではない……一三九
○委ねるとは信頼すること、信頼は屈従を意味しない……一三九
○結局は国際協調……一四〇
野坂参三（日本共産党）○「委ねる」では積極性が出て居ない……一四〇
金森徳次郎（国務大臣）○「諸国民」とは、はつきり外国を指すのではない……一四〇
野坂参三（日本共産党）○「世界の諸国民」とあるから、主として外国を指す……一四〇
野坂参三（日本共産党）

○一字一句も忽せにすべき性質のものではない……一四一
衆議院帝国憲法改正案委員会　昭二一・七・一二（金）
北浦圭太郎（日本自由党）
○「戦争抛棄」については国際情勢に重点を置いて、政府の態度を決するわけであるか……一四二
金森徳次郎（国務大臣）
○日本が定むる憲法で、外国の意思に依つて定むるのではない……一四三
早川崇（新光倶楽部）
○三種の神器の剣と戦争抛棄との思想的関係……一四四
金森徳次郎（国務大臣）
○三種の神器の剣は必ずしも武力による戦争を意味しない……一四四
衆議院帝国憲法改正案委員会　昭二一・七・一三（土）
鈴木義男（日本社会党）
○「主権」の意義……一四五
○「国の主権の発動たる戦争」と云ふ用語法を採用した理由……一四六
金森徳次郎（国務大臣）
○主権とは、国家主権、国家統治権と云ふと同じ……一四六

審議経過及び審議要録（目次）

鈴木義男（日本社会党）
○主権は、国家の最高性、法的優越性を示す概念……一四六
○権力の主体を示すためには、国の最高権力とか国権とか云ふのが、公法学界の通説……一四七
山田悟六（日本進歩党）
○新憲法の平和宣言と云ふ目的から、本章をもつと大きく取り上げてはどうか……一四七
金森徳次郎（国務大臣）
○言葉は簡単、内容は実に深遠……一四八
山田悟六（日本進歩党）
○平和愛好の意思を九条に加へてはどうか……一四八
金森徳次郎（国務大臣）
○憲法は法則を規定するのが順序……一四八
○平和宣言は前文中に相当力強く盛り込んである……一四八
山田悟六（日本進歩党）
○戦争抛棄と云ふことはあり得ない。戦争否認、戦争権抛棄と言ふべし……一四九
金森徳次郎（国務大臣）
○戦争抛棄と云ふ言葉の由来……一四九

○不戦条約締結の際に、この言葉を使ふ。時代に応ずる一つの表現……一五〇
山田悟六（日本進歩党）
○「保持してはならない」とは自主的に保持しないのか、若くは他動的に保持してはならないのか……一五〇
金森徳次郎（国務大臣）
○国家が国家機関に対して言渡すやうな形式……一五〇

衆議院帝国憲法改正案委員会　昭二一・七・一五（月）

加藤一雄（日本自由党）
○文理解釈は偖て措き、精神解釈に重点を置いて盾問……一五二
○二度と再び世界の嗤ひものにならぬと云ふ覚悟……一五二
○心の底から迸り出る政府の決意を開陳願ひたい……一五三
○天皇は世界に率先、戦争抛棄を改正案に御明定……一五三
○新日本の再建は、戦争抛棄の規定を円満・迅速・完全に遂行するにある……一五三
○完全に敗北、世界人類の前に服罪……一五四
○過去における戦争は、概ねその原因が、人口問題を中心とする経済問題にあつた……一五四
金森徳次郎（国務大臣）
○人口問題は戦争原因の全部ではないが、その原因の大いなるもの……一五四

審議経過及び審議要録（目次）

加藤一雄（日本自由党）
○戦争を抛棄して而も国の安全と生存を確保するには、経済の安固と、思想教育の確立が必要……一五五
金森徳次郎（国務大臣）
○申すまでもない……一五五
田中耕太郎（文部大臣）
○戦争抛棄の問題と教育との関係……一五五
○戦争抛棄は、不正義に対して負ける、不正義を認容するものではない……一五六
○剣を以て立つ者は剣にて滅ぶと云ふ千古の真理に確信を抱く……一五六
○世界歴史は世界審判……一五六
○教育法の根本的構想……一五六
加藤一雄（日本自由党）
○国際不安の要素の分解。外部的要素と内部的要素……一五七
○不法なる経済圧迫等の規定が第九条にはないが、是はどうなるか……一五八
吉田茂（内閣総理大臣）
○国聯の設立により御懸念は一応問題がない……一五八
加藤一雄（日本自由党）

○今後の人口問題をどう考へるか……………………一五九
吉田茂（内閣総理大臣）
○重大な問題だが、経済政策の立て方によつて救済されるのではないか……………………一五九
北浦圭太郎（日本自由党）
○マッカーサー元帥の声明文を金森国務相は知らないと云ふが、吉田総理も同じく御存じないか……………………一五九
○マッカーサー元帥の声明文……………………一六〇
吉田茂（内閣総理大臣）
○宙には覚えて居ないが、元帥が日本政府に対し、憲法改正の指令を与へたことはない。相互間の諒解から、憲法改正に一致……………………一六〇
笠井重治（無所属倶楽部）
○戦争抛棄の条項を入れるについて帝国政府の決意のある所を総理から伺ひたい……………………一六一
吉田茂（内閣総理大臣）
○本会議、委員会に於て屢々説明した通り……………………一六二
笠井重治（無所属倶楽部）
○第九条によつて戦争を抛棄するならば、将来国聯加入等の場合に於て、国聯憲章第四十三条との関係において、問題となるのではないか……………………一六二

吉田茂（内閣総理大臣）
○総ては講和条約が出来た後……一六三
笠井重治（無所属倶楽部）
○独立回復を前提としての質問。はつきり言つて戴きたい……一六三
○戦争抛棄の趣旨を各国に徹底せしめ、各国の憲法の中にも編み込まれるやうに政府の努力を望む……一六四
吉田茂（内閣総理大臣）
○政府としても機会ある毎に努力……一六四
○戦争を抛棄した日本の加入を許すか否かは国聯の決定に委す……一六四
山崎岩男（日本進歩党）
○戦争抛棄は歴史的に考へて重大なる意義をもつ……一六五
○天武天皇の故事……一六五
○天武天皇は草薙御剣を熱田神宮に奉遷して治績を挙ぐ。新日本は軍閥を払拭して、平和国家を建設……一六六
○今日までの御軫念のあら方は軍閥、即ち剣の禍……一六六
○日本は日本の有すべき自衛権を抛棄……一六七
○国際上の保護国関係と云ふものを作り上げてやつて行くやうな状況にしなか

つたら、この国際場裡を潜抜けて行くのは困難……一六七
金森徳次郎（国務大臣）
○大いなる決心と正義を愛する熱情を以て臨む……一六八
○今後の国際情勢の動きを見定めて、十全の方途……一六八
山崎岩男（日本進歩党）
○治安維持に関連して、警察官は中等学校以上を卒業した人を採用すると云ふことを条件にする意思があるか……一六八
金森徳次郎（国務大臣）
○教養が高まれば各方面の行政は相当発展……一六九
高橋英吉（日本自由党）
○講和後、国聯に加入する見透しがあるか……一七〇
○国聯に加入が出来ない場合でも、日本が侵略の対象となつた場合、日本国から積極的に国聯に提訴出来るか……一七〇
○未復員者の問題を現在日本として国際聯合にこれを提訴することが出来るか……一七一
○講和会議の開催は何時頃になる見透しであるか……一七一
金森徳次郎（国務大臣）

○仕事分担の関係上御答へしにくい……一七一

高橋英吉（日本自由党）

○第九条の所謂国の主権とは、国家が主権者である、国家が統治権の主体であることを明記して居るのではないか……一七二

○主権在民説・主権在国家説・主権在君説の三つの中で金森国務相の考はどれに最も近いか……一七三

金森徳次郎（国務大臣）

○国を単位として考へる場合に、その国家意思を、主権・国権・統治権と言ふ。この意味に於ては、主権の主体は国家……一七四

○国民の意思が国家の意思を構成する。この意味に於て、国民全体が主権を持つとも言へる……一七五

○主権と云ふ言葉が二つの意味に使はれて居る……一七六

○「国民の総意が至高」、「至高の総意」……一七六

○「総意の主権性」、「主権性の総意」……一七六

高橋英吉（日本自由党）

○国家主権説を確信……一七七

○統治権に二つの主体があるとは信ずることは出来ない……一七七

金森徳次郎（国務大臣）

○法理的には、統治権の主体は国家。政治的・実際的には、国民協同体……一七七

○草案は大体御話のやうな建前……一七八
高橋英吉（日本自由党）
○主権の主体は国家。国民はその行使者、総覧者……一七九
金森徳次郎（国務大臣）
○主権は国家に在り、主権を構成する本体は国民全体……一七九
高橋英吉（日本自由党）
○ポツダム宣言は日本降伏の条件。かく解すれば、国民士気も昂揚……一七九
笹森順造（日本民主党準備会）
○他に適当の文字があれば、戦争抛棄と云ふ文字を改めても宜いか……一八〇
○「抛棄」では弱い。「排除」とすればもつと適切……一八一
金森徳次郎（国務大臣）
○「排除」では、「抛棄」程決意が十分表はれない……一八二
笹森順造（日本民主党準備会）
○憲法の効力の及ぶ地域的範囲と「国の交戦権はこれを認めない」と云ふ場合の国の定義及び範囲……一八二
○如何なる事態に於ても、国土の戦争基地化を拒絶し、第三国の交戦権を国

土内に於て認めないことが国土の安全を保つ所以……………………一八三

金森徳次郎（国務大臣）
○一つの考へ方であるが、今の段階では困難……………………一八三
○考へ得る主体は日本国だけの動きと云ふ意味、結局は、第一項、第二項共に、日本がこれを抛棄すると云ふ趣旨……………………一八四

笹森順造（日本民主党準備会）
○反乱鎮定のために警察は武力を行使し得るか、或は又この場合に警察の強制力は武器を使用しても武器とは看做さないか、こうした事について第九条の戦力と武力と云ふものとの関係において警察力との区別、限界を明確に示されたい……………………一八四

金森徳次郎（国務大臣）
○第一項、第二項共に戦争に着眼、国内治安維持のための実力行使は禁止されて居ない……………………一八五

笹森順造（日本民主党準備会）
○抛棄又は否認せらるべき武力及び戦力の定義と内容……………………一八五
○「武力」、「戦力」と平和的な経済国力、文化力との限界を明確に示されたい……………………一八六

金森徳次郎（国務大臣）
○一国の戦闘力を構成することを本体とするものは戦力。学問上発達した特殊の戦争の手段は固より戦力。結局は綜合判断によって決めるより外に名案はない……………………一八六

○明白に戦力と認むべきもの……一八六
笹森順造（日本民主党備備会）
○自衛権を発動しなければならない場合、国民が国土内で腕力或は其の他の器物で正当な自己防衛を行ふと云ふ場合でも違憲行為であるか、若しさうであるならばこれを如何に処罰するか……一八七
木村篤太郎（司法大臣）
○自衛権の発動であるや否やが問題……一八七
○交戦権の範囲に属すると認められる場合は、憲法違反……一八七
笹森順造（日本民主党準備会）
○我が国民が外国在住中に外国の軍隊に入り、戦争に参加すると云ふことは違憲行為であるか。また、これをどう取扱ふか……一八八
木村篤太郎（司法大臣）
○かかる場合に、日本国として責任のないことは当然……一八九
北浦圭太郎（日本自由党）
○日本人が外国に行つて居つて、日本に対して抗敵行為があつたとして、その者が日本に帰つて来て居るとすれば、これについてどうするか……一九〇

木村篤太郎（司法大臣）
○万一事実があれば刑法の定むる所によって処断……一九〇
北浦圭太郎（日本自由党）
○民主主義保障の規定（消極的権限争議に対処する規定）を何故に置かないか……一九一
○一例として戦争抛棄の問題……一九一
金森徳次郎（国務大臣）
○法則を作る力と現実を処理する力。前者は国会、後者は内閣もしくは裁判所に属する。この憲法によつて覆はれて居ない空間を残して居るとは考へない……一九二
北浦圭太郎（日本自由党）
○帝国憲法第三十一条の戦時又は国家事変の場合に処する非常大権の規定の如き規定が必要ではないか……一九二
金森徳次郎（国務大臣）
○非常大権の如きは、言葉を非常に藉りて濫用の虞がある……一九三
○苦労し過ぎるよりも、自由保障の万全を期す……一九三
北浦圭太郎（日本自由党）
○非常大権の如きものを政府に持たせず、国会がこれを握れ……一九四

○国家あっての民主主義、国家あっての権利・義務……一九四
衆議院帝国憲法改正案委員会　昭二一・七・二三（火）
芦田　均（日本自由党）
○質疑の終了に際して委員長より政府への要望……一九六
○十名位の小委員会を設け、修正案の取扱を担任させたい……一九七
○小委員会選挙方法……一九八
鈴木義男（日本社会党）
○委員長指名……一九八
芦田　均（委員長）
○小委員会委員指名、委員長参加合計十名……一九八
○小委員会の権能……一九八
衆議院帝国憲法改正案委員会　昭二一・八・二一（水）
芦田　均（日本自由党）
○小委員会の経過並に結果、即ち共同修正案の報告・説明……二〇〇
○前後十三回に亙る懇談会……二〇〇
○修辞的には生硬なる語句、難解な文字も少くない……二〇〇

審議経過及び審議要録（目次）

○前文の修正は最小限度に止む……二〇一
○第九条を修正、一二句を挿入した理由……二〇一
○案九十四条（憲九十八条）の修正……二〇一
○附帯決議案……二〇二
○本案及び共同修正案に対する討論……二〇三

吉田　安（日本進歩党）

○憲法修正案に対し進歩党は満腔の賛意を表す……二〇三

柏原義則（無所属倶楽部）

○無所属倶楽部を代表し、共同修正案に対し、心から賛意を表す……二〇四
○宗教的情操を培養して、平和思想の普及徹底を図る……二〇四

芦田　均（委員長）

○共同修正案に付て採決……二〇五
○小委員会修正の通り共同修正案は決定……二〇五
○修正以外の部分は原案通り決定……二〇五
○附帯決議案決定……二〇六
○委員会議事終了……二〇六
○委員長挨拶……二〇六

衆議院本会議　昭二一・八・二四（土）

山崎　猛（議長）

○帝国憲法改正案第一読会の続……二〇七

芦田　均（委員長）

○芦田委員長報告……二一〇
○前後二十一回会合、小委員会を開くこと十三回……二一〇
○戦争抛棄……二一〇
○全面的戦争否認を規定した憲法の嚆矢……二一〇
○委員会の関心の中心点は自衛権……二一一
○政府の見解は、第九条第一項は、自衛のための戦争を否認するものではないが、第二項によつてその場合の交戦権も否定されて居ると云ふにある……二一一
○戦争抛棄の消極的効果と積極的効果……二一一
○主要なる修正点……二一三
○第九条を修正して二句を挿入……二一三
○委員会に於ける経過……二一四
○改正憲法の最大の特色……二一四

審議経過及び審議要録（目次）

審議経過及び審議要録（目次）

尾崎行雄（無所属）

○憲法案賛成演説の要点（覚書）……一一六

山崎猛（議長）

○第二読会……一一八

○委員長報告に対する討論……一一九

野坂参三（日本共産党）

○修正案及び原案全体に反対……一一九

○第二章第九条は平和主義の空文、自衛権を抛棄して、民族の独立を危くする……一二〇

○如何なる国際紛争にも絶対に参加しない立場を堅持し、総ての善隣国と平等に親善関係を結べ……一二〇

○共産党は、当憲法が可決された後にたても、将来これが修正について努力する権利を保留する……一二〇

北昤吉（日本自由党）

○修正条項を加へた改正憲法草案に賛成、全面的に支持……一二一

○第九条修正の労を多とす……一二一

○日本国民は元来条約尊重を以て有名……一二二

○第九十四条（条約尊重）、満腔の賛意を表す……一二二

○根柢は国民の教育……一二三

犬養　健（日本進歩党）
○委員長報告に賛成……………………………………………………一一三
○第九条の修正は極めて妥当…………………………………………一一三
○祖国再建途上に於ける傑作の一……………………………………一一四
○未来の日本人の教養こそ、新憲法の前途を左右…………………一一四
片山　哲（日本社会党）
○党の修正案に敗れた現在に於ては、委員長報告に賛成…………一一五
○改正憲法の特色は天皇制下の民主化と戦争抛棄…………………一一五
○新憲法に於ける国民憧れの中心は、文化昂揚と、芸術の尊重と、平和に対する熱情……一一六
○戦争抛棄の反射作用として、文化と平和と平等の精神を吹込むことが新憲法の使命……一一七
林　平馬（協同民主党）
○最も厳粛なる態度を以て新憲法案に賛成…………………………一一八
○軍備抛擲、神に対して栄光を感ず…………………………………一一八
○軍備以上の極めて逞しき思想………………………………………一一九
○軍備に代る偉大なる思想……………………………………………一一九
○神武天皇建国の大詔は、民主主義の大本、奉仕的国民思想と実践倫理の淵源……一一九
○日本国民こそ真に平和愛好の国民…………………………………一二〇

審議経過及び審議要録（目次）

○軍備を擁しての平和論は、擬装平和の押売……一三〇
○光は日本より……一三一
○カントの平和論……一三一
○カントの講和論……一三一
○実に人類未曾有の冒険的試験。世界人はこの超国家的試験を成功せしめる義務あり……一三二

大島多藏（新政会）

○全面的な賛意を表す……一三三
○戦争抛棄は、洵に当を得たる所の処置……一三三

田中久雄（無所属倶楽部）

○委員長報告通り、修正せる改正案に賛成……一三四
○ポツダム宣言と憲法改正……一三四
○世界人類史上前例なき全面的且つ永久的戦争抛棄……一三五
○先づ他の権利を尊重し、他の幸福のために己を捧ぐる宗教的生活・懺悔の生活によつて、戦争抛棄の大理想が実現……一三六

山崎猛（議長）

○七名を除き全員賛成……一三七

貴族院本会議　昭二一・八・二六（月）

審議経過及び審議要録（目次）

○帝国憲法改正案（衆議院送付）……二六〇
○内閣総理大臣説明……二六二
○本改正案の基調……二六三
○改正案の大なる眼目は戦争抛棄……二六三
○衆議院の修正……二六四

高柳賢三（研究会）

○改正案は一面必然的・歴史的な所産であり、他面平和的・民主的日本建設の基礎工事……二六四
○大体に於て中正……二六四
○条約の国内法的地位。㈠憲法の条項に反する条約は無効と解してよいか。㈡国内法上条約と法律は並立的関係に立つか。㈢最高裁判所の違憲法令審査権は条約に及ぶか……二六五
○第九条は畢竟歴史的所産……二六六
○従来の主権国家の観念を捨てて世界聯邦……二六六
○世界聯邦の形に於ける世界国家……二六六
○第九条戦争抛棄は、世界聯邦を前提としてのみ合理的……二六七
○国際聯合へ参加し、一面日本の安全を確保し、他面世界聯邦建設に努力することが必要……二六七

吉田茂（内閣総理大臣）

○国際聯合への加入については、御趣意の通り……二六七
金森徳次郎（国務大臣）
○憲法と条約との関係……二六八
○憲法に対して制約を加へる条約もあり得る……二六八
○条約と法律との関係については、条約の方に特別の尊重を加へる……二六九
○最高裁判所法令審査権と条約との関係についても、結局、条約を誠実に尊重する原則が適用される……二六九
高柳賢三（研究会）
○尚疑問もあるが委員会に譲る……二六九
澤田牛麿（同和会）
○改正案提出の時期……二七〇
○ポツダム宣言受諾は無条件降伏ではない。非常な有条件……二七一
○永続的性質を有する重大な根本法の改正を急ぐ必要如何……二七二
○手続は現行憲法七十三条に繋がりがあるが、内容を見れば法的繋がりは全くない……二七二
○統帥権の規定も自然消滅……二七二

審議経過及び審議要録（目次）

○常備兵力に関する規定も既に空文……二七二
○改正案の内容は殆ど総て疑問……二七三
○条約は法規であるか……二七三

貴族院本会議　昭二一・八・二七（火）

吉田茂（内閣総理大臣）

○国権を回復し、国の政治的、経済的再建を促進するためには、国際的疑惑を一掃するの必要あり、これがためには、民主主義、自由主義に徹底する必要あり、これがためには速かに憲法を改正することが必要……二七四

金森徳次郎（国務大臣）

○愛国の至誠には御同感……二七五
○憲法改正は、ポツダム宣言による外部的条件と、敗戦に伴ふ日本国内の要請とによる……二七六
○明治憲法への疑惑……二七六
○明治憲法は出来上りは立派、運用の結果から見て大なる汚点を印す……二七七
○明治憲法の美点、特色は広大なる大権とその弾力性……二七七
○真理の探究と人格の尊重、国民権利の保障と民主政治の徹底を期するためには、相当規模の飛躍的変転を遂げねばならぬ……二七八

南原　繁（無所属）

○憲法改正事業は完全なる独立国として立ち得るや否やの試金石……二八〇
○草案の成立過程を重視……二八一
○憲法の根本的改革は、自らの更生のため進んで断行すべきもの……二八一
○政府は問題の重要性を認識し、これに相応しき根本的対策を持つて居つたか……二八一
○戦争抛棄は賛同を惜しまないが、それだけに問題がある……二八二
○歴史の現実を直視すれば、少くとも国家としての自衛権と、それに必要な
る最少限度の兵備を考へることは当然……二八三
○かかる意味の自衛権は国聯憲章によつても承認されて居る。これをしも抛棄せんとするのか……二八三
○徒らに東洋的諦め、諦念主義に陥る危険はないか……二八三
○兵力を維持する目的の一は国内治安の維持にある。その兵力をも抛棄すると云ふのか……二八四
○民族共同体を越えて世界人類共同体へ……二八四
○是迄の過誤を清算した日本は世界人類共同体の理想を持つことが必要……二八五
○第九条に対する衆議院の修正は修正中最も重要な意義を持つ。これに対する政府の所見如何……二八五
○改正案の趣旨は、祖国日本を自由と正義の完全なる国に高めるにある……二八六

○貴族院最後の御奉公……一八六
○何よりも、国民の前に真実を明かにせよ……一八七

幣原喜重郎（国務大臣）
○私等は当初より方針を決めて問題の調査に著手したのではない、調査してから方針を決めると云ふことにした……一八七
○戦争抛棄とマッカーサー元帥の痛論……一八八
○文明が戦争を絶滅しなければ、戦争が文明を絶滅するであらう……一八九

吉田茂（内閣総理大臣）
○日本としては、国権の回復、独立の回復が差迫つての問題……一八九

牧野英一（無所属）
○改正案に用ひられた言葉と文体……一九〇
○政府の草案を読んだ時、余り好い心持にはならなかつた……一九一
○翻訳を見ると様子が違ふ……一九一
○学校の教科書として、これからの文章の模範となるやうにして戴きたい……一九一
○「戦争抛棄」と云ふ弱い言葉でなく戦争自体を否定する勇気はないか……一九二

○憲法は国民の経典、国民の教科書、その用語・文体は洗練されて然るべし……………一九三

貴族院本会議　昭二一・八・二八（水）

金森徳次郎（国務大臣）

○憲法は美術品ではない。内容の充実に重を置き、関係者の精力をこれに注ぐ。形式については、時間的にも、これを顧る余裕がない……………一九六
○「戦争抛棄」と云ふ言葉は必ずしも不穏当ではない……………一九六

貴族院本会議　昭二一・八・二九（木）

佐々木惣一（無所属）

○本来意義多様であることを認めながら「主権」と云ふ言葉を法文中に用ひるに至つた事由……二九九
○「主権」と云ふ言葉は意義頗る多様、即ち不明……………三〇〇
○戦争抛棄についての愚見……………三〇一
○歴史的現実を離れた観念論は非常な危険……………三〇二
○国際関係において戦争せぬと云ふ国際的義務を負ふことはよいが、国家法において、他に類例を見ない戦争抛棄の規定を何故に設定する必要があるか……………三〇二
○第十章最高法規に関する規定は全然無意味。全部削除するが宜い……………三〇三

金森徳次郎（国務大臣）

○「主権」と云ふ言葉を用ひた衆議院の修正に賛成した理由……三〇四
○政府も本来佐々木博士と同意見……三〇五
○単純に主権と云ふ言葉を使へば紛糾の種。しかし前後の関係を見れば意義は分明……三〇六
○「戦争抛棄」については、有らゆる角度から本当に物を考へて、勇気を要することを断行した……三〇六
○各種の法規に体系を与へ、条約尊重に関する国際の誤解を一掃するためには、第十章の規定が必要……三〇七

貴族院本会議　昭二一・八・三〇（金）

林博太郎（研究会）

○幣原国務相の戦争抛棄論は、観念上は御尤も……三〇九
○歴代天皇も平和を御軫念……三〇九
○国際情勢は余程考へなければならない……三〇九
○戦争原因の心理学的考察……三一〇
○戦争の起源は闘争本能……三一〇
○生活は権利である……三一一

○本能は克服すべし、挫折すべからず……三一二
○文明と文化の区別……三一二
○平和は理想。但、闘争本能そのものを打ち砕くは、大間違……三一二
○足利尊氏の成功は所有慾を政治的に活用し、闘争本能を上手に利用したことによる……三一三
○本能を活用すれば成功し、本能を活用しなければ失敗……三一四
○アメリカの少年裁判……三一五
○元来、善悪は便宜的に決められることが多い……三一六
○政治の要諦は、本能を活かし、これを善導するにある……三一六
○勤労に対する休息……三一六
○闘争の必要。学問上に闘争本能が現はれなければ、真の発達は出来ない……三一七
○財産権に関する憲法第二十九条……三一八
○デンマークのビール会社……三一八
○戦争抛棄は理想。但、闘争本能を撲滅してはいけない……三一九

幣原喜重郎（国務大臣）

○戦争抛棄と闘争本能……三二〇
○殺人的、破壊的闘争は何処迄も否認。その本能は矯めなければならぬ……三二〇
○他日必ず蹤いて来る者があることを確信……三二〇

審議経過及び審議要録（目次）

〇戦争抛棄は理念だけのことではない。もう少し私は現実の点も考へて居る……三一一
〇従来の軍事費を平和産業の発達、科学文化の振興に転用。国家の財源、国民の活動力を挙げてこの方面に邁進……三一一

林　博太郎（研究会）
〇戦争は何処迄も抛棄すべし。但、闘争本能は挫折しないでもう一歩高い段階に持ち上げて行く、即ち克服するを要する……三一二

山田三良（無所属）
〇第九条第二項を削除して、自衛権の行使を留保せよ……三一四
〇衆議院の修正は誠に適切。問題の大半は既に解決……三一四
〇原案の不備……三一四
〇衆議院の修正により、徹底的平和主義の堂々たる宣言となる……三一五
〇修正意見撤回、衆議院の修正に満腔の賛同……三一五

戸澤正己（研究会）
〇特別委員の指名……三一六

徳川家正（議長）
〇帝国憲法改正案特別委員……三一七

貴族院帝国憲法改正案特別委員会　昭二一・八・三一（土）
安倍能成（委員長）
○安倍委員長挨拶……三二九
○理論的な要素の外に、現実的制約……三二九
○議事並に議決の定足数は過半数とす……三三〇
○審議の順序……三三〇
貴族院帝国憲法改正案特別委員会　昭二一・九・二（月）
金森徳次郎（国務大臣）
○憲法改正草案の大体の意味と衆議院の修正に対する政府の見解……三三一
○改正案の眼目とする精神は、凡そ前文中に尽されて居る。各条項は前文の思想と連絡を保ちつつ、相照応する……三三二
○衆議院の修正は、大体に於て、文字及び表現の修正。実質の意味に於て変る所がない……三三三
貴族院帝国憲法改正案特別委員会　昭二一・九・三（火）
松本學（研究会）
○戦争抛棄と世界平和との関係……三三五
○国際聯合への加入は、自衛権と武備とを条件とするのではないか……三三五

審議経過及び審議要録（目次）

○戦争抛棄は世界に向つての大宣言……三三六
○ユートピアと云ふ批評も無理はない……三三六
○世界平和の具体案なくしての戦争抛棄は世界の物嗤……三三六
○ローズヴエルト夫人の世界平和論……三三七
○政治家は夢を説き、ユートピアを説き、哲学を持て……三三八
○世界平和の具体案あらば、承はりたい……三三九
吉田　茂（内閣総理大臣）
○戦争抛棄の趣意は平和日本の平和精神を世界に闡明するにあり、国際加入のためこの条項を設けたのではない……三三九
○世界平和の具体案については、国際情勢により、答弁に苦しむ……三三九
松本　學（研究会）
○適当の時機に其の夢を世界に発表されたい……三四〇

貴族院帝国憲法改正案特別委員会　昭二一・九・五（木）

南原　繁（無所属）
○将来国際聯合加入の場合に、第九条の改正を予想するかどうか……三四一
吉田　茂（外務大臣）

○国際団体への復帰は希望するが、国聯に加入するか否かは、講和条約締結後の内外の情勢によつて判断すべきもの……三四二
南原　繁（無所属）
○戦争抛棄後の国際政治政策……三四三
○平和は単なる現状維持、安全第一であつてはならない……三四三
○普遍的な国際正義に基いた平和でなければならない……三四四
○人類の理性と良心に従ふ現状の平和的変更……三四四
○一国のデモクラシーから国際の普遍的デモクラシーの実現へ……三四四
○単なる戦争抛棄では相成らぬ、正義に基いた平和の確立こそ将来の国際政策……三四五
吉田　茂（外務大臣）
○質問の御趣意は誠に御尤も。御趣意に副ふやう努力……三四六
南原　繁（無所属）
○単なる平和でなく、正義に基いた平和、現状の平和的変更を理想とせよ……三四六
○どう云ふ見地から政府は衆議院の修正に同意したか……三四七
金森徳次郎（国務大臣）
○衆議院の修正は幾多の修正中、最も重要な意義を持つ……三四七

審議経過及び審議要録（目次）

○御説の如き見地に力点を置いたものと考へる……三四七

南原　繁（無所属）

○衆議院の修正は、戦争抛棄以上に重大な世界的宣言……三四八

吉田　茂（外務大臣）

○御趣意はよく了承、誠に御同感……三四八

織田信恒（研究会）

○言論、政治の各方面において、国際事情の考慮を欠く……三四九
○外交のない戦争……三四九
○憲法と外交との関係……三五〇
○国際聯盟と国際聯合……三五〇
○国際聯盟の外交は世界的封建制度……三五一
○国際聯合の精神はインターナショナル・デモクラシイ……三五一
○国際思潮、国際事情を国民に周知せしめよ……三五一
○国際知識なくしては、憲法の運営は出来ない……三五二
○将来の平和運動の方向……三五二
○国際軍事法廷は擬律だけを目的とせず、平和維持の高遠な理想を指導原理とせよ……三五三

○国民外交の神随……三五三
幣原喜重郎（国務大臣）
○国際問題、平和問題については、時勢の進歩に遅れないように、国民全体相率ゐて、真剣に研究したい……三五四
織田信恒（研究会）
○平和運動は個々の人の心に愬へる事柄が非常に多い……三五五
○日本の芝居の野蛮性……三五六
○社会運動において戦争用語を濫用するは正しくない……三五六
○平和問題研究の中心機関……三五六
○輿論は改正案を拍手を以て迎ふ。国民平和運動の方図を考へるは、時宜に適した政治的処置……三五七
幣原喜重郎（国務大臣）
○平和問題の研究、宣伝機関は官製は不可、民製でなければならぬ……三五八
織田信恒（研究会）
○政府の答弁に満足、疑義も解く……三五八
○アメリカ国民の平和への援助を心から希望……三五九

貴族院帝国憲法改正案特別委員会　昭二一・九・六（金）

審議経過及び審議要録（目次）

澤田牛麿（同和会）
○第九条は日本の言ふべきことではない、他人が言ふことだ……………三六〇
○第二項は聯合国の機先を制すると云ふ趣旨か……………三六〇
○二大国間の戦争に際し、中立を維持し得ざる場合に於ける第九条の効力如何……………三六一
○憲法で軍備を禁止すれば、聯合国か許しても持てないことになる……………三六一
○或程度の軍備は、警察力の後楯として必要……………三六二
吉田茂（内閣総理大臣）
○日本に対する外国の誤解を一掃しようとする国外に対する判断から、他に類を見ざる本条の規定を憲法に挿入……………三六二
○仮定の場合に付ては、甚だ御答へし難い……………三六三
澤田牛麿（同和会）
○治安の問題は、警察に関する問題で仮定の問題ではない……………三六三
○戦争抛棄は結構だが、一切の軍備を持たないと云ふことを憲法に急いで規定する必要はないではないか……………三六四
吉田茂（内閣総理大臣）
○軍隊によらなければ治安の維持が出来ないとは考へられない……………三六四

貴族院帝国憲法改正案特別委員会　昭二一・九・九（月）

霜山精一（無所属）
○前文に於て「平等」について言及する所がない理由如何……三六五
○国内的の平等、国際的の平等こそ、憲法が最も力を入れなければならない点……三六六
金森徳次郎（国務大臣）
○平等については、間接的な方法を取り、言葉の含みの中に、その思想を表はして居る……三六七
牧野英一（無所属）
○金森国務相との行違ひ……三六七
○東洋的遠慮を脱し、もつと積極的であつて然るべし……三六七
○戦争抛棄についても、単に「抛棄」と言はず、これを「否定」すると規定したら如何……三六八
○「政府の行為によつて再び戦争の惨禍が発生することのないやうに」としては如何……三六八
○ヒストリカル・グランマーを参酌して、出来るだけ正確に書いて戴きたい……三六九
小山完吾（交友倶楽部）
○議事の進行について……三七〇
○先づ原則を審議し、法文の文法的、修辞的修正は後廻しにしたら如何……三七〇
安倍能成（委員長）

審議経過及び審議要録（目次）

○文章の訂正については、小委員会で審議したら如何……三七一
牧野英一（無所属）
○言葉の末を追掛けながら、思想的には余程違つた立場で質疑。その思想的意義を諒とせよ…三七一
安倍能成（委員長）
○小山委員の意見は、法文の字句の修正は、総仕上げの時に一括して審議せよと云ふにあるか…三七二
小山完吾（交友倶楽部）
○委員長の議事進行方針に付て、注意を喚起しただけ……三七二
金森徳次郎（国務大臣）
○現段階の国民の普通に使つて居る言葉に全幅の信頼を払ひ、動き行く言葉の現段階を捉へ、現在世に行はれて居る日本語を以て、日本の国法を明かにすることを主旨とする…三七三
安倍能成（委員長）
○質疑、応答共に出来るだけ簡潔に……三七四
牧野英一（無所属）
○仮りに「政府」と云ふ文字を「国会」と云ふ文字に書き換へると、同じ文章であつて意味が反対になる……三七四
金森徳次郎（国務大臣）

牧野英一（無所属）
○憲法はこの文章以外のものを予想して居ない……三七四
○金森国務相に似合はぬ此の度は御深切な御答弁……三七四
高柳賢三（研究会）
○「常に平和を念願し」と云ふより、「恒久平和を念願する」と云ふ方が宜いのではないか……三七五
金森徳次郎（国務大臣）
○平和を念願することが常住であると云ふに帰着……三七五
田所美治（同和会）
○英訳文にあつて、日本文にない字句がある。原文にないものを訳文に加へた理由如何……三七六
○ナウ・スターリング・マンカインドの一句は、訳文にあつて、原文にない……三七六
○ナウ・スターリング・マンカインドの一句はある方が宜い。平和宣言は力強く、積極的であれ……三七七
金森徳次郎（国務大臣）
○多分、日本文の中味を稍ゝ突込んで言ひ現はす趣旨……三七八

貴族院帝国憲法改正案特別委員会　昭二一・九・一〇（火）

長谷川萬次郎（交友倶楽部）
○いづれの国家も自国のことのみに専念して、他国を無視してはならないのであつて、

政治道徳の法則は云々の表現では、世界に対する国家の責任が明かにされて居ない……三七九
○英訳文は誤訳かも知れぬが、この誤訳の方が意味が徹底する……三八〇
○この憲法に於ては、一歩を進め、自国民に対する責任のみではなく、世界の政治道徳に対する責任をも規定することそ、前文の趣旨に適ふのではないか……三八〇
○日本国民の認識不足、戦争に対する国民としての責任感の不足と世界の政治道徳に対する責任感の不足……三八一
金森徳次郎（国務大臣）
○この一節は、一般的な態度を採り、客観的に真理を言ひ現はしたもの。英訳と特別な差はないと思ふ……三八二
長谷川萬次郎（交友倶楽部）
○いづれの国家も世界に対して負ふ所の責任について規定しなかつた理由如何。これを規定することに不賛成であるか否か……三八三
金森徳次郎（国務大臣）
○憲法自身の建前を日本の再興に置き、その国際的地位に相応しく、比較的謙抑なる態度を執る三八三
長谷川萬次郎（交友倶楽部）
○然らば、「いづれの国家も」の一句は削つた方がよい……三八三

金森徳次郎（国務大臣）
○そこまで論理を徹底させなくてもいゝのではないか……三八四
長谷川萬次郎（交友倶楽部）
○世界に対する国家の責任を明かにした方がいい……三八四

貴族院帝国憲法改正案特別委員会　昭二一・九・一三（金）

佐々木惣一（無所属）
○問題の核心は、憲法の中に、戦争抛棄を規定することの可否にあり、戦争をするが宜いかどうかではない……三八六
○世界平和の維持・確定は世界共同の責務……三八六
○世界平和は自然事実ぢやない、われわれの理想……三八七
○世界平和の理想は、一国のみの努力によつて実現出来るものではない……三八七
○世界平和実現のための世界共同の努力に寄与することが、わが国の責務……三八七
金森徳次郎（国務大臣）
○終局の意味に於ては、左様の筋合……三八八
佐々木惣一（無所属）
○憲法に戦争抛棄を規定することが、果して世界共同の努力への寄与となるかどうか……三八八

○わが国だけでは出来ないと思はれるやうなことを憲法に規定することは却つて外国をして誤解を懐かしめはしないか……三八九
金森徳次郎（国務大臣）
○世界の誤解の一掃と云ふは、目的と云ふよりは、結果から考へたもの……三八九
○さう云ふ考へ自身が今迄世界を混乱の巷に陥れたのではあるまいか……三九〇
佐々木惣一（無所属）
○戦争を無くすることが出来ても出来なくても、我々は積極的に努力しなければならない。ただこれを憲法に規定することはどうか……三九一
○もつと積極的に、世界各国をして戦争を為さないように努力する必要を認めないか……三九一
金森徳次郎（国務大臣）
○憲法に規定することは、対内的にも、対外的にも、最も効果的……三九二
○当然世界に呼び掛くべきであるが、未だその段階に至つて居ない……三九二
佐々木惣一（無所属）
○世界から戦争を無くすることについて何か考へがあるか……三九二
金森徳次郎（国務大臣）
○答弁は憲法と直接関係を持つ限りに限局したい……三九三

佐々木惣一（無所属）
○思想的方面から努力することも必要だが、平和維持の世界的秩序を作ることが大事……三九三
○国際聯合、世界の平和について、何等か政府の考へを述べることは出来ないものか……三九四
幣原喜重郎（国務大臣）
○国際聯合の如何に拘はらず、日本の将来を考へれば、平和に精進することの決心が必要……三九五
佐々木惣一（無所属）
○戦争抛棄の条項についての、法律上の意義、法意上の疑点……三九五
○戦争抛棄の規定は世界に稀有の例……三九六
○「主権の発動たる戦争」と云ふ意味が少しも分らぬ。これを「国権の発動」と修正した法的意味如何……三九六
金森徳次郎（国務大臣）
○「国の主権」と言ひ、「国権」と言ふも、この場合、実質的には意味の差はないものと考へる……三九七
佐々木惣一（無所属）
○占領軍司令官が日本に向つて、参戦を要求した場合如何……三九八
金森徳次郎（国務大臣）
○詰り、参戦しないことになる……三九八

佐々木惣一（無所属）
○占領下においては、国の主権は司令官の意思に従属して居る。その点の関係如何……三九八
金森徳次郎（国務大臣）
○仮想的な答弁をしなくても、結論は既に御了解の筈……三九九
佐々木惣一（無所属）
○ポツダム宣言を正当に理解すれば、参戦の義務がありはしないか……三九九
○想定された事実であるが、仮想された事実ではない……三九九
○戦争拋棄は国家の独立性を喪ふ危険がありはしないか……四〇〇
○不戦条約も戦争そのものを否定して居るのではない……四〇〇
○今日の国際生活をなして居る以上、場合によつては戦争も已むを得ないと思ふが、さう云ふ考は誤りか……四〇一
金森徳次郎（国務大臣）
○第九条の根本義……四〇一
○第一項は不戦条約を明かにしたもの、諸国の憲法中類例もあるが、第二項は更に大飛躍を試みた劃期的なもの……四〇一
○所謂独立性を維持する上に於て、相当苦心を要することは、自然の結果……四〇一

佐々木惣一（無所属）
○戦争抛棄の国際法的意味……四〇二
金森徳次郎（国務大臣）
○これは明白に国内法的の規定……四〇二
佐々木惣一（無所属）
○外国から挑戦された場合に、戦争することは、国際法上許されるか……四〇二
金森徳次郎（国務大臣）
○国際法上は毫も禁止されて居ない……四〇三
佐々木惣一（無所属）
○我国から戦争を仕掛けることも国際法上は許される訳……四〇三
金森徳次郎（国務大臣）
○さう云ふ方向に於て議論することは、なるべく申上げたくない……四〇三
佐々木惣一（無所属）
○戦争抛棄の規定は国際法的に無意味……四〇三
○戦争抛棄は思想的には賛成だが、これを国内法に規定しても何にもならぬ……四〇四
○戦争抛棄は講和会議の要件となつて居るのか……四〇四

金森徳次郎（国務大臣）
○憲法は法理学的な面と共に、多分に政治的要素をもつ。国民に対し、多くの心理作用をもつと同時に、国際的意義を有する……四〇五
佐々木惣一（無所属）
○法を論ずる場合、世界に於ける日本を念頭に置き、政治との連関を考へて居る……四〇六
○戦争抛棄の規定が国民に対して如何なる影響を持つと考へるか……四〇六
金森徳次郎（国務大臣）
○従来の考へ方を一変し、平和愛好国民であるとの確信を高める……四〇七
佐々木惣一（無所属）
○戦争抛棄の結果、独立性を失ひ、自主的でない、卑屈な気持を持たせはしないか……四〇七
○戦争抛棄を憲法に規定せず、開戦の決定を法的に、実際的に非常に困難ならしめるように規定したら宜いではないか……四〇八
山本勇造（無所属）
○「戦争抛棄」と云ふ言葉の意義と用例と思想的背景……四一〇
○「戦争の否認」と言ふなら分るが、「戦争抛棄」では意味をなさない……四一〇
○戦争抛棄と云ふ言葉には、果して不戦条約にその用例があるかどうか……四一一

○不戦条約批准頃までの一般の用例は、「抛棄」でなくて、「廃棄」であつた……四一一
○不戦条約に「抛棄」とあるとすれば、「廃棄」から「抛棄」と改められたのはどう云ふ訳か…四一三
○「抛棄」と云ふ言葉にはその背景に、帝国主義的、侵略主義的思想が潜んで居るやうに思はれる四一三
○昭和三年への回顧……四一四
○政府は用例と言ふが、これは憲法にその儘用ひて宜いものであらうか……四一五
○意味をなさない言葉を憲法に入れることは、国語の立場からも非常に疑問……四一六
金森徳次郎（国務大臣）
○法律上の用語は、自ら一定の意味を、立法の趣旨、前後の関係から導き出されるに至る。
「戦争抛棄」には既に用例もあり、これに代るべきものが見付からないから、これを選んだ…四一六
○用例は、不戦条約及び民法第五編相続に関する規定中にある……四一七
○不戦条約中にこの語を用ひるに至つた経緯……四一七
山本勇造（無所属）
○「抛棄」といふ言葉の適当でないことを御承知ならば、用例の如何に拘はらず、適当の言葉を用ひてはどうか……四一九
金森徳次郎（国務大臣）
○リナンシエイシヨンと云ふ言葉は、抛棄に限らず、否認、否定等の意味がある……四一九

○「抛棄」と云ふ言葉を用ひて悪いとは申上げぬ、法律家の立場から見れば、斯様な特殊の発達をした文字をその儘尊重して行くことにも一理がある……四一九

安倍能成（委員長）
○文字乃至用語の改訂については、予め考慮を願つて置き、後で一括して審議したい……四二〇

牧野英一（無所属）
○衆議院の修正はポツダム宣言の新秩序の三原則を聯想せしむ。同院が三原則の一、「安全」を「秩序」と替へた理由如何……四二一

金森徳次郎（国務大臣）
○その思想上の途行は了知しない……四二一

牧野英一（無所属）
○「国の主権の発動」と「国権の発動」とどれ程違ふか……四二一
○戦争と「武力の行使」とはどれ程違ふか……四二二

金森徳次郎（国務大臣）
○言葉の精密な分析は甚だ困難。国際法的にも自ら一定の意義があり大体常識的に判断される四二二

牧野英一（無所属）
○「武力の行使」等は戦争の延長に過ぎない。簡単に、戦争はこれを抛棄すると言つては如何…四二二

○自分だけが抛棄するのではなく、戦争は全面的にこれを否定する、わが国も否定するが、世界の諸国も否定せよと云ふ積極的意味を現はしたい……四一三
○戦力を保持しないことにしながら、更に交戦権を認めないと云ふ理由如何……四一三
金森徳次郎（国務大臣）
○戦争の段階にまで至らない「武力の行使」等も避けるようにしなければならない……四一四
○第一項は外国の憲法中にも類例があり、原則を規定したに止まる……四一四
○第二項は新しき主題を含み、原則を実現する手続上の手段を規定したもの……四一四
牧野英一（無所属）
○戦力は保持しない、交戦権はこれを認めないと云ふことは、同じ事柄の表裏に外ならず、重複こそして居れ、特別の意味がないのではないか……四一五
○「戦争抛棄」は、当然に「武力の行使」をも含む。それを並べて規定するは、無用の言葉を重ねたものではないか、交戦権云々と云ふのも亦同様ではないか……四一五
金森徳次郎（国務大臣）
○戦争と威嚇と行使の三段階を抑へて置く方が趣旨が徹底する……四一六
○前段は事実の変化を起し得る有形的なものを考へて居る。後段は法律上の保護を規定する。両者は内容的に重複する可能性はない……四一七

○第一項には、「紛争の解決の手段として」とあるので、防禦戦争を含まない。
但、第二項に於て、一切の場合に於ける手段を封鎖して居る……………………四一七

牧野英一(無所属)
○若し、重複関係がないとすれば「戦力を用ひない交戦権」と云ふものがあり、それをも封じようと云ふわけであるか……………………四一八

金森徳次郎(国務大臣)
○「戦力のない戦争」を予想することは、甚だ困難。但、かく三段構への規定を設けることには、理由がある……………………四一八

牧野英一(無所属)
○竹槍を以てする場合にも、交戦権を許さない趣旨と心得る……………………四一九
○戦争は廃める、否定する、戦力は保持しない、と大筋だけを言ひ放ち、交戦権と云ふ文字を削除して余裕を残せ……………………四一九
○規定の形式は簡単明瞭なることを尊しとする……………………四一九

松村眞一郎(研究会)
○戦争抛棄は、或意味に於ける国体の大変革……………………四三〇
○戦争抛棄と自衛権……………………四三〇

○戦争を抛棄することそれ自身が日本の自衛のために必要……四三一
○日本を誤つたものは、安価な汎神論……四三一
○日本は、日本の伝統から考へた敬虔なる良心に愧ぢざる神の国運動を戦争抛棄によつて行ふべきもの……四三二
○神憑りはいけない、神憧れは宜い。天皇憧れは宜い、天皇憑りは不可……四三二
○日本の外交は由来誠実外交……四三三
○貴族院勅語奉答文に於て、叡聖文武天皇陛下と申し上げて居ない、即ち国体は全然変つて居る四三三
○戦争抛棄の規定が施行された場合に於て、国体が変るかどうか……四三四

金森徳次郎（国務大臣）
○今後は、平和の一路を捨身になつて進むことになり、国体の新しい意味も生じて来るであらう四三四

松村眞一郎（研究会）
○この憲法により排除さるべき詔勅は如何なるものであるか……四三四

金森徳次郎（国務大臣）
○教育勅語の「一旦緩急アレハ」の一句には武を含むか……四三五

松村眞一郎（研究会）
○勿論武を想定した文字と思ふ……四三五

金森徳次郎（国務大臣）○軍人勅諭に所謂国体は、この憲法によつて改むべきものと考へるか……四三五
金森徳次郎（国務大臣）○甚だ難問、篤と研究する……四三六
松村眞一郎（研究会）○青少年学徒に下賜されたる勅語に所謂「武ヲ練リ」と云ふことは如何……四三六
金森徳次郎（国務大臣）○普通の意味に於ける「武ヲ練ル」と云ふことは、新憲法の実施と共に、排除さるべきものと思ふ四三六
○この憲法の実施により、排除せらるべき詔勅は、法規の如き拘束力を有する詔勅であつて、教訓的なものは含まない……四三七
松本學（研究会）○日本の国体は文武一体である……四三七
○「武の精神」は戈を止むるにあり、武の精神こそ平和の精神、戦争抛棄は武の精神を捨てることであると云ふのは、非常な間違い……四三八
金森徳次郎（国務大臣）○第九条の精神に反する限りに於て、諸般の武に関する言葉は反省せらるべきである……四三八
松村眞一郎（研究会）

○武とは、明らかに戈を執つて立つと云ふ文字、私の言ふ武とは戈に愬へる武と云ふ意味……四三九
松　本　學（研究会）
○「武力」と「戦力」とは同じものと解すべきではないか。武力は何処までも戈を止むると云ふ精神、戈を執る力と解するは間違……四三九
金森徳次郎（国務大臣）
○戦争をすること、戦力を保有することは、この憲法によつて変更を受ける。その範囲に於て諸般の制度は変らなければならない……四四〇
松　本　學（研究会）
○戦争抛棄によつて国体が変ると云ふ議論があり、議論の原因が武力と云ふ文字にあるならば、これを戦力と書き換へてもよいではないか……四四〇
金森徳次郎（国務大臣）
○私の所謂国体観念、社会通念としての国体観念は、第九条によつて変ると云ふことは全然ない四四一
松　本　學（研究会）
○よく了解した……四四一
松村眞一郎（研究会）
○私は国体は変更しないと断言する。しかし変更するやうに読めるから、

余程考へなければいけない……四四二
高柳賢三（研究会）
○第二章第九条と不戦条約……四四二
○戦争を廃棄する憲法の条項は必ずしも珍らしいものではない……四四三
○自衛権は、国内法に於ける正当防衛権とは違ふ……四四三
○従来の憲法の戦争抛棄に関する規定に於ても、不戦条約に於ても、自衛権は保留されて居る……四四三
○第二章第九条は、従来の条約及び諸国の憲法に見出される戦争抛棄とは本質的に異り、非常に劃期的……四四四
○原子爆弾の発明により従来の武装せる主権国家はナンセンス……四四四
○将来の世界、世界聯邦と云ふものに照らして、はじめて意味がある……四四四
○侵略を受けた場合に於ても、この原則によれば武力抗争をせず、一時は侵略に委せることになると思ふが、どうか……四四五
金森徳次郎（国務大臣）
○武力なくしての防衛は自ら限度があり、自然さう云ふことになる……四四五
高柳賢三（研究会）
○第九条の精神はガンヂーの無抵抗主義にあるものと理解して宜しいか……四四五

金森徳次郎（国務大臣）
○武力以外の方法に依つて或程度防衛する余地は残されて居る。戦争以外の方法でのみ防衛する。其の他は御説の通り……四四六
高柳賢三（研究会）
○憲法に依つて自衛戦争を抛棄しても、国際法上の自衛権は喪失しない。自衛戦争は憲法違反になるが、国際法違反にはならない……四四六
金森徳次郎（国務大臣）
○法律学的に申せば御説の通り……四四七
高柳賢三（研究会）
○交戦国の権利義務に関する条約等は、憲法の規定にかかはらず、依然存続するものと思ふがどうか……四四七
金森徳次郎（国務大臣）
○国際法的には存続する……四四七
高柳賢三（研究会）
○正式に国際法上の要件を備へた「群民蜂起」の国際法上及び国内法上の地位はどうか……四四七
金森徳次郎（国務大臣）

審議経過及び審議要録（目次）

○正当防衛の原理が解釈の根拠となるものかと考へる……四四八
高柳賢三（研究会）
○侵略に対する共同制裁を目的とする条約等も憲法違反と思ふがどうか……四四九
金森徳次郎（国務大臣）
○第九条に違反する趣旨の条約は憲法違反……四四九
高柳賢三（研究会）
○自衛戦争抛棄は、自衛の名の下に侵略の行はれた通弊に照らして為されたものか……四四九
金森徳次郎（国務大臣）
○全くその通り……四四九
高柳賢三（研究会）
○共同制裁を目的とした戦争をも抛棄するは、戦争そのものが人類の福祉に反
すると云ふ根本思想に基くのではないか……四五〇
金森徳次郎（国務大臣）
○普通の形を予想すれば御説の通り……四五〇
高柳賢三（研究会）
○国聯憲章の平和思想と改正案の平和思想……四五〇

○改正案は国聯憲章を断乎排撃せむとするものであるか……四五〇
金森徳次郎（国務大臣）
○本条は自ら見て正しいと思ふ所を規定したもので、国聯憲章を批判したものではない。国聯との関係は、別途将来の問題として研究する……四五一
高柳賢三（研究会）
○日本は、新憲法の独自の世界平和政策に鑑み、国聯に加入せざる方が、国策に忠なる所以ではないか……四五一
金森徳次郎（国務大臣）
○憲法の趣旨と国聯憲章の趣旨とは違ふ所がある。これを如何に調節するかは将来の問題……四五一
高柳賢三（研究会）
○戦争抛棄の結果、中立国としての義務履行が出来なくなり、日本が戦場化する危険が濃厚ではないか……四五二
幣原喜重郎（国務大臣）
○国聯加入に際しては、第九条の精神に基き、国聯憲章による再軍備及び制裁戦争への参加を保留しなければならない……四五二
○軍備を持たないこと、交戦権のないことは、日本の権利・自由を守る最良の方法……四五三

高柳賢三（研究会）
○国民が個人として、第三国間の戦争に参加するを禁止する立法が必要ではないか……四五三
金森徳次郎（国務大臣）
○全く同感……四五四
佐々木惣一（無所属）
○幣原氏の所謂留保を申出る時期は何時か。独立前か、若くは独立後か……四五四
○第九条の規定により、日本だけが不当の挑戦に対し武力抵抗を許されないやうな場合が実際に生じた時に於ける国民感情……四五五
金森徳次郎（国務大臣）
○第二章は、捨身になつて国際平和のために貢献しやうとする大乗的規定。それより起る若干の故障は予め覚悟の前。御質問の点は、架空に予想することは困難……四五六
佐々木惣一（無所属）
○架空な想像と考へず、これを採入れて立法すべし……四五六
平塚廣義（研究会）
○第九条は誠に重要な問題、憲法として公布される場合には、政府としても十分な注意が肝要……四五七
○各地駐屯兵力と保安との関係……四五七

澤田牛麿(同和会)
○地方治安の維持上、兵力の必要を生ずることは、実例があり、仮定の事実ではない……四五八
○パリ会議の模様を見れば、聯合国側も若干の兵力保有を許すものと想像される。それを遠慮する必要はないぢやないか……四五八
幣原喜重郎(国務大臣)
○警察力を充実することは差支ない。外国と戦争することが出来るやうな兵力を持つことは出来ない……四五九
澤田牛麿(同和会)
○第九条は、軍備を全然持たないと云ふのではなく、条約で許されれば幾らか持つと云ふ意味であるか……四五九
幣原喜重郎(国務大臣)
○外国との戦争に関係ある戦力を持てないことは明瞭。併し、国内警察力充実のため、機関銃を持つことまで禁止するものではないと思ふ……四六〇
澤田牛麿(同和会)
○外国と戦争するための軍備はいけないが、警察力と云ふ意味での軍備は宜いと云ふ意味か…四六〇
幣原喜重郎(国務大臣)

澤田牛麿（同和会）
○国民同士戦争するための軍備はあるべきものではない。警察力で沢山……四六一
○騒擾等に際し、現に軍隊が出動した場合がある。治安維持のための軍備は置く方がよいではないか……四六一
幣原喜重郎（国務大臣）
○治安維持のための力は、警察力と言へばよい、軍備とは言へない……四六二
織田信恒（研究会）
○戦力と云ふ言葉の内容は近代科学文化を標準にするのか、竹槍をも武力と見るのか、戦力の意味如何……四六二
金森徳次郎（国務大臣）
○「戦力」とは、戦争又はこれに類似する行為に於て、これを使用することによつて目的を達成し得る一切の人的及び物的力を言ふ。竹槍は戦力にはならぬ……四六三
織田信恒（研究会）
○ウラニューム等、科学的文化の戦力化防止のための管理が問題。その限界を明確にして学者の疑惧を除くことが必要……四六三
金森徳次郎（国務大臣）

○専ら戦争に用ひることを本体とするものは不可。その用途の広いものはその儘では戦力とは考へられない……………………………………四六四
大河内輝耕（研究会）
○自衛の戦争と雖も、当然禁止されて居るものと思ふがどうか……………四六五
金森徳次郎（国務大臣）
○事柄としては、その通り。第一項では出来ることになつて居るが、第二項で出来なくなる…四六五
大河内輝耕（研究会）
○国際的に考へても、戦争は一切やるべきものではないと見るが穏当ではないか……………四六六
金森徳次郎（国務大臣）
○憲法の明文に現はれて居るやうな趣旨……………………………………………………四六六
貴族院帝国憲法改正案特別委員会　昭二一・九・一九（木）
結城安次（研究会）
○第二十六条教育を受ける権利、教育する義務の規定があれば、戦争を抛棄しても宜い……四六七
○少しばかりの軍備は抛棄するに如かず……………………………………………………四六八
○第九条と第二十六条とは表裏一体…………………………………………………………四六八
○教育を受ける権利と共に義務を負はせ、同時にその義務を国家が履行させることが必要……四六八

田中耕太郎（文部大臣）
○教育を受ける義務迄規定すれば、国民の負担は過重となるので、憲法としては権利を規定するに止めるが妥当……四六九

貴族院帝国憲法改正案特別委員会　昭二一・九・二六（木）

高木八尺（同成会）
○第十章（最高法規）の三箇条を削除しては如何。原案第九十四条、憲法を最高法規とする根拠が明確でない。これを削除することが至当でないか……四七〇
金森徳次郎（国務大臣）
○憲法と法律の効力の優劣に関し、疑義を生ずる惧もあり、法律によつて憲法の改正される可能性も懸念されるから、最高法規たることを規定すべき十分な理由がある……四七一
大河内輝耕（研究会）
○現行憲法に於ては、条約と法律との関係及び国内の法律秩序に於て、如何なる程度にこれを尊重すべきかは可なり不明の点がある。条約及び国際法規尊重を規定する所以である……四七二
○憲法と条約とが衝突した場合に、どちらが強いか……四七三
金森徳次郎（国務大臣）
○条約は、本来、国と国との約束、その効力もその限度に止る……四七三

○或種の条約は、国と国とを規律すると同時に、国と国民との間を規律する……四七三
○国内法的条約の一例……四七四
○政府が従来執つて来た公式の見解によれば、国内法としての内容を有する条約は、これを公布すれば、直ちに国内法としての効力を持つ……四七四
○条約と憲法との関係。原則としては、憲法に違反する内容の条約は、国内法上の効力を持ち得ない……四七四
○条約は直ちに憲法以下と云ふ結論は下しにくい、先づ大体は憲法以下。但、ポ宣言の場合の如く、然らざる場合もあり得る……四七五
○国内法条約と国の法律との関係……四七五
○政府の公式の見解、並に実際に於ては、条約を以て国内法の規定を変更することが出来る。国内法的条約については、前法後法の理論は適用されない。「誠実に遵守する」とは、かような意味を含蓄する……四七六

大河内輝耕（研究会）

○条約は公布されれば国民を拘束する。その効力は、場合によつては、憲法をも動かすことが出来る、法律に対しては優先する。後法もこれに反することは出来ない。かく解して宜いか……四七七

金森徳次郎（国務大臣）

審議経過及び審議要録（目次）

大河内輝耕（研究会）○大体御説の通り。但、公布しないでも、国際的の関係で憲法が制約を受けることがある……四七七
金森徳次郎（国務大臣）○公布しないでも拘束力があると云ふのはをかしい……四七七
大河内輝耕（研究会）○条約を締結すれば、公布するとせざるとに拘らず、国は義務を負ふ。従つて憲法の規定にして、その制限を受けることがある……四七八
金森徳次郎（国務大臣）○もう少し分るやうに書いたら如何……四七八
大河内輝耕（研究会）○条約に関する部分は、学問の発達に俟つものが多い。政府の見解は私見の通り……四七八
金森徳次郎（国務大臣）○条約と憲法、法律との関係をはつきり規定して置かないと、厄介な問題が起る……四七八
牧野英一（無所属）○第二項に於て、条約及び国際法規尊重を規定して居るから、政治的には疑の余地は全然ない……四七九
○条約と憲法・法律との関係については、現行憲法では、政府の見解は一貫

して居る。但、学説では議論がある……四七九
○最高法規並に国際法規尊重の規定は、取止めた方が却つて宜くはないか……四八〇
○憲法改正の手続によらないで、条約を以て憲法を改正する途が開かれて居るが、政府は改正案の精神上、当然のことと考へて居るか……四八一

金森徳次郎（国務大臣）
○条約及び国際法規尊重の規定の主たる意味は政治的。但、法律的にも相当の影響を及ぼす……四八一

佐々木惣一（無所属）
○国際法規を誠実に遵守することを必要とするとは、条約が同時に国内法として働く、妥当すると云ふ意味か……四八二

金森徳次郎（国務大臣）
○当然国内法と云ふ所迄踏込んで居る……四八二

佐々木惣一（無所属）
○条約の定める所も、当然日本の国法となると云ふ訳であるか……四八二

金森徳次郎（国務大臣）
○国際法規と同じことになる……四八三

佐々木惣一（無所属）
○国際間の条約で、憲法の条規と異る約束をすれば、その範囲に於て、憲法

は当然に変更されたと解釈するのであるか……四八三
金森徳次郎（国務大臣）
○変更されたと言はず、影響を受けると云ふ言葉を使つたと思ふ。学問上の抽象論は兎角行き過ぎる……四八四
佐々木惣一（無所属）
○憲法論であるから架空の問題ではない……四八四
○影響を受けるとは、法的影響か、政治的影響か……四八四
○法的影響を受けるとすれば、憲法改正の手続を空文化する惧がある……四八五
○憲法上の立法事項を規定した条約が国内法としてその儘有効であるか……四八五
金森徳次郎（国務大臣）
○憲法上の立法事項を規定した条約の取扱に関する先例……四八五
○現在に於ては、実際例の上から言ふと、条約にして、国内法的内容を有するものは、正規の方法に依つて公布されれば、国内法としての効力を有するものとされて居る。この憲法もこの見解に立脚する……四八六
高柳賢三（研究会）
○第十章最高法規に関する条規は非常に重要……四八七

○条約及び国際法規尊重の原則を規定したことは結構だが、これを最高法規の中に入れたために、技術的に見て、そぐはない感じがする……四八七
金森徳次郎（国務大臣）
○「国務に関するその他の行為」と云ふ中に条約が含まれるか……四八七
金森徳次郎（国務大臣）
○当然含まれる。但、適法なる手続を経て制定された条約の効力については、茲に憲法と条約の効力関係如何と云ふ根本の問題を生ずる……四八八
高柳賢三（研究会）
○「遵守することを必要とする」とは、国及び国の公務員が遵守することを要すると解して差支ないか。またこれは、国際法的意味と国内法的意味とがあるものと理解して宜いか……四八八
金森徳次郎（国務大臣）
○御質問の前段については、仰せの如し。この規定の意味は、主としては国内法的……四八九
高柳賢三（研究会）
○条約が、憲法違反の理由によつて、国内法的に無効であるとしても、国際法的に国家の責任を解除することにはならぬと理解して宜いか……四八九
金森徳次郎（国務大臣）
○固より左様に考へる……四八九

高柳賢三（研究会）
○国際法に関する行政機関の解釈と最高法院の解釈とは、どう云ふ関係に立つか……四九〇
○最高法院は国際法に関し政府と異つた解釈をなす権限を持つか……四九〇
金森徳次郎（国務大臣）
○その権限の範囲に属する限り、最高裁判所は、固より判定し得る……四九〇
○最高裁判所に関する条規、及び第九十八条は、憲法と条約との関係について規定する所なく、全く学説に委せて居る……四九一
山田三良（無所属）
○条約及び国際法規尊重は必ずしも憲法に規定する必要はない……四九一
○衆議院の修正は一応有理だが、これを第九十八条第二項として掲げることは、如何にも不適当四九二
○条約・国際法規と憲法・法律との関係は、学説と裁判所の解釈に一任するが最も適当……四九二
○国によつては、国際法は国内法の一部。国によつては条約は法律……四九二
○第九十八条第二項は、その精神は宜いが、此処に掲ぐべき規定ではない。此処では削除する方が正当……四九三
金森徳次郎（国務大臣）
○条約の遵守について規定しなければ、憲法は条約の遵守について無関心で

あるかの如き誤解を受ける。これを規定するとすれば、この辺がまあ適当……四九四
山田三良（無所属）
○最高法規でない条約を最高法規の中に規定するは、甚だ場所を得ない……四九四
大河内輝耕（研究会）
○条約は最高法規であると今朝は答弁された。それに相違はないか……四九五
金森徳次郎（国務大臣）
○条約は最高法規たる憲法に影響し得るものである。条約は、国内法の見地に於ては、法律に代る力を持つて居る……四九五
大河内輝耕（研究会）
○国内法的には、条約は法律よりも上にあるか……四九六
金森徳次郎（国務大臣）
○この憲法によれば、条約は法律の上にある……四九六
大河内輝耕（研究会）
○攻守同盟条約を締結すれば、憲法の不戦条項は、当然に変更されるわけであるか……四九六
金森徳次郎（国務大臣）
○条約の性質にもよるが、或種の条約を締結すれば、憲法は若干の制約を受ける……四九七

審議経過及び審議要録（目次）

大河内輝耕（研究会）
○条約と憲法とどちらが強いか。政治的には制約を受けるが、法律的には憲法は効力を失はないと解して宜いか……四九七
金森徳次郎（国務大臣）
○結局は、国と世界との関係を如何に理解するかの問題に帰着する。一般に条約は憲法を否定し得るかと云ふやうな問題には、答へにくい……四九七
○ポツダム宣言と憲法制定権力との関係……四九八
織田信恒（研究会）
○戦争放棄の精神に鑑み、総理大臣・国務大臣等は、軍人を避け、シヴィリアンによつて、その地位が占められることを確保して行きたい……四九九
金森徳次郎（国務大臣）
○旧職業軍人を国務大臣等の地位から、制度として排除することは、非常に無理があるが、成るべくはさうする方が宜いのではないかと考へる……五〇〇
○改正案には特別の規定を設けて居ないが、実際の場合に、恐らく妥当なる途が講ぜられて行くのではなからうか……五〇一

貴族院帝国憲法改正案特別委員会　昭二一・九・二八（土）

安倍能成（委員長）
○小委員会を設けて、修正案の審査を願つては如何……五〇二
○小委員の数及び選定の方法……五〇二
織田信恒（研究会）
○小委員の数は十五名、選定の方法は委員長に一任……五〇二
安倍能成（委員長）
○小委員の氏名……五〇三
松村眞一郎（研究会）
○戦争抛棄に関連して、国体問題が明瞭になつて居ない。金森国務大臣の言ふ国体を認めるかどうかを小委員会に付託願ひたい……五〇三
三土忠造（研究会）
○かかる問題を小委員会に付託するは不穏当。われわれ独自の考で決めて行けば宜い……五〇四
松村眞一郎（研究会）
○どう云ふ態度を決めるのか……五〇四
三土忠造（研究会）
○各自が賛否を決めれば宜い……五〇五

松村眞一郎（研究会）
○政府は国体は変更すると言つて居る……五〇五
三土忠造（研究会）
○憲法の解釈を政府に頼るが如きは、不見識極まる……五〇五
松村眞一郎（研究会）
○小委員会に付議せられむことを希望する……五〇五
川村竹治（交友倶楽部）
○政府の見解ははつきりしない……五〇五
安倍能成（委員長）
○採決……五〇六
○否決……五〇六

貴族院帝国憲法改正案特別委員会小委員会　昭二一・一〇・二（水）

橋本實斐（小委員長）
○小委員会の審議は四日間に亙る……五〇七
田所美治（同和会）
○前文を討議の問題に供す……五〇七

○前文の内容の意味を少しも変へることなく、少し文字を変へ、或は前後を多少変へて、了解し易く、なだらかに、出来るだけ完備なものに修正……五〇八

橋本實斐（小委員長）

○全会一致、前文の修正案可決……五〇九

織田信恒（研究会）

○第六十六条の修正案。第二項、内閣総理大臣その他の国務大臣は文民でなければならない……五〇九

霜山精一（無所属）

○修正案は第二項に挿入するのか……五一〇

橋本實斐（小委員長）

○第二項に挿入……五一一

○多数を以て可決……五一一

○小委員長挨拶……五一二

貴族院帝国憲法改正案特別委員会　昭二一・一〇・三（木）

安倍能成（委員長）

○本日の議事の進行順序……五一三

山田三良（無所属）

○小委員会の修正案の採決を先きに願ひたい……五一四

審議経過及び審議要録（目次）

安倍能成（委員長）
〇議事の慣例上都合が悪い……五一四
橋本實斐（研究会）
〇小委員長報告……五一四
〇議事は非公開、新聞発表は小委員長より行ふ……五一五
〇前文修正の方針……五一五
〇第六十六条の修正は第九条戦争放棄の規定と相照応……五一五
安倍能成（委員長）
〇前文に対する小委員会修正案採決……五一七
〇三十九人中、三十八人の多数を以て可決……五一七
〇第六十六条の修正案……五一七
松村眞一郞（研究会）
〇第六十六条第二項の修正案に反対。既に戦争が放棄された以上、日本国民は総て文民である筈五一八
〇所謂公職追放は一種の公権剝奪……五一八
山田三良（無所属）
〇国務大臣が文民でなければならぬとすれば、憲法第十四条と矛盾しはしないか……五一九

金森徳次郎（国務大臣）
○文民と云ふ条件が入れば、第十四条と矛盾するが、致し方がない。これこそ憲法の眼目……五一九
山田三良（無所属）
○提案者の説明を求む……五二〇
織田信恒（研究会）
○論理上面白くない点もあるが、熱心なる討議の結果ここに至る……五二〇
安倍能成（委員長）
○第六十六条修正案採決……五二〇
○多数を以て可決……五二〇
○前文及び第六十六条修正案可決……五二一
○修正の決定した点を除く帝国憲法改正案全部の採決……五二一
○帝国憲法改正案多数を以て修正可決……五二一
○安倍委員長挨拶……五二一
○憲法改正に関する有らゆる問題が、有らゆる委員に依つて、殆ど論じ尽さる……五二二

貴族院本会議　昭二一・一〇・五（土）
徳川家正（議長）
○帝国憲法改正案、衆議院送付、第一読会の続……五二三

審議経過及び審議要録（目次）

安倍能成（委員長）
〇委員会における経過……五一三
〇前文の法律的効力に関する政府の見解……五一四
〇一切の憲法云々を排除すると云ふことの意義に関する政府の見解……五一四
〇前文の文章は生硬未熟。その内容は消極的……五一四
〇第二章戦争抛棄に関する政府の見解……五一五
〇自衛権の問題……五一五
〇国聯憲章との関係……五一六
〇第十章最高法規……五一六
〇特別委員会の修正案……五一六
〇文民の意義と文民の条件を付けた理由……五一六
〇帝国憲法の改正は必然的……五一七

徳川家正（議長）
〇討論……五一七

佐々木惣一（無所属）
〇帝国憲法改正案に反対。今回提案の如く改正することは賛成しない……五一八
〇賛否を決するに当つての標準二項

一、改正案の個々の規定を取上げて見ても適正なる判断を下すことは出来ない。全部を関聯させて見なければならない……五二八
二、敗戦による内外の要求を充たすに必要な改正に止め、この必要に応ずることの出来る規定を変更したり、若しくはこの必要に応ずることの出来ない規定を新設することは避けねばならない……五二八
○帝国憲法改正案を全体として見て不可と断定する理由十項……五三〇
○我が国今後の平和主義的、道義的使命の達成は、国家の個性を基礎とする活動によらなくてはならない。この点に関する注意が、改正案に於ては不十分……五三〇
○改正案に対する可否を決するに当つては、之を全体として、一体として見なければならない。個々の条項としては賛成するものもあるが、全体として見て、これを不可とせざるを得ない……五三一
○内閣の努力に敬意を表す……五三二

松村眞一郎（研究会）

○本案に賛成……五三三
○日本民族は過去の過誤を悔い改め、神の国を建設しなければならない……五三三
○戦争権は天賦の国権ではない……五三四
○新憲法の三要綱　一、戦争抛棄二、三権分立・国会最高・責任内閣制
三、基本的人権の確立・尊重……五三四

審議経過及び審議要録（目次）

大河内輝耕（研究会）

○憲法改正案に対して賛成を表する……五三五
○新日本建設の目標は民主主義と平和主義……五三五
○前文には、平和主義と民主主義が立派に現はれて居る……五三六
○内閣大臣が穏健な思想者でなければならないことを明かにするため、第二項を挿入し、これを文民に限ることにした……五三六
○第二項挿入の経緯……五三六
○文民と云ふ訳語の由来……五三六
○文民の字義は、委員会では決定しなかつた……五三七
○文民の意義、かく解して然るべし……五三七
○第二項を挿入したのは、現に不穏なる思想の所持者を排除するためであつて、過去に於て或官歴を持つた者を、その官歴の故に排除するためではない。これを明かにして本案に賛成……五三七

貴族院本会議　昭二一・一〇・六（日）

松本學（研究会）

○憲法改正案には日本的性格が十分に現はれて居るものと解して委員長報告に賛成……五三九
○第九条は、世界各国に対する堂々たる平和宣言と解釈する。日本的性格、

日本本来の面目はここに存する……五三九
○古典と神話……五四〇
○神話なき国民程気の毒なものはない……五四〇
○国を生むと云ふ思想こそ日本民族の平和思想……五四一
○日本は尙武の国……五四一
○我が国の武と云ふ観念……五四一
○第九条は、我が国生みの思想、尙武の精神を発揮し、日本的性格を十分に表して居る……五四二
○憲法改正案の内外に対する意義……五四二
○戦争抛棄を憲法に規定する以上、世界平和招来の具体案を提案すべきではないか……五四三
○一例として、文化国際聯盟、第五インターナショナルの提唱……五四三
○憲法改正案は、昏迷に陥つて居る国民に指針を与ふ……五四五

木下謙次郎（交友倶楽部）

○新憲法の前途を祝福し、本案に賛成……五四五
○論語の言葉は、新憲法の精神と契合融和……五四六

徳川家正（議長）

○討論終結……五四七
○第二読会……五四七
○委員会の修正に係はる部分採決……五四八
○三分の二以上の多数を以て可決……五四八

審議経過及び審議要録（目次）

○修正箇所を除く原案の全部、即ち衆議院送付案採決……五四九
○三分の二以上の多数を以て原案通り可決……五四九
○第三読会……五四九
○第二読会の議決について採決……五五〇
○三分の二以上の多数を以て議決……五五〇
吉田　茂（内閣総理大臣）
○内閣総理大臣挨拶……五五〇

衆議院本会議　昭二一・一〇・七（月）

山崎　猛（議長）
○帝国憲法改正案貴族院回付案……二四〇
○同案に対する採決……二四一
○五名を除き、全員起立。帝国憲法改正案確定……二四二
吉田　茂（内閣総理大臣）
○内閣総理大臣挨拶……二四二

以上

戦争放棄の論理構造（目次）

一　憲法改正の経緯

衆議院の部

（本文の頁）

吉田　茂　施政方針演説……………………………………………………四

【片山　哲】　戦敗国であるわが国においても、ポツダム宣言を忠実に実施しなければならない建前において、同様民主主義の忠実なる履行者にならなければならないことは、これまた当然。戦敗国として民主主義を政治理論とし、新しく出発する、根柢は云うまでもなく戦争の根絶であり、世界平和への前進……………………………五

吉田　茂　わが国が受諾したポツダム宣言およびこれに関連し、連合国より発せられた文書には、「日本国国民の間における民主主義的傾向の復活強化に対する一切の障礙を除去し、言論・宗教及び思想の自由並に基本的人権の尊重を確立すべきこと」、並に「日本国の政治の最終の形態は、日本国国民の自由に表明する意思に依り決定さるるべきこと」の条項がある。この方針は正に平和日本の向うべき大道を明かにしたものであり、これがためには何としても、国家の基本法たる憲法の改正が要諦と考える――帝国憲法改正案説明……………三四

【北　聆吉】　現行憲法改正の根拠如何……………………………………三六

今更憲法改正の必要なしと認める学者――美濃部達吉博士等――なきにしもあらず……三七
政府が断乎憲法改正を決意するに至つたについては、何等か重大な根拠がなければならぬ……三八
吉田　茂
帝国憲法はその精神を歪曲し、濫用される弊がある……四一
ポツダム宣言等の降伏条項に照し合わせて見ても改正は必要……四一
政府が憲法改正の必要を認め、研究に着手してから、判明した欧米その他の日本に対する感情・考え方によれば、国際関係において容易ならざるものがあることを考えざるをえない……四一
かかる事態の下において、国体を維持し、国家を維持するには、憲法改正の必要を政府として深く感得……四二
【原　夫次郎】戦争放棄の条文は、真に草案を作成された内閣において考えられなかつた問題であると思う……四六
いろいろ国際情勢などから考え来つて、遂にこの条文を置かなければならない立場に立ち到つたことは、深く想像に余りあるところ……四七
【野坂　参三】帝国憲法はプロシヤのあの保守反動的な憲法を真似たもの。この憲法が如何に非民主的であるかと云うことは世界の定論。だから今度これを改正しなければならなくなつたのだ……六二
【高橋　英吉】日本は絶対無条件降伏をしたものであるか。ポツダム宣言の受諾は条件付降伏で

はないか……八〇
金森 徳次郎 今までの研究の道行は無条件降伏と考える……八一
【高橋 英吉】 ポ宣言の受諾が降伏関係において、条件でないとすれば、どういう関係であるか……八一
金森 徳次郎 所管大臣から答弁する方が適切……八一
吉 田 茂 ポツダム宣言は日本降伏の内容をなすもの、所謂条件ではない……一〇一
【芦 田 均】 憲法改正を急速に実現しなければならない理由は、ポ宣言受諾のみによっては説明されない。人類共通の熱望たる戦争放棄と、より高き文化への欲求、よりよき生活への願望とが、敗戦を契機として、一大変革を余儀なくさせるに至つた。憲法改正の根拠はそこに存する……一二六
金森 徳次郎 国際情勢から来る必要と、純粋の国内的情勢を基本としてわれら国民が起ち上るべき熱情との結晶。憲法改正は、この両面から来るのであつて、偶〻それが基底の上に一つに絡み合つている……一二七
【芦 田 均】 憲法改正案は国際連合の窮極の理想と合致。憲法改正は、国連加盟・国際社会復帰の先決条件……一二九
金森 徳次郎 御示しの方向に進む考えを以て起案……一三〇
【北浦圭太郎】 戦争放棄については、国際情勢に重点を置いて、政府の態度を決するわけであるか……一四二
金森 徳次郎 憲法は飽く迄も日本が定むる憲法であり、外国の意思に依つて定むるのではな

い。日本の置かれた国際的制約を考えて処理すると云うだけで、外国の指図を受けて憲法の中味を左右すると云うような態度を採っている次第ではない……………一四三

【北浦圭太郎】マッカーサー元帥の声明文を吉田総理も知らないと云うか……………一五九

吉田　茂　元帥が憲法改正を指令したことはない。相互間の諒解から憲法改正に一致……………一六〇

【高橋　英吉】ポツダム宣言は日本降伏の条件。かく解すれば国民士気も昂揚……………一七九

【芦　田　均】終りに臨み、本委員会に現われた雰囲気について一言致します。顧みれば、明治初年五箇條の御誓文と共に、近代民主主義の黎明が訪れ、明治二十二年に初めて大日本帝国憲法が制定発布せられ、爾来茲に五十有七年の歳月が流れました。明治憲法は其の用語に於ても簡潔雄渾、其の内容は博大要約、一大特色を持つた憲法でありました。当時の起草者は、此の憲法の基盤の上に、我が国民が一日も速かに世界の文明開化を摂取し、富国強兵の目的を達成せんことを企図したのでありまして、憲法の運用宜しきを得るならば、我が国憲政の発達は漸を逐うて見るべきものがあつたには相違ないと信ぜられるのであります。然るに、世界の大勢に通ぜない一部の徒輩は、此の憲法の特色を逆用し、遂に我等の愛する祖国と同胞とを今日の境涯に導いたと云うことは、洵に痛恨の極みであります。而かも此の秋に方つて、我々は永久に明治憲法と袂を分たんとして居りますことは、過去を偲び、現在を思うて、洵に感慨に堪えないものがあります。委員長報告……………六二〇

貴族院の部

吉田　茂　今日における日本の地位は、外交においても、その他においても、決して自由な

る立場にあるのではない。内外の切迫せる事情に鑑み、如何にもして平和主義に徹底し、
また、民主主義に徹底することが国を救う所以と考えて立案……………………二四九
【山田　三良】御懇切なる御答弁を得て満足……………………………………二五〇
【澤田　牛麿】改正案は急造粗製、永続的性質を有する重大な根本法の改正を急ぐ理由如何……………二七〇
吉　田　茂　国際団体に復帰し、国権を回復するには、国際的疑惑を一掃する必要あり。これ
がためには、民主主義・自由主義に徹底する必要あり、これがためには憲法改正が必要……二七四
【澤田　牛麿】ポツダム宣言受諾は、無条件降伏ではない、非常な有条件……………二七一
吉　田　茂　ポツダム宣言の条項によれば、民主化の徹底が義務となつている……………二七四
金森　徳次郎　帝国憲法改正は、ポツダム宣言による外部的条件と、敗戦に伴う日本国内の要請
とによる……………………………………………………………………………二七五
昨年終戦後において、甚だ思い至らなかつたのであるが、当時の国民の意思、およびそれ
とほぼ平行していたわれわれの考え方においては、斯くも憲法の各条項に大いなる修正を
考うべき機運は来て居ないように考えられた。然るに終戦後、時を隔てるに応じ、国内の
識者および識者と見らるべき方面の要請は、かなり顕著な速度を以て急進化するに至つた
ことを、各方面に現われた意見等によつて、認識せざるを得ざるに至つた。同時に、また
自らの見解の導くところにより、甚だしく反省せしめられるものあるに至る……………二七六
帝国憲法は出来上りは立派、運用の結果から見て大なる汚点を印す…………………二七七
真理の探求と、人格の尊重、国民権利の保障と民主政治の徹底を期するためには、相当規

模の飛躍的変転を遂げねばならぬ……二七八

【南原繁】草案の成立過程を重視。憲法の根本的改革は自ら進んで断行すべきもの……二八一

【安倍能成】此の憲法改正と云うことが、現行憲法と云うものを自ら毀つた、我が国民の過去に於ける所の行跡から考えて免るべからざる所の必然的なものであると云うことは、是は言う迄もないことでありまして、その点に付ては一般の民衆は兎も角として、政府者も、議員も、学者も、それからして官吏も、皆悉く其の責任を免れることは出来ないものであつて、今後の新しい憲法と云うものを実現する所の責任は、さう云ふ風な過誤を犯した所の日本国民全体が之を負うべきものであると考えるのであります。私はこの憲法を審議するに当つて、実に感慨無量なものがありまして、此の新憲法に対して、必ずしも欣びを感ずることは出来ないのでありますが、併し唯之を履まえて此の憲法の良き精神を発揮して、さうして日本の将来に於ける所の欣びと幸とを拓いて行きたいと考えるのであります
——委員長報告……五二七

二　憲法改正案に対する議会の修正権

衆議院の部

【片山哲】改正案は、相当広範囲に修正されなければならない。政府はこれに応ずる用意があるか……一〇

吉田茂　政府は内外各種の事態を考慮に入れて、慎重審議ここに至る。議会は、理論的に

は、一応広く修正権を認められているが、現在の国際情況、および国内の事情を能く御判断の上、慎重に考慮を願う……………………………………………………………一三

【上林山栄吉】平和的・文化的意図を含む修正を許すか否か……………………………二二一

吉田茂　十分修正せられるなり、御審議を尽して戴きたい………………………………二二一

貴族院の部

【山田三良】質問の趣旨を明かにするために必要なる程度において、二三の例を挙げて草案の修正の必要なる所以を説明致したい……………………………………………………………二四七

吉田茂　無論憲法改正は、固より国民の総意を基調とするものであるから、議会において示されたる自由なる意思の表明に対しては、十分尊重し、政府としてもその議論に対しては、十分審議し、また考慮する考えであるが、各位におかれても、憲法論・国法論以外に、現在における国情、国際の情況等より判断され、十分御審議を得たい……………二四九

【編者註】

帝国憲法の法理によれば、憲法は天皇の独り親ら定むる所の所謂欽定憲法であり、その改正権も亦専ら天皇に属し、従つて憲法改正の議案は必ず勅命を以て、帝国議会の議に付すべきものであり、帝国議会は単にその可否を議決するに止まり、これを修正議決することを得ないものとされていた。少くともこれが通説であつた。

帝国憲法第七十三条

将来此ノ憲法ノ条項ヲ改正スルノ必要アルトキハ勅命ヲ以テ議案ヲ帝国議会ノ議ニ付スヘシ

戦争放棄の論理構造（憲法改正案に対する議会の修正権）

戦争放棄の論理構造（憲法改正案に対する議会の修正権）

此ノ場合ニ於テ両議院ハ各ゝ其ノ総員三分ノ二以上出席スルニ非サレハ議事ヲ開クコトヲ得ス出席議員三分ノ二以上ノ多数ヲ得ルニ非サレハ改正ノ議決ヲ為スコトヲ得ス

伊藤博文

本条（第七十三条）ノ明文ニ拠ルニ、憲法ノ改正条項ヲ議会ノ議ニ付セラルルニ当リ、議会ハ議案ノ外ノ条項ニ連及シテ議決スルコトヲ得サルヘキナリ。又議会ハ直接又ハ間接ニ憲法ノ主義ヲ変更スルノ法律ヲ議決シテ以テ本条ノ制限ヲ逃ルルコトヲ得サルヘキナリ　――『憲法義解』一三五頁

穂積八束博士

憲法ノ改正ハ勅命ヲ以テ特ニ議案ヲ議会ニ付セラルルコトガ極メテ必要デゴザリマシテ、議会ニハ発議スルノ権ハアリマセヌ。其ノ結果ト致シマシテ、勅命ヲ以テ御下付ニナリマシタル議案ノ条項以外ニ渉ツテ憲法ヲ修正スルト云フコトハ、帝国議会ノ権能ニナキモノデアルト解釈スルガ穏当デアラウト考ヘマス。……

憲法改正ニ付テハ議会ハ発議ノ権ヲ有ツテ居リマセヌ。発議ノ権ヲ有ツテ居リマセヌカラ、従ツテ大権ヲ以テ御下付ニナツタ所ノ案ヲ全体ニ於テ可否スルコトガ穏当デゴザリマシテ、其ノ改正案ノ条項以外ニ渉ツテ、之ヲ機会トシテ、他ノ条項規定ヲ動カスト云フコトハ許スベカラザルコトデアルト考ヘマス。――『皇族講和会に於ける帝国憲法講義』後編二九六頁

上杉慎吉博士

憲法改正の発案を天皇の大権に専属せしめ、ひとり勅命を以てこれを為し得るものとした。……議会に於て、勅命によりて発せられたる憲法改正案を議定する、これに修正を加ふるを得ぬ。何となれば修正は新たなる発案であつて、発案の権無き者が、これを為し得ざるは当然であるから

である。――『帝国憲法逐条講義』二〇二頁

清水　澄博士

凡ソ憲法ノ条項ノ改正ハ天皇自ラ改正案ヲ提出サルルノ外、議会ノ発案ヲ許サルコトハ、既ニ憲法発布ノ勅語ニ宣明スル所ナリ。而シテ更ニ本条ニ於テ其ノ義ヲ保留ス。……憲法改正発案権カ独リ天皇ノ大権ニ属スルコトハ、実ニ万世一系ノ天皇ヲ統治権ノ主体ト仰ク我カ真正君主国体ト天皇ノ任意ニ制定セラレタル我カ純正欽定憲法トノ当然ノ結果ナリトス。学者或ハ「修正権ハ必スシモ発案権ノ作用ニアラサルカ故ニ、議会ハ発案権ナシト雖、修正シテ議決スルコトヲ妨ケス」ト論スル者アリト雖、此ノ説非ナリ。茲ニ所謂憲法条項ノ改正ノ発議トハ即チ憲法ノ条項ニ対シテノ改正案ノ提出ノ義ナルカ故ニ、議会ニ於テ、其ノ改正案ヲ修正スルハ、是即チ議会ヨリ憲法条項ノ第二ノ修正案ヲ提出スルモノナリ。換言スレハ、天皇ノ発議ヲ機トシテ議会ヨリ別ニ新ナル憲法改正案ヲ提出スルモノトナル。此ノ場合ニ於テ、発議ト云フモ、修正ト云フモ、何レモ結局憲法条項ノ修正ヲ発案スルモノニ外ナラス。故ニ議会ニ憲法改正案ニ対スル修正権アリト為スハ断シテ誤ナリ。加之、憲法カ発議ノ権ヲ天皇ニ専属セシメタルハ、議会ヲシテ天皇ノ案ニ対シ可否ノ意見ヲ述ヘシムルニ止ルノ趣旨ナリト解スヘキカ故ニ、議会ハ憲法改正案ニ対シテハ可否ノ意見ノミヲ発表スヘク、之ヲ修正シテ議決スルコトヲ得サルモノト為ササルヘカラス。――『逐条　帝国憲法講義』五二六―五二九頁

佐々木惣一博士

帝国憲法改正ノ発案ハ専ラ天皇之ヲ為シタマフ。蓋シ改正其ノコトガ専ラ天皇ノ権限ナルト共ニ、改正ヲ発案スルコトモ亦専ラ天皇ニ依ッテ為サルベキモノトス。……

戦争放棄の論理構造（憲法改正案に対する議会の修正権）

帝国議会ノ可決ハ天皇カ帝国憲法ノ改正ヲ行ヒタマフコトニ対スル同意ノ性質ヲ有ス。従ツテ帝国憲法改正ナル国家作用ヲ成立セシムルコトニ同意スルナリ。帝国議会カ右ノ議決ヲ為スニ当ツテハ修正ヲ為スコトヲ得ズ。唯之ヲ可決スルカ又ハ可決セザルカノ一アルノミ。蓋シ帝国議会ノ議決ハ同意ヲナスヤ否ヤヲ決スルモノニシテ、同意ハ別段ノ定ナキ限リ、之ヲ要スル事項ニ対シ与ヘラレ、又ハ与ヘラレサルノ一アルノミ、修正ヲ含ムモノニ非ザレバナリ。故ニ修正ヲ為スヲ得ザルコトハ、発案ヲ為スヲ得ザルコトノ結果ニ非ズ。（例、帝国議会ハ予算ヲ発案スルコトヲ得ザレドモ、之ヲ修正スルコトヲ得）――『日本国憲法要論』一六四頁

金森徳次郎学士

憲法法典ノ発案権ハ天皇ニ専属ス。是レ我国体ノ特色ニ基ク憲法ノ特色ノ一ナリ。蓋憲法ハ天皇ノ独リ自ラ定ムル所ナリ、其ノ改正ノ権モ亦天皇ニ属スヘキハ事理当然ナリ。事宜ヲ制セムカ為帝国議会ノ議ニ付スト雖モ、其ノ本質ハ当ニ統治権ノ総攬者ノ自由ノ決定ニ属スヘキモノナリ。議案ハ帝国議会ノ議ニ付ス、然レトモ議会ハ修正権ナシ。議案ヲ可決スルカ、可決セサルカノ二途アルノミ。元来、修正権ト発案トハ別物ナルヲ以テ、後者ナケレハ前者ナシト直チニ推論スルコトヲ得ス。然レトモ憲法改正ノ発議ノ権カ天皇ニ専属スル所以ノモノハ、憲法改正ニ関スル議案ノ構成ニ付キ一切他ノ者ニ容喙ヲ許ササル趣旨ナリト解スルニアラサレハ、其ノ理由ヲ解スルコト能ハサルヘシ。故ニ憲法ノ特別ノ明文ナキニ拘ラス、議会ハ修正権ヲ有セスト解ス。予算ハ政府独リ提案スト雖モ、議会ハ之ヲ修正スルノ権アリ。予算ハ其ノ国家ノ会計ニ関スルモノナル性質上、政府ニ於テ之ヲ一応構成スルヲ事理ニ適スト為スカ故ニ、提案ノ権ハ政府ノミ之ヲ有スルモ、議会モ亦之ニ対シ、其ノ所見ニ従ヒ、修正ヲ試ミルコトヲ得ルナリ。発案ノ権ヲ独占セシメタル理由ヲ異ニスルヲ注意スヘシ。――『帝国憲法要綱』（昭七・訂正十八版）六五―六六頁

発議の権に重点を置くのあまり、発議せられた案に対して議会は可否を決するのみで、修正を為し得ないとの説が成立し得る。之と異つて修正を為し得るとしても、其の限度如何が又問題となる。広範囲の改正案に付ては、斯かる修正の範囲が問題となる可能性も考へられねばならぬ。私の答は、提案せられた事項の範囲に於ては、修正可能であるが、それと無関係な事項に亘る新改正の如きは、恐らく発議権専属の精神を害するであらうと言ふことに帰着する。そして、この考へ方は、別のことではあるが、大正十四年の貴族院令の改正の場合に、貴族院が原案を修正し得るや否やの疑問を解決するに付執られたものである。――『日本憲法民主化の焦点』(昭二一年)三八頁

美濃部達吉博士

憲法改正案の内容に付いては二つの点に制限を認めねばならぬ。(イ)其の改正は憲法の或条項の改正又は新条項の増補に限るもので、憲法の全部の廃止又は停止を内容とするものであることを得ない。それは上諭の第五段にも示されて居る所であるのみならず、本条に『此ノ憲法ノ条項ヲ改正スル』とあるに依つても疑は無い。(ロ)其の改正は第一条に示された『大日本帝国ハ万世一系ノ天皇之ヲ統治ス』ることの原則を覆すものであることを得ない。……

憲法の改正に関する議会の協賛権はこの点に於いて普通の立法に対すると異つて居る。第一に、其の修正権が制限せられて居る。憲法の改正についても、議会は全然修正権を有しないのではなく、協賛権と言へば当然修正権を包含するものであるが、唯憲法の改正に付いては議会は発案権を有しない結果として、原案に含まれない條項に付いて修正を加へ、又は新たなる條項を之に加ふることは、発案権を行うものとなり、議会の為し得ない所と認めねばならぬ。議会は唯議案として提出せられた条項の改正案に付いて修正を発議し得るのみである。憲法義解にも、

戦争放棄の論理構造(憲法改正案に対する議会の修正権)

戦争放棄の論理構造（憲法改正案に対する議会の修正権・前文の検討）

『議会ハ議案ノ外ノ条項ニ連及シテ議決スルコトヲ得サルヘキナリ』と曰つて居る。

――『逐條憲法講義』七二三頁

宮澤俊義教授

大日本帝国は万世一系の天皇永遠にこれを統治し給ふ。これわが肇国以来の統治体制の根本原理であり、これをわが国家における固有且つ不変な統治体制原理とする。……わが国家における固有にして不変な統治体制原理を国体といふ。――『憲法略説』七二頁

すべて国体に関する規定は、かやうに帝国憲法によつて創設されたものではないから、それは形式的には帝国憲法の一部をなしていて、実質的にはそれ以前のものと考へなくてはならぬ。その当然の結果として、憲法の定める憲法改正に関する規定はもとよりそれに対して適用はない。

――同　七四頁

憲法改正の発案権は大権に専属する。……わが憲法が欽定憲法たることにもとづきその改正の発案権も大権に留保せられる。……

――同　二四六頁

憲法改正の成立には議会の参与が必要である。この場合の議会の行為は「議決」と呼ばれる。ここでは議会には発案権はなく、従つて、その限度においてもその修正権も制限される。

――同　二〇九頁

三　前文の検討

衆議院の部

【赤澤　正道】前文中の、「**われらの生存と安全……**」なる文字は、解釈如何によつては、日本

の自主性、主体性が失われるのではないか……一〇五
金森 徳次郎 国を挙げて脇に依存しようという趣旨でないことは、前文全体を見れば明瞭……一〇六
【森 三樹二】 われらの生存と安全を諸国民の公正と信義に委ねるという前文の形態は、第三国の委任統治国になつたような弱い観念を植付ける……一二四
吉田 茂 「**委ねる**」という文字の意味は「**信頼**」するという意味を含めたもの。平和愛好国の先頭に立とうとする積極性を含蓄……一二五
【武田信之助】 前文によれば、「**政府の行為によつて再び戦争の惨禍が発生しないやうに**」と謳つているが、第九条においては、「**国の主権の発動たる戦争**」という文字を以て表わしている。ここに聊か食違いがあるように考える。「**主権の発動**」は政府が行うのであるか、又は国民の総意によるのであるか……一三六
金森 徳次郎 憲法の前文は法律的な正確な意味を表明すると云うよりも、もう少し物の本質に立ち入り、今の国民として言わなければならぬような気持を述べている……一三七
人民が能く物を整え、政府をして誤つた行為をさせないように持つて行くというのが、この憲法の基本的な考え方……一三七
【野坂 参三】 「政府の行為によつて再び戦争の惨禍……」という一節中の「政府の行為によつて……」の代りに、「他国征服の意図をもつた」とか、或は「侵略的意図をもつた」というような戦争の性質を表わす言葉を入れるべきではないか……一三八
金森 徳次郎 理論的には、自衛戦争は正しいが、自衛の名を藉りて侵略戦争に赴く惧れがあ

る……………………………………………………………………………………一三八

【野坂　参三】「**平和を愛する世界の諸国民の公正と正義に委ねようと決意した。**」我等の安全と生存を挙げて諸国民、詰り外国の公正と信義に委ねよう、ということになつている。この「**委ねよう**」ということは、結局われらの生存と安全を諸国民の公正と信義に委ねようというのか、諸国民に委ねようというのか……………………………一三九

金森　徳次郎　第九条により戦争を放棄して、どうしてわれらの生存と安全を維持するかといえば、われわれは世界の一員であるが故に、世界の平和愛好諸国民に信頼することは当然。これ以外に方法はないという気がする。「**信頼**」は決して屈従を意味するものではない。世界諸国民の公正と信義に委せるということは、**国際協調**というか、国際的な人間の統一ということを念頭に置けば、自然のことであろうと思う……………………一四〇

【野坂　参三】「**委ねる**」では、われわれの生存と安全を外国に頼んで置く、われわれがこれをどうするかというような積極性が出ていない。他の表現に変えるのが適当……………一四〇

金森　徳次郎　「**諸国民**」は、はつきり外国を指すものではない…………………………一四〇

【野坂　参三】「**世界の諸国民**」とあるから主として外国を指している……………………一四〇

【芦　田　均】　政府原案には、取急いで立案された結果、修辞的には生硬な語句、難解な文字も少くない。殊に改正案の前文についてその感が深いので、委員会においては、徹底的にこれを改正する意向が有力であつたが、内外の情勢は一日も速かに本案の成立を必要とする事情に鑑み、遺憾ながらこれが実現を断念し、字句の修正は最少限度に止めることにした——委員長報告……………………………………………二〇一・二一三

【牧野　英一】　改正案が憲法として成立するの日には、この憲法は国語として標準的なものにならなければならない筈。不幸にして、この前文を読みながら、少くとも先ず政府の草案を読んだ時に、余りよい心持にはならなかつた……………二九〇

これを中学校の教科書にし、これからの文章の模範となるようにして戴きたい……………二九一

「**政府の行為によつて再び戦争の惨禍が発生しないやうに**」と書いてある。これは「**政府の行為に依つて再び戦争の惨禍が発生することがないやうに**」とした方が宜いのではないか……………二九一、三六八

金森　徳次郎　憲法は美術品ではない。内容の充実に重きを置き、関係者の精力をこれに注ぐ。形式については、時間的にも、これを顧る余裕がない……………二九六

金森　徳次郎　前文は、今回の憲法改正の目的と、それからこの憲法が拠つて立つ根本の精神を或程度力強く且つ詳細に述べている……………三三一

改正憲法の眼目とする精神は、大凡そ前文の中に現われている。この思想と連絡を保ちつつ、この憲法の各条項が出来ているのであるから、前文と各条章とは相照応するという趣旨を含んでいる……………三三三

前文についての衆議院の修正は、大体において文字および表現の修正、謂わば修辞上の注意を凝したもの、その実質の意味において変るところがない。却つて、この修正により、前文たる体裁を一層整備し、若干の点においては意味が一層明瞭になりうるものと考える…三三三

【霜山 精一】前文において、「**平等**」について言及するところがない理由如何……三六五

金森 徳次郎 「**平等**」については、間接的の方法を取り、言葉の含みの中に、その思想を現わしている……三六七

【牧野 英一】ヒストリカル・グランマーを参酌し、出来るだけ正確に、どういう風に文字を置き換えても、意味の取り方に疑を招かないように、はっきり書いて戴きたい……三六九

金森 徳次郎 現段階の国民が普通に使っている言葉に全幅の信頼を置き、動き行く言葉の現段階を捉え、現在世に行われている日本語を以て日本の国法を明かにすることを主旨とする……三七三

【高柳 賢三】「**日本国民は常に平和を念願し**」とあるが、英訳文には「**恒久平和を念願し**」と云ふ風に書いてある。英訳文の方がよいのではないか……三七五

金森 徳次郎 平和を念願することが常住であると云うに帰着……三七五

【田所 美治】英訳文にあつて、日本文にない字句がある。原文にないものを訳文に加えた理由如何……三七六

金森 徳次郎 多分、日本文の中味を稍ゝ突込んで言い現わす趣旨……三七八

【長谷川萬次郎】「**いづれの国家も自国のことのみに専念して、他国を無視してはならないのであつて、政治道徳の法則は普遍的なものであり……**」の表現では、世界に対する国家の責任が明かにされていない……三七九

この憲法においては、自国民に対する責任のみではなく、世界の政治道徳に対する責任を

も規定するこそ、前文の趣旨に適うのではないか……三八〇
日本国民の認識不足。戦争に対する国民として責任感の不足と世界の政治道徳に対する責任感の不足……三八一
金森　徳次郎　この一節は、一般的な態度をとり、客観的に真理を言い現わしたもの……三八二
【長谷川萬次郎】　いづれの国家も世界に対して負う所の責任について規定しなかつた理由如何。これを規定することに不賛成であるか否か……三八三
金森　徳次郎　憲法自身の建前を日本の再興に置き、その国際的地位に相応しく、比較的謙抑なる態度を採る……三八三
【長谷川萬次郎】　然らば「**いづれの国家も**」の一句は削つた方がよい……三八三
金森　徳次郎　そこまで論理を徹底させなくてもよいのではないか……三八四
【田所　美治】　前文は、各条章と共に、言文一致体であるが、文体の上から見てもなだらかさを欠く点もあり、生硬な文章が十分に融和されないで出ているような点もあり、中には了解に苦しむような点もある。衆議院において多少の修正を加えられたが、なおこれを精査検討し、前文の内容の意味を少しも変えることなく、少し文字を変え、或は前後を多少変えて、了解し易く、なだらかに、出来るだけ完備なものに修正……五〇八
【橋本　實斐】　先づ前文であるが、修正の方針を努めて衆議院修正の原文を維持しながら、文章の簡易、平明化を期した関係上、文章の大きな移動はこれを避け、文字の修正に止めた、また努めて英文の文意を忠実に伝えることを期した——小委員長報告……五一五

【安倍　能成】前文については、二三の委員から否定的な意見が表明され、或はこれを削除したらどうか、或は単に憲法制定の由来なり、経歴なりを示すに止まるべきものとする見解もあつたが、政府はこれに対して前文は条文の形を採つていないが、形式的効力の点においては、本文と同様であり、従つて法規としての効力を有する箇所もあり、また少くとも本文各条の解釈に当つてその指針となる、さういう法的意味があるという趣旨を答弁した
——委員長報告……………………五二四

四　第二章第九条（戦争放棄）制定の趣旨

衆議院の部

吉田　茂　今議会は新選挙法による総選挙の結果、成立した歴史的民主議会。この機会に、国家最高の法典たる憲法を改正し、軍国主義と極端なる国家主義の色彩を完全に払拭し、将来におけるその再生を防止するため、政治の運営並に行政と経済の全般にわたつて、民主主義と平和主義とによる改革を実行し、また教育の内容と制度についても、根本的刷新を行い、真に平和的国際社会の一員たるの資格と実質とを贏ち得ることを期する
——施政方針演説……………………四

吉田　茂　戦争のない国、民主的・平和的国家を創造するには、憲法において、かくの如き大変革、劃期的の条章を設けることも一方法と考え、特に第九条において交戦権放棄を謳つている。戦争のない国を創造する魁として、世界の平和に貢献するあらゆる手段を、あらゆる機会において執りたい——（対松原一彦氏）……………………二〇

【笹森　順造】平和国際社会の一員たるべく如何なる積極的努力を講じたか。講和条約締結についての用意如何……二二

吉　田　茂　講和会議に招請を受けるためには、幾多の準備が必要。就中、軍国主義国・再軍備の危険ある国・非民主主義国等々の誤解を一掃し、日本国民が心から平和的民主主義に徹底した事実を示すことが必要……二三

吉　田　茂　**改正案の基調**は、国民の総意が至高のものであるとの原理によつて、諸般の国家機構を定め、基本的人権を尊重して、国民の自由・福祉を永久に保障し、以て民主政治の基礎を確立すると共に、全世界に率先して戦争を放棄し、自由と平和を希求する人類の理想を憲法の条章に顕現するにある。

改正案において、特に一章を設けて規定した**戦争放棄は改正案における大なる眼目**。各国憲法中、かかる思い切つた条項の類例は稀有。かくして、永久平和を念願し、国家将来の安全と生存を挙げて平和を愛する諸国民の公正と信義に委ねんとする高き理想を以て、平和愛好国の先頭に立ち、正義の大道を踏み進んで行こうという固き決意を、国の根本法に明示せんとするもの――帝国憲法改正案説明……三五

【北　昤吉】政府が断乎憲法改正を決意したについては、何等か重大な根拠がなければならぬ……三八

吉　田　茂　政府が憲法改正の必要を認め、研究に着手してから、欧米その他の日本に対する感情・考え方について、色々事態が明瞭になつて来ると共に、日本の国際関係において、

戦争放棄の論理構造（第二章第九条制定の趣旨）

容易ならざるものがあることを考えざるを得なくなつた……四一
かくの如き危険なる疑惑の下にあつて、国体を維持し、国家を維持するには、国家の基本法たる憲法を、先づ平和主義・民主主義に徹底せしめて、日本憲法が毫も世界の平和を脅かす如き危険のある国柄ではないということを表明する必要を、政府としては深く感得……四二
かくして、戦争を放棄、平和国際団体の魁になるということを考えたものが第九條……四三
【原　夫次郎】戦争放棄の条文は、草案作成の任に当つた内閣において、考えられなかつた問題と思う……四六
国際情勢等に鑑み、遂にこの条文を置かなければならない立場に立ち到つたことは、想像に余りがある……四七
吉　田　茂　従来の戦争は多く自衛権の名において行われた。満洲事変、大東亜戦争亦然り。故に、如何なる名義を以てするを問わず、交戦権は自ら進んで放棄し、これによつて、全世界の平和確立の基礎をなす。全世界の平和愛好国の先頭に立つて、世界平和の確立に貢献する決意を、まずこの憲法において表明したい。今日の急務は、好戦国・再軍備・復讐戦争の危険ある国と見る列国の疑惑・誤解を一掃すること……四九
【吉　田　安】「戦争放棄」は単なる贖罪的規定ではなく、更に遠大な目的がなければならない……五七
金森徳次郎　大乗的見地において平和の一路を突進、世界文化諸国の先頭をなす。衆に先んじて、一大勇気を奮つて、模範を示す趣旨。平和的・文化的な各般の処置は、国家全局の力を綜合して努力……五八

金森 徳次郎 第二章戦争放棄こそ、自ら捨身の態勢に立つて、全世界の平和愛好諸国の先頭に立ち、恒久平和を希求する大理想を力強く宣言したもの……七八

金森 徳次郎 国家の運命を賭して、世界平和を主張。一枚の紙にも表裏ある如く、この規定より来る幾多の不便は、また覚悟しなければならぬ――（対三浦寅之助氏）……一〇八

金森 徳次郎 日本が捨身になつて、世界の平和的秩序を実現するの方向に土台石を作つて行こうと云う大決心――（対藤田榮氏）……一一八

【芦田 均】憲法改正の二面、現実的構成法的部門と国際生活における理想主義……一二七

改正案の主たる狙いは、日本の道義水準を国際水準にまで高めること、及びこれを実現するための国内機構を確立するにある……一二七

【芦田 均】日本は戦争の防止と戦争放棄によつてのみ再建と独立の大道を歩むことが出来る……一二八

金森 徳次郎 御説の通り……一二八

【芦田 均】憲法改正案は、国際連合の窮極の理想と合致。憲法改正案は、国連加入・国際社会復帰の先決条件……一二九

金森 徳次郎 御示しの方向に進む考えを以て起案……一三〇

金森 徳次郎 憲法改正は、何千年の歴史を経過した日本において、未曽有の変革。草案は全精神を以て文字に表わしたもの。憲法の理想を実現、文化国家建設の一路に、捨石の捨石となるの信念……一三四

【加藤 一雄】新日本の再建は、戦争放棄の規定を円満・迅速・完全に遂行するにある……一五二

戦争放棄の論理構造（第二章第九条制定の趣旨）

田中　耕太郎　戦争放棄は、不正義に対して負ける、不正義を認容するものではない。剣を以て立つ者は剣にて滅ぶ……………………………………一五六

【山崎　岩男】新日本は軍閥を払拭して平和国家を建設……………一六五

金森　徳次郎　大いなる決心と正義を愛する熱情を以て臨む……………一六八

【芦田　均】改正案第二章の戦争放棄は、わが国家再建の門出において、わが国民の平和に対する熱望を大胆・率直に表明したもの。憲法改正の御詔勅は、日本国民が正義の自覚により、平和の生活を享有することを希求し、進んで戦争を放棄、誼を万邦に求むる決意を宣明……………………………………………………………………二一〇

改正憲法の最大の特色は、大胆・率直に戦争放棄を宣言したこと。これこそ万人の斉しく翹望する所であり、世界平和への大道であり、日本が再生する唯一の機会――委員長報告……二一四

【尾崎　行雄】憲法制定の最大目的は、国家人民の幸福安寧を図るに在り。而して現在は、世界の平和を維持するに非ざれば、此の目的を達する能わず。然るに武力に依つて幕府を倒した藩閥政府は、最も武力に重きを置き、皇室制度の如きも、露・独・墺三国を手本となし、その憲法を制定するに方つても武力本位の独・墺を学んだ。而して、此の三国の皇室は共に滅亡した。帝室存奉に熱心な人々は、深く此の事実を考慮しなければならぬ。滅亡の覆轍を践行しつつ、天皇制維持論を主張するものは、深大の考慮を要す……………二一六

【片山　哲】**改正憲法の特色**は、天皇制下の民主化と戦争放棄。われわれは世界に向つて、平

和を宣言し、平和を愛する国民であることを心から主張する。戦争放棄は与えられた条項ではなく、日本国民の心の底に流れていた大きな思潮……二二五
【林　平馬】軍備をもつ平和は脅迫的平和。戦争放棄、神に対して栄光を感ず……二二八
軍備を擁しての平和論は擬装平和の押売。永遠の平和創造の方法は、率先軍備を撤廃して、平和の使徒たるにある……二三〇
日本国民こそ真に平和愛好の国民……二三〇
【大島　多藏】人類永遠の理想、最高の理想は、戦争のない、闘争のない国際社会の実現にある。国民的信念をもつて、力強く、高らかに、全世界に向つて、率先戦争放棄を宣言するは、洵に当を得た処置……二三三

貴族院の部

吉田　茂　改正案は、憲法・国法だけの観点から立案したものではなく、国家を救い、皇室の御安泰を図るという観点を十分に考慮……二四九
【南原　繁】改正案の趣旨は、祖国日本を自由と正義の完全なる国に高めるにある……二八六
幣原　喜重郎　文明が戦争を絶滅しなければ戦争が文明を絶滅するであろう……二九〇
幣原　喜重郎　戦争放棄は理念たるに止まらず現実的。従来の軍事費を平和産業の発達・科学文化の振興に転用。国家の財源・国民の活動力を挙げてこの方面に邁進……三二一
金森　徳次郎　改正案の眼目とする精神は、凡そ前文中に尽されて居る。各条項は前文の思想と連絡を保ちつつ、相照応するもの……三三二

戦争放棄の論理構造（第二章第九条制定の趣旨・「国権の発動たる意義」の意義）

金森 徳次郎 第二章の戦争放棄は、条文としては僅かに一箇条だが、これこそ捨身の態度に立ち、全世界平和愛好国の先頭に立とうとする趣旨。恒久平和を冀うわが大理想とこれに基く諸般の方針を力強く闡明したもの……三三三

【南原 繁】 平和は、単なる現状維持、功利主義的・便宜主義的な安全第一主義であつてはならない。人類の理性と良心に従う現状の平和的変更、国際の普遍的デモクラシーの実現を意図するものでなければならない……三四四

単なる戦争放棄では相成らぬ、正義に基いた平和の確立こそ、わが将来の国際政策……三四五

吉田 茂 質問の御趣旨は誠に御尤も。御趣旨に副うよう努力……三四六

【澤田 牛麿】 第九条第二項は、講和条項において軍備を禁止される前に、連合国の機先を制しようという考えであるか……三六〇

吉田 茂 世界に先立つて戦争を放棄することにより、日本国民の意のある所を徹底せしめ、外国の誤解を一掃しようとする、国外の情勢に対する判断の上から、他に類を見ない本条の規定を憲法に挿入……三六二

金森 徳次郎 第九条の規定は、本当に人類の目醒めの道を日本が第一歩を踏んで、模範を垂れるつもりで進んで行こう、かういう勇断を伴つたもの……四〇一

五 「国権の発動たる戦争」の意義

衆議院の部

【北　昤吉】「**国民至高の総意**」と「**国民の総意が至高**」と「**国の主権**」と「**国権**」との関係
「**国民主権**」と国家主権との関係、主権と最高機関、主権と主権発動の形式たる機関との関係……七九
金森　徳次郎　国民の総意とは、国家の統一したる意思が由つて起つて来る自然意思、人間の意思。国の主権とは、国を単一体として見た場合の国の意思。国民の総意は、国の意思、即ち主権の源泉であるから、至高。国権とは、結局国家意思というと同じであるけれども、その働きに着眼したために権という……七九
【高橋　英吉】国民の総意というは、これこそ擬制、これこそ不自然……八一
国家が権力の主体ということは決して不自然ではない。国家がいろいろの権利義務の主体となつていながら、独り統治権の主体となり得ない道理がない。
天皇主権説の盛んな時代においても、国家主権説こそ真理……八二
金森　徳次郎　第九条にいわゆる主権、前文にいわゆる「自国の主権を維持し」という場合の主権とは、国家が持つている主権という意味、主権の本体は国家と了解……八二
【武田信之助】「**政府の行為によつて再び戦争の惨禍が発生しないやうに**」ということと、「**国の主権の発動たる戦争**」ということとの間には、聊か食違いがあるように考えられる。
「**主権の発動**」は政府が行うのであるか、若くは国民の総意によつて発動するのであるか……一三六
金森　徳次郎　国民は平和を愛好し、十分国際社会においての義務を立派に尽すだけの根本的な
戦争放棄の論理構造（「国権の発動たる戦争」の意義）

素質を具えているのであるけれども、政府が間違つた導き方をすれば、色々な弊害が起る、そこで政府の行為に対して十分の注意をして間違を起さないようにしなければならぬというような考え。人民が憲法をよく整備し、政府をして間違つた行為をさせないように持つて行くというのが、憲法を貫く基本的な考え方……………………………一三七

【鈴木　義男】「**国の主権の発動たる戦争**」という場合の「**主権**」は用語として適当であるか。主権は英・米・仏等においては、国家の最高権力を意味し、近時の通説においては、国法の最高性を表わす。国家権力を意味する場合には、国権というが適切。「国の主権の発動たる戦争」という用語法を採用したについては、何か特別の理由があるか……………………一四六

金森　徳次郎　ここに所謂**主権**とは、国権、国家統治権という意味の主権であつて、特に外の意味を含めたものではない。ただそれだけの単純な意義を表わすために「国の主権の発動」という言葉を使つたのだが、その当否については、答弁の限りでない………………………一四六

【鈴木　義男】「**主権**」という言葉は、最も妥協的に、常識的に使うとしても、国家が他の如何なる団体からも拘束を受けないという法的優越性、国家の最高性を示す概念。前文における「主権」という言葉の用法は必ずしも非難に値しない。これに反して、実力的、即ち権力の源泉が何処にあるかという場合におけるその主体を示すための表現ならば、国の最高権力とか、国権とかいうのが、世界各国の憲法および公法学界の通説。戦争は明かに国家権力の発動現象であつて、国家の法的最高性ということは無関係。将来憲法を説明する場合に、学問的に困難を感ずるような表現は、出来るだけ改めて戴きたい……一四七

【高橋 英吉】 第九条に所謂「**国の主権**」とは、国家が主権者である、国家が統治権の主体であることを明記して居るのではないか……一七二
主権在民、主権在国家、主権在君の三説中、金森国務相は何れを採るか……一七三
金森 徳次郎 国を単位として考へた場合、その国家意思を主権・国権・統治権という。この意味においては、主権の主体は国家……一七四
国民の意思が国家の意思を構成する。この意味においては、国民全体が主権をもつ……一七五
【高橋 英吉】 統治権に二つの主体があるとは信ずることは出来ない。法理的には、統治権の主体は国家。政治的・実際的には、国民協同体が主体……一七七
金森 徳次郎 改正案は、大体、御趣旨のような建前……一七八
主権は国家に在り、主権を構成する本体は国民全体……一七九

貴族院の部

【佐々木惣一】 本来意義多様なる「**主権**」という言葉を法文中に用いるに至つた事由……二九九
金森 徳次郎 率然「**主権**」という言葉を使えば紛糾の種、しかし前後の関係を見れば意義は分明……三〇六
【佐々木惣一】 「**主権の発動たる戦争**」という意味が少しも分らぬ。これを「**国権の発動**」と修正した法的意味如何……三九六
金森 徳次郎 「**国の主権**」と云ひ、「**国権**」と云うも、この場合実質的に意味の差はないものと考える……三九七

六　第二章第九条の根本義

衆議院の部

吉田　茂　戦争放棄は改正案における大なる眼目。即ち**国の主権の発動たる戦争**と、**武力に依る威嚇**、または**武力の行使**は、他国との間の紛争解決の手段としては、永久にこれを放棄し、進んで陸海空軍その他の戦力の保持、および国の交戦権をも認めないとされている……三五

【北　昤吉】憲法でこういう規定を掲げながら、国内においては、到る処戦闘準備――やあ人民戦線だ、やあ民主戦線だ――戦争放棄、平和主義のものは、苟くも戦いという名を国内においては、用うべからざるものであると考える。国内輿論の闘争の連続は、国際的波瀾を生ずる一種の準備行動と考えざるをえない……四〇

吉田　茂　戦争放棄に関する御質問もあつたが、これは御意見の通り……四三

【原　夫次郎】わが国を不法に侵略若しくは占領せんとするものが出て来た場合に、わが国の**自衛権**までも放棄しなければならぬか……四六

吉田　茂　直接には自衛権は否定して居ないが、第二項に於て一切の軍備と国の交戦権を認めない結果、自衛権の発動としての戦争も、また交戦権も放棄したもの……四九

【鈴木義男】わが国が苦い経験に鑑み、平和主義に徹し、国の安全と生存とを挙げて平和を愛する世界諸国民の公正と信義に委ね、政策としての戦争はこれを放棄し、一切の軍備を撤廃

することを国是としたことは結構
外国評論界の一部に、子供らしい信念と嗤うものがあっても、過っては改むに憚ることなかれ。わが国が先鞭をつけることにより、世界各国の憲法にこの種の規定を採用せしめるだけの意気込を以て臨むべし……五一
【吉田 安】戦争放棄に関する政府の根本的理念如何、将来これを空文たらしむることは断じて許されない……五六
単なる贖罪的規定ではない、更に遠大な目的がなければならない……五七
金森 徳次郎 第一項については、諸外国の憲法中に類例もあるが、第二項は平和の一路を進もうとする日本の劃期的な努力……五八
【野坂 参三】戦争に二種あり、戦争一般の放棄という形でなく、侵略戦争の放棄とするのが的確ではないか……六五
吉田 茂 国家正当防衛権による戦争を認めることが有害。交戦権放棄の期する所は、国際平和団体の樹立。正当防衛権は戦争を誘発する。御意見の如きは有害無益……六八
【赤澤 正道】**「他国との間の紛争の解決の手段としては」**と云うのは、条件的な文義に見えるが、何かを前提としているのか……一〇五
金森 徳次郎 特別に何ものをも含んでいない……一〇五
【藤田 榮】戦争放棄は、制裁としての戦争、自衛としての戦争を含むか……一一四
交戦権の否認は、制裁の戦争、自衛の戦争にも及ぶか。吉田首相の答弁は諒解に苦しむ……一一五

金森　徳次郎　**第九条第一項**は、固より自衛戦争を否定する明文を備えて居ない。但、**第二項**において、その原因の如何を問わず、陸海空軍を保持することなく、交戦権を主張することなしと規定されている……一一八

【野坂　参三】前文、「**政府の行為によって**……」の代りに、「他国征服の意図をもった」とか或は、「侵略的意図をもった」と云うような戦争の性質を表わす言葉を入れるべきではないか……一三八

金森　徳次郎　理論的には自衛戦争は正しいが、自衛の名を藉りて侵略戦争に赴く患がある……一三八

【鈴木　義男】戦争は国家権力の発動に相違ない。戦争をしないという誓いは、寧ろ国の政策としての戦争はしないという意味であろうと思う。それならそう規定する方が一層適切簡明ではないか……一四六

【山田　悟六】「**戦争の否認**」、「**戦争権の放棄**」ならばいざ知らず、「**戦争の放棄**」と云う事柄はあり得ない……一四九

金森　徳次郎　不戦条約締結の際この言葉を使う。時代に応ずる一つの表現、外観上不自然なる所があればある程、人心に沁み易き効果的なる味わいもある……一五〇

【山田　悟六】「**保持してはならない**」とは自主的に保持しないのか、他動的に保持してはならないのか……一五〇

金森　徳次郎　国家が国家機関に対して言渡すような形式……一五〇

【笹森　順造】他に適当な文字があれば、戦争放棄と云う文字を改めてもよいか……一八〇

「放棄」では弱い。「排除」とすればもっと適切……一八一
金森 徳次郎 「排除」では「放棄」ほど決意が充分表われない……一八二
【笹森 順造】 憲法の効力の及ぶ地域的範囲と「国の交戦権はこれを認めない」と云ふ場合の国の定義及び範囲如何
一、世界の凡ゆる所で、凡ゆる国の交戦権を認めないと云うのか
二、世界の凡ゆる所で、わが国の交戦権を認めない、他国の交戦権は認めると云うのか
三、わが国土内で凡ゆる国の交戦権を認めないが、他の地域で他国の交戦権は認めると云うのか
四、わが国土内で、わが国の交戦権を認めないが、他の交戦は認めると云うのか……一八二
憲法の効力はわが国土の全体に及ぶものと考えられる。わが国の交戦権を「放棄」するにとどまらず、わが国土内では、他国の交戦権をも「排除」し、わが国土が第三国の戦争基地化するを防止しなければならない……一八二
金森 徳次郎 日本国憲法は日本の国法、専ら日本国の働きについて規定したもの、他国の交戦権等については言及していない。わが領土内であつても、今日国際法上認められている他国の交戦権の類を一方的に否定することは、国際法に反し、国際信義にも反する。御意見は、将来の方針としては意義があるが、今の段階では実行困難。要するに、本条は、専ら日本国の戦争放棄、日本国の交戦権放棄を規定するにとどまる……一八三
【笹森 順造】 如何なる事態においても、国土の戦争基地化を防止することが国土の安全を保つ

所以。これがためには、如何なる国の交戦権も、わが国土から「排除」しなければならない……一八三
金森　徳次郎　一つの考え方であるが、今の段階では困難……一八三
【笹森　順造】わが国民が外国在住中、外国の軍隊に入り、当該外国の戦争に参加するは、違憲行為であるか。また、これをどう取扱うか……一八八
木村　篤太郎　かかる場合に日本国として責任のないことは当然……一八九
【芦田　均】侵略戦争を否認する思想を憲法に法制化した前例は絶無ではない。しかし、新憲法の如く、全面的に軍備を撤去し、総ての戦争を否認することを規定した憲法は、恐らく世界において、これを嚆矢とする……二一〇
政府の見解は、第九条第一項は自衛のための戦争を否認するものではないが、第二項によつて、その場合の交戦権も否定されていると云うにある――委員長報告……二一一
【尾崎　行雄】国家的殺人強奪を否認し、その機関たる軍備を禁止したる一点においては、世界無双の良憲法……二一六
【林　平馬】人類の歴史あつて以来、凡そ国を成すものが、一切の軍備を放棄、世界平和の一路を辿るべき必然的の覚悟を憲法に示した国家あるを聞かぬ……二三一
【田中　久雄】国権の発動たる凡ゆる場合の一切の戦争を全面的に放棄、曽て人類史上前例をもたざる全面的且つ永久的の戦争放棄を規定……二三四

貴族院の部

【牧野 英一】「戦争放棄」という弱い言葉ではなく、戦争自体を否定する勇気はないか……二九二
金森 徳次郎 「**放棄**」という言葉は、不戦条約、民法相続編等に用いられて既に慣熟、生硬でないと同時に、却つて国民の理解に愬え易い言葉……三九七
【牧野 英一】戦争「放棄」といわず、これを「否定」すると規定しては如何……三六八
【織田 信恒】何か社会運動をやるのに或一つの戦争用語を使つて、さうして人の心に潜んでいる闘争心を掻き立てて、或運動の目的を達成しようというようなことも、正しい指導方法とは思えない……三五六
金森 徳次郎 **第九条第一項**は不戦条約の趣旨を明かにした規定、諸国の憲法中若干類例を見得る。しかし第一項の規定だけでは十分に目的を達し得ないので、更に大飛躍を考え、**第二項**において戦争に必要なる一切の手段および戦争から生ずる交戦者の権利を否認している。かくして、道義を愛する劃期的思想を規定することが適当……四〇一
【山本 勇三】**戦争放棄**という言葉の意義と用例とその思想的背景……四一〇
戦争権の放棄、戦争の否認というならば分るが、戦争放棄では意味をなさない……四一〇
金森 徳次郎 法律上の用語は、自ら一定の意味を立法の趣旨。前後の関係から導き出される。
「放棄」という言葉には既に用例もあり、他に適当の言葉がないから、これを用う……四一六
【牧野 英一】「**戦争と武力による威嚇又は武力の行使**」とはどの位違うか……四二二
金森 徳次郎 言葉の精密なる分析は甚だ困難。戦争については、国際法的にも自ら一定の意義

がある。大体武力の境が作られるから、「威嚇」又は「行使」の意義も自ら分明…… 四二二

【牧野　英一】「武力による威嚇又は武力の行使」は戦争の延長、戦争が放棄されれば当然放棄さるべきもの。簡単に戦争はこれを放棄すると云つては如何…… 四二三

金森　徳次郎　未だ戦争にまで発展しない段階の武力の威嚇又は武力の行使等も避けるようにしなければならない…… 四二四

【牧野　英一】「**戦力は、これを保持しない**」としながら、特に「**国の交戦権は、これを認めない**」ということは何か特別の意味があるか…… 四二三

金森　徳次郎　**第九条第一項**は諸外国の憲法中に類例があり、一つの極文句であつて、平和実現の手段を伴つていない。**第二項**は新しき主題を含み、原則を実現する手続上の手段を規定したもの。「交戦権はこれを認めない」とすることにより、平和の現出が余程確保されるのではないか…… 四二四

【牧野　英一】「**戦力を保持しない**」ということと、「**交戦権はこれを認めない**」ということは、同じ事柄を裏と表とから書いた規定で、結局重複してこそ居れ、特別の意味がないのではないか…… 四二五

戦争放棄は、当然に武力行使の放棄等を含む。これを並べて規定するは、無用の言葉を重ねたものではないか…… 四二五

交戦権云々というも、亦同様ではないか…… 四二六

金森　徳次郎　第九条第一項は、「戦争」と「威嚇」と「行使」との三段階を抑えて規定したも

の。不法なることを防止する場合には、色々悪い段階を抑えて置く方が、趣旨として徹底するのではなかろうか……………………四二六

第二項前段「**戦力を保持しない**」というのは、事実の変化を起し得る有形的なものを考えている。**後段**「**交戦権はこれを認めない**」というのは、法律上の保護を規定する。両者は内容的に重複する可能性はない……………………四二七

第九条第一項には、「**紛争解決の手段として**」とあるので、防禦戦争を含まない。但、第二項は、一切の場合に、法的・物的の一切の手段を封じて居るので、第一項よりその関係する所の幅が広い……………………四二七

【牧野　英一】　若し、指摘したような重複関係がないとすれば、「**戦力を用いない交戦権**」というものがあり、それをも封じて居るのか……………………四二八

金森　徳次郎　「**戦力のない戦争**」を予想することは困難。但、極切羽詰った場合に、この規定の精神を破つて、急に間に合せの武力を何等かの方法で手に入れて、事を始めるということは、懸念をすればあり得るから、かく二段構の規定を設けることには理由がある……………四二八

【牧野　英一】　結局、**竹槍を以てする場合**にも、交戦権を許さない趣旨と心得る……………四二九

【高柳　賢三】　第二章第九条の規定は非常に劃期的。……………………四四四
侵略を受けた場合においても、この原則によれば武力抗争をせず、一時は侵略に委ねることになると思うがどうか……………………四四五

金森　徳次郎　武力なくしての防衛には自ら限度があり、自然そうなる……………………四四五

【高柳　賢三】第九条の精神は**ガンジーの無抵抗主義**にあるものと理解してよいか……………………………………四四五

金森　徳次郎　武力以外の方法によつて或程度防衛する余地は残されている。戦争以外の方法でのみ防衛する、その他の場合はお説の通り………………………………………………………………四四六

【高柳　賢三】国民が個人として、第三国間の戦争に参加することを禁止する立法が必要ではないか……………………………………………………………………………………………………四五三

金森　徳次郎　全く同感……………………………………………………………………………四五四

【大河内輝耕】自衛の戦争は国際法上でも自由であると伺つて居るが、ポツダム宣言を受諾した前後の経緯から、如何に自衛のためと雖も、日本としてはそれを禁止されているものと思うが当然ではないか……………………………………………………………………………四六五

金森　徳次郎　事柄としてはその通り。**第九条第一項**は自衛戦争を禁止する規定を含んでいない。**第二項**は、自衛戦争たると何たるとを問はず、戦力は保持しない、又何か事を仕出かしても、交戦権はこれを認めない。即ち第二項の結果として、自衛戦争もやれないことになる……………………………………………………………………………………………四六五

【安倍　能成】**第二章第九条に関する政府の所論**を紹介すれば、第一項戦争放棄については、外にも稀なる例もあるが、第二項戦力撤廃、交戦権否認は他に例を見ない。世界恒久平和の実現は全人類に与えられた宿題であるが、わが国の現状は、積極的にその達成について国際的努力を払うことを許されていない。差当り可能なことは、この憲法改正に当つて、わが国の徹底的なる平和主義を内外に闡明、世界に率先してその実現に努めようとするも

の。わが国に対する連合国の誤解・疑惑の一掃は、結果であつて必ずしも目的ではない。実行不可能なる規定を憲法に掲げて世界を瞞著するという非難に対しては、今後におけるわが国の態度が終始最も明確にこれを反駁するであろう。本条は固より国内法であつて、国際的には政治的意義をもつにとどまり、国際法的には無意義…………………五二五

要するに、戦争放棄・戦力撤廃・交戦権の否認を憲法に規定したのは、全く捨身の態度であつて、身を捨ててこそ浮ぶ瀬もあれ、という異常な決心に基く――委員長報告……………五二六

七　戦争放棄と交戦団体

衆議院の部

【藤田　栄】　第九条第二項の交戦権の否認は、交戦団体に対する場合にも適用されるか。

交戦団体とは、国際法上の交戦者としての資格を認められた**叛徒の団体**をいう。

一国の政府を顚覆したり、或はその本国から分離する目的を以て蜂起した叛徒の団体と当該政府との間の闘争は**内乱**であつて、戦争ではないが、叛徒が第三国より交戦団体としての承認を受けた場合には、叛徒団体は国際法上の交戦者となり、内乱は一変して国際法上の戦争関係となる。かような交戦団体が、第三国の承認により、日本国内に成立するに至つた場合においても、政府はなお戦争放棄、交戦権の否認をもつて、これに対処するか……　一一九

金森　徳次郎　**第九条第二項にいわゆる交戦権**は普通国際法上に認められている交戦権を指す。従つて、国内に成立することあるべき交戦団体に対しても、第九条第二項の規定は当嵌る……　一一九

【藤田　栄】交戦団体として承認された叛徒団体と政府との間の関係は、国際法上戦争状態に入るのだが、政府の答弁によれば、交戦団体として承認を受けた叛徒の方は国際法上の戦争資格が認められ、叛徒が顚覆しようとする政府の方には、第九条によって交戦権が認められないことになる。従って、将来国際平和団体に参加する場合には、国内に起ることあるべき叛徒団体を第三国が交戦団体として承認することのあり得ないようにする保障が必要……………………………………………………一二〇

貴族院の部

【高柳　賢三】外国軍隊によって侵略を受けた場合に、正式に国際法上の要件を備へた所謂**群民蜂起**、**ルヴエー・アン・マス**が起ることがある。かかる場合における群民蜂起の国内法上および国際法上の地位はどうか。国際法的には、これは適法であって、交戦者は戦闘員として取扱われるのだが、国内法的には、交戦権否認を規定した憲法上の規定に反することになると思うが、どうか……………………………………………………四四七

金森　徳次郎　新しい事態に伴う種々なる法律上の研究を要すると思うが、緊急必要な正当防衛の原理が当嵌って、解釈の根拠となるものかと思う……………………………………………………四四八

八　戦争放棄と自衛権

衆議院の部

【原　夫次郎】ただ恐るべきは、わが国を不意に、或は計画的に侵略せんとする者達、或は占領せんとするものが出て来た場合に、わが国の自衛権というものまで放棄しなければならぬのか。自衛権を確立するためには、陸・海・空軍その他の武力は当然用意して置かねばならぬ。これを放棄するとすれば、不意の襲来、侵略者に対し、如何に対処すべきか………四七

吉　田　茂　戦争放棄に関する本条の規定は、直接には自衛権を否定はしていないが、第九条第二項において、一切の軍備と交戦権を認めない結果、自衛権の発動としての戦争も、また交戦権も放棄したもの。

国際平和団体が確立された場合において、若し侵略戦争を始むる者、侵略の意思を以て、日本を侵す者があれば、これは平和に対する冒犯者、全世界の敵。世界の平和愛好国は相倚り、相携えてこの冒犯者、この敵を克服すべきもの………四九

【鈴木　義男】戦争の放棄は国際法上に認められているところの自衛権の存在までも抹殺するものでないことは勿論である。これを心配しての質問も二、三あるようであるが、心配は無用。併し、軍備なくして自衛権の行使は問題となる余地はない………五一

【野坂　参三】他国征服、侵略の戦争は不正の戦争、侵略された国が自国を護るための防衛的な戦争は正しい戦争といつて差支ない。この憲法草案においても、戦争一般の放棄という形でなしに、これを侵略戦争の放棄とするのがもつと的確ではないか。この問題について、わが共産党はかく主張する、曰く、日本国は総ての平和愛好国と緊密に協力し、民主主義的国際平和機構に参加し、如何なる侵略戦争をも支持せず、またこれに参加しないと。こ

ういう風な条項がもつと的確ではないか……………………………六五

吉田茂　近年の戦争は多くは国家防衛権の名において行はれたことは顕著な事実。正当防衛権を認むるは偶〻戦争を誘発する所以。正当防衛、国家の防衛権による戦争を認むるならば、その前提において、侵略戦争を企図する国の存在を予想しなければならない。御意見の如きは有害無益。本条の期するところは、国際平和団体の樹立にあり、国際平和団体の樹立によつてあらゆる侵略戦争を防止しようとするにある……………………………六八

【林平馬】従来自衛権の名において戦争が惹起されたのであるから、世界平和の大理想達成のため、自衛権もまた放棄すべきであるとの吉田総理の本会議における答弁は、世界の思慮ある人々の感銘を博したことと信ずる……………………………九八

吉田茂　今日までの戦争の多くは自衛権の名に惹起されたことは過去における事実。自衛権による交戦権、侵略による交戦権を区別すること自体が、多くの場合において戦争を惹起するが故に、有害無益。

自衛権による戦争があるとすれば、侵略による戦争、侵略に依る交戦権があるということを前提としなければならない。

われわれの期する所は国際平和団体の樹立。侵略戦争は平和団体に対する謀叛・反逆。平和団体所属国は、協力してこの反逆者に対して矛を向くべきもの。かくして侵略戦争は絶滅され、侵略戦争の絶滅により、自衛権による交戦権も自然に消滅……………………………一〇〇

【芦田均】憲法改正案第九条が成立しても、日本が国際連合に加入を認められる場合には、

憲章第五十一条の制限の下に、自衛権の行使は当然認められる。ただその場合においても、武力なくして自衛権の行使は有名無実に帰するのではないかという論がありましょう。しかし、国際連合憲章よりいえば、日本に対する侵略が世界を脅威して行われる如き場合には、安全保障理事会はその使用し得る武装軍隊を以て、日本を防衛するの義務を負う。またわが国に対しても、自衛のために適宜の措置を執ることを許すものと考えて多く誤りはあるまい。この点について、政府の今日までの答弁は稍々明瞭を欠くやに考えられる……一三一

【野坂　参三】「政府の行為によって再び戦争の惨禍が起ることのないやうにすることを決意し」に於ける「政府の行為」の代りに、「他国征服の意図を持った」若しくは「侵略的意図を持った」というような言葉を入れるべきではないか……一三七

金森　徳次郎　理論的には、自衛戦争は正しいが、自衛の名を藉りて侵略戦争に赴く患がある……一三八

【山崎　岩男】日本は日本の有すべき自衛権を放棄した……一六五

【笹森　順造】自衛権を発動しなければならない場合において、国民が国土内で腕力若くはその他の器物を以てする正当な自己防衛と雖も違憲行為であるか。若しそうであるならば、これを如何に処罰するか……一八七

木村　篤太郎　果して自衛権の発動であるかどうかが問題。交戦権の範囲に属すると認められる場合は、憲法違反……一八七

【芦田　均】**委員会の関心の中心点**は、第九条の規定により、わが国は自衛権をも放棄する結果となるかどうか、自衛権は放棄しないとしても、軍備をもたない日本国は、何か国際的保障

でも取付けなければ、自己防衛の方法を有しないのではないかと云う問題——委員長報告……二一一
【野坂参三】第二章第九条は平和主義の空文。自衛権を放棄して、民族の独立を危くする危険がある。共産党は民族独立のためにこの憲法に反対……二二〇

貴族院の部

【南原繁】歴史の現実を直視すれば、少くとも国家としての自衛権と、それに必要なる最少限度の兵備を考えることは当然……二八三
かかる意味の自衛権は国連憲章によつても承認されている……二八三
将来国連加入を許される場合、自衛の権利と義務をも放棄する意思であるか……二八三
吉田茂　日本としては、国権の回復、独立の回復が差迫つての問題。政府としては、講和条約の成立、国家態勢の整備を目標として目下努力……二八九
【高柳賢三】自衛権と正当防衛権との相違……四四三
第九条第二項を読むと、第一は戦力を放棄する、第二は国の交戦権を放棄する、これで恐らくは自衛権も放棄する、こういう意味合が出て来る。第一項と第二項を併せ読めば、従来の条約或は憲法の条項において見出される戦争放棄とは本質的に違つた条項であることを感ずる……四四四
【高柳賢三】憲法に依つて自衛戦争を放棄しても、国際法上の自衛権は喪失しない。この点はどうか……四四六
金森徳次郎　法律学的に申せば御説の通り……四四七

金森　徳次郎　不当の挑戦に対し、自衛戦争を行うことは、国際法的に禁止されていないけれども、武力も何もないから、事実防衛は出来ない……………………………………四五六

【安倍　能成】　所謂自衛権の問題が大部問題になったが、この自衛権は、戦力撤廃、交戦権否認の結果として、自ら発動が困難となり、外国と攻守同盟条約を締結することも結局不可能となる。右が政府の所論——委員長報告……………………………………五二五

九　戦争放棄と国内警察

衆議院の部

金森　徳次郎　国内治安の維持については、兵力以外に自らその方法があると考える（対徳田球一氏）　三〇

【三浦寅之助】　天災、騒擾等の場合、如何にして国内の治安を確保するか……………一〇八

金森　徳次郎　国内秩序の維持には必ずしも軍隊を必要としない。自治力、特に警察力を注意深く育成。結局は、国民各自の努力によって難局打開……………………………………一〇九

【竹谷源太郎】　内乱・騒擾等非常事態が発生した場合、法的措置が講ぜられるだけの実力を如何にして調達するか……………………………………………………………………一一三

金森　徳次郎　国内治安の維持については、専ら警察力により、最善の努力を費す。これを以て如何ともすべからざる特殊の場合を予見することは憲法の具体的規定としては不適当…………一一四

貴族院の部

【南　原　繁】　兵力を維持する目的の一は、国内治安の維持にある。その兵力をも放棄すると云う

のか……二八四

【澤田　牛麿】憲法で軍備を禁止すれば、連合国がある程度の軍備を許した場合においても、軍備をもてないことになる……三六一

ある程度の軍備は警察力の後楯として必要……三六二

吉　田　茂　治安維持の上からいつても、ある程度の軍備は必要ではないかといういろいろの御話は、これも仮定の問題であつて、甚だ御答えし難い。講和条約が出来た後の状態によつて判断すべきもの……三六三

【澤田　牛麿】治安の問題は警察に関する問題で、仮定の問題ではない……三六三

戦争放棄は結構だが、一切の軍備放棄を急いで憲法に規定する必要はないではないか……三六三

吉　田　茂　軍隊によらざれば、治安の維持が出来ないとも考えられない……三六四

【澤田　牛麿】地方治安の維持上、兵力の必要を生ずることは、実例があり、仮定の事実ではない……四五八

パリ会議の模様を見れば、連合国も若干の兵力の保有は許すものと想像される。それ迄遠慮する必要はないのではないか……四五八

幣原　喜重郎　警察力を充実することは差支ない。外国と戦争することが出来るような兵力を持つことは出来ない……四五九

【澤田　牛麿】第九条は、軍備を全然持たないというのではなく、条約で許されれば、幾らか持つという意味であるか……四五九

幣原　喜重郎　外国との戦争に関係ある戦力を持てないことは明瞭。しかし国内警察充実のため、機関銃を持つことまで禁止するものではないと思う……四六〇

【澤田　牛麿】外国と戦争するための軍備はいけないが、警察力という意味での軍備はよいという意味か……四六〇

幣原　喜重郎　国民同士戦争するための軍備はあるべきものではない。警察力で沢山……四六一

【澤田　牛麿】騒擾等に際し、現に軍隊が出動した場合がある。治安維持のための軍備は置く方がよいではないか……四六一

幣原　喜重郎　治安維持のための力は、警察力と云えばよい、軍備とはいえない……四六二

一〇　戦力・武力と警察力の限界

衆議院の部

【笹森　順造】反乱鎮定のために、警察は武力を行使し得るか。かかる場合に、警察が武器を使用しても、武器とは看做さないのであるか。第九条に所謂戦力と警察力との区別・限界如何……一八四

金森　徳次郎　第九条第一項、第二項共に戦争に着眼、国内治安維持のための実力行使は禁止されていない。但、誰が見ても、警察権の範囲と認め得る程度において実施すべきもの……一八五

【笹森　順造】放棄または否認せらるべき武力及び戦力の定義と内容如何。「武力」、「戦力」と

平和的な経済国力、文化力との限界を明確に示されたい……………………………………一八五

金森　徳次郎　一国の戦闘力を構成することを本体とするものは戦力。学問上発達した特殊の戦争手段は固より戦力。多数の人間に生命・身体に関する変化を惹起するような手段はこれに属する。どの程度までが平和力であり、何処まで行けば戦力になるかと云う限界は、結局、綜合判断によつて決める外はない……………………………………一八六

貴族院の部

【織田　信恒】戦力という言葉の内容は、近代科学文化を標準にするのか、竹槍をも武力と見るのか……………………………………四六二

金森　徳次郎　戦力とは、戦争又はこれに類似する行為において、これを使用することによつて目的を達成し得る一切の人的及び物的力を云う。竹槍は戦力にならぬ……………………………………四六三

【織田　信恒】ウラニウム等、科学的文化の戦力化防止のための管理が問題。その限界を明確にして学者の疑惑を除くことが必要……………………………………四六三

金森　徳次郎　専ら戦争に用いることを本体とするものは不可。その用途の広く、ある場合に合理的な転換を経て、戦力に供せられるという段階のものは、物自身そのまま戦力とは考えられない。実際上は、相当面倒な判断の問題だが、考え方としては、専ら戦争に用いることを本体とすると云うところに重点を置く……………………………………四六四

二　戦争放棄と安全保障

衆議院の部

【徳田球一】戦争放棄後における民族の独立および安全保障の方法如何……二八
金森徳次郎　国内治安の維持については、自ら兵力以外において方法があると考える……二八
【北昤吉】武装を解除された戦敗国が、戦争を放棄しても、国際的には意味がない。むしろ進んで永世局外中立運動を起すべきではないか……三八
【原夫次郎】武力防衛が出来なければ、他国に依存するほかはない……四七
世界連合国家のようなものが出来れば、戦争を放棄しても、さまで心配を要しない……四八
吉田茂　国際平和団体が確立された暁において、侵略戦争を始めるものは、平和に対する冒犯者、全世界の敵。平和愛好諸国は相倚り相携えてこれを克服すべき国際的義務が、国際団体の間に自然に発生……四九
【鈴木義男】永世局外中立は今日の国際社会ではアナクロニズム。政府は外交的手段等により、速かに国際連合に加入し、その安全保障を求める用意があるか……五二
金森徳次郎　左様な考えを心中には描いて居るけれども、現実の問題としては、時期が適当ではない……五三
【林平馬】われわれの不安とする所は、独立後における国際的脅威……九七
吉田茂　講和・独立後におけるわが国を侵略する者があれば、国際連合（U・N・O）加

盟国は、国連憲章第四十三条により、それぞれ兵力を提供し、世界を挙げて、この侵略国を圧伏する義務がある。日本が独立国として、国際連合に加入した場合には、一応この憲章によつて、保護される……一〇一
【藤田　榮】第二項の交戦権否認が、制裁の戦争、自衛の戦争をも放棄するものとせば、如何にしてわれわれの生存と安全を保障するか……一一七
将来、違法なる戦争当事国が生じた場合における諸般の保障について、憲法実施までに、国民をして納得せしめるに足るだけの措置を講ずることが必要……一一八
【森　三樹二】国家の存立を危くしない保障の見透がついてはじめてかかる条文は設けらるべきもの……一二二
吉田　茂　戦争放棄の消極的意義は、日本に対する世界の疑惑を一掃するにあり、その積極的意義は国連憲章第四十三条により、連合国より平和に対する保護を受くるにある……一二三
【芦田　均】憲法改正案は国連憲章の窮極の理想と合致……一二九
憲法改正は国連加盟、国際社会復帰の先決条件……一二九
国際的保障でも取付けない限り、自己防衛を全うすることが出来ないのではないか……一三〇
【山崎　岩男】国際法上の保護国関係でも作らなければ、国際場裡の漕抜は困難……一六五
金森　徳次郎　今後の国際情勢の動きを見定めて、十全の方途……一六八
【高橋　英吉】国連に加入出来ない場合でも、侵略の対象となつた場合に、国連に提訴出来るか……一七〇
【芦田　均】自衛権は放棄しないとしても、軍備をもたない日本国は、何か国際的保障でも取

付けなければ、自己防衛の方法を有しないのではないか――委員長報告……二一一
【野坂 参三】 如何なる国際紛争にも絶対に参加しない立場を堅持し、総ての善隣国と平等に親善関係を結べ……二二〇

貴族院の部

【高柳 賢三】 戦争放棄は、世界連邦を前提としてのみ合理的。国際連合へ参加し、一面日本の安全を確保し、他面世界連邦建設に努力することが必要……二六七
吉 田 茂 国連加入については、御趣意の通り……二六七
【澤田 牛麿】 二大国間の戦争に際し、日本がどちらかに加担しなければならない羽目に陥つた時に、第二章第九条の戦争放棄の規定はどう云う効果を生ずるであろうか……三六一
吉 田 茂 二大国間に戦争が再び起つた場合に、どうするかというような仮定の場合を想像して今日外務大臣として彼れ是れ申述べることは言明を避けたい……三六三
【高柳 賢三】 戦争放棄の結果、第三国間の戦争に際し、中立国としての義務を履行することが実質上不可能となり、これがため日本が戦場化する危険が相当濃厚ではないか……四五二
幣原 喜重郎 世界の輿論を日本に有利に導入することが、日本の安全を護る唯一の良い方法、これがためには、戦争放棄の規定を憲法に挿入することが必要……四五二
国連加入に際しては、第九条の精神に基き、国連憲章による再軍備、および制裁戦争への参加を保留しなければならない。交戦権のないことは、意とするに足りない……四五三

一二　第二章第九条と国際連合憲章との関係

衆議院の部

【藤田　榮】交戦権否認についての憲法の規定は如何にして、国際法上の安全保障と直結するか……一一七
【芦田　均】憲法改正案は、国際連合の究極の理想と合致……一二九
憲法改正は、日本が国際連合に加盟し、国際社会において、名誉ある地位を占める先決条件……一二九
金森　徳次郎　御示しの方向に進む考えを以て起案……一三〇
【芦田　均】全面的に戦争を放棄すれば、国連加盟国としての義務を果せないから、国連参加を拒否されはしないか……一三〇
金森　徳次郎　憲法と国連憲章との間には、連繫上不十分な点がある、必要なる措置は、具体的な問題に当つて講ずる……一三一
【芦田　均】戦争放棄の結果、国連加盟を許されないかも知れないというは、余りに形式論理的。本改正案の目標は、国連加盟によつて初めて完全に貫徹……一三二
【笠井　重治】将来国連加入の場合に於て、国連憲章第四十三条との関係において問題はないか……一六二
吉　田　茂　総ては講和条約の出来た後……一六三
戦争を放棄した日本の参加を許すか否かは国連の決定に委す……一六四

【芦田　均】国連憲章第五十一条は、明かに自衛権を認めて居り、今後におけるわが国の防衛は、国際連合に参加することによつて、全うされるのではないかとの質問に対し、政府は大体同意見である旨の回答を与えた——委員長報告……二一一

貴族院の部

【松本　學】国際連合への加入は、自衛権と武備とを条件とするのではないか……三三五

吉田　茂　戦争放棄の趣旨は、平和日本の平和精神を世界に闡明するにあり、国連加入のためこの条項を設けたのではない……三三九

【南原　繁】将来国際連合加入の場合に、第九条の改正を予想するか……三四一

吉田　茂　国際団体への復帰は希望するが、国際連合に加入するかどうかは、講和条約締結後、内外の情勢によつて判断すべきもの……三四二

【佐々木惣一】国際連合、世界の平和について、何等か直接にでも、間接にでも、政府の考えを述べることは出来ないものか……三九四

幣原　喜重郎　列国がどう考えようが、国際連合が如何なる手段をとろうが、日本の将来を考えれば、平和に精進することの決意が必要……三九五

【高柳　賢三】ケロッグ・ブリアン条約と戦争放棄、「国策の手段」と「国際紛争解決の手段」、「武力による威嚇」と「武力の行使」は平和手段といえるかどうか……四二二

【高柳　賢三】戦争放棄の規定は、将来の世界・世界連邦というものに照してはじめて意味がある……四四二

【高柳　賢三】侵略に対する共同制裁を目的とする条約等も憲法違反と思うが、どうか……四四九

金森　徳次郎　第九条に違反する趣旨の条約は憲法違反……九四四

【高柳　賢三】国連憲章の平和思想と改正案の平和思想とは、根本的にその哲学を異にするものと思うがどうか……四五〇

金森　徳次郎　本条は自ら見て正しいと思う所を規定したもので、国連憲章を批判したものではない。国連憲章との関係は、将来の問題として、別途研究する……四五一

【高柳　賢三】日本は、新憲法独自の世界政策に鑑み、国連に加入せざる方が、国策に忠なる所以ではないか……四五一

金森　徳次郎　憲法の趣旨と国連憲章の趣旨とは違うところがある。これを如何に調節するかは将来の問題……四五一

幣原　喜重郎　戦争を放棄した日本は、現実の問題として、国際連合に加入するに際しては、憲法第九条の適用により、国連憲章にもとづく再軍備および制裁戦争への参加を保留しなければならぬ。この保留が許されるならば、国連の趣旨・目的は、われわれにおいても、共鳴するところが少くないのであるから協力するが、然らざれば協力しない。この方針を以て進めば、世界の輿論は翕然として日本に集つて来る……四五三

【安部　能成】国連憲章の規定する自衛戦争、共同防衛等との関係は、将来国連加入に際して別個に考えるべきであるが、寧ろその際は、わが国としては、兵力提供義務を保留することになろう、右が政府の所論——委員長報告……五二六

三 衆議院修正の理由

衆議院の部

【片山　哲】　民主憲法は、積極的に日本は平和主義国であることを明示する平和宣言を必要とする。日本および日本国民は、平和を愛好し、世界恒久平和のために努力し、且つ国際信義を尊重する建前であることを世界に向つて声明することが必要。第二章戦争放棄の前に別条を設けることも宜い……一〇
吉田　茂　第二章戦争放棄は、実に世界平和を念願する大決心に基き、その趣旨を以て、既に世界に呼び掛けたもの。更に、平和宣言をすべきや否やは、暫らく今後の国際情勢の推移に俟つ……一三
金森　徳次郎　改正案自体が公正と信義を中核とする建前、規定自体に片山君の趣旨は現われている……一四
【鈴木　義男】　消極的に戦争放棄を宣言するに止まらず、進んで平和を愛好し、国際信義を尊重するの国是を憲法中に明かにしたい……五一
【黒田　壽男】　戦争放棄については、更に積極的に、平和の愛好と国際信義の尊重とを国是とするというような趣旨を附加えるが適当……八四
積極的に平和を愛好し、国際信義を重んずるという意味の条項を第九条に附加え、本条の趣旨を徹底せしめたいと考える……八五

戦争放棄の論理構造（衆議院修正の理由）

金森　徳次郎　前文中の種々なる言葉にその趣旨が強く現われている。含蓄によつて十分激しい心持を表明することを意図……八六
【穂積　七郎】戦争放棄の条項を第二章に掲げることは、拙劣であり、不自然である……九一
戦争放棄は前文或は総則を設けて謳うべきもの……九二
金森　徳次郎　言葉は違うが、前文中には、第二章戦争放棄の由つて来たる基本的な立場、思想原理が示されて居る……九四
【三浦寅之助】侵略国・好戦国であるという誤解を招くに至つた根本原因を除去するための手段方法も第二章に書いたらどうか……一〇八
【山田　悟六】新憲法の平和宣言という目的から本章をもつと大きく取り上げてはどうか……一四七
平和愛好の意思を第九条に加えてはどうか……一四八
金森　徳次郎　平和宣言は前文中に相当力強く盛込んである……一四八
【芦田　均】**第九条の修正**は、戦争放棄・軍備撤退を決意するに至つた動機が専ら人類の和協・世界平和の念願に出発する趣旨を明かにし、日本国民が他の列強に先駆けて正義と秩序を基調とする平和の世界を創造しようとする熱意を的確に表明せんとする趣旨
――小委員長報告……二〇一

一四　衆議院修正の意義

衆議院の部

【北　昤吉】政府の原案では、戦争を放棄する目的がはつきりして居ない。憲法委員会の修正

により、その目的が明瞭にされ、日本が平和国家として再出発するのみならず、世界各国に向つて平和主義の実現を強く要請する、洵に堂々たる態度を示す。これにより、日本は実力なしと雖も、道義的に国際思想の第一線に立つことができる……………二二二

【犬養　健】第二章の原案は、論理としては一応意を尽して居るが、中外に向つて人類の恒久平和に関する徹底的な一大提言を試みる気魄に乏しい憾があつた。委員長の報告の如き修正は極めて妥当……………二二三

貴族院の部

【南原　繁】第九条に対する衆議院の修正は、修正中最も重要なる意義をもつ。これに対する政府の所見如何……………二八五

【山田　三良】衆議院の修正は誠に適切、問題の大半は既に解決……………三二四

衆議院の修正により、徹底的平和主義の堂々たる宣言となる……………三二五

第九条第二項を削除して、自衛権の行使を留保せよとの修正意見撤回、衆議院の修正に満腔の賛同……………三二五

金森　徳次郎　衆議院の修正は、大体において、文字および表現の修正、実質の意味において変るところはない……………三三三

第二章第九条の修正は、わが国が戦争放棄・軍備撤廃を決意したその精神を更に積極的に明かにしようとする意図に出たものと諒解。この趣旨は既に前文中に遺憾なく示されているが、本文中で更にこれを明示することもまた適当と考える……………三三四

【南原　繁】「**日本国民は、正義と秩序を基調とする国際平和を誠実に希求し**」という一句を挿入した衆議院の修正は、単なる現状維持の平和ではなく、正義に基礎を置いた平和確立、人類の理性と良心に従う現状の平和的変更を意図するものと解してこそ、重要な意義をもつ。衆議院における幾多の修正中、最も重要な意義をもつ……三四七
金森徳次郎　御説の如き見地に力点を置いたものと考える……三四七
【南原　繁】衆議院の修正は戦争放棄以上に重大な世界宣言……三四八
吉　田　茂　御趣旨はよく諒承、誠に御同感……三四八

一五　戦争放棄批判

衆議院の部

【松原一彦】戦争放棄は談容易にして、実行困難。人間は戦争を好まない。しかし、国家の対立するところ、必ず戦争の起るは、歴史の示すところ……一七
【徳田球一】戦争の根本原因は**資本主義の内部矛盾**にある。戦争を放棄すると云うならば、資本主義をどうするか、資本主義を止めるかどうかが決定的な問題……二六
吉　田　茂　戦争を放棄した以上は、資本主義もまた放棄すべしと云うは御意見、私は必ずしも賛成しない……二九
【北　昤吉】武装を解除された戦敗国が、戦争を放棄しても、国際的には意味がない。むしろ進んで永世局外中立運動を起すべきではないか……三八

【鈴木　義男】この草案を熟読するに、なかなかよく立案されている。大体においてわれわれの期待と主張とに近いものがある……五〇
わが国の安全と生存とを挙げて平和を愛する世界諸国民の公正と信義に委ね、**政策としての戦争**はこれを放棄し、一切の軍備を撤廃することを国是としたことは結構……五一
【芦田　均】**帝国憲法改正案**は、わが国が新たに民主主義的文化国家として出発する基盤を築き上げるもの、わが国の歴史において劃期的な文献。こゝに織り込まれた**戦争放棄の理想**は、文化史的観点から眺めても、人類国際生活における新たなる金字塔を築くもの……七五
【黒田　壽男】今次戦争の原因は資本主義の矛盾に胚胎。**私的独占資本**は必然的に戦争を惹起。私的独占資本の禁止を憲法に明記する意向があるか……八八
金森　徳次郎　御質問の論点を的確に書き表わして、誤解の虞なからしめることは、相当困難……八八
【穂積　七郎】交戦権があろうがあるまいが、戦争は起る。条約或は文書は全く一つの妄想に過ぎない……九二
世界の民主主義二大国家米・ソ間における対立の現実。まるで現実を見ない的外れの宣言……九三
【林　平馬】戦争放棄の唯一絶対の方法は、武力を持たないこと。戦争放棄は敗戦の成功……九七
日本民族三千年来の世界平和の大理想を世界に宣明する空前絶後の好機会、天より与えられた歴史的に唯一回限りのチャンス……九九
【赤澤　正道】原子力の実用化により、世界の絶対平和が近く来るのではないか。国連に加入するとか、自衛のための兵力等を論ずる議論は避け、もう一つ飛躍して国際連邦を提唱すべ

戦争放棄の論理構造（戦争放棄批判）

きではないか……一〇四

【加藤　一雄】過去における戦争は、概ねその原因が、**人口問題**を中心とする経済問題にあった……一五四

金森　徳次郎　人口問題は戦争原因の全部ではないが、その原因の大いなるもの……一五四

【加藤　一雄】今後の人口問題をどう考へるか……一五九

吉田　茂　重大な問題だが、経済政策の立て方によつて救済されるのではないか……一五九

【芦田　均】単にわが国が戦争を否認する一方的行為のみをもつては、地球表面より戦争を絶滅し得るわけではない。わが国としては、一視同仁の思想に依る**普遍的国際連合の建設**に邁進し、それをもつて世界を指導する気魄を明示すべきである。……一九六

世界が依然偏狭な国家思想と、民族観念に囚われている限り、戦争の原因は永久に除かれない。改正案の運用に当つては、世界に適応すべき民衆の教育から出発しなければならない……一九七

改正憲法の最大の特色は、大胆、率直なる戦争放棄。これこそ世界平和への大道、日本再生の唯一の機会、かかる機会を与えられたることに対し、天地神明に感謝……二一四

【野坂　参三】第二章第九条は平和主義の空文。自衛権を放棄して民族の独立を危くする……二二〇

【犬養　健】憲法改正案は、種々の批評はあるが、祖国再建途上における傑作の一たるを失わない……二二四

【片山　哲】**改正憲法の特色**は、天皇制下の民主化と戦争放棄。戦争放棄の条項は、与えられたものではなく、日本国民の**心**の底に流れて居つた大きな思潮……二二五

【林　平馬】敗戦の大試錬を経て、敢然軍備を放擲、神に対して栄光を感ず……二二八
【大島　多藏】戦争放棄は、洵に当を得たる所の処置……二三三
【田中　久雄】世界人類史上前例なき全面的且つ永久的戦争放棄、ポツダム宣言第六項軍国主義の駆遂、並に永久平和確立の両原則を遺憾なく貫いている……二三五
第二読会採決　七名を除き、全員賛成……二三六
第三読会採決　三分の二以上の多数を以て確定……二三七

貴族院の部

【山田　三良】第九条第一項戦争放棄の宣言は賛成、第二項は削除せらるべきもの。陸海空軍の保持は許されない、国の交戦権は認められない等の規定は、平和条約等により、国家の権力が制限される場合は格別、憲法において、国家が自らかかる規定を掲げるべきものではない……二四八
【高柳　賢三】改正案は一面歴史的所産であると共に、将来の平和的・民主的日本建設の基礎工事、これを検討するに大体において中正……二六四
【南原　繁】戦争があってはならぬ、これは誠に普遍的なる政治道徳の原理であるけれども、遺憾ながら人類種族が絶えない限り、戦争があるというのは歴史の現実。この現実を直視して、少くとも国家としての自衛権と、それに必要なる兵備を考えるということは当然のこと……二八三
幣原　喜重郎　文明と戦争は結局両立し得ない。文明が速かに戦争を全滅しなければ、戦争が先づ文明を全滅することになるであろう……二八八

戦争放棄の論理構造（戦争放棄批判）

【佐々木惣一】歴史的現実を離れた観念論は非常な危險。国際関係において、不戦の義務を負うはよいが、国家法において、他に類例を見ない戦争放棄の規定を設くる必要があるか……三〇二
金森　徳次郎　人がやる迄はやらない、人の振りを見てのみわが振りを決めるという考え方は執りたくない、勇気を以て、率先戦争放棄を断行……三〇六
【林　博太郎】戦争放棄は理想、但、闘争本能を撲滅してはいけない……三一九
幣原　喜重郎　殺人的・破壊的闘争は何処迄も否認、その本能は矯めなければならない……三二〇
【林　博太郎】戦争は放棄すべし。但、闘争本能はこれを挫折せず、もう一歩高い段階に持ち上げる、即ち克服するを要する……三二二
【松本　學】世界平和の具体案なくしての戦争放棄は世界の物嗤……三三六
吉　田　茂　世界平和の具体案あらば承わりたい……三三九
世界平和の具体案については、甚だ答弁に苦しむ。今日の国際情勢および将来の国際情勢は可なり複雑を極め、現に微妙を極めて居る……三四〇
【織田　信恒】輿論は改正案を拍手を以て迎う。国民平和運動の方向を考える時、時宜に適した平和的処置……三五七
【澤田　牛麿】憲法改正案は非常に急造粗製、粗製濫造……二七〇
手続は、現行憲法七十三条に繋がりがあるが、内容を見れば法的繋がりは全くない、全然違つた憲法……二七二
第九条は日本の云うべきことではない、他人が云うことだ、講和条約で押付けられた文句

ならば兎も角、憲法の文句としてはをかしい……三六〇
【佐々木惣一】　私は平和論者、戦争には常に反対。**問題の核心**は、憲法の中に戦争放棄を規定することがよいかどうかにある……三八六
世界平和の理想は、一国のみの努力によつて実現出来るものではない……三八七
世界平和実現のための世界共同の努力に寄与することが、わが国の責務……三八七
金森徳次郎　終局の意味においては、左様の筋合。しかし、何処かの国がやり出さなければ、全体の空気も起らぬ。日本は今なし得る範囲において、先づ自ら起つということを表わしたものが第九条……三八八
【佐々木惣一】　憲法に戦争放棄を規定することが、果して世界平和実現のための世界共同の努力への寄与となるかどうか……三八八
わが国だけでは出来ないようなことを憲法に規定することは却つて、外国をして誤解を懐かしめはしないか……三八九
金森徳次郎　世界の誤解一掃というは、目的というよりは、結果から考えたもの……三八九
独りだけで出来ないことをやり掛けるのはおかしいではないか、こういう考自身が従来世界を混乱の巷に陥れたのではあるまいか……三九〇
【佐々木惣一】　われわれは戦争の絶滅を期して、積極的に努力しなければならない。ただこれを憲法に規定することはどうか……三九〇
世界各国をして戦争をなさしめないために、積極的に努力する必要を認めないか……三九一

金森徳次郎 戦争放棄を憲法に規定することは、対内的にも、対外的にも最も効果的
当然世界に呼び掛くべきであるが、未だその段階に至つていない……三九二
【佐々木惣一】戦争放棄は**国家の独立性**を喪う危険がありはしないか……四〇〇
金森徳次郎 第九条第一項、不戦条約の趣旨を明かにするような規定は、諸国の憲法中にも若干類例がある。但、第二項は更に大飛躍を考え、戦争に必要なる一切の手段、および戦争から生ずる交戦者の権利を否認するところまで進んだもの。その結果、いわゆる独立性を確保する上において、相当苦心を要することは自然の結果……四〇一
【佐々木惣一】**戦争放棄についての憲法の規定は、国際法的に何か意味、効果を生ずるものであろうか**……四〇二
金森徳次郎 これは明白に国内法的の規定、その効力もその範囲にとどまる……四〇二
【佐々木惣一】戦争放棄の規定は、国際法的に無意味……四〇三
戦争放棄は、思想的には賛成だが、これを国内法に規定しても、何にもならぬ……四〇四
金森徳次郎 憲法は法理学的な面と共に、多分に政治的要素をもつ。国民に対し、多くの心理作用をもつと同時に、国際的意義を有する……四〇四
【佐々木惣一】戦争放棄の規定が、国民に対して、如何なる意義をもつと考えるか……四〇六
金森徳次郎 従来の考えを一変し、平和愛好国民であるとの確信を高める……四〇七
【佐々木惣一】戦争放棄の結果、独立性を喪い、自主的でない、卑屈な気持をもたせはしないか……四〇七
戦争放棄を憲法に規定せず、開戦の決定を法的に、実際的に、非常に困難ならしめるよう

に規定しては如何……………………………………………四〇八
【牧野　英一】戦争は廃める、否定すると大筋だけを言ひ放ち、交戦権云々という文字は削除したい……………………………………………四二九
【松村眞一郎】戦争を放棄することそれ自身が日本の自衛のために必要……………………四三〇
【佐々木惣一】不当の挑戦に対し、武力抵抗を許されないような場合が実際に生じた時における国民感情如何……………………………………………四五五
金森　徳次郎　第二章の規定は、本当に捨身になつて国際平和のために貢献しようとする大乗的規定。それより起る若干の故障は覚悟の前。御質問の点は、架空に予想することは困難……四五六
【結城　安次】第二十六条（教育を受ける権利、教育する義務）の規定があれば、戦争を放棄してもよい……………………………………………四六七
第九条と第二十六条とは表裏一体……………………………………………四六八
【佐々木惣一】改正案に対する可否を決するに当つては、これを全体として、一体として見なければならない。個々の条項としては賛成するものもあるが、全体として見て不可とせざるを得ない。内閣の努力には衷心敬意を表す……………………………………………五三二
【松村眞一郎】日本民族は過去の過誤を悔い改め、神の国を建設しなければならない。戦争権は天賦の国権ではない。神と悪魔は両立を許さざる如く、平和と戦争は両立を許さない……五三三
【大河内輝耕】改正案は、文章は上手ではないと思うが、平和主義と民主主義が明白に現れている……………………………………………五三五

附属法規も立派に出来、運用も宜しきを得たならば、民主主義国家、平和主義国家の模範として、この土地に栄えることになろう……………………五三八
【松本　學】第二章第九条は、世界各国に対する堂々たる平和宣言と解釈する。日本的性格、日本本来の面目はここに存する……………………五四〇
第九条は、日本民族の国を生むという思想、尚武の精神を発揮し、日本的性格を十分現わして居る……………………五四〇
憲法改正案は、昏迷に陥つている国民に指針を与う……………………五四五
【木下謙次郎】論語の言葉「兵を去れ、食を去れ、古より人皆死あり、信なくば立たず」新憲法の前途を祝福し、本案に賛成……………………五四六
第二読会採決　三分の二以上の多数を以て可決……………………五四七
第三読会採決　三分の二以上の多数を以て可決……………………五四九

一六　憲法と法律と条約との関係

衆議院の部

【北浦圭太郎】**案第七十七条**、（**憲第八十一条**）によれば、最高裁判所は、一切の法律・命令・規則又は処分が憲法に違反するか否かを決定する権限をもつているが、条約についてはどうなるか、誰が条約の憲法違反なりや否やを決定するのであるか……………………八八
案第九十四条（憲第九十八条）には、「この憲法並にこれに基いて制定された法律及び条約

は、国の**最高法規**とし、その条規に反する法律・命令・詔勅及び国務に**関**するその他の行為の全部又は一部は、その効力を有しない」とあり、**憲法違反の条約**については、何等規定されていない。条約だけを本条から除外した理由如何。条約は憲法に違反しても構わないというのであるか……八九

金森　徳次郎　条約は国際法に基いて成立するが故に、一国の独断で処置するは無理……八九

【北浦圭太郎】相手方の承諾がなければ、憲法違反の条約でも、憲法違反の事実を認めながらも、国はこれを遵守する義務があるということになるか……八九

金森　徳次郎　原理としては、国際法の発達により、国際機関によつてこれを解決するが正当……九〇

【北浦圭太郎】今の日本としては、やむを得ないが、純理でないことだけは明白……九〇

貴族院の部

【高柳　賢三】改正草案の下における**条約の国内法的地位如何**……二六五

第一点、**案第九十四条第一項**は、条約について特記していないが、「国務に関するその他の行為」中に含まれ、**憲法の条項に反する条約**は、法律その他と同様、国内法上無効と解して差支ないか

第二点、条約と法律は、国内法上並立的関係に立ち、所謂**前法後法の理論**によつて、両者間の効力を定むべき趣旨であるか

第三点、**案第七十七条**によれば、最高裁判所は、法律・命令・規則又は処分が憲法に適合するや否やを決定する権限——**法令審査権**——を有するものとされているが、ここに所謂「処

分」は条約を含む趣旨であるか……二六五

金森 德次郎 案第九十四条によれば、「**条約及び確立された国際法規は、これを誠実に遵守することを必要とする**」とされている。言葉は極めて簡単だが、含蓄は深遠、国際法・国際関係においてこれを遵守すべきはもちろん、国内的秩序として現われる場合においても、またこれを誠実に遵守しなければならない。この基本的考え方を前提として、質問の三点に答える。

第一点、言い換えれば、**憲法と条約との関係**であるが、この点は、一言にして尽し難いものがある。条約の性質に照らして慎重に考えなければならない。要言すれば、**憲法に対して制約を加うる条約も亦あり得る。**

第二点、**条約と法律との関係**について、所謂前法後法の理論が当嵌まるかどうか。従来迄の日本の実情においては、この原理が当嵌まる建前であつたと思う。しかし、今回の憲法において、条約誠実遵守の原則を示した以上は、条約の方に特別の尊重を加えなければならぬと考える

第三点、**最高裁判所法令審査権**（**案第七十七条**）**と条約との関係**についても、結局、条約誠実遵守の原則が適用されて、宜しきを得る次第と考える……二六九

【澤田 牛麿】案第十章（最高法規）によれば、条約は法規であるとされているが、条約と法律とは別だという説の方が正しいのではないか……二七三

【佐々木惣一】第十章最高法規に関する規定は全然無意味、全部削除するがよい……三〇三

金森　徳次郎　各種の法規に体系を与え、わが国を以て条約を尊重しない国であるとする国際の誤解を一掃するためには、第十章の規定が必要……三〇七
【高木　八尺】　第十章（最高法規）の三箇条を削除しては如何……四七〇
原案第九十四条において「この憲法並にこれに基いて制定された法律及び条約は国の最高法規」とされているが、その根拠が充分に明確でない……四七〇
連邦というもののないところに、最高法規の規定は必要がないではないか……四七一
金森　徳次郎　憲法と法律の効力の優劣に関し、疑義を生ずる惧れもあり、法律によつて憲法の改正される可能性も懸念されるから、最高法規たることを規定すべき十分な理由がある……四七一
帝国憲法においては、条約と法律との関係、および国内の法律秩序において、如何なる程度に条約・国際法規を尊重すべきかは可成り不明の点がある。また日本の従来の行動については、外国の批判も、疑惑もあるから、本章の規定を設けることは、実質的に意義がある……四七二
【大河内輝耕】　**憲法と法律と衝突した場合に、どちらが強いか**……四七三
金森　徳次郎　条約は本来、国と国との約束、従つてその効力もその限度に止る。この意味において、条約は、国内の人民を国の手で規律する法律とは異るという論も一応は成立……四七三
或種の条約は、国と国とを規律すると同時に、国と国民との間を規律する。――**国内法的条約**……四七三
従来**政府が採つてきた公式の見解**によれば、国内法としての内容を有する条約は、これを

公布すれば、直ちに国内法としての効力を持つ……………四七四

条約は憲法との関係においてどう云う効力を持つて来るか。国内の秩序を決める根本の原理は憲法であるから、国内法的には、憲法に違反する条約的法律が行わるる筈はない、これが原則であり、普通の道理である……………四七四

条式は直ちに憲法以下という結論は下しにくい。先づ大体は憲法以下。但、ポツダム宣言の如く、然らざる場合もあり得る。案第九十四条第二項にいわゆる「**誠実に遵守する**」とはかような意味合を含蓄……………四七五

国内法的条約と国の法律とが衝突した場合に、その効力においていずれが優先するか。学問的には未解決になつているのではないかと思うが、**政府の公式の見解**、並に実際の取扱においては、条約をもつて国内法の規定を変更することができる。国内法的条約については、前法後法の理論は適用されない（帝国憲法第十三条）。**案第九十四条第二項**は、条約が後から出来た法律にも勝つて、儼然として動かないものであることを含蓄……………四七七

【大河内輝耕】条約は公布されれば、国民を拘束する。その効力は、場合によつては、憲法をも動かすことが出来る。法律に対しては優先する、後法もこれに反することは出来ない。かく解して宜いか……………四七七

金森徳次郎 大体、御説の通り。但、公布されないでも、国際的の関係で、憲法が制約を受けることがある……………四七七

【大河内輝耕】公布しないでも、拘束力があるというのはおかしい……………四七七

金森　徳次郎　条約を締結すれば、公布するとせざるとに拘わらず、国は義務を負う。従つて憲法の規定にして、その限度において、その制限を受けることがある……四七八

【大河内輝耕】もう少し分り易く書いたら如何……四七八

金森　徳次郎　条約に関する部分は、学問の発達に俟つべきものが多い。政府の見解は私見の通り……四七八

【大河内輝耕】条約と憲法・法律との関係をはつきり規定して置かないと厄介な問題が起る……四七八

金森　徳次郎　憲第九十八条（案第九十四条）第二項において、条約および国際法規尊重を規定しているから、政治的には疑問の余地は全然ない。国内法と国際法の交渉する問題であるから、法律解釈の範囲においては、学問的に色々の難点も考えられるが、国際法の原理と矛盾する規定を設けることは弊害もあるから、結局学者の研究に俟つより外に、安全・的確な途はない……四七九

【牧野　英一】条約・憲法と法律との関係については、学説においては、大いに議論のあるところであるが、帝国憲法第十三条の解釈としては、少くとも政府の見解は一貫している……四八〇

「国際条約はこれを誠実に遵守する」は、当り前のこと、衆議院が特にこれを掲げた趣旨が分らないように思う。最高法規、並に国際法規尊重の規定は、取り止めた方が却つて宜くはないか……四八〇

憲法改正の手続によらないで、条約をもつて憲法を改正する途が開かれているが、政府は改正案の精神上、当然のことと考えているか……四八一

金森　徳次郎　条約および国際法規尊重の規定の主たる意味は政治的。従来の日本の態度は、動もすれば、世界を眼目としないで行動するように見られてきたから、この規定は重要な内容を含む。政治的にこの原理を確立することによつて、法律的なるものの考え方にも相当の影響を及ぼし得ることは当然……四八一

【佐々木惣一】**「条約および国際条約を誠実に遵守することを必要とする」**とは、かつてのドイツ憲法のように、国内法としてギルティヒとか、働く、妥当するという意味に解するのであるか……四八二

金森　徳次郎　当然国内法というところまで踏込んで居る……四八二

【佐々木惣一】条約の定めもそれ自身当然に誠実に守らなければならないが、条約の定める所がそれ自身に当然に日本の国法となるという訳であるか……四八二

金森　徳次郎　国際法規と同じことになる……四八三

【佐々木惣一】「誠実に遵守する」は当然のこと、書いても別に差支ないが、書かなくてもよい……四八三

国際間の条約で、憲法の条規と異る約束をすれば、その範囲において、憲法は当然に変更されたと解釈するのであるか……四八三

金森　徳次郎　変更されたとは言わない、影響を受けるという言葉を使つたと思う。学問上の抽象論は兎角行き過ぎる……四八三

【佐々木惣一】憲法論であるから、架空の問題ではない……四八四

影響を受けるとは法的影響か政治的影響か。法的影響を受けるとすれば、政府同志がぐる

になり、何か話合をすれば、如何様にも憲法を改正することが出来ることになり、**憲法に規定した憲法改正の手続を空文化する惧がある**……………四八四
憲法上の立法事項を、条約をもつて規定すれば、その条約がそのまま直ちに国内法として妥当するわけであるか……………四八五
金森 徳次郎 **憲法上の立法事項を規定した条約の取扱に関する先例**。——条約改正論、海難の救援に関する条約、ヴェルサイユ条約、国際労働会議の決議……四八五
現在においては、理論は別として、実際例の上から云うと、条約にして国内法的内容を有するものは、これが締結され、一般の方法によつて公布されれば、国内法的な効力をもつものとされているように記憶する。新憲法も、この解釈の流れを負う……四八六
【高柳賢三】 第十章最高法規に関する条規は非常に重要、佐々木委員の意見とは全然反対……四八七
条約および国際法規尊重の原則を規定したことは結構だが、これを最高法規の中に入れたために技術的に見て、そぐわない感じがする……四八七
案第九十四条（憲第九十八条）「**国務に関するその他の行為**」という中に、条約が含まれるか……四八七
金森 徳次郎 当然含まれる。但、適法なる手続を経て制定された条約については、ここに憲法と条約の効力関係如何という根本の問題を生ずる。**ポツダム宣言**の如きものを受諾すれば、稍〻特殊の解釈を要する。国内法的には、固より第九十八条が当て嵌まる……四八八
【高柳賢三】 第二項の「**遵守することを必要とする**」とは、国民および国の公務員が遵守するこ

とを要すると解して差支ないか。また、これには、国際的意味と国内法的意味があると理解してよいか……………………………………四八八

金森　徳次郎　誠実に遵守するということの意義は、仰せの如し。但、この規定の効果は国内法的、国際法的に義務づけられるわけではない。しかし、国内法的に遵守するということは、結局国際的にも、秩序整然たる法規遵守の形を取ることになる……………………四八九

【高柳賢三】　条約が憲法違反の理由によって、国内法的に無効であるとしても、国際的に国家の責任を解除することにはならぬと理解してよいか……………………四八九

金森　徳次郎　固より左様に考える……………………………………………四八九

【高柳賢三】　行政機関の国際法の解釈と最高法院の解釈とは、どういう関係に立つか……最高法院は政府と異った解釈をなす権限を持つか……………………………………四九〇

金森　徳次郎　その権限の範囲に属する限り、最高裁判所は、固より判定し得る……………四九〇

最高裁判所に関する条規および第九十八条は、憲法と条約との関係について、規定するところなく、全く学説に委せている……………………………………………………四九一

【山田　三良】　条約および国際法規尊重は、必ずしも憲法に規定する必要はない……………四九一

わが国においては、憲法は憲法、条約は条約、法律は法律、各々違った効力をもつ……………四九二

条約・国際法規と憲法・法律との関係は、学説と裁判所の解釈に一任するが最も適当……………四九二

衆議院の修正は一応有理だが、これを第九十八条第二項として掲げることは、如何にも不適当……………………………………………………………………………………四九二

改正案によれば、条約の締結には議会の承認を経るを要するが、議会の承認によつて条約が法律となるとは言えないと思う……四九三
第九十八条第二項は、その精神はよいが、ここに掲ぐべき規定ではない。ここでは削除する方が正当……四九三
金森　徳次郎　条約の遵守は、最高法規ということとは必ずしも関係はない。但、これを規定しなければ、日本国憲法は、条約の遵守について無関心であるかの如き誤解を受ける。これを規定するとすれば、この辺がまあ適当……四九四
【山田三良】　最高法規でない条約について、最高法規の中に規定するは、甚だ場所を得ない……四九四
【大河内輝耕】　条約は最高法規であると今朝は答弁された。それに相違はないか……四九五
金森　徳次郎　条約が最高法規であると申上げたかどうか、はつきり記憶しない。**条約は最高法規たる憲法に影響し得るものである。**条約は、国内法の見地においては、法律に代る効力を持つている……四九五
【大河内輝耕】　国内法的には条約は法律よりも上にあると言い得るか……四九六
金森　徳次郎　この憲法によれば、条約は法律の上にある……四九六
【大河内輝耕】　**攻守同盟条約**を締結すれば、憲法の不戦条項は、当然変更されるわけであるか……四九六
金森　徳次郎　条約の性質にもよるが、或種の条約を締結すれば、憲法は若干の制約を受ける……四九七
【大河内輝耕】　**条約と憲法とどちらが強いか**、政治的には制約を受けるが、法律的には憲法は効力を失わないと解してよいか……四九七

戦争放棄の論理構造（憲法と法律と条約との関係）

金森　徳次郎　結局は国と世界とを如何に理解するかの問題に帰着する、簡単には答え切れない……四九八

今回の憲法改正に際しても、**ポツダム宣言**の受諾により、**日本の憲法制定権**が当然に変更されたか否かの問題が起り、学説としては、今日も恐らく疑点がある。かように複雑な問題であるから、抽象的に、一般に、条約は憲法を否定し得るかというような質問には、今はお答えしにくい立場にある……四九八

衆議院の部

大日本帝国憲法改正案

第二章　戦争の抛棄

第九条　国の主権の発動たる戦争と、武力による威嚇又は武力の行使は、他国との間の紛争の解決の手段としては、永久にこれを抛棄する。

陸海空軍その他の戦力は、これを保持してはならない。国の交戦権は、これを認めない。

Draft of Japanese Constitution

Chapter 2 Renunciation of War

Article 9. War, as a sovereign right of the nation, and the threat or use of force, is forever renounced as a means of settling disputes with other nations.

The maintenance of land, sea, and air forces, as well as other war potential, will never be authorized. The right of belligerency of the state will not be recognized.

日　本　国　憲　法

第二章　戦争の放棄

第九条　日本国民は、正義と秩序を基調とする国際平和を誠実に希求し、国権の発動たる戦争と、武力による威嚇又は武力の行使は、国際紛争を解決する手段としては、永久にこれを放棄する。

前項の目的を達するため、陸海空軍その他の戦力は、これを保持しない。国の交戦権は、これを認めない。

The Constitution of Japan

Chapter 2 Renunciation of War

Article 9. Aspiring sincerely to an international peace based on justice and order, the Japanese people forever renounce war as a sovereign right of the nation and the threat or use of force as means of settling international disputes.

In order to accomplish the aim of the preceding paragraph, land, sea, and air forces, as well as other war potential, will never be maintained. The right of belligerency of the state will not be recognized.

帝国憲法改正審議録　戦争放棄編

衆議院本会議

昭和二一年六月二〇日（木）

前一一・三五開議　前一一・三七休憩
後　一・〇二開議　後　一・〇七散会

議長　樋貝詮三君（日本自由党）

休憩前に引続き会議を開きます。……

議長　樋貝詮三君（日本自由党）

只今帝国憲法改正案が提出せられました。之には**勅書**がございます。之を朗読致します。諸君の御起立を望みます。

〔総員起立〕

帝国憲法改正案に対する勅書の朗読

朕は、国民の至高の総意に基いて、基本的人権を尊重し、国民の自由の福祉を永久に確保し、民主主義的傾向の強化に対する一切の障害を除去し、進んで戦争を抛棄して、世界永遠の平和を希求し、これに

勅書朗読　衆議院議事速記録　第一号

勅書朗読

ここに帝国憲法第七十三条によつて、帝国憲法の改正案を帝国議会の議に付する。

御名　御璽

〔総員敬礼〕

明二十一日は先例に依りまして午前十時より本会議を開きます。議事日程は公報を以て通知致します。本日は是にて散会致します。

衆議院本会議

昭和二一年六月二一日（金）

後〇・〇四開議　後〇・〇八休憩
後四・三九開議　後五・三九散会

議長　樋貝詮三君（日本自由党）

休憩前に引続き会議を開きます。……

議長　樋貝詮三君（日本自由党）

……内閣総理大臣より発言の通告があります。――内閣総理大臣吉田茂君

〔国務大臣　吉田茂君登壇〕

内閣総理大臣　吉田茂君

不肖今般図らずも大命を拝して内閣を組織致しました。洵に恐懼に堪へませぬ。唯渾身の力を捧げて奉公を致す覚悟でございます。……

内閣総理大臣施政方針演説

諸君、今議会の劈頭に於て、新生日本の建設の基盤たるべき憲法改正案が勅命に依つて付議せられましたのであります。幸ひにして今議会は新選挙法に依る総選挙の結果成立したる**歴史的民主議会**であり

ます。政府は此の機会に諸君と共に国家最高の法典たる憲法改正を議することを無上の光栄と致します。而して政府は速かに民主主義と平和主義とに依る政治の運営、並に行政と経済の全般に亙つて再検討を行ひ、是が改革を実行し、真に平和的国際社会の一員たるの資格と実質を贏ち得んことを期して居るのであります。（「ヒヤヒヤ」拍手）　随て憲法の改正を俟つまでもなく、軍国主義と極端なる国家主義との色彩を完全に払拭し、其の将来に於ける再生を防止する為め、教育の内容と、制度の全面にも亙つて根本的刷新を行はんとして居るのであります。……

最後に戦災の復興に付きましては、政府の特に重点を置いて居る所であります。戦災者、在外同胞及び其の帰還者並に復員者等の援護等に能ふる限りの手を尽し、特に是等の人々が安定して業務に就いて経済的基礎を固め得るやうにしたいと思つて居るのであります。（拍手）　以上施政の大綱と所信とを述べ、諸君の御協力を切望する次第であります。（拍手）（演説全文に付ては附録九参照）

議長　樋貝詮三君（日本自由党）

是より国務大臣の演説に対する質疑に入ります。――片山哲君

〔片山哲君登壇〕

片山哲君（日本社会党）

私は日本社会党を代表致しまして、此の意義深き民主議会に於て、民主主義を中心と致しまして吉田

内閣総理大臣に質問致したいのであります。……

第二次世界戦争と戦争の徹底的根絶

第一次世界戦争が終りましたる時に、世界は挙げて戦争の惨禍を避けたい、平和へ将来進んで行かなければならない。斯う云ふ問題を繞つて色々論議致しました。併しながら御覧の通りもつと凄惨を極めました第二次世界戦争へ突き進んだのであります。酸鼻を極めましたる第二次世界戦争は、今度こそは戦争の徹底的な根絶を図らなければならない、世界恒久平和の確立を致さなければならない、斯う云ふことに一致致しましたることは言ふまでもないのであります。そこで此の戦争の根絶と世界平和の確立の為には、戦勝国は枢軸国に対する政治機構から変へて行かなければならない、各国の政治機構に対しまして新しき政治理論を要求したのであります。新しき政治理論は言ふまでもなく民主主義政治の確立であります。此の際今まで言はれて居つた民主主義より、更に前進した戦争根絶と、世界平和の確立の為の政治理論としての民主主義体制を確立せしめなければならないと云ふことになつたことは当然のことと思ふのであります。

ポツダム宣言の実施と民主主義の履行

戦敗国でありまする我が国に於ても、ポツダム宣言を忠実に実施しなければならない建前に於きまして、同様民主主義の忠実なる履行者にならなければならないのは是亦当然であります。戦敗国として民主主義を政治理論となし、新しく出発をする、根柢は言ふまでもなく戦争の根絶であり、世界平和への前進であることは言ふまでもありませぬが、諸君御体験の通り、今日は敗戦のどん底に突落され、食糧危機は正に日を逐うて其の危急を告げつつあるやうな状態であると共に、各種の経済問題も洵に不安動揺のどん底に突落されて居るのであります。此の民主主義は単なる政

治機構の問題ではなくして、生活上の問題に食入つて行かなければならない、生活上の叫び声を民主主義の中に表はして行かなければならない状態となりました。（拍手）国民に自由を与へる、国民を平等に取扱ふと申しましても、実際に金を持つて居ります人と、持たざる人との間に於て自由は平等に行はれて居りませうか。（拍手）**持てる者の自由**と、**持たざる者の自由**が今日のやうな自由競争の認められやうとして居る時に於ては、持たざる者は不自由のどん底に突落さるゝことは当然であります。茲に於て**敗戦国たる各国の民主主義**は、生活上の民主主義、経済上の民主主義、産業上の民主主義として新しく出発しなければならなくなつて参りますのは当然であります。戦争の根絶、世界平和、其の他に強く生活上の叫び声を民主主義の中に入れて居ることを**新しき民主主義の特色**と致すのであります。（拍手）今一つ縦に之を見たいと思ふのであります。昔のことを今更言ふ必要はありませぬけれども**ギリシヤ文化**が**ヨーロツパ文明**を支配し、或は**ローマ法学**の思想がヨーロツパの政治社会を支配した後に於て、**キリスト教文明**が現はれまして、初めて人類の生活に犠牲の精神と愛の精神を強く吹込み、当初はキリスト教を非常に迫害致したのでありますけれども、二千年後の今日に於ても、尚ほキリスト教文明として一つの大きな力を持つて居ることを、我々は深く考へて行かなければならぬと思ふのであります。其の他**三権分立**でありまするとか、**立憲思想**、**天賦人権説**等の幾多の波瀾経過を経ました後に於て、**唯物史観**、或は**ソ聯の革命**、是等を織入れ、世界第一次戦争、第二次戦争を経過した後に、新しく人類生活の指標と致しまして現はれた此の民主主義を考へて見まする時に、歴史的に之を考へること

新しき各国の民主主義の特色は、生活上の民主主義、経済上の民主主義、産業上の民主主義にある

民主主義の歴史的考察

民主主義は多分に精神的要素を持つと同時に、社会主義的要素を持つ経過の綜合体

は非常に意義あることと思ふのであります。ギリシヤ哲学文明より世界第二次戦争に至るまでの経過を経た後に現はれた此の**民主主義**は、今までの経過を積み重ねて其の綜合として現はれて居ることを考へまする時に、多分に精神的な要素を持つて居るし、社会主義的な要素も持つて居る経過の綜合体であると云ふことを私は考へるのであります。(拍手)　言換へて見まするならば、今現はれて居りまする民主主義は、戦争の根絶、平和主義への徹底と切れない関係を持つて居るし、生活に食入つたる経済的産業的関係を持つて居るし、且又長き歴史的発展に依る所の精神的文化と、人間の生活の微妙なる作用に付て食入つて居りまする所の民主主義であると云ふ、綜合的な新しき意義を我々は考へて行かなければならないと思ふのであります。(拍手)　此の意義深き民主主義、之を我々が最も真剣に深刻に此の意義を考へて行かなければならないのでありまするから、民主主義は各国に於て国民自らの総意を以て自らの歴史的発展と国情に即した建前を以て、此の民主主義を自分達の政治の原理として、生活の原理として、経済機構の原理として積上げることは、我々敗戦国に於ても最も必要なることと思ふのであります。我々は此の意味に於きまして、是から此の民主主義が本当に実際政治の上に現はれて来なければならないし、又実際生活の上に既に現はれて来つゝあるのであると思ふのであります。斯う云ふ意味から政府の執つて居りまする諸政策の方針、政府の根本的な指導精神等を是から貭問致したいと思ふのであります。

先づ第一に貭問致したい点は、我が国が聯合国へ求むべき平和復興への方策、言換へて見まするなら

平和条約・講和条約についての政府の方針と見透し如何

ば、**講和条約**或は**平和条約**、此の締結に付きまして政府は如何なる方針を立て、如何に之に努力し、如何なる見透しを付けて居るか、斯う云ふ点に付て首相の所見及び其の見透しを聴きたいのであります。

前述の通り我々日本国民は何等の偽りなく民主主義に徹し、平和国として再出発することを望み、一日も早く其の達成を急ぎ、文化国として飾らざる姿を現はして行かなければならぬと考へて居るのであります。それが為には一日も早く其の真剣なる有様を心から望んで居ると云ふ実情を世界に示し、国際的にも早く容認せしめなければならぬと思ふのであります。且つ其の**国際的信用**を回復せられるやうに大努力を払つて行かなければならぬと考へるのであります。是が為には我が国が一日も早く世界平和国の仲間入りを致しましてさうして平和国として我が国が国際的に文化の為に、平和の為に、活動する機会を与へて貰はなければならぬと思ふのであります。我が国はそれが為に聯合国に向つて出来るだけ誠意を披瀝し、早く講和条約、平和条約に関する締結の希望あることを表明し更に又国内的にも具体的な方針を定めて、之を国民に示さなければならぬと思ふのであります。(拍手)国民に之を示しまして、国民の心からなる協力を求める、さうして一体となつて平和国としての再建に進まなければならぬと私は考へるのであります。平和条約締結が順調に進行し、国際信用の回復が一日早ければ一日早い程、国内産業の復興の上に於きましても、海外貿易に於きましても、其の他一切の経済関係の好調を来しまする ことは言ふまでもないことと考へるのであります。それのみならず日本国民に与へます所の精神的な作用に至つては、蓋し大なるものありと云ふことは言を俟たないと信ずるのであります。政府は一日も早

く其の準備に著手しなければならないと考へて居りまするが、果して現内閣の如き陣容で、其の政治的性格と其の政策を以て、国内的信頼と国際的信用を博し得るものであるかどうか疑ひがあるのであります。（拍手）是が為には民主主義に徹しなければならない。

〔「心配無用」「黙れ」と呼び其の他発言する者多し〕

議長　樋貝詮三君（日本自由党）

静粛に

片山哲君（続）（日本社会党）

本当に我々は、一致したる建前を以て進んで行かなければならないと云ふことを言ふ所以は此処にあるのであります。政府の其の誠意ある態度を以て所信を披瀝致しまして国民の協力を求められるならば、国民は之に協力するに吝かではないと私は考へるのであります。其の見透しに付て吉田首相の所見を伺ひたいのであります。

憲法改正案は新憲法の制定を意味する

第二点であります。政府は本会議の劈頭に於きまして、新憲法制定を意味しまする憲法改正案を提出せられました。民主主義日本建設の為の基石となるべき新憲法は、日本の再建を世界に声明するものでありまするから、極めて重大であることは言ふまでもありませぬ。広く国民の総意を集める、慎重審議するものでなければならないのであります。我々は此の会期中に於きましても、特に其の為に**憲法議会**とも称すべき特殊なる機会の与へられることを望むのでありますが、要は其の取扱ひに於きまして、国

憲法議会とも称すべき特殊の機会を与へよ

改正案は相当広範囲に修正されなければならないが、政府はこれに応ずる用意があるか

民主憲法は積極的に世界に向つての平和宣言を必要とする

国政は公正と信義を基本とすることを中外に声明する必要がある

民の総意を集め慎重審議の方法を執ることを可と致すのであります。(拍手)　民主主義、平和主義を更に拡充する、更に徹底せしむると云ふ趣旨でありますならば、相当広範囲に修正されなければならないと思ふのであります。(拍手)　政府は之に応ずるの用意ありや否や、勿論修正の箇所、内容等は其の委員会或は其の機会に於て判明致すことでありますが、総括的に言つて、且つより善き民主憲法制定の本旨に鑑みまして、予め之を本日声明せられんことを望むのであります。(拍手)　尤も**金森国務相**は、就任の際其の旨を説明せられたのでありまするが、改めて政府の所見を伺ひたいのであります。

次に其の内容でありまするが、一々細かいことを本日申述べる積りはありませぬ。其の主なる点を申述べまして、政府の所見を伺ひたいのであります。民主憲法は積極的に、日本国は平和国として出発するものであることを明示する、世界に向つての**平和宣言**を必要とすると私は考へるのであります。例へば**第二章の戦争抛棄**の前に別条を設けることも宜しいと思ひまするが、日本国及び日本国民は平和愛好者たることを世界に向つて宣言する、世界恒久平和の為に努力する、且つ国際信義を尊重する建前であることを声明することが必要なりと私は考へて居るのであります。(拍手)　今一つは日本国の政治自体が公正と信義を其の基本として居ることを中外に声明する必要があると思ふのであります。(拍手)　国民の総意に依る国政の運用に一つの基準を与へ国際的信用を向上せしむることが最も要望せられることでありまして、是等の二点は是非とも新憲法の条章の中に入れなければならないものであると私は考へるのであります。(拍手)……

次は第三点と致しまして、……即ち吉田内閣の政治的性格は何であるかと云ふことを聴くのであります。……次は第四点であります。……政府は如何にして現段階に於て民主主義の実現をなさうと考へて居るのでありませうか。……最後に民主主義憲法の制定に次いで、各種重大法規の大改正が必要になつて来るのであります。……以上根本問題、最も我が国に於て敗戦日本に取つて重大なる民主主義の性質に付て私の所見を申述べつゝ、且つ政府の所信を聴き質したいと考へるのであります。以上の点に付て吉田首相より御答弁を御願ひ致したいと思ふ次第であります。(拍手)

議長　樋貝詮三君（日本自由党）是にて散会致します。

衆議院本会議

昭和二一年六月二二日(土)　後一・四二開議　後六・五二散会

議長　樋貝詮三君（日本自由党）

是より会議を開きます。

議長　樋貝詮三君（日本自由党）

……昨日の片山哲君の質疑に対し答弁の為め吉田内閣総理大臣、木村司法大臣及び金森国務大臣より発言を求められて居ります。――吉田内閣総理大臣

〔国務大臣　吉田茂君登壇〕

内閣総理大臣　吉田茂君

民主政治は広く民意に立脚し、且つ現実に即した政治

昨日の片山哲氏の質問に御答へを致します。**民主主義**に付ての解釈でありますが、私は之を広く民意に立脚して、且つ現実に即した政治を致すと、斯う心得て居ります。

第二点の、民主主義国家となりて**国際的信用**を高めるが宜いと云ふ御意見は、洵に御尤もであり、私

国際信用の高揚は最も希望する所

と致しましては満腔の賛意を表します。国際的信用を高める為に民主化を徹底せしむることは勿論でありますが、秩序と道義を重んじ、他国より信用と尊敬とを贏ち得るが如き国家となるやう、国民全体が政府と共に協力せらるゝことが最も必要であり、政府と致しましては最も希望致す所であります。又平**和会議**に付きましては、是が一日も速かに開かれて、日本国が平和的国際団体の一員となつて、再び世界各国の間に伍することが出来ますることの一日も早からんことは切に希望する所でありますが、此の平和会議開催と云ふことは一に聯合国其の他の国際的関係にも依ることでありますから、今日に於て直ちに見透し如何を御話する機会にまだ達して居らないと思ふのであります。暫く此の問題に対する意見は差控へたいと思ひます。……

講和会議の開催は一に国際関係による

理論的には、議会は修正権を認められて居るが、内外の諸事情を考慮、判断願ひたい

憲法改正案に対して政府は修正に応ずるの用意ありや否やと云ふ御尋ねでありますが、憲法改正案に対しましては、理論的には広く議会に於て修正権を認められて居ることは勿論であります。併し此の憲法草案に付きましては、政府は内外の各種の事態を考慮に入れまして、慎重審議茲に至つたものであります。随て各位に於かれても、現在の国際状況及び国内の事情等を能く御判断下さつて、慎重に修正なり考慮をして戴きたいものだと考へます。

戦争抛棄の規定以外に、平和宣言を必要とするや否やは今後の国際情勢の推移による

憲法に戦争抛棄を明記して居るが、更に**積極的に世界に向つて平和宣言をなす用意ありや否や**と云ふ御尋ねであります。憲法に**戦争抛棄**を明記したことに付きましては、日本は実に世界平和を念願する為の一大決心に基いたものでありまして、其の趣意を以て世界に既に叫び掛けて居る訳であります。更に

宣言をなすことの用意ありや否や、なすべきや否やと云ふことは暫く今後の国際事情の発展に待ちたいと思ひます。一応御答へを致します。（拍手）

議長　樋貝詮三君（日本自由党）　金森国務大臣

〔国務大臣　金森徳次郎君登壇〕

国務大臣　金森徳次郎君　昨日の片山君の御質問に対し、総理大臣及び司法大臣の触れられなかつた憲法関係の諸問題に付て御答へを致します。

先づ第一に片山君は、既に国際関係に於て平和宣言の主張をはつきりせよと言ふのに加へられまして、国内に於ても国家の政治は公正と信義を中核とする旨を明かにすべきであると云ふ趣旨を以て御質疑になりました。私共其の御趣旨に付きましては全く同感である訳であります。併しながら此の憲法自体が公正と信義を国政の中核とする建前を以て出来て居りまするが故に、規定自体は是で其の趣旨が現はれて居るのではなからうかと考へて居ります。……

山口喜久一郎君（日本自由党）　国務大臣の演説に対する残余の質疑は之を延期し、明後二十四日定刻より特に本会議を開き之を継続することとし、本日は是にて散会せられんことを望みます。

片山君の趣旨に全く同感。但し憲法の規定自体に其の趣旨は現はれて居る

議長　樋貝詮三君（日本自由党）

山口君の動議に御異議ありませぬか。

〔「異議なし」と呼ぶ者あり〕

議長　樋貝詮三君（日本自由党）

御異議なしと認めます。仍て動議の如く決しました。議事日程は公報を以て通知致します。本日は是にて散会致します。

衆議院本会議

昭和二一年六月二四日（月）　後一・五五開議　後七・一九散会

議長　樋貝三君（日本自由党）　是より会議を開きます。国務大臣の演説に対する質疑を継続致します。――松原一彦君

〔松原一彦君登壇〕

松原一彦君（新光倶楽部）　私は主として吉田内閣総理大臣並に文部大臣、大蔵大臣に対して質問します。**新光倶楽部**は、倶楽部であって政党ではございませぬが、私の質問は新光倶楽部全員の意思であり、又全員に於て責任を負ふものであることを御断り申上げて置きます。

日本政治の根本理念とその実践の見透し如何

第一に天皇の御事に付きまして、私は伺ひたいと思ひます。……

第二に**日本政治の根本理念**に付て、併せて其の実践の見透しに付きまして、吉田首相に質問を致します。ポツダム宣言受諾の結果、日本は戦争を抛棄致したのであります。万世の為に太平を開く、民

戦争抛棄は談容易にして実行困難

人間は戦争を好まない。併し、国と国とのある所、必ず戦争の起るは、歴史の示す通り

世界環視の裡に、前古未曾有の重大使命、政治責任を負ふ

主的平和国家を建設する使命を担つたのであります。人権を重んじて民主主義の平和国家を建設する、洵に人類久遠の要求、**ユートピアの建設**であります。併しながら此の問題は、談容易にして実行如何に難きものでありませうか。顧みますれば**世界の歴史は悉く戦争の歴史であります。三十年戦争、七十年戦争**、英仏戦争の如きに至りましては**百年戦争**と称へられて居る。斯くの如く人間のある所に戦争があり、国と国とのある所には必ずこゝに衝突が今日まで起り続けて参つたのであります。併しながら人間と申すものは決して戦争を好むものではございませぬ。七千二百万の我が日本国民は、今日餓莩道に横たはる非常な窮迫状態に、陥つて居りまするけれども、恐らく此の中一人と雖も再び戦争をしたいと思ふ者はございますまい。私はないことを確信致します。人間は戦争は好まないのであります。併しながら是が集団となつて生活する時には、好まない戦争をもやらねばならない事実が起るのが此の歴史に示す通りなのであります。どうかして戦争のない国を作りたい、平和の国を作り上げたい、それは階級もなく、搾取もなく、万人悉く働き、万人悉く其の所を得る理想の極致であります。其の実現を望み続けて参つて居るのでございますけれども、過去の歴史に照して、斯かる難事業、それは何処の国も未だ嘗て果したことのない此の仕事をば、今回日本は世界環視の裡に果さねばならない重大なる使命を負つたのであります。随て玆に新たに生れましたる日本は、此の重大使命を果すべき重大なる**政治責任**を負うたのであります。此の重大なる責任を果す為には、非常に高遠なる理想と、之に対する所の徹底したる政治政策の根本理念がなくてはならないものであると私は信ずるのであります。（拍手）嘗て

議会、国会こそ日本の政治の中心を握る機関

理想郷を建設する道は、宗教と教育と政治の渾然たる三位一体

釈迦は之を仏教に求め、**キリスト**も亦宗教に依つて理想の天国を作らうと致しました。**孔子**は道徳に依つて之を求めましたが、行はれませぬ。近代社会主義の勃興に依つて**マルクス**の社会的科学が徹底せられますると共に、新しき社会科学に依りまする理想の社会の建設が認めらるゝやうになつては参りましたけれども、果して此の社会科学の理論のみに依つて、真の人類の住み心地好い社会が出来るであらうかどうか、私は疑ひなきを得ないのであります。洵に難かしい課題であります。第九十議会、只今は議会でありまするが、軈て国会と改められませう。此の**国会**こそ日本の政治の中心を握る機関であります。第九十議会が憲法改正を通して此の史上未前の困難なる大課題を果すべく、政治に対する根本の研究を行ひますることを光栄と致しますると共に、お互ひ諸君と共に私は此の責任の重きことに対しまして実に苦痛を覚えるのであります。之に対して果して首相は如何なる政治の根本理念を御持ちになるでありませうか。私見に依りますれば、人間は理想を追うて永劫に精進する運命を持つて居ります。出来ないことをもでかすのが人間であります。併しながら今日までの歴史を通して、至難なる此の**理想郷の建設**、之に対する断じて誤らざる道はないのでありますが、之を先哲、学者の主張に徴しまして私共が考へまする時に、どうしても是は人間愛を基調とせる敬虔なる人世観、個人の人格の完成、之を行ふに宗教と教育と政治の渾然たる三位一体なくして、此の重大なる課題は果せないと私は思ふのであります。（拍手）　更に其の実践に付ての用意が私共にあるかどうかを私は疑ひます。謂はれなき戦ひに従はず、火の中に入つて死んだ**開戦当初の逸話**も日本には伝はつて居る。キリストは其の信念

を貫いて十字架上に死んだ。比島に於ける一兵士がキリスト教の信者であるが故に、遂に一発の鉄砲を撃つて人を殺すことを肯んぜず、其の信念を貫き通し、人は殺さずと称して銃を手にしなかつた為に、其の上官は已むを得ず彼を衛生兵に廻した。所が彼は真剣に負傷者、病人を救ふ為に働き通して、終戦後の論功は彼に最高の行賞が与へられたと聞いて居ります。新聞の伝ふる所であります。お前こそ本当の人間だと云ふ賞詞があつた、斯様に新聞は伝へて居ります。私共は真実民主的平和国家を建設する為には信念を貫き通さなければならないのであります。真の神に近づく宗教と人格を完成する教育と、而も社会の地均しをして、階層なく、搾取なく、能力に応じて働き、必要に応じて分配する社会的正義を持たざる限り、此の望みは完成致しませぬ。(拍手)戦ひは叩き合ひであります。私共は先づ己れ一人から叩き合ひを全滅しなければなりませぬ。而も此の九十議会の劈頭に於きまする光景を見まする時に、私は心を寒うするものがある。(拍手)過般の議場の光景は世界一円に電報せられたと聞いて居ります。此の態度を以て果して真に新日本の民主的平和国家建設に当る議会の態度と申されるでありませうか。(拍手)私は吉田内閣総理大臣の哲人的信念を承りたい。同時に我々議員一同総て自粛自戒して、此の根本第一次の出発に万誤りなき基盤を据えたいと思ふものであります。(拍手)……

九十議会の劈頭に於ける光景に心を寒うす

第三に生産と経済のあり方に付てであります。……第四は民主主義の徹底化であります。……第五には教育に付て御尋ね申上げたい。……

以上を以て終りと致します。(拍手)

〔国務大臣　吉田茂君登壇〕

松原氏の御質問に対して御答へを致します。……

内閣総理大臣　吉田茂君

政府の根本理念、殊に戦争のない国を創造する決意はどうかと云ふ御尋ねでありますが、新憲法条章に於ても、御覧の通り交戦権は拋棄して居ります。此の**交戦権拋棄**に付ては、各位に於かれても各種の疑念を持たれたことだらうと想像致しますが、此の御疑念は御尤もであり、私共としても顧念は致しますのでありますが、併しながら戦争のない国に――日本を其の魁として平和的国家、民主的国家と致しますのには――民主的、平和的国家を創造せしむるのには、憲法に於て斯くの如き大変革、劃期的の条章を設けると云ふことも一つの方法であると考へて、憲法に於ては特に第九条に交戦権拋棄を謳つてある訳でございます。又其の他の戦争のない国を創造する魁として、世界の平和に貢献する凡ゆる手段を、凡ゆる機会に於て、日本国政府は執りたいと云ふ決意でございます。諸君に於かれましても、此の趣旨に付ては満腔の御賛同を願ひたいと思ひます。（拍手）……

平和的国家、民主的国家の魁として戦争を拋棄。世界平和に貢献する凡ゆる手段を、凡ゆる機会に執りたい

議長　樋貝詮三君（日本自由党）

笹森順造君

〔笹森順造君登壇〕

笹森順造君（日本民主党準備会）

日本民主党準備会に属して居りまする私は、此の議場に於ける諸君と共に、前途多難なれども、希望を失はざる日本再建を念願しながら、又我等を此処に選び出せる全国民の委託に副ひ得る政治を共に行はんとの意図を以て、先日**内閣総理大臣**が示されました所のあの施政の大綱及び所信に対しまして、之を中心として質問を致し、首相並に関係各大臣の答弁を求めたいと思ふのであります。首相の申されましたあの施政の大綱及び所信を聴きまして、此の窮乏の極にありまする我が政治を挽回すべく、悲壮なる決心をせられて居りますることを感得したのでありまするが、

〔議長退席、副議長著席〕

今我が国民の求めて居りまする所のものは、単なる苦しみの現状を曝け出しますることではなくして、此のどん底から起ち上りまして、新しい世界の秩序に起ち直りまして、茲に苦しいながらも光明を見得る強い政治の指導力であります。（拍手）此の意味に於きまして、私共は現在**占領軍**の治下にある実情に於て、政治其の他万般に付きまして、改むべきことは率直に改め、捨つべきことは大胆に捨てながらも、我等民族の有して居ります所の貴重なる歴史と伝統の精華をば飽くまでも保全して行きたいのであります。

改むべきは改め、捨つべきは捨てると同時に、民族の貴重なる歴史と伝統は飽くまで保全したい

此の点より致しまして、先づ第一に御尋ね申上げたいことは、首相の申されまする所の民主主義の内容と性格を明かにせられたいと云ふことであります……

次に**対外政策**に付て御尋ね致します。現在我が国は聯合国の占領下にありまして、外交機能を失つて

平和国際社会の一員たるべく如何なる積極的努力を講じたか

居りまする為に、出来るだけ速かに**平和国際社会の一員たるべく努力すると首相が申されまするが**、然らば如何なる積極的の方策を現在まで講ぜられたか、**講和条約締結**に要する我が方面の要求の色々な態度と、又其の理論とがなければならない、是等を裏付くべき諸資料の調査と整理はどれ程までに出来て居るか、若し用意と著手があるならば、それを承りたいと思ふのであります。

平和国家の建設と議場の光景への反省

次に首相は平和国家を建設すると言はれるのでありますが、其の為には何としても先づ我等が国内の平和を求めなければならぬことは、前段の質問者の申されましたことと同じことになります。先づ我等は国民の代表者として、此の議場に於て本当に平和的なる光景を国民に示して行くべきだと思ひまするが、此の点に関しまして我等は尚ほ反省する必要があらうかと思ひます。而して尚ほ私共は**我が民族固有のあの精神を以て外国に真に日本人の平和主義であることを宣伝する必要がありませう**。

自ら戦争を拋棄するに止まらず、世界列強に軍備撤廃を提議する準備を研究せよ

単に私共が戦争を拋棄したと云ふばかりではなくて、我等の主張に依つて、全世界の列強に軍備の全廃を提議するまでに至る準備を、今日の状況に於て尚ほ研究して置く必要があるのではなからうか、此の点に付き如何に首相が考へて居られるかを御尋ねしたいのであります。

原子爆弾の絶対禁止

又特に今次の戦争に依りまして、世界人類史上我が日本民族のみの犠牲に依つて味はひました所の、凄惨言語に絶する彼の**原子爆弾**の使用の絶対禁止を、世界恒久平和と人類の生命保護の希望の故に、世界輿論の喚起の材料となさんが為に、其の被害の実情を詳細正確に調査公表して、以て平和日本の使命を達成する方途の一つとなすと云ふ用意がありやなしや、是は犠牲を受けたる所の民族の立場に於て此の点を尋ねたいのであります。……

最後に文教に付て御尋ねしたいのであります。……

〔国務大臣　吉田茂君登壇〕

内閣総理大臣　吉田茂君

御質問に対して御答へを致します。……

将来の講和会議に付ての御議論であります。御尤もでありまするが、併しながら此の講和会議に日本が招請を受けるまでには幾多の準備行為があらうと思ひます。第一日本は軍国主義の国である、或は又再軍備をする危険のある国である、或は非民主主義の国であると云ふ疑ひが可なり濃厚でありまして、此の誤解を先づ日本と致しましては一掃することが必要であります。日本が真に平和国家の一員として、講和会議に列席致しまする為には、幾多の準備が要る、殊に日本が平和的民主主義に徹底し、若しくは国民としては心からなる民主主義に透徹して居ると云ふ事実を示す必要があるのであります。講和会議の招請を受くる前には、官民協力致して、日本の時代の従来誤つたる方向に進んで居つたと云ふ其の誤解、又之に依つて生じた誤解を正すことに先ず専念致さなければならぬと思ひます。**原子爆弾のことに付て御尋ねがありましたが**、原子爆弾の日本に於ける惨害に付ては、当局に於ては最も慎重、且又深甚の注意を以て調査致して居ります。併し此の世界的の問題に対しましては、原子爆弾に関する世界列国との間の協議或は条約等に付きまして、今日此処で言明をし若しくは論及することは慎みたいと考へますが、**国民協力に付きましては**、殊に御尤もであり、又政府が念願して已まない所であります。此

講和会議に列席するためには、幾多の準備が必要、殊に軍国主義国であるとの誤解を一掃し、平和的民主主義に徹した事実を示すことが必要

原子爆弾の被害については、最も慎重、且深甚の注意を以て調査

の点は各位の御協力を願ひたいと思ふ。……

議長　樋貝詮三君（日本自由党）

徳田球一君

〔徳田球一君登壇〕

笹森順造君（日本民主党準備会）

議長

〔発言する者、離席する者あり〕

議長　樋貝詮三君（日本自由党）

静粛に願ひます。――徳田君に発言を許しました。徳田君の発言を希望致します。

徳田球一君（日本共産党）

私は日本共産党を代表致しまして、内閣総理大臣並に各省大臣に其の施政方針に付て質問致さんとするものであります。七項に亙り質問致します。

第一項は今次戦争の性格に付てであります。首相はポツダム宣言の趣旨に副うて民主主義的平和国家を樹立すると言はれて居るのであります。是が施政の根本方針となつて居ります。然るに今次世界戦争の性格に付ては何等言及する所がありませぬ。今次世界戦争は**日本帝国主義**の内部的矛盾に依つて起つたのであります。即ち天皇を頭に戴きます所の軍閥、官僚、資本家、地主を本位と致します所の此

今次戦争の性格を如何に認めるか

戦争の根因は日本帝国主義の内部的矛盾

財産権の擁護は資本主義の本髄

財産権の擁護と労働権の弾圧

豊作飢饉と満洲戦争

の**天皇制**を、内部的矛盾に依つて到底維持することが出来ず、其の結果として此の戦争が始まつたのであります。此処の議場に於きましても、政府諸賢は**財産権の擁護**を極力主張して居りますが、此の財産権の擁護こそは、実に**資本主義の本髄**でありまして、此の擁護に徹底せんとすればする程、是の対象となつて居ります所の**労働権の弾圧**とならざるを得ないのであります。大資本家、大地主、是等の人々が事実財産権に依つて生活するを得る。然るに我々労働者、農民、其の他一般小市民に於きましては、労働権なくしては生活することが出来ない。一方に於て資本家の財産権を擁護するならば、他方に於て労働権を擁護《弾圧?》しなければならない。此の弾圧した結果、其の結果こそは実に人民の全体の生活の低下となり、一大恐慌を起したのであります。一九三一年非常なる豊作であつたに拘らず、**豊作飢饉**を生じたのはそれである。其の結果こそは実に**満洲戦争**が起つたのであります。此の満洲戦争は実に今次世界大戦の火点けでありまして、日本帝国主義が全世界から此の世界戦争の火点け人として今や追求せられて居るのであります。此の**世界戦争**が、軍閥、大資本家、大地主の政治体制としての天皇制、此の崩壊を防がんが為の、又之を成長せしめんが為の**侵略戦争**であつたことは、今国際的に追求せられて居る所であります。而して満洲を初めと致しまして、中国、南洋の諸民族を犠牲にし、国内に於きましては労働者、農民、勤務者、一般小市民諸君、中小商工業者諸君にまでも一大犠牲を払はしたと云ふこと、是こそ実に此の戦争に於ける我々の正に注目しなければならない所であります。(「落付け」「興奮するな」と呼ぶ者あり)それ故に此の戦争は軍閥、官僚、大資本家、大地主の利益に依つて、我々労働者、農民、

民主主義的平和国家の建設は労働者農民等一般市民の任務

勤務者を犠牲にしたものであるから、今やポツダム宣言を実行し、茲に新しく民主主義的平和国家を建設せんとするならば、大資本家、大地主、軍閥、官僚が退き、責任を負ひ、来るべき民主主義の建設の担当は、実に労働者、農民、勤務者、中小商工業者を含めての一般市民の任務でなければならないと信ずるのである。（拍手）　即ち帝国主義的天皇制を内部矛盾から解消せしむることが当然であるのであります。故に私は首相に向ひまして、今次戦争の性格を如何に認むるか、此のことを聴きたいのであります。此のことこそは一切の政策の批判の基礎でありまして、誰の為に、誰が此の民主主義を建設するかと云ふ基本的な題目であると信ずるからであります。

戦争の根因は資本主義の内部的矛盾にある

首相は戦争を拋棄すると言はれたのでありますが、此の戦争は実に資本主義の内部矛盾から起つたのでありますから、必然戦争を拋棄するならば、資本主義をどうする、資本主義を止めるかどうかと云ふことが決定的な問題であるのであります。（「ノーノー」「そんなことはない」と呼ぶ者あり）　資本主義の存在する限り、其の内部矛盾の必然的発展は戦争を惹き起すことは当然で、今次戦争が実にそれであつたことは、我々の事実に於て体験した所であります。

〔発言する者多し〕

議長　**樋貝詮三君**（日本自由党）

静粛に

徳田球一君（続）（日本共産党）

此のことは首相に回答せられんことを望むものであります。

戦争犯罪人の徹底的追求

政府は戦犯を擁護する嫌ひが十分

第二項、是は戦争犯罪人の追究に付てであります。首相は民主主義と平和主義とに依る政治の運営、並に行政と経済との全般に亘る改革をなすと言はれ、更に軍国主義と極端なる国家主義の色彩を完全に払拭することを政府の任務とせらるゝと言はれるのであります。然らば劈頭の仕事は、先づ**戦争犯罪人を徹底的に追究**することでなければならぬのである。然るに政府は如何。政府は戦争犯罪人を寧ろ擁護しつゝある嫌ひが十分あるのであります。現内閣の閣僚に於きましても、戦争犯罪の嫌疑ありと見らるる者が私は居ると信じて居るのであります。若し御望みとあらば、我々は此の証拠を議場に於て提出しても宜しいのであります。(笑声) 又中央地方の議会、官僚の主要地位、財界其の他一般社会の主要地位に於きましても、戦争犯罪人の嫌疑ありと認めらるゝ方々が十分あるのであります。是は関係筋からの発表に依りますと、十八万六千人と言はるゝのであります。然るに今まで戦争犯罪人として追放された者は僅かに百数十人であると記憶して居るのである。然らば其の残り十八万数千人の人間が今の政府に依つて寧ろ保護せられて居ると云ふことは如何なることでありますか。斯くて民主主義と平和主義とに依る政治と行政との運営はおろか、我々が今最も緊急とする食糧問題、失業問題其の他労働問題をも解決し得ないのである。其の点に付て首相の見解を求めるものであります。……

第三、判検事諸君——戦争犯罪人として、我々を数十年の間弾圧し来つた所の暴虐無類なる所の判検事が、未だに裁判所及び検事局の主要地位を占めている。……

反戦兵士釈放問題

更に我々は次の問題に移らんとするものである。即ち**反戦兵士**の問題であるが、是は戦争に反対した兵士諸君が、軍法会議に於て十年、十五年と長期の懲役を科され、是が未だに宮城刑務所其の他に数百人居るのである。併しながら此の戦争に反対した兵士諸君は、此の終戦条約と共に犯罪でないことが明かにせられ、関係方面の指令は、斯かる人々を成るべく早く解放することを求めて居るのであります。然るにも拘らず司法当局は之を怠り、未だに数百人の人を監獄の中に置いて居るのは、一体如何なる理由に依るのでありますか、此の点を十分に説明せられんことを求める次第であります。

次に第三項に付て、第三項は首相の施政方針の全体に付ての根本的な問題であります。……第四項、食糧並にインフレ問題の解決につきまして、……第五項、是は労働者、農民に対する弾圧に付ての抗議であります。……第六項、是は産業の復興並に失業問題に付てである。……

次は第七項である。是は大体憲法に対してである。……

戦争抛棄後における民族の独立および安全保障の方法如何

次に政府が此の憲法に於て戦争を抛棄せられると云ふが、此の戦争を抛棄せられた後、民族の独立及び安全の保障を如何なる方法に於てやられるのであるか、此の点を明確に示されたいのであります。……

此の点に付て明確なる回答を、幣原国務大臣並に吉田総理大臣に対して、特別に御懇篤なる説明を加へられんことを希望する次第であります。是にて終ります。

〔国務大臣　吉田茂君登壇〕

今次戦争の性格は極端なる国家主義、軍国主義

資本主義を拋棄すべしと云ふは御意見

戦争責任者を保護した事実はない

専ら軍刑法によつて収監されて居る者は近く仮釈放

内閣総理大臣　吉田茂君　御答へ致します。**此の度の戦争の性格如何**と云ふ御尋ねでありますが、私は此の度の戦争は発達の途上にあつた議会政治、政党政治が、極端なる国家主義、軍国主義の為に崩壊せられた結果であると思ふのであります。

又戦争を拋棄せる以上は、交戦権を拋棄した以上は、**資本主義も亦拋棄すべきであると云ふやうな御話であるが**、是は御意見であります。私は必ずしも之に賛成しない。

戦争責任者を保護せる事実がありや否やと言はれるが、戦争責任者を保護した事実は政府に於てはありませぬ。又戦争責任者の検挙、其の他裁判に協力した事実は沢山あります。又現に協力して居るのであります。又失格者に付ては新たに資格審査委員を設けて審査を進める用意を致して居ります。……

〔国務大臣　木村篤太郎君登壇〕

司法大臣　木村篤太郎君　……**軍刑法に依つて未だ刑務所に収監せられて居る者があるぢやないか**、是は洵に御尤もな御意見であります。其の中純然たる**刑法**に該当する者が多数に上つて居るのであります。即ち窃盗であるとか、強盗であるとか、強姦であるとか、傷害であるとか、殺人であるとか、是等の犯罪を犯して軍法会議に廻つて居る者が極めて多数であります。其の以外の純然たる軍刑法に該当する者、是もあります。最近報告を得て居ります。之に付きまして私は近く仮釈放の手続を執る積りで居りますから、御諒承願

いたいと思ひます。……

〔国務大臣　金森德次郎君登壇〕

国務大臣　金森德次郎君　……或は聴き落したかも知れませぬが、**此の戦争拋棄に牽聯をして、兵力を有することなくして治安の維持がどうして出来るのか。**或は私の聴き落しかも知れませぬが、それは固より我々は戦争拋棄を名目及び実貭の双面に於て実現しようとする趣旨からして、其の憲法の草案が出来たものと思つて居りまするが、国内の治安の維持に関する問題は、自らそれ以外に於て方法があるものと考へて居ります。

……

〔德田球一君登壇〕

德田球一君（日本共産党）　全体と致しまして政府諸賢の御回答は私は不満足であります。分けて吉田総理大臣の御答弁は洵に私達人民を食つたものと信ずるのであります。殆ど問題になりませぬ。殊に**侵略戦争の性貭**、此の性貭を明かにせず、而も此の侵略戦争が大資本家、大地主の利益の為に、軍閥官僚の為にやられた、此のことこそ大事である。此のことに対して何等の回答をなされないことは、洵に人民に対して不親切であると信ずるのである。……

〔国務大臣　吉田茂君登壇〕

戦争を拋棄しても、国内治安の維持については、自ら別に方法がある

総理大臣の答弁は人民を食つたもの、人民に対して不親切

内閣総理大臣　吉田茂君　御答へ致します。此の度の戦争の性格に付ては、徳田君の意見と私は同意が出来ないことをはつきり先程申したのであります。……

議長　樋貝詮三君（日本自由党）是にて国務大臣の演説に対する質疑は終局致しました。次会の議事日程は公報を以て通知致します。本日は是にて散会致します。

徳田君の意見には同意が出来ない

衆議院本会議

昭和二一年六月二五日（火）　後一・四三開議　後四・一九散会

議長　樋貝詮三君（日本自由党）　是より会議を開きます。……

帝国憲法改正案は三読会の順序を経て議決する

議長　樋貝詮三君（日本自由党）　此の際御諮り致します。帝国憲法改正案は三読会の順序を経て議決したいと存じます。御異議ありませぬか。

（「異議なし」と呼ぶ者あり）

帝国憲法改正案第一読会

議長　樋貝詮三君（日本自由党）　御異議なしと認めます。仍て其の通り決しました。――日程第一、帝国憲法改正案の第一読会を開きます。――吉田内閣総理大臣

〔国務大臣　吉田茂君登壇〕

内閣総理大臣　吉田茂君

帝国憲法改正案

日本国憲法

日本国民は、国会における正当に選挙された代表者を通じて、我ら自身と子孫のために、諸国民との間に平和的協力を成立させ、日本国全土にわたつて自由の福祉を確保し、政府の行為によつて再び戦争の惨禍が発生しないやうにすることを決意し、ここに国民の総意が至高なものであることを宣言し、この憲法を確定する。そもそも国政は、国民の崇高な信託によるものであり、その権威は国民に由来し、その権力は国民の代表者がこれを行ひ、その利益は国民がこれを受けるものであつて、これは人類普遍の原理であり、この憲法は、この原理に基くものである。我らは、この憲法に反する一切の法令と詔勅を廃止する。

日本国民は、常に平和を念願し、人間相互の関係を支配する高遠な理想を深く自覚するものであつて、我らの安全と生存をあげて、平和を愛する世界の諸国民の公正と信義に委ねようと決意した。我らは、平和を維持し、専制と隷従と圧迫と偏狭を地上から永遠に払拭しようと努めてゐる国際社会に伍して、名誉ある地位を占めたいものと思ふ。我らは、すべての国の国民が、ひとしく恐怖と欠乏から解放され、平和のうちに生存する権利を有することを確認する。

我らは、いづれの国家も、自国のことのみに専念して他国を無視してはならぬのであつて、政治道徳の法則は、普遍的なものであると信ずる。この法則に従ふことは、自国の主権を維持し、他国と対等関係に立たうとする各国の責務であると信ずる。

日本国民は、国家の名誉に懸け、全力をあげてこの高遠な主義と目的を達成することを誓ふ。

第二章　戦争の拋棄

第九条　国の主権の発動たる戦争と、武力による威嚇又は武力の行使は、他国との間の紛争解決の手段としては、永久にこれを拋棄する。

陸海空軍その他の戦力は、これを保持してはならない。国の交戦権は、これを認めない。

第十章　最高法規

第九十四条　この憲法並びにこれに基いて制定された法律及び条約は、国の最高法規とし、その条規に反する法律、命令、詔勅及び国務に関するその他の行為の全部又は一部は、その効力を有しない。

内閣総理大臣説明

ポツダム宣言及び関聯文書は、平和新日本の向ふべき大道

只今議題となりました帝国憲法改正案に付きまして御説明を申します。

御承知の如く我が国が受諾致しました**ポツダム宣言**及び之に関聯し**聯合国より発せられたる文書**には「日本国国民の間に於ける民主主義的傾向の復活強化に対する、一切の障礙を除去し、言論、宗教及び思想の自由並に基本的人権の尊重を確立すべきこと」並に「日本国の政治の最終の形態は、日本国国民の自由に表明する意思に依り決定さるゝべきこと」の条項があるのであります。（附録二三及び二五参照）此の方針は正に平和新日本の向ふべき大道を明かにしたものであります。是が為には何と致しましても

国家の基本法たる憲法の改正が要諦と考へるのであります。仍て政府は前内閣及び現内閣に亙り、鋭意之が調査立案の歩を進めて参つたのでありますが、茲に成案を得るに至りましたので、之を今回の帝国議会に付議せられんことを奏請致しまして、今日本院の御審議に付せられることに相成つたのであります。

本改正案の基調

本改正案の基調とする所は、国民の総意が至高のものであるとの原理に依つて諸般の国家機構を定め、基本的人権を尊重して国民の自由の福祉を永久に保障し、以て民主主義政治の基礎を確立すると共に、全世界に率先して戦争を抛棄し、自由と平和を希求する世界人類の理想を国家の憲法条章に顕現するにあるのでありまして、此の精神は本改正案中の全文《前?》に詳細に示されて居る所であります。以下改正案中重要なる諸点に付て申述べたいと思ひます。……

戦争抛棄は改正案に於ける大眼目

改正案は特に一章を設け、**戦争抛棄**を規定致して居ります。即ち国の主権の発動たる戦争と武力に依る威嚇又は武力の行使は、他国との間の紛争解決の手段としては永久に之を抛棄するものとし、進んで陸海空軍其の他の戦力の保持及び国の交戦権をも之を認めざることに致して居るのであります。是は**改正案に於ける大なる眼目**をなすものであります。斯かる思ひ切つた条項は、凡そ従来の各国憲法中稀に類例を見るものでございます。斯くして日本国は永久に平和を念願して、其の将来の安全と生存を挙げて平和を愛する世界諸国民の公正と信義に委ねんとするものであります。此の高き理想を以て、平和愛好国の先頭に立ち、正義の大道を踏み進んで行かうと云ふ固き決意を此の国の根本法に明示せん

帝国憲法改正案説明　衆議院議事速記録　第五号

とするものであります。……

尚ほ本改正案は、以上申述べた実体に照し、其の形式に於きましても、所謂**法の民主化**を図り、成るべく一般国民の理解に容易ならしむるやう口語体を以て表現し、平仮名を採用する等の措置を執つたのであります。是は法令の形式としては正に劃期的の事柄であると存じます。

法の民主化と口語体

以上を以ちまして本案の大要の説明を終ります。何卒宜しく御審議あられんことを希望致します。

（拍手）（説明全文に付ては附録一〇参照）

議長　樋貝詮三君（日本自由党）　質疑の通告があります。順次之を許します。——北昤吉君

〔北昤吉君登壇〕

北昤吉君（日本自由党）

先般憲法改正法案が本議会に提出され、更に本日総理大臣から改正草案提出の理由を説明に相成りましたが、私は此の改正草案に付て幾多の質すべきものを持つて居るのであります。……

現行憲法改正の根拠

先づ**現行憲法改正の根拠**に付て御尋ね致しますが、私の見る所では、**改正憲法の特色が二つある。**先づ国内に於て民主化を徹底すること、更に国内国外に亙りて平和主義を徹底させること、是は本月二十日議会へ提出されました憲法改正の草案に関聯致しまして、**勅書**を賜はりましたが、其の勅書の中に明瞭に御示しになつて居ります。又此の点は此の草案が発表されました際に、**マッカーサー元帥の声明**

今更憲法改正の必要なしと認める学者なきにしもあらず

に依つても明瞭であります。（附録四参照）　即ち元帥は三権分立の思想に依つて独裁政治を防止し、国民主権を徹底することと、主権固有の権力たる所の交戦権を抛棄し、平和愛好国民の真実と正義とに依頼することを以て二大特色と指摘致して居ります。　又**マッカーサー元帥**は、日本国民が過去の神秘主義と非現実性とから脱却することを要求し、新しき信念と希望とを持つた現実主義の方向に向ふべきことを要望致して居ります。是等に依つて憲法改正草案の特色は十分に示されて居りまするが、今更憲法改正の必要なしと認める学者なきにしもあらずであります。例へば是まで比較的進歩的の憲法学者と認められて居りました**美濃部達吉博士**の如きは、現行憲法の規定は必ずしも悪くはない、唯一部の人々が之を悪用した、即ち憲法の運用宜しきを得なかつたが為に、今日の日本の悲惨なる状態を招来したと看做して居ります。実際天皇と一般国民との間に介在して居る所謂**特権階級**、所謂**封建的残滓**が今日を禍ひしたことは、今や国民の常識となつて居るのみならず、是は聯合国側にも十分に認められて居る所であります。それのみならず**現行憲法**に於ても、既に戦敗の結果軍備がなくなり、丸裸になつた状態に於きましては、憲法第十一条の**統帥権独立の条項**も意義をなさず、第十二条の**用兵作戦の条項**も意義をなさないので、軍部が現在の憲法に於きましても政治に干渉する余地は殆どなくなつて居ります。即ち天皇と国民との直結が可能になつて、運用宜しきを得ば民主主義の傾向に我々は進展することが出来る。現に**キーナン首席検事**の国際裁判所に於ける論告に徴しましても、**A級犯人**を真の日本の支配者であると指さし、天皇と一般国民とは戦争の犠牲者であると称して居ります。即ち現行憲法の場

合に於ても、運用宜しきを得ば必ずしも非民主的でないと云ふ議論があります。然るに政府が敢て茲に断乎として憲法改正を決意したことは、更に何等か重大なる根拠がなくてはならぬのでありまするが、唯民主主義を徹底する為め、平和主義を徹底する為めであると一応の説明だけでは、まだ全国民が納得する程度でないと思ひまするので、総理大臣の之に関する詳細の説明を承りたいと存じます。

第二点、憲法改正とポツダム宣言との関係であります。……第三に日本国家民主化の問題であります……第四に君主制の是認の根拠であります。……第五に新憲法と国体の関係に付て御伺ひしたい。……是で私の総論的質問を終へまして各条の質問に触れて参ります。……先づ前文であります。……次いで天皇の章に参ります……

それから戦争抛棄の第二章に移ります。勿論我々は此の憲法の特色は、国内に於て民主化を徹底するのみならず、国の内外に亙つて其の平和思想を徹底すると云ふ新段階に躍進せんとするのでありますから、此の憲法の進歩性はここにあるのであると思ひますが、私は戦争に負けて武装解除をした国が、戦争致しませぬと言ふのは、貧乏者で赤貧に陥つて居つて、倹約致しますと云ふのと同じことである、国際的には余り効果はない、是は寧ろ進んで**永世局外中立運動**を起して、この微力なる日本が平和に生活出来るやうに、内閣諸公の用意と準備とがなければならぬと考へますが、内閣総理大臣、外務大臣等は之に付て何等かの態度を執つて居られるでありませうか、（拍手）　之を承りたい。　勿論理論的に言へば、此の**自衛権の発動**の場合は、相手が武器を持ち、こつちは空手であつても、自分の貞操若しくは名誉を擁護する場合には、敢然と反対するのが日本の国民の本当の基本的の権利です。是は国家の基本的

政府が断乎憲法改正を決意したについては、何等か重大な根拠がなければならぬ。詳細なる説明を求む

戦争に負けて武装を解除された戦敗国が戦争を抛棄しても国際的には余り効果がない、寧ろ進んで永世局外中立運動を起すべきではないか

デモクラシーの失敗はファッショ、ナチスを擡頭せしむ

権利と言はざるを得ないぢやないか。実質的な陸海空の三軍を設けないと云ふ憲法の規定であるから、是は設けても宜しいが、**一部の人**は突如として天皇と国民の権利義務の二つの章の間に斯う云ふものを入れるより、天皇の章の前に持つて来て、総論的に入れたらどうかと云ふ説もあります。更に進んで此の憲法の前文プレアンブルの中に入れたらどうかと云ふ説もあります。体裁としては、此の二つの何れもが是よりも宜いでありませうが、併し此の憲法の草案が発表されました時に、**マッカーサー元帥**が日本の憲法の進歩性、非常に特色のある進歩性として指摘した所の此の条項でありますから、（附録四参照）当局としては変更は困難を感じますと想像致します。政府はどうか、此の規定は日本が平和生活を愛するのみならず、世界に向つて平和生活の勧告をする、平和運動の尖端に立つ覚悟があると云ふことを示す為に、何等かの政治的工作をしなければならぬ義務があると私は考へる。（拍手）さうしなければ此の憲法は進歩的であると云ふ、此のことが画餅に属する。此の前の大戦後ドイツが戦争に負けましてワイマール憲法が出来た時は、世界の最も進歩的な、近代的な憲法だと言はれたが、其の運用を誤つて小党分立して、最右党から最左党まで絶えず国内闘争を事と致して居つたが為に、**聯立内閣**、短命内閣の連続であります。遂に**デモクラシー**は失敗し、デモクラシーは労力的にも金銭的にも余り是は効果的のものでないと云ふ印象を与へて、**ヒトラー運動**の擡頭を促した。世間ではあれを称して、社会党と共産党が共同戦線を張つたらヒトラー運動が起らなかつた、此の二つの政党の共同戦線を張らざりしことに原因を求めて居るが、私はドイツの欧洲大戦後、即ち国内政治の失敗、**民主主義政治の失敗**がナチ

憲法で戦争抛棄を規定し乍ら、国内では到る処戦闘準備

ス運動を起したと思つて居る。(拍手) イタリーのファッショ運動の起源もそこにある。デモクラシーが完全なる限りナチス運動やファシズム運動は起らない、不健全で失敗した時は、混沌たる無政府状態よりはストロング・ハンド、強き手に依る何等かの政治が宜しい。二つの悪いものを選ぶ時に、少き悪いものを選ぶ、是がファッショやナチスの擡頭の所以であります。政府は之に十分に注意したければならぬ。然るに憲法で斯う云ふ規定を掲げながら、国内に於ては到る処戦闘準備――やゝ人民戦線だ、やゝ民主戦線だ――戦争抛棄、平和主義のものは、苟くも戦ひと云ふ名を国内に於ては私は用ふべからざるものであると考へるのであります。(拍手) 諸君は如何に考へますか。国内輿論の闘争の連続は国際的波瀾を生ずる一種の準備行動と考へざるを得ない。

第三章の国民の権利及び義務、……それから第四章の国会の部に移ります。……

其の他聴きたいことも多々ありまするが、詳細は委員会に譲りまして、先づ私の述べました総論的質問五項、細目的質問の諸項目、天皇の規定に関し、或は国民の権利義務に関し、或は国会、内閣、司法の諸規定に関し私の質問致しました事柄に付きまして、内閣総理大臣初め所管大臣の御答弁を煩はしたいと存じます。

〔国務大臣　吉田茂君登壇〕

現行憲法は、その

内閣総理大臣　吉田茂君　御答へ致します。現行憲法でも運用宜しきを得れば改正する必要がないではないかと云ふやうな議論

もあると云ふ御話であります。是は現憲法は万世不磨の大典として国民の崇敬の的であつたことは諸君の御承知の通りであります。併しながら敗戦の今日、破局の今日、此の不幸なる敗戦を持来して、現在の如き不幸なる状態を持来して居ると云ふことが抑々何であるか、是は敢て憲法の欠点とは申しませぬが、不幸にして憲法の意義精神が歪曲せられて、遂に斯くの如き状態に政治状態を持来した、悲運を持来したと云ふことを考へて見まするど、此の点からも相当改正をしなければならぬ時に際会して居ると考へざるを得ないのであります。殊に又ポツダム宣言等の降伏条項等に照し合はして考へて見まして、現在の憲法其の儘では国政の運用に於ても、或は国際関係を整理致します上に於ても十分でないと考へざるを得ない色々の点があります。……

精神を歪曲し、濫用される弊がある

ポツダム宣言等の降伏条項等に照し合はせて見ても改正は必要

政府が憲法改正の必要を認めまして、研究に着手致しましてから、欧米其の他の日本に対する感情、考へ方に付て色々事態が明瞭になつて来ますると共に、日本の国際関係に於て容易ならざるものがあることを考へざるを得なくなつたのであります。先づ第一、日本の従来に於ける国家組織、此の国家組織が再び世界の平和を脅かすが如き組織であると誤解されたのであります。日本を戦争に導いた原因、国情、組織等が世界の平和に非常な危険を感ぜしむるものありと誤解されたことであります。随て又日本が再軍備をして世界の平和を乱す、攪乱することの危険がありはしないか、是は聯合国に於て最も懸念した所であります。故に先づ第一に聯合国と致しまして、日本に対して求むる所は日本の軍備の撤去であります。日本が再軍備が出来ないやうにする、日本の軍備撤去と云ふこと、世界の平和を脅かさざる

欧米諸国の日本に対する感情、考へ方に容易ならざる事態を認む

欧米諸国の日本に対する誤解、疑惑もまた尤も

国体を維持し、国家を維持するには、憲法を改正し、諸国の誤解を一掃する必要を感得

やうな国体の組織にすると云ふことが必要である、**是は固より誤解から生じたのであります。**日本を軍国主義、極端なる国家主義の国家として考へられ、国民として考へ、好戦的の国民と考へた、其の誤解からでありまするが、併しながら此の五箇年の間の戦の悲惨なる結果から見まして、斯くの如く考へ、又世界が平和を愛好すると云ふ精神から考へまして、日本に対する疑惑、懸念は又尤もと考へざるを得ないのであります。日本が敗戦の此の悲運に処して、国体を維持し、国民の幸福を維持するが為には、大いに考へなければならぬことに際会したのであります。此の誤解を解き、此の世界の懸念を解くことが日本国として先づ考へなければならぬことであり、日本国民として先づしなければならないことであるのであります。聯合国から致しますと、上に皇室を戴いて、此の忠勇なる日本国民が皇室を中心として一致団結する、さうしてそこに平和に対する危険があり、世界の平和を乱す原因がそこにあると考へられたのであります。斯くの如き疑惑の下にあつて、又斯くの如き危険なる疑惑の下にあつて、日本が如何にして国体を維持し、国家を維持するかと云ふ事態に際会して考へて見ますると、日本の国体、日本の国家の基本法たる憲法を、先づ平和主義、民主主義に徹底せしめて、日本憲法が毫も世界の平和を脅かすが如き危険のある国柄ではないと云ふことを表明する必要を、政府と致しましては深く感得したのであります。是に於てか、此の憲法改正案を草案するに至つたのであります。**松本案**を見られて、さうして新憲法を御覧になると、如何にも其の懸隔の甚だしいことを御感じになりませうが、其の茲に至つた所以は、さう云ふ国際事情を考慮に入れてのことであります。此の点は各位に於かれて深く国際事

戦争抛棄について
は御意見の通り

情に付て御研究下さることを切望致します。（拍手）……

其の他戦争抛棄に関する御質問もございましたが、是は御意見の通りであります。日本と致しましては、新平和国家の建設、日本が再建せらるゝ場合に於て、平和主義に徹底し、民主主義に徹底する為には、斯くの如き新しい条項を憲法の中に入るゝことが、先程申しました国際情勢から考へて見て必要と考へるのであります。又斯くすることに依つて、日本自身が平和国際団体の魁になると云ふことを考へての此の憲法の条章の規定なのであります。其の他詳細のことは更に金森国務大臣より御答へ致します。（拍手）（附録七参照）

〔国務大臣　金森徳次郎君登壇〕

国務大臣　金森徳次郎君　北君の御質問に対しまして、総理大臣から御答へになりました部分を除きまして、私の考へを申上げたいと思つて居ります。……

それから戦争抛棄のことに付きましては、総理大臣から御説明になりましたから、私は申上げませぬ。……

議長　樋貝詮三君（日本自由党）　次に原夫次郎君の質疑に入る筈でありますが、内閣総理大臣は関係方面との打合せの為め是れより退出せねばならぬとのことでありますが、帰り得る時刻の見当が付かぬとのことであります。就きまして

は重要なる憲法改正案審議のことでありますから、本日は是にて散会致し、明日定刻より特に本会議を開き、其の審議を継続致したいと思ひます。御異議ありませぬか。

（「異議なし」と呼ぶ者あり）

議長　樋貝詮三君（日本自由党）

御異議なしと認めます。議事日程は公報を以て通知致します。本日は是にて散会致します。

衆議院本会議

昭和二一年六月二六日(水)

後一・四二開議　後五・〇〇散会

議長　樋貝詮三君（日本自由党）　是より会議を開きます。日程第一、帝国憲法改正案の第一読会を開き、質疑を継続致します。――原夫次郎君

〔原夫次郎君登壇〕

原夫次郎君（日本進歩党）　去る二十日畏くも御勅書に依りまして憲法草案が本院に提出になりましたことは、洵に恐懼感激の至りであります。我々は我が国再建の為に此の憲法改正案を審議致すことは甚だ光栄の至りでありまして、同時に又極めて重大なる任務を持つものであります。各党各派を超越致して、此の憲法問題に付きましては慎重審議、誠意誠心を以て其の事に当りまして、此の負託に副はんことを期して居るものであ

ります。尚ほ同時に此の憲法草案の作成の事に当られましたる前内閣並に現内閣の各閣僚方に対して此の際其の御労苦に対して深甚なる敬意を表するものであります。私は先づ以下述べまする三、四点の問題に付きまして、吉田総理大臣に御伺ひを致したいと存ずるのであります。

先づ第一に首相は去る本会議に於きまして、ポツダム宣言は国体擁護を条件と致して受諾を致したものである、斯う云ふ御答弁を承つたのでありまするが、此の御答弁に相成つて居る所の趣意、其の経過をもう少し掘下げて御話を御願ひ致したいと存ずるのであります。……　第二点は、草案第三章、国民の権利義務の章下に於きまして、……

戦争抛棄の問題

第三点と致しましては、改正案第二章の所謂戦争抛棄の問題であります。首相は度々是まで本演壇に於きまして、此の度の改正案の非常に重大なる部分は第一《ママ》条なり、此の戦争抛棄の問題であると云ふことを高調せられて居たのでありますが、洵に御尤もな次第と私共も存ずるのであります。此の戦争抛棄の条文が加入致したと云ふことに付きましては、総理大臣の説明を附加せられた所を見ましても、又我我が此の改正案を通読致した場合に於きましても、是は真に草案を作成せられたる内閣に於て、考へられなかつた問題であると思ふのであります。極めて我が国の前途に取りまして、非常なる関心事であります。此の戦争抛棄なるものは結局世界平和に寄与せんが為めであると、一言にして申せば尽きるやうでありますが、一面から独立国家の体面と致して、我が国が進んで戦争の指導者となるとか、戦争を勃発する計画をなすとか云ふことは、此の度の苦い経験に依つて誰一人考へる者はないのでありまするが、唯恐るべきは、我が国を不意に、或は計画的に侵略せんとするもの達、或は占領せんとするもの

戦争抛棄と自衛権とのヂレンマ

不意な襲来、侵略に如何に対処するか

武力防衛が出来なければ他国に依存するのほかはない

が出て来た場合に、我国の**自衛権**と云ふものまでも抛棄しなければならぬのか、此の自衛権を確立すると云ふことの為には、此の附き物は当然其の用意をして置かなければならぬ、是は即ち**陸**、**海**、**空軍**とか、或は其の他の**武力**の準備であります。此の準備なくしては自衛権を全うすることは出来ないと云ふ所が、非常なるヂレンマに掛つて居る問題でありますが、併しながらそこに非常なる苦心を払はれた跡があると想像致します。是は若しさう云ふ不意な襲来とか、侵略とか云ふやうなことが勃発致した場合に於て、我が国は一体如何に処置すべきか、此の問題に付ては政府当局に於ても当然考へられた問題だと思ふのであります。色々国際情勢などから考へ来たつて、遂に此の条文を置かなければならない立場に立到つたと云ふことは、深く想像に余りある所でありますが、何としても斯う云ふ自衛権までも武力防衛が出来ないと云ふことになりましたならば、どうしても他国に対する依存に依つて之を防衛しなければならぬ、斯う云ふことに結論付けられると思ふのであります。然らば先づ斯かる条文を置かるる場合に於て、他国とさう云ふ場合の何か条約でも、或は取交はしでもあるのかどうか、是も当然想像しなければならぬと思ふのであります。殊に私は此の問題に牽関して御伺ひ致したいのは、彼の第一次欧洲大戦の跡始末に於きましては、**国際聯盟**なるものが出来まして、殆ど世界に戦争再発なんと云ふことは考へない位に発展させて居たのでありますが、然る所此の聯盟は遂に失敗に終りまして、今次の大戦争を再発するに至つたのであります。其の関係上今日の此の戦争終熄後に於ける聯合国の態度に付きましては、外電の伝ふる所に依りますと、従来の経過に鑑みて此の度は其の轍を履まないで、聯合国が

指導者の立場に立つて、或は世界聯合国家までも創設しなければならぬと云ふやうな、色々話合ひもあると云ふことでありまするが、若しさう云ふ機関が出来まするならば、一体全世界の上の国家に対して其の国家の上に更に一つの大きな厳然たる国家権力が行はれると云ふやうなことになれば、それこそ永遠の平和を保つことが出来、又日本が戦争を拋棄することの為めに、それ程心配はしなくても宜いぢやないかと云ふやうな考へも起るのであります。そこで私は吉田前外相、此の吉田総理大臣は其の立場に於て、是等の点に付ては非常に造詣の深い方でありまするから、一つ此の点に於きまして十分なる御説明を願ひたいと存ずるのであります。以上を以て吉田内閣総理大臣に対する質問条項を終ります。

世界聯合国家のやうなものが出来れば、日本が戦争を拋棄しても、それ程心配しなくても宜い。この点に関し説明を求む

次に金森国務大臣に二、三点御伺ひ致したいと存じまするのは、第一には二十二日の本会議に於きまして主権、統治権の問題に付ての御話がありましたが、……第二点と致しましては、改正案に依りますと、皇室の御財産に付きましては、……それから第三の国家財政の点でありまして、……第四点は二院制度の関係でありますが、……大体私の尋ねんと致すものは以上を以て終りまして、其の他の閣僚に対しましては何れ委員会で御質問申上げることに致します。尚ほ附加へまして私は再質問は此処では致しませぬから、どうぞ其の積りで総理大臣、金森国務相に於て一つ御親切に御答弁を願ひたいと御願ひするものであります。(拍手)

〔国務大臣　吉田茂君登壇〕

内閣総理大臣　吉田茂君

御答へを致します。……

自衛権に付ての御尋ねであります。戦争拋棄に関する本案の規定は、直接には自衛権を否定はして

第九条は、直接には自衛権を否定しないが、自衛権の発動としての戦争も交戦権も抛棄したもの

日本を侵す者は平和に対する冒犯者、全世界の敵

居りませぬが、第九条第二項に於て一切の軍備と国の交戦権を認めない結果、自衛権の発動としての戦争も、又交戦権も抛棄したものであります。従来近年の戦争は多く自衛権の名に於て戦はれたのであります。満洲事変然り、大東亜戦争亦然りであります。今日我が国に対する疑惑は、日本は好戦国である、何時再軍備をなして復讐戦をして世界の平和を脅かさないとも分らないと云ふことが、日本に対する大なる疑惑であり、又誤解であります。先づ此の誤解を正すことが今日我々としてなすべき第一のことであると思ふのであります。又此の疑惑は誤解であるとは申しながら、全然根底のない疑惑とも言はれない節が、既往の歴史を考へて見まするると、多々あるのであります。故に我が国に於ては如何なる名義を以てしても交戦権は先づ第一自ら進んで抛棄する、抛棄することに依つて全世界の平和の確立の基礎を成す、全世界の平和愛好国の先頭に立つて、世界の平和確立に貢献する決意を先づ此の憲法に於て表明したいと思ふのであります。（拍手）之に依つて我が国に対する正当なる諒解を進むべきものであると考へるのであります。**平和国際団体**が確立せられたる場合に、若し侵略戦争を始むる者、侵略の意思を以て日本を侵す者があれば、是は平和に対する冒犯者であります。全世界の敵であると言ふべきであります。世界の平和愛好国は相倚り相携へて此の冒犯者、此の敵を克服すべきものであるのであります。（拍手）茲に平和に対する国際的義務が平和愛好国若しくは国際団体の間に自然生ずるものと考へます。（拍手）

議長　樋貝詮三君（日本自由党）

案九条・憲九条　衆議院議事速記録　第六号

鈴木義男君

〔鈴木義男君登壇〕

鈴木義男君（日本社会党）　政府は今回劃期的な憲法改正案を議会に付議されたのであります。時局は極度に逼迫して居ります。国民は未曾有の窮乏に喘いで居ります。憲法で腹は膨れないと言はれる、食糧危機とインフレ危機を傍らにして、憲法審議をなすに適するかと云ふことも疑はれる位でありまするが、総ては善き政治から出発するのであります。一日も早く善き憲法を持つことは日本国家の救ひであります。随て我々に課せられたる任務は、明治以降未だ曾てなかつた程重大なるものであることを自覚して居る次第でありま

明治以降未曾有の重大任務

す。悲しむべき敗戦の結果とは申しながら、茲に従来の積弊を払拭して、全く新しい、明朗にして民主的なる日本を建直す為に、政府は茲に真に劃期的と申して宜しい構想の上に立つ改正案を立案されましたことに対しましては、我々も十分敬意を表するものであります。（拍手）此の草案を熟読致しまするに、中々能く立案されて居る、大体に於て我々の期待と主張とに近いものがあると云ふことを認むるに吝かでないのであります。併しながら国民の声を身近に感じて居る我々として、又従来の我々の主張に鑑みまして、幾多重要な部分に付て修正と追加とを希望する点も少くないこと勿論であります。昨日提案理由を承りまして、微に入り細に亙つて疑ひを質したい点が多々あるのでありますが、細かい点は総て委員会等の席上に譲りまして、此の際三、四の根本的問題に付てだけ、政府の所見を承つて置きたい

草案は能く立案され、大体に於て我々の主張と期待に近い

所で具体的質問に入りまする前に、御尋ねを致して置きたいことがあります。それは此の憲法草案の前文に付てであります。…… 是から本論の御質問を致しまするが、先づ第一に御伺ひをしたいのは、主権の所在に付てであります。……

と存ずるのであります。

戦争拋棄の宣言

政策としての戦争拋棄と軍備撤廃は結構

進んで平和を愛好し、国際信義を尊重するの国是を憲法中に明かにしたい

次に御尋ねを致したいのは、**戦争拋棄の宣言**に付てでありますが、我が国が苦い経験に鑑み、平和主義に徹しまして、我が国の安全と生存とを挙げて平和を愛する世界諸国民の公正と信義に委ねまして、政策としての戦争は之を拋棄し、一切の軍備を撤廃すると云ふことを国是としましたことは結構なことであります。縦しや外国評論界の一部に、それは子供らしい信念だと嗤ふ者がありましても、過つて改むるに憚ることなかれでありまして、我が国が先鞭を付けることに依りまして、世界の国々の憲法に此の種の規定を採用せしむるだけの意気込を以て臨むべきであると信じます。（拍手） 現に不成立に終りましたが、**フランスの過般の憲法草案**には、征服的戦争は決してしないと云ふことを宣言して居るのであります。段々之に倣ふものが多くならうと信じます。我が党は、単に消極的戦争拋棄を宣言するだけでなく、進んで平和を愛好し、国際信義を尊重することを以て我が国是とすると云ふことを、憲法の中に明らかにしたいと考へて居るものでありまするが、其のことは姑く措きまして、戦争の拋棄は国際法上に認められて居りまする所の、**自衛権**の存在までも抹殺するものでないことは勿論であります。其のことは心配をして御質問になつた方が二、三あるやうでありますが、御心配は御無用であります。併し**軍備**なくして**自衛権の行使**は問題となる余地はないのでありまするから、将来幸ひに**国際聯合**等に

戦争抛棄は自衛権の存在を抹殺するものではない。併し、軍備なくしては自衛権の行使は問題となる余地はない

国際聯合による安全保障を求める用意があるか

永世局外中立は今日の国際社会ではアナクロニズム

加入を認められまする場合に、国際聯合に**安全保障**を求め得られるであらうと云ふことを期待致すのでありまするが、我々の心配致しますのは、我が国が第三国間の**戦場**となるやうなことであります。是は憲法の問題ではありませぬが、斯う云ふ宣言を致しまする以上、政府は将来外交的手段其の他に愬へて、一日も早く国際聯合に加入を許され、**安全保障条約**等に依つて我が国が惨禍を被ることを避けられるやうに善処せられる用意があられるかと云ふことを念の為に御尋ね致すのであります。（拍手）是は国民全体が深く心配を致して居る所でありまするから、此の際政府の御所見を明かにせられたいと存ずるのであります。昨日北君は局外中立を交渉する用意があるかと質問されたのでありまするが、局外中立、殊に**永世局外中立**と云ふものは前世紀の存在でありまして、今日の国際社会に之を持出すのはアナクロニズムであります。今日は世界各国団結の力に依つて安全保障の途を得る外ないことは世界の常識であります。（拍手）加盟国は**軍事基地提供の義務**がありまする代りに、一たび不当に其の安全が脅かされます場合には、他の六十数箇国の全部の加盟国が一致して之を防ぐ義務があるのである。換言すれば、其の安全を保障せよと求むる権利があるのでありますから、我々は、消極的孤立、中立政策等を考ふべきでなくして、飽くまでも積極的平和機構への参加政策を執るべきであると信ずるのであります。（拍手）此の点に付て政府の御所見は如何でありますか。

次に参議院の構成に付て政府の構想を御尋ね致したいのであります。……最後に社会党として最も追加増補を要求致しまする草案第三章の規定、即ち国民の権利義務の規定に付て、政府の所見を承りたいのであります。……

以上三、四の重要なる点に付てだけ御質問申上げまして、私の質問を終ることと致します。（拍手）

〔国務大臣　金森徳次郎君登壇〕

国務大臣　金森徳次郎君

鈴木君の御尋ねになりました点に付きまして、比較的根本と認めらるゝ方から順次御答へを致したいと思ひます。随て省いたからと云ふのではなくて、若し先に述べませぬければ、後で御説明をする順序になります。……

第二章の戦争抛棄の関係に於きまして、此の**自衛権**は勿論存すると云ふ御前提から、更に外交的なる手段を以て世界に呼び掛けると云ふ気持は持つて居るか、努力する其の腹案に付て御尋ねになりましたが、是は総理大臣が他の機会に於て御説明になりました通り、左様な考へを心の中には描いて居るけれども、現実の問題としては之を明かにするには時期が適当でない、斯う云ふ意味に御考へを願ひたいと思ひます。……

外交手段により世界に呼び掛けたい気持は持つて居るが、未だ時期が適当でない

鈴木義男君（日本社会党）

只今の御答弁は甚だ不満足の点が多々ありますけれども、是れ以上申上げることは時間を要しますから、委員会其の他に譲りまして、一応私の質問を打切ります。

山口喜久一郎君（日本自由党）

本案に対する残余の質疑は延期し、明二十七日定刻より本会議を開き之を継続することとし、本日は

是にて散会せられんことを望みます。

議長　樋貝詮三君（日本自由党）

山口君の動議に御異議ありませぬか。

〔「異議なし」と呼ぶ者あり〕

議長　樋貝詮三君（日本自由党）

御異議なしと認めます。仍て動議の如く決しました。議事日程は公報を以て御通知致します。本日は是にて散会致します。

衆議院本会議

昭和二一年六月二七日（木）

後一・三五開議　後五・〇三散会

議長　樋貝詮三君（日本自由党）

是より会議を開きます。……

議長　樋貝詮三君（日本自由党）

……日程第一、帝国憲法改正案の第一読会を開き、質疑を継続致します。――吉田安君

〔吉田安君登壇〕

吉田安君（日本進歩党）

憲法改正案を提出した政府に対し深甚の敬意と感謝

政府が第九十回帝国議会開会の劈頭に当りまして、憲法改正案を御提出に相成りましたことは、万難を排しての結果であると存じまして、我が党は深甚の敬意と感謝の意を表するものであります。上程以来既に数日に亙りまして、各方面から種々質疑を致されて居るのであります。憲法全部を通じて必要なる所は、大体毎日論議に上つて居ります。私が本日政府に御尋ね致したい事柄の点に付きましても、又重複の嫌ひある所もあるのでありまするが、さうした所は国家百年の基盤をなす憲法改正の時でありま

するから、繰返し〳〵納得の行くまで質疑すべきものであると存ずるのであります。唯私は其の順序と致しまして、一応項目を先に申上げて、其の項目の大要に付て御尋ねを致すことに致します。

第一は、現在の日本は果して独立国であるかどうかと云ふことです。……第二は、新憲法草案は我が国体観念と一致するかどうかと云ふことです。……

戦争抛棄に関する政府の根本理念

第三には、戦争抛棄に関することを御尋ね致すのです。之を憲法に規定致しましたる政府の根本理念を御伺ひ致したい。是も亦各議員諸公から詳しく質してありまするが、苟くも此の戦争抛棄と云ふことを憲法の条章に謳つたと云ふ以上は、将来之を空文たらしむることは断じて許されないのであります。随て此の点に付ても御尋ねを致したい。

第四は国民に対する人権保障の規定であります。……第五には司法権のことです。……第六は国会と最高裁判所との関係です。……

以上大項目を掲げたのでありまするが、之に依つて私は大体大まかな所を申上げて、政府の御所信を承りたいと思ふのであります。(「休み〳〵やらぬでどん〳〵やれ」と呼び其の他発言する者あり)……

天皇制問題に次いで国民に大衝動

憲法草案の此の戦争抛棄と云ふことは、是は天皇制の問題に次いで国民に大衝動を与へた事柄であります。之を考へまする時に、我々はどれ程心を痛めるか分らぬ。併しながら心を痛めると云ふことは、それは憲法の条章に之を規定したからである。敗戦国家が外国に向つて、もう私は戦は致しませぬと言ふのは、是は当り前でせう。それを憲法に掲ぐると云ふことが、是が世界的にも衝動を与へて居ると私は考へる。随て是が空文になるやうな結果になることは、断じて戒しめねばならぬのでありまするか

単なる贖罪的規定ではない、更に遠大なる目的がなければならない

国内に於て此の規定を如何に活かして行くか

ら、此の点に付ても御尋ねを致します。或る人は、戦争抛棄は、侵略国家たる日本が平和国に戦を仕掛けて負けたから、其の**贖罪的な規定**であると、斯う言ふ人もある。勿論贖罪的な規定とも考へられまするが、之を唯贖罪的だとのみ考へるならば、余りにも過大《ママ》過ぎると私は思ふ。何処にか国家としてはまだ遠大なる目的がなければならぬ。其の遠大なる目的に対しましては、総理大臣から何回も御答弁になつて居りまするが、又一面国家の最低限度の自衛権はどうだ斯うだと言ふ人もあるのでありまするが、或は又永世局外中立国云々、国際聯合国云々と云ふ高遠なる目的は勿論必要でありまするが、其の高遠なる目的に進むに付きましては、何としても先づ国内に於て此の戦争抛棄を如何に活かして行くかどうかと云ふ、それに対する御考へを私ははつきり承つて置きたいです。御承知の通りに**第一次世界戦争**で**ドイツ**が負けた。ドイツが負けると、聯合国は寄つて集つて再起不能たらしめる程の、政治的にも経済的にも手枷足枷をしたでせう。又ドイツの国民は戦争は真つ平だ、民主主義、デモクラシーでなくちやならぬと云つて、それ一色に塗り潰されましたが、数十年を出でずして遂に軍国主義となり、**ヒトラー**に率いられて今日其の国は滅んで居るが、日本亦それに禍ひされて今日の敗戦国家に落ちぶれてしまつて居るのでありますから、憲法の規定に之を明かにした以上は、国内的に之を何処まで維持し、何処まで徹底せしむるかと云ふことは、最も心掛けなければならない重大なる点であると考へます。此の点に対する御答弁を伺ひたいのであります。……

〔国務大臣　金森徳次郎君登壇〕

国務大臣　金森德次郎君　……第三の御質問と致しまして、戦争抛棄に関する日本の此の憲法に於ける主張は空文になつてはならぬ、又之を単に独裁《贖罪?》的規定とのみ考へてはたらぬ、遠大なる此の目的を達成する為に、国内に於て凡ゆる手段を講じて之に努力したければならぬと思ふが、政府はどう考へて居るかと云ふ御趣旨であつたと思ひます。御主張の如く、日本は此の際大乗的見地に於きまして、平和の一路を突進して、世界文化諸国の先頭をなす趣旨を以て此の案を設けたのであります、其の規定の第一項に当るべきものは、世の中に必ずしも類例がない訳ではありませぬが、第二項を設けまして、名実共に平和の一路に進む態度を示しましたことは、劃期的な日本の努力であると思ふのであります。大体人類の世界に於ける理想を実現致しまする為に、単純なる伝統的の思想をのみ追究致しますれば、疑心暗鬼に依つて殆ど文化的前進をすることは出来ないのでありまして、日本は此の今回の改正草案の中に於きまして、衆に先んじて一大勇気を奮つて模範を示す趣旨であるのであります。随て固より之に基きましての凡ゆる施策に於きまして、一路此の目的を達成することが必要でありまして、平和的文化的な各般の処置は是よりして国家全局の力を綜合して努力すべきものと考へて居ります。……

山口喜久一郎君（日本自由党）　本案に対する残余の質疑は延期し、明二十八日定刻より特に本会議を開き之を継続することとし、本日は是にて散会せられんことを望みます。

大乗的見地に於て平和の一路を突進して世界文化諸国の先頭をなす

第一項については類例もあるが、第二項は劃期的な日本の努力

衆に先んじて、一大勇気を奮つて、模範を示す

議長　樋貝詮三君（日本自由党）

山口君の動議に御異議ありませぬか。

〔「異議なし」と呼ぶ者あり〕

議長　樋貝詮三君（日本自由党）

御異議なしと認めます。仍て動議の如く決しました。議事日程は公報を以て通知致します。本日は是にて散会致します。

衆議院本会議

昭和二一年六月二八日（金）

後二・〇〇開議　後五・一六散会

議長　樋貝詮三君（日本自由党）

是より会議を開きます。日程第一、帝国憲法改正案の第一読会を開き質疑を継続致します。……

副議長　木村小左衛門君（日本進歩党）

野坂參三君

〔野坂參三君登壇〕

野坂參三君（日本共産党）

日本共産党代表質問

憲法改正は日本歴史に於て劃期的事件、世界注視の的

私は日本共産党を代表して、主として六つの点に付て総理大臣及び金森国務大臣に御質問したいし、又其の他三、四の大臣方にも御質問したいと思ひます。今我々の前には憲法改正草案が出て居ります。是は新しい日本の骨組を作るものである。今日本の人民は新しい民主的な日本の建設を要求し、叫んで居る。此の骨組を作る、是が即ち憲法の意義であり、又是が為に我々は今此処に討議を展開して居る。日本の歴史に於て是は劃期的な事件だと我々は考へます。併し是だけではない。世界全体が今此の議会

一部代議士諸君の熱意が足らない

憲法問題を中心にして二つの陣営

を注視して居る。世界の民主的国家の人々が、今此の議会で討論される憲法草案がどう云ふ運命になるか、之を見守つて居る。謂はば今日本の国民は、特に我々代議士は、新しい学校の入学試験に会つて居るやうなものである。是が一つの試験問題、之に対して我々はどう云ふ解答を与へるか、果して世界の民主的人民が満足するやうな解答を与へるかどうか。若し我々が民主的な——徹底した民主的な憲法を作らなければ我々は落第だ。併し我々が真に世界の民主的人民のみならず、日本人民の本当に要求するやうな、斯う云ふ憲法を作り上げるならば、其の時初めて我々はパスする。又世界の民主的な諸国の仲間入りも許される。此の意味に於て今度の憲法は国内的にも国際的にも重要な問題である。唯遺憾なことには、率直に申しますれば、此の憲法に対する当議院に於ける一部の代議士諸君の熱意が足らないことが非常にはつきり現はれて居る。此の議席を見ても分つて居る。此の重大な討議に於て是だけ欠席がある。是は我々自身が十分反省しなければならぬ。斯う云ふ態度で此のやうな重要な憲法が一体討議出来るか、正しい結論が見出されるか、是は我々全体が反省すべきであると思ふ。だが当議場に於て此の三日間、今日を寄せて三日半、此の討議に於て我々にはつきりしたことは、**二つの陣営**が此処に分れて来て居ること、此の憲法問題を中心にして、一つの陣営は、此の憲法を土台にして出来るだけ先へ先へ行かうとする、もつと徹底した進歩的な憲法を作らうとする、真に民主的な憲法を作らうとする、此の先へ先へ進まうとする斯う云ふ陣営、是は我々**共産党**が先頭に立つて居ると私は自負するし、又同時に或る程度に於て**社会党**も同じ陣営の仲間であると我々は信じて居る、是が第一の陣営。第二の陣営

は、此の憲法を出来るだけ後へ後へ引摺らさう、後退させようと云ふ傾向が看取される。我々は若し此の私の見方が間違つて居れば《ママ》……

〔「違つて居る」「取消せ」と呼ぶ者あり〕

副議長　木村小左衛門君（日本進歩党）

静粛に願ひます

野坂參三君（続）（日本共産党）

一つは是は見方の相違です。我々は出来るだけ此の憲法を前へ前へと進めたい。今第二の方向に居るのが総理大臣の此の前に言はれた言に現はれて居る。**総理大臣**は斯う申されました。現在の此の憲法は民主的であつて、反軍国主義的である、斯う云ふ風に言はれた。一体果してさうかどうか。

現行憲法は民主的反軍国主義的であるか

〔副議長退席、議長着席〕

金森国務大臣も同じやうなことを申されたと記憶します。之に付て又**五箇条の御誓文**が茲に引用されて、是が即ち日本の民主主義的な基本になつて居る、斯う云ふことも申されたと思ひます。だが果して此の五箇条の御誓文がさうであつたかどうか、是は我々はもう少し冷静に科学的に考へて見る必要はないか。……　それから更に**現行憲法**、之を見る。御存じのやうに是はプロシヤのあの保守的な反動的な憲法を真似たものである、是はもう事実である。それから此の憲法が如何に非民主的であるかと云ふことは世界の定論になつて居る。だから今度之を改正しなければならなくなつたのだ。之に付て私は

現行憲法はプロシヤの保守的な反動的な憲法を真似たもの

私の口からは申しませぬ。（「何処から申す」と呼ぶ者あり）口から申さなくて《ママ》……

（「腹から申すか」と呼ぶ者あり）

議長　樋貝詮三君（日本自由党）

静粛に

野坂參三君（続）（日本共産党）

帝国憲法制定の二つの目的

或る外国人の言葉から、而も是は大体に於て**聯合国側の意見**を代表して居るやうに見られる、此の言葉に依つて現行憲法がどう云ふものであるかと云ふことを此処で御話したいと思ひます。是は去る十四日に市ケ谷の**A級戦争犯罪人裁判**に於てアメリカの方の検事**ノーラン代**将が言つた言葉です。是は此の儘此処で訳して申します。彼は斯う言つて居る。現行日本憲法は二つの目的を以て作られて居る。即ち第一は代議制に対する一般輿論を和げる為めであり、第二は集権的、専制的政治機構を保全し、堅固にする為めである。此の二つの目的の為に、権力は天皇周囲のアドバイザー、顧問の小集団の手に保持されて居る。……以上の此のノーラン氏の言葉、現行憲法に対する此の解釈は、是はあなた方の意見と矛盾するのではないか、相反するのではないか。御存じのやうに、此のやうな解釈は唯ノーラン代将の解釈だけではありませぬ。（「日本全国民の解釈だ」と呼び、其の他発言する者あり）さうです。（「分つて居る、だから憲法を改正するんだ」と呼び、其の他発言する者多し）

ノーラン代将の言葉

唯ノーラン代将だけの言葉ではない

議長　樋貝詮三君（日本自由党）

静粛に

吉田、金森両相はノーランの見解を承認するか

現行憲法によつて軍部に与へられた特殊な権力、所謂帷幄上奏権等々に軍国主義を生む根本がある

戦争抛棄の問題

戦争には二つの種類がある

野坂参三君（続）（日本共産党）

日本全国民の解釈だけではない、世界の人民が此のやうに解釈して居る。だから我々は今の憲法は悪いから新しい憲法を作らなければならない。此の点に付て総理大臣の明確な御回答を私は希望します。若しノーラン代将の見解が仮に正しいならば、之を承認されるならば、さうすれば先日吉田及び金森両氏の御回答は、是を覆へされるものかどうか、此の点に付て私は御聴きしたい。（拍手）それから総理大臣は、現行憲法は軍国主義的でない、斯う云ふ風に言はれた。併しノーラン代将も此の次に言つて居る。此の憲法に依つて軍部が特殊の権力を持ち、所謂帷幄上奏権等々――さうして彼等が自由勝手な専制をやることが出来る、斯う云ふ風な組織になつて居る、茲に戦争の起る原因がある。即ち憲法自体に戦争を起すやうな、軍国主義を生むやうな、斯う云ふ根本がある。……

第二の点は憲法改正の手続についてである。……第三の問題、是は此処で何度も繰返されましたが、私はどうしても御聴きしなければならない。是は主権が一体何処にあるかと云ふことである。……第四の問題、是は国会の問題に付て、……第五番目には国民の権利と義務の問題に付て、……

偖て最後の第六番目の問題、是は戦争抛棄の問題です。此処には戦争一般の抛棄と云ふことが書かれてありますが、戦争には我々の考へでは二つの種類の戦争がある。二つの性質の戦争がある。一つは正しくない不正の戦争である。是は日本の帝国主義者が満洲事変以後起したあの戦争、他国征服、侵略の戦争である。是は正しくない。同時に侵略された国が自国を護る為めの戦争は、我々は正しい戦争と言つ

防衛的な戦争は正しい戦争と云つて差支えない、戦争一般の拋棄と云ふ形でなく侵略戦争の拋棄とするのが的確ではないか

首相は、日本の過去の戦争は侵略戦争でないと考へるか

政府は戦争犯罪人を何処まで徹底的に究明する積りであるか

て差支へないと思ふ。此の意味に於て過去の戦争に於て中国或は英米其の他の聯合国、是は防衛的な戦争である。是は正しい戦争と言つて差支へないと思ふ。一体此の憲法草案に戦争一般拋棄と云ふ形でなしに、我々は之を侵略戦争の拋棄、斯うするのがもつと的確ではないか、此の問題に付て我々共産党は斯う云ふ風に主張して居る。日本国は総ての平和愛好諸国と緊密に協力し、民主主義的国際平和機構に参加し、如何なる侵略戦争をも支持せず、又之に参加しない、私は斯う云ふ風な条項がもつと的確ではないかと思ふ。此の問題に付て総理大臣に此処でもう一度はつきり回答願ひたい点がある。それは徳田球一君が此処で総理大臣に質問した場合に、徳田球一君は此の戦争は侵略戦争である、之に付て総理大臣はどう云ふ風に考へられるかと云つた場合に、総理大臣は唯徳田君の意見には反対であると云ふ風に言はれた。さうすると此の御回答は、徳田君が侵略戦争と性質付けたあの性質付けに反対されるのかどうか、逆に言ひ換へれば、首相は過去のあの戦争が侵略戦争ではないと考へられるかどうか、之を此処ではつきりと言つて戴きたい。一体戦争の廃棄と云ふものは一片の宣言だけで、或は憲法の条文の中に一項目入れるだけに依つて実現されるものではない。軍事的、政治的、経済的、思想的根因、此の根本原因を廃滅すること、是が根本だと思ふ。即ち我々は戦争犯罪人を徹底的に究明すること、之に付て先程も申しましたやうに、政府は非常に緩慢なやうに見える、或は怠慢のやうにも見える。私は総理大臣、内務大臣或は必要ならば司法大臣に御聴きしたいが、政府は此の戦争犯罪人、此の中には積極的な者もあり、又消極的な者も含まれるが、之を何処まで徹底的に究明される所存であるか、何時どの位之

反動諸団体の取締

官僚主義、官僚機構の徹底的廃滅

侵略戦争の原動力たる財閥の解体

封建的土地所有制度の改革

教育面に於ける戦争犯罪性の徹底

憲法草案は主権在民の形を取りながら主権在君

を処置される積りであるか、之を御聴きしたい。又第二には戦争を実際に廃める為には、現在まだ秘密或は半公然と存在する所の**反動諸団体**、之の指導者、之に対する取締を内務大臣は現在どのやうにやつて居られるか。第三には実際に戦争を廃滅する為には政治上に独裁機構を作つてはならない、之を徹底的に廃滅する、**官僚主義**、**官僚機構**、之を徹底的に廃滅しなければならぬ。此の点に於てどの程度まで政府はやつて居られるか、やらうとされて居るか、又侵略戦争の原動力である所の**財閥**、之の解体の状態がどの程度まで進行して居るのか。又第五には、日本の封建主義の土壌であり、基礎である所の**封建的な土地所有制度**、是の改革に付て農林大臣はどのやうに今やられて居るか、既に**農地調整法**が出来てから半年以上過ぎて居るが、一体どのやうに進行して居るのか、又政府は土地改革を約束されたが、何時如何にして此の約束を実行されようとするか、之を此処で明言して戴きたいと思ふ。第六番目に、是は特に文部大臣に御聴きしたいが、**戦争の犯罪性**、侵略戦争の犯罪性、過去の日本の戦争が帝国主義的であり、侵略的であると云ふことを、一体教育面に於てどの程度まで徹底的に実行されて居るか、之を具体的に説明して戴きたいと思ふ。是が第六であります。……

偖て此の憲法草案の結論として、私達の見解は、此の憲法草案は**主権在民**と云ふ形を取りながら、実はさうではなくて**主権在君**である、斯う云ふ風に解釈せざるを得ない。是は吉田首相とか或は其の他の大臣方が此処で申された演説の中からも明かである。又此の草案自体からも明かである。……人民は此のやうな民主主義の仮装の下で非民主主義的な実体を隠さうとするやうな政府の意図に反対する。我

共産党はあらゆる機会を利用し、民主主義を仮装した非民主主義的憲法・の実体を暴露し、これが修正に努力する

我共産党は凡ゆる機会を利用して此の草案の非民主的性質を暴露して、又之を修正することに努力する。私達は此の草案に付て小委員会に於て飽くまで我々の正しいと信ずること、是が真に日本の民主主義を確立すべき憲法であると云ふものにする為に、我々は全力を尽す積りです。是で私の質問はお終ひです。

〔「共産党の性格をはっきりしろ」と呼ぶ者あり〕

議長　**樋貝詮三君**（日本自由党）

静粛に願ひます。

野坂參三君（続）（日本共産党）

議長、一言言つて宜いですか。

議長　**樋貝詮三君**（日本自由党）

……………《ママ》

野坂參三君（続）（日本共産党）

今社会主義が何かと言はれた質問があります。之を簡単に……《ママ》

〔「そんなことはやめろ」と呼び其の他発言する者多し〕

議長　**樋貝詮三君**（日本自由党）

私語に対する答弁は之を許しませぬ。――吉田内閣総理大臣

案九条・憲九条　衆議院議事速記録　第八号

〔国務大臣　吉田茂君登壇〕

内閣総理大臣　吉田茂君

御質問に御答へ致します。……

国家正当防衛権による戦争を認めることが有害

交戦権抛棄の期する所は国際平和団体の樹立

正当防衛権は戦争を誘発する。御意見の如きは有害無益

戦争抛棄に関する憲法草案の条項に於きまして、**国家正当防衛権**に依る戦争は正当なりとせらるゝやうであるが、私は斯くの如きことを認むることが有害であると思ふのであります。（拍手）　近年の戦争は多くは国家防衛権の名に於て行はれたることは顕著なる事実であります。故に正当防衛権を認むることが偶ゝ戦争を誘発する所以であると思ふのであります。又交戦権抛棄に関する草案の条項の期する所は、**国際平和団体**の樹立にあるのであります。国際平和団体の樹立に依つて、凡ゆる侵略を目的とする戦争を防止しようとするのであります。併しながら正当防衛に依る戦争が若しありとするならば、其の前提に於て侵略を目的とする戦争を目的とした国があることを前提としなければならぬのであります。故に正当防衛、国家の防衛権に依る戦争を認むると云ふことは、偶ゝ戦争を誘発する有害な考へであるのみならず、若し平和団体が、国際団体が樹立された場合に於きましては、正当防衛権を認むると云ふことそれ自身が有害であると思ふのであります。御意見の如きは有害無益の議論と私は考へます。

（拍手）

〔国務大臣　金森徳次郎君登壇〕

国務大臣　金森徳次郎君

特殊な場合に特殊な人が用ひた言葉を批判的に論議することは避けたい

現行の憲法は民主主義憲法なりや否やと云ふことに付きまして、目下行はれて居りまする裁判の関係に於ての外国の人の言葉を引用して、之を是認するか否かと云ふ御尋ねでございましたが、此の場合、特殊な場合に特殊な人が用ひられたる言葉を批判的に論議致しますることは避けたいと存じます。（拍手）……

〔国務大臣　大村清一君登壇〕

従来の官僚制度、官僚組織には民主的改善の余地が多々あるが、撤廃する訳には参らない

内務大臣　大村清一君　……**官僚制度**、**官僚組織**の徹底的打破と申しますか、其のやうな意味の御質問がございましたが、従来の如き官僚制度、官僚組織に対しましては、民主主義的なる改善を加へる点が多々あることと存じまするが、併し官僚制度を撤廃すると云ふ訳には参らないと考へます。議会政治の発達の為には、之と伴ひまして健全なる官僚制度、新しい官僚制度を打立てることが絶対必要だと思ふのであります。

吏僚制度

若し官僚制度と云ふ名前が適当でないと致しましたならば、新しい意味を之に持たせる為に、**吏僚制度**と申しても宜かろうかと思ひまするが、此の健全なる吏僚制度は今後大いに打立てまして、さうして議会政治の健全なる発達に寄与しなければならぬと思ふのであります。

公務員法

之に付きましては、恐らく近い機会に**公務員法**と申しますか、或は官吏法とも云ふべきものが制定せられまして、其の基準の下に、間違ひのない、従来の如き誤らざる健全なる制度を打立てたいものと考へて居る次第であります。（拍手）

〔国務大臣　田中耕太郎君登壇〕

文部大臣（田中耕太郎君）　御答へ致します。過去の日本の戦争の罪悪性、侵略性を人民の間に徹底させることを決意して居るかどうか、又どう云ふ風にやつて居るかと云ふ御質問でありました。文部省と致しましては、或は**教育人事**の方面に付きまして、或は**教育内容**の方面に付きまして努力を致して居ります次第であります。教育人事の方面に付きましては、御承知のやうに、**教職員適格審査**の規定の中に於きまして、軍国主義、侵略主義の要素を徹底的に排斥する意味で以て、今除々に実現の緒に就いた次第であります。又此のことは教職員の頭の切替へをする必要があるのでありまして、此の**教員の再教育**と云ふ点に付きましても、或は師範教育制度其の他を根本的に反省致しまして、或は又其の時々の実情に応じた教員再教育を実行致したいと思つて居る次第であります。

教育内容の方面に付きましては、我々は或は教師用指導書であるとか、或は追つて段々出来上つて参りまする教科書の中に、或は講演其の他の方法で以て、日本の過去の国策及び教育の誤謬並に既往数年間の国家的罪悪を根本的に反省することに決して躊躇するものではないのであります。我々は今軍国主義、侵略主義から、民主主義、平和主義の方向への宗教的コンヴァーションの時機に、関頭に立つて居ると云ふことを反省致しまして、民主主義、平和主義、人類愛こそ、世の初めから世の終りまで変らない真理であることを、凡ゆる方法を以て徹底させたいと努力致して居ります。（拍手）併し此の精神を

文部省は教育人事と教育内容の両面に於て戦争の罪悪性、侵略性の徹底を決意

教職員適格審査と教員再教育

民主主義、平和主義、人類愛こそ不変の真理

国民全体に滲透させますことは、是は実に容易ならぬことでありまして、忍耐強くやらなければなりませぬ。相当の時日を要することでありますが、政府は之に付きまして固い決意をなして居るものでありまして、其の点に付きましては野坂君に於かれましては御安心あつて然るべきだと思ひます。（拍手）是で以て私の答弁を終ります。

議長　樋貝詮三君（日本自由党）

野坂君に申上げますが、和田農林大臣は目下登院して居りませぬので、御返事は回答出来ないことになつて居ります。宜しうございますか。

野坂参三君（日本共産党）

此の問題は非常に重要な問題ですから、他の機会に回答願ひます。

議長　樋貝詮三君（日本自由党）

それで宜しうございますか。

総理大臣の答弁は
非常に不満足

野坂参三君（日本共産党）

後からで宜しうございます。今の各大臣の答弁、特に総理大臣の答弁は非常に不満足なものでありましたし、私達の一番知りたい問題を御答へにならなかつたが、併し是れ以上質問しても又同じことだと思ひますから、是で私の質問は打切ります。

議長　樋貝詮三君（日本自由党）

……是にて質疑は終了致しました。本案の審査を付託すべき委員の選挙に付て御諮り致します。

山口喜久一郎君（日本自由党）

本案は議長指名、七十二名の委員に付託せられんことを望みます。

議長　樋貝詮三君（日本自由党）

山口君の動議に御異議ありませぬか。

〔「異議なし」と呼ぶ者あり〕

議長　樋貝詮三君（日本自由党）

御異議なしと認めます。仍て動議の如く決しました。是にて議事日程は終了致しました。明二十九日は定刻より本会議を開きます。議事日程は公報を以て通知致します。本日は是にて散会致します。

衆議院帝国憲法改正案委員会委員の選挙

議長、委員七十二名を指名

昭和二十一年六月二十八日議長の指名で選定された委員（七十二名）

芦田　均君（日本自由党）	木島　義夫君（日本自由党）	高橋　英吉君（日本自由党）
江藤　夏雄君（同）	木村　公平君（同）	武田　キヨ君（同）
小野　孝君（同）	木村　義夫君（同）	武田信之助君（同）
大久保留次郎君（同）	北　昤吉君（同）	塚田十一郎君（同）
加藤　宗平君（同）	北浦圭太郎君（同）	廿日出　彪君（同）
上林山榮吉君（同）	小島　徹三君（同）	本田　英作君（同）
神田　博君（同）	高橋　泰雄君（同）	三浦寅之助君（同）

山本　正一君（日本自由党）
青木　泰助君（日本進歩党）
犬養　健君（同）
荊木　一久君（同）
椎熊　三郎君（同）
鈴木周次郎君（同）
關谷　勝利君（同）
長井　源君（同）
林　連君（同）
原　健三郎君（日本自由党）
原　夫次郎君（同）
保利　茂君（日本進歩党）
星　一君（同）
森山　ヨネ君（同）
山崎　岩男君（同）
吉田　安君（同）
井伊　誠一君（日本社会党）
石川金次郎君（日本社会党）
及川　規君（同）
加藤シヅエ君（同）
菊地養之輔君（同）
黒田　壽男君（同）
杉本　勝次君（同）
鈴木　義男君（同）
田原　春次君（同）
棚橋　小虎君（同）
西尾　末廣君（同）
原　彪之助君（同）
松澤　兼人君（同）
森　三樹二君（同）
森戸　辰男君（同）
井上　德命君（協同民主党）
宇田　國榮君（同）
大橋　喜美君（同）
越原　とる君（協同民主党）
酒井　俊雄君（同）
橋本　二郎君（同）
林　平馬君（同）
大石ヨシエ君（無所屬倶楽部）
大谷　瑩潤君（同）
田中　久雄君（同）
竹谷源太郎君（同）
穗積　七郎君（同）
井上　赳君（新光倶楽部）
池上　隆祐君（同）
大島　多藏君（同）
早川　崇君（同）
藤田　榮君（同）
赤澤　正道君（日本民主党準備会）
秋田　大助君（同）
野坂　參三君（日本共産党）

衆議院帝国憲法改正案委員会

昭和二一年六月二九日（土）

前一一・〇九開議　前一一・一六散会

星一君投票管理者となる

〔年長者星一君投票管理者となる〕

委員長互選

投票管理者　星一君（日本進歩党）　先例に依りまして、私が年長の故を以て投票管理者となり、是より委員長の互選を行ひます。

犬養健委員（日本進歩党）　投票を用ひず、芦田均君を委員長に御推薦致したいと存じます。

投票管理者　星一君（日本進歩党）　犬養君の意見に御異議ありませぬか。

〔「異議なし」と呼ぶ者あり〕

芦田均君委員長当選

御異議なしと認めます。仍て芦田均君が委員長に御当選になりました。では委員長どうぞ。……《ママ》

〔拍手〕

〔芦田均君委員長席に著く〕

委員長挨拶

我が国の歴史に於て劃期的な文献

人類の国際生活に於ける新たなる金字塔を築くもの

委員長　芦田均君（日本自由党）

一言御挨拶を申上げます。本委員会は、我が国の歴史に於ける劃期的の大事業を付託せられたのであります。今回政府より提出されました**帝国憲法改正案**は、我が国が新たに民主主義文化的国家として出発する基盤を築き上げるものでありますから、我が国の歴史に於て劃期的な文献であるのみならず、更に其の法案の中には、軍備を撤廃し、戦争を抛棄する大理想を織込んであるのでありますから、之を世界史的の観点から眺めても、正に人類の国際生活に於ける新たなる金字塔を築くものであると信じます。此の大事業を我々委員の手で如何に成し遂げるかと云ふことが、将来の人類生活の上に大きな意義を与へるものであることは、御同様の深く確信する所であります。此の大責任を果す為に、我々委員一同は勇気と叡智とを以て、専心此の事業に挺身するの決意を新たにするものであります。不肖私は委員長たる光栄を与へられましたことに就て、其の責任の極めて重大なることを痛感致します。何卒委員諸君に於ては、熱心に御協力を与へられ、私の至らない所を、諸君の熱意と諸君の練達堪能なる識見に依つて補つて下さることを切望する次第であります。……

委員長　芦田均君（日本自由党）

……本日は是にて散会致します。

衆議院帝国憲法改正案委員会

昭和二一年七月一日（月）　後一・四四開議　後五・二〇散会

委員長　芦田均君（日本自由党）

会議を開きます。……

委員長　芦田均君（日本自由党）

政府の説明を求む

……去る六月二十八日本院に付託せられました帝国憲法改正案を議題に供します。先づ政府の説明を求めます。――内閣総理大臣

内閣総理大臣　吉田茂君

詳細は金森国務大臣より説明

憲法改正案の精神及び其の内容に付きましては、先日来本会議に於て一応説明を申した次第であります。尚ほ此の機会に其の内容其の他の詳細に亙りまして、金森国務大臣より説明を申述べる筈でございます。何卒宜しく御審議を願ひます。

国務大臣　金森徳次郎君

憲法の改正案に付きまして内容を申上げたいと思ひまするが、予め御許しを得て置きたいことが一つ

憲法改正案そのものを御判断願ふのであつて、改正案の由つて生ずる基本、学理的なる考へ方は、直接には議会の御審議に属するのではない

あるのであります。それは私共の考へまする所に依りますれば、憲法の改正案を議会に付議致しますることは、憲法改正案其のものを御判断を願ふのであつて、憲法改正案の由つて生ずる基本、学理的なる考へ方は、直接には議会の御審議に属するものではないと思つて居ります。随て本会議に於きましては、憲法の表に現はれて居りまする条項の趣旨を弁明するに止めたのであります。さうして其の背景に存在して居りまする幾多の基本的なものの考へ方に付きましては、是は憲法其のものの直接の内容でない為に、遠慮を致して居ります。併し斯くの如き種類の重大なる法案でありまして、尚ほ其の条文が個々の要点を示すのみであつて、其の根本に存在致しまする組立て方を直接に明かにして居りませぬ為に、何等かの御説明を申上げることが適当なやうに思つて居るのであります。併し其の内容は実は御審議の客体にならない、寧ろ学問上の判断でありますけれども、若し御許しを得まするならば、其の基礎に考へて居ります一つの説明方法、即ち私の考へまする所の学理的なる――学理的と申しましても深い所を言ふのではありませぬが、一渡り考へ方を――本当を云へば委員会でも申上ぐる範囲の外になるかも知れませぬけれども、御許しを得まするならば、それを申上げたいと思ひます。

草案は前文の外十一章

前文

先づ内容に付て申上げて行きまするが、此の草案は御覧になりまするとと直ぐに分りまするやうに、前文の外十一の章に分れて居るのでありまして、略〻必要なる規定を網羅して居ると考へて居ります。其の中先づ前文に於きましては、今回の憲法改正の目的、又改正憲法の拠つて立つ根本精神を最も力強く且つ詳細に述べてあると考へて居ります。即ち其の前文の最初に於きまして、日本国民は外に向つて

は、諸国民との間に平和的なる協力を成立させ、内に於ては我が国の全土に亙つて自由の福祉を確保し、又政府の行為に依つて再び戦争の惨禍が発生しないやうにすることを決意しまして、茲に国民の総意が至高なるものであることを明かに宣言を致しました。又此の趣旨に依つて現在存在して居ります所の憲法を改正すると云ふ風に述べられてあるのであります。……

戦争抛棄

次に**第二章**に於て、**戦争抛棄**に関しまする規定が設けられて居りまして、条文としては僅か一箇条、項目として二つに過ぎないのでありますが、是こそ我が国自ら捨身の態勢に立つて、全世界の平和愛好諸国の先頭に立たんとする趣旨を明かに致しまして、恒久平和を希求する我が大理想を力強く宣言したのであります。蓋し是は軽い意味を以て考ふべきものでなく、過去の何千年の歴史を通しての今日の我が国民が、はつきり世界に向つて根本の精神の存する所を以て、謂はゞ呼掛けると云ふ態度である訳でありますが、趣旨に付きましては先般総理大臣より説明がありました通りでございます。……

是こそ自ら捨身の態勢に立つて、全世界の平和愛好諸国の先頭に立ち、恒久平和を希求する大理想を力強く宣言したもの

大体本質的なことは是で終つたと思ひますから、私の説明を終りまして、尚ほ御質問に応じて御答へ申上げたいと思ひます。（説明全文に付ては附録一一参照）

委員長　芦田均君（日本自由党）

是より質疑に入ります。北昤吉君

北昤吉委員（日本自由党）

……茲に此の「**国民の至高の総意に基く**」と云ふ言葉があり、前文にも亦「**国民の総意が至高なもの**

「国民の至高の総意」と「国民の総意が至高」、「国の主権」、「国権」との関係

国民主権と国家主権との関係。主権と最高機関、主権と主権を発動する機関との関係

総意とは、国家の統一したる意思が由つて起つて来る自然意思、人間の意思。国の主権とは、国を単一体として見て、其の意思と云ふ意味

であることを宣言し」とありますが、是と第九条の「**国の主権の発動たる戦争**」とある、この「**国の主権**」と云ふ意味の関係です。即ち是は国民主権と国家主権のやうな区別があるやうです。大体似たものでありますが、その関係、それからもう一つ三十七条「**国会は、国権の最高機関であつて、**」此の国権と云ふ意味はどう云ふ意味であるか、国権と云ふ固定的な権力を何に認めるか、国民の総意と云ふこととどう云ふ関係があるか、**総意**と云ふと多少動揺するやうな感じを抱きますし、国権と云ふと固定的な感じがします。静的と動的の差別がどうしてもあります。此の三つの関係を明かにして戴きたい。さうすれば**国民主権と国家主権との関係**も明かになりますし、殊に第三十七条を一つ掘下げて行けば、主権と最高機関、主権と主権発動の形式たる機関との関係も多少明かになつて来ますから、此の点を御説明願ひたい。

国務大臣　金森徳次郎君

前文等にありまする**総意**と云ふのは、前から申しまするやうに、国家の統一したる意思が由つて起つて来る自然意思と申しますか、人間の意思、斯う云ふ意味であります。それから第二章に掲げてありまする**国の主権**と云ふのは、国を単一体として見まして、其の意思と云ふ意味でありまして、関係はありまするけれども実は違つたものであります。そこで九条で主権と云つたが故に外の所では、今の国家意思の源泉と云ふ場合には主権と云ふ言葉を使はない方が適切であらうと云ふので、其の言葉を使はないで、至高であるとか、至高の意思とか云ふ風に文字を変へた訳であります。それで大抵お分りのことと

想像致しますが、三十七条の国権と申しますのは、是は国家の意思の源泉たる意思を指すのではなくて、国家其のものが働いて行く場合を規定して居るのでありまして、而も権と云ふ字を使ひましたのは国家の意思が強く権威を以て働いて行くと云ふ方面に著眼をして言つたのであります。結局国家意思と云ふことと同じでありますけれども、唯働きに著眼した為に権と言つたのであります。

国権とは、結局、国家意思と云ふと同じであるけれども、唯其の働きに著眼した為に権と言ふ

委員長　芦田均君　高橋英吉君

高橋英吉委員（日本自由党）　先輩の驥尾に附して成るべく簡単に質問を致します。本質問に入るに先だちまして、私共憲法を議します者に於きまして、一つの心構へをしたいと思ひますのは、直接憲法草案には関係ありませぬけれども、一、二質問させて戴きます。……

日本は絶対無条件降伏をしたものであるか。ポツダム宣言の受諾は条件附降伏ではないか

日本は**絶対無条件降伏**をしたものであるか、条件附の降伏をしたものであるかどうか、即ちポツダム宣言を受諾したと云ふことは条件附の降伏ではないか、此の点に付て御答へを願ひたい。随て若しポツダム宣言が条件であると致しますならばポツダム宣言に違反して日本の武装兵が武装解除せられた後に、あのポツダム条件にあるやうに、家郷に帰して貰はずに、何処かに拉致、抑留されて居る実情が若しありとしますならば、それはポツダム宣言、即ち日本の降伏条件に違反して居るのではないかどうか、斯う云ふ点に付て御答へを願はしたいと思ふのであります。先づ是だけ先に願ひます。

今までの研究の道行きは無条件降伏と考へる

国務大臣　金森徳次郎君

……条件附降伏か否かと云ふ点に付きましては、私共の今までの研究の道行きは、条件附の降伏ではないと云ふ考へ、即ち無条件の降伏であると云ふ風にして扱つて考へて居ります。

ポ宣言の受諾が条件でないとすれば、どう云ふ関係であるか

高橋英吉委員（日本自由党）

それではポツダム宣言を受諾したと云ふことは条件にならないのですか。ポツダム宣言を受諾したと云ふ関係は、降伏関係に於て条件でなければどう云ふ関係になるのですか。

所管大臣から答弁を願ふ方が適切

国務大臣　金森徳次郎君

少しく私が自分の現実に仕事を所管して居ります範囲より外に出る虞がありまするので、其の御質問は尚ほ詳しくは所管の大臣から御答へを願つた方が適切かと思つて居ります。（註、一〇一頁参照）

国民の総意

高橋英吉委員（日本自由党）

それでは後日答弁して戴くことに致しまして、其の節此の点に付て又御伺ひしなければならないかと思ひます。主権の在り方に付ては、もう既に論じ尽されて居りますから、私から申上げるのもどうかと思ひまするけれども、……**国民の総意**と言ひましても、結局是は色々な手続に依つて一つの纒まつたものにならなければ本当の国民の総意と云ふものは現はれて来ない。国民の総意なるものこそ即ち何日何時何分の総意を是れ国民の総意と言ふか、国民の総意なるものこそ、法の上では総意と言ふことは出来ますけれども、是は一つの形を取らなければ是こそばら〳〵になつたものであり、是こそ擬制であると私は

国家が色々なる権利義務の主体になつていながら、ひとり統治権の主体となり得ない道理がない

思ふ。是こそ不自然なものであると私は思ふ。国家の権力の主体と云ふことは決して不自然ではないと私共は思つて居ります。国家が色々なる権利義務の主体になつて居りながら統治権が独り主体となり得ないと云ふ道理がないと思ふ。国家に固有の統治権があつて、そこに諸々の作用が起つて来ると云ふことこそ、私は自然であると思ふのであります。先程北さんから指摘されて居つた憲法の九条にしましても、三十七条にしましても、不用意の間でありまするか、用意周到に作られたのでありまするか、自然にそこに国権なり国家が主権者かの如き言葉が出て居る。是こそ自然ではないでせうか。……私共は

天皇主権説盛んな時代でも、国家主権説こそ真理

曾て天皇主権説が盛んでありました時も、やはり国家主権説を取つて居つた。今日尚ほ国家主権説こそ真理であると思つて居ります。国家は実在して居り、決して擬制ではない、斯様に考へて居る次第であります。此の点に対する御意見は如何でありませうか、御答弁を煩はしたいと思ひます。

国の主権、自国の主権と云ふ場合の主権とは、国家が持つて居る主権を意味する、主権の本体は国家

国務大臣　金森徳次郎君　御尋になりました第九条、それから前文の終ひから四行目位「自国の主権を維持し」と云ふ場合の主権は、国家が持つて居る主権、斯う云ふ意味に取つて居りまして、此の主権の本体は国家であると云ふ風に了解して居ります。……

高橋英吉委員（日本自由党）　さうしますと今の三十七条のみならず、主権と云ふのは国家が持つて居るものだと解釈して宜しいのでありますか。

国務大臣　金森徳次郎君
其の通りでございます。
委員長　芦田均君（日本自由党）
明日は午前十時より開会致します。本日は是にて散会致します。

衆議院帝国憲法改正案委員会

昭和二一年七月二日（木）

前一〇・二四開議　前一一・五二休憩
後　一・四七開議　後　四・四七散会

委員長　芦田均君（日本自由党）

是より会議を開きます。是より質疑に入ります。――黒田壽男君

黒田壽男委員（日本社会党）

……私は民主主義的な憲法、是は昨日金森国務大臣が此の思想に基いて本憲法草案が作られて居るのである、斯う云ふやうに申されましたが、さう云ふ民主主義的な憲法の草案の性質と致しまして、此の草案の条章の配列が果して適当であるかどうかと云ふ疑問を持つて居ります。……　それから此の草案に現はれて居ります第二章の「**戦争の抛棄**」斯う云ふ部分を更に積極的に日本が平和を愛好し、国際信義を重んずることを国是とする国民であると云ふやうな意味の事をも附加へまして、戦争抛棄の宣言と共に規定する、さう云ふものを先づ冒頭に置くと云ふやうな構成に致しました方が、民主的な憲法の条章の配列としまして、より適当であると云ふやうに私は考へるのであります。之に付て政府の所信を御尋ねしたいと思ひます。

民主的な憲法の草案として、条章の配列が果して適当であるか

戦争抛棄については、更に積極的に日本が平和を愛好し、国際の信義を重んずることを国是とする国民であると云ふやうな意味の事をも附加へるが適当

国法は学者の論文と同じやうなものではない

日本国民が国の象徴を国の基本法において考へることは充分意義がある

国務大臣　金森徳次郎君　今御尋ねになりました点に付きましては、若しも国法が学者の論文と同じやうなものであると云ふやうに考へまするならば、斯くの如き考へ方にも十分の理由があり得ると思ふのであります。併しながら憲法は自ら国家の法として色々な規定の仕方の上に特色を持たせて宜いものと思つて居ります。我々日本国民が此の国の基本法を考へまする時に、先づ国の象徴を第一線に置いて考へると云ふことには、十分な意義があると考へるのであります。之を以て第一条に置いた次第であります。尚ほ国家の構成とか、或は戦争抛棄の規定を第一条に置くかどうかと云ふこと、曩に述べました通りでありまするが、此の理論構成を主として満足せしむるやうに内容及び条文を配列致しますることは、此の憲法の起案に於きまして既述の通り必ずしも採らなかつたものであります。

積極的に平和を愛好し、国際信義を重んずると云ふやうな意味の条項を第九条に附加へて、本章の趣旨を徹底せしめたいと考へるが政府の所見如何

黒田壽男委員（日本社会党）　……第二章の戦争の抛棄と云ふ章に付てでありますが、私は単に第九条に盛られて居ります言葉だけでは積極性がないやうに思ひますので、更に我が国と致しまして、積極的に平和を愛し国際信義を重んずることを国是とすると云ふやうなことを此の第九条の前に加へることに致しまして、此の戦争抛棄の条章に関する積極的内容を国際的に明確にした方が宜しいと思ひます。本条の表現だけでは、何だか負けたものが武力を抛棄すると云ふ唯それだけの消極的な感じしか受けないのであります。私が今申しましたやうな積極性ある条文を加へる、即ち平和を愛好し国際信義を重んずると云ふやうな意味の積極的

な条項を更に附加へて、本章の趣旨を徹底せしめたいと云ふやうに考へるのでありますが、之に対して御所見を伺ひたいと思ひます。

前文中の種々なる言葉に其の趣旨が稍々強く表はれて居る

国務大臣　金森徳次郎君　只今の点は此の憲法の前文の中に於きましては稍々強く其の色彩が表はされてあるのでありまして、「常に平和を念願し、」と云ふやうなこと、「我らの安全と生存をあげて、平和を愛する世界の諸国民の公正と信義に委ねようと決意した。」其の外種々なる言葉が一に其の方向に向けられて居る訳であります。併し第二章の所は謂はば謙抑なる形を以て、言葉は非常に質朴な形を以て、之に伴ふ日本の方針が闡明せられて居るのでありまするが、其の中味に於ては烈々たる意義が之に盛込まれて居ると思ひます。日本の憲法はと申しますか、私共の起案に関係致しました此の憲法は、激しい言葉を用ひずして、而も含蓄に依つて十分激しい心持を表明することを意図して居りまして、第九条は其の趣旨に於て御読みを願ひたいと思ひます。

含蓄によつて十分激しい心持を表明することを意図

国内に於いても、戦争の発生防止策が執られなければならない

黒田壽男委員（日本社会党）　尚ほ此の章に関聯致しまして多少意見を述べ、政府の御所信を承りたいのであります。第九条に於きまして戦争の拋棄と云ふことを規定してありますが、私は更に国内に於ける政策と致しましても、戦争の発生を防止すると云ふ政策が執られなければならないと考へます。戦争が起る、何故に此の度のやうな戦争が起つたかと云ふことを科学的に研究して見る必要がある。漠然と戦争一般と云ふものを考へる

漠然と戦争一般でなく、特に最近に於ける戦争の性質を突止めて見る必要がある

今次戦争の原因は資本主義の矛盾にある

私的独占資本は必然的に戦争を惹起

私的な独占資本の禁止を憲法上に明示する意向ありや

のではなくて、**最近に於ける戦争の性質**はどう云ふものであるかと云ふことを突止めて見る必要があると思ふのでありますが、**太平洋戦争**は、私の考へでは**支那事変**の延長でありますし、更に其の支那事変は**満洲事変**の延長であると云ふやうに考へて居ります。其の当時から**日本の資本主義**が我が国の封建的な遺制と抱合ひまして、国内の勤労階級に対しましては経済的な搾取が行はれ、其の為に我が国内に於きまして必然的に国内市場の狭隘と資本主義的な生産の発展との矛盾が起る、此の矛盾を大陸侵略と云ふ形に依つて解決しようと致しましたのが、今次の戦争の原因である、私はさう云ふ風に考へて居ります。随て斯様な原因となるものを将来に於て除去する方策が執られなければ、憲法上戦争拋棄の規定を設けましても、内部から又戦争に対する衝動が起つて来る、斯う云ふ風に私は考へます。そこで対内的に斯う云ふ戦争を惹起することに必然的な関係を持つ**独占資本**に対する政策を持たねばならない。現在独占資本は解体を命ぜられ、其の過程にありますけれども、併し実際には中々進行して居ないやうであります。私的な独占資本を禁止すると云ふ方針をはつきりと憲法の上で明示して置く必要があらうと私は考へる、国の内部から戦争に対する衝動を除去する方法を執らなければ、憲法上に戦争拋棄の条文を設けただけでは、真の戦争拋棄、平和愛好の意思を徹底させることにならないのではないか、斯う云ふやうに私は考へます。政府は私的な独占資本を禁止すると云ふやうなことを、はつきりと憲法の上に於て明示せられる御意向ありや否や、此の点に付き御尋ね致したいと思ひます。

国務大臣　金森徳次郎君

此の憲法の起案の基本の構想として曾て機会を以て申上げたことがありますが、重要なる規定であつて而も国民の広き間に確実な基礎を持つて居る原理であり、而もそれが明かに記載し得るに適するものでありましたならば、此の憲法に記入することは適当と思ひますが、恐らく今御尋ねになりました論点を、必要なる限度に的確に書き表はして誤解の虞なからしむることは、相当困難なる問題であらうと考へて居ります。原案に於きましては其の規定を設けなかつたのでありまするし、今日と雖も其の規定を設けようとする考へは持つて居りませぬ。

御質問の論点を的確に書き表はして、誤解の虞なからしめることは相当困難

委員長　芦田均君（日本自由党）

……それでは午後は一時半より会議を開きます。是にて休憩致します。

委員長　芦田均君（日本自由党）

休憩前に引続き会議を開きます。是より質疑に入ります。……

北浦圭太郎委員（日本自由党）

最高裁判所が一切の法律、命令、規則又は処分が憲法に違反するか否かを決定する権限を持つて居ります。**条約**はどうなるか、誰が**憲法違反の条約**なりや否やを決定するか、此の点であります。何でも日米条約であつたと思ひまするが、うつかり日本の政府はイン・ザ・ネーム・オヴ・ザ・ピープル（人民の名に於て）と書いた時がありました。議会で大きな問題が起つた。それから**ロンドンの軍縮会議**、是は兵力量の問題、是も憲法違反だと言うてやかましい議論が起りましたが、其の当時は天皇が最高の解

最高裁判所の違憲法令審査権と条約との関係

誰が条約の憲法違反なりや否やを決定するか

案九十四条・憲九十八条第一項から条約を除外した理由

釈権を御持ちでございましたから無事に収まりましたが、今後は条約が憲法に違反するや否やの審判機関の設備がなければ困ると思ひます。九十四条にも「国の最高法規とし」と書いてございまするが、憲法違反の法律、命令、詔勅、国務行為の無効は書いてありまするが、条約だけはどう云ふ訳か外して居られます。是は何か訳があるのでございまするか、或は条約は憲法に違反しても構はないと仰しやるのでありまするか、もう間もなく講和条約と云ふものも起りませうし、其の他どし／＼条約も締結されなければならない。此の点如何でございますか。

条約は国際法に基いて成立するが故に、一国の独断で処置するは無理

国務大臣　金森德次郎君

条約は一国だけで無効とすると云ふことの出来ない性質のものでございまして、国際法に基いて成立して居りまするが故に、是の取扱ひを唯一国の独断で処置することは、恐らくやりましてもそれは無理であらうと考へて居ります。随て憲法の規定の中には**憲法違反の条約**を処置する規定を作らなかつた次第であります。

相手方の承諾がなければ、憲法違反の条約でも遵守するの義務があると云ふのか

北浦圭太郎委員（日本自由党）

然らば**条約**が憲法に違反して居りましても、相手方の承諾なければ、其の儘已むを得ないとして、憲法違反の事実を認めながらも、其の条約を守る義務が国家にあると云ふことに相成りまするか。

原理としては、国際法の発達により

国務大臣　金森德次郎君

条約は国際的に相互ひに権利を有し、義務を負ふものでありまして、条約を規定するには国際法上の

国際機関に依つて解決するが正当

根拠に基いて規定するのが正当であらうと思ひます。故に手続は、固より今日本では恐らく直ちに執る途はないと思ひまするけれども、原理としては国際法の発達に従つて、国際機関に依つて最後の解決を得ることが正当と思つて居ります。

今の日本としては、已むを得ないが、純理ではない

北浦圭太郎委員（日本自由党）

御説の通り、今の日本ではそれは執れませぬ。併し此の憲法は、五十年も百年も後を想定して規定致して居るのでありまするが、今の日本と致しましては外国に気兼ねも致さなければならぬでありませうし、さう云ふ御答弁より已むを得ないであらうと思ひますが、苟くも憲法に違反したる条約を締結致して置いて、さうして外国が承諾しなければ已むを得ない、国際法に依らなければ已むを得ないのだと云ふ答弁は、先づ／＼悲しい今日としては、まあ承つて置きまするが、純理でないことだけは明白であると思ひます。……

委員長　芦田均君（日本自由党）

明日は午前十時より開会致します。本日は是にて散会致します。

衆議院帝国憲法改正案委員会

昭和二一年七月三日（水）

前一〇・一八開議　後〇・〇八休憩
後一・三七開議　後四・〇一散会

戦争抛棄の条規を第二章に掲げることは、拙劣であり、不自然である

委員長　芦田均君（日本自由党）
休憩前に引続き会議を開きます。――穂積七郎君

穂積七郎委員（無所属倶楽部）
……御尋ね致したいと思ひますのは、今まで幾度か外の方に依つても触れられた点でありますが、戦争抛棄の条に付てであります。私は**戦争抛棄の宣言**をすることが今日の内外の状況或は今後の日本の積極的なる立国の精神を表明する意味に於て、何の恥らひもなく、何の卑屈さもなしに、之を表現する大らかな気持を信じやうではないかと云ふことを吉田総理に依つて表明されたことに付きましては、私も同感であります。併しながら憲法の文章の中に之を他のものと羅列致しまして表現すると云ふことは、不適当であります。それだけの立国の大精神であり大理想であるとするならば、是は凡ゆる政治、経済、文化、教育に亙りまする全体の性格を帯ぶべき文化国家建設の大理想でありまして、他のものと並列するワン・オブ・ゼムと致しまして茲に掲げると云ふことは甚だ拙劣であり不自然さがある。さう云

ふ表現を取るならば、寧ろ私が先程申しましたやうに、概念規定に依つて物が決められたり、それに依つて釘を打つて置くならば動かないと云ふやうな、一つの擬制に対して過信を抱くと云ふ過ちに陥ります。決めても、戦争などと云ふものは交戦権があらうがあるまいが、別個の所で起きて来るのでありま す。曾て我々は大学に於きまして、国際聯盟は世界の最後の平和構造であると教へられ、我々もそれを信じたいと思つたのでありますが、その世界の申合せがあつたに拘らず、尚且つ戦争は起きて来たと云ふやうなことでありまして、さう云ふやうな条約或は文書と云ふものは、全く一つの妄想に過ぎないと思ふのであります。況して其の大理想を他の主権の問題とか国民の権利義務の条章のワン・オブ・ゼムでなしに、法律制度、政治全般に亙りまする我々の大眼目であり政治思想であると云ふことを表現される為には、私は前文なり或は総則を構へまして、その中に明瞭に謳ふべきであると云ふことを、諄いやうでありますが、是は簡単なことではありませぬので、真剣に其の御反省なり御意見が承りたいと云ふ風に思ふ訳であります。さうしてそれをさう云ふ取扱にすることに依つて、其の他法律構成の中に於きましては、講和条約或は其の後各国との間に結ばれます諸々の条約の中に於て、其の文句を謳へば結構である。更に此の起草に対しまする吉田総理の、さう云ふ理屈は分るけれども、法律以外の今日の世界の政治情勢の裡に於て、此のことをやる必要があるのだと云ふ含みの御説明がおありになつたやうでありますが、其の意味に於て、幸に御出席でありまするので、今後の日本の生きた民族方針なり外交方針と云ふものを伺ひたい。それを規定する所に戦争を防衛するべき問題があるのではない。此の前或

交戦権があらうが、あるまいが、戦争は起る

戦争抛棄は前文或は総則を設けて、明瞭に謳ふべきものではないか

世界の民主主義二大国家、米・ソ間に於ける対立の現実

方に依つて**自衛権の問題**が論ぜられましたが、我々が今日の世界の政治情勢なり現実の中に立つて、万民が先程申しました階級の問題と共に民主主義政治改革の中心の問題である民族の問題に関しまして関心を傾けて居りますのは、世界の民主主義二大国家**米ソの間に於ける対立**の現実でございます。是が何等かの意味に於て納得され説明されなければ、我々に取つては此の戦争抛棄の条章などと云ふものは、まるで無意味なものであると云ふ風に、そこに寧ろ重点を置いて総理も御説明になり、私も其の意味に於て、其の問題は憲法に決めたから是で安心だと云ふやうな一つの文章に囚はれることなしに、是は国政一般に関聯するかも知れませぬが、重要なことでありますので御尋ねしたいと思ひます。

今日警戒すべきは、第三国の戦場となり、或は他の前衛として使役されやうとする危機

我々が今日懸念することは、第三国からの**侵略**を自己防衛すると云ふより、更にもう一歩退りまして、第三国の**戦場**となり、或は他の**前衛隊**として使はれると云ふ危機をすら、我々は今日戦争問題に対して警戒すべきものであります。之に対するものとして、此の条項だけを以て致しましては、まるで的外れの、現実を見ない宣言である。

まるで的外れの現実を見ない宣言

寧ろ私は、世界の国民と共に我々も奇怪に思ふのでありまして、アメリカ或はロシヤなり其の他優れた叡智の方々から御教へ戴きたいのでありまするが、今まで**第二次世界戦争**は、世界の唯一の軍国主義日、独、伊を叩く為めと云ふことであつたのでありますが、それが済みましたならば、アメリカ並にそれより更に民主主義思想に於て一段も先に進んで居ると云ふロシヤの軍隊は、機関銃の代りに薔薇の花を持つべきであつたと思ひまするが、それが機関銃を捨てゝ薔薇の花を持つ代りに、**スターリン**は、今日スラヴ民族の運命と生活を防衛する為には我々の武力を強化することが最も中

世界の政治危機に際して、世界の武力戦争其のものを絶対に反対する主体的な態度が表明されて然るべきである

心の問題であると云ふことを説明になり採択になつたやうに仄聞して居りまするが、それは一体どう云ふことであるのか、其の点を寧ろ我々と致しましては、其の政治現実に向つて、憲法の前文に大理想を立てると共に、更に重要なことは、此の世界の政治危機に向つて、我々は自分が武装しない戦争はしないと云ふやうな消極的なものでなしに、此の世界の武力戦争其のものを我々は絶対に反対する主体的なる態度と云ふものが表明されて然るべきである、其の一貫した信念と思想の下に、さうして其の文章が前文に立国の大理想として掲げられた時に初めて言はれたやうな諸外国の疑ひを晴らすことが出来るし、日本国民の向ふべき大理想が我々の日常の生活の中に滲み渡つて出て来ると私は確信するのであります。其の意味に於きまして、此の第二章の取扱に付きましては、他の方々からも結論としては同じ御指摘がありましたが、以上申しましたやうな私の実感と切実なる要求に依つて、此の問題は是非御考へが戴きたい。果して其の御意思がおありになるかどうか、御尋ね致したいのであります。

言葉は違ふが、前文中には第二章の由つて来たる基本的な立場、思想原理が示されて居る

国務大臣　金森徳次郎君

前文の中に第二章にある所の趣旨を明確に書いたならばどうかと云ふ意味の御尋ねでありましたが、前文の中には此の第二章の因つて生ずべき基本となりまする思想を明かに掲げまして、平和を愛好する、或は世界的な道義の法則なり、之を守ることが各国の義務であると信ずる、我等が此の道義を守る為に大いに進んで行くと云ふ風の規定がありまして、第二章の言葉とは違ひますけれども、それより一層基本的な立場の原理が示されて居ります。前後照応致しまするごとに依つて、此の憲法で現在の日本

国民の此の勇気に満ちたと云ひますか、理想に満ちた所の主張が明かになつて居ると思ひます。更に又、此の趣旨を種々なる方法を以て実行的に具体化させて行くことは今後の問題でありまして、国内問題としては、幾多の方面、例へば教育の方面、産業の方面等に影響を持つて来ることと考へて居ります。国際関係に対しまして如何にするかと云ふことに付きましては、今日尚ほ未だ適当なる時期に至つて居ない、斯う云ふ風に考へて居ります。

穂積七郎委員（無所属倶楽部）

第二章を此の形に於て表現することに私はどうも必要以上に囚はれて居られるやうに感ずるのでありますが、最初に御断り致しました如く、今日の質問は基本の考へ方に付ての質問でありますので、改めて又条章の場合に譲りたいと思ひます。……

委員長　**芦田均君**（日本自由党）

明日は午前十時より会議を開きます。本日は是にて散会致します。

衆議院帝国憲法改正案委員会

昭和二一年七月四日（木）　前一〇・一七開議　後〇・〇二休憩の儘散会

平和は神の心、人類最高の念願

文化と正反対の戦争発達に一路邁進

委員長　芦田均君（日本自由党）

会議を開きます。質疑に入ります。――林平馬君

林平馬委員（協同民主党）

総理大臣は御多忙でいらつしやいますから、総理大臣の方から先に御尋ね申上げます。

私は戦争抛棄に付きまして、総理大臣に御尋ね申上げたいと思ひます。惟ふに平和は神の心であり、又総ての人類の最高の念願であると信じます。然るに此の平和とは全然正反対である所の戦争をば、有史以来数千年、人類史上から払拭することが出来ないで、今日に至つた次第であります。人はお互ひ万物の霊長などと手前味噌を並べて居るくせに、最も好む平和へは一歩も近付くことが出来ずに、寧ろ次第に遠ざかりつゝ、文化とは正反対の戦争の発達に一路邁進して来たことは、歴史の示す所であります。凡そ個人的にも国際的にも、紛争を腕力や武力を以て解決しようとすることは、最も低級下劣な行為でありますから、人類は最早此の辺で大懺悔すべきものと思ひます。若しもそれを悟ることなく、武

戦争は戦争を製造

戦争抛棄の唯一絶対の方法は武力を持たないこと

敗戦の成功

平和条約成立し、独立した後に於ける国際的脅威を如何に排除するか

力を飽くまでも最後の解決手段として培養し、確保して居るときは、其の為に相手方を脅威せしめるばかりでなく、自分自らも亦常に其の不安を抱かざるを得ないのであります。歴史の教へるやうに、戦争は戦争を製造して居るのであります。若しも戦争を抛棄することが出来ないならば、人類は永久に戦争の中に、或は戦争の為に生存を続けて行かなければならないことに気付かなければならぬと思ひます。而して**戦争抛棄の唯一絶対の方法**は何かと申しますれば、武力を持たないことであると思ひます。けれども此のことたるや極めて至難のことでありまして、何れの国家に於ても、余所の国から何等かの圧迫要求を受けないで、全く自発的に武装を解除することは、恐らく不可能と信じます。然るに我が国は敗戦の結果、世界に率先して此の不可能を可能たらしめたことは、人類最高の念願から見るならば、敗戦の成功とも見るべきものと信ずるのであります。而してアメリカを初め聯合国が、我が国をして世界平和に貢献の出来る態勢を整へるやうにと、常に多大の苦心と努力とを尽されて居ることは、我々の深く感銘する所であります。**唯茲に我々の不安とする所は**、今日こそは我々は何れの国よりも侵される気遣ひはありませぬが、併し近き将来に於て平和条約が成立し、聯合国の手から離れた其の刹那に於て、武力なくしては如何なる小さな国家よりも、どのやうな弱小国家よりも受けるであらう**国際的脅威**をば、如何にして排除することが出来るかと云ふ点であります。それには平和世界建設を理想とする建前の聯合国を初め、世界の諸民族の信義に信頼する以外には到底ないのであります。実に日本国民の戦争抛棄の宣言は、国民全体の生存を賭しての態度でありますことを、政府は内外に、向つて十分に主張

世界平和建設の大理想達成の為自衛権もまた抛棄

マッカーサー元帥の演説は、実に偉大なる保証

世界平和は日本民族三千年来の大理想

し、宣伝して貰はなければならないと信じます。先日本会議に於て**吉田総理大臣**は、従来自衛権の名に於て戦争が惹き起されて来たのであるから、真の世界平和建設の大理想達成の為には、其の自衛権をも亦抛棄すべきものであるとの御意思のやうな御答弁があつたのでありまするが、恐らくは此の御答弁は世界の思慮ある人々をして感銘を博したことと信じます。幸ひにも本年四月五日、**聯合国日本管理理事会**の初の会議に於きまして**マッカーサー元帥**がなさいましたあの演説こそは、此の戦争抛棄の条文と相呼応して、真に深き感銘と感謝とを感ずると共に、元帥は極めて力強く、此の崇高なる戦争抛棄の理想は、一方的では一時的な便法に過ぎないのである、でありまするから此の理想達成の為には、日本の戦争抛棄に関する提言を、全世界の人達の思慮深き考察に推挙する云々として、実に力強く世界各民族の良心と叡智に呼掛けられて居ることは、実に偉大なる保証と信ずるものであります。（附録五参照）而して日本国民が此の戦争抛棄の宣言をすることは、所謂曳かれ者の小唄では断じてありませぬ。又あつてはなりませぬ。此の最大崇高なる使命の中に生きて行きたいのであります。是が我々民族の切なる念願であると信じます。是れ実に日本民族三千年来の大理想であります。最近は其の理想が非常に歪められて、世界の誤解を受けて今日を招いたのでありますが、実は世界平和は我々民族の三千年来の念願であるのであります。でありますから吉田総理大臣は余生を捧げられ、一身を挺して陛下を先頭に迎へられて、八千万国民を率ゐて、以て突起ち上つて貰ひたいのであります。それでこそ日本が世界に存在の意義があると思ふ。其のことなくして日本の存在の意義はないとさへ信じます。恐らく斯様な機

会は、日本に取つては実に空前であつて絶後であると思ふ。歴史的に唯一回限り天より与へられたるチャンスであると信じます。詩いやうでありまするが、敗戦の結果拠りどころなく平和愛好者に我々が転向したものではありませぬ。世界随一の平和愛好民族であることを、世界に向つて宣言し諒解して貰はなければなりませぬ。其の**平和愛好者であると云ふ民族の心持を表はす証拠**は、幾らでもあらうと思ひます。其一つを申上げて見るならば、此の猫の額のやうな狭い国土に、八千万に近い国民が生活をして居るのであります。即ち一平方キロの中に約二百人の**人口**を持つて居る所の、世界随一の稠密なる国であります。斯かる国家は世界の何れにもないのであります。是れ即ち仮令如何なる苦労をしようとも、余所へは行きたくない、此の祖国に生存をして行きたい、祖国を離れずに生活をして行きたいと云ふ、国土愛著の結果に外ならないのであります。汽車で通つて見ましても、到る処山の上までも開拓して、営々辛苦を続けて居る日本の姿を見るならば如何でありますか、**侵略移住の民族**にあらずと断定することは、容易であると思ふのであります。侵略移住の民族であるならば、こんな所に営々やつて居る筈はありませぬ。如何に非侵略的民族であるかと云ふことは、此の日本の姿を見ただけで明瞭であると思ひます。私は此の日本の真の国民性を世界に諒解して貰ひたいのであります。斯かる平和愛好国民が、殊に世界平和への一本道しか与へられない国民が、茲に憲法を以て戦争抛棄を世界に宣言せんとするのでありますから、此の憲法は実に日本の憲法に止まらず、世界の憲法たらしむるの信念を持たなければならぬと信ずるものであります。

空前絶後の好機会、天より与へられた歴史的に唯一回限りのチャンス

世界随一の平和愛好民族

世界随一の人口稠密国

侵略移住の民族にあらず

日本の憲法たるに止まらず、世界の憲法たらしむるの信念

吉田総理大臣は人類平和の為に率先挺身、マッカーサー元

人類平和のための率先挺身、マ元帥の演説に呼応するの決心・覚悟があるか

師の御演説と相呼応して、世界の輿論を喚起せしむべく努力すべきものなりと思ひます。又それが即ち陛下の御聖旨に対へる所以でもあり、全国民の熱烈なる希望に副ふ所以でもあり、且つはポツダム宣言の理念に応へる所以でもあると確信致します。果して総理大臣は其の御決心、御覚悟がおありであるかどうか、此の一点を特に御尋ね申上げる次第であります。

内閣総理大臣　吉田茂君

自衛権による交戦権、侵略による交戦権を区別すること自体が有害無益案

林君の御質問に御答へ致します。此の間の私の言葉が足りなかつたのか知れませぬが、私の言はんと欲しました所は、自衛権に依る交戦権の抛棄と云ふことを強調すると云ふよりも、**自衛権に依る交戦権**、又**侵略に依る交戦権**、此の二つに分ける区別其のことが有害無益なりと私は言つた積りで居ります。今日までの戦争は多くは自衛権の名に依つて戦争を始められたと云ふことが過去に於ける事実であります。自衛権に依る交戦権、侵略を目的とする交戦権、此の二つに分けることが、多くの場合に於て戦争を誘起するものであるが故に、斯く分けることが有害なりと申した積りであります。又自衛権に依る戦争がありとすれば、侵略に依る戦争、侵略に依る交戦権があると云ふことを前提とするのであつて、

期する所は、国際平和団体の樹立

我々の考へて居る所は、**国際平和団体**を樹立することにあるので、国際平和団体が樹立せられた暁に於て、若し侵略を目的とする戦争を起す国ありとすれば、是は国際平和団体に対する傍観《冒犯?》であり、謀叛であり、反逆であり、国際平和団体に属する総ての国が此の反逆者に対して矛を向くべきであると云ふことを考へて見れば、交戦権に二種ありと区別することそれ自身が無益である、侵略戦争を絶無にするこ

侵略戦争の絶滅に依り自衛権による交戦権は自然消滅

講和・独立後に於ける安全保障は、国際聯合、国際聯合憲章にこれを求める

ポツダム宣言は降伏の内容をなすもので、所謂条件ではない

とに依つて、自衛権に依る交戦権と云ふものが自然消滅すべきものである、故に交戦権に二種ありとする此の区別自身が無益である、斯う言つた積りであるのであります。又御尋ねの講和条約が出来、日本が独立を回復した場合に、日本の独立なるものを完全な状態に復せしめた場合に於て、武力なくして侵略国に向つて如何に之を日本自ら自己国家を防衛するか、此の御質問は洵に御尤もでありますが、併しながら国際平和団体が樹立せられて、さうして樹立後に於ては、所謂**U・N・O**の目的が達せられた場合にはU・N・O加盟国は**国際聯合憲章の規定**の第四十三条に依りますれば、兵力を提供する義務を持ち、U・N・O自身が兵力を持つて世界の平和を害する**侵略国**に対しては世界を挙げて此の侵略国を圧伏する抑圧すると云ふことになつて居ります。（附録二〇参照）理想だけ申せば、或は是は理想に止り、或は空文に属するかも知れませぬが、兎に角国際平和を維持する目的を以て樹立せられたU・N・Oとしては、其の憲法とも云ふべき条章に於て、斯くの如く特別の兵力を持ち、特に其の団体が特殊の兵力を持ち、世界の平和を妨害する者、或は世界の平和を脅かす国に対しては制裁を加へることになつて居ります。此の憲章に依り、又国際聯合に日本が独立国として加入致しました場合に於ては、一応此の憲章に依つて保護せられるもの、斯う私は解釈して居ります。

尚ほ此の機会に**高橋英吉君**の質問に御答へ致します。……ポツダム宣言は条件なりやと云ふ御尋ねでありますが、是は条件ではなくして、日本降伏の条項の内容を成すものであります。ポツダム宣言は日本降伏の内容を成すものであつて、所謂条件ではありませぬ。

案九条・憲九条　衆議院帝国憲法改正案委員会議録（速記）第五回

又第三の御尋ねとして日本軍が武装を解除せられたる後、尚ほ抑留せられて居る日本の軍其の他があると云ふことはポツダム宣言に違反ではないか、御尤もな御質問であります。私も是は遺憾と考へます。又過日の**対日理事会**に於て**在外未帰還邦人**の送還が問題とせられた場合に、米国の代表者は所謂ポツダム宣言中の「日本国軍隊は完全に武装を解除せられたる後各自の家庭に復帰し平和的且生産的生活を営むの機会を得せしめらるべし」と云ふ条項を引用して、日本の此未帰還復員部隊及び未帰還邦人の為に意見を発表せられましたが、聯合国の意思は其の通りであります。所謂公約せられた条項に違反するではないかと云ふことを言つて居ります。私は洵に尤ものことであり、日本政府としても同意見を持つて居ると云ふことを茲に申上げます。（拍手）

未帰還復員部隊及び未帰還邦人の抑留は、所謂公約された条項に違反する

林平馬委員（協同民主党）

総理大臣の御答弁は私の御尋ね申上げた事とは少し違ひますのでありまして、実は只今縷々申しましたやうに、日本国民は真の平和愛好国民であると云ふこと、詰り曳れ者の小唄のやうに、俄かに愛好者に転向したものでなく、長い数千年の念願であると云ふことをマツカーサー元帥の御演説と相呼応して世界に呼掛けて其の諒解を求むべく起ち立つて戴きたいと云ふことを申上げたのでありますが、此の上御質問を繰返すことは無駄のことでありますから、私は総理に対する御質問は是で終ります。

マ元帥の演説に呼応して起ち、日本国民は真の平和愛好国民であることを世界に諒解せしめよ

内閣総理大臣　吉田茂君

只今私の答弁中其の点に付ては言ひ洩らしました。全く御同感であります。政府と致しましては、其

全く御同感

の趣意を十分含んで将来とも善処する積りで居ります。（拍手）

委員長　芦田均君（日本自由党）

午後は本会議の関係上、二時半より会議を開きます。是にて休憩致します。

衆議院帝国憲法改正案委員会

昭和二一年七月五日（金）

前一〇・一七開議　後〇・一七休憩
後　一・四〇開議　後四・二七散会

委員長　芦田均君（日本自由党）　会議を開きます。質疑に入ります。――赤澤正道君

赤澤正道委員（日本民主党準備会）　第二章の戦争抛棄の規定に付てでありますが、表現の仕方が非常にぎごちない、ごた／＼して居ると云ふ印象を私は受けるのであります。之に付て私が論じたい又質問したいと思つて居りましたことは、一昨日の質問に於て尽された感がございまするので、深く触れたくはないと思ふのでありますが、何れに致しましても、此の**原子力**が実験期を通り越しまして実用化致しました際には、我々の考へ得る戦争方式と云ふものはまるで意味を成さない、茲に**世界の絶対平和**が近く来るのではないか、斯様に私は考へるのであります。随て寧ろ我々の構想としては、単なる国際聯合に加入するとか、加入せんが為には義務を履行する上に於て幾らかの兵力が要るのではないか、或は自衛戦争の場合を考慮して兵力が要るのではないかと云ふ論議は避けて、もう一つ飛躍を致しまして**国際聯邦**へまで提唱を発展させるべきで

表現の仕方が非常にぎごちない、ごたごたして居る

もう一つ飛躍して、国際聯邦を提唱すべきではないか

「他国との間の紛争の解決の手段としては」と云ふのは、条件的なる文義に見えるが、何かを前提として居るのか

特別に何物をも含んではいない

然らば、この一句は不必要ではないか

前文中の「われらの安全と生存」なる文字は、解釈如何に依つては、日本の自主性、主体性が失はれるのではないか

あらう、斯様にも私は思ふのであります。さう云つた観点に立ちます場合に、此の条文を見ますと、一項の中にも「**他国との間の紛争の解決の手段としては、**」と云つたやうな、何か限られた条件的なる文義も見えるのであります。例へば此の言葉の裏には何かを御考へになつて入れてある、斯様に思ふのでありまするが、何かを前提としてあるのでありましたならば、それを明かに教へて戴きたいと思ふのであります。

国務大臣　金森徳次郎君

特別に何物をも含むと云ふ訳ではない、此の文字の示しまする通りの内容を茲に規定した趣旨であります。

赤澤正道委員（日本民主党準備会）

若し只今の御考へでありましたならば、私個人の考へとしては、「他国との間の紛争の解決の手段としては、」と云ふことは或は不必要ではないか、斯様に思ふのであります。……（註、答弁なし）

赤澤正道委員（日本民主党準備会）

其の他多く質問したい点がありまするけれども、徒らに以前の繰返された質問に更に重なりますので避けたいと思ふのであります。翻つて前文の是も文字でありますが、第一頁の後の方に「**我らの安全と生存をあげて、平和を愛する世界の諸国民の公正と信義に委ねようと決意した**」此の「安全と生存」と云ふことは、一応戦争を意味すれば是は問題ではありませぬけれども、解釈に依つては非常に広いので

ありまして、生活まで他国の御厄介になれば洵に結構なことでありまするけれども、外交其の他色々な問題も私はあると思ふのでありまして、之を此の儘呑込んで行くと云ふことは、却て此の精神に悖るのぢやないか、詰り解釈の仕様に依つては殆ど日本の自主性、主体性と云ふものが失はれて来るのではないかと云ふ危惧を持たざるを得ないのでありますが、さう云ふ心配はないものかどうかと云ふことを御尋ね致します。

国務大臣　金森徳次郎君　此の所では前の方の文章が「常に平和を念願し、」と云ふことがありまするし、又其の後の方に「平和を愛する世界の諸国民の公正と信義に委ね」斯う云ふ風に云つて居りまするが故に、自ら意味が明かであらうと思ひます。我等が民族集団を作つて国際の間に伍して自己の責任を持つて高遠なる理想を達成しようと云ふ趣旨のことは、此の前文の後の方に明かになつて居りまして、決して国を挙げて脇に依存しようと云ふやうな意味を含んで居る趣旨でなきことは明瞭になつて居ると信じて居ります。

委員長　芦田均君（日本自由党）　午後は一時半より会議を開きます。是にて休憩致します。

委員長　芦田均君（日本自由党）　休憩前に引続き会議を開きます。――三浦寅之助君

三浦寅之助委員（日本自由党）

国を挙げて脇に依存しやうと云ふ趣旨でないことは、前文全体を見れば明瞭

戦争抛棄は当然であるが、侵略国・好戦国の誤解を受けるに至つた根本原因を探求しなければならない

……戦争抛棄の第二章の点でありますが、世界恒久の平和を布く為に於きましても、又平和主義、自由主義、民主主義を確立致し、国際信用を回復致しまして、世界の聯合の中に入らなければならない日本の立場から見ましても当然の規定でありますが、唯此の規定条項に於きまして、積極的に戦争防止の根源に対する所の問題をもう少し深く考へなければならないのではなからうかと思ふのであります。日本が世界から侵略国或は好戦国の如き誤解を受け、或は今日の如き惨めなる敗戦のことに至りましたことを遠く遡つて考へて見ますと云ふと、日本の**頼朝以来の幕府政治**或は近くは**徳川三百年の武家政治**、あゝ云ふやうた封建政治から原因しまして、国民と懸け離れました所の特権階級とでも申しませうか、**武士階級**だけに依つて日本の政治が壟断せられて、国民には何等人権の保障のなかつた時代から引続きまして、**明治の大維新**、**大革命**を機会としまして、日本は一時は人権の尊重、或は民主主義的な、或は国民の権利が尊重されることになつたのではありまするけれども、併しながら明治二十二年の憲法施行以来五十数年の**日本の議会政治**たるものは、名は議会政治であるけれども、其の実体は**軍閥政治**であり、軍閥に操られ、或は官僚財閥に依つて日本の政治が壟断せられて、真の日本の政治の姿を現はすことが出来なかつたと云ふやうな点に於て、日本が外国から此の誤解を受け、或は今日の結果を生んだとしますならば、少くとも今日此の根本原因まで十分に堀下げて、さうして此の問題の解決をし、日本の国際信用を回復しなければならないことは当然であると信ずるのであります。**ポツダム宣言**受諾以来降伏しました日本が、其の当然の帰結としまして軍閥はなくたり、或は財閥も解体せられ、或は、官僚

侵略国、好戦国であると云ふ誤解の根本原因をなくす為の手段方法も第二章に書いたならばどうか

に対する所の論議はまだ尽きませぬけれども、斯う云ふやうに此の問題を考へまする際に於きまして、此の根本原因をしてなくす為の手段方法も、此の第二章に書いたならばどうかと云ふやうな気もするのであります。

天災、騒擾等の場合、如何にして国内の治安を確保するか

もう一つは、全部の武力の抛棄は勿論、武力がなくなることは当然でありますが、唯考へて見ますと、**国内の治安**が紊れました際に於きまして、或は一朝天災等のありました場合を想ひ起しまして、流言蜚語等が飛んで国内の治安が紊れ、或は国内の騒擾の起きた場合に於て之を如何にするかと云ふやうなことも考へられない訳ではないのであります。御承知の通り**大正十二年の京浜地方の大震災**の際に於きまして朝鮮人の問題、あの流言蜚語に依つて国内が非常に動揺したことは御承知の通りであります。あの当時**戒厳令**が布かれたやうでありますが、勿論今日に於きましては戒厳令と云ふものは絶対になくならなければなりませぬし、考へられませぬ。唯斯う云ふやうな将来国内に於ける所の不安状態、治安の紊れたる際に於きまして、如何にして完全に国内の治安を確保するか、斯う云ふ場合を当局は如何に考へて居られるかと云ふことも、此の際御説明を承りたいと思ふのであります。

国務大臣　金森徳次郎君

国家の運命を賭して、世界の平和を主張

幾多の不便は当然

憲法第二章の規定は、言葉は簡単でありますけれども、其の中に於きましては、国家の運命を賭して世界の平和を主張するのでありまして、其の世界に対する、又世界の文化に対する日本の態度を正しく明かにすると共に、一枚の紙にも裏表があるが如くに、此の規定より来る所の幾多の不便と云ふやうな

覚悟

国内秩序の維持には必ずしも軍隊を必要としない

自治力、特に警察力を注意深く育成

結局は国民各自の努力によつて難局打開

条約の締結

国会の承認を経ることの出来なかつた場合、その条約は国際法上如何に取扱ふのであるか

ことは、又覚悟しなければならぬ訳であります。大体此の規程の文字は簡単でありまするけれども、一つ一つ精密に考へて見ますると、非常な内容を持つて居るものでありまして、之を実際の面で趣旨に合ふやうに国の一般政治を動かして行きます為には、各般の制度に留意をせねばなりませぬ。其の留意をしなければ此の趣旨は貫かぬと思ふのであります。でありますから此の趣旨を実現致しまする為に、教育或は国民の文化的方面の発達、其の他考へ得る一切の手段を以て此の内容を実現すべきであると思つて居ります。さうして此の第二項に基きまして、必要なる場合に**国家の治安**を如何にして擁護するかと云ふ点に付きましては、軍隊がなくとも国内の秩序を必ずしも維持し得ざる訳ではありませぬ。一般行政の範囲内に於きまする諸種の自治力、主としてそれは**警察力**である訳でありますが、それを非常に注意深く育成し、利用致しまするならば、自ら此の目的を達し得ると思ふのであります。更に其の方法を以てして如何ともすべからざる場合が想像的に起るかも知れませぬけれども、さう云ふ時には国民各自の努力に依つて其の難局を打開して行くべきものであると考へて居ります。

三浦寅之助委員（日本自由党）

それから**第六十九条**の条約のことでありますが、**条約を締結**する、且し時宜に依り事前又は事後に於て国会の承認を経ることを必要とする、是なのですが、一体国内的の問題であれば別問題でありますけれども、国際的の関係に於きまして、国会で承認を経ることの出来なかつた場合に於ては、一体其の条約はどうなるのでありませうか、国際法上如何に取扱ふのでありませうか、此の点を一つ伺ひたいと思

ひます。

国務大臣　金森徳次郎君　条約は国と国との約束でありまして、其の国が約束をするに必要なる手続を行ふことに依つて、条約が出来るのでありまするからして、効力の条件として国会の議決を必要とする場合に、国会が承認しなければ条約は出来上らないと云ふことになります。併しながら世界の活きた情勢は必ずしも予めはつきりした予定航路を示して置くことは出来ませぬからして、議会に掛けないでも条約を締結する必要の起ることがありますから、さう云ふ場合には事後の承認を経ると云ふことになります。事後の承認を得なかつた場合にどうなるかと云ふことに付きましては、其の個々の条約の結び工合に依つて違ふのでありまして、或る場合にはそれに依つて、或は効力を生じないこともありませう、或る場合には政府の責任として、残る場合もあらうと思ひます。それは一概には言ひ切れないと考へて居ります。

委員長　芦田均君（日本自由党）　明日は午前十時より会議を開きます。本日は是にて散会致します。

条約は国と国との約束

効力の条件としての国会の承認が得られなければ、条約は出来ない

事後の承認が得られなかつた場合は、一概に言ひ切れない

衆議院帝国憲法改正案委員会

昭和二一年七月八日（月）

前一〇・一九開議　前一一・五七休憩
後　一・四三開議　後　四・〇一散会

委員長　芦田均君（日本自由党）
休憩前に引続き会議を開きます。……

委員長　芦田均君
森三樹二君

森三樹二委員（日本社会党）
……私は戦争抛棄の重大なる所の条項が此の憲法に依つて設定されるのでありまするが、其の戦争に依つて国民の大多数の者、恐らく一千万以上の人々が戦災に因つて大きな生活上の負担をして居る訳であります。随つてさうした戦争抛棄の一大特質ある条文を此の中に入れるならば、戦争に依つて戦災を被つた所の国民大多数の人々の為に、特に戦争に因つて大きな災害を受けた是等の者に対して、救済の規定を設ける意思ありや否や、政府は厚生省より生活保護法と云ふものを本議会に提出すると云ふことを、私は承つて居るのであります。併し其の**生活保護法**と云ふものは非常に広汎なもので、戦災に因る

戦争抛棄を規定する以上、恐らく一千万以上に達する戦災者救済の規定を憲法に設ける意思ありや

生活保護法は広汎に過ぎる

もの以外のものに付きましても、其の生活保護法に依つて救済を受ける、戦災者も其の中に入ると云ふやうな広汎なものでありまするか《が?》、特に此の憲法に戦災者を救済する所の法規を規定する必要があると私は考へるのでありまするが、此の点に付きまして国務相の御答弁を願ひます。

国務大臣　金森徳次郎君

一回限り問題になるやうな特殊な権利は、恒久性を持つ憲法に規定するは不適当

此の憲法の中に盛り込むに適する規定は、色々御議論はあると思ひまするけれども今御話になりました一回限り問題になるやうな特殊な権利は、それが実質は非常に重大でありまするに拘らず、斯う云ふ恒久性を持つ趣旨の法の中に入れるよりも、もつと自由なる立場に於て研究し、立法をするのが適当と思つて居ります。

委員長　芦田均君（日本自由党）

明日は午前十時より開会致します。本日は是にて散会致します。

衆議院帝国憲法改正案委員会

昭和二一年七月九日（火）

前一〇・二一開議　後〇・〇三休憩
後一・四四開議　後三・三八散会

委員長　芦田均君（日本自由党）

会議を開きます。質疑に入ります。――竹谷源太郎君

竹谷源太郎委員（無所属倶楽部）

……国家が総ての武力をはへ《ママ》ない、戦争を抛棄する、此の趣旨には無論賛成でありまするが、将来国家が内乱、騒擾其の他の非常に緊急な**非常事態**に遭遇致しました場合、結局**実力**が必要になつて来る、そこで緊急措置に関しましては参議院が代行するなり、或は其の他の方法に依りまして、法的措置は何時でも簡単に講ぜられるかも知れませぬ。問題となるのは実力を如何にして工面調達するかと云ふ問題になると思ひます。之に関する政府の方針を承りたいと思ひます。兵力がありませぬので、現在は残された僅かの警察力に過ぎない、其の場合、一体非常事態は法律的には如何にもあゝする、斯うすると取締の規定を設けることが出来ますけれども、之を実施するのは結局実力の問題である。実力を如何にして調達工面をするか。……

案九条・憲九条　衆議院帝国憲法改正案委員会議録（速記）第九回

将来内乱・騒擾等、非常事態が発生した場合、法的措置が講ぜられるだけの実力を如何にして調達するか

国内治安の維持については、専ら警察力に依り、最善の努力を費す

これを以て如何ともすべからざる特殊の場合を予見することは、憲法の具体的規定としては不適当

国務大臣　金森徳次郎君　第九条を規定致しまするとの結果、国内に起りました諸種の治安の適切なる方策如何と云ふやうな御趣旨でありましたが、此の憲法の趣旨は第九条に掲げたること以外に於きまして平和秩序の国家に於て持ち得る種々なる方策、詰り警察権を中心とするものでありますが、それに依つて国内の治安を維持しよう、それは最善の努力を費して行くべきものである、斯う云ふ風に考へて居ります。若し又其の方法を以て如何とすべからざる特殊の場合を予見致しますることは、此の憲法の具体的規定としては不適当と考へて、それは何等規定はございませぬ。前文の中に其の心持を彷彿として表はす程度の用意はしてある訳であります。……

委員長代理　菊地養之輔君（日本社会党）

……午後は一時半より会議を開きます。是にて休憩致します。

委員長　芦田均君（日本自由党）

休憩前に引続き会議を開きます。――藤田榮君

草案第二章の戦争拋棄は、制裁としての戦争、自衛としての戦争をも含むか

藤田榮委員（新光倶楽部）

……戦争拋棄の問題に関しまして実は総理からも御説明があつたのでありまするが、若干御質問したい点がありますので、総理がおいでにならなければ、関係の大臣から御話を戴きたいと思ひます。憲法草案第二章の戦争拋棄が**制裁としての戦争**、**自衛としての戦争**を含むのかと云ふ点に関する質問であり

交戦権の否認は、制裁の戦争、自衛の戦争にも及ぶか

制裁の戦争は適法、これを否認する理由如何

自衛の戦争は、一般に国際法上適法これを否認する理由如何

吉田首相の説明は諒解に苦しむ

ます。詰り第二項の**交戦権の否認**と云ふことは、是等制裁の戦争或は自衛の戦争をなす場合にも、之を含んで居るのかと云ふ解釈上の問題であります。或る国家が他の国家に対して違法に戦争に訴へて、第三国が此の後者を援助して前者に対抗して戦争を行ふ場合には此の第三国に取つて其の戦争は制裁の戦争として認められるのであります。**制裁の戦争**は適法な戦争でありまして、それは特定の国家の利益を増進する為の手段としての戦争でもなければ、又紛争解決の手段としての戦争でもないのでありまして、随てそれは不戦条約に依つて禁止された戦争ではないのであり、此のことは国際法上一般に諒解されて居るのであります。然らば斯様な制裁としての戦争をも否認すると云ふのは如何なる理由に基くものであるか、是が一点。又一般に**自衛行為**は適法な行為であつて、**自衛の戦争**もそれが自衛行為である限りに於ては当然に適法であります。不戦条約に依つても、国家の政策の手段としての戦争、紛争解決の手段としての戦争が禁止されて居るのみでありまして、自衛の為の戦争は特定の国家の利益を増進する為の戦争でもなければ、又紛争解決の手段としての戦争でもないのであつて、斯様な戦争が一般に国際法上適法であることは諒解されて居る所であります。然るに政府は此の自衛の戦争を否認する理由として、七月四日の此の委員会の席上で、**吉田首相**は、自衛権に依る戦争を認めると云ふことは、其の前提として侵略に依る戦争がある、詰り違法の戦争と私は解釈するのでありますが、侵略に依る戦争が存在することになる、而も若し侵略に依る戦争が将来起つたならばそれは国際平和団体に対する冒犯であり、謀叛であつて、世界の平和愛好国が挙げて之を圧伏するのであるから、其の意味よりすれば交戦

第九条第一項は結構、第二項の交戦権の否認が、なぜ制裁としての戦争或は自衛の戦争をも含むのか

戦争は闘争を中心とした状態

権に、侵略に依る戦争、自衛の戦争を挙げる必要はない。又自衛の戦争を認めると云ふことは従来兎角侵略戦争を惹起する原因となつたのであるから、自衛に依る戦争と云ふものも否定したのだと云ふ御説明があつたのでありまするが、私は他国との紛争の解決の手段としての戦争を永久に抛棄すると云ふ此の第九条第一項は洵に結構であると考へるのでありまするが、第二項の交戦権の否認がなぜ制裁としての戦争或は自衛の戦争をも含まなければならぬか解釈に苦しむのであります。勿論戦争は兵力に依る闘争でありまして随てそれは双方的の行為であり一方的の行為は戦争を構成せず、一方の兵力が他方の領域に侵入しても、他方が之に抵抗しないか、或は戦争宣言をしない限りは戦争は生じないのでありまするが、一方戦争宣言があれば闘争がなくても戦争状態に入り得るのであります。なぜならば戦争は闘争其のものではなく、闘争を中心とした状態であることは、国際法上一般に認められて居る所でありまして、随て日本が事実上陸海空の戦力を保持しないと云ふことは、斯様な制裁の戦争なり或は自衛の戦争、詰り交戦権を直ちに否認しなければならぬ理由とはならぬと考へるのであります。若し交戦権の否認が制裁としての戦争をも含む、詰り違法な戦争当事国に対して其の違法な戦争当事国に対する制裁の戦争に参加出来ないと云ふことになるならば、日本は違法な戦争当時国に対する戦争裁判を請求する権利を留保しなければならぬ。同時に日本国は第三国間に於ける如何なる戦争にも事実上参加しないし又参加させられないと云ふ保障を確保しなければならぬと考へるのであります。又自衛の為の戦争をも一切禁止する理由として、先程引用しましたやうに、国際平和団体に対する冒犯に対しては、世界の平和

愛好国が挙げて之を圧伏する。随て自衛の戦争は要らないと云ふのでありまするが、将来平和愛好国として発足した日本に対する仮に違法な戦争が仕掛けられた場合には、世界の平和愛好国が此の違法な戦争挑発者に対して之を圧伏する云ふことは、日本に対して如何様な形で実現されるか、換言すれば我が国の独立と安全は他の諸国家に依つて保障されなければならぬのでありますが、**交戦権否認**に付ての憲法の規定は、如何にして**国際法上の安全保障**と直結するかと云ふ問題であります。草案に付て見れば、草案の前文に「我らの安全と生存をあげて、平和を愛する世界の諸国民の公正と信義に委ねようと決意した。」とあるのでありまするが斯様な日本国憲法に於ける決意だけでは、何等国際法上の権威たり得るものではないのでありまして、**国際法団体に依る安全保障制度**の全貌、其の中に占める日本国の地位に付て、政府は如何なる具体的な努力をして居られるか、或は国際聯合に参加すると云ひ、或は国際安全保障の憲章に依つて日本は安全保障を受けるのだと云ひますが、如何なる具体的な努力をして居られるか、若し第二項の交戦権の否認が制裁としての戦争、自衛としての戦争も抛棄するならば、如何にして我々の生存と安全とを保障するか、国際法上の単なる国内事項に過ぎない所の日本の憲法に依り、それを否認したからと云つて国際法上当然我々の安全が保全されたとは云へないのであります。如何なる努力をされて居るか、斯様な劃期的な規定を挿入されるからには相当具体的な根拠と自信があられなければならぬと考へるのでありまして其の点に付ての御考へを承りたいのであります。

交戦権を否認する憲法の規定は、如何にして国際法上の安全保障と直結するか

日本国憲法に於ける決意だけでは、何等国際法上の権威たり得るものではない

第二項の交戦権の否認が制裁の戦争、自衛の戦争をも抛棄するものとすれば如何にして我々の生存と安全とを保障するか

国務大臣　金森德次郎君

第九条第一項は固より自衛戦争を否定しない。第二項は、その原因の如何に拘はらず、一切の戦力ないし交戦権を抛棄する

国際法上の条約も、必要の前には、蹂躙されて来た。将来、違法なる戦争当事国が生じた場合に於ける諸般の保障について、憲法実施までに、国民をして納得せしめる措置を講ずることが必要

憲法第九条の前段の第一項の言葉の意味する所は固より自衛的戦争を否定すると云ふ明文を備へて居りませぬ。併し第二項に於きましては、其の原因が何であるとに拘らず、陸海空軍を保持することなく、交戦権を主張することなしと云ふ風に定まつて居る訳であります。是は予ね〳〵色々な機会に意見が述べられました通り日本が捨身になつて、世界の平和的秩序を実現するの方向に土台石を作つて行かうと云ふ大決心に基くものである訳であります。御説の如く此の規定を設けました限り、将来世界の大いなる舞台に対して日本が十分平和貢献の役割を、国際法の各規定を十分利用しつつ進むべきことは、我々の理想とする所である訳であります。併し現在日本の置かれて居ります立場は、それを高らかに主張するだけの時期に入つて居ないと思ふのであります。随て心の中には左様な理想を烈しく抱いては居りますけれども、規定の上には第九条の如き定めを設けた次第でございます。

藤田榮委員（新光倶楽部）　是は私の希望でありまして、由来国際法上の条約にしましても、是は必要の前には常に蹂躙されて参つたのでありまして況んや日本国の憲法に於て国際法上の国内事項に過ぎない日本国の憲法に於て、交戦権を否認して、捨身になつて世界の平和愛好諸国の中に入らうと云ふのでありますから、将来、而も制裁としての戦争、自衛としての戦争も交戦権否認の名に於て捨てて掛らうと云ふのでありますから、将来違法なる戦争当事国が生じた場合には、其の違法な戦争当事国に対する**戦争裁判**を請求するの権利、又**戦力の国際管理**に対する日本国の参加、又日本国が将来第三国間に於ける戦争に対しては事実

上参加しないし、又参加させられないと云ふ保障を、政府は此の際是非憲法が実施されるまでには国民の前に公表して戴いて、真に国民をして納得せしむるだけの措置を講ぜられんことを希望するのであります。

交戦権否認は交戦団体に対する場合も適用されるか

叛徒が第三国より交戦団体としての承認を受けた場合叛徒団体と政府の間は国際法上の戦争関係になるが、政府はその時でも交戦権の否認を以て対処されるか

次に解釈の問題に付きまして、更に草案第九条第二項の交戦権の否認は、交戦団体に対する場合も適用されるかと云ふ問題であります。**交戦団体**は国際法上の交戦者としての資格を認められた**叛徒の団体**でありまして、一つの国家に於て政府を顚覆したり或は本国から分離する目的を以て叛徒が一定の地方を占め、自ら一つの政府を組織する場合に、斯様な叛徒の団体に対して国際法上第三国が之を交戦団体として承認する場合があります。叛徒と政府の間の闘争は戦争ではなくて**内乱**でありまするが、叛徒が第三国より交戦団体として承認を受けた場合は、其の叛徒団体と政府の間は国際法上の戦争関係になる。例へば斯様な交戦団体が第三国に依つて日本国内に承認された場合に、政府は左様な場合でも交戦権の否認を以て之に対処されるかと云ふ点に付て、解釈の問題として承りたいのであります。

国務大臣　金森徳次郎君

第九条第二項に所謂交戦権は交戦団体にも当嵌る

第九条第二項の規定は、其の中の交戦権の問題は普通国際法上に認められて居ります交戦権を指して言つて居るのでありまして、随て国内に成立することあるべき交戦団体に対しても此の規定は当嵌つて来るものと考へて居ります。

藤田榮委員（新光倶楽部）

国内に於ける叛徒団体を第三国が交戦団体として承認しないと云ふ保障が必要

只今、交戦団体として承認された叛徒団体との間の関係は、国際法上是は戦争の状態に入るのでありまして、交戦団体として承認を受けた叛徒の方は国際法上の戦争資格が認められ、それが顚覆しようとする政府の方は憲法に依つて交戦権が認められない、斯様なことになるのでありますから、将来日本が世界の平和愛好国家に参加すると云ふ場合に、斯様な第三国に依る国内に於ける交戦団体の承認、左様なことのあり得ないやうに保障を受ける必要があると考へるのであります。是も前項の場合に準じて希望として政府に申上げたいのであります。

委員長　芦田均君（日本自由党）

此の際内閣総理大臣に対する質問を留保せられた方の発言を求めます。――上林山榮吉君

世界平和に寄与せんとする日本の真意を世界に諒解せしめ、積極的な支持を得ることが出来るかどうか、この点に対する首相の所信如何

上林山榮吉委員（日本自由党）

此の問題は質問の劈頭に首相の所信を承りたかつたのでありまするけれども、茲に改めて質問の結論として御伺ひ致したいのであります。我々は全良心と責任を以て日本の憲法を改正する為に審議をして居りますし、且又国家と我等子孫の永遠の幸福の為に之を熟議して居たのであります。他面草案前文及び戦争抛棄の精神が示す如く進んで世界平和の為に寄与せんとする新日本の大方針を宣言して居るものだと信じて居ります。然るに国際的環境下に於ける日本の地位は未だ非常に多難なるものが予想せられて居るし、本憲法審議の状況は世界注視の的であると思はれるのでありまして、此の際私は吉田総理大臣の之に対する所信、言換へますならば日本の此の真意を誤ることなく世界に諒解をせしめ、寧ろ世

平和的天皇制を、世界に諒解せしめる自信があるか

平和的、文化的意図を含む修正を許すか否か

新憲法草案の趣旨は国際的に相当徹底

天皇制の支持についても相当諒解

審議を尽し、修正すべきは修正

界各国の積極的なる支持を得ることが出来るかどうか、此の点に対する御所信を承つて見たいのであります。特に政府の説明せられた意味に於ける所の**平和的天皇制**を遺憾なく世界へ諒解せしめ得る所の自信があるかどうか、首相の毅然たる態度を御示し願ひたい。尚ほ是は当然のことではありまするが、文化的、平和的意図を含む修正をなさなければならぬと思つて居るのでありまするが、之に対する首相の所見を承りたいのであります。

内閣総理大臣　吉田茂君　御答へ致します。新憲法草案が発表せられてからワシントンに於ける**極東委員会**、或は東京に於ける**理事会**等に於ける論議を見ましても、新憲法の趣旨は相当徹底したと考へられます。又現に天皇制に対する論議も以来非常に薄くなつて居る所を見ましても、憲法に記載して居ります天皇制の支持に付ては、今日までの所に於て相当諒解を取り付け得たと考へますが、併し将来に於ても此の点に付ては十分尽力致し、努力することを考へて居ります。

次に第二点に付ては、是は十分に修正をせられるなり、御審議を尽して戴きたいと思ひます。

上林山榮吉委員（日本自由党）　其の点は是れ以上御尋ねを致すことを遠慮申上げたいと思ひます。……

委員長　芦田均君（日本自由党）　森三樹二君

森三樹二委員（日本社会党）

私は首相に対して二、三点御伺ひしたいのであります。此の戦争抛棄の点に付きまして、各委員からも色々御説がありました。私は今此の戦争抛棄の個々の条文、又是に付て自己の見解を述べることは、却て質問の要旨を複雑させ、各委員に対する御説明の重複も来しますから、御尋ねする所の結論のみを申上げたいと思ふのであります。我々は戦争を抛棄して永遠に戦争から解放されて、我々の子孫は平和な住み好き国家に生存することが得られる、是は我々として洵に双手を挙げて賛成する所であります。

併しながら戦争は自国の意思のみに依つて決定されるものでなく、他国よりの正当なる、或は不正当なる理由に依つて戦争が惹起され、又第三国同士の間から発生せらるる所の戦争の被害を受ける場合もあります。さうしたことを我々が考へる場合に、戦争を全面的に抛棄し、総ての軍備の保持を否定する所の此の条文は、我々が将来国家の存立を危くせざることの前提、其の保障の見透しが先に付いて居つて初めて斯うした所の条文が設けらるべきものであると私は考へるのであります。併しながら終戦後日本国の混乱から斯うした所の新憲法が生れるのでありますから、先にさうした戦争の惨害を受けることのない保障を得て此の条文を作ると云ふことは出来なかつたのでありませうけれども、将来我々が之に対して絶対的な戦争の惨害を免るる所の方法、手段、之に対する所の考慮を運らさなければならないのでありまするが、之に付て吉田首相の御成案を御聴きしたいのであります。

戦争は自国の意思に依らず、他国に依つて惹起され、又第三国間の戦争の被害を受けることもある

国家の存立を危くしない保障の見透しがついて初めて斯る条文は設けらるべきもの

将来我々が絶対的な戦争の惨害を免るる所の方法、手段等についての首相の成案如何

内閣総理大臣　吉田茂君

戦争抛棄の消極的意義は日本に対する世界の疑惑を除去するにあり、その積極的意義は、国聯憲章第四十三条に依り、聯合国の保障を受けるにある

御答へ致します。此の戦争抛棄の条項の消極的な意味から申せば、日本に対する疑惑——再軍備、若しくは世界の平和を再び脅かしはしないかと云ふ疑惑を除去することが、消極的の効果であります。又積極的に申しますと、日本が戦争を抛棄することによつて、即ち国際の平和愛好国であることを表示することに依つて、世界の平和を脅やかす国から申しますると云ふと、此の国が一旦生じた以上は、何と言ひますか、**所謂ウノ——国際平和団体**と申しますか、其のウノの四十三条でありますかの規定に依つて、世界の何れの国と雖も侵略の戦争をなすものに対しては制裁を加へると云ふ規定があるのであります。（附録二〇参照）即ち世界の平和を脅やかす国があれば、それは世界の平和に対する傍観《冒犯？》者として、相当の制裁が加へられると云ふことになつて居ります。兎に角さう云ふ規定も今日に於て考へに入れて、日本が憲法に於て交戦権を抛棄することに依つて、日本の地位が世界の疑惑から免れ、更に万一日本に対して侵略する国が生じた以上には、連合国が挙つて日本の平和を保護すると云ふ態度に出づると云ふことに理論に於てなつて居る、斯う考へるのであります。

講和条約の時期等に付て首相の大体の見透し如何

森三樹二委員（日本社会党）

只今首相の御説明がございましたが、さうした国際的な平和保障条約に日本が加入すると云ふ見透しは、講和条約の成立が前提であらうと思ふのでありまするが、我々の欲する所の講和条約は、新聞等には近い内に締結されるであらう、今後一箇年半と云ふやうなことも曾て新聞に見えたのでありまするが、講和条約の時期等に付て首相は大体の御見透しがございませうか、ございましたならば承りたいの

であります。

内閣総理大臣　吉田茂君　是は一に日本の態度なり、世界の諒解等に依ることでありまして、日本が民主化し平和化された日本が平和愛好国の一員として、世界の一員として齢するに足ると云ふ事実が認められゝば、認められることの範囲だけそれだけ講和条約の時期は早まるものと想像致します。

日本の民主化、平和化の進捗に従ひ、講和の時期は促進

森三樹二委員（日本社会党）　それから最後にもう一点御尋ねしたいのでありまするが、此の法案の**前文**中にありまする所の、我々の安全と生存を挙げて平和を愛好する諸国民の公正と信義に委ねようと決意して居る——私は此の一点を挙げて全面を否定せんとするものでありませぬけれども、併しながら斯うした**委ねる**と云ふやうな言葉がある以上は、結局我々の安全と生存が我々自身に依つて何等維持することが出来ない、総てを挙げて他国に依存しようとして居る、斯う云ふやうな前文の形態から見まするならば、日本国の自主的な、而も首相は、或る意味から言ふならば、統治権は制限はされて居るけれども併しながら独立国として認めることも出来るんだと云ふやうな御説明もございましたが、我が国其のものが新しい日本として再建の第一歩を印する為に、此の貴重なる所の新憲法を作る以上は、我々国民全体も、政府も、挙つて再建の熱情と信念を持つて進まなければならぬと思ふのでありまするが、さう云ふ意味合から致しまして、余りにも他に依存する、而も又恰も第三国からの**委任統治国**でもあるかのやうな、弱々しい観念を植付

われらの安全と生存を諸国民の公正と信義に委ねると云ふ前文の形態は、第三国の委任統治国になつたかのやうな弱い観念を植付ける

けるものである。此意味に於きまして、我々はもつと根本的な熱情的な大理想を持つて、此の憲法を規定しなければならぬと考へるのでありまするが、さうした意味に於て、此の前文の内容や形態もさうした所の信念に欠けて居ると云ふやうな考へを私は持つ者でありまするが、之に付て首相の御所見を御伺ひしたいのであります。

「委ねる」と云ふ文字の意味は、信頼すると云ふ意味を含めたもの、平和愛好国の先頭に立たうとする積極性を含蓄

内閣総理大臣　吉田茂君

御答へ致します。此の**委ねると云ふ文字の意味**は平和を愛好する世界の諸国民の公正と信義に信頼する――信頼すると云ふ意味合を含めたものでありまして、我が国と致しましては、平和愛好国の先頭に立つて、我れ自ら他を率ゐて行く積極的な精神も此の中に籠つて居るのであります。故に自主権を抛棄した――無視したと云ふやうな表現であると申せないと思ひます。是は議論でありますが、私はさう考へて居ります。

森三樹二委員（日本社会党）

私は只今の文字を各条審議の時に修正することを自分の希望と致しまして、私の質問を打切ります。

芦田委員長補充質問

委員長　芦田均君（日本自由党）

此の際**委員長より総括質問の補充**として一、二の質疑を致しまして一般質疑の結末を付けたいと思ひます。

終戦後の日本が何故に憲法改正を急速に実現しなければならなかつたかと云ふ理由に付て、政府の所

信を確かめて置きたいと思ひます。政府は去る六月二十四日の本会議に於て、此の点に付て一応の所信を述べられましたけれども、必ずしも十分に其の意を尽したものとは思へませぬ。又本委員会に於ける今日までの質疑応答に際しても、此の点は十分明白にはされて居りませぬ。内閣総理大臣は憲法改正案の提案理由書の冒頭に於て、**ポツダム宣言**に言及されまして、基本的人権尊重と、民主主義的政治形態の樹立が要望されて居ることを説かれました。無論それは誤りではありませぬ。併しながら降伏条件の受諾と云ふ如き我が国に取つて受身のさうして外交的記録に依つてのみ此の憲法改正の動機は説明し得られるものではないと思ひます。動機はもつと〳〵深い所にあると思ふ。此の議事堂の窓から眺めて見ましても我々の眼に映るものは何であるか、満目蕭条たる焼野原であります。其処に横はつて居つた数十万の死体、灰燼の中のバラックに朝晩乾く暇なき孤児と寡婦の涙、其の中から新しき日本の憲章は生れ出づべき必然の運命にあつたと、内閣は御考へにならないか。独り日本ばかりではありませぬ。戦に勝つた**イギリス**でも**ウクライナ**の平野にも、楊子江の楊の蔭にも、同じやうな悲嘆の叫びが聞かれて居るのであります。此の人類の悲嘆と社会の荒廃とを静かに見詰めて、我々はそこに人類共通の根本問題が横はつて居ることを知り得ると思ひます。此の人類共通の熱望たる戦争の拋棄と、より高き文化を求める欲求と、より良き生活への願望とが、敗戦を契機として一大変革への途を余儀なくさせたものであることは疑ひを容れないと思ふ。そこで憲法改正の根拠を斯様に考へることは、政府の見解と一致するかどうかと云ふ点に付て御尋ねを致します。（拍手）

終戦後の日本が憲法改正を急速に実現しなければならない理由

降伏条件受諾と云ふ事実のみに依つて、改正の動機は説明し尽されない

動機はもつともつと深い所にある

人類共通の熱望たる戦争抛棄と、より高き文化への欲求、よりよき生活への願望とが、敗戦を契機として、一大変革を余儀なくさせるに至つた。憲法改正の根拠はそこに存する

国際情勢から来る必要と、国内情勢から来る必要との競合による

国務大臣　金森徳次郎君　言葉が不十分でありました為に、恐らく私の過去の説明が其の趣旨を貫かなかつたかも知れませぬと思ひまするが、全く是は国際的情勢より来る改正、純粋の国内的情勢を基本として我等国民が起ち上るべき其の熱情の結晶として起つたのです。双方面からでありまして、偶ゝそれが基底の上に一つに絡み合つて居ると云ふ趣旨でございます。（拍手）

憲法改正案の二面
現実的構成法的部門と国際生活に対する理想主義

改正案の主たる狙ひは、日本の道義水準を国際水準にまで昻めること、及びこれを実現する為の国内機構を確立するにある

委員長　芦田均君（日本自由党）　問題を少しく具体的に取扱ふことに致します。今回の憲法改正案には二つの面のあることは能く我々の承知する所であります。其の一つは、日本の国家機構から一切の封建的な残滓を取除いて、真に民主的な国会制度、内閣制度、司法制度を確立せんとする現実的構成法的の部門であります。他の一つは国内に於て基本的人権を尊重し、諸外国との間に平和的協力を成立させ、国際社会に伍して、名誉ある地位を占めようと努力する意思表示でありまして、多分に将来の国際生活に対する理想主義的な分子を含む面であります。即ち平和日本の道義的水準を国際水準にまで昻めようとする意思表示と、此の理想を実現する為に国内機構の確立を行ふことが改正案の主たる狙ひであらうと思ひます。**改正憲法第九条**の規定は、本委員会に於ても熱心に論議されました。政府の説明と、委員諸員の質問とは、必ずしも全面的に合致したとは考へ得ませぬ。要するに戦争抛棄の宣言は、廃墟の中に呻吟する人々の衷心から出た要求であることは間違ひないと思ふ。**マッカーサー元帥**は之に関して世界各国とも斯様でありたいとの

日本は戦争の防止、戦争抛棄の大理想を通じてのみ再建と独立の大道を歩むことができる

全く御示しの通り

前文と第九条とは国際聯合憲章と緊密な関係に立つ

日本の過去を反省して、此の際思ひ切つた思想の転換をなさねば、再び国際社会に復帰することは困難だと思ふが、政府の見解如何

思想を述べて居ります。（附録五参照）我々はマッカーサー元帥の思慮が何れにあるかを見誤つてはならないと思ふ。日本は戦争の防止、戦争の抛棄の大理想を通じてのみ、再建と独立との大道を歩むことが出来るのであらうと思ひます。此の点に付て改めて政府の所信を御尋ね致します。

国務大臣　金森徳次郎君　私共の念願として此の憲法の中に盛り込まんとした趣旨は、全く今御示しになつた通りの事柄でございます。

委員長　芦田均君（日本自由党）　私は主として**改正案の前文と第九条**とに付て具体的に考へて見たいと思ひますが、此の部門における憲法の改正は、先刻内閣総理大臣の言及されました通り、国際聯合憲章と緊密な関係に立つて考慮せられなければならないと信じます。言葉を換へて申せば、日本が一年前まで国際聯合加盟国の敵国であつた事実、又現に聯合国の管理の下にある事実、及び日本が過去に於て平和維持の努力に欠くる所あつた点から申せば、此の際思ひ切つた思想の転換をなすにあらずんば、我が国が再び国際社会に復帰することは、極めて困難な事業であると考へるのでありますが、政府は私の所説と見解を同じくせられますかどうか、御伺ひ致します。

国務大臣　金森徳次郎君　前文及び第九条を設けました趣旨は、此の憲法改正案の企ての根本の理由に基きまして、国際的及び

国際的、国内的両面から来るが、国際面に於ては、御趣旨の通り

国内的の両面から来て居るものでありますが、之を国際的の面から説明を致しますれば、今御尋ねになつた其の御趣旨の通りと思つて居ります。

憲法改正案は国際聯合の究極の理想と合致

憲法改正は、日本が国際聯合に加盟し、国際社会に名誉ある地位を占める先決条件

委員長　芦田均君（日本自由党）

憲法改正案は、我が国をして平和愛好国の水準にまで昂めるに止まらず、更に進んで日本の努力が一切の戦争を地球表面より駆逐せんとするにあることを表明致して居ります。さうして此の理想は国際聯合の究極の理想と合致するものであることは、国際聯合憲章の第四条を見れば明白であると思ひます。（附録二〇参照）固より現在の世界情勢から見て、我が国が今直ちに国際聯合に参加し得るとは思へませぬ。何となれば、聯合国が日本に国際聯合憲章に掲げたる義務履行の能力及び意思ありと認めることが加盟の先決問題でありまして、今日は遺憾ながら未だ其の時機に達して居ないからであります。日本がポツダム宣言の条項を完全に履行する能力と意思とを持ち、且つ国際聯合憲章の理想と原則とに合致する平和的且つ民主的なる責任政府が樹立される場合、さうして広く世界から之を認められた時に、我が国は国際社会に於て名誉ある地位を回復することが出来るのであります。斯様な点から考へて見れば、我が国の憲法改正は日本が国際聯合に加盟し、平たく申せば国際社会に名誉ある地位を占める先決条件を成すものと考へて居るのでありますが、政府の所見を御尋ね致します。

国務大臣　金森徳次郎君

今後如何なる国際情勢の変化があるか、是は我々は予測することは出来ませぬけれども、速かに国際

御示しの方向に進む考へを以て起案

社会に伍して名誉ある地位を占めたいと云ふ念願は此の前文の中に明かにしてある所でありまして、此の道を通ることに依つて、今委員長の御示しになりましたやうな方向に進む考へを以て、此の憲法の起案を致した訳であります。

改正案第九条の三大問題

一、我が国は自衛権をも抛棄する結果となるか

二、国際的保障でも取付けない限り、自己防衛をも全うすることが出来ないのではないか

三、国際聯合の加盟国としての義務を果せないから、国際聯合に参加を拒否せられはしないか

国聯憲章も自衛権は明白に之を認めて居る

委員長　芦田均君（日本自由党）　**更に問題を具体的に考へまして、改正案第九条を検討致しますと、茲に三つの問題があると思ひます。**

第一は、法案第九条の規定に依れば、我が国は自衛権をも抛棄する結果となるかどうか、此の点は本委員会に於て多数の議員諸君より繰返し論議せられた点であります。

第二には、其の結果日本は何だか国際的保障でも取付けない限り、自己防衛をも全うすることが出来ないのか、延いて他国間の戦争に容易に戦場となる虞はないかと云ふ点であります。

第三は、一切の戦争を抛棄した結果、日本は国際聯合の加盟国として武装兵力を提供する義務を果すことが出来ないから、国際聯合への参加を拒否せられる虞はないかと云ふ諸点であります。

以上の三点に付て国際聯合憲章の規定と照し合せて考へる場合、私は次の如き結論が正しいのではないかと思ひます。不幸にして自衛権の問題に付ての政府の答弁は、稍〻明瞭を欠いて居ります。自衛権は**国際聯合憲章**に於ても第五十一条に於て明白に之を認めて居ります。（附録二〇参照）只自衛権の濫用を防止する為に、其の自衛権の行使に付ては**安全保障理事会**の監督の下に置くやうに仕組まれて居るの

自衛権に関する政府の答弁は、稍々明瞭を欠く。この場合、明白にその態度を表明せよ

憲法と国聯憲章との間には、連繋上不十分なる点がある、必要なる措置は其の場合に講ずる

であります。憲法改正案第九条が成立しても、日本が国際聯合に加入を認められる場合には、憲章第五十一条の制限の下に自衛権の行使は当然に認められるのであります。唯其の場合に於ても、武力なくして自衛権の行使は有名無実に帰するではないかと云ふ論がありませう。併しながら国際聯合の憲章より言へば、日本に対する侵略が世界の平和を脅威して行はれる如き場合には、安全保障理事会は、其の使用し得る武装軍隊を以て日本を防衛する義務を負ふのであります。又我が国に対しましても自衛の為に適宜の措置を執ることを許すものと考へて多く誤りはないと思ひます。此の点に付て政府の今日までの御答弁は、稍々明瞭を欠くやに考へられますから、此の場合明白に其の態度を表明せられんことを希望致します。（拍手）

国務大臣　金森徳次郎君　将来国際聯合に日本が加入すると云ふことを念頭に置きまする場合に、現在の憲法の定めて居りまする所と、国際聯合の具体的なる規定が要請して居りまする所との間に、若干の連繋上不十分なる部分があることは、是は認めなければならぬと思ひます。併しながら其の時に何等かの方法を以て此の連絡を十分ならしむる措置は考慮し得るものと考へて居りまして、必要なる措置を其の場合に講ずると云ふ予想を持つて居ります。

委員長　芦田均君（日本自由党）　法第九条に関する第三の点、即ち日本が一切の戦力を廃止する結果、国際聯合国としての義務を果し

戦力廃止の結果国聯加盟を許されないかも知れないと云ふは余りに形式論理的

本改正案の目標は国聯加盟に依つて初めて完全に貫徹

文化、文化国家の真義

この際政府は奮起して国民の自覚を呼び起し、世界に呼び掛けて国際平和の実現に挺身せらるべきである

得なくなるから、聯合加盟を許されないかも知れないと云ふ論、余りに形式論理的であります。日本が真に平和愛好国たる事実を認められる場合には、斯かる事態はあり得ないと考へて間違ひはないと思ふのであります。何れに致しましても本改正案の目標は、我が国が国際聯合に加盟することに依つて初めて完全に貫徹し得るものであることは明かであらうと思ひます。けれども問題はそればかりで終るのではありませぬ。日本が平和国家、文化国家として内外に認められるに至るには、我が国民の間断なき努力を必要とするものと信じます。私は最近文化国家と云ふ文字が、余りに手軽に易々と叫ばれることに不安の念を抱くものであります。一つの民族の実力、世界に於ける地位、民族生存の意義、人類に対する責任、総て是等が文化にあると云ふことは、心ある者の皆知る所であります。然るに日本の今日に立至つたのは、現代に住む我々日本人が歴史最大の過ちを犯したと云ふのは、全く日本の文化の程度が低く、其の内容が貧弱であり、又文化の精神と本質とが国民に十分理解せられて居なかつたことに基くものであると信じます。（拍手）此の憲法改正案を提案された吉田内閣は、単に紙に書いた案文を議会に呑込ませることを以て責任が終るのでありませぬ。此の憲法の目指す方向を国民に理解させ、憲法改正の裏付けとなるべき国民文化の向上に渾身の努力を致さるべきであると思ひます。（拍手）それのみが戦争の勃発を防止する方法であるとさへ信ずるのであります。吉田内閣は此の劃期的な時期に国民指導の大責任を負うて政府に立たれました。此の機会にこそ閣僚諸公は奮起して国民の自覚を呼び起し、世界に呼び掛けて国際平和の実現に挺身せらるべきであると思ひます。然るに憲法改正案の審議に於てさ

へ、閣僚諸公の熱意は甚だ上らざるが如くに見えまするが故に、此のことは決して国民を安堵せしむる所以ではないと思ひます。幸ひ吉田内閣には多年憲政の為に尽瘁せられた多くの政治家を持つて居られる、是等の政治家が真に其の熱意と其の気魄とを以て国民の指導に当られることは、我々の日夜念願致して居る所であります。之に付て政府より答弁を得ることは期待致して居りませぬ。併しながら若し何等か此の際其の所信を御表明下さるならば、喜んで拝聴致したいと思ひます。(拍手)

国務大臣　金森徳次郎君

憲法改正は、何千年の歴史を経過した日本に於て未曾有の変革

改正案は全精神を以て文字に表はしたもの

憲法の理想を実現、文化国家建設の一路に捨石となるの信念

総理大臣から御答弁を願はうと思つて居りましたが、私が此の問題に付きまして、当面の責任の地位に立つて居りまするが故に、一言御答へする御許しを願ひたいと存じます。此の憲法は御覧の如く、又御承認を多分は戴いて居るかの如く、何千年の歴史を経過致しました日本に於て、未だ曾て考へられたこともない大いなる変革を齎すものであります。我々は単に変革を齎すことを目的として居るものではない。真に此の変革の現実の効果を世界の舞台に於て、又日本国民の為に完全に遂行して、有終の美を遂げたいと思ふのでありまして、此の憲法の草案は確かにインクを以て書かれて居るものでありますけれども、私共の立場から申しますれば、全精神を以て之を文字に表はしたものと信じて居るのでありまして、今委員長から御話になりました点は、今までの私共の態度が悪かつたかも知れぬ、或は努力が足りなかつたかも知れませぬが、内心は決してさうではない、十分此の憲法を実現し、同時に、日本全局の文化国家建設の一路に、只私一人の立場を茲に挾んで申しますれば、捨石の捨石となつても宜しい

と云ふ信念の下に臨んで居る次第であります。（拍手）

委員長　芦田均君（日本自由党）

是にて一般的質疑は終了致しました。明日は準備の都合上一日休むことに致します。明後日午前中は金森国務大臣所用の為め本委員会を休みまして、午後一時半より開会致します。さうして逐条審議に入る予定であります。本日は是にて散会致します。

衆議院帝国憲法改正案委員会

昭和二一年七月一一日（木）　後一・五三開議　後四・一七散会

委員長　芦田均君（日本自由党）

会議を開きます。…………

委員長　芦田均君（日本自由党）

……申上げることがありますが、今日までの質疑応答に依つて、憲法改正案の包蔵する根本的原則に付ては、朧気ながら、政府の所信を察知することが出来たと思ひます。併し此の改正案の実際運用に付て尚ほ明白にして置くべき多くの点がありますので、今日より逐条審議の形に依つて質疑を続行することに致します。此の際特に委員諸君に御協力を願ひたいことは、議事の進行上既に政府の答弁に依り略明白となつた点の重複質問を避けて、問答も出来るだけ簡潔に行はれたい点であります。開会に当りまして特に御諒承を御願ひする次第であります。

是より逐条審議に入ります。便宜上各条毎に議題に供することに致します。此の際申上げて置きますが、各条項に付きましては、或は修正等の御意見もありまして、色々御発言もあることと考へますが、或

逐条審議の形に依つて審議を続行

修正等の意見は小委員会を設けて研究

前文　衆議院帝国憲法改正案委員会議録（速記）第一〇回

る程度の論議を重ねた後、其の修正等の御意見に付きましては、之を纏める為に後に**小委員会**を設け、其の小委員会に於て改めて御研究を願ふことと致しまして議事を進めたいと思ひますから、御諒承を願ひます。先づ、標題「日本国憲法」及び前文を議題に供します。――武田信之助君

前文と第九条

武田信之助委員（日本自由党）　私は、**前文**の中に戦争抛棄に関する方針を明確に致して居りますが、それに依りますと「**政府の行為によつて再び戦争の惨禍が発生しないやうに**」と云ふことを茲で謳つて居るのでありますが、**第九条**と関聯致して居りますので、第九条と之を比較して見まするとと云ふと、第九条に於きましては「**国の主権の発動たる戦争**」と云ふ文字を以て表はして居るのであります。所が前文に於きましては「政府の行為によつて」と云ふことでありまするので、此の間に聊か食違ひがあるやうにも考へられまするし、主権の発動と云ふものは政府が行ふのである、斯う云ふやうなことにも考へられますが、凡そ主権の発動と云ふことは国民の総意に依つて発動するのであると私共は考へて居るのでありまするが、前文に於きましては、唯単に「政府の行為によつて再び戦争の惨禍が発生しないやうに」と云ふことで、戦争の起る事柄に付きまして、唯単に之を「政府の行為」と云ふことで表はして居るのでありまするが、此の点の関係を明確にする必要があると考へて居る次第でありまして、此の点に付きまして御尋ねを申上げるのであります。

政府の行為と主権の発動との関係

「主権の発動」は政府が行ふのであるか、又は国民の総意によるのであるか

国務大臣　金森徳次郎君

前文は、必ずしも法律的正確を期せず、もう少し物の本質に立入つたもの

人民が能く物を整へ、政府をして誤つた行為をさせないやうに持つて行くと云ふのが基本的な考へ方

此の憲法の前文は法律的な正確な意味を表明すると云ふよりも、もう少し物の本貭に入りまして、今の国民として言はなければならぬやうな気持を述べて居るのでありまして、国民は平和を愛好し、十分国際社会に於ての立派な義務を尽すだけの根本的な素貭を具へて居るのであるけれども、政府が間違つた導き方をすれば色々な弊害が起る、そこで政府の行為に対して十分の注意をして間違ひを起さないやうにしなければならぬと云ふやうな考へでありまして、大体此の憲法の中に現はれまする一つの考へは、人民が能く物を整へて、さうして政府が誤つた行為をしないやうに持つて行くと云ふ基本な考へがありまして、そこでさう云ふ間違つた政府の出ないやうに、大いに此の憲法を整へた、斯う云ふ考へ方で出来て居りまして、中味の法律的な正確さと云ふこととは少し心持が違つて居ります。

然らば「政府の行為」を削除してもよいではないか

武田信之助委員（日本自由党）

それでは斯う云ふ所に「政府の行為」と云ふことを特に表はさずに、「自由の福祉を確保し、再び戦争の惨禍が発生しないやうに」斯う云ふやうなことでやりますことに依つても、十分にその目的は達成出来る。所が特に此の所に「政府」と云ふことを表はして居りますので、一応御尋ね申したのでありますが、大体政府の考へて居ります所が了解出来ましたので、私は是で前文の貭問を終ることに致します。

委員長　芦田均君（日本自由党）

野坂參三君

野坂參三委員（日本共産党）

前文「政府の行為によつて……」の代りに「他国征服の意図を持つた」とか、或ひは「侵略的意図を持つた」と云ふやうな戦争の性質を表はす言葉を入れるべきではないか

前文の第二行目の一番下の所に「**政府の行為によつて**」と斯うあります。之に付ては今日の討論の一番最初にも質問がありましたが、此の政府の行為、之に依つて再び戦争の惨禍が起る、是は明かに国際戦争のことを言つて居るので、政府の行為に依らない戦争と云ふものはない筈です。此の政府の行為と云ふものが余り大きな意味がないように思ふのですが、之に代へて寧ろ戦争の性質をこゝにはつきり表はすやうな言葉を入れるべきが当然ではないか。もう少し具体的に云へば「政府の行為によつて」此の代りに、例へば本議会で総理大臣も言はれたと思ひますが、征服的な、他国征服の意図を持つたとか、或は侵略的意図を持つた、斯う云ふ戦争の惨禍を発生しない云々と言つた方が正確ではないかと思ひます。之に付て御伺ひ致します。

理論的には自衛戦争は正しいが、自衛の名を藉りて侵略戦争に赴く患ひがある

国務大臣　金森徳次郎君　御説のやうに、左様な言葉を使つて言表はすことも、一つの行き方であらうと思ひます。併しながら曾て総理大臣が申しましたやうに、日本が大勇気を奮つて斯う云ふ風に比較的簡明なる言葉を用ひまして、理論的には自衛戦争は正しいにしても、総ての戦争が自衛戦争の名を藉りて然らざる戦争に赴くと云ふことの労《患?》ひを、憲法の中に残して置くやうな言葉を避ける方が宜いと云ふ考へも成立する訳であります。此の憲法は其のやうな考へに依りまして、特に区別せず謂はば捨身になつて世界の平和を叫ぶと云ふ態度を執つた次第であります。

野坂參三委員（日本共産党）

私見ではこれが一番正しい

「委ねよう」と云ふのは、諸国民の公正と信義に委ねようと云ふのか、又は諸国民に委ねようと云ふのか

武器でなければ、生存と安全は保全出来ぬと云ふ訳ではない

委ねるとは信頼すること、信頼は屈従を意味しない

さうすれば此の問題はもう前からの問題でありますから、是れ以上私は質問しませぬ。私の意見では是が一番正しいと思つて居るだけであります。……

野坂参三委員（日本共産党）

……其の次に私、第一頁の最後から二言目の所に「平和を愛する世界の諸国民の公平と信義に委ねようと決意した。」此の「委ねよう」是は前にも質問がありましたが、此の委ねると云ふことは、我等の安全と生存を挙げて諸国民、詰り外国の公正と信義に委ねよう、斯う云ふことになつて居る。此の点をもう少し説明して戴きたい。此の委ねようと云ふことは、結局我等の安全と生存を諸国民の公正と信義に委ねよう、諸国民に委ねようと云ふのか、此の点もう少しはつきり……

国務大臣　金森徳次郎君

平和を念願すると云ふ前文から出発致しまして、我々は軍隊を持たないと云ふことを憲法の中に規定する、すれば如何にして我等の安全と生存を保持すべきかと云ふことが起るが、我等の安全と生存と云ふものは、必ずしも武器でなければ保全出来ぬと云ふ訳ではないのであります。**武器なき世界平和の実現**と云ふことが望ましきことであります。此の憲法全体の中に含まれて居る趣旨がそれである訳であります。兎に角武器の必要な場合もありませう。而してそれ等を綜合して考へて見まして、どうして安全と生存を維持するかと言へば、我々は世界の中の一員でありまするが故に、世界の平和愛好諸国民に信頼すると云ふことは当然出て来るのであります。是れ以外に方法はないと云ふ気がする訳であります。

結局は国際協調

併しながら是は決して屈従を意味するものではないのであります。世界が本当の平和を保つて行くならば、結局自分の国だけで解決するのではなくて、世界諸国民の公正と信義に委せると云ふことは、国際協調と云ひますか、国際的な人間の統一と云ふことを念頭に致しまする時に、自然のことであらうと思ふ訳であります。

「委ねる」では積極性が出て居ない

野坂参三委員（日本共産党）

私は今の此の言葉は外の表現に変へるのが適当でないかと思ひます。是で見ると、我々の生存と安全と云ふものは兎も角も外国に頼んで置く、我々が之をどうすると云ふやうな積極性が出て居ないと思ふのです。だから此の点は私変へられることを要求します。

「諸国民」とははつきり外国を指すものではない

国務大臣　金森徳次郎君

是は諸国民と云ふ言葉を外国と云ふ風に御取りになりましたけれども、そこまで此の言葉の文字は、はつきりは指して居りませぬと云ふことを、一つ御留意を御願ひ致したいと思ひます。

「世界の諸国民」とあるから、主として外国を指す

野坂参三委員（日本共産党）

是は「世界の諸国民」とありますから、日本も入るでありませうが併し是は主として外国を指して居ると思ふのです。「世界の諸国民」でありますから……《ママ》今言つたやうに、此処は日本の我々のもつと積極的な努力を表はすべきで、私個人の意見としては、此処の文章を――最後から三行目に始まる「日本国民は、常に平和を念願し」云々、此の一行、二行目は大体に於て其の次に来る三行、或は次の頁に来

るものと重複して居ると思ひます。平和の問題、平和維持の問題、国際関係、斯うなつて居ると思ひます。……

野坂参三委員（日本共産党）

では私の質問は是だけにして置きます。只一言申上げたいことは、今金森国務相は多少此の字句の問題を何だか軽視されて居るやうな印象を受けるのですが、之を草案される場合に於ては恐らく一字一句も忽せにされなかつたであらうし、又されるべき性質のものではないと思ふのです。憲法とあれば……《ママ》だから斯う云ふ点に付てはもう少し注意されて、一つ〳〵の文字に付ても自信を持つて確答が出来るやうに私は願ひたいと思ひます。

委員長　芦田均君（日本自由党）

是にて前文の質疑を終りました。明日は午前十時より開会致しまして、第一条よりの質疑に入ります。本日は是にて散会致します。

一字一句も忽せにさせるべき性質のものではない

衆議院帝国憲法改正案委員会

昭和二一年七月一二日（金）

前一〇・二三開議　後〇・一二休憩
後　一・四八開議　後　三・五三散会

委員長　芦田均君（日本自由党）

会議を開きます。質疑に入ります。第一章第一条を議題に供します。――北浦圭太郎君

北浦圭太郎委員（日本自由党）

第一条を審議すべき先決問題と致しまして、一、二の点を政府に御伺ひ致したいと思ふのであります。……

「戦争抛棄」は国際情勢の如何によって変化するか

北浦圭太郎委員（日本自由党）

……是は戦争抛棄の問題であります。**マッカーサー元帥**は此の条章に対して斯う云ふことを書いて居る。戦争に対する潜在力の創設すら禁ずる旨書いてありまするが。（附録四参照）さう致しまするとパッシヴもアクティヴもない、消極的戦争防衛と云ふこともない、積極的は勿論いけない、是は私は偶〻マッカーサー元帥のに左様なことを書いてあるが為に賛成であるのでなくして、平和への憧れ、意見が一致致しまするが故に全面的に賛成するのでありまするが、是も只今国務相の御答弁の如く、国際情勢の

如何に重点を置いて政府の態度を決すると云ふことになるのでありまするか、如何でありますか。

日本が定むる憲法で、外国の意思に依つて定むるのではない

国務大臣　金森徳次郎君　此の憲法は飽くまでも日本が定むる憲法でありまして、外国の意思に依つて此の憲法を定むるのでないことは、是は固より当然のことであります。又我々が此の憲法の内容を考へます時に、日本の置かれて居りまする種々なる国際的制約を考へて処理すると云ふことでありまして、決して他所から指図を受けて憲法の中味を如何にすると云ふやうな態度を執つて居る次第でないことは十分御諒解を願ひたいと思ふのであります。今御話になりました戦争抛棄に付きまして、外国の将軍がどう云ふ言葉を使はれたかと云ふことに付きましては、私実は今仰せになりましたやうな点に付きまして、正確な知識を持合せませぬけれども、大体の趣旨は今御答へ申した所に依つて御分り下すつたことと思ひます。

委員長　芦田均君（日本自由党）　午後は一時半より会議を開きます。是にて休憩致します。

委員長　芦田均君（日本自由党）　休憩前に引続き会議を開きます。……

委員長　芦田均君（日本自由党）　早川崇君

早川崇委員（新光倶楽部）

三種の神器の剣と戦争抛棄との思想的関係

……御尋ね申したいのは**三種の神器**との関係であります。……更に其の中の一つに剣がありますが、斯う云つた問題に対して、此の条項にある戦争抛棄と云ふやうな問題との思想的な関係、さう云つた点に付て御尋ね致します。

国務大臣　金森徳次郎君

三種の神器の剣は必ずしも武力による戦争を意味しない

……剣と戦争抛棄との関係を御尋ねになりましたが、剣の持つて居りまする全精神は、相当深い意味があるのでありまして、必ずしもそれは現実に武力を以て戦争をすると云ふ意味ではなからうと私は了解して居ります。随て剣が若し心の強みを象徴して居るものと致しまするならば、憲法第二章の規定と相そぐはないと云ふことはないものと思つて居ります。

委員長　芦田均君（日本自由党）

……明日は午前十時より会議を開きます。本日は是にて散会致します。

衆議院帝国憲法改正案委員会

昭和二一年七月一三日（土）

前一〇・二〇開議　前一一・五五休憩
後　一・四四開議　後　四・〇一散会

委員長（芦田均君）（日本自由党）

休憩前に引続き会議を開きます。……

委員長（芦田均君）（日本自由党）

……第九条を議題に供します。第九条に関して質疑の通告を行はれた方が数名に上つて居りますが、其の中に外務大臣の出席を要求せられて居る方の発言は、今日は留保致しまして、出来る限り月曜日に質疑を行ふことに打合を致します。特に外務大臣の出席を必要としない方に発言を求めます。――鈴木義男君

鈴木義男委員（日本社会党）

「主権」の意義

修正案を出すべきかどうかと云ふことを前提として御伺ひを致すのであります。第九条には**国の主権の発動たる戦争**を規定したのでありますが、是は用語として適当でありませうか。**主権**と云ふ言葉の使ひ方は色々ありますが、フランス革命時代には国家の最高権力の意味に用ひまして、それが英米殊に米

「国の主権の発動たる戦争」と云ふ用語法を採用した理由

国に移りまして国家の最高権力と云ふ意味に使はれて来たのであります。併し近時の通説は、国法の最高性と云ふ職制を表はして居るものと存じます。さうでなくて国家権力と云ふ意味を表はしますならば、我が国の言葉では寧ろ国権と云ふ言葉が適切と存じます。戦争と云ふものは国家権力の発動に相違ないのであります。戦争をしないと云ふ誓ひは、寧ろ国の政策としての戦争はしないと云ふ意味であらうと存じます。それならさう規定する方が一層適切簡明ではないかと思ふのであります。**主権の発動**と云ふ用語は、将来之を学問的に説明しまする場合に面白くないやうに存じまするが故に御尋ねを致すのでありますが、政府は何か特別の理由を以て、此の用語法を御採用になつて居るのでございませうか。

主権とは、国家主権、国家統治権と云ふと同じ

国務大臣　金森徳次郎君

これは先に御示しになりました国家権《主権?》、**国家統治権**、さう云ふ意味の主権でありまして、特に外の意味を含めては居りませぬ。只それだけの単純な意義を表はす為に**国の主権の発動**と云ふ言葉を使つた訳であります。それが当否に付きましては、私から今別に御答へ致しませぬが、御諒承願ひます。

主権は、国家の最高性、法的優越性を示す概念

鈴木義男委員（日本社会党）

私自身は此の**主権と云ふ言葉の使ひ方**に付て独自の考へ方を持つて居りますが、それは姑く預かるとしまして、最も妥協的に常識的に使ふと致しましても、国家と云ふ団体が他の如何なる団体からも拘束を受けないと云ふこと、法的に優越性を持つて居ると云ふことを示す概念であります。歴史的には先程

権力の主体を示すためには、国の最高権力とか国権とか云ふのが、公法学界の通説

申す通り、フランス革命の人権宣言に使はれたのが其儘或国の法系に伝はつて残つて居るだけでありまして、国家の最高性を表はすならば、私は之を使つても宜いと思ふのでありまして、前文で使つて居る主権と云ふ言葉の使ひ方は、必ずしも非難に値しないと思ふのであります。之に反して実力的、即ち権力の源泉が何処にあるかと云ふ意味で此の主体を示しまする為の表現ならば、国の最高権力とか国難《権?》とか云ふべきことは殆ど世界各国の憲法及び公法学説の一致して居る所であります。戦争なるものは明らかに国家権力の発動現象でありまして、国家の法的最高性と云ふこととは無関係であります。此の立案者も其のことを意識して居られましたらしく、前文で戦争のことを申しまする時には「政府の行為によつて再び戦争の惨禍が発生しないやうに」と云つて居るのであります。是が正しい表現であると存じます。将来の憲法を説明致しまする場合に、学問的に困難を感ずるやうな表現は、立案の際に気が付きまする以上は、出来るだけ改めて戴きたいと念願致しまするが故に、此のことを一言附加して私の質問を打切ります。

委員長　芦田均君（日本自由党）

山田悟六君、総理の出席は必要でありませぬか。

新憲法の平和宣言と云ふ目的から、本章をもつと大きく取り上げてはどうか

山田悟六委員（日本進歩党）

ありませぬ。――私は此の第九条の第二章と云ふものは、今回の憲法の**平和国家宣言**と云ふ事柄に非常に重大の意義を持つて居ると信ずるのであります。此の新憲法の目的から、或は国際的の重大関係と

云ふやうな事柄から、本章をもつと大きく取り上げる御考へが政府にあるかどうか、此の所見を御伺ひ致すのであります。

国務大臣　金森徳次郎君　此の第二章に含まれて居る原理を、もつと大きく取上げる考へが政府にあるかどうかと云ふ御尋ねと心得ましたが、此の九条の規定は、言葉は簡単でありまするけれども、内容に於きまして実に深遠なる味はひを持つて居りまして、是れ以上容易に大きく取上げる余地はないやうに考へて居ります。

言葉は簡単、内容は実に深遠

山田悟六委員（日本進歩党）　更に御伺ひ致しますが、此の平和国家の宣言と云ふ事柄には、平和を愛好する我々国民の意思と云ふものが非常に重大であるやうに考へるのであります。此の平和愛好の意思を本条に加へる御考へが政府にありますかどうか、之を重ねて申上げます。

平和愛好の意思を九条に加へてはどうか

国務大臣　金森徳次郎君　憲法は言ふまでもなく国の法でありまして、各個の規定は法則を規定するのが順序であらうと思ひます、併し憲法と云ふやうな基本法になりますると法則でない一つの主義、主張の闡明と云ふものも幾らか含まれては居りまするけれども、凡そ範囲を守りまして、法則に近いものを規定致しまして、其の埒を越えまするのにも自ら遠慮深く決めて居るのであります。今御示しになりましたやうに、平和に対しての日本の態度を大いに明かにすると云ふことは、確かに実質に於て適当なることでありまするけれど

憲法は法則を規定するのが順序

平和宣言は前文中に相当力強く盛り込んである

も、此の憲法の各個の条文は出来るだけ法則的のものを内容と致しまして其の周りに存在致しまする種種の原理の表明とか、主張とか、歴史的過程を叙述するとか云ふことは前文の中に委ねることを適当と思ひまして、平和の大いなる理想を実現しようとする宣言は、前文の中に相当力強く盛り込んであると思ひますから、前後相承けて意味を成すものと考へて居ります。

戦争拋棄と云ふことはあり得ない。戦争否認、戦争権拋棄と言ふべし

山田悟六委員（日本進歩党）

次に**戦争拋棄**でありますが、是は世上多く戦争拋棄と唱へられて居り、又英文を訳しますと、是より仕方がないのでありますが、私共から考へさせると、戦争の拋棄と云ふ事柄はあり得ない。**戦争の否認**と云ふことであるならば、あり得ますが、強ひて言へば、**戦争権の拋棄**ならばいざ知らず、戦争の拋棄と云ふ事柄はあり得ない。戦争と云ふものを拋棄と云ふ文字を使用して表現致しまするのは、戦争をものとしての御考へに依つての結果より出たるものと思ふ。之に対する御所見を承りたいのであります。

戦争拋棄と云ふ言葉の由来

国務大臣　金森徳次郎君

御趣旨にありまするやうに、是は固より戦争及び武力の行使をやらないことにすると云ふことに外ならぬのであります。併しながら斯くの如き思想を的確に言表はしまするには如何なる言葉が宜いであらうか。私共之を考へまする時に、或る場合には**否定**と云ふやうなことを考へました。戦争の否定《ママ》……併しそれも語弊がありまして面白くない。又或る場合には**戦争の否**認と云ふ言葉を使つて見ました。是も戦争其のものの観念を否認するが如き形であつて面白くない。或る場合には**戦争の断念**と云ふやうな言

葉を使つて見ましたが、如何にもそれは残り惜しさうに断念をすると云ふ感じを起しまして面白くない。色々な文字を探りましたけれども、的確に之を表はす言葉が容易に見付からなかつたのであります。然るに曾て**不戦条約**を締結致しまする場合に、其の時に戦争の抛棄と云ふ言葉を使ひました。文字を一字々々分析して読んで行きますれば、それは意味を成さないとの非難も起り得るかも知れませぬけれども、やはり、時代に応ずる一つの表現がありまして、それが外観上不自然な所があればある程、人心に沁み易き効果的なる味はひもあることでありまして、従前の慣例に依りまして戦争抛棄なる言葉を使つた次第でございます。

不戦条約締結の際に、この言葉を使ふ。時代に応ずる一つの表現

山田悟六委員（日本進歩党）

更に私は此の最後の項の「陸海空軍その他の戦力は、これを保持してはならない。」如何にも他動的に「保持してはならない。」と示してありますが、他動的なる事柄である。然るが故に此の項に対しては、他動的なるものであるか――私共は自主的に保持しないと解釈を致して居りますが、保持してはならないものであるか、自主的に保持しないものであるか、此の点に対する御所見を承りたいと思ふのであります。

「保持してはならない」とは自主的に保持しないのか若くは他動的に保持してはならないのか

国務大臣　金森德次郎君

是は国家が国家の働きをして居る人々に対しまして言渡すやうな形でありまして、国が中心になりまして、国の事務を担任して居る者に向つて戦力は保持してはならない、交戦権は之を認めない、斯う云

国家が国家機関に対して言渡すやうな形式

ふ風に言表はしたのでありまして、其の外の特別な趣旨を持つて居る訳ではございませぬ。

山田悟六委員（日本進歩党）

以上を以て私の質問を終ります。

委員長　芦田均君（日本自由党）

本日は此の程度に止め明後日午前十時から開会致します。引続き第九条に対する質疑を継続致します。是にて散会致します。

　衆議院帝国憲法改正案委員会議録（速記）第一三回

衆議院帝国憲法改正案委員会

昭和二一年七月一五日（月）

前一〇・二四開議　後〇・〇一休憩
後　一・四八開議　後四・一五散会

委員長　芦田均君（日本自由党）

会議を開きます。第二章第九条を議題に供します。――加藤一雄君

加藤一雄委員（日本自由党）

私は政府に第九条に関しまして質問するに当りまして、一応私が質問致しまする前提、心構へを御話させて戴きます。私は戦争抛棄の規定に付きまして文理解釈は偖て措きまして、其の精神解釈に重点を置きまして御伺ひしたいと思ひます。左様申上げますことは、此の規定が特に重要でありますから、此の規定の背後にございまする各般の事象を究明致すことが必要と考へて居ります。日本は今次世界戦争に参加、又は自分の方から始めまして、歴史を破壊致しますと同時に、世界の物嗤に相成つて居ります。戦争抛棄と一概に申しまするが、是は大事業でありまして、我々国民と致しましては、戦争を抛棄致しますに当りましては、又之を世界に宣明した以上は、是が非でも之をやり遂げまして、二度と再び世界の前に嗤ひものにならぬと云ふ覚悟を今日私は新たにしたいと存じて居ります。それで私が御伺ひ

文理解釈は偖て措き、精神解釈に重点を置いて質問

二度と再び世界の嗤ひものにならぬと云ふ覚悟

心の底から迸り出る政府の決意を開陳願ひたい

天皇は世界に率先、戦争抛棄を改正案に御明定

新日本の再建は、戦争抛棄の規定を円満・迅速・完全に遂行するにある

致しますることは、斯様な意味合でありますから、政府の端的なる御決意を伺つて見たいのであります。今まで政府の御答弁が口先だけの御答弁とは考へて居りませぬが、特に私が御伺ひ致したいことは、心の底から迸り出る所の政府の御決意を開陳願ひたいと存じます。是と同時に国民も政府の意のある所を十分に諒解致しまして、新たなる覚醒を呼び起すと同時に、絶大なる決意を鞏固に致しまして、茨の道を真一文字に突貫致しまして、先に申上げました通りの新日本建設を致すことを確信を致します。惟ふに戦争と申しますのは**バートランド・ラッセル**が申しました通り、罪悪の樹に咲く最後の華であることは申すまでもございませぬ。現在地球上に存在致して居りまする、又世界を料理致して居りまする大部分の人達は、一度ならず二度までも、有史以来の甚大なる惨禍を齎しました戦争を経験致して居ります。静かに人類は今胸に手を当てて考へて居ることと私は思ひます。三度此の地球上に戦争を勃発せしめないやうにする努力を傾倒しなければならぬと云ふことであります。茲に**天皇陛下**は、突如として政府をして世界各国に率先致しまして、此の悲しむべき戦争を抛棄すると云ふことを、国の基本法でありまする憲法に御明定になりまして、我々国会に是を提示遊ばされまして、審議を御命令に相成つて居ります。又同時に世界人類の前に之を御明示に相成つた訳であります。此の戦争抛棄の条文は、綴れば一条文のことでありまするが、此の重大性は実に甚だしいものでありまして私が只今申上げるまでもございませぬ。私は此の新日本の再建と云ふものは、懸つて此の戦争抛棄の規定を円満且つ迅速に、完全に遂行すると云ふことにあると申上げたいのであります。即ち戦争抛棄を完全に遂行致します

に当りましては、一国の政治、外交、経済、産業、教育、文化、社会、各般に亙りまして、其の裏付になつて居ります事象を正確に把握致しまして是等に対しまして絶えず誤らざる研究と、政策とを実施致しまして而も是等研究と実施とは、総て戦争抛棄の一点に集結するの政策でなければならぬと確信を致します。此の研究と政策の実施があつて初めて世界の諸国民は、公正と信義の命ずる儘に、我が民族に対しまして喜んで協力をやつて呉れると是れ亦確信を致します。日本は今次戦争に於きまして完全に敗北致しました。而して世界人類の前に服罪を致して居ります。之に対しては如何なる高価な犠牲をも辞するものではないと云ふ謙虚な気持を以て私は茲に起ち上がりまして政府に一問一答を試みることに致します。私の言葉を通じまして、日本民族の現在の心境を、必ずや聯合軍は、平和を愛好する世界の諸国民に代りまして十分に諒解して呉れると是れ亦確信を致します。重ねて申上げます。政府は勿論のこと、日本国民は全部自分の手で日本再建の大努力を致すことが、第一に肝要であります。先づ之をやりまして然る後聯合軍に諸種の救援を求めることが必要と考へて居ります。……以下一問一答致します。

完全に敗北、世界人類の前に服罪

過去に於きまする戦争は、概ね其の原因が、人口問題を中心に致します経済問題にあつたやうに自分は考へて居りますが、政府の御所見は如何でございますか。

過去における戦争は、概ね其の原因が、人口問題を中心とする経済問題にあつたと考へる

国務大臣　金森徳次郎君

全部がさうと云ふことは固より申されませぬが、大いなる要素としてそれがあることは御説の通りと考へて居ります。

人口問題は戦争原因の全部ではないが、その原因の大いなるもの

戦争を抛棄して而も国の安全と生存を確保するには、経済の安固と、思想教育の確立が必要

加藤一雄委員（日本自由党）

そこで完全に戦争を抛棄致しまして、而も我等の安全と生存を確保する上に於きましては、経済の安固と云ふものが第一条件となります。之に配するに思想教育の確立と云ふことが必要と考へまするが、此の点は如何でございますか。金森国務相と文相の御答弁を戴きたいと思ひます。

申すまでもない

国務大臣　金森徳次郎君

それ等の御示しになりました要素を堅実に発展せしむると云ふことが、此の平和的文化的なる国家の建設の上に最も重点を置かなければならぬことは申すまでもないことと存じます。

戦争抛棄の問題と教育との関係

文部大臣　田中耕太郎君

御答へ申上げます。戦争抛棄の問題に付きまして只今教育との関係に付ても十分考慮しなければならない、是は全く御説の通りでありまして、是は詰り民主主義的、平和主義的教育を今後遂行致して参りますのに付きまして、非常に意味あることであります。日本が詰り今後の国際政治に於きまして**パワー・ポリテイックス**詰り**権力政治**と申しまするか、其のパワー・ポリティックスのクライマックスは、要するに武力に依る世界制覇と云ふことになるのでありまして、戦争を抛棄して本当の平和主義的な活動を国際政治に於て演ずると云ふことは、是は国内の教育に付ても非常に大きな意味を持つのであります。詰り戦争抛棄をなぜ致したかと申しまするど、**西洋の聖典**にもございますやうに、**剣を以て立つ者は剣にて滅ぶ**と云ふ原則を根本的に認めると云ふことであると思ふのであります。併しながら

戦争抛棄は、不正義に対して負ける、不正義を認容するものではない

さう云ふ風に考へますると、或は不正義の戦争を仕掛けて来た場合に於て、之に対して抵抗しないで不正義を許すのではないかと云ふやうな疑問を抱く者があるかも知れない、詰り正しい戦争と正しからざる戦争の区別も全然無視して単に不正なる力に負けてしまふと云ふやうなことになりはしないか、さうすると詰り国際政治に於きまして、不正義を此の儘認容すると云ふ風な、道義的の感覚を日本人が失ふと云ふことになつても困るではないかと云ふやうなことも考へられます。併しながら決してそれはさうではない、不正義は世の中に永く続くものではない、剣を以て立つ者は剣にて滅ぶと云ふ千古の真理に付て、我々は確信を抱くものであります。さう云ふ場合に於ては、輿論の力が今後は国際政治に於きましても益〻盛んになることでありますし、又或は仮に日本が不正義の力に依つて侵略されるやうな場合があつても、併しそれに対して抵抗することに依つて、我々が被むる所の莫大なる損失を考へて見ますると、まだ〳〵日本の将来の為に此の方を選ぶべきではないか、併し世界歴史的の大きな目を以て考へて見ますと、**世界歴史**は**世界審判**だと云ふことを申します。大きな目を以て考へますと、戦争抛棄と云ふことも決して不正義に対して負ける、不正義を認容すると云ふ意味を持つて居ないと思ふのであります。此の点に付きまして教育の面に於ても非常に被教育者を精神的に指導致すのに付て大いに考慮を要することと思ひます。只今御質問の此の戦争抛棄と教育の関係と云ふことに付きまして御触れになつた点に付て御答へ申上げました訳であります。

剣を以て立つ者は剣にて滅ぶと云ふ千古の真理に確信を抱く

世界歴史は世界審判

教育法の根本的構想

尚**教育法の根本的の構想**を此の際立つべきではないかと云ふやうな御説でございますが、此の教育法

の根本的の構想は今我々が練つて居る最中でございまして、其の範囲、内容等は、甚だ実は漠然と致して居るやうな訳でございますが、併し民主主義的、平和主義的教育の根本原理、詰り憲法の前文にも現はれて居りますやうな根本原理を先づ掲げまして、今日までの**学校法令**に現はれて居ります所の**皇国の道**に則り、さう云ふ思想を払拭致すと云ふことが第一であります。第二に**教権の独立**、此の頃是は輿論になつて参つたと申しても宜いのでございますが、其の教権の独立、詰り或は文部省行政なり、或は地方教育行政がどう云ふ風に今後進んで行かなければならないものかと云ふやうな問題に付きましても、十分研究の上、或は適当な形を以て規定に表はさなければならないのぢやないかと思ひます。更に又学校教育の根本に付きましては、**義務教育の範囲**の問題になりますでせうし、又或は男女の性別に依つて教育の区別を設くべきではないと云ふやうな問題に付きまして、女子教育の根本理念を掲げる必要もございますし、又**教育《員?》養成機関**の問題に付ても必要でございますし、其の他**私学の問題**に付ても必要でありますし、大体さう云ふやうな根本的な問題に付て法律の規定にどれだけ取入れらるべきであるかと云ふやうなことも考へまして、構想を練つて居る次第であります。

国際不安の要素の分解。外部的要素と内部的要素

加藤一雄委員（日本自由党）
総理に御伺ひ致します。安全感は不安の要素が動く所に懸つて参ると思ひます。そこで不安の要素を今分解致しまして、外部的に之を見ますれば、戦争と武力に依る威嚇、武力の行《使?》為と**ボイコット**、所謂不法なる経済圧迫と云ふものがあると思ひます。それから之を内部的に見ますと、只今一番初めに申

不法なる経済圧迫等の規定が第九条にはないが、是はどうなるか

しました通り、人口問題を中心に致します主として社会経済問題が根幹になつて居るやうに考へます。又此の内部的問題が生存権と云ふものに懸るのでありまして、外部的に現はれて戦争行為になる場合も私はあると思ひます。本第九条には不法なる経済圧迫等の規定はございませぬが、是はどうなつて居りますか、総理大臣の御考を承りたいと思ひます。

国聯の設立により御懸念は一応問題がない

内閣総理大臣　吉田茂君

九条には特に経済圧迫とかと云ふやうな文字は使つてありませぬけれども、苟くも経済圧迫等に依つて一国が圧迫を受ける、其の為に自衛に依る戦争と云ふやうなことを回避せられる《ママ》と云ふやうな場合がありとすれば是は例の国際聯盟《合?》と申しますか、聯盟《合?》の設立の目的、或は其の規定に依つて考へて見ましても、世界の平和を脅すやうな総ての事態を除去する、さうして世界の平和愛好国が挙つて斯くの如き戦争原因になるが如き事態を救ふ、改めさせると云ふことになれば、一方には斯う云ふ団体もありますから、従来に於けるやうな露骨に経済圧迫と云ふやうな手段を講ずることは、先づ一応ないだろうと思ひます。併し是は抽象論であり、想像を本として居るのでありますから、想像をもととして斯う云ふ場合あゝ云ふ場合と言へば限りもないことでありますから、一応此の平和愛好国の団体の存在、或は設立すると云ふ趣意から考へて見まして、御懸念のことは抽象的には先づ一応問題がないものと思ひます。

加藤一雄委員（日本自由党）

左様な問題が起りました時は、国際聯合が寄つて集つて日本を防衛して呉れると云ふやうに了解致し

今後の人口問題をどう考へるか

重大な問題だが、経済政策の立て方によつて救済されるのではないか

マッカーサー元帥の声明文を金森国務相は知らないと云ふが、吉田総理も同じく御存じないか

まして、次に移ります。

総理大臣は**今後の日本の人口問題**をどのやうに御考へになつて居りますか、此の点を御伺ひ致します。

内閣総理大臣　吉田茂君

是も実際問題として非常に重大な問題であります。此の狭小な国土の中に、無限の人口を包容すると云ふことは難かしいことでありますが、併し是は経済政策の立て方に依つても救済されるのではないか、例へば農業立国で行くと云ふことになると、限りある国土に吸収する人口の数は限りがありませうが、農業に付ても、機械化するとか、或は合理化するとか云ふやうな又色々な考へ方もありませうし、更に狭小なる郷土の中に多数の人口を収容する場合には、どうしても国家を産業化する、貿易化すると云ふ方法に依つて救済の途も実際に於て行使せられ得る、又さう云ふことは政治家として考へなければならぬと思ひます。

北浦圭太郎委員（日本自由党）

私は務めて金森国務相以外の各大臣の方々には御意見を伺はない方針で居るのであります。唯過日私は此処で**マッカーサー元帥の声明文**に付て御伺ひ致しましたが、不幸にして金森国務相は知らないと云ふ御返事であつた。重ねて我等の同僚でありまする**笠井代議士**から同じやうな趣旨の御質問がありまして、其の時も金森国務相は曩に答弁した以外のことを答へない方が宜いと思ふと云ふ御返事があつて、要するに知らないと云ふ結論であつた。そこで私は吉田首相に御伺ひ致すのでありまするが、斯う

マッカーサー元帥の声明文

云ふ内容であります。是は我々同僚は皆知つて居りまするが、此の憲法草案に関する定義に付きマッカーサー元帥の声明文中に「この憲法は五ケ月前に余が内閣に対して発した余の指令について日本政府閣僚と当司令部の間における労多き調査と屢次にわたる会議の後、書き下されたものである」斯様に最初に書いてございまして、……次に此の中で最も重要なる部分と云ふ意味に書いてございまするが、戦争抛棄の点であります。（附録四参照）此の点も、マッカーサー元帥の意見に依りまするると、特に民主主義政体の出現と戦争抛棄、今日之を盛んに我等の同僚は論議致して居るのでありまするが、是が特徴だと云ふ風の趣旨に書いてある所の声明を我々は読むのでありまするが、吉田首相は斯う云ふことは全然御存じないのか、或は左様な声明文は金森国務相と同じやうに御存じないのか、此の点一つ御伺ひ致したいのであります。

宙には覚えて居ないが、元帥が日本政府に対し、憲法改正の指令を与へたことはない。相互間の諒解から、憲法改正に一致

内閣総理大臣　吉田茂君

御答へ致します。今のマッカーサー元帥の声明文なるものは今宙には覚えて居りませぬが、兎に角事実としては、政府に対して憲法を改正しろと云ふ指令を与へたことはありませぬ。只我々と言ふよりも、日本政府の閣僚がマッカーサー元帥其の他と話合つて居る間に、憲法は改正しなければならない、現行憲法に於ては日本の国民の意思、国家の意思を十分聯合国其の他に共鳴徹底せしめることは難かしい、既に大きな大東亜戦争と云ふか世界戦争が現行憲法の下に行はれたのであるから、所謂戦争抛棄と云ふが如き重大なる原則を発表することに依つて、日本は好戦国ではない、又戦争を更に仕掛け

るやうな準備はないと云ふことを明瞭にすることが日本国の利益であり、日本国の平和的政策、意思を表明することが必要である、と云ふやうな相互の間の諒解から憲法改正と云ふことに双方一致したのであります。……

委員長　芦田均君（日本自由党）

笠井重治君、総理は十二時にどうしても此の席を立たなければなりませぬから、時間が非常に短かいのでありますけれども、其の程度で御質問を願ひます。

笠井重治委員（無所属倶楽部）

戦争抛棄の条項を入れるに付て帝国政府の決意のある所を総理から伺ひたい

総理大臣に質問致します。新憲法の二章九条に付きましては私は賛成でございます。又政府が非常なる決心を以て此の九条を加へられたと云ふことは、現下の日本を救ふ意味に於ける政府の重大なる決意を示すものであると思ひまして、慶賀する次第でございます。そこで既に北浦君からも只今申されたやうに、**ポツダム宣言**の趣旨に基いて新憲法が茲に出来て居る、ドラフトが出来て居る、併し又同時に日本が敗けたと云ふ現実の下に、国内の情勢からも斯う云ふ憲法が必要である、そこで内外呼応しての精神に基いて居るのだと云ふことを金森国務大臣が仰せられて居りましたが、私は此の点に付て此の第九条即ち戦争抛棄と云ふ条項を入れるに付きましての我が帝国政府の決意のある所を総理から伺ひたいと思ひます。

内閣総理大臣　吉田茂君

本会議、委員会に於て屢〻説明した通り

御答へ致します。此の九条の挿入を致しました政府の趣意に付ては、屢〻本議場又此の委員会に於ても政府は説明したと思ひますが、要するに日本国が列国に先だつて、或は世界を率ゐて平和愛好の平和的条約を現出せしむる其の先駆けになつて自ら戦争を抛棄し、軍備を撤廃することに依つて世界の平和を事実ならしめる、此の決意に基いて政府は此の案を提出した訳であります。

第九条によつて戦争を抛棄するならば、将来国聯加入等の場合に於て、国聯憲章第四十三条との関係において、問題となるのではないか

笠井重治委員（無所属倶楽部）

戦争抛棄と云ふことは、是は侵略戦争を抛棄しようと云ふので、一七九一年のフランス革命の後のフランスの憲法に見えて居りましたが、（附録一八参照）今回恐らく世界に先んじて日本が戦争抛棄をなす、之に付ては、北浦君が仰しやられたやうに、又私が一昨日読上げましたやうに、**マッカーサー元帥**が三月に同じやうな声明を致して居る、（附録四参照）又四月五日の聯合国四国委員会の第一回席上に於て、マッカーサー元帥が日本独自に於ける所の此の戦争抛棄と云ふことは実に立派なことである、それで又日本が自身でやることは非常に結構なことであるけれども世界が齊しく此の状態を認めて、そして日本の一方的行為とせずして、世界が此の場合に於て日本と齊しく戦争抛棄の方面に進むのが必要ではないか、就ては**国際聯合**と云ふものが、どうか此の精神を酌んで、そして世界相共に戦争抛棄の状態に進むべきであると云ふことを言はれて居ります。（附録五参照）そこで総理大臣に伺ひたい問題は、国際聯合でありまするが、国際聯合の憲章の第四十三条に於きましては国際的平和及び安全の維持に貢献せんが為に、国際聯合の一切の加盟国は安全保障理事会に対し其の要請に基き、及び特別協定に従い国際的平

和及び安全の維持の為に必要なる武装軍隊及び援助及び通過権を認める便利を利用し得ることを約す、斯う書いてあります。（附録二〇参照）是は第一項でありますが、第二項、第三項とありますが、要するに国際聯合と云ふものに将来我が日本が加盟をする場合に於て最も必要なることは、第一条件と致しましては、我が日本の独立国家が軍備なくして国際聯合の負担を負ふことが出来るや否や、又軍備がなかつた場合には、国際聯合と云ふものは日本がそれに入会することを拒否するのであるかどうか、此の点に付ては屢々質問もあつたやうでありますが、金森国務大臣の此の間までの御答弁に依りますと国際聯合とまだ政府との間に於てはしつくり行つて居らない所があると云ふ意味のことを申されて居りましたが、此の点に付て総理大臣の明確なる御答へを願ひたいと思つて居ります。

内閣総理大臣　吉田茂君　御答へ致します。今日の所は日本はまだ国際聯合に入つて居らないのみならず、入り得る資格に付ても決まつて居ないので、総ては講和条約が出来た後のことであると思ひます。

総ては講和条約が出来た後

笠井重治委員（無所属倶楽部）其の問題は分つて居ります。固より日本が今日の状態に於て国際聯合に加入が出来ないことは当然でありますし、まだ平和条約も出来て居りませぬ。我々も此の憲法と云ふものは今後日本帝国の続く限り、日本国の続く限りは此の儘で行くものである。将来に於て或る変更はありませうけれども、さう云ふことを予想して日本が独立性を贏ち得た時の状況を思つて茲に於て伺つて居る訳でありますから、ど

独立回復を前提としての質問。はつきり言つて戴きたい

うか其の点をはつきり仰しやつて戴きたいと思つて居るのであります。

最後に総理にもう一度伺ひたいのでありますが、其の点は総理から茲に掲げてある第九条の政府の御決意を伺ひまして、深く私は賛意を表するものでございます。又同時に進んで此の場合に於て日本が自らの力に於て戦争を抛棄すると云ふことでありますが、どうか我が日本が独立を贏ち得た後に於て、世界の各国に此の精神を徹底せしめて、以て世界各国が、即ち国際聯合に加盟して居る国々が平和愛好の日本国の精神を諒解すると共に、此の戦争抛棄と云ふことが、各国の憲法の中にも編み込まれるやうに、政府の御努力を戴きたいのですが、此の点に付て総理の御決意を伺ひたいと思ひます。

戦争抛棄の趣旨を各国に徹底せしめ、各国の憲法の中にも編み込まれるやうに政府の努力を望む

内閣総理大臣　吉田茂君

新憲法第九条の精神を世界各国に徹底せしむるやうにと云ふ御意見は洵に賛成であります。政府と致しましても極力機会ある毎に九条の精神を徹底せしむるやうに努力致す考へであります。又国際聯合に入る場合に於て、今日の軍備のない日本の国家を聯合に入れるか入れないかと云ふことは、一に国際聯合が決すべき問題でありまして、講和条約が出来、日本が独立国の体裁を成し独立の国家主権を回復して、而して国際聯合が如何なる条件で以て日本が入ることを許すか許さぬかと云ふことは、国際聯合が決めるべき問題であつて、日本と致しましては、今の憲法を以て国際聯合が如何なる処置をするか、是は進んで言ふよりは、寧ろ聯合の意見を聴くのを待つより外、仕方がないと思ひます。

政府としても機会ある毎に努力

戦争を抛棄した日本の加入を許すか否かは国聯の決定に委す

笠井重治委員（無所属倶楽部）

私の質問は是で終ります。

委員長　芦田均君（日本自由党）　午後は一時半より会議を開きます。是にて休憩致します。

委員長　芦田均君（日本自由党）　休憩前に引続き会議を開きます。――山崎岩男君

山崎岩男委員（日本進歩党）

戦争抛棄は歴史的に考へて重大なる意義をもつ

天武天皇の故事

第九条の戦争の抛棄に付て御尋ね申上げます。本条は本草案の中に於きまして最も特色を有しまする、日本政府としましての将来に関する重大なる発言でありまして、世界にも大きな影響を与へたことと私信ずるのであります。戦争の抛棄と云ふことを私熟々考へまして、日本の史実に徴して見まして、洵に我々国民としまして感に堪へないものを私は発見したのであります。二千六百有余年の丁度半ば、紀元千三百年の頃、**天武天皇**様の御代の当時でありまするが、天武天皇様の時代に**三種の神器**の一つでありまする所の**草薙の御剣**が朝鮮の坊さんに依つて盗まれた、朝廷では大変驚きまして、之に対して追手を向けたのでありましたが、筑紫の大荒波に揉まれまして、其の船が又筑紫の方に打寄せ上げられた、其の為に朝廷に於きましては、朝鮮の坊主から此の草薙の御剣を取返すことが出来たのであります。朝廷では非常に驚きまして、之を禁廷の中に御保護申上げて居つたのであります。時偶々天武天皇は非常な御病気に罹らせられまして、八方手を尽しましても御快癒を見ることが出来なかつた。そこで神様に占

天武天皇は草薙御剣を熱田神宮に奉遷して治績を挙ぐ。新日本は軍閥を払拭して、平和国家を建設

今日までの御軫念のあら方は軍閥、即ち剣の禍

を立てて見ました所が、それは草薙御剣の祟りであると云ふ御託宣であつた。陛下は非常に驚かれまして、此の御剣を再び**熱田神宮**に御返し申上げた、所が陛下の御悩みが立どころに癒られまして、さうして天武天皇様のあの偉大なる所の政治と云ふものが確立したと私承知して居るのであります。草薙御剣が熱田神宮に返されまして、さうして落着く所に落着いた、天武天皇様の御治政と云ふものは歴史の上にも燦として輝いて居るのであります。例へば**古事記**の草案を**稗田阿礼**をして作らせたが如き、天皇様の御治績の一つであります。私は此の事を考へて見まして、熱田神宮に御返し申上げました為に、陛下の御悩みが御癒り遊ばされました、さうして立派なる所の御政治が出来上つたと云ふことを当代に比較致しまして軍閥と云ふものが此の機会に払拭されて、本当に平和国家が建設されると云ふことは、其の昔草薙御剣が納まるべき所の熱田の宮に納め返されまして、本当の平和が確立されたと云ふことと思ひ合せて見ますれば、私は此の戦争抛棄の条項と云ふものは、歴史的に考へて見ましても、洵に重大なる意義を持つものと考へるのであります。陛下の今日までの御軫念と云ふものの大あら方と云ふものは、軍閥の為の、即ち剣の禍ひであつたと私断ずることが出来るのであります。**満洲事変**と云ひ、**上海事変**と云ひ、**支那事変**と云ひ、一つとして軍閥即ち剣の禍ひでないものはありませぬでした。然るに此の機会に於きまして陛下が御敏くも此の戦争を抛棄されて、日本の未来永劫に亙つて武力に訴へることがない、剣を収められた、過日**国務相の御答弁**の中にも剣と云ふものは必ずしも是はまつろはぬ敵を平らげることだけが其の使命ではない、我々の魂を治める点にも剣の使命があると仰せられたと私拝承したのであ

日本は日本の有すべき自衛権を抛棄

国際上の保護国関係と云ふものを作り上げてやつて行くやうな状況にしなかつたら此の国際場裡を潜抜けて行くのは困難

りまするが、私は此の一条は納まるべき所に剣が納まつて、軍閥が本当に収まつて、さうして日本の立派な平和国家が建設されると云ふ陛下の大御心を偲んで、洵に感に堪へないものがあるのであります。過日も本会議に於きまして**森戸代議士**は此の点に言及されまして、陛下の御心情に思ひを致されて、臣下としての感懐を述べられたのであります。森戸先生にして尚且つあの言あり、洵に私共は此の一条に対しましては国民的感情を抑へ切ることが出来ない、洵に有難い極みであると考へるのであります。一方私は此の条項に依りまして、日本は日本の有すべき所の自衛権と云ふものを抛棄したのであります。果して此の妖怪変化とも言はなければならぬ又複雑雑多なる所の世界の情勢を、此の日本が本当に無手勝流で以て全く素裸で以て此の大荒波を乗切ることが出来るであらうか、日本丸の前途と云ふものは、洵に私は多事多難であると思ふのであります。其の大海原の対岸には、政府や国務相が言はれるやうに、如何にも**国際聯合**と云ふものがありまして、是が水難救助の仕事をやつて呉れるかも知れない、けれども水難救助の行届かない中に日本丸が世界の国情に押されて、揉まれて大海原の藻屑になつてしまはないとも限らないと云ふ懸念をも私は持つのであります。私は此の機会に寧ろ思ひ切つて国際聯合と云ふものよりも更に一歩進めて曾て**日英同盟**があつたやうに、日本は国際上の保護国関係と云ふものを作る、例へばアメリカの力を藉りて国際間に於ける所の保護国の関係を作り上げてやつて行くやうな状況にしなかつたならば私は日本が此の国際場裡を潜抜けて行くのには洵に困難が多からうと思ふのでありますが、此の点に付きまして総理大臣は先程御答弁があつたのでありますが、国務相は如何なる御考

へがありませうか承りたいと存じます。

国務大臣　金森徳次郎君　御尋ねの点は此の第九条に依りまして、日本が真に捨身の態勢を取つて、世界平和の先頭に立つて之を提唱すると云ふのでありまするが故に、余程の大いなる決心と正義を愛する熱情とを以て臨まなければ、十分の結果は得られないと思ふ訳であります。今仰せになりました特殊なる国際関係を結ぶことに依つて、果して此の趣旨が十分達成せられ得るであらうか、或は又此の九条に於きまして我々が世界の第一線として平和を主唱する其の態度と、今仰せになりました行き途とが、果して一致し得るであらうかと云ふやうなことは、今後の国際情勢の動きが我々の持つて居る理念と同じやうに、全般的に動いて呉れるかどうかと云ふやうなことをはつきり見定めまして、十全の方途を執らねばならぬのでありますから、御示しになりました一つの御考へは、非常に貴重なる御考へとは思ひますけれども、今日何事もまだそれに対しては御答へすることが出来ないと思ひます。

山崎岩男委員（日本進歩党）　治安維持の関係に付て御尋ね申上げます。是からの警察官が日本の治安維持と云ふものの全般に亙つての責任を持つて行く訳でありまするが、此の警察官の教養の点に付て私の希望は警官は中等学校以上を卒業した人を採用すると云ふことを条件にする御意思があるかどうか、それを承りたいのであります。今日までの警察官と云ふ者は教養が洵に足りなかつた、其の為に色々の点に於て悶着を起したので

大いなる決心と正義を愛する熱情を以て臨む

今後の国際情勢の動きを見定めて、十全の方途

治安維持に関連して、警察官は中等学校以上を卒業した人を採用すると云ふことを条件にする意思があるか

ありますo　警官にして今少し教養があつたならば、私は立派に国民指導と云ふ役割も果して、而も警察本来の使命を達成することが出来ると思ふ。そこで私は此の機会に警察官全部を少くとも中等学校以上の教育を受けた者を以て充てると云ふことが必要だと考へるのでありますが此の点に付ての御所見を承りたいと思ひます。

国務大臣　金森徳次郎君　現実の制度に付きましては、内務大臣から御答へになるのが適当だと思つて居りますが、只一般的な御答へと致しましては、私は私かに平素抱いて居りまする考へ方から言へば、日本の官職を分担して、殊に人民と接触して居る面、謂はば或る意味に於て窓口と言はれて居りますが独り窓口とは限りませぬ、直接に人民に接触する部面に於きまして其の人の各面に於ける知識及び知識以外の面に於きましての教養が余り十分でないと云ふことは、私深く考へて居るのでありまして、若しも是等の人の教養が望むべき深さまで達しまするならば、日本の各方面の行政は相当発展するものであらう、如何に制度を改正致しましても、之に盛り込む所の人間が不十分でありますれば、何の役にも立たないと思ふのでありますo　そこで今仰せになりました警察官の制度は是は明治の初め頃から漸次発達して来たものでありまして、其の当初は例へば士族の出身であつて、他に適当なる職務もないと云ふやうな人でありましたが為に、或る面に於きましては欠けて居る所もあつたかも知れませぬが、又或る面に於ては男らしい面を持つて居つて、相当に信頼されたと云ふことも言へるのであります。併し其の時代が過去つた後に於

教養が高まれば各方面の行政は相当発展

きまして、知識と性格との双方面に於きまして色々思はしからざる要素が加はつたことは否定は出来ないのであります。私共の知つて居る範囲に於きましても、内務当局に於ては其の面に付て相当注意をされまして、教養の程度も出来るだけ高くして行くと云ふ風に努力せられて居るやうに思ひます。此の勢ひは漸次進展されて、実質上高き能力、人格の人が当らろゝやうにしたいものと思つて居ります。

終りでございます。

山崎岩男委員（日本進歩党）

委員長　**芦田均君**（日本自由党）

高橋英吉君

高橋英吉委員（日本自由党）

九条に付きまして二点程御伺ひ致します。**第一点**は極く簡単に箇条的に御尋ね致しますが、日本は自衛権の規定を此の戦争抛棄の規定から除いたこと即ち之を挿入すると云ふことは有害無益であると云ふことの総理大臣の御説に対しては、私了解致すのでありますが、然らば只一つの頼みの綱である国際聯合、此の国際聯合に加入することは、講和条約の結果此の見透しがあるのでありますかどうか、講和条約が成立しました結果、当然此の国際聯合に日本も入り得る可能性があるのであるかどうか、是が一つと、**それから**仮に国際聯合に加入が出来ない場合でも、日本国が被害国である場合、即ち日本の自衛権が障碍された場合、日本が侵略の対象となつた場合に、日本国から積極的に提訴することが出来るか

講和後、国聯に加入する見透しがあるか

国聯に加入が出来ない場合でも、日本が侵略の対象となつた場合、日本国から積極的に国聯に提訴出来るか

未復員者の問題を現在日本として国際聯合にこれを提訴することが出来るか

講和会議の開催は何時頃になる見透しであるか、

仕事分担の関係上御答へしにくい

どうか、是が第二、それから**第三**としまして、先日終戦後当然速かに家郷に帰して貰ふことになつて居る武装解除せられました日本の軍隊が、尙ほ今日抑留拘禁の憂目に遭つて居る、即ち是は**ポツダム**宣言に違反するものであると云ふことの質問を致しましたに対して総理大臣から私と同意見であると云ふ御答へを得ました。然らば現在日本として国際聯合に是を提訴することが出来るかどうか、日本としては如何なる方法に依つて是が救済策を仰ぐことが出来るか、国際聯合は現在日本との直接の関係がないが為に、之を放置して顧みないと云ふ風なことの組織になつて居るのであるかどうか、是が第三と、それから**第四**に、講和会議の開催は何時頃になる見透しであるかと云ふこと、此の四つの点に付て政府の御所見を伺ひたいと思ひます。

国務大臣　金森德次郎君

今御尋ねになりました諸点は、固より政府の誰かが御答へすべき筈のものではありませうけれども、私自身と致しましては、仕事の分担の関係上御答へしにくい、又御答へ致しましても権威のない事柄に属すると思ひますから、暫く御猶予願ひたいと思ひます。

高橋英吉委員（日本自由党）

それでは次の機会に総理大臣から之を御答へ願ひたいと思ひます。それから第二の点は、此の九条の**国の主権と云ふ問題**でありますが、結局是は主権論になつて、既に幾百、幾千度此の委員会なり本会議場に於て質問応答が繰返されて居りますから、私改めて之を申上げることもないのでありまするが、唯

第九条の所謂国の主権とは、国家が主権者である、国家が統治権の主体であることを明記して居るのではないか

私が前回御尋ねしましたことに対して、金森国務相から私が洵に満足するやうな、諒解することの出来るやうな御答弁があつて、私のみならず全国民が安堵したと云ふ感じに打たれて居つたのでありますが、其の後の御答弁には又何か割切れないものがあるやうでありますから、今一応確めさせて戴きたいと思ひます。即ち此の九条の国の主権と云ふものは、国家が主権者である、国家が統治権の主体であると云ふことを明記して居るのではないか、即ち主権と云ふものは国家なる協同体にあるのではないか、天皇初め国民一般、其の他国家の構成分子であるありと凡ゆるものの綜合体、協同体其のものに主権と云ふものがあるのではないか、即ち国家なるものが国家の中では最高至上のものであるのではないか、個々の構成分子、天皇とか国民とか其の他の凡ゆる構成分子よりは、国家と云ふものが最高至上のものであるのではないか、現在まで**主権在君説**、**主権在民説**、**主権在国家説**と云ふ三つの説が述べられて居つたように思ひますけれども、一般には主権在民説とか、在君説の二つに置かれて居るやうな印象が与へられて居るのであります。此の前申しました通り、主権在国家説、国家こそ主権の主体であり統治権の主体である、さう云ふことに対する明確なる御意見をもう一度承りたいのであります。即ち金森国務相が度々答弁になつて居る**天皇と国民との協同体**が主権の源泉と言ひますか、淵源と言ひますか、前文にあります由来、斯う云ふ、文字に相応しい立場にあり、或はそれが主権者だと云ふ風に取られないこともないやうな御説のやうにも取れるのでありますが、即ち是は言葉の上では**前文**にありますやうに、国民から由来するのであり、天皇と国民との協同体であり、国民なるものから由来するものであり、国民

主権在民説、主権在国家説、主権在君説の三つの中で金森国務相の考へはどれに最も近いか

から源泉するものであり、淵源するものであると云ふことになるのではないか、即ち主権の主体と云ふことの説明にはならぬのではないか、若し天皇と国民との協同体なり国民が主権者であるならば、前文に於ても源泉と云ふか由来と云ふか、「その権威は国民に由来し、その権力は国民の代表者がこれを行ひ」と云ふやうな、由来と云ふ言葉を使はずに、国民が主権者であると思ふことを明確に、はつきりと前文の中に織込まれて居るべき筈だと云ふのであります。随て前文にありまするし、又其の他**天皇を包含したる所の国民協同体**なるものは、日本国家の中に最重最高の構成分子となつて居りますけれども、それは全体ではない、即ち最高至上のものは国家であり、天皇を包含した国民の協同体なるものは、其の国家の至上最高の権力の源泉になつて居るのであり、由来する所の源、淵源になつて居るのであり、国家よりは一段低い所にあると云ふことになるのではないか、即ち主権在君説、主権在民説、主権在国家説の三つの中で、金森国務相の御心持はどれに最も近いのであるか、近いのではない、はつきり主権在国家説を採られるやうなことになるのであるか、明確に一口に簡単にそれが御説明出来ないとすれば、其の三つの中のどの線に最も近く御考へになるのであるか此の点に付て金森国務相の御所見を伺ひたいと思ひます。

国務大臣　金森徳次郎君

御尋ねの点は一般に**国法学**を論議致しまする場合に、相当研究上頭を捻らなければならぬ種類の事項に亙つて居ります。念の為に一つの例を藉りて申しますれば、例へば会社がありまして会社が外に向つ

て取引をすると云ふ場合に、誰が取引をするのであるかと言へば、それは会社が権利の主体、義務の主体となつて取引が行はれるのである。是は普通の場合にちつとも疑問はない訳であります。併しながら其の会社が権利を有し義務を負ふと云ふ場合、其の実際の働きを誰がするのかと云ふことになりますると、勿論眼前の事実として見ますれば、其の会社の代表者がやつて居りますけれども、本当に此の会社の意思はどうして出来るものであらうかと云ふ根源に遡りますれば、会社の種類に依つて違ひませうけれども、普通の場合でありますれば、会社を組立てて居る人々の全部の意思に依りまして、其の会社の方針が右にも左にも動く、斯う云ふ風に言へるのであります。是は全く狭小な事例を申上げたに過ぎませぬ。国に付て考へて見ますれば国が外国と色々な交渉をすると云ふ場合の法律的な見地から申しますれば、国が単位となつて此の国と他の国とが交渉をする、そうすれば国自身が働く主体となつて居る、随て国自身が謂はば意思の如きものを持つて居る訳であります。さう云ふ場合に於きまして、此の国家は意思を持つて居る、其の意思を又別な言葉で言へば主権を持つて居る、斯う云ふ風に一般に認められて居ると思ひます。そこで此の九条の**「国の主権の発動」**と云ふものは、詰り国の纒まつた意思を主権と申しまして、それが発動する、でありますから、**国権**と言つても宜いし、此処で先日鈴木君から御質疑になりましたが、**国の統治権**と言つても宜いと言へるのであります。詰り国家が外に向つて働きまする時に其の国を単位として考へまする時に、国は一つの意思を持つて居ると言ひ得ると思ひます。其の意思を称して国家意思、即ち国の主権と言ふのが、一つの極く平明な考へ方と思つて居ります。所

国を単位として考へる場合に、その国家意思を、主権、国権、統治権と云ふ。この意味に於ては、主権の主体は国家

が其の意味に於きましては、主権の主体は国家である、斯う言つて一向差支へないと思ひます。併し其の国家の意思と云ふことを申しまするけれども、それはどうして出来るものであらうか、国家が脳髄を持つて居る訳でもなく、其の外の神経作用を持つて居る訳でもありませぬ。此の国家の意思と云ふものは、本質に於きましては人間の意思を以て充たされて居なければならぬ筈であります。そこで一つの国の意思と云ふものは一体何処から来るのであらうかと云ふ時に、それは国民の全体であると云ふことが、私の今まで述べた所であります。さうして其の国民の持つて居る意思は国家の意思を構成すると云ふことになりますれば、結局国民の意思が一番強くて、其の意思に依つて国家の意思が完成せられる訳であります。でありますから左様な場合に、国民が主権を持つて居ると、斯う云つて学問上差支えないと思ふ訳であります。斯く考へて行きますると、国家も主権を持つて居る、斯う云ふことが言へまするし、国民全体が主権を持つて居ると云ふ言葉も成立致します。矛盾ぢやないか、斯う云ふ疑が起るかも知れませぬが、それは同じ主権と云ふ言葉を使ひましても意味が違つて居るのであります。其の先の国が主権を持つて居ると云ふ時は、国が活動をするときに国が主権を持つて居ると云ふ風に説明して、恰も国が一つの単一体であるが如く人間の頭の中で組立てて説明をして居るのであります。今度実質的に分解致しまして、国の意思と云ふものは誰の意思で出来て居るのだと打割つて中味から考へて行きますると、それは国民全体の意思である。随て国民各個の精神作用と繋がりを持つて居る。勿論複雑な組織でありまするから、何の何がしの意思がはつきり国家の意思を組立てたとは言ひ切れないかも知れませぬけれども、

国民の意思が国家の意思を構成する。この意味に於て、国民全体が主権を持つとも言へる

主権と云ふ言葉が二つの意味に使はれて居る

此の前文にありまするやうに選ばれた数多の国民が意思を決めますれば、それが国家の意思となると云ふ訳であります。繰返して申しますると、主権と云ふ言葉が二つの意味に使はれて居る、現実に外に向つて——外に向つてと申しまするのは必ずしも外国と云ふだけではありませぬ、国内に向つて税金を取ると云ふ時でも、税金を取るとなれば取るものがなければならぬ、誰が取るか国が取るのであると言へば国が主権を持つて居る、其の主権の働きで取るのだ、斯う思つて居ります。けれども之を義務《ママ》的に分解して主権が出来て来る元を繹ねて見ますれば、それは国民の全体である、国民各自がそれに繋がりを持つて居る、之に又一つの主権と云ふ言葉で言へるのである、斯う云ふ言葉で言へるのだと思ひます。

「国民の総意が至高、」「至高の総意」

そこで此の憲法の草案に於きましては初めの外から見まして、国外に着想をして国が主体《権マ》を持つて居ると云ふ場合は、主権と云ふ言葉を使つて居る、けれども内側の方の組立に着想をして言ふ時には、言葉の混同を避けまして主権と云ふ言葉を使はないで、**国民の総意が至高**なるものである或は**至高の総意**である、**「日本国民の至高の総意」**と云ふ言葉を用ひ換へて紛糾の起るのを避けたのであります。偶〻それが動もすれば疑惑を増して主権と云ふ観念の混雑を来して居るやうに見えますけれども、さうではない、その混雑を避けるために、故らにさう云ふ言葉を使つたのであります。若し之を徹底して申しますれば、例へば前文の中にありまする**「国民の総意が至高なものであることを宣言し、」**と云ふ所を国民の**総意が主権性**のものであることを宣言し、斯う言へばさう云ふ方面の学問をした人には能く分るのでありますけれども、又第一条の**「この地位は、日本国民の至高の総意に基く。」**と云ふのを、日本国民

「総意の主権性、」「主権性の総意」

の**主権性の総意**に基く、斯う言へば、特殊の学問をした人には能く分ると思ひます。併し国民全般に之を理解して貰ひまする為には、さう云ふ紛はしき言葉を避けまして、至高の意思と斯う言つたのでありますから、先の**法人**の御説明と組合せて御考へ下さいますればはつきりして居る、斯う云ふ風に私は信じて居ります。さうして其の後の意味の主権性と云ふものは、度々繰返して言ふやうに国民全体にあると云ふことはもう一点の疑ひがない、此の憲法の建て方の基礎でありますし、之の他の言葉で言へば、其の第二の意味の主権は国民全体に在る、斯う言つて宜いと思ひます。

国家主権説を確信

高橋英吉委員（日本自由党）

今の御説を聴きまして、益〻私の**国家主権説**の確かであると云ふことを自ら信ずることになるのでありますが、今の主権の作用、統治権の作用に内外の作用があると云ふ風な御説明振りであつたやうでありまして、単に国際間の場合に於て、国家が主権を持つと云ふ風になるのだと云ふ風の御説明のやうにも聴いて居りましたが、後から又さうでもない、内部関係に於ても無論統治権としては国家にあるのだと云ふ風な御説明があつたやうに思ひますが、統治権には内外の作用と云ふものはない、**統治権**其のものは権利の主体として、それ本来の働きをする場合に、内の作用もあり、外の作用もあるのでありますから、統治権に二つの主体者があると云ふことは、是は到底信ずることが出来ないと思ふ。随て私は斯く解釈さして戴くし、国民にも左様に徹底さして戴く訳には行かないかと思ふのでありますが、金森国務相の御所信はどうでありませうか。即ち法令上から言ひますと、主権は国家に在るのだ、併し実際上

統治権に二つの主体があるとは信ずることは出来ない

法理的には、統治権の主体は国家、政治的、実際的には、国民協同体

政治的の意味から行くと、国家なるものは結局人類を除いての意思活動をするものはないのでありますから、土地にしても、建物にしても、その他の物体にしても、意思決定の協力者がないのでありますから、随て国家即ち国民協同体と云ふことになるのであるから、実際上に於ては国民の意思が統治権の作用を決定するのであると云ふ風に、即ち政治的実際的には国民に主権が在ると云ふ風な説明は差支えないけれども、法理的に於ては国家に主権があるのだと云ふ風な、はつきり区別した所の説明が出来ぬものでありませうか、さうして戴ければ非常に此の問題は国民の耳にも入り易いし、我々も安心して其の点に付て天皇の御尊厳並に民主主義的な前進と云ふことに対して、十分此の憲法に依つてそれ等の総てのものが保障され得ると云ふ風に確信するのでありますが、如何でありませうか。

草案は大体御話のやうな建前

国務大臣　金森德次郎君　御説明は能く分りました。此の憲法の用いて居りまする文字から言へば、大体今御話のやうな建前に出来て居ります。主権と云ふ言葉は常に国家が持つ、詰り国家が主体であると云ふ組立ての場合に主権と云ふ文字を使つて居ります。それは確かであります。併し世間の色々の学説其の他を本にして、別の意味の主権が何処に在るかと云ふ御尋ねでありまするが故に、そこでどうしても又御説明が面倒になるのでありまするが、別の意味の主権は国民全体に在る、斯う言つて居ります。それを突止めて言へば今御話になりましたやうな御考へ方で一般人に了解が出来るものと考へて居ります。

高橋英吉委員（日本自由党）

主権の主体は国家。国民はその行使者、総攬者

主権は国家に在り、主権を構成する本体は国民全体

ポツダム宣言は日本降伏の条件。かく解すれば、国民士気も昂揚

詳いやうでありまするが、最後に簡単な言葉で表はしたいと思ふのであります。即ち主権は国家に在つて、其の主権の行使者、**総攬者**――現在の憲法で言ひますと、総攬者と云ふ言葉を使つてありまするが、総攬者、行使者と云ふものが国民である、斯様に解釈しても宜いのぢやないかと思ひますが、如何でせうか。

国務大臣　金森徳次郎君　非常に学問的な御質問でございまして、此処で御答へをする資格もありませぬし、知識もございませぬ。総攬者と云ふ言葉が当篏まるかも知れませぬけれども、此の場合にさう言つて宜かろうと言ふだけのまだ決心も付きませぬ。やはり今の御言葉の行き方をして行けば、主権は国家に在るのだ、其の主権を構成する本体は国民全体に在るのだ、斯う云ふ風に御了解願へると大変都合が好いと思ひます。

高橋英吉委員（日本自由党）　最後に一寸簡単に**吉田総理大臣**に質問して置きたいと思ふのですが、先般私の質問に対して**ポツダム宣言**は降伏の条件ではない、内容であると云ふ風に言はれて居りますが、条件か内容かと云ふことは、色々民法の条件論にも難かしい問題になつて居るのであります。条件より内容の方がより重要だと私共も考へますが、**ポツダム宣言の五条**に「吾等の条件は左の如し、吾等は右条件より離脱することなかるべし、右に代る条件存在せず」と云ふ風に条件なる言葉が三つも使つてあるのであります。随てポツダム宣言なるものは日本降伏の条件と云ふ風に簡単率直に国民に知らしめる必要があるのぢやないか、内

容なんと云ふ法律的に非常に難かしい言葉を使はなくても、条件と云ふ言葉がポツダム宣言に書いてあるのでありますから、随てポツダム宣言は降伏の条件であると云ふ風に御宣言下さいますならば、今日士気が少し沮喪し掛けて居る日本国民の上に、一道の光明を齎すことになり、士気昂揚に資することになると私は思ふのでありますが、此の点に付て他日吉田総理大臣より御明答を得たいと云ふことを申上げて私の質問を終ります。

委員長　芦田均君（日本自由党）

　笹森順造君

他に適当の文字があれば、戦争抛棄と云ふ文字を改めても宜いか

笹森順造委員（日本民主党準備会）

　第二章の見出しに「戦争の抛棄」と云ふ文字があり、第九条の第二行目に「抛棄する。」とありますが、此の抛棄と云ふ文字に付きまして、もつと適切な文字があつたならば改めても宜いと云ふ御考へがあるやにも伺つて居つたのでありますが、此のことでもう少し御尋ねを申上げたいと思ひます。第九条の……《ママ》

委員長　芦田均君（日本自由党）

　笹森君に申上げます。同じ質問は山田悟六君より既に出て居るのであります。政府は之に対して答弁を与へられて居りますが、其の他の角度からの御質問ならば宜しからうと思ひます。

笹森順造委員（日本民主党準備会）

　他の角度からであります。それは先程も**総理大臣**が御話になりまして、単に戦争を抛棄するばかりで

「抛棄」では弱い。「排除」とすればもっと適切

はなく、自衛権をも否定して、進んで世界の平和国家の先頭に立つと云ふことを仰せになつて居りますることからして、単に是は国際聯合と云ふものに加入し、之に依存すると云ふやうな立場から、更に一歩を進んで、日本が独自的に此の目的を達成せしむると云ふやうなことから考へますると、一昨日**金森国務相**が仰せになりました、否定、否認、断念と云ふやうな言葉を用ひようとしたが、結局抛棄となつたと云ふのであるが、それよりもつと進んで寧ろ日本の国土全体を戦争に参加をせしめないと云ふやうに考へ、或は又進んで日本が世界の平和の指導者となると云ふ観点からするならば、此の抛棄と云ふ文字は弱い、是は寧ろ排除と云ふ文字を使つたならばどうか、**英語の方の翻訳**を見ますとレナンシェーションと云ふ文字が使つてあるやうでありますが、此の意味の内容は単に棄てると云ふ意味ばかりではなく、レジェクト、レフューズする、之を拒否する、こつちから止めてしまふ、排除すると云ふ意味が含まれて居るやうに考へて居りますので、是は英文は其の儘で結構でありますが、此の「抛棄」を「排除」とすればもつと適切で而も此の意味がもつと徹底するではないかと云ふことから、金森国務相に此の点を、簡単なことでありますが、御尋ねしたい、斯う云ふことであります。

国務大臣　金森徳次郎君

排除するですな。

笹森順造委員（日本民主党準備会）

排除、押し除ける、さうするともつと積極性がある、斯う云ふ意味で申上げたのであります。

「排除」では「抛棄」程決意が十分表はれない

憲法の効力の及ぶ地域的範囲と「国の交戦権はこれを認めない」と云ふ場合の国の定義及び範囲

国務大臣　金森徳次郎君

今御示しになりました排除と云ふ言葉と抛棄すると云ふ言葉と、何れが適切であるかと云ふことは、もつと能く時間を戴いて考へて見ないと、正確な御答へは出来兼ねますけれども、差当り考へて見ましても、何か排除すると云ふだけでは抛棄程決意が十分に表はれない、傍の方に向けるだけであつて不十分なやうな気がする、其のやうな心地があります、はつきり致しませぬから此の程度に止めて置きます。

笹森順造委員（日本民主党準備会）

次に「**国の交戦権はこれを認めない。**」とある、此の憲法の効力の及ぶ地域的範囲と、此処に掲げて居りまする国の範囲とを明白に伺ひたい。是は四つの場合があるのぢやないか、世界の凡ゆる所で凡ゆる国の交戦権を認めないと云ふのか、第二に或は全世界の凡ゆる所で我が国の交戦権を認めない、他国の交戦権は認めると云ふのか、第三の場合の我が国土内で凡ゆる国の交戦権を認めない、他の地域で他国の交戦権は認めると云ふのか、第四の場合の我が国土内で我が国の交戦権を認めないが、他の交戦権は認めると云ふのか、斯う云ふ四つの場合があると思ひますが、どんなに狭義に之を考へましても、此の憲法の効力は我が国土全体に及ぶものであると考へられる、随て我が国土内では如何なる国の交戦権をも認めないとすると云ふことが、詰り先程私が排除しようと云ふやうな意味と関聯を持つて居るのであります。即ち我が国は如何なる地域に於ても戦争をしないと解するのは無論当然でありまするが、其の以上に今申上げたやうなことを考へて見たい、我が国土を外国同士の戦争の基地化するのを認めないの

如何なる事態に於ても、国土の戦争基地化を拒絶し、第三国の交戦権を国土内に於て認めないことが国土の安全を保つ所以

一つの考へ方であるが、今の段階では困難

は、是は国家として当然であるし、過去の日本の軍事施設は一切棄却さるべきものであり、又今日占領軍の関係して居りまする日本国内に於ける軍事施設も、占領軍が撤退後我が国に返却された後に於ては是等の軍事施設を一切棄却し、或は排除し、転用せらるべきことも無論である。さうなりました暁に於て、爾後如何なる事態に於ても我が国土の戦争基地化を拒絶し如何なる国の交戦権をも我が国土内に於て認めないことにすることが、国土の安全が保たれる所以であると思ふ、是が即ち日本の国に戦争が来た時、只棄てると云ふのでは弱いので、どんなものが来ても排除してしまふと云ふやうな意味で先程申したことと関聯して居りますが、結局する所、国の交戦権と云ふものは、憲法の及ぶ地域的範囲及びこゝに掲げた国と云ふものの定義及び範囲を明確に御示し願ひたいと思ふのであります。

国務大臣　金森德次郎君

御話の次第を能く考へて見まするると、御示しになりました排除と云ふ言葉も能く分るやうに思ひます。此の憲法を起案致しましたのは、日本の国防《法?》として効力あらしめようと云ふ趣旨であります。随て縦しや日本の土地の中でありましても、今日国際法上認められて居ります他国の交戦権の類を日本が一方的に否定することは、是は国内法上の問題として扱ふに致しましても、国際法に反し又国際信義にも反することでありまして、是は困難なことと思ふ訳であります。理想と致しまして今御示しになりましたやうに日本の領域内に於きましては一切の国の戦争行為に付て、第九条に該当するものは全部之を排除すると云ふことは、確かに一つの考へ方でありまして、将来それに向つて努力することに意義がある

考へ得る主体は日本国だけの動きと云ふ意味。結局は、第一項、第二項共に、日本がこれを抛棄すると云ふ趣旨

反乱鎮定のために警察は武力を行使し得るか、或は又この場合に警察の強制力は武器を使用しても武器とは看做さないか、こうした事について第九条の戦力と武力と云ふものとの関係において警察力との区別、限界を明確に示されたい

と思ひまするが、併し今の段階に於きまして日本が致しますることは、直ちに之を以て国際法上の変動を行ふと云ふ所までは遺憾ながら進んでは居りませぬ。結局日本が之を抛棄すると云ふ趣旨であります。而して第二項に色々な之を認めないと云ふ規定があります。是も日本国の働きに付て言ふのでありまして、随て行はれまする地域は必ずしも日本国ばかりではないかも知れませぬが、国と国との関係が起りまする場合には、固より日本の領域内に於ても日本の主権の発動と云ふものは考へられまするから、地域は広くなるかも知れませぬ。併し考へ得る主体は日本国だけの働きと云ふ意味であります。

笹森順造委員（日本民主党準備会）

次には反乱鎮定の為に警察は武力を行使し得るか、或は又此の場合に**警察の強制力は武器を使用しても武器とは看做さないか**、第九条の関聯に付て御尋ねしたいのでありますが、将来平和条約の締結後、何れの時にか、若しも不幸にして国内の一地方に反乱が起つて一地方を占領し独立を宣言したと云ふ場合に、日本は戦争を抛棄したのであるから、其の反乱者に対しては戦力に依る鎮定が出来ないことになる、出来ないとすれば皇土の安全を保たれず、国家は破滅に瀕するのであります。仍て此の場合には警察権の強力な発動に依つて鎮定するのは、国内問題として第九条の発動に依つて許されなければならぬものだと思ふ。此の点に関して特に現在警察官が帯剣し、或は拳銃を使用して隊伍を組んで行動して居りますることが将来反乱鎮定行動、或は暴徒鎮定行動となつた場合に、やはり是は武力の行使と云ふこと以外になるではなかろうか、曾て西南役の時に警視庁の巡査隊が許されたことなども色々思ひ合され

る。此の場合に於て結局第九条に決めて居りまする戦力と武力と云ふものとの関係に於て警察力との区別、限界を明確に御示しを願ひたいのであります。

第一項、第二項共に戦争に着眼、国内治安維持のための実力行使は禁止されて居ない

国務大臣　金森徳次郎君　第九条は第一項も第二項も共に戦争と云ふことに着眼して居る訳であります。随て国内の治安を維持する為に実際上の力を用ひることは禁止しては居りませぬ、或る場合に警察官が其の機能を発揮して治安を擁護することは固よりなし得べきことであり、なさなければならぬことと思ふのであります。併しながら**どの程度までが警察権であり、どの限度を越えますれば陸海空軍の戦力となるか**、許さるべき範囲と許されざる範囲と云ふものが起つて来て、是は理論的に何処かに境界線が明白に存するものと思ふ訳であります。唯実際に於きまして若しも国内治安維持の為の警察力と云ふことに言葉を藉りて、陸海空軍の戦力其のものに匹敵するやうなものを考へまするならば、やはり此の憲法第九条違反となります。運用の上に於きましては誰が見ても警察権の範囲と認め得る程度に於て実施すべきものと考へて居ります。

抛棄又は否認せらるべき武力及び戦力の定義と内容

笹森順造委員（日本民主党準備会）　只今の戦力の問題に付て進んで御尋ね申上げます。第九条の規定に於きまして抛棄又は否認せらるべき武力及び戦力のことが書いてありますが、此の定義及び内容を判然と承りたい。**武力**と申しますと大概明かでありますが、**戦力**と云ふことになりますと稍々明瞭を欠く観念が出て来るのであります。広義に申

しますと凡ゆる国力がやはり戦力に関係して来る、是が従来の考へ方であります。そこで此の戦力と云ふものを全くこゝから切離して平和的、経済的、或は文化的に経済力と云ひ文化力と云ふことを明確に区別して置かなければならぬ必要を感ずる。一般の生産力、軽工業、重工業等の工場に致しましても、或る場合には直ちに戦力に転用せられることがあり得ると云ふのが従来の考へ方であり、事実さうでもありませう。又それ等の諸施設ばかりでなく、飛行場のやうなもの、戦闘飛行機を除いた飛行機、或は港湾、汽船、汽車、自動車、電信電話其の他の施設と申しましても武力戦力以外の平和国民生活の施設として当然益々発達せしめなければならぬものが沢山ある。此の武力、戦力と平和的な経済国力、文化力と云ふものの限界を明確に示して戴いて、此の「認めない。」と云ふものの中に入らないものをはつきりと此処で御示しを願ひたいと思ふのであります。

「武力」、「戦力」と平和的な経済国力、文化力との限界を明確に示されたい

国務大臣　金森徳次郎君　斯様な言葉は中心の所は誰でも直ぐ諒解を致しますけれども、其の内容の周辺に当る所、詰り何処まで行けば戦力になり、何処まで行けば平和力になるかと云ふ限界は中々決め兼ねる点があります。大体の基本の原則と致しましては、一国の戦闘力を構成することを常の姿として居る力、之を戦闘力と云ふものと思ふのであります。新たに学問上発達致しました所の特殊なる戦争手段の如きは、陸海空軍でなくても固より戦力であり、多数の人間に多くの生命身体に関する変化を惹起すると云ふやうな手段は之に入ると思ふのであります。併し専ら平和の目的に使はるゝと云ふことに依つて説明が出来るやうな、

一国の戦闘力を構成することを主体とするものは戦力。学問上発達した特殊の戦争手段は固より戦力。一般の経済的設備等は、戦力に入らない。結局は綜合的判断に依つて決めるより外に名案はない

而して詰り一般の経済的な設備等は、此の戦力には入るものではない、斯う云ふやうに考へて居りまして、現実の施設が戦力であるかどうかは綜合的な判断に依つて決めるより外に名案はないものと思つて居ります。

笹森順造委員（日本民主党準備会）

最後に、司法大臣に御尋ね致したいのであります。此の憲法の条文に違反者があつた場合、特に此の二章に対して違反者のあつた場合の処罰等に関する御考への御用意を伺ひたいのでありますが、こゝでは特に「国の交戦権はこれを認めない。」とあります。所で国と申しましても国民が其の中に居つて活動することでありますから、不幸にして**自衛権**を発動しなければならない場合が出来て、国民が国土内で武器を持つ以前に腕力或は其の他の器物で**正当なる自己防衛**を行ふと云ふやうな場合でも、それが違憲行為となるかどうか、さうであるとするならば之を如何に処罰すると云ふことになりますか、先づ此の点を第一に伺つて、もう一つ御尋ねをしたいと思ひます。

司法大臣　木村篤太郎君

御答へ致します。自衛権の発動であるや否やと云ふことは大問題でありまするが、今御話の通り武力行使せずして単に腕力で以て之を自衛した場合にどうかと云ふ御質問のやうに受取られましたが、それは其の時の場合に、果してそれが交戦権と認められるや否やと云ふことで解釈が違つて来るだろうと思ひます。勿論此の交戦権の範囲に属すると認められた場合は憲法違反になることは当然であります。是

自衛権を発動しなければならない場合、国民が国土内で腕力或は其の他の器物で正当な自己防衛を行ふと云ふ場合でも違憲行為であるか、若しさうであるならばこれを如何に処罰するか

自衛権の発動であるや否やが問題

交戦権の範囲に属すると認められる場合は、憲法違反

は只今でも刑法に所謂国交に関する罪と云ふ規定があります。（註）将来又此の憲法の線に沿うて刑法も改正されるので、それに依つて取締つて行きたいと思ひます。

註＝刑法第二編、第四章、国交ニ関スル罪

第九十二条　外国ニ対シ侮辱ヲ加フル目的ヲ以テ其国ノ国旗其他ノ国章ヲ損壊、除去又ハ汚穢シタル者ハ二年以下ノ懲役又ハ二百円以下ノ罰金ニ処ス但外国政府ノ請求ヲ待テ其罪ヲ論ス

第九十三条　外国ニ対シ私ニ戦闘ヲ為ス目的ヲ以テ其予備又ハ陰謀ヲ為シタル者ハ三月以上五年以下ノ禁錮ニ処ス但自首シタル者ハ其刑ヲ免除ス

第九十四条　外国交戦ノ際局外中立ニ関スル命令ニ違背シタル者ハ三年以下ノ禁錮又ハ千円以下ノ罰金ニ処ス

我が国民が外国在住中に外国の軍隊に入り、戦争に参加すると云ふことは違憲行為であるか。また、これをどう取扱ふか

笹森順造委員（日本民主党準備会）　次に、我が国民が外国在住中に外国の軍隊に入り、戦争に参加すると云ふことは違憲行為でありますかどうか、即ち外国が他の外国と戦争した場合、又は外国が我が国を相手として戦つた場合、其の外其の時に外国に在つた国民で強制的又は任意的に外国の軍隊に加はつて戦つた例は幾らでも過去に於てあります。此の憲法通過後に於て斯かる行為をするならば、憲法違反行為になるかどうか、唯仮にさうだとした場合に我が国の法律の効力の及ばない外国に在る間は事実上処罰されないと云ふことがあつたにしても、其の者が日本国民である以上は、やはり違憲行為をした事実が存在する間は責任が存するではないか、さう云ふ者が日本に帰つて来たならば、直ちに責任を取らるべきではないか、過去に於て日本

かかる場合に、日本国として責任のないことは当然

が行つた戦争参加の有力なる指導者は、現に公職追放の処断をされて居るのであるが、日本国民でありながら外国軍隊に加はつて、やはり日本攻撃の重要役割を演じた者は、当然公職追放以外に叛逆者として厳重に処断せらるべきものではなかろうか、斯かる違憲行為者があつた場合には、どう云ふことに御取扱をなさるのであるか、此の点に付ての御答弁を御願ひしたいと思ひます。

司法大臣　木村篤太郎君

御答へ致します。日本人が外国に於て外国の軍隊に加はつて色々な交戦行為をやつた、是は日本国として其の責任のないことは当然言を俟たない、只其の個々の外国に於てさう云ふ軍隊に加はつた者の処断に付ては、是は国内法上に於てそれぞれ其の当該事項に該当した場合に於て処置されることと思ひます。

笹森順造委員（日本民主党準備会）

質問を終ります。

委員長　芦田均君（日本自由党）

是にて第九条に対する審議を終りました。続いて第三章、第十条を議題に供します。――北浦圭太郎君

北浦圭太郎委員（日本自由党）

私は第九条に対しても通告致して置いたのでありまするが、既に委員長宣告の後であるから致しませぬ。併し只今司法大臣の我々前の同僚の御方の質問に対しての答弁はどうも不満足であります。唯一点だけ、例へば日本人が外国に行つて居つて、日本に対して抗敵行為があつたと云ふ場合、そして日本に

日本人が外国に行つて居つて、日本に対して抗敵行為があつたとして、其の者が日本に帰つて来て居るとすれば、これについてどうするか

帰つて来て居る、さう云ふ者が居るか居らぬか分りませぬが、其の質問に対して御答へなかつたのであります。さう云ふ場合には**現行刑法第八十一条**に依りますと、「外国に通謀して帝国に対し戦端を開かしめ」――之には該当しませぬ、「又は敵国に与して帝国に抗敵したる者は死刑に処す」と斯様にある、（註）死刑に該当する、若し左様な者が日本に帰つて来て居つて、のさばつて居ると致しますると由々しき大問題であります。そこで此の点の御答弁がなかつたが、如何でございますか。さう云ふ者は例があるかないか分らぬから答弁しないと云ふのでありますか、或はさう云ふ者は全然ないのだと云ふ訳で答弁がないのでありまするか、此の点折角委員長の宣告後でありまするが、念の為に御伺ひ致して置きます。

註＝刑法第二編、第三章、外患ニ関スル罪
第八十一条　外国ニ通謀シテ日本国ニ対シ武力ヲ行使スルニ至ラシメタル者ハ死刑ニ処ス
第八十二条　日本国ニ対シ外国ヨリ武力ノ行使アリタルトキ之ニ与シテ其軍務ニ服シ其他之ニ軍事上ノ利益ヲ与ヘタル者ハ死刑又ハ無期若クハ二年以上ノ懲役ニ処ス

万一事実があれば刑法所定の処断

司法大臣　木村篤太郎君　答弁致します。さう云ふ事実はまだ我々の耳に入つて居りませぬ。万一さう云ふ事実がありとし、発覚致しますれば刑法所定の処断を受けることは当然であります。

北浦圭太郎委員（日本自由党）　能く分りました。……

民主主義保障の規定（消極的権限争議に対処する規定）を何故に置かないか

北浦圭太郎委員（日本自由党）

次に是は金森国務相に御伺ひするのでありまするが、**民主主義保障の規定**をなぜ置かなかつたか、是であります。例へば他の憲法の立法例を見てみまするると、此の憲法を以て内閣にも委任しない、又国会に対しても禁止しない、左様な権力は総て人民に留保する、是は従来は我が国に於ては天皇に在つたことは議論の余地がございませぬ。今後はさう云ふ権力は誰に帰属するか、留保されるか、即ち国会の立法事項も、内閣の行政行為も御承知の通り決して無制限ではありませぬ。そこで例へば**戦争抛棄の問題**でも――是は戦争抛棄に後戻りするのではありませぬ。一例として挙げるのであります。外国の軍隊が日本の領土内に来て兵営を建てる、今日は已むを得ませぬが、我々が死んで我々の子孫の時代になつて兵営を建て、さうして軍隊が日本の国土で軍事行動をやる、斯う云ふやうなことは当然此の憲法で禁じなければならぬのでありますが、今日はそれをして居られない、出来ないのでありませうか。我々は国家百年の後を見て此の憲法を読まなければならぬ、斯う云ふことは此の憲法に規定ありませぬ。勿論内閣にも委任されて居りませぬ。国会に対しては禁止はして居りませぬ権力でありますが、今後に於て斯う云ふことは必ず沢山起つて来ると私は信じて居ります。それを留保すること、是れ即ち民主主義保障規定であります。是は金森国務相に申上げることは釈迦に説法でありますが、なぜ之を御置きにならなかつたか其の点理由を御伺ひ致します。

一例として戦争抛棄の問題

国務大臣　金森徳次郎君

其の点は私実は研究を致して居りませぬ。さう云ふ疑惑が此の憲法の不完全さを指摘する意味を持ち得るかどうかと云ふことに付きまして、知識を実は準備して居りませぬのでございます。唯私考へますのは、国家が働きます時には、法則を作る力となつて働くか、現実の事項を処理する力となつて働くか、あるものは此の二つであらうと思ふのであります、それ以外には考へられないと思ふ訳であります。而して法則を作る権能は国会にあります。個々の事項を処理する権能は内閣にある訳であります。尚ほ此の個々の事項を処理する一部分は裁判所にある訳であります。随て内閣に属するか、裁判所に属するかと云ふ疑ひは起り得る場合もありませう。併しながら個々の事項を処理する場合は、内閣か裁判所か何れかに属して居るのでありまして、此の憲法がさう云ふ覆うて居ない空間を残して居るとは考へて居りませぬ。

法則を作る力と現実を処理する力。前者は国会、後者は内閣もしくは裁判所に属する。この憲法によつて覆はれて居ない空間を残して居るとは考へない

北浦圭太郎委員（日本自由党）

此の憲法に規定ない事項で将来起り得ることは、三機関の何れかに依つて決定されるんだ、斯う云ふ御答弁でありますが是は不完全であります。併し是れ以上は議論でありますから申上げませぬ。

最後に**現行憲法の三十一条**であつたか、斯う云ふ規定があります。今後は戦争はありませぬが、戦時又は事変の際には、臣民の権利義務は憲法に規定はしてあるけれども、一朝事変の際には停止するぞ、是は行はない、天皇が総て大権を行使される、斯う云ふ趣旨の規定があつたことは、条文は探せば直ぐ分るのでありますが、是は間違ひありませぬ。そこで先程から同僚の代議士諸君も盛んに心配して居ら

帝国憲法第三十一条の戦時又は国家事変の場合に処する非常大権の規定の如き規定が必要ではないか

れまするやうに、戦争はありますまい、あつてはならぬ。併し国内事変は、是は金森国務相、夢でも或は想像談でもありませぬ。将来是は心配して置かなければなりませぬ。さう云ふ場合には茲に草案に色色国民に対して広範囲の権利を与へて居りますが、停止の必要あるのではないか、やはり私は第三十一条ですか、さう云ふ規定が必要ではないかと思ふ。なぜ此の憲法にそれを置かないか、此の点御伺ひ致します。

国務大臣　金森徳次郎君　今御示しになりましたやうな場合を予想することは可能であると思ふのであります。現行憲法に於きましても、**非常大権の規定**が存在して居つたことは今御示しになつた通りであります。併しながら民主政治を徹底させて国民の権利を十分擁護致します為には、左様な場合の政府一存に於て行ひまする処置は、極力之を防止しなければならぬのであります。言葉を非常と云ふことに藉りて、其の大いなる途を残して置きますなら、どんなに精緻なる憲法を定めましても、口実を其処に入れて又破壊せられる虞絶無とは断言し難いと思ひます。随て此の憲法は左様な非常なる特例を以て――謂はば行政権の自由判断の余地を出来るだけ少くするやうに考へた訳であります。随て特殊の必要が起りますれば、**臨時議会**を召集して之に応ずる処置をする、又衆議院が解散後であつて処置の出来ない時は、**参議院の緊急集会**を促して暫定の処置をする、同時に他の一面に於て、実際の特殊な場合に応ずる具体的な必要な規定は、平素から濫用の虞なき姿に於て準備するやうに規定を完備して置くことが適当であらうと思ふ訳であり

非常大権の如きは、言葉を非常に藉りて濫用の虞がある

苦労し過ぎるよりも、自由保障の万全を期す

ます。現行憲法に於きまして、二段にも三段にも斯様な非常な場合に応ずる用意があつて、謂はば極めて用意周到ではあつたのでありますが、実際左様の手段が明白に用ひられた場合はなかつたやうに思つて居ります。でありますから余りにも苦労し過ぎるよりも寧ろ自由保障の安全を期した訳であります。

非常大権の如きものを政府に持たせず、国会がこれを握れ

北浦圭太郎委員（日本自由党）

私は政府に左様なる権利を持たせよと言ふのではありませぬ、国会が之を握れと言ふのであります。**金森国務相**の御言葉のやうに、議会を召集したり、或は又参議院に悠々と相談出来る間は宜しい、苟くも非常時と云ふ、此の非常大権を行使するのは、左様な時間のない時のことを言ふのであります。御説の通りに、戦争の場合に於ても、非常時の場合に於ても、我が日本に於てはそれは行使されなかつた。私は**東條内閣**当時に、委員会に於て無暗に刑罰を重く致しますから、或は裁判を三審から二審に致しますから、それから軍が所謂戦時刑罰を厳格に致して議会に送つて参りましたから、そんなことをしなくても非常大権があるぢやないかと言うて質問致しますと、それよりも是の方が便利だと言うて、どし／＼やつたのであります。やはり非常大権と同一のことを彼等はやつたのであります。所が民主主義——民主主義と云ふことも国家があつての民主主義であり、国家があつての人民の義務でありまして、国家の非常に処するの備へなき此の憲法草案、さうして民主主義であるからとの御言葉でありますが、国家危くして国民の権利義務と云ふものは、折角頂戴してもなくなるのでありますから、御再考あらんことを——あなただけではありませぬ、内閣諸公悉く御考へあらんことを御願ひ致しまして、私は今日の質問

国家あつての民主主義、国家あつての権利・義務

を終ります。

委員長　芦田均君（日本自由党）……明日は午前十時より開会致します。本日は是にて散会致します。

衆議院帝国憲法改正案委員会

昭和二一年七月二三日（火）　後一・四七開議　後一・五五散会

質疑の終了に際して委員長より政府への要望

委員長　芦田均君（日本自由党）

会議を開きます。本日は第九十八条以下の質疑に入るのでありますが、本条より第百条までは発言の申出がありませぬ。是にて第十一章に対する質疑は終了致しました。

昨日まで二十回に亙る会議に於て、憲法改正案に対する審議は詳細に且つ熱心に行はれました。本日質疑を終了せんとするに当り、**委員長より政府に要望する点**を二、三明白に致して置きたいと存じます。

一、本改正案は、憲法附属の諸法典と相俟って、初めて完全なる運用を期待せられることは、言ふまでもないのでありますが……政府は一日も速かに是等憲法附属の法典を起案し、国民の輿論に問ふ準備を進められんことを望みます。

二、本改正案が軍備を撤廃し、戦争を否認して、人類の平和を永遠に確保する理想を掲げたことは内外の齊しく歓呼を以て迎へた所であります。併しながら単に我が国が戦争を否認すると云ふ一方的行為のみを以ては、地球表面より戦争を絶滅し得る訳ではありませぬ。既に成立して居る**国際聯合機構**と雖

も、其の組織は戦勝国の平和維持に偏重した機構であつて、今尚ほ敵味方の観念に支配せられた感なきを得ませぬ。我が国としては更に進んで、**一視同仁の思想に依る普遍的国際聯合**の建設に邁進すべきであり、之を以て精神的に世界を指導する気魄を明示すべきであると信じます。

三、本改正案の運用に当つては須く新世界に適応すべき民衆を教養することから出発しなければなりませぬ。世界が依然として偏狭な国家思想と、民族観念に囚はれて居る限り、戦争の原因は永久に除かれないと思ひます。併し真に世界平和の理想に向つて、民衆の思想感情を養成することは、非常に困難を伴ふ仕事であります。私は政府が将来此の点に一層の注意を払はれんことを要望致すもので あります。

四、過去二十日間に亘る本委員会の質疑応答に於て、政府が改正憲法の法理的究明に、多大の努力を致されたことは、十分に諒と致すものであります。併しながら民主主義憲法の運用は法理のみに依つて完璧を期し得るものではありませぬ。……政府当局は自ら新憲法の精神を身に着けて日本再建の先陣となり、官界、財界、各方面の民主化を徹底して、以て諸外国が信頼と友誼とを以て我が国に対処する如く、十二分の努力を払はれんことを熱望する次第であります。(拍手)

是にて帝国憲法改正案に対する質疑は終了致しました。(拍手)是より委員会は憲法改正案の討論に入るのでありますが、議事の進行上、十名位の小委員会を設け、修正案の取扱ひを担任させることと致したいと存じます。御異議はありませぬか。

質疑終了　衆議院帝国憲法改正案委員会議録(速記)第二〇回

十名位の小委員会を設け、修正案の取扱を担任させたい

〔「異議なし」と呼ぶ者あり〕

委員長　**芦田均君**（日本自由党）

左様に決定致します。就ては右小委員会の選挙の方法に付て御諮り致します。

小委員会選挙方法

鈴木義男委員（日本社会党）

委員の選挙に付きましては、便宜選挙を省略して委員長の御指名に御任せ致したいと思ひます。

委員長指名

委員長　**芦田均君**（日本自由党）

鈴木君の動議に御異議ありませぬか。

〔「異議なし」と呼ぶ者あり〕

委員長　**芦田均君**（日本自由党）

それでは委員長より小委員会の委員を指名致します。

小委員会委員指名、委員長参加合計十名

廿日出　庬君（日本自由党）　江藤　夏雄君（日本自由党）

犬養　健君（日本進歩党）　吉田　安君（日本進歩党）

鈴木　義男君（日本社会党）　森戸　辰男君（日本社会党）

林　平馬君（協同民主党）　大島　多蔵君（新光倶楽部）

笠井　重治君（無所属倶楽部）

小委員会の権能

之に不肖委員長が参加して合計十名の小委員会を構成することに致します。（拍手）就きましては議

題の条文に付て修正等の意見ある場合には、総て之を小委員会に付託致しまして、小委員会に於て修正に対する意見を纒めることとして進行致します。又小委員会は案文全条に亙つて検討する権能を持つことに致したいと思ひます。小委員会に於て一応の成案を得る運びに至りますれば、各派に於て之に対する態度を決定する順序となるのであります。小委員会が成案を得ました時には、即刻委員会を開き之を報告した後に討論に入ることに致します。小委員会の開会に付ては後刻御通知致します。本日は是にて散会致します。(拍手)

衆議院帝国憲法改正案委員会

昭和二一年八月二一日（水）　前一〇・二二開議　後〇・四四散会

委員長　**芦田均君**（日本自由党）

会議を開きます。……

委員長　**芦田均君**（日本自由党）

……是より帝国憲法改正案を議題として討論に入りますが、先づ小委員会の経過並に結果、即ち共同修正案に付て報告並に説明を致します。

小委員会の経過並に結果即ち共同修正案の報告・説明

前後十三回に亙る懇談会

七月二十三日設けられた小委員会は各派よりの修正意見を検討しつゝ改正案全体に亙り再吟味を行ふことを目標として、去る七月二十四日以降前後十三回に亙る懇談会を開きました。其の結果小委員会に於ては多数意見及び全会一致の意見に依る一つの修正案を得ましたから、以下簡単に之に付て御報告致します。但し此の報告に於ては主要なる修正点に付て報告するに止め、単に字句を改めた理由については之を速記録に譲ることと致しました。

修辞的には生硬なる語句、難解な文字も少くない

政府原案は取急いで立案せられた結果、修辞的には生硬なる語句、難解な文字も少くありませぬ。殊に

前文の修正は最小限度に止む

改正案の**前文**に付て其の感が深いのでありますから、委員会に於ては之を徹底的に改正する意向が有力でありましたが、内外の情勢は一日も速かに本案の成立を必要とする事情に鑑み、遺憾ながら是が実現を断念して字句の修正は最小限度に止めることと致しました。此の点特に御諒承を願ふ次第であります。……

第九条を修正、二句を挿入した理由

法第九条に於て第一項の冒頭に「**日本国民は、正義と秩序を基調とする国際平和を誠実に希求し、**」と附加し、其の第二項に「**前項の目的を達するため、**」なる文字を挿入したのは戦争抛棄、軍備撤退を決意するに至つた動機が専ら人類の和協、世界平和の念願に出発する趣旨を明らかにせんとしたのであります。第二章の規定する精神は人類進歩の過程に於て明かに一新時期を劃するものでありまして、我等が之を中外に宣言するに当り、日本国民が他の列強に先駆けて正義と秩序を基調とする平和の世界を創造する熱意あることを的確に表明せんとする趣旨であります。……

案九十四条（憲九十八条）の修正

第九十四条の規定に付ては曩に報告致しました通りの理由に依つて**憲法が国の最高法規**たることは認めるけれども、之に附随する法律までも最高法規とする必要なきものとして原文の中より「これに基いて制定された法律及び条約」なる文字を削除したのであります。然るに**諸外国との条約**は今後誠実に之を履行して、日本国民が国際生活に於ける法則と約定とを遵守する精神は憲法の何れかの個所に表示することが当然であるとの意向を以て、之を第九十四条の二項に新しく挿入することと致しました。即ち「**日本国が締結した条約及び確立された国際法規は、これを誠実に遵守することを必要とする。**」との

小委員長報告　衆議院帝国憲法改正案委員会議録（速記）第二一回

小委員長報告　衆議院帝国憲法改正案委員会議録（速記）第二一回

一項を茲に挿入せんとする理由であります。……

次に小委員会に於ては、**政府に対し四項目に亘る附帯決議案**を作成しました。其の案文を朗読致します。

附帯決議案

一、憲法改正案は憲法附属の諸法典と相俟って、始めてその運用の完全を期待し得るものである。……

二、改正憲法が生活権、労働権等の経済的基本権を確立したことは時代の要求に即応する適切な措置であるが、併し是等の権利の裏附となるべき諸施設は、現状を以ては頗る不充分なものがある。……

三、参議院は……衆議院と重複する如き機関となり終ることは、その存在の意義を没却するものである。……

四、憲法改正案は、基本的人権を尊重して、民主的国家機構を確立し、文化国家として国民の道義的水準を昂揚し、進んで地球表面より一切の戦争を駆逐せんとする高遠な理想を表明したものである。然し、新しき世界の進運に適応する如く民衆の思想感情を涵養し、前記の理想を達成するためには、国を挙げて絶大の努力をなさなければならぬ。吾等は、政府が国民の総意を体し、熱情と精力とを傾倒して、祖国再建と独立完成のために邁進せんことを希望するものである。

尚ほ附加へて申述べたきことは、此の憲法の実施を前にして、広く国民に憲法の精神を周知せしめる為め、官民共に力を協せて最善の努力をなす必要ありとの点でありまして、附帯決議には抽象的に言及したに過ぎませぬけれども、此の際新聞、ラジオ、講演等に依り、全国津々浦々に宣伝教育の方策を講ずべしとの意見は、小委員会一致の要望でありました。

以上は小委員会に於て作成致しました修正案の梗概と其の修正の理由であります。附帯決議に付ては特に説明を要しないものと考へます。此の段御報告申上げます。（拍手）（報告全文に付ては附録一三参照）

委員長　芦田均君（日本自由党）

本案及び共同修正案に対する討論

……引続き本案及び共同修正案に対する討論を進めます。……

委員長　芦田均君（日本自由党）

吉田安君

吉田安委員（日本進歩党）

憲法修正案に対し進歩党は満腔の賛意を表す

私は日本進歩党を代表致しまして只今議題となつて居ります委員長報告の**憲法修正案**に対して賛成の意を表する次第であります。……戦争の愚かさと侵略主義、軍国主義の害悪が如何に世界人類に及ぼすことの恐ろしきものであるかを知り尽して居られる各委員に於かれましては、一字一句も疎かにせず、それこそ文字通り心血を搾つて修正を致したのであります。故に憲法草案の前文中にも先づ率先して主権が国民に存することを明かに致しましたことは勿論、第一章天皇の章、**第二章戦争抛棄**に関しましては特に意を注ぎ、第三章国民の権利義務の各条章は実に改正の中核をなすものでありますが故に、慎重を尽しましたことは申すまでもなく、第四章国会に関しまして、其の他全般に亙りまして必要に従ひ入念に箇条修正を致したのでありまして、其のことは先刻委員長御報告の通りであります。随て本修正案には我が進歩党と致しましては、満腔の賛意を表する次第であります。以上を以ちまして、簡単で

はありますが、修正案に対する賛成の意見を表する次第であります。（拍手）

委員長　芦田均君（日本自由党）　柏原義則君

柏原義則委員（無所属倶楽部）

無所属倶楽部を代表し、共同修正案に対し、心から賛意を表す

私は無所属倶楽部の委員を代表致しまして、此の共同修正案に対しまして心から賛意を表するものであります。……

宗教的情操を培養して、平和思想の普及徹底を図る

戦争抛棄でありますが、日本の国が平和日本の建設の為に更に自ら進んで世界平和の礎石たらんとして居るのでありますが、此の平和を作るには色々昔から考へられて居るが、三つの方法が考へられる。**世界のプロレタリア**が国際的に団結する、此のプロレタリアの団結に依つて資本主義的戦争を止めさせよう、是も一つの方法でありませう。次に或は**原子爆弾**のようなものが出来た為に、之に依つて人類を戦争の**惨苦**から救ふ為に平和をやらうと云ふ考へ方であります。最後の方法は**平和思想の普及徹底**であります。其の平和思想の根源は之を**宗教**に求めるべきと思うのであります。私は今日の宗教の使命は此の平和思想の徹底と云ふことが最も大事な仕事であると思ひます。然るに**憲法の十八条**には国及び其の**機関**は宗教教育をしてはならぬ、斯う云ふ風に規定してありますが、是は一宗一派に偏した宗教教育はいけないと云ふ意味であつて、国民の宗教心の培養と云ふことと矛盾衝突するものではないことは明らかなことであります。そこで国民が持つて居る宗教的な情操とか気持とか云ふものを何とかして培養し

て、本当の平和思想の根源を宗教に求めるやうな方策と云ふことも十分考へ、斯う云ふやうな施策を十分して戴くことに依つて、本当に憲法も生きて来ると思ふのであります。以上の意味に於きまして、今回出来ました共同修正案に対しましては、心から賛意を表するものであります。

共同修正案に付て採決

委員長　芦田均君（日本自由党）

討論は終結致しました。是より採決を致します。小委員会の報告に係る共同修正案に付て採決致します。此の修正案に賛成の諸君は起立を願ひます。

〔賛成者起立〕

小委員会修正の通り共同修正案は決定

委員長　芦田均君（日本自由党）

起立多数。（拍手）仍て小委員会修正の通り共同修正案は決定致しました。――次に只今議決致しました修正部分を除いて、他の部分に付て採決致します。此の修正以外の部分に付きまして原案の通り決するに御賛成の諸君は起立を願ひます。

〔賛成者起立〕

修正以外の部分は原案通り決定

委員長　芦田均君（日本自由党）

多数。（拍手）仍て修正以外の部分は原案の通り決しました。――次に小委員会の報告に係る附帯決議に付て採決致します。此の附帯決議を附することに賛成の諸君は起立を願ひます。

〔賛成者起立〕

附帯決議案決定
委員会議事終了

起立多数。（拍手）仍て本附帯決議は之を附することに決しました。是にて帝国憲法改正案委員会の議事は全部終了致しました。（拍手）

委員長挨拶

委員長　芦田均君（日本自由党）**御挨拶**申上げます。今回明治憲法に代るべき新憲法が議会に付議せらるゝに当り、之を審議する任務を託せられましたことは、我々委員一同の身に余る光栄でありまして、任を受けて以来、誠心誠意其の職責を全うせんことを決意致した次第であります。**改正憲法**は対内的にも対外的にも実に劃期的な法典として特筆せらるべき大文字であります。帝国議会は此の大業の基礎を築くことに依り、一は後世子孫に其の向ふべき理想の光明を与へ、一は国際生活に平和と福祉との大道を指し示すものと信じます。固より此の憲法に対し現在に於ても、又後世に於ても、幾多の批判が行はれることでありませう。是等の批判に対して今日より我等が答へ得ることは、委員一同自己の良心に従つて、邦家の為め、世界平和の為に、良き憲法を制定せんことの一念に燃えて事に当つたと云ふ点であります。顧れば、過去五十日間の委員会の足取りは、必ずしも坦々たる道を歩んだ日ばかりでなかつたと思ひます。併し幸ひにして大過なく委員会の事業を終了し得ましたことは、偏へに委員諸君及び政府当局の熱心な御協力と、議会職員並に報道の任務に挺身された新聞通信記者諸君の誠実なる活動に依るものでありまして、委員長の職に当つた私と致しまして、此の機会に衷心より感謝の意を表する次第であります。（拍手）本日は是にて散会致します。

衆議院本会議

昭和二一年八月二四日（土）

前一〇・五〇開議　後〇・三九休憩
後一・五六開議　後六・三四散会

帝国憲法改正案第一読会の続

議長　山崎猛君（日本自由党）　是より会議を開きます。只今まで登院せられた議員数は四百六名であります。是にて憲法第七十三条第二項の議員総数三分の二以上の定数は十分であります。日程第一、**帝国憲法改正案の第一読会の続**を開きます。**委員長の報告**を求めます。――委員長芦田均君

〔芦田均君登壇〕

芦田均君（日本自由党）

報告書

一　帝国憲法改正案（政府提出）

右は本院に於て別紙の通り修正すべきものと議決した因つてここに報告する

昭和二十一年八月二十一日

委員長　芦田均

衆議院議長樋貝詮三殿

委員長報告　衆議院議事速記録　第三五号

〔別　紙〕

（小字及び━━は委員会修正）

日本国憲法

日本国民は、国会における正当に選挙された○《国会における》代表者を通じて、我《行動し、われらとわれらの》ら自身と子孫のために、諸国民との間《協和による成果と、》に平和的協力を成立させ、日本《わが》国全土にわたつて自由の福祉《もたらす恵沢》を確保し、政府の行動《行為》によつて再び戦争の惨禍が発生しないやうにすることを決意し、ここに国民《主権が国民に存する》の総意が至高なものであることを宣言し、この憲法を確定する。そもそも国政は、国民の崇高な信託によるものであり《あつて、》、その権威は国民に由来し、その権力は国民の代表者がこれを行ひ《行使し、》、その利益《福利》は国民がこれを受けるもの《享受するものである。》であつて、これは人類普遍の原理であり、この憲法は、この《かかる》原理に基く。ものである。我《われ》らは、この《これ》憲法に反する一切の○《憲法、及び》法令と詔勅を廃止《排除》する。

日本国民は、常に平和を念願し、人間相互の関係を支配する高遠な理想を深く自覚するものであつて、我《われ》らの安全と生存をあげて、平和を愛する世界の諸国民の公正と信義に委ねようと決意した。我《われ》らは、平和を維持し、専制と隷従と、圧迫と偏狭を地上から永遠に払拭《除去》しようと努めてゐる国際社会に伍して、名誉ある地位を占めたいものと思ふ。我《われ》らは、すべて《全世界》の国の国民が、ひとしく恐

怖と欠乏から解放され《免かれ、》、平和のうちに生存する権利を有することを確認する。

我《われ》らは、いづれの国家も、自国のことのみに専念して他国を無視してはならぬ《ない》のであつて、政治道徳の法則は、普遍的なものであると信ずる。この法則に従ふことは、自国の主権を維持し、他国と対等関係に立たうとする各国の責務であると信ずる。

日本国民は、国家の名誉に懸《か》け、全力をあげてこの高遠な主義《理想》と目的を達成することを誓ふ。

第二章　戦争の抛棄《放棄》

第九条　国の主権《日本国民は、正義と秩序を基調とする国際平和を誠実に希求し、国権》の発動たる戦争と、武力による威嚇又は武力の行使は、他国との間の紛争《国際紛争を》の解決《する》の手段としては、永久にこれを抛棄《放棄》する。

○陸海空軍《○前項の目的を達成するため、》その他の戦力は、これを保持してはならない《しない。》。国の交戦権は、これを認めない。

第十章　最高法規

第九十四条《九十八》　この憲法並びに《は、》これに基いて制定された法律及び条約は、国の最高法規とし《であつて、》、その条規に反する法律、命令、詔勅及び国務に関するその他の行為の全部又は一部は、その効力を有しない。

日本国が締結した条約及び確立された国際法規は、これを誠実に遵守することを必要とする。

委員長報告　衆議院議事速記録　第三五号

芦田委員長報告

本日いとも厳粛なる本会議の議場に於て、**憲法改正案委員会の議事の経過並に結果を御報告**し得ることは深く私の光栄とする所であります。

前後二十一回会合、小委員会を開くこと十三回

本委員会は六月二十九日より改正案の審議に入りまして、前後二十一回の会合を開きました。七月二十三日質疑を終了して懇談会に入り、**小委員会**を開くこと十三回、案文の修正案を得て、八月二十一日之を委員会に報告し、委員会は多数を以て之を可決致しました。其の間に於ける**質疑応答の概要並に修正案文に付て説明致します。**……

戦争拋棄

戦争の拋棄に付て説明致します。改正案第二章に於て戦争の否認を声明したことは、我が国家再建の門出に於て、我が国民が平和に対する熱望を大胆卒直に表明したものでありまして、**憲法改正の御詔勅**は、此の点に付て日本国民が正義の自覚に依り平和の生活を享有することを希求し、進んで戦争を拋棄して誼を万邦に修むる決意である旨を宣明せられて居ります。憲法草案は戦争否認の具体的な裏付けとして、陸海軍其の他の戦力の保持を許さず、国の交戦権は認めないと規定して居ります。尤も侵略戦争を否認する思想を憲法に法制化した前例は絶無ではありませぬ。例へば、一七九一年のフランス憲法、一八九一年のブラジル憲法の如きであります。（附録一八参照）併し我が新憲法の如く全面的に軍備を撤去し、総ての戦争を否認することを規定した憲法は、恐らく世界に於て之を嚆矢とするでありませう。（拍手）近代科学が原子爆弾を生んだ結果、将来万一にも大国の間に戦争が開かれる場合には、人類の受ける惨禍は測り知るべからざるものがあることは何人も一致する所でありませう。我等が進んで戦争の否

全面的戦争否認を規定した憲法の嚆矢

認を提唱するのは、単り過去の戦禍に依つて戦争の忌むべきことを痛感したと云ふ理由ばかりではなく、世界を文明の壊滅から救はんとする理想に発足することは云ふまでもありませぬ。（拍手）

委員会の関心の中心点は自衛権

政府の見解は、第九条第一項は、自衛のための戦争を否認するものではないが、第二項によつてその場合の交戦権も否定されて居ると云ふにある

戦争拋棄の消極的効果と積極的効果

委員会に於ては此の問題を繞つて最も熱心な論議が展開せられました。**委員会の関心の中心点**は、第九条の規定に依り我が国は自衛権をも拋棄する結果となるかどうか、自衛権は拋棄しないとしても、軍備を持たない日本国は、何か国際的保障でも取付けなければ、自己防衛の方法を有しないではないかと云ふ問題、並に我が国としては単に日本が戦争を否認すると云ふ一方的行為のみでなく、進んで世界に呼び掛けて、永久平和の樹立に努力すべきであるとの点でありました。**政府の見解**は、第九条の一項が自衛の為の戦争を否認するものではないけれども、第二項に依つて其の場合の交戦権も否定せられて居ると言ふのであります。之に対し、委員の一人は、**国際聯合憲章第五十一条**には、明かに自衛権を認めて居り、且つ日本が国際聯合に加入する場合を想像するならば、国際聯合憲章には、世界の平和を脅威する如き侵略の行はれる時には、安全保障理事会は其の兵力を以て被侵略国を防衛する義務を負ふのであるから、（附録二〇参照）今後に於ける我が国の防衛は、国際聯合に参加することに依つて全うせられるのではないかとの質問がありました。政府は之に対して大体同見《ママ》である旨の回答を与へました。更に第九条に依つて我が国が戦争の否認を宣言しても、他国が之に賛同しない限り、其の実効は保障されぬではないかとの質問に対して、**政府は次の如き所見**を明かに致しました。即ち第九条の規定は我が国が好戦国であるとの世界の疑惑を除く消極的効果と、国際聯合自身も理想として掲げて居る所の、戦争は

国際平和団体に対する犯罪であるとの精神を、我が国が率先して実現すると云ふ積極的効果があり、現在の我が国は未だ十分な発言権を持つて、此の後の理想を主張し得る段階には達して居ないけれども、必ずや何時の日にか世界の支持を受けるであらうと云ふ答弁でありました。委員会に於ては更に一歩を進めて、単に我が国が戦争を否認すると云ふ一方的行為のみを以ては、地球表面より戦争を絶滅することが出来ない、今日成立して居る**国際聯合**でさへも、其の組織は戦勝国の平和維持に偏重した機構であつて、今尚ほ敵味方の観念に支配されて居る状況であるから、我が国としては、更に進んで四海同胞の思想に依る**普遍的国際聯合の建設**に邁進すべきであるとの意見が表示せられ、此の点に関する政府の努力に付て注意を喚起したのでありました。……

改正案第九十四条に付ては、其の必要性に付て各方面より論議せられましたが、憲法が国の最高法規たることは認容するけれども、原案の如く改正憲法に基いて制定せられた法律及び条約に対しても、之を最高法規として他の法令に優先する地位を与へることは不合理ではないかとの意見が提示せられました。之に対する政府の答弁は稍ゝ明確を欠いた如く思はれますが、此の点は修正案の説明に譲ることとしまして、茲には之を省略致します。

憲法改正案に付き、委員会は前後二十回に亙る会議に於て、当初は総括的に、次に逐条的に、微に入り細に亙つて質疑応答を重ねた結果、原案の精神と、之に対する各委員の見解も略ゝ明瞭となりましたので、七月二十三日に質疑を打切り小委員会を設けました。以上の報告は質疑応答の重要なる諸点に触

れて、其の概要を申述べたに過ぎませぬ。詳細は之を速記録に付て御承知あらんことを希望致します。（拍手）

主要なる修正点

次に憲法改正案委員会に於て原案に修正を加へた諸点に付き報告致します。但し此の報告に於ては、主要なる修正点に付て報告するに止めまして、単に字句を改めた理由に付ては之を速記録に譲ることと致します。政府原案は取急いで立案せられた結果、修辞的には生硬な語句、難解な文字も少くありませぬ。殊に改正案の前文に付て其の感が深いのであります。委員会に於ては之を徹底的に改竄する意向が有力でありましたが、内外の情勢は速かに本案の成立を必要とする事情に鑑み、遺憾ながら是が実現を断念して、字句の修正は最小限度に止めることと致しました。此の点特に御諒承を願ふ次第であります。……

第九条を修正して、二句を挿入

第九条に於て第一項の冒頭に「**日本国民は、正義と秩序を基調とする国際平和を誠実に希求し、**」と加へ、其の第二項の冒頭の「**前項の目的を達するため、**」なる文字を挿入したのは、戦争抛棄、軍備撤退を決意するに至つた動機が、専ら人類の和協、世界平和の念願に出発する趣旨を明かにせんとしたのであります。（拍手）第九条の規定する精神は、人類進歩の過程に於て明かに一新時期を劃するものでありまして、我々が之を中外に宣言するに当り、日本国民が他の列強に先駆けて、正義と秩序を基調とする平和の世界を創造する熱意あることを的確に表明せんとする趣旨であります。（拍手）……

第九十四条の規定に付ては、先に報告致しました通りの理由に依つて、憲法が国の最高法規たること

は認めるけれども、之に附随する法律までも最高法規とする必要なきものとして、原文の中より「これに基いて制定された法律及び条約」なる文字を削除したのであります。然るに諸外国との条約は、今後誠実に之を履行して、日本国民が国際生活に於ける法則と約束とを遵守する精神は、憲法の何れかの箇所に表示することが適当であるとの意向を以て、之を第九十四条の二項に新しく挿入することと致しました。即ち「**日本国が締結した条約及び確立された国際法規は、これを誠実に遵守することを必要とする。**」との一項を茲に挿入する理由であります。……

委員会に於ける経過

以上は小委員会に現はれた多数意見の概要でありますが、八月二十一日を以て憲法委員会に其の報告を行ひ、委員会は直ちに討論に入り、委員長報告に対して社会党より別個の修正案が提出せられました。……採決の結果少数を以て右修正案は否決せられ、次いで委員長報告に付て討論の末、自由、進歩、社会、協同民主党、新政会及び無所属倶楽部を代表して、高橋泰雄君、吉田安君、棚橋小虎君、林平馬君、大島多藏君、柏原義則君よりそれ〲賛成意見の陳述があり、共産党を代表して野坂參三君より反対意見を述べられ、採決の結果、共産党を除く大多数を以て委員長報告の通り可決せられました。（拍手）次いで**附帯決議案**を採決に付し、是れ亦共産党を除く大多数を以て可決せられたのであります。（拍手）……

改正憲法の最大の特色

改正憲法の最大の特色は、大胆率直に戦争の拋棄を宣言したことであります。是こそ数千万の人命を犠牲とした大戦争を体験して、万人の齊しく翹望する所であり、世界平和への大道であります。我々は此

の理想の旗を掲げて全世界に呼掛けんとするものであります。（拍手）さうして是こそ日本が再生する唯一の機会であつて、斯かる機会を日本国民に与へられたることに対し、私は天地神明に感謝せんと欲するものであります。（拍手）併しながら、憲法が如何に完全な内容と雄渾の文字を以て書綴られたとしても、所詮それは文字たるに過ぎませぬ。我々国民が憲法の目指す方向を理解して、其の精神を体得するにあらずんば、日本の再生は成し遂げることは出来ないと思ひます。（拍手）斯かる信念の下に、本委員会は其の附帯決議の中に次の如く述べて居ります。即ち「新しき世界の進運に適応する如く民衆の思想、感情を涵養し、前記の理想を達成するためには、国を挙げて絶大の努力をなさなければならぬ。吾等は政府が国民の総意を体し熱情と精力とを傾倒して、祖国再建と独立完成のため邁進せんことを希望するものである。」此の決議の趣旨は、独り責任を政府にのみ帰せんとするものではありませぬ。新憲法の制定を契機として、我々国民一人残らず、新しき理想の下に、新しき希望を懐いて勇往邁進するの決意を表明したものでります。（拍手）私は恐らく諸君も亦此の決意に御共鳴下さることを固く信じて疑ひませぬ。（拍手）以上を以て委員長の報告と致します。（拍手）（報告全文に付ては附録一四参照）

議長　山崎猛君（日本自由党）　質疑の通告があります。之を許します。――尾崎行雄君

〔尾崎行雄君登壇〕

尾崎行雄君（無所属）

洵に良い憲法の修正になりましたに付ては、私は満腔の賛成を表するのでございます。（拍手）……尚ほ申述べたいことはありまするけれども、それは書面（註、左記）に少し書いてありまするから、之を議長の手許に差出しまして、諸君の御迷惑を考へて私は是で降壇を致します。（拍手）

憲法案賛成演説の要点

(1) 本案は終戦後発表された官民各種の草案よりも、更に一層進歩した良案と信じ、大体に於て賛成。

特に国家的殺人強奪を非認し、その機関たる軍備を禁止したる一点に於ては、世界無双の良憲法と信ず。……

参考事実

(1) 憲法制定の最大目的は、国家人民の幸福安寧を図るに在り。而して現在は、世界の平和を維持するに非ざれば、此目的を達する能はず。

然るに武力に依て幕府を倒した藩閥政府は、最も武力に重きを置き、皇室制度の如きも、露、独、墺の三国を手本となし、その憲法を制定するに方つても、武力本位の独、墺を学んだ。

而して此の三国の皇室は、共に滅亡した。帝室存奉に熱心な人々は、深く此の事実を考慮しなければならぬ。滅亡の覆轍を践行しつつ、天皇制維持論を主張するものは、深大の考慮を要す。

前回の世界戦争には、五、六の国王が滅亡した。

憲法案賛成演説の要点（覚書）

今回も四、五箇国は、無王の国になるだろう。天皇制維持論者も、廃止論者も、此らの事実を考慮するを要す。……

(2) 藩閥専横の実例一班。

最初藩閥は薩長土肥の四藩であつたが、後には土肥は脱落して、薩長の二藩となつた。彼等が、その勢力を維持せんがため、主として用ひた手段方法は、

(イ) 官尊民卑の旧習を維持する事と

(ロ) 武力を専有することであつた。陸海軍の元帥は勿論、大将も幾んど全部薩長人、警視総監も明治三十一年の隈板内閣までは、すべて薩人であつた（長州派の土佐人が一度総監となつたかと思ふ。）……

議長　山崎猛君（日本自由党）　委員長からは別に御答弁がないとのことであります。——是にて質疑は終了致しました。

山口喜久一郎君（日本自由党）　この際午後一時三十分まで休憩せられんことを望みます。

議長　山崎猛君（日本自由党）　山口君の動議に御異議ありませぬか。

〔「異議なし」と呼ぶ者あり〕

議長（山崎猛君）（日本自由党）御異議なしと認めます。仍て休憩致します。

議長（山崎猛君）（日本自由党）休憩前に引続き会議を開きます。本案の委員長の報告は修正であります。……本案の第二読会を開くに御異議ありませぬか。

〔「異議なし」と呼ぶ者あり〕

議長（山崎猛君）（日本自由党）御異議なしと認めます。仍て本案の第二読会を開くことに決しました。

山口喜久一郎君（日本自由党）直ちに本案の第二読会を開かれんことを望みます。

議長（山崎猛君）（日本自由党）山口君の動議に御異議ありませぬか。

〔「異議なし」と呼ぶ者あり〕

議長（山崎猛君）（日本自由党）御異議なしと認めます。仍て直ちに本案の第二読会を開き、議案全部を議題と致します。……

第二読会

議長（山崎猛君）（日本自由党）

委員長報告に対する討論

……是より**委員長報告に対する討論**に入ります。順次発言を許します。――野坂参三君

〔野坂参三君登壇〕

野坂参三君（日本共産党）

修正案及び原案全体に反対

私は日本共産党を代表しまして、今上程されました委員長報告修正案及び之と切離すことの出来ない全憲法草案に付て、私達の所見を述べ、此の修正案及び原案全体に対して反対の意見を述べたいと思ふのであります。……

我々は勤労者の保護の規定を十分に含まないやうな憲法に賛成することは出来ない。是が我々の憲法に反対する第一の理由であります。……草案の第一章は民主主義に反する規定であると認める。茲に我々が此の草案に反対する第二の理由があります。……第四章には参議院を規定して居る。……衆議院が唯一つの国権を行使する機関とならなければならない。……茲に我々が此の草案に反対する第三の理由があります。

更に当草案は戦争一般の拋棄を規定して居ります。之に対して共産党は他国との戦争の拋棄のみを規定することを要求しました。更に他国間の戦争に絶対に参加しないことを明記することも要求しましたが、是等の要求は否定されました。此の問題は我が国と民族の将来に取つて極めて重要な問題であります。殊に現在の如き国際的不安定の状態の下に於て特に重要である。芦田委員長及び其の他の委員は、日本が国際平和の為に積極的に寄与することを要望されましたが、勿論是は宜いことであります。併し現在の日本に取つて是は一個の空文に過ぎない。政治的に経済的に殆ど無力に近い日本が、国際平和の為に何が一体出来やうか、此のやうな日本を世界の何処の国が相手にするであらうか、我々は此のやう

第二章第九条は平和主義の空文、自衛権を抛棄して、民族の独立を危くする

如何なる国際紛争にも絶対に参加しない立場を堅持し総ての善隣国と平等に親善関係を結べ

共産党は、当憲法が可決された後に於ても、将来これが修正について努力する権利を保留する

な平和主義の空文を弄する代りに、今日の日本に取つて相応しい、又実質的な態度を執るべきであると考へるのであります。それはどう云ふことかと言へば、如何なる国際紛争にも日本は絶対に参加しないと云ふ立場を堅持することである。之に付ては自由党の北君も本会議の劈頭に於て申されました。中立を絶対に守ると云ふこと、即ち我が政府は一国に偏して他国を排すると云ふが如き態度を執らず、総ての善隣国と平等に親善関係を結ぶと云ふことであります。若し政府が誤つて一方の国に偏するならば、是は即ち日本を国際紛争の中に巻込むこととなり、結局は日本の独立を失ふこととなるに違ひないのであります。我々は我が民族の独立を飽くまで維持しなければならない。日本共産党は一切を犠牲にして、我が民族の独立と繁栄の為に奮闘する決意を持つて居るのであります。要するに当憲法第二章は、我が国の自衛権を抛棄して民族の独立を危くする危険がある。それ故に我が党は民族独立の為に此の憲法に反対しなければならない。是が我々の反対する第四の理由であります。

以上が我が共産党の当憲法草案に反対する重要な理由であります。……　それ故に我々は此の草案が当議会を通過することに反対しなければならない。併し我々の数は少数であります。此の草案が茲に可決されることは明かであります。それ故に我々は当憲法が可決された後に於ても、将来当憲法の修正に付て努力するの権利を保留して、私の反対演説を終る次第であります。（拍手）

議長　山崎猛君（日本自由党）

北昤吉君

〔北昤吉君登壇〕

北昤吉君（日本自由党）

修正条項を加へた改正憲法草案に賛成、全面的に支持

私は芦田憲法委員会委員長の報告通り、修正条項を加へましたる政府提出の改正憲法草案に賛成するものであります。（拍手）自由党を代表して其の賛成の理由を述べたいと存じます。……

茲に我々は百八十度の回転を致しまして、東洋、西洋、両方に通ずる根本的の政治原理、政治理想に目覚めて再出発せんとするのでありますから、我々は此の憲法を全面的に支持せざるを得ないのであります。（拍手）……

そこで我々は此の**憲法の前文**に於て憲法の全体の方向が示されるのでありますから、此の前文の趣旨に従ひまして、我々は各章の大体に付て賛成意見を述べたいと思ひます。

先づ第一章の天皇の規定でありますが……

第九条修正の労を多とす

次いで**戦争の抛棄**と云ふことに参りますが、政府の原案では唯戦争を抛棄する、陸海空の三軍は持たない、交戦権は認めない、目的がはつきりして居らぬ、是だけでは講和条約の規定で宜からう、或は敗戦国が懺悔をした文章に過ぎない、或は前科者の痕跡があるのではないかと云ふ疑ひを受ける。然るに憲法委員会の周到なる審査検討に依つて、「**日本国民は、正義と秩序を基調とする国際平和を誠実に希求し、**」、即ち戦争抛棄の目的を明瞭にして居ります。而して此の目的を達成するが為に陸海空の三軍を保持しない、洵に堂々たる態度を示したので、私は此の委員諸君の憲法修正に対する努力を多とする

に吝かならないのであります。(拍手)　是であれば日本が平和国家として再出発するのみならず、世界の総ての国に向つて平和主義を実現して貰ひたいと云ふ強き要請をなすことになりまして、日本は実力なしと雖も、道義的に国際思想の第一線に立つことが出来る。此の点に付てマッカーサー司令官も数度自分の意見を発表して激励を致して居るやうでありまして、我々敗者として惨苦を受けて居りますが、再生の希望是にありと言はざるを得ないのであります。(拍手)

第三の国民の権利義務の規定、……其の他両院制の問題、……それから内閣の方面、……更に第八十四条皇室の財産の問題でありますが、……

日本国民は元来条約尊重を以て有名

次に最高法規の問題であります。……九十四条の条約尊重のことに付きましては、よくも之を入れて修正したかと私共は敬服致す次第であります。元来日本国民は条約尊重を以て有名でありました。満州事変以来国際条約を蹂躙する癖があり、中国の領土並に主権を尊重する九箇国条約、又国際紛争解決手段として戦争をやらないと云ふ不戦条約、是等を相次いで破つたことは天下公知の事実であります。そこで我々が平和なる国際社会に伍して信用を回復せんとするならば、国際条約尊重のことを憲法に入れるのが当然であらうと思ひます。ワイマール憲法に於きましては、国際条約はドイツの憲法の一部をなすとまで規定してあります。そこで我々は憲法と同じ意味に於て国際条約を尊重することが、我々の再出発を促すに便利であらうと考へて、是も満腔の賛意を表する次第であります。(拍手)

第九十四条(条約尊重)満腔の賛意を表す

是で大体私の賛成意見は纏つたのでありまするが、結局は斯かる立派な憲法を実際政治の運用に持つ

根柢は国民の教育

て来ると云ふことは、議員諸公並に政府当局者の協同の努力に俟たなければならぬので、**尾崎先生**が前に言はれた通りに、根柢は国民の教育であらうと思ひまするから、我々も修養しつゝ国民を啓蒙すると云ふ大きな考へで、此の民主政治、自由政治を実現することに努力したい。此の希望を述べて、此の政府提出の原案修正条項を加へて賛意を表するものであります。（拍手）

副議長　木村小左衛門君（日本進歩党）

犬養健君

〔犬養健君登壇〕

委員長報告に賛成

犬養健君（日本進歩党）

私は日本進歩党を代表致しまして委員長の報告に賛成し、極めて簡潔に其の趣旨を述べたいと存じます。……

偖て我々が特に心を砕きましたのは、申すまでもなく主権の所在の明確化と、之に関聯する天皇の御地位の問題であります。次に順序を元に戻しまして、本改正案の冒頭に掲げられましたる前文に付て一言致します。……

第九条の修正は極めて妥当

第二章の**戦争抛棄の条章**にも相当の修正が加へられて居ります。是は原案の内容が論理としては一応意を尽して居るのでありまするが、如何せん文章が頗る消極的でありまして、彼の現世紀の特徴であつた所の力と力の哲学を断乎として排除し、茲に中外に向つて人類の恒久平和に関する徹底的な一大提言を試みるの気魄に乏しい憾みがありましたので、私は委員長の報告の如き修正は、極めて妥当であると

考へるのであります。(拍手)

偖て第三章には大いに議論があるのであります。……第四章中に付て最も論議の的となりましたのは、言ふまでもなく参議院の組織の問題であります。……第五章より第十章までに付ては特に申述べる点はございませぬ。……偖て草案第八十四条即ち皇室財産を国庫に帰属せしむるの条項に付ては、最も慎重なる討議が繰返されましたことは既に御承知の通りであります。……

祖国再建途上に於ける傑作の一

以上を以て修正案賛成の趣旨を述べたのでありますが、之を要するに此の憲法改正案は種々の批評はありますけれども、何と申しましても祖国再建の途上に於ける傑作の一たるを失はないと存じます。(拍手)　併しながら凡そ新憲法の精神は、之を細かく規定した所の紙の上には宿らずして、之を読む所の国民の心の裡に宿るのであります。(拍手)　仮令手に一冊の憲法参考書なくしても、尚且つ笑つて已の心の裡にある所の憲法の大略の精神を読み浮べることの出来る国民こそ、真に法の何ものたるかを知るものと言はなければなりませぬ。(拍手)　我々の待望致しますのは実に斯くの如き日本人であります。

本来の日本人の教養こそ、新憲法の前途を左右

憲法の理論は難かしく、憲法の心は平易なものでなくてはなりませぬ。而して此の間の消息を能く知る所の未来の日本人の教養こそ、実に新憲法の前途を左右すべき貴重なる要素であります。(拍手)　政府は国民と相協力して、渾身の努力を以て此の一点に注がなければなりませぬ。新憲法改正の日に当り、政府に深く警告する所以であります。(拍手)

議長　山崎猛君　(日本自由党)

片山哲君

〔片山哲君登壇〕

片山哲君（日本社会党）

党の修正案に敗れた現在に於ては、委員長報告に賛成

日本社会党が提出致しました修正案は不幸にして敗れたのであります。私は玆に敗れたる現在に於ては、委員長報告に賛成する意思を表明するものであります。（拍手）現下の内外情勢に鑑み、且つ民主憲法が我が国に於て最も制定を急がれて居りまする現状に鑑みまして、私は日本社会党の考へて居りまする憲法観を、而して新しき憲法に対する希望を是から申述べつゝ、委員長報告に賛成する理由を述べたいと思ふのであります。

第一は天皇制と民主化政治確立の問題であります。……

改正憲法の特色は天皇制下の民主化と戦争抛棄

我が国憲法の特色は、天皇制の下に民主化達成であると共に、今一つ新しき第二の特色が現れたと思ふのであります。それは何であるかと申しまするならば、委員長報告に於ても明かにせられ、諸君の既に論議せられた**戦争抛棄**の点であります。我々は世界に向つて平和を宣言し、日本国民は平和を愛好する国民であると云ふことを心より主張するものであります。（拍手）決して此の条項は与へられたる条項ではなくして、日本国民の心の底に流れて居つた大きな思潮であり、将来の日本を之に依つて背負つて行かなければならないと云ふことを私は信ずるものであります。（拍手）其の大きな平和宣言と戦争抛棄を、憲法の中に重要なる事項として採入れたる以上は、それに打つて代る反射作用が此の憲法の中になければならないと思ふのであります。積極的に国民を惹付け、国民に魅力を与へ、国民に迫力を以て、

新憲法に於ける国民憧れの中心は、文化昂揚と、芸術の尊重と、平和に対する熱情

戦争拋棄の反射作用として、文化と平和と平等の精神を吹込むことが新憲法の使命

我が国発展の為に、我が国国力増進の為に貢献すべき根柢がなければならないと思ふのであります。それは何であるかと申しまするならば、それこそ新しく国民を惹付ける文化であり、平和に対する熱情でなければならないと思ふのであります。（拍手）金森国務相は、天皇象徴を国民の憧れと言はれました。

是も洵に我が国情から申しまして理由のあることでありませう。併し積極的に新しき社会に乗出し、新しき世界にスタートを切らなければならない日本国の新憲法、国民を惹付けて行くべき所の新しき目標は、文化に対する、平和に対する、国民の憧れを明かにしなければならないと思ふのであります。（拍手）文化昂揚と、芸術の尊重と、平和に対する熱情を新しき国民の憧れとすることは、新憲法の大きな使命であると私は考へるものであります。（拍手）**敗戦ドイツ**に於ける国民の憧れは何であるか、色々之を私は消息通に尋ねて見ました。或は本に依つて之を読み、色々考へて見ました。聞く所に依りまするならば、敗戦ドイツ国民の憧れの目標はカントであり、ゲーテであると云ふことを言はれました。カントゲーテの個人よりも、**カントの哲学思想**であり、**ゲーテへの芸術的な憧れ**は、敗戦ドイツを起ち上らす大きな憧れであると私は考へるものであります。（拍手）我々日本国民も、是から新しき目標と新しき憧れを憲法の中に積極的に見出さなければならないのであります。自由、平等、平和は十八世紀憲法の中に唱へられたでありませうが、併しながら我々は、政治上に於ける形式的な自由平等よりも、今日に於ては**経済的**、**生活的な自由平等**を求めて、国民に真の文化生活を与へることが最も必要であると感ずるのであります。（拍手）斯くして新しき世界に国民を導いて行かなければならない、其の使命を憲法が持

つて居るのであります。新憲法は真に日本国民に新文化を与へ、戦争を抛棄した反射作用としての文化と平和と国民平等の精神を深く吹込むことが、最も要望せられることであると信ずるのであります。

第三に主権在民の思想と明文が憲法の中に明かにせられたのであります。……　私は更に進んで第四に、憲法の如き大なる国家の生命であり、国民の本当の真諦をとろけ出して居りまする所の生命とも言ふべき大法典は時代に先んじたものでなければならないと思ふのであります。……　其の意味に於て私は第五に、然らば理想法たる憲法は如何なる体系に属すべきものであるか、斯く問はれるならば、私は率直簡明に御答へ致したいのであります。……

以上の如く民主化徹底の為に我々は努力して行かなければならないと云ふことを申上げて、委員長報告に賛成の意思を表明致す次第であります。（拍手）

議長　山崎猛君（日本自由党）

林平馬君

〔林平馬君登壇〕

林平馬君（協同民主党）

最も厳粛なる態度を以て新憲法案に賛成

私は協同民主党を代表致しまして本案に賛成の意を表したいと思ひます。帝国憲法改正案は少からず国民感情を痛め、我々の伝統精神を悲しましめるものがないでもありませぬ。併しながら日本が踏み迷へる過去の大いなる過ちを懺悔し、且つ日本の只今のあり方を深く認識致し、仍て以て日本が現在の世界情勢の中に善処して、将来の光明を辿らんとする為には、蓋し最善のものであると了解するものであ

ります。（拍手）又日本は戦争に依つて失ふ所が余りに多いのでありますが、此の新憲法こそは、実に惨憺たる戦禍の中から拾ひ上げ、築き上げたる唯一の、而も最大のものであることを痛感するのであります。（拍手）私は斯かる意味合に於て、茲に最も厳粛なる態度を以て新憲法案に賛成の意を表する次第であります。

偖て、今少しく立入つて賛成の趣旨を述べたいと思ひます。

其の第一点は、新憲法は現行憲法に比べまして大権事項が頗る縮少されて居るのであります……

軍備抛擲、神に対して栄光を感ず

第二点と致しましては、**戦争抛棄**の点であります。惟ふに戦争は人間行為中の最悪のものであります。又平和は最善のものであります。而して宇宙間に同一の場所に於て同時に二つの物体の存在を許されないと同様に、人間は戦争と平和の二つを持つことは許されない筈であります。随て軍備を伴ふ平和は脅迫的平和であつて、真の平和とは申されませぬ。此の原理を無視し或は錯覚して、軍備を以て平和を獲得せんとするが如きは人類共通の錯誤であると信じます。然るに我が国は敗戦の大試錬を経て、茲に敢然として平和の途を選び、軍備を放擲し得たことは、誰が何と批評しやうとも実に神に対して光栄を感ずるものであります。

第三点と致しましては、新憲法に依つて国民の権利が大いに拡充されたことであります。……第四点としては……

……議会政治の水準を最高度に引上げたこと……　第五点と致しましては、華族其の他の貴族特権制度を全廃したことであります。……

尚ほ私は此の際戦争抛棄に関聯して、少しく所見を述べて見たいと思ひます。凡そ国家の正義と安全

軍備以上の極めて逞しき思想

軍備に代る偉大なる思想

神武天皇建国の大詔は、民主主義の大本、奉仕的国民思想と実践倫理の淵源

を保障する為には軍備なかるべからずとすることは、世界共通の原則とされて来たのであります。然るに今我が国は敢然として此の原則を捨て丶軍備を放擲するには、何か軍備に代るべきものがなければならないのであります。言ふまでもなくそれは軍備以上の極めて逞しき思想でなければなりませぬ。（拍手）又其の裏付けなくしては、斯かる空手の術が永続するものとは到底思はれませぬ。さらば我が国には果して軍備に代る偉大なる思想があるかどうかと申しますと、幸ひなる哉大いにあるのであります。世間動もすれば日本には思想がないと云ふ人もあるが、当らざるも甚だしいと思ひます。実は余りに大きい存在である為に、人々皆見落して居るのであります。即ち科学的、文献的体系こそはないが、二千六百年実践躬行の中に底深く流れて来た民主思想であります。今其の淵源を繹ねるならば、**神武天皇**が建国の初めに当り、正しきを養ひ、慶びを積み、暉を重ねることの大道を立て、殊に苟くも国民の為になることであるならば如何なることをしても宜しいと、極めて率直大胆に民主主義の大本を宣言せられたのであります。茲に淵源を発し、由来歴代の天皇は能く此の思想の光を絶やすことなく承け継がれ、国民の福祉を御軫念せられることのみを天職とせられたのであります。名利栄達や、貪慾野心を包蔵して即位せられた御方は一人もなく、全く国民への終生奉仕の為であります。此の民主的奉仕の思想と実践とが、実に二千六百年の久しきに亙つて、皇室の承継が出来た所以であり、将来又永遠に御安泰を予想せられる所以であると確信致します。（拍手）即ち茲に淵源を発し、我が国に於ける奉仕的国民思想となり、実践倫理となつて参つたものであると私は深く信ずるものであります。又此の奉仕の思想

と、其の実践程、国家社会に潤ひを与へるものはないのであります。而して世界永遠の平和を如何にして達成するかと言ふに、此の奉仕思想の実践躬行を基盤とする以外にはあり得ないと信じます。即ち全人類が全人類に相互に奉仕すると云ふ実践倫理以外に、世界平和の途は断じてないのであります。又平和を真に愛好する民族でなくては、奉仕の思想は持ち得ないのであります。

日本国民こそ真に平和愛好の国民

故に我が国民こそが真に平和愛好の国民であることは、此の天皇思想が一貫して国内に満ち流れ、且つ実践躬行されて来た事実に依つて明白であります。（拍手）我々は今茲に世界の光は何処より発するかの予言を聴かんとするよりも、如何なる条件の下に発生するかを考察することが最も緊要であると信じます。人或は偉大なる哲人の現はれることに期待を掛けて居る者もありますが、人類の歴史に徴するに、釈迦、孔子、キリスト、マホメット、を初めとし、ソクラテス、プラトン、ルーテル、カント或はタゴール、トルストイ等々

軍備を擁しての平和論は擬装平和の押売

哲人の数は必ずしも少しとは致しませぬ。然るに永遠の平和は今に尚ほ招来しないのであります。殊にカントの永遠の平和を説いて既に百数十年を経過するにも拘らず、戦争は益ゝ拡大し、且つ其の方法は益ゝ苛烈を極めるのみであります。仍て惟ふに、軍備を擁しての平和論は、結局擬装平和の押売か、然らずんば平和解説の域より一歩も前進するものではあり得ないのであります。斯く観じ来る時、永遠の平和創造の方法として茲に残されたる唯一の手段は、真に平和的大理想を持ち、且つ真に戦争を忌み嫌ふ民族が、率先軍備を撤廃して、平和の使徒となるにあると信じます。

光は日本より

翻つて我が国民は、今申した通り奉仕を最高の道徳なりとする実践道徳を所有する国民であり、且つ

実に人類未曾有の冒険的試験
超国家的試験

沁々戦争の悲惨と罪悪とを体験したる結果、茲に率先軍備の放擲を宣言するに至つたことを思ふ時、光は正に日本よりと申すべきであります。唯茲に考へさせられることは、日本国民は新憲法に基き、崇高なる理想の下に軍備を放棄するのでありますけれども、其の結果として、如何なる弱少国家よりも侵される脅威を感ぜずには居られない状態に置かれる次第であります。併しながら此の点に付ては、平和を熱望する世界諸民族の公正と信義に深く信頼せんとするものであります。

カントの平和論

カントの平和論を見るのに、我々人間が居住し得る場所は此の地球上に限られて居る、即ち人間は総て住家を同じうする一種の共同団体である。随て共同生活の理念は、地球上の全人類全体の関係を支配するもので、一部の国民の勝手な恣意私慾に依つて、共同生活の理念を破壊されんとする場合には、相互に抑制し合はねばならない。又人間は如何なる場所に居住するも、そこで危険な行為さへなくば、人々より厚遇を受ける権利があると論じて居るのでありますが、真に其の意を尽して居ると言はねばなりませぬ。

カントの講和論

又カントは永遠の平和論の一節に、講和の場合に於て肝要なことは、真の平和は一切の敵意の終熄に依つて初めて得られるものであるから、平和条約は交戦国相互の敵意を全然一掃する内容のものでなければならぬ。即ち将来の戦争の禍根を蔵する休戦的意思を留めてはならないと論じて居るのでありますが、是れ実に肯綮を衝いたものと言はねばなりませぬ。此の点に付ては既に軍備を放擲した我が国に対して、来るべき講和条約の締結に際し、聯合国の公正にして聡明なる態度に我々は全幅の信頼を繋ぐ次第であります。（拍手）人類歴史あつて以来凡そ国を成すものが、一切の軍備を放擲して、世界平和の一路を辿るべき必然的の

実に人類未曾有の冒険的試験。世界人はこの超国家的試験を成功せしめる義務あり

覚悟を憲法に示した国家のあるを聞かぬのであります。(拍手)

随て我々国民の此の偉大なる決意の発足は、実に人類未曾有の冒険的試験と言はねばなりませぬ。(拍手)而して之を成功せしめるか否かは、一に懸つて人類に平和の有無を決するものでありますから、真に平和を熱愛する世界人は、日本の此の**超国家的試験**をば成功せしめる義務ありと信ずるものであります。(拍手)而してカントの法理的平和論に加ふるに、日本の協同原理を含む奉仕思想を以てするならば、不可能とせられる世界永遠の平和は、必ずや完成し得るものなりと固く信ずるものであります。(拍手)然るに此の憲法に盛られた大理想が、若しも失敗に終ることともならば、何れの国か又軍備を放擲するものがありませう。却て益々軍備の拡充強化を理論付け、人類より永遠に平和の二字を削除されるに至るであらうことを深く憂慮するものであります。仍て真の平和を確立して、人類の壊滅を永久に救はんとする日本の此の崇高なる希求に基く新発足に対しては、世界諸国民は批判的又は見物的態度より、百尺竿頭一歩を前進せしめて、共同事業的熱意を以て支援せられんことを私は切望して已みませぬ。(拍手)

最後に私の頗る深憂禁ぜざるものは敗戦国の共通現象の一つである国民思想の弛緩頽廃であります。……

以上を述べまして、私は衷心より新憲法案に賛成の意を表する次第であります。(拍手)

議長　山崎猛君（日本自由党）

大島多藏君

〔大島多藏君登壇〕

全面的な賛意を表す

大島多藏君（新政会） 新政会を代表致しまして、憲法改正案に対しまして全面的な賛意を表することを私は光栄に存ずる次第であります。（拍手）……

第一は天皇制の問題でありますが……

戦争抛棄は、洵に当を得たる所の処置

次に**戦争抛棄の問題**でありますが、人類の永遠の理想、最高の理想と云ふものが戦争なき、闘争なき所の国際社会の実現にあると致しますれば、我が憲法に於きまして敢然と致しまして此のことを万国に先駆けて規定致しましたことは、洵に我々国民として誇りとする所であります。中には此の規定を目しまして**敗戦国の泣言**みたやうな規定である、斯う云ふ風に評する人もありますが、此の永遠の平和と云ふものが、戦争なき所の国際社会の実現と云ふものが、人類最高の理想である限りに於きまして、私は列国に先駆けて力強く国民的信念を持つて、高らかに全世界に向つて宣言致しますことは、洵に当を得たる所の処置だと考へるのであります。（拍手）是れ賛成の第二の理由であります。

次に凡ゆる特権階級的存在を払拭致しまして、……最後に唯一つ附加へて置きたいとことは、我が新政会と致しましては、民主的文化国家日本を建設するには**教育の尊重**以外にあるべからず……

御清聴を感謝致します。（拍手）

議長　山崎猛君（日本自由党）

田中久雄君

〔田中久雄君登壇〕

田中久雄君（無所属倶楽部）

委員長報告通り修正せる改正案に賛成

私は無所属倶楽部を代表致しまして、政府提出憲法改正案に対し、委員会に於て修正せられました芦田委員長報告の通り修正せる改正案に賛成するものでありますが、既に各党代表の諸君に依つて凡ゆる角度より討議せられましたので、茲に重複を省略致しまして、極めて簡単に賛成の理由を申述べたいと存じます。（拍手）

ポツダム宣言と憲法改正

ポツダム宣言は勿論、之に関聯して聯合国側より発せられまする所の**各種の命令文書**に対しましては、我が国政府は之に服従し、之を履行する義務を負うて居ることは勿論でございます。而してポツダム宣言の中、第一に軍国主義を駆逐して永久平和を実現すること、第二に我が国を誤らしめた封建勢力を駆逐すること、第三に民主主義的傾向の復活強化に対する一切の障碍を除去し、以て民主主義原理の具現をなすこと、第四に言論、宗教、思想等一切の自由を保障し、基本的人権の尊重を確保すること、此の四点が憲法改正に関係を持つ所の宣言の内容であります。（附録二三参照）而して憲法改正の方向は、正に此の四つの事項を自主的に自律的に且つ積極的に実施することが出来得るやうに改正の行はれて行くことが絶対に必要であります。

そこで本案を見まするに、本案は其の**第二章第九条**に於て、国権の発動たる凡ゆる場合の一切の戦争

世界人類史上前例なき全面的且つ永久的戦争抛棄

先つ他の権利を尊重し、他の幸福のために己を捧ぐる宗教的生活、懺悔の生活によつて、戦争抛棄の大理想が実現

を全面的に抛棄するのみならず、国際紛争を解決する手段として、武力を示して威嚇をしたり、武力を行使するが如きことは一切之を抛棄すると規定し、曾て世界人類史上に前例を持たざる全面的且つ永久的の戦争抛棄を規定し、以て平和主義の徹底的確立に貢献し、此の信念に立脚して、陸海空軍其の他の戦力は之を保持することを許さずとする、軍国主義駆逐の根本規定を設けて居るのであります。即ちポツダム宣言第六項の軍国主義の駆逐並に永久平和の確立と云ふ原則を遺憾なく貫いて居ることは、私が此の案に賛成致します第一の理由であります。

第二に本案は**貴族院を廃止**致して居ります。……　次に第三に、……本案は其の前文に於て此の**民主主義的原理**の宣言を行つて居るに止まらず、改正案本文に至つては、殆ど其の全条章に亙りまして、**国民総意至高の原理**を貫いて居ることは洵に明かであります。……更に本案は……実に詳細なる**国民の自由と権利**を擁護する為の規定を設けて居ります。……

最後に一言申上げます。我が国は今や戦争を抛棄して、世界人類の最高理想を憲法に定め、日本民族の安全と生存を挙げて世界諸国民の公正と信義に委ねんとするのでありますが、我々は果して如何なる生活を続けて行くべきかであります。詰り一切を棄てゝ素つ裸になつたと云ふことは、燃え盛る火の中に蓮華の花を咲かすやうな実に大悲願であつて、此の実現は我々日本国民が個人としても、国家としても己の権利を主張する前に、先づ他の権利を尊重するの心掛が要る、更に進んでは世界平和、他の平和と幸福の為に己を捧ぐるの**高い宗教的生活**を持たなければならないのであります。奪ひ合ひ、呪ひ合ひの生活、即ち戦争の原因となる生活を捨てゝ、譲り合ひ、助け合ひ、拝み合ひの生活、即ち**懺悔の生**

活を持つ民族となります時に、初めて剣も立向ひ得ざる権威が現はれ、戦争抛棄の大理想が実現するのであります。(拍手)幸ひにして我が国は既に四十余年に亙つて斯う云ふ懺悔の生活をして居る人々があり、戦争前にアメリカの一女性に依つて此の事実は賞讃をせられて居るのであります。我々は之を見ます時に、日本民族の将来は正に泰然自若たるものが其の中から生れると信じます。斯くて将来我が国に続いて敗れた国も、勝利を得た国も共に戦争を抛棄する時代が生れます時には、此の戦争は人類永遠の平和を招来する為の戦争であつたのであり、犬死をしたと思はれた幾百万の英霊は、真に尊い世界平和実現の為の犠牲となつて生き還つて来るのであります。(拍手)私は我々の犯した過誤を、生活を通じて懺悔し、以て之を償ひ、我々の子孫と世界人類の永遠の平和の為に貢献すべき勇気と歓喜を新たに致しまして、本案に賛成を致します。(拍手)

議長　山崎猛君(日本自由党)　是にて委員長の報告に対する討論は終局致しました。(拍手)　採決致します。本案は委員長報告の通り決するに賛成の諸君の起立を求めます。

採決

〔賛成者起立〕

議長　山崎猛君(日本自由党)　七名を除き其の他の諸君は全員起立、仍て本案は委員長報告の通り三分の二以上の多数を以て可決致しました。是にて本案の第二読会は終了致しました。(拍手)

七名を除き全員賛成

山口喜久一郎君（日本自由党）
直ちに本案の第三読会を開かれんことを望みます。

議長　山崎猛君（日本自由党）
山口君の動議に御異議ありませぬか。

〔「異議なし」と呼ぶ者あり〕

議長　山崎猛君（日本自由党）
御異議なしと認めます。仍て直ちに本案の第三読会を開き議案全部を議題と致します。

第三読会

議長　山崎猛君（日本自由党）
是より第三読会の採決を致します。此の採決は**記名投票**を以て之を行ひます。本案を第二読会の議決の通り決するに賛成の諸君は白票、反対の諸君は青票を持参せられんことを望みます。――閉鎖――議席第一番より順次投票せられんことを望みます。

記名投票を以て採決

〔各員投票〕

議長　山崎猛君（日本自由党）
投票漏はありませぬか。――投票漏はありませぬか。――投票漏なしと認めます。――投票函閉鎖――開匣――開鎖

〔書記官投票の数を計算〕

書記官長報告

議長　山崎猛君（日本自由党）　投票の結果を書記官長より報告致させます。

〔大池書記官長朗読〕

投票総数　四百二十九

可とする者　白票　四百二十一

〔拍手〕

否とする者　青票　八

〔拍手〕

第二読会議決の通り、三分の二以上の多数を以て確定

議長　山崎猛君（日本自由党）　右の結果本案は第二読会議決の通り三分の二以上の多数を以て確定致しました。

〔拍手〕

議長　山崎猛君（日本自由党）　此の際内閣総理大臣より発言を求められて居ります。――吉田内閣総理大臣

〔国務大臣　吉田茂君登壇〕

内閣総理大臣挨拶

内閣総理大臣　吉田茂君　只今本院に於て憲法改正案が可決されました。茲に政府を代表致しまして一言御挨拶を申述べたいと

思ひます。

去る六月二十五日憲法改正案が本院に上程せられまして以来、本会議、委員会等を通じ、議員諸君の終始慎重にして熱誠なる御努力は、洵に衷心から敬意を表する次第であります。(拍手)

申すまでもなく**本案は新日本建設の礎石を築き、世界の平和の先頭に立たんとするもの**でありまして、本日本草案に賛意を表せられた議員諸君の御演説は、国民の総意を代表するものとして内外に反響を致しまして、新憲法草案の意義特色を内外に更に一層鮮明に諒解せしむるものと確信致しまして、洵に欣快に堪へませぬ。(拍手) 本案が成立するまでには尚ほ必要な手続を残して居りまするが、茲に諸君の御努力に対し、感謝の意を表する次第であります。(拍手)

議長　山崎猛君(日本自由党)

是にて帝国憲法改正案の審議は終了致しました。(拍手) 次会の議事日程は公報を以て通知致します。

本日は是にて散会致します。

帝国憲法改正案審議終了

衆議院本会議

昭和二一年一〇月七日（月）　後二・四一開議　後四・二四散会

議長　**山崎猛君**（日本自由党）

是より会議を開きます。……

議長　**山崎猛君**（日本自由党）

……日程第一、帝国憲法改正案、貴族院回付案を議題と致します。

帝国憲法改正案　貴族院回付案

帝国憲法改正案

（小字及び——貴族院修正）

日本国憲法

日本国民は、正当に選挙された国会における代表者を通じて行動し、われらとわれらの子孫のために、諸国民との協和による成果と、わが国全土にわたつて自由のもたらす恵沢を確保し、政府の行動《行為》によつて再び戦争の惨禍が発生し《起ることの》ないやうにすることを決意し、ここに主権が国民に存す

ることを宣言し、この憲法を確定する。そもそも国政は、国民の崇高《厳粛》な信託によるものであつて、その権威は国民に由来し、その権力は国民の代表者がこれを行使し、その福利は国民がこれを享受する。ものである。これは人類普遍の原理であり、この憲法は、かかる原理に基く。《ものである。》われらは、これに反する一切の憲法、法令及び詔勅を排除する。

日本国民は、常に《恒久の》平和を念願し、人間相互の関係を支配する高遠《崇高》な理想を深く自覚するものであつて、われらの安全と生存をあげて、平和を愛する世界の諸国民の公正と信義に委《信頼して、われらの安全と》ねようと決意した。《生存を保持し》われらは、平和を維持し、専制と隷従、圧迫と偏狭を地上から永遠に除去しようと努めてゐる国際社会に伍《おいて、》して、名誉ある地位を占めたいものと思ふ。われらは、全世界の国民が、ひとしく恐怖と欠乏から免かれ、平和のうちに生存する権利を有することを確認する。

われらは、いづれの国家も、自国のことのみに専念して他国を無視してはならないのであつて、政治道徳の法則は、普遍的なものであると《あり、》信ずる。この法則に従ふことは、自国の主権を維持し、他国と対等関係に立たうとする各国の責務であると信ずる。

日本国民は、国家の名誉にかけ、全力をあげてこの高遠《崇高》な理想と目的を達成することを誓ふ。

同案に対する採決

議長　山崎猛君（日本自由党）

直ちに採決致します。本案の貴族院の修正に同意の諸君の起立を求めます。

〔賛成者起立〕

議長　山崎猛君（日本自由党）　五名を除き、其の他の諸君は全員起立、仍て三分の二以上の多数を以て貴族院の修正に同意するに決しました。（拍手）之を以て帝国憲法改正案は確定致しました。（拍手）

五名を除き、全員起立。帝国憲法改正案確定

議長　山崎猛君（日本自由党）　此の際内閣総理大臣より発言を求められて居ります。――吉田内閣総理大臣

〔国務大臣　吉田茂君登壇〕

内閣総理大臣挨拶

内閣総理大臣　吉田茂君　只今貴族院の修正に対し本院の可決を得、帝国憲法改正案は茲に確定を見るに至りました。（拍手）此の機会に政府を代表致しまして、一言御挨拶を申したいと思ひます。本案は三箇月有余に亙り、衆議院及び貴族院の熱心慎重なる審議を経まして、適切なる修正をも加へられ、茲に**新日本建設の礎たるべき憲法改正案の確定**を見るに至りましたことは、国民諸君と共に洵に欣びに堪へない所であります。（拍手）

惟ふに新日本建設の大目的を達成し、此の憲法の理想とする所を実現致しますることは、今後国民を挙げての絶大なる努力に俟たなければならないのであります。政府は真に国民諸君と一体となり、此の大目的の達成に邁進致す覚悟でございます。茲に諸君の多日に亙る御心労に対し感謝の意を表明致しま

すると共に、所懐を述べて御挨拶と致します。（拍手）

副議長　木村小左衛門君（日本進歩党）

……是にて議事日程は議了致しました。次会の議事日程は公報を以て通知致します。本日は、是を以て散会致します。

貴族院の部

大日本帝国憲法改正案

第二章 戦争の抛棄

第九条 国の主権の発動たる戦争と、武力による威嚇又は武力の行使は、他国との間の紛争の解決の手段としては、永久にこれを抛棄する。

陸海空軍その他の戦力は、これを保持してはならない。国の交戦権は、これを認めない。

Draft of Japanese Constitution

Chapter 2 Renunciation of War

Article 9. War, as a sovereign right of the nation, and the threat or use of force, is forever renounced as a means of settling disputes with other nations.

The maintenance of land, sea, and air forces, as well as other war potential, will never be authorized. The right of belligerency of the state will not be recognized.

日 本 国 憲 法

第二章 戦争の放棄

第九条 日本国民は、正義と秩序を基調とする国際平和を誠実に希求し、国権の発動たる戦争と、武力による威嚇又は武力の行使は、国際紛争を解決する手段としては、永久にこれを放棄する。

前項の目的を達するため、陸海空軍その他の戦力は、これを保持しない。国の交戦権は、これを認めない。

The Constitution of Japan

Chapter 2 Renunciation of War

Article 9. Aspiring sincerely to an international peace based on justice and order, the Japanese people forever renounce war as a sovereign right of the nation and the threat or use of force as means of settling international disputes.

In order to accomplish the aim of the preceding paragraph, land, sea, and air forces, as well as other war potential, will never be maintained. The right of belligerency of the state will not be recognized.

貴族院本会議

昭和二一年六月二一日（金）

前一〇・〇六開議　前一〇・二九休憩
前一一・〇四開議　後　〇・〇八散会

副議長　徳川宗敬君（伯爵・研究会）

是より休憩前に引続き会議を開きます。……

副議長　徳川宗敬君（伯爵・研究会）

内閣総理大臣より発言を求められて居ります。是より許可致します。吉田内閣総理大臣

〔国務大臣　吉田茂君登壇〕

内閣総理大臣施政方針演説

内閣総理大臣　吉田茂君

不肖今般図らずも大命を拝しまして内閣を組織致しました。誠に恐懼に堪へない所でございます。唯渾身の力を捧げて御奉公を致す覚悟でございます。……　諸君、今議会の劈頭に於て**新生日本の建設の基盤たるべき憲法改正案**が勅命に依つて付議せられました。幸にして此の議会は新選挙法に依る総選挙の結果成立したる**歴史的民主議会**であります。政府は此の機会に諸君と共に国家最高の法典たる憲法改正を議することを無上の光栄と致します。政府は速かに民主主義と平和主義に依る政治の運営並に行政と

総理大臣施政方針演説　貴族院議事速記録　第一号

経済の全般に亙つて再検討を行ひ、是が改革を実行し、真に平和的国家、平和的国際社会の一員たるの資格と実質とを贏ち得たいと考へて居ります。従つて憲法の改正を俟つ迄もなく、軍国主義と極端なる国家主義との色彩を完全に払拭し、其の将来に於ける再生を防止する為、教育の内容と制度の全面にも亙つて根本的刷新を行はむと致して居ります。……以上施政の大綱と所信とを述べ、諸君の御協力を切望する次第であります。(拍手)(演説全文に付ては附録九参照)

副議長　徳川宗敬君(伯爵・研究会)

国務大臣の演説に対し質疑の通告がありますので、是より通告順に依り発言を許す筈でございますが、本日の議事の都合に依り他日に譲りたいと存じます。御異議ございませぬか。

〔「異議なし」と呼ぶ者あり〕

副議長　徳川宗敬君(伯爵・研究会)

御異議ないと認めます。

〔副議長退席、議長著席〕

議長　徳川家正君(公爵・火曜会)

……明日は午前十時より開会致します。議事日程は決定次第彙報を以て御通知に及びます。本日は是にて散会致します。

貴族院本会議

昭和二一年六月二二日（土）　前一〇・〇七開議　後〇・三一散会

議長　徳川家正君（公爵・火曜会）
是より本日の会議を開きます。……

議長　徳川家正君（公爵・火曜会）
是より議事日程に移ります。国務大臣の演説に関する件第二日、是より通告順に依り質疑を許します。山田三良君

国務大臣の演説に関する質疑

〔山田三良君登壇〕

山田三良君（無所属）
私は総理大臣閣下に対して憲法改正草案に付て質問を提出しようと思ひます。…… 茲には私の質問の趣旨を明かにする為に必要なる程度に於きまして、二三の例を挙げまして**草案の修正の必要なる所以**を説明致しまして、総理大臣閣下の御意見を伺ひたいと思ふのであります。……

草案修正の必要なる所以

其の一は草案第一条…… 第二には、此の草案第七条……

施政方針演説に関する質疑応答　貴族院議事速記録　第二号

次に第九条に於きまして、**戦争を抛棄する**ことを宣言してありますが、是は我が国現時の情勢の下に於きましては、頗る宜しきを得たる規定でありまして、我が国家の安全と生存を、列国の友誼と同情に一任致しまして、自ら戦争を抛棄すると云ふことを宣言致してあることは、私の賛成する所であります。併し第二項に於きまして、陸海軍、空軍の保持は許されないとか、国の交戦権は認められないとか、斯う云ふ規定がありますが、是は平和条約か何かで、国家の権力が制限せらるゝ場合は別と致しまして、我が国の憲法に於きまして、国家が自ら斯かる規定を掲げると云ふことは、為すべきものでないことは、恐らくは諸君も御同感であらうと信じます。従つて第九条の第二項は削除せらるべきものであると信ずるのであります。以上の三点は只修正の必要あることを説明せむ為に例示したに過ぎないのでありまして、尚国会の章、或は内閣の章、或は司法の章に於きましても同様に修正を要すべきことがありますが、是は茲に掲げることを殊更に遠慮して置くのであります。今迄のことは、草案の明文にある規定が修正せられなくてはならないと云ふ点でありますが、次には**草案に欠けて居る点**を一、二掲げまして、其の欠けて居る其の不備、欠点を補充せねばならないと云ふ必要を説明して見たいのであります。

第九条第一項、戦争抛棄の宣言は賛成、第二項は削除せらるべきもの

草案に欠けて居る点

それは第三章の臣民の権利義務に関する規定に付てでありますが、……次に之に附帯して参議院の組織に関することを簡単に質問致したいと思ひます。……終りに憲法改正案の審議に付きまして一言質問致しますが、……政府は果して会期を大いに延長せらるべき覚悟を有せらるゝや否やを伺ひたいのであります。……

以上で此の質問を終ることに致します。（拍手）

帝国憲法改正案立案の経緯と趣旨

憲法・国法だけの観点から立案したものではなく、国家を救ひ、皇室の御安泰を図ると云ふ観点を十分に考慮

日本の立場は、外交に於ても、其の他に於ても、決して自由なる立場にあるのではない。内外の情勢は切迫

議長　徳川家正君（公爵・火曜会）

内閣総理大臣

〔国務大臣　吉田茂君登壇〕

内閣総理大臣　吉田茂君

只今の山田博士よりの御質問に対しまして、御答へ致します。……

政府と致しましても、内外の事情且現在の情勢から考へて見まして十分慎重審議しまして、原案を作成致した訳であります。**只茲に一言御注意を喚起したいと思ひますのは、**単に憲法国法だけの観点から此の憲法改正案なるものを立案致した次第ではなくて、敗戦の今日に於きまして、如何にして国家を救ひ如何にして皇室の御安泰を図るかと云ふ観点をも十分考慮致しまして立案致しました次第であります。で従つて各位に於かれましても憲法論、国法論以外に現在に於ける国情、国際の情況等より御判断になつて、十分御審議を得たいと思ひます。無論憲法改正は固より国民の総意を基調とするものでありますから、議会に於て示されたる自由なる意思の表明に対しては十分尊重致し、政府と致しましても其の御議論に対しては十分審議し、又考慮致します考へでございますから、自由に御議論をなさるなり、更に十分の慎重審議をして戴きたいと考へますが、**只一つ茲に一応の御注意をも喚起致しますことは、**今日に於ける、日本の地位は外交に於ても、亦其の他に於ても決して自由なる立場にあるのではなくして、切迫致して居ります国際の状況、或は国情に鑑みまして、如何にしても此の国家が平和主義に徹底し、又

民主主義に徹底することが国を救ふ所以であると考へて立案致しました政府の趣意に付ては、十分御考慮を希望致します。元首の地位、或は天皇の認証権、交戦権の抛棄等に付きましては、何れ委員会其の他に於て政府からして十分の説明を致しますから、其の時に於て迄御待ちを願ひたいと思ひます。……今日は一応是だけの御答弁を致します。

山田三良君（無所属）

此の席からで宜しうございますか。

議長　徳川家正君（公爵・火曜会）

宜しうございます。

山田三良君（無所属）

只今総理大臣の御懇切なる御答弁を得まして満足致す次第であります。尚私の質問中に用ひました言葉で、一、二用語其の他に付きまして或は其の儘ではいけない所もあるかも分りませぬが、是等は議長に於かれまして然るべく速記録から削除せられるやうに願ひたいと思ひます。

議長　徳川家正君（公爵・火曜会）

山田君の只今の申出に依りまして、議長に於て然るべく処理致すことに御異議ございませぬか。

〔「異議なし」と呼ぶ者あり〕

議長　徳川家正君（公爵・火曜会）

懇切なる答弁に満足、質問中の一、二の用語は削除を願ふ

御異議ないと認めます。……

議長　**徳川家正君**（公爵・火曜会）

本日は此の程度に於て延会致したいと存じます。御異議ございませぬか。

〔「異議なし」と呼ぶものあり〕

議長　**徳川家正君**（公爵・火曜会）

御異議ないと認めます。次会は明後二十四日午前十時より開会致します。議事日程は彙報を以て御通知に及びます。本日は是にて散会致します。

貴族院本会議

昭和二一年六月二四日（月）　前一〇・〇六開議　前一一・五三散会

議長　**徳川家正君**（公爵・火曜会）

是より本日の会議を開きます。……

議長　**徳川家正君**（公爵・火曜会）

日程第一国務大臣の演説に関する件第三日、通告順に依り質疑を許します。……

議長　**徳川家正君**（公爵・火曜会）

佐々木惣一君

〔佐々木惣一君登壇〕

国家革新断行に際し、政府の考へて置くべき用意

佐々木惣一君（無所属）

私は我が国が今日国家の革新の断行に著手して居りまするに際し、政府は如何なる用意を以て之に臨んで御出になるかと云ふことに付きまして、其の大局から見た御意見を伺ひ、由つて以て国民が之に協力するの態度を定むること、且協力の必要から正しい批判を持つことの出来るやうに致したいと存じま

して、茲に少しく質問を試みる訳であります。……

第一に今後総司令部の好意を得て活動するに当り、我等は自主的の立場に於て如何なる信念を持つて居るべきものでありますか、……それから第二には憲法の改正に関して、……それから第三には政党を活用すると云ふことに付て、……それから私は第四に、政治に於ける人間性の尊重と云ふ妙な言葉でありますが、政治に於ける人間性の尊重と云ふことに付いて……

国家としての世界的使命は世界平和への貢献

それから最後に第五点として、将来我が国家の世界平和へ貢献する使命を遂行することに付て何か政府に御計画があるのであらうか、ありはしないかと云ふことを御尋して見たいと思ふのであります。軍国的、軍国主義的生活を排除して、平和的生活を為さなければならぬと云ふことは、今日我が日本の再建の目標であることは申す迄もないのでありまするが、併し此のことは独り我が日本と云ふ、さう云ふ国家の共同生活に付てのみ言ふべきことではないのでありまして、世界と云ふ共同生活を為す場合に付きましても同様であります。世界は、我が日本のみならず、軍国的共同生活を捨てて平和的共同生活をなすやうな、常にさう云ふ生活のみ行へるやうなことにならなければならぬと致しますれば、我等日本人は我が国自身をさう云ふ共同生活にすることに努力すると共に、世界の生活と云ふものをさう云ふ風な平和的の生活にすると云ふことに努力すると云ふことが許さるゝと思つて居るのであります。是が即ち我が国家としての世界的の使命であるのであります。我々は、今日国際関係に於きましては、言ふ迄もなく、世界的に活動することは許されては居りませぬ。併しながら、我々は我々の本来の世界に於ける通有なる所の平和を愛好すると云ふ人間性に基く所の行動をなしまして、さうして此の世界の平和に

貢献すると云ふやうな行動をなすことは、決して禁止されて居るのではありませぬ。又さう云ふ筈はないのである。そこで我々は今日は我が国家的生活と致しましては、世界的の活躍を禁止されて居るのでありますけれども、併し世界の平和を是から益々向上せしめると云ふことに付て、何等か世界的に活躍すると云ふ方法がありたいと思ふのであります。それに付きましては固より色々なこともありませう。色々な国民の間に色々な行動を執り、運動をなしまして、さうして世界と自らの平和的気分と云ふものを起すやうなこともありませうし、又目下問題となつて居りまする所の世界的の平和を齎す為の**平和憲章**と云ふやうなものに付ても、我々は盛に何処かに其の意見を申出ると云ふやうな方法もありませう。

世界的平和に貢献する方法の調査工夫機関

其の他色色あるとは存じまするが、茲に私は一つ御尋ねし且又場合に依つては御願ひしたいこともあります。それは我々日本人が、先刻来申しましたやうな意味に於ける即ち世界的使命に貢献すると云ふ為には、どう云ふ一体方法を執るべきであるかと云ふことを調査し、工夫をすると云ふやうな、さう云ふ公の国家的の機関と云ふものが作られたらば宜いと斯う思ふのであります。現在既にさう云ふ機関が政府部内に置いてあるかも知れませぬ。それは私事情を一向知らぬから、あれば結構でありますが、若しなかつたならば我が国が将来世界的平和に貢献するの使命を遂ぐる為に、どう云ふ方法を以てしたら宜いかと云ふことを色々の方面から、今日色々なことをやつて居る連中が部分的に、勝手に自分の仕事としてやつて居るが、さうでなしに色々な面から考へられる所の事柄をそこに一つ纒めて考へて、さうして然らば斯う云ふことを一つやつて貰ひたい、やらう、斯う云ふやうな我が国が世界的平和に貢献する

の使命を遂行することはどう云ふ方法を以てしたらば宜いかと云ふことを工夫すると云ふ、さう云ふ一つの調査工夫機関と云ふものを政府の方で、或は国家で作つて戴くことは出来ないものであらうかと、斯う云ふことを一つ御尋ねして見たいと思ふのであります。之に依つて我が国は或は今日迄出ました所の軍国主義的、或は反平和主義的国家であると云ふやうな汚名を取返して、一層世界の平和に貢献をする所の**道義国家**であるといふやうなことが、抽象的に只讃辞を受けるのではなくして、我々の現実の行動に依つて讃辞を受くると云ふことに相成ることが出来るかとも私は思つて居るのであります。以上、私は我が国家が今や我が国家を再建する為に、革新と云ふことを断行することに著手して居りまするに際しまして、考へて置くべき用意と自分で思つて居ることを少し述べたいのであります。之に付きまして、甚だ御手数でありますけれども、政府が其の御所見を、只私に対する所の答弁と云ふ意味ではなしに、此の壇上から一般の国民に聴かせると云ふやうな意味に於て、御答弁を下さることが出来るならば、幸ひと思ふのであります。(拍手)

〔国務大臣　吉田茂君登壇〕

内閣総理大臣　吉田茂君

御質問に御答へ致します。……

具体的の御提案を俟つて審議

将来我が国の世界的使命を達成する為に、何か適当な機関を設けてはどうかと云ふ御提議でありますが、此の御提議に付きましては、尚具体的の御話を承つた後に決したいと考へまするが、即座の御答と

致しましては、従来日本に対しまして随分列国、殊に聯合国から誤解があります。日本は軍国主義であつた、或は超国家主義であつた、又何時再軍備を致して再び戦争を起す危険がありはしないかと云ふやうな日本に対する疑惑、是は疑惑であります。或は全くの誤解であります。にも拘らず此の空気は相当に世界に瀰漫して居るやに考へられます。日本国が此の世界の平和に貢献するに先立て、先づ第一に努めなければならぬことは、斯かる誤解を一掃することであると思ひます。其の為に特殊の機関を設けると云ふことも一案でございませうが、是は一に其の機関の構成、性質、方法等、具体的の御提案を俟つて審議致したいと思ひます。一応御答へ致します。

聯合国の疑惑誤解の一掃が急務

佐々木惣一君（無所属）

私は只今の内閣総理大臣の御答弁の内容に付て反駁するのではなく、更に私の意見を述べたい所がありますけれども、併し是は他日に譲ることと致しまして、誠に詳細御懇切なる御答弁を戴きましたことを非常に満足に思ひ、感謝致します。それだけを申上げて置きます。

詳細懇切なる答弁を感謝

〔国務大臣　田中耕太郎君登壇〕

文部大臣　田中耕太郎君

只今の佐々木博士の御質問は、一般国政が中心となつて居りますけれども、併し各項目に付て考へて見ますると教育の方面にも可なり深い関係を持つて居る事柄だと思ひますので、私の各項目に付きましての所見を申上げて御答弁と致したいと思ふのでございます。……

世界平和実現の使命と教育

第五の世界平和の貢献の使命の実現に付きまして、教育が非常に重大なる責任を負担して居る訳であります。従来の我が国の教育は日本とか、或は日本民族とか云ふやうなことのみを念頭に置いて居つたやうな嫌ひがあります。殊に外国の人々にはさう云ふ印象を与へて居りますことは事実であります。我我は教育の理念として真理の認識、真理に対する尊重の念及び真理を愛するの念を基調に致しまして、さうして其の方向に向つて進みまする時に、自然に我々は国際的、世界人類的の精神に合致するものがあると思ふのでございます。さうなりましてこそ、極めてナチュラルに従来の狭隘なる国家主義的、軍国主義的教育を払拭することも出来るのであります。

アメリカに於ける教育のモットーは真理と平和

我々はアメリカに於て教育のモットーが一つある。何であるかと云ふと、それは真理であり、平和であると云ふことを聴いたことがございます。我々は敗けたから今仕方がないから、真理と平和を教育のモットーとすると云ふのではなくして、本来真理と平和が追及せられ、愛好せられなければならないことは、世の初めから世の終り迄変らない真理であると云ふ信念の下に、今後の教育計画を樹て、理想を其処に置きまして其の理想に向つて邁進したいと云ふ風に考へて居る次第でございます。事柄は極めて重要であります。又一朝一夕に為し遂げられないことが沢山ございます。併しながら、文教当局と致しまして、微力のあらむ限りを出し尽して此の為に努力したいと考へて居る次第であります。どうか各位に於かれましても、何分御鞭韃、御激励をお願ひ致す次第でございます。之を以て私の御答弁を終りたいと思ひます。（拍手）

佐々木惣一君（無所属）

予期せぬ答弁に御礼

田中文部大臣から大変詳細なる御答弁を戴きまして、それは予期せぬことで、大変有難うございました。ちよつと御礼を申上げます。

議長　徳川家正君（公爵・火曜会）

本日は此の程度に於て延会を致したいと存じます。御異議ございませぬか。

〔「異議なし」と呼ぶ者あり〕

議長　徳川家正君（公爵・火曜会）

御異議ないと認めます。明日は午前十時より開会致します。議事日程は彙報を以て御通知に及びます。本日は是にて散会致します。

貴族院本会議

昭和二一年八月二六日（月）

前一〇・一四開議　前一一・五一休憩
後　一・〇八開議　後　三・四七散会

議長　徳川家正君（公爵・火曜会）
是より本日の会議を開きます。……

議長　徳川家正君（公爵・火曜会）
是より議事日程に移ります。帝国憲法改正案、衆議院送付、会議《ママ》、此の際御諮りを致します。本案の審議に付きましては、特に慎重を期する為、**三読会の順序**を経ることに致したいと存じます。御異議ございませぬか。

三読会の順序

〔「異議なし」と呼ぶ者あり〕

議長　徳川家正君（公爵・火曜会）
御異議ないと認めます。吉田内閣総理大臣

〔国務大臣　吉田茂君登壇〕

内閣総理大臣　吉田茂君

帝国憲法改正案（衆議院送付）　貴族院議事速記録　第二三号

帝国憲法改正案（衆議院送付）　貴族院議事速記録　第二三号

帝国憲法改正案

右の政府提出案は本院において修正議決した。因って議院法第五十四条により送付する。

昭和二十一年八月二十四日

衆議院議長　山崎　猛

貴族院議長公爵徳川家正殿

帝国憲法改正案に対する勅書

朕は国民の至高の総意に基いて基本的人権を尊重し、国民の自由の福祉を永久に確保し、民主主義的傾向の強化に対する一切の障害を除去し、進んで戦争を抛棄して、世界永遠の平和を希求し、これにより国家再建の礎を固めるために、国民の自由に表明した意思による憲法の全面的改正を意図し、ここに帝国憲法第七十三条によつて、帝国憲法の改正案を帝国議会の議に付する。

御名御璽

昭和二十一年六月二十日

内閣総理大臣　吉田　茂

帝国憲法改正案（衆議院送付）

日本国憲法（抄）

（小字及び┃は衆議院修正）

日本国民は、国会における正当に選挙された〇代表者を通じて、（〇国会における）我ら自身と子孫のために、（行動し、われらとわれらの）諸国

民との間に平和的協力《協和による成果と、》を成立させ、日本国《わが》全土にわたつて自由の福祉《もたらす恵沢》を確保し、政府の行為《行動》によつて再び戦争の惨禍が発生しないやうにすることを決意し、ここに国民の総意《主権が国民に存する》が至高なものであることを宣言し、この憲法を確定する。そもそも国政は、国民の崇高な信託によるものであり《あつて、》、その権威は国民に由来し、その権力は国民の代表者がこれを行ひ《行使し、》、その利益《福利》は国民がこれを受けるものであ《享受するものである。》つて、これは人類普遍の原理であり、この憲法は、この《かかる》原理に基く。ものである。我《われ》らは、この《これ》憲法に反する一切の○法令《憲法、》と《及び》詔勅を廃止《排除》する。

日本国民は、常に平和を念願し、人間相互の関係を支配する高遠な理想を深く自覚するものであつて、我《われ》らの安全と生存をあげて、平和を愛する世界の諸国民の公正と信義に委ねようと決意した。我《われ》らは、平和を維持し、専制と隷従、と圧迫と偏狭を地上から永遠に払拭《除去》しようと努めてゐる国際社会に伍して、名誉ある地位を占めたいものと思ふ。我《われ》らは、すべて《全世界》の国の国民が、ひとしく恐怖と欠乏から解放《免かれ、》され、平和のうちに生存する権利を有することを確認する。

我《われ》らは、いづれの国家も、自国のことのみに専念して他国を無視してはならぬ《ない》のであつて、政治道徳の法則は、普遍的なものであると信ずる。この法則に従ふことは、自国の主権を維持し、他国と対等関係に立たうとする各国の責務であると信ずる。

日本国民は、国家の名誉に懸《か》け、全力をあげて、この高遠な主義《理想》と目的を達成することを誓ふ。

第二章　戦争の抛棄《放棄》

第九条　《日本国民は、正義と秩序を基調とする国際平和を誠実に希求し、》国の主権《国権》の発動たる戦争と、武力による威嚇又は武力の行使は、他国との間の紛争《国際紛争を》の解決《する》の手段としては、永久にこれを抛棄《放棄》する。

《○前項の目的を達するため、》○陸海空軍その他の戦力は、これを保持しては《しない。》ならない。国の交戦権は、これを認めない。

第十章　最高法規

第九十四条《九十八》　この憲法並《は、》びにこれに基いて制定された法律及び条約は、国の最高法規とし《であって、》、その条規に反する法律、命令、詔勅及び国務に関するその他の行為の全部又は一部は、その効力を有しない。

日本国が締結した条約及び確立された国際法規は、これを誠実に遵守することを必要とする。

内閣総理大臣説明

帝国憲法改正案に付きまして説明を申述べます。ポツダム宣言及び之に関連し、連合国より発表せられました文書には、「日本国民の間に於ける民主主義的傾向の復活強化に対する一切の障碍を除去し、言論、宗教及び思想の自由、並に基本的人権の尊重を確立すべきこと」、並に「日本国の政治の最終の形態は、日本国民の自由に表明する意思に依り決定さるべきこと」の条項があるのでございます。此の方針は正に平和新日本の嚮ふべき大道を明かにしたものでありまして、是が為には国家の基本法たる憲法

本改正案の基調

の改正が其の要諦と考へるのであります。仍て政府は前内閣及び現内閣に亙り、鋭意是が調査立案の歩を進めて参つたのでありますが、曩に成案を得ましたので、之を帝国議会に付議せられむことを奏請し、衆議院の議決を経ました。今日貴族院の審議に付せられることになつた次第であります。**本改正案の基調**とする所は主権在国民の原理に依つて諸般の国家機構を定め、基本的人権を尊重して、国民の自由の福祉を永久に保障し、以て民主主義政治の基礎を確立すると共に、全世界に率先して戦争を拋棄し、自由と平和を希求する世界人類の理想を憲法の条章に顕現せむとするにあるのであります。此の精神は本改正案中の前文に詳細に示されて居るのであります。以下改正案中、重要なる諸点に付て申述べたいと思ひます。……

改正案の大なる眼目は戦争拋棄

改正案は特に一章を設け、戦争の拋棄を規定して居るのであります。即ち国の主権の発動たる戦争と、武力に依る威嚇又は武力の行使は、他国との間の紛争解決の手段としては永久に之を拋棄することと致しまして、進んで陸海空軍其の他の戦力及び国の交戦権をも之を認めざることと致して居るのであります。是は改正案に於ける大なる眼目を成すものでありまして、斯かる思切つた条項は凡そ従来の各国憲法中に其の類例を見ざるものと思ふのであります。斯くして日本国は永久に平和を希求し、其の将来の安全と生存とを挙げて平和を愛する世界諸国民の公正と信義に委ねむとするものであります。此の高き理想を以て平和愛好国の先頭に立ち、正義の大道を踏み進んで行かうと思ふ固き決意を、国の根本法たる憲法に明示せむとするものであります。……

総理大臣帝国憲法改正案説明　貴族院議事速記録　第二三号

以上原案に付て大体の説明を終りますが、尚本案に付きましては衆議院に於て若干の修正を加へられたのであります。政府は其の修正に同意であります。何卒宜しく御審議あられむことを希望致します。（説明全文に付ては附録一〇参照）

衆議院の修正

議長　徳川家正君（公爵・火曜会）

質疑の通告がございます。通告順に依り是より順次発言を許します。高柳賢三君

〔高柳賢三君登壇〕

高柳賢三君（研究会）

改正案は一面必然的・歴史的な所産であり、他面平和的・民主的日本建設の基礎工事

帝国憲法改正案は過去十数年間に於ける国際的、国内的情勢の結果として生れた或意味で必然的な所産、歴史的な所産でございます。直接には降伏文書中の**ポツダム**宣言の内容を実現する国際的な義務の履行として現れたのでありますが、それればかりではない、日華事変から太平洋戦争に至る東亜のみならず世界各地域に於て流された内外人の血と涙、軍と官僚との政治的、経済的圧迫に苦しんだ日本国民の隠れた自由への要求、それ等が此の改正案の背後にあるのであると考へるのであります。それは謂はば必然的な歴史的な所産でございます。併し此の改正案は単なる歴史的な所産ではありませぬ。将来の**平和的民主的日本建設の基礎工事**であります。国民の政治的、経済的、文化的建築は此の憲法の上に築かれ、それは有らゆる面に於ける国民の生活を方向付けるのであります。一面歴史的な所産であり、他面将来への指針であるとの二つの観点から、此の改正案を検討致しまして、私は大体に於て中正を得て居

大体に於て中正

ると考へるのであります。……

曩に一言致しましたやうに、内容の見地からは、本改正案は大体に於て出来て居るのでありますが、細かい点に付ては多くの疑問がない訳ではございませぬ。詳細は委員会で御伺ひすることと致しまして、本会議では一般的な問題に付て政府の見解を御尋ねすることと致します。茲で改正案の元の条文で検討致しましたので、条文は原案の条文であることを一言申添へて置きたいと思ひます。

第一は基本人的権に付てであります。…… 第二に司法に付て御尋ね致します。……

第三は条約に付てでございます。第十章最高法規に関する規定中、**第九十四条の条約**、国際法等に対して、立法其の他国政の上で最大の尊重が払はるべきこととしたことは、日本国が国際団体の一員たる以上当然の事理ではございますが、一部国民の間にそれを軽視する風潮があつたことに照して、此の条項を掲げたことには賛成であります。唯改正草案の下に於ける条約の国内法的地位に付て、一二政府の見解を御尋ね致します。**第一点**、九十四条第一項には、「条約」と云ふものを特記して居りませぬが、条約は「国務に関するその他の行為」中に含まれ、憲法の条項に反する条約は、法律其の他と同様、国内法上無効と解して差支ないかどうか、**第二点**、国内法上条約と法律は並立的関係に立ち、所謂前法後法の理論に依つて両者間の効力を定むべき趣旨であるかどうか、**第三点**、第七十七条では最高裁判所は法律、命令、規則又は処分で憲法に適合するや否やを決定する権限を有するものとして居るが、此の所謂「処分」は条約を含む趣旨であるかどうか。

条約の国内法的地位。㈠憲法の条項に反する条約は無効と解してよいか。㈡国内法上条約と法律は並立的関係に立つか。㈢最高裁判所の違憲法令審査権は条約に及ぶか

第九条は畢竟歴史的所産

第四に、**戦争の抛棄**に付きまして御尋ね致します。改正案第九条は武装なき日本と云ふものを想定して居ります。日本が国際交通を絶たざる限り、将来と雖も日本が国際紛争の当事者となることは避け得ないでありませう。それ等は総て武力の背景なしに全部合理的に解決することを予定したものであります。それは「武力が最後の議論である」と云ふやうな思想を捨て去つたことを意味すると解釈致します。斯うした思想は過去に於ける日本の平和主義者中にも存在しなかつた訳ではありませぬ。宗教家**内村鑑三は**、嘗て「余をして首相たらしめば、先づ軍備を撤廃して世界に範を示すであらう」と言つた。併しながら敗戦と云ふ厳粛な事実がなかつたら、斯かる原則が日本憲法の原則となることは当分なかつたであらうことは明らかであります。改正案第九条は畢竟歴史的所産でございます。併しそれは将来の日本の建設に付てのみならず、世界の建設に付て重要な意味を持つて居ると考へるのでございます。外敵に対する防衛といふことと、国内の治安維持と云ふことは、国家の最少限度の職能であると云ふことが従来の政治学的な常識でございました。斯くして武装せる主権国家から成る国際社会と云ふものは、如何なる平和維持を目的とした国際条約に拘らず、絶えず爆発の危険を内包して居るのでありました。

従来の主権国家の観念を捨てて世界聯邦

今次大戦の結果と致しまして、**原子爆弾**が発見され、科学の進歩に依つて更にそれは完成されることでございませう。**将来の世界戦争**は或民族の殲滅のみでなく、人類其のものの殲滅に導くのではないか、

世界聯邦の形にたける世界国家

従来の主権国家の観念を捨てて**世界聯邦**を作らなければならぬ時期に人類は到達して居るのではないか。併し政治思想は科学の進歩に常に遅れるのでございます。斯くして人類は自ら作つた武器に依つて

第九条戦争放棄は、世界聯邦を前提としてのみ合理的

国際聯合へ参加し、一面日本の安全を確保し、他面世界聯邦建設に努力することが必要

国際聯合への加入については、御趣意の通り

自らを殲滅することになるのではないか、さうしたことが世界各国の識者の最も強い関心事となつて居ります。世界聯邦の形に於ける世界国家が成立すれば、各国は改正案第九条の想定して居る武装なき国家となるのであります。世界に生起する総ての国際紛争は武力を背景とせず、理性に依つて解決されることになる、武力は世界警察力として、人類理性の僕としてのみ存在が許される、改正案第九条は斯かる世界聯邦を前提としてのみ合理的であります。所謂国際聯合は現在斯かる世界聯邦建設への萌芽を包蔵して居ります。それがどう云ふ風に発展、展開して行くか、或は展開せしむべきか、是は将来の問題でございます。併し改正案第九条を採択する以上、速かに之への参加を要請する方針を以て一面武装なき日本国民の安全を確保し、他面世界聯邦建設に努力することが必要不可欠であると思ひます。此の点に関する政府の所信を御伺ひ致します。

最後に改正案の予定して居る憲法の運用の問題に付て御伺ひ致します。……

〔国務大臣　吉田茂君登壇〕

内閣総理大臣　吉田茂君

御質問の中で、戦争抛棄に関する部分に付て御答を致します。其の他の御質問の部分に付ては主務大臣から御答を致すことに致します。第九条戦争抛棄の原則を採用する以上は、国際聯合への加入を政府が努力すべきではないかと云ふ御質問と考へますが、政府と致しましては、御趣意の通りであります。唯現状に於きましては、日本政府の行動はポツダム宣言に依つて制約せられて居りまして、従つて御趣

意の通り、此の問題は、将来の問題でありますが、将来国際聯盟に加入する時期、若しくは努力致すべき時期が参りました場合に、政府と致しましては十分努力する考であります。

〔国務大臣　金森徳次郎君登壇〕

国務大臣　金森徳次郎君

憲法と条約との関係

憲法に対して制約を加へる条約もあり得る

……条約の関係に付てでありまするが、御示しになりましたやうに、憲法改正案は第九十四条に於きまして、「条約及び確立された国際法規は、これを誠実に遵守することを必要とする」と云ふ規定を設けて居ります。此の言葉は極めて簡単でありまするが、其の包含して居る内容は、有らゆる角度に於て誠実に遵守すると云ふことをはつきり言切つて居るのであります。従つてそれが国際法の、国際関係の面に現れまする場合に、又国内的秩序として現れまする場合も誠実に遵守することになつて来るのであります。此の基本の考を前提と致しまして、高柳君が御指摘になりました三つの問題に触れて行きますると、**第一の御質問**は、多分九十四条の中に現れて居る「国務に関するその他の行為」と云ふものの中に条約が入つて居るか居ないか、斯う云ふ御質疑であつたと察するのであります。言ひ換へますれば**憲法と条約との関係**でありまして、是は一言にして尽し難きものがあるのでありまして、条約と云ふものは国際関係に於きまして非常なる深い価値を持つて居ります。其の現れまする姿は必ずしも一つの姿ではありませぬ。憲法との関係に於きましては、其の条約の性質に照らして如何に扱ふかを慎重に考へなければならぬと思ふのであります。言ひ換へますれば憲法に対して制約を加ふる条約も亦あり得ると云

条約と法律との関係については、条約の方に特別の尊重を加へる

最高裁判所法令審査権と条約との関係についても、結局、条約を誠実に尊重する原則が適用される

尚疑問もあるが委員会に譲る

ふ考に基いて御説明を申上げたのであります。それから**第二の点**と致しまして、国内法的に法律と条約とは並立的なものである、二者を調節致しまするに、所謂前**法**、**後法の原理**を以てして宜しいか、斯う云ふ御質疑でありました。此の点は従来迄の日本の実情に於きましても、稍〻疑点はあるのでありまするが、多分は此の前法、後法の原理が当嵌まると云ふ建前であつたと思ひます。併しながら今回の憲法の下に於きまして条約は誠実に遵守することを必要とすると云ふ原則を示しました限り、其の考は変つて行くのであつて、条約の方に特別なる尊重を加へなければならぬと考へて居ります。尚**第七十七条**には条約と云ふ言葉が入つて居ないがと云ふ御質疑でありました。是は先にも申しましたやうに条約と云ふものの持つて居る意義は、必ずしも一義的に、一つの意味に於て、効力の解決をすることが出来ませぬ。其の本質を顧みつゝ適当なる国内法的の処置をしなければならぬのであります。結局条約は誠実に尊重すると云ふ言葉の適用となつて宜しきを得る次第と考へて居ります。

高柳賢三君（研究会）　御答弁に付きまして尚疑問の部分も沢山ありますけれども、是等は委員会に譲りまして私の質問を終ります。

議長　**徳川家正君**（公爵・火曜会）　是にて休憩を致します。午後は一時より開会致します。

議長　**徳川家正君**（公爵・火曜会）

是より午前に引続き会議を開きます。澤田牛麿君

〔澤田牛麿君登壇〕

澤田牛麿君（同和会）

憲法の改正と云ふことは貴族院始つて以来初めての重大な問題でありまして、恐らくは又最後の重大な問題であらうと思ふのであります。さう云ふ次第でありまするから、私は皆さんの御迷惑も顧みず少し長く質問をしたいと思ふのであります。此の貴族院としては、此の憲法の改正に付て十分な時間を費やして差支えないことと私は思ふ、又それが本当であると思ふのであります。

改正案提出の時期

私の質問は二段に分ちまして、初めの部分は、此の憲法の改正案が提出さるゝに至つた迄の所に付て質問を申上げたい。それから後段は此の改正案の内容に付て質問を申したいのであります。先づ**改正案の提出の時期**でありますが、是は今更申上げると余りに時世に懸け離れて居つて、もうそんなことは殆ど済んだことぢやないかと云ふ御叱があるかも知れませぬが、私は此の時期に付て、先づ以て疑を持つ、**美濃部達吉君**が嘗て此の春でありましたか、現行の憲法は改正しないでも、ポツダム宣言の受諾の義務を果すに付て大した支障はないことである、で憲法の改正はゆつくり、慎重にすべきものであると云ふ意見を発表されました。其の後間もなく同君は政府の推薦で枢密顧問におなりになつた。それで私は美濃部君の意見のやうに政府は慎重に改正を考慮さるゝことと思つて居りましたのでありまするが、併し私の予想と全く反して非常に急造粗製の憲法改正案を御提出になつた。粗製濫造である点は後程詳しく

ポツダム宣言受諾は無条件降伏ではない。非常な有条件

申上げますが、斯う云ふ風に急いで変挺子なものを出す必要が何処にあるのか、こゝへ来ると**ポツダム宣言の解釈**になるかも知れませぬが、ポツダム宣言には、私は英文は能くは読めませぬけれども、第十項に、日本人の間にあるデモクラチック・テンデンシイを回復する、及び強くすることに付ての云々と云ふことがありまして、日本に直ぐ外国に行はれて居るデモクラシーを其の儘用ひろと云ふやうな意味はポツダム宣言にはないことと思ふのであります。（註）又是は政府の方もさう云ふ答弁をされて居つたやうに衆議院の憲法委員会の速記録で拝見しましたが、日本は無条件降伏したのである、斯う云ふ解釈だと云ふことを金森国務大臣であつたと思ふが、多分御答になつたやうなことが速記録に出て居る、私は是も非常な疑問を持つのであります。ポツダム宣言と云ふものは幾つも条件があつて、是は即ち無条件ぢやない非常な有条件な事項である。こちらから出した条件はないのだけれども、向ふから差出す、元の申出した人が既に条件を付けて居るのであるから、是は無条件と云ふのはをかしいと私は思ふ。無条件と云ふ所は何処にあるかと云へば、武力と云ふか、軍備と云ふか、詰り**武力の無条件降伏**と云ふことは含んで居りませう。併し日本全体の無条件降伏と云ふことは含んで居らぬと私は思ふ。ポツダム宣言には人種としてエンスレイヴしたり、或はネイションとしてデイストレスすることは考へて居らぬと云ふことを先方が申出して来て居る、さうすれば是は明かに日本の自主の態度を或程度迄認めての上のことであると思ふのであります。条件であると思ふのです。それは直接憲法には関係ないかも知れませぬが、此のことを頭に入れて論旨を進めたいと思ふのであります。急いで出したと云ふことは何の必要

永続的性質を有する重大な根本法の改正を急ぐ必要如何

があつてそんなに急いで出すのであるか、或は先程総理の御説明にありました通り、早く平和条約を結び、早く国際交際をしたいと云ふ為には憲法の改正が必要である、是も或点に付ては御尤でありますけれども、さう急いで重大な国の根本法たるものを急に出す必要が何処にあるか、平和条約を締結する迄の暫定的の憲法ならばそれは誠に御説明の通りであるのである。併し憲法は向ふ何十年か何百年かに亙つて継続すべき永久的性質を持つものであるからして、目前の唯必要に応ずると云ふだけで之を急いで出されたと云ふことならば、我々は甚だ賛成しにくい態度であると思ふ。……

手続は現行憲法七十三条に繋がりがあるが、内容を見れば法的繋がりは全くない

それから憲法の改正と云ふことで、**現行憲法の第七十三条の手続**に依つて提出されて居る今度の改正草案でありまするが、……手続の上から言へば七十三条に依つて繋がりはあるのでありまするけれども、内容を見ると法的繋がりは全くない、全然違つた憲法である、是もどう云ふ訳であるか、其の理由を承りたいと思ふのであります。……

統帥権の規定も自然消滅

常備兵力に関する規定も既に空文

憲法の中で世の進運に従つて改めなければならぬ所も多少ありませう。如何なる法規に於てもそれはある筈である。であるからしてさう云ふことの改正をすると云ふことは、至極結構なことであります る。又**統帥権の問題**も、最早今日は軍隊其のものがないから、法の実物がないのであるからして、法の自然消滅になつて、あの条項を別に訂正しなくても、あの条項はないのである。仮に統帥権の規定がいけないと見ても、是は既に死んだ条項である。**常備兵力**に付ても大権事項となつて居りますが、是も兵力を持たないことになれば、空文に帰して死んだ条項である、自然取れて居る。さうすると憲法のどの

条に、それならば非常にむづかしい、是《非?》なくてはいけないと云ふ、又之を取らなくてはどうしてもいかぬと云ふ条項があるでせうか、私はどうもそれを発見するに苦しむのである。……

改正案の内容は殆ど総て疑問

それから**憲法の内容**に付ては、殆ど総て疑問がありまするが、之を一々述べて居ることは出来ませぬけれども、主なるものを此処で申述べて、政府の御答を得たいと思ふ。それは先程も御質問があつたから、ちよつと其の事から先に申上げまするが、条約は法規であると云ふことを第十章に述べて居ります。私共は条約は法律ぢやないと云ふ風に常から承知して居るのでありますが、之に依ると条約は法律だと云ふことになつて居る、是は英文の方ではロウとなつて居る、条約と法律とはどうも別だと云ふ説の方が正しいのぢやないかと私は思ふのでありますが、其の説を覆して、条約は即ち法律なり、法律であるとすれば、直ちに人民に対して執行力を生ずる、遵奉力を生ずるのである、さう云ふことも頗るをかしい、其処まで穿鑿してないのぢやないか。……

条約は法規であるか

それから……**国体**と云ふものは此の憲法に依つて変つて居らぬか居るかと云ふことが、重大な問題であると思ふのであります。……**国会は最高の機関**であると云ふことをすると云ふことは、最高の機関にすると云ふことは、是はどうも三権分立の思想を壊すものではないか、……その外意義や範囲のはつきりしない所が、沢山あるのですが**基本的人権**と言つた所が、何を基本的人権と言ふか……

是等の点に付て政府の御答弁を伺つた上、尚質問を継続することがあるかも知れぬと思ひます。（拍手）

註＝「ポツダム宣言」（英文）第一〇項

案九四条・憲九八条　貴族院議事速記録　第二三号

(10) We do not intend that the Japanese shall be enslaved as a race or destroyed as a nation, but stern justice shall be meted out to all war criminals, including those who have visted cruelties upon out prisoners. The Japanese Government shall remove all obstacles to the revival and strengthening of democratic tendencies among the Japanese people. The freedom of speech, of religion, and of thought as well as respect for the fundamental human rights shall be established.

〔国務大臣　吉田茂君登壇〕

内閣総理大臣　吉田茂君

澤田君の御質問に対して御答を致しますが、私の御答へ致しますのは、先づ第一に此の憲法改正の必要に付ての御尋でありますが、其の次は取急いで改正をする必要がないではないかと云ふやうな御尋に対して、一応御答を致します。日本が履行を受諾致しましたポツダム宣言の条項には、日本に於て民主化を徹底せしむると云ふことが一つの義務になつて居るのであります。是は法律上の義務と言ひますか、兎に角履行すべき義務である。又翻つて当時終戦後の状況を見ますと、日本に対する疑惑、即軍国主義の日本である、或は戦争を再び準備する危険のある日本であると云ふ等の国際的疑惑が相当深刻であつたのであります。此の為には日本が日本の軍国主義は払拭するのである、日本は再戦の準備を致して居るのではないのである、平和主義、民主主義に徹底するのである、其の覚悟であると云ふことを明

国権を回復し、国の政治的、経済的再建を促進するためには、国際的疑惑を一掃するの必要あり、これがためには、民主主義、自由主義に徹底する必要あり、これがためには速かに憲法を改正することが必要

示する必要があつたのであります。法律上の義務は別として、日本が日本の国家の国権を回復する上から言ひましても、又国際団体に復帰する上から言ひましても、日本が民主主義、自由主義に徹底すると云ふことを内外に明白にすることの必要があるのであります。又日本と致しましては、成るべく早く国際団体に復帰することに依つて、日本の再建の時期を早める、経済的にも、政治的にも、日本再建の時期を早めると云ふ必要に迫られて現に居ります。従つて又日本が日本国家の基本法である憲法を改正することに依つて、日本の民主主義、日本の自由主義に日本が徹底すると云ふことを、内外に宣明する必要があるのであります。政府は此の見解から憲法改正の必要を感じ、其の時期の成るべく速かならむことを期したのであります。……

〔国務大臣　金森徳次郎君登壇〕

愛国の至誠には御同感

国務大臣　金森徳次郎君　澤田君より憲法改正案に対しまして、各方面に亙つて御質疑になりました。淡々たる御言葉の中に、殆ど完膚なきと見らるゝ迄改正案の各部面に御触になりましたことは、言葉は非常に平易ではありまするけれども、其の中に愛国の至誠を充実せられて居る次第であらうと思ひまして、誠に其の限度に於きまして御同感に堪へない訳であります。併しながら同じ愛国の至情に燃ゆる立場に於きまして、茲に違つた立場に於て、此の憲法の出来上りましたる由来、及び其の内容に盛込まれて居りまする各要項に付て、御説明を申上げたいと存ずる訳であります。**第一**に、此の憲法の改正を何故に斯く急ぐのであるか

憲法改正は、ポツダム宣言による外部的条件と、敗戦に伴ふ日本国内の要請とによる

と云ふことの御質疑に対しましては、先程総理大臣よりして答弁せられました通り、其の重要なる外部的条件と致しましては、ポツダム宣言の受諾にあることは申す迄もなく、それに附随致しまして、世界の情勢と云ふものとの関係に於て、篤と考慮すべきものであることは申す迄もないと思ひます。併しながら問題は独り之に止るのではありませぬ。**日本国内の要請**と云ふものが甚だしく此の憲法の改正に付て即刻を争ふ程度に湧き上つて居ることを認めざるを得ないのであります。私共昨年終戦の後に於きまして、甚だ思ひ至らなかつたのでありますが、当時の国民の意思及びそれと略ゝ並行して居りました私共の考へ方に於きましては、斯くも憲法の各条項に大いなる修正を考ふべき機運は来つて居ないやうに考へたのであります。然るに終戦後時を隔つに応じまして、それに対する国内の識者の、或は識者と見らるべき方面に於きましての要請は、可なり顕著なる速度を以て進むものあることを認めざるを得ないのであります。それは各方面の文書に現れた意見等に依つて我れ人共に知る所であります。同時に私共自身の色々な自らの見解の導く所に依りまする と、甚だしく反省せしめらるゝものがあつたのであります。先程仰せになりましたやうに、**明治憲法**は実に立派なる憲法でありまして、私共過去何十年殆どそれに対して、一点の非難を加ふべきもののなきが如く信じて居つたのであります。併し且読み且理解するに応じまして、何となくそこに或ものが潜んで居るのではないか、将来の禍の種を導くものが潜んで居るのではないか、或は将来の発展の種を含んで居るのではないかと云ふ疑念を起して居つたのでありまするが、此の戦争の前後の大きな国家の経験に照しまして、其の考へ方がはつきりとして来たので

明治憲法への疑惑

明治憲法は出来上りは立派、運用の結果から見て大なる汚点を印す

明治憲法の美点、特色は広大なる大権とその弾力性

あります。明治憲法の出来上りは立派でありましたけれども、其の運用の結果から見まして、日本三千年の歴史が遂に忌はしき望むべからざる結果を生じて、我が国家に大きな汚点を印したと云ふことは、是は言ふまいと思つても言はざるを得ないのでありまして、（拍手）是は憲法が悪かつたのか、運用が悪かつたのか、私はそれを軽々しく断言することは出来ませぬが、是は此の二者の綜合の結果に於て、此の思はしからざるものが現れたことは認めなければなりませぬ。其の明治憲法の持つて居りました多くの美点は、例へば先程御述になりましたやうに、三権を調節する為に大権の自由自在なる範囲がある、是は実に見事なる**明治憲法の特色**であつたのであります。併しながら其の見事なる特色が遂に禍の因になつたと云ふことは、実に意外なることでありまするけれども、心を潜めて見ますれば、大いに反省をしなければならぬことと思ひます。或は憲法の第三章に書いてあります国民の権利の保障、是も先程仰せになりましたやうに、其の形の儘運用して何等の支障はないではないか、**美濃部博士**も憲法は変へなくてもポツダム宣言の実施は出来るではないかと言はれたではないかと仰せられましたが、言葉の上としましては、恐らくそれに相違ないと思ひます。併し運用の結果に見ますれば、弾力性を非常に期待して居つた所の其の憲法の条章は、遂に国民を圧迫し国家の安危を不幸なる方面に導いて来る原因を成したのでありまして、（拍手）其の外色々な点を考へまして、明治憲法の持つて居りまする美点を運用の実際から見まして、大いなる補正をしなければならぬ、且又我が国の色々な物の考へ方が、大体に於きまして物の真理の探究を許さないで、或程度に於て呑込め、それ以上は色々自らを満足せしめる無

真理の探究と人格の尊重、国民権利の保障と民主政治の徹底を期するためには、相当規模の飛躍的変転を遂げねばならぬ

理な説明をして済ましてしまへ、或事柄には触るゝべからず、此の態度が、是は独り憲法ばかりではありませぬ、憲法を中心として幾多考へられて来たのであります。斯様な次第に於きまして、我々は此の非常な秋に於きまして、而も国民は覚醒し、又新たなる国を真実の日本の力に依つて興さなければならぬ時に於きましては、考ふべき点が多々あるのであります。それは何か、其の第一は、国民をして本当に真理に目覚めしめる、我々の持つて生れた掛替のない此の**人間の尊さ**と云ふものを自覚し、其の頭の中に滾々として湧き起つて来る所の真理に目覚めて、其の真理を推し進めて新しき国家を建設すると云ふことを離れて、日本国民の進むべき行き途はないと思ひます。此の見地に於きましては、どうしても憲法の根本的なる改正が行はれなければならぬと思ふのであります。又今の**国民の権利の保障**とか云ふことは、固より安全なる程度に之を具体化せしめなければなりませぬ。尚**民主政治の徹底**と云ふことは、是は色々な議論がありませう。各人の持つて居らるゝ所の政治哲学の意見に依つては、幾多の結論が起るのでありませうが、実際的に是が我が国を救ふに適する制度であることは、恐らく大多数の認めらるゝ所であり、又世界の要求して居る所である訳であります。其の他斯様な見地に著眼を致しまして憲法の改正を考へまする時は、どうしても部分的な改正では出来ないのであります。日本の置かれて居る只今の立場は、古き革袋を以て満し得る程度のものではないのであつて、相当大規模な飛躍的なる変転を遂げませぬければ、世界の中に伍して新たなる生命を発揮することは、殆ど不可能であらうと思ふのであります。甚だ澤田君には御不満ではありませうけれども、能く此の憲法の狙つて居る所を御覧

になりまして、又条文の末節に於きまして幾多御非難に価することがないと云ふことを、私は決して主張は致しませぬけれども、併し十分意の在る所を御察し下さいましたならば、相当御考の上に緩みを生じて戴くことではないかと思つて居ります。……

色々申上げたいことがありますが、大体の方針に付きまして御答を致しました。（拍手）

議長　徳川家正君（公爵・火曜会）

本日は此の程度に於て延会致したいと存じます。御異議ございませぬか。

〔「異議なし」と呼ぶ者あり〕

議長　徳川家正君（公爵・火曜会）

御異議ないと認めます。明日は午前十時より開会致します。議事日程は、決定次第彙報を以て御通知に及びます。本日は是にて散会致します。

貴族院本会議

昭和二一年八月二七日（火）

前一〇・二三開議　後〇・四九休憩
後　一・五二開議　後五・一七散会

議長　徳川家正君（公爵・火曜会）

是より本日の会議を開きます。日程第一、帝国憲法改正案、衆議院送付、第一読会、前回の続、是より昨日に引続き質疑を許可致します。南原繁君

〔南原繁君登壇〕

南原繁君（無所属）

憲法改正事業は完全なる独立国として立ち得るや否やの試金石

今回の憲法改正事業は、祖国敗残の後を承けまして、自らの過誤を清算して、我が国が将来完全なる独立国として立ち得るや否やの試金石であると考へるのであります。是迄我が国の歴史に於きまして、之が審議に当りまする今期議会位重大なる使命を帯びたものは曾てなかつたでありませう。併しそれにも勝つて、此の草案の作成の任に専ら当り来つた政府の責務の極めて重大なるを思ふ者であります。何故なれば今回の憲法改正事業の成否は、一に懸つて此の草案の作成にあつたと考へるからであります。此の意味に於きまして、政府が憲法改正に際して当初から如何なる根本方針と態度を以て臨まれたか、

草案の成立過程を重視

憲法の根本的改革は、自らの更生のため進んで断行すべきもの

政府は問題の重要性を認識し、これに相応しき根本的対策を持つて居つたか

又此の草案が如何なる成立過程を辿つたかと云ふことを、私は極めて重大視する者であります。斯かる見地から私は草案自体の質疑に入るに先立ちまして、先づ此の問題に付きまして、相関聯した数個の点に付て御尋を申したいのであります。それ等に付きましては前首相、幣原国務大臣並に吉田総理大臣からそれぞれ御答弁を煩したいのであります。

抑ゝ日本が将来国際社会に伍しまして恥づるなき独立国となる為には、何よりも正義と、自由が人類の至宝であることを改めて認識致しまして、外は世界に向つて最早戦端を開かず、却て人類の間に実現せらるべき高貴なる理想を自覚した平和的国家の建設であります。又内に向ひましては、最早人の人に対する圧迫と隷属を知らず、再び大権の蔭に隠れて人間の自由の権利を抑圧する危険のない**国民共同の民主国家の建設**でなければなりませぬ。此の事は我が国が受諾致しましたる**ポツダム宣言**の結果からさうであるばかりでなくして、実は日本が自らの更生の為に進んで断行しなければならぬ所の問題であります。而して其の事は外ならぬ国家の基本法たる憲法に向つて、根本的な改革を加へなければならぬと云ふ問題であります。従つて之が解決は単に法律解釈論的な立場に囚はれることなく、世界の政治的動向と、時代の意義を能く洞察致しまして、之に適応したものでなければなりませぬ。然るに当時幣原首相は此の問題に関しまして、果して問題の重要性を認識されて、之に相応しき根本的な対策を御持になつて居つたかどうかと云ふことを先づ第一に御伺ひ致したいのであります。……

茲に第二に御尋ね致したいのは、憲法改正と云ふ如き重大なる案件に付きまして、斯様な急激なる変化、恐らく

は同一政府の下では執り得べからざる政策の根本的転回であります。それがどうして左様になつたかと云ふことであります。……次に第三に、草案の内容の可否は姑く別と致しまして、該草案の制定方法の非民主的であつたと云ふことについてであります。……更に第四は、私の質疑は、三月六日彼の憲法草案要綱発表の際に、当時の幣原総理大臣が謹話を発表されました其の中に、此の草案は聯合軍司令部との緊密なる連絡の下に作成されたと云ふことを御発表になつたことに関してであります。……

是より草案内容に関する主要な問題に付きまして質疑を致したいと存じます。

改正草案内容に付きまして私の質疑の第一項目は、**日本国家の所謂政治的基本性格**に関してでございます。……

戦争抛棄は賛同を惜しまないが、それだけに問題がある

憲法の内容に付きまして、以上御尋ね申しました所謂政治的基本性格の次に質疑致したいことは、第二項目として、**所謂戦争抛棄の条章に関係してでございます**。是は新に更生しました民主日本が、今次の不法なる戦争に対する贖罪としてではばかりでなく、進んで世界の恒久平和への日本民族の新な理想的努力を捧げる其の決意を表明するものとして、我々の賛同惜まざる点でございます。殊に此のことは、古来幾多の世界の哲学者乃至宗教家の夢想し、構想して参つた理想が、はしたくも我が国の憲法に於て是が実現されるものとして、世界人類史上に新な意義を持つものとして我々は之を重大に考へるのであります。それだけに問題があることを又私共は考へなければならぬのであります。理想は高ければ高いだけ、それだけに現実の状態を認識することが必要でございます。さうでなければ、それは単なる空想に終るでございませう。本案が発表されました当時に**アメリカの新聞**の批評の中に、是は一個のユートピヤに過ぎないと云ふことがありましたことは、兎角我々の反省すべき点であると思ふのでございま

歴史の現実を直視すれば、少くとも国家としての自衛権と、それに必要なる最少限度の兵備を考へることは当然

かかる意味の自衛権は国聯憲章によつても承認されて居る。これをしも抛棄せんとするのか

徒らに東洋的諦め、諦念主義に陥る危険はないか

す。戦争あつて《ママ》はならぬ、是は誠に普遍的なる政治道徳の原理でありますけれども、遺憾ながら人類種族が絶えない限り戦争があると云ふのは歴史の現実であります。従つて私共は此の歴史の現実を直視して、少くとも国家としての自衛権と、それに必要なる最少限度の兵備を考へると云ふことは、是は当然のことでございます。吉田総理大臣は衆議院に於ける御説明に於きまして、是迄自衛権と云ふ名の下に多くの侵略戦争が行はれて来た、故に之を一擲するに如かずと云ふ御説明であるやうでありますが、是は客観的に其の正当性が認められた場合でも、尚且斯かる国家の自衛権を抛棄せむとせられる御意思であるのか、即ち国際聯合に加入する場合を現在の草案は予想して居ることと考へますが、其の国際聯合の憲章の中には、斯かる意味の国家の自衛権と云ふことは承認されて居ると存じます。尚又国際聯合に於きまする兵力の組織は、特別の独立の組織があると云ふことでなしに、各加盟国がそれぞれ之を提供すると云ふ義務を帯びて居るのであります。（附録二〇参照）　茲に御尋ね致したいのは、将来日本が此の国際聯合に加入を許される場合に、果して斯かる権利と義務をも抛棄されると云ふ御意思であるのか、斯くの如く致しましては、日本は永久に唯他国の好意と信義に委ねて生き延びむとする所の**東洋的な諦め、諦念主義**に陥る危険はないのか、寧ろ進んで人類の自由と正義を擁護するが為に、互に血と汗の犠牲を払ふことに依つて、相共に携へて世界恒久平和を確立すると云ふ積極的理想は却て其の意義を失はれるのではないかと云ふことを憂ふるのであります。　それのみならず現在の国際政治秩序の下に於ては、アメリカ国の或評論家が批評致しましたやうに、苟くも国家たる以上は、自分の国民を防衛すると云ふ

のは、又其の為の設備を持つと云ふことは、是は普遍的な原理である。之を憲法に於て抛棄して無抵抗主義を採用する何等の道徳的義務はないのであります。又何れの国家に於きましても、国内の秩序を維持するが為には、警察力だけでは不十分であります。本来兵力を維持する一つの目的は、斯かる国内の治安の維持と云ふことも考へられて居るのであります。殊に日本の場合には、将来を想像致しますると、国内に於きまする状勢の不安、其の状態は相当覚悟して居らなければならぬと思ふのであります。政府は近く来たらむとする講和会議に於て、是等内外よりの秩序の破壊に対する最小限度の防衛をも抛棄されると云ふことを為さらうとするのであるか、此の点を御尋ね申上げたいのであります。若しそれならば既に国家としての自由と独立を自ら抛棄したものと選ぶ所はないのであります。国際聯合は決して国家の斯かる自主独立性を否定して居りませぬ。寧ろそれを完全なものにする為に、互に聯合して、世界に普遍的な政治秩序を作らうと云ふのが其の理想であります。尚且大事なことは、斯かる新しい国際運動は、結局に於て、**世界は一つ**、先程申した私の申上げまする各国の**民族共同体**を越えて、そこに**世界人類共同体**と云ふ理想を目途として居るものと我々は解釈するのであります。然るに此の世界共同体の理想に於きましては、単に其処に与へられて居る平和を維持し、唯国際の安寧を維持すると云ふだけぢやなしに、人種、言語の区別を立ち越えて、世界に普遍的なる正義を実現すると云ふ為に各国間の協力が要請せられるのであります。其の為に功利主義的な、単に現状を維持すると云ふだけでなしに、政治経済上のより正しき秩序を建設する為に絶えず努力が各国民に依つて払はれなければならぬのであ

兵力を維持する目的の一は国内治安の維持にある。その兵力をも抛棄すると云ふのか

民族共同体を越えて世界人類共同体へ

是迄の過誤を清算した日本は世界人類共同体の理想を持つことが必要

第九条に対する衆議院の修正は修正中最も重要な意義を持つ。これに対する政府の所見

ります。而もそれを武力に依らないで、飽く迄も人類の理性と良心に愬へ、平和的方法に依つて之を達成しようとする所の大なる理想があるのであります。日本が是迄の過誤を清算致しましたる以上は、将来世界に向つて単に戦争を拋棄すると云ふことだけを宣言するだけでなしに、進んで世界共同体の間にありまして実現すべき斯かる理想目的を持つことが必要であります。それは現に近く来らむとする所の講和会議に対しても其の備があるべき筈だと私は思ふのであります。今回**衆議院の修正**に於きまして、「**日本国民は、正義と秩序を基調とする国際平和を誠実に希求し、**」と云ふ一句が当該条文に加へられたのであります。此のことは私の以上説明しましたやうな意味に於て、頗る重要な意味を持つて居ると私は思ふのであります。何故なれば、是は単に戦争を拋棄すると云ふだけではなしに、進んで民族の平和の理想を謳つたものであります。それ以上に私の考へますことは、単なる平和の現状を維持すると云ふのぢやなしに、飽く迄も国際正義に基いた平和を理想とすると云ふ所に重要なる意義があると思ふのであります。今回の衆議院の憲法修正に対して、修正の中の最も重要な意義を持つて居るものは是であると私は叫ぶ者であります。政府は右修正案に対しまして、此の問題を如何やうに御考になつたか、又此の問題に対して如何なる御用意があるのかを吉田外務大臣に御尋ね致したいのであります。又其の間の法理的な問題に付きましては、金森国務相に御尋ね致したいのであります。

次に憲法内容質疑の第三項目と致しまして、国民の社会経済生活に関して御尋ね致したいのであります。……憲法の内容に付ての私の最後の第四項目として御尋ね致したいのは、教育及び文化の問題であります。…… 以上質疑して参りましたやうに、本草案に於ける所謂天皇制を繞つての我が国民主政治の在り方、即ち基本的政治性

案九条・憲九条　貴族院議事速記録　第二四号

格の問題を初めとして、世界に類例のない戦争抛棄の問題、又今後我が国に於て喫緊を要する社会経済生活、又教育文化の問題を始め、多くの問題を内包した憲法であります。それが此の度衆議院を通過可決しました現段階に於きまして、今後の取扱を如何にすべきかと云ふことに付きまして、政府当局に簡単に御伺ひしたいのであります。一つは貴族院との関係であります。……第二に衆議院が正当に選挙されました国民の代表者として、先づ之が審議に当ることは当然であります。……

以上憲法改正に対する私の質疑を終るに臨みまして、一言申上げることを御許し願ひたい。今回の改正は祖国日本を打換へて、自由と正義の完全な国に迄高めむとするにあるものと我々は考へます。従つて此の出発点に於て自由と正義其のものが護り得ず、其の基礎の上に国を立てることが出来なかつたなれば、祖国の独立は不可能であります。我々の建設の事業は何時か又崩壊するでありませう。真実は一時の間は掩はるかも知れませぬけれども、歴史は何時か之を明白なる白日の下に之を照し出すでありませう。其のことを私共は今次の大戦に於て身を以て経験した筈であります。其の意味に於て私共は飽く迄真理を真理とし、偽りを偽りとして、互ひに真理の発見に協力すべきであると思ふのであります。祖国の運命を決すべき重大なる改正草案は、今や衆議院を通過して本院に廻りました。此の時に貴族院と致しましては、仮に根本的なことは何も加へることは出来ないと致しましても、之を自由に批判し、質疑し、将来の改革の日の為に国民に勧告をすることが出来ます。蓋し貴族院に相応しい最後の御奉公でありませう。私は一議員とし又一学究として、乏しきながら、自己の良心と理性に従つて、責任を以て質疑を致した積りであります。故に関係各大臣に於かれましても、国家更生の為に良心的な責任ある御

改正案の趣旨は、祖国日本を自由と正義の完全なる国に高めるにある

貴族院最後の御奉公

何よりも、国民の前に真実を明かにせよ

> 私等は当初より方針を決めて問題の調査に著手したのではない、調査してから方針を決めると云ふことにした

答弁を願つて此の機会に於きまして、何よりも国民の前に真実を明かにされむことを希望致す次第であります。(拍手)

〔国務大臣　男爵幣原喜重郎君登壇〕

国務大臣　幣原喜重郎君（男爵）　只今の南原博士の御質疑に御答へ申上げます。御答へ申上げる上に於きまして吉田首相に対する御質疑の点にも自然触れる所があるかと思ひます。其の点に付きましては私の申述べることは単に私個人の考へと、斯う云ふ風に御聴取を願ひます。**前内閣が当初より憲法改正問題に関して如何なる方針を執つて居つたかと云ふことであります。**先づ南原博士の御質問の第一点は、私等は当初より方針を決めて此の問題の調査に著手したのではありませぬ。先づ調査をしてから方針を決めると云ふことに致したのであります。従つて、当初の構想とは調査の進むに従つて、漸次変つて来ると云ふことは、是は当然であらうと考へます。御承知の通り前内閣時代には**松本博士**が本問題の調査立案を主宰せられまして、日夜此の為に肝胆を砕れたのでありまするが、私は何も此の問題に専門的知識を持つて居る訳でもなく、唯同僚の一人として其の議に与つただけのことでありまするけれども、只今御質疑がありましたから、私に関する範囲内に於て私がどう云ふ心持で此の議に与つたかと云ふことを大体先づ御話申上げたいと存じます。……

又改正案の第九条には国際紛争解決の手段として、戦争に訴へることを否認する条項があります。

戦争抛棄とマッカーサー元帥の痛論

文明が戦争を絶滅しなければ、戦争が文明を絶滅するであらう。

マッカーサー元帥は本年四月五日対日理事会に於ける演説中、此の第九条の規定に言及致しまして、世間には戦争抛棄の条項に往々皮肉の批評を加へて、日本は全く夢のやうな理想に子供らしい信頼を置いて居るなどと冷笑する者があります。今少しく思慮のある者は、近代科学の駸々たる進歩の勢に目を著けて、破壊的武器の発明、発見が、此の勢を以て進むならば、次回の世界戦争は一挙にして人類を木つ葉微塵に粉砕するに至ることを予想せざるを得ないであらう。之を予想しながら我々は尚躊躇逡巡致して居る、我が足下には千仭の谷底を見下しながら、尚既往の行懸りに囚れて、思切つた方向転換を決行することが出来ない、今後更に大戦争の勃発するやうなことがあつても過去と同様人類は生残ることが出来さうなものであると云ふが如き、虫の良いことを考へて居る、是こそ全く夢のやうな理想に子供らしい信頼を置くものでなくて何であらうか、凡そ文明の最大危機は、斯かる無責任な楽観から起るものである、是がマッカーサー元帥が痛論した趣旨であります。(附録五参照)実際此の**改正案の第九条は**戦争の抛棄を宣言し、我が国が全世界中最も徹底的な平和運動の先頭に立つて指導的地位を占むることを示すものであります。今日の時勢に尚国際関係を律する一つの原則として、或範囲内の武力制裁を合理化合法化せむとするが如きは、過去に於ける幾多の失敗を繰返す所以でありまして、最早我が国の学ぶべきことではありませぬ。文明と戦争とは結局両立し得ないものであります。文明が速かに戦争を全滅しなければ、戦争が先づ文明を全滅することになるでありませう。私は斯様な信念を持つて此の憲法改正案の起草の議に与つたのであります。……

尚其の他の諸点に付きましては係の大臣から御答弁になると考へます。(拍手)

議長 徳川家正君(公爵・火曜会)

内閣総理大臣

〔国務大臣 吉田茂君登壇〕

内閣総理大臣 吉田茂君

……南原博士に御答へ致しますが、…… 戦争抛棄に付て、将来国際聯合に入る意思であるか、或は自主的、自衛的の戦争をも抛棄したのであるかと云ふ御尋であ りますが、今日は日本と致しましては、先づ第一に国権を回復し、独立を回復することが差迫つての問題であります。此の国権が回復せられ、さうして日本が再建せられる此の目下の差迫つた問題を政府は極力考へて居るのでありまして、万事は講和条約或は国家の態勢が整ふと云ふことを、政府として極力其の方向に向つて努力して居る訳でありまして、それ以上のことは御答へ致すことは出来ないのであります。(拍手)

日本としては、国権の回復、独立の回復が差迫つての問題

議長 徳川家正君(公爵・火曜会)

休憩を致します。午後は一時四十五分より開会致します。

議長 徳川家正君(公爵・火曜会)

休憩前に引続き会議を開きます。……

議長 徳川家正君(公爵・火曜会)

牧野英一君

〔牧野英一君登壇〕

牧野英一君（無所属）　此の憲法改正案に対し、私は唯極く小さい、狭い、さうして細かい立場から政府の御考を伺ひたいと思ひます。

私は自分が専門として年来御奉公を致しまする学問の立場から、基本的人権に関する部分に付て質疑を提出する訳であります。……

改正案に用ひられた言葉と文体

是で私の質疑を終りますが、唯序に小さなことではありますが、此の改正案を読みながら、此の用ひられた言葉と文体とに付て聊か私の印象とする所を附加へることの御許を願ひたいと思ひます。此の改正案が憲法として成立するの日には、**此の憲法は国語として標準的なものにならねばならぬ筈でございませう。**併し政府は此の憲法の全文、即ち各条の規定が是で我が国の国語の用ひ方の模範的なものとして、使命を果し得るものと云ふことの覚悟がおありになるものと言つて、失礼ながら……《ママ》御咎を蒙むらないことを御願ひ致したい。固より此の全文を読みまして此の文章の心持として之を論ずるのでありますから、是で結構ではないか、又衆議院に於て或程度の修正を経ました、さう云ふ衆議院の或方の演説には誠に此の前文の如きは天下の名文であると云ふやうに賞讃をして賛成された方がありまするが、私としては不幸にして此の前文を読みながら、少くとも先づ政府草案を読んだ時に余りに好い心

政府の草案を読んだ時、余り好い心

持にはならなかつた

翻訳を見ると様子が違ふ

中学校の教科書にし、これからの文章の模範となるやうにして戴きたい

持にはならなかつたのであります。内容に於て成る程好い心持になり得ない理由もありませうが、其の文章が其の滑らかさ、其の潤ひ、果して是で宜いものでございませうかと思ふのであります。処が翻訳として英文のものが我々に配付せられて居るのでありますが、翻訳の方を見まするとと云ふと、ちよつと様子が違ふ。私は英語をそんなに巧には致しませぬけれども、一通りは読んで分る積りでありますが、英語の方で読むと云ふと割に穏やかに理解の出来る所が、失礼ながらぎごちないやうな国語の用ひ方になつて居るのではないかと思はれるのであります。言ひ過ぎでありますならば当局としてどうぞ御宥恕を御願ひ致したいのでありますが、どうぞ一つもう少し国語のことに達者な方が何とか、之を中学校の教科書にし、小学校の子供に読ましても納得するやうに模範とするやうに、さうして我々が之に従つて是からの文章を書くやうなことになるやうにして戴く訳には行きますまいか。それは文章全体の滑らかさ、潤ひと云ふやうな点の問題でありますが、又言葉の微細な使ひ方に付ても、何とか御考慮を仰ぐことが出来ないかと思ふものが相当に沢山あるのであります。例へば前文を第一に開いて見ますと云ふと、**「政府の行為によつて再び戦争の惨禍が発生しないやうに」**と書いてある、発生しないのは政府の行為に依るのでせうか、どうもさうでないやうですな。さうすると云ふと是は「政府の行為に依つて再び戦争の惨禍が発生することがないやうに」斯う云ふ風に御書きを願ふ方が宜いのではないか、是では政府の行為に依つてと云ふ、一つのアドヴァービアル・フレーズ、是が惨禍と云ふ名詞に掛つて居るので、どうも文法としては体をなさぬ書き方であると私は斯う考へます。……

戦争抛棄と云ふ弱い言葉でなく戦争自体を否定する勇気はないか

其の他もう一つ、是は余程遠慮して申上げねばならぬことでありまするが、「**戦争の抛棄**」と云ふことが、是で国語として意味を為すでございませうか、戦争と云ふ言葉に依つて、普通我々が考へることが「戦争の抛棄」と云つてそれで意味を為すか、英訳の方を見ますと云ふと、国民の主権的権利としてのウォー、ソヴェレント・ライト・オヴ・ザ・ネーションと、斯う書いてあるのですから、(附録二参照)そこでウォーの抛棄と云ふことが意味を為すやうに思ひますが、日本語で戦争とやつた時に戦争を抛棄する、分らぬこともないやうですな、皆さん御使になつて居るから、私も使ひます此の頃は……《ママ》是で宜いであらうと思ひますがどうか、併しながらまあ抛棄と云ふやうなことを離れて実体的に議論をすれば、更に進んで我々は、戦争を否定すると、斯う云ふ処迄行つて抛棄以上の力強い言葉を用ひると云ふことが出来ないものでございませうか。先程**幣原国務大臣**が文明が戦争をなくするか、戦争が文明をなくするか、斯う云ふ関係に今立つて居ると仰せられた、其の御言葉が私は非常に名言であると思ひます。さうして我々は其の一つの意気込の下に戦争の抛棄をするなら、我々が戦争を抛棄するなどと云ふ弱い言葉でなくて、戦争と云ふものそれ自体を否定すると云ふやうな処迄行くと云ふ勇気はないものでございませうか。……

陸海軍、空軍は之を保持してはならないと云ふ文句、是は衆議院で修正しました。戦力は之を保持しないと云ふのでありますから、是はもう私が申述べることはありませぬが、英訳の方には戦力の保持は許されない、斯う云ふ風に素直に出来て居ります。文章其のものが文化国家の憲法に相応しい気力と滑

憲法は国民の経典、国民の教科書、その用語、文体は洗練されて然るべし

かさとを欠いて居ると云ふことが此の憲法の改正案に付て言ひ得ることではないか。甚だ私の立場としては自分を顧みない言葉でありまするけれども、御急ぎの間の立案であつたとは言へ、憲法は尊重せられ擁護せられねばならぬものであつて見ると云ふと、此の憲法の用語、文体と云ふものはもう少し一つ洗練されて然るべきものではありませぬか。即ち汚れたる古い衣を抛つたのであります新しい衣を我々が身に纏うたことになれば、其の新しい衣は矢張り寒さ暑さを凌ぐばかりでなく、我々の体に相応しく上手に縫針が出来て居ると云ふことを希望すべきではありますまいか。（拍手）……

憲法は、繰返して申します、我々の国民の経典であり、国民の教科書であると云ふことを考へねばなりませぬ。失礼致しました。（拍手）

議長　**徳川家正君**（公爵・火曜会）

御諮りを致します。帝国憲法改正案審議に要する定足数を欠く虞れがございますから、只今の牧野君の質疑に対する政府の答弁並に爾余の通告者に依る質疑は明日に譲りまして、此の際議事日程を変更し、日程第二以下を議題と致したいと存じます。御異議ございませぬか。

〔「異議なし」と呼ぶ者あり〕

議長　**徳川家正君**（公爵・火曜会）

御異議ないと認めます。

議長　**徳川家正君**（公爵・火曜会）

案九条・憲九条　貴族院議事速記録　第二四号

明日は午前十時より開会致し、帝国憲法改正案の審議を継続致します。議事日程は彙報を以て御通知に及びます。本日は是にて散会致します。

貴族院本会議

昭和二一年八月二八日（水）

前一〇・一八開議　後〇・一九休憩
後一・二四開議　後四・〇五散会

議長　徳川家正君（公爵・火曜会）

是より本日の会議を開きます。……

議長　徳川家正君（公爵・火曜会）

是より日程に移ります。帝国憲法改正案、衆議院送付、第一読会、前会の続、是より昨日の牧野君の質疑に対し、各国務大臣より答弁がございます。

〔国務大臣　金森徳次郎君登壇〕

国務大臣　金森徳次郎君

昨日の牧野先生より非常に多方面に亙つて御専門の範囲に於て幾多の御教へを受けました。其の中に於きまして私から御答へ申上ぐるのが適すると思ひまする若干の点に付て御答を申上げます。……

先生の御質疑としては最後に、此の**憲法改正案の用語**が、或は文体が甚だしく不満なるものがあると云ふ御前提の下に、恰も決定せるものの如き論調を以て御非難になりました。是は大いに私共も其の御

憲法は美術品ではない。内容の充実に重きを置き、関係者の精力をこれに注ぐ。形式については、時間的にも、これを顧る余裕がない

「戦争抛棄」必ずしも不穏当ではない

非難を傾聴し、反省をして居る訳ではありまするけれども、幾分考へ方に違ふと申しては語弊がありますが、私共にも幾分の考へ方があり、又申し開きをしたい点が残つて居るやうに考ふるのであります。何分にも此の憲法は非常な変化を僅かの間に見透さうと云ふ立場を以て築き上げられて来た草案でありまするが故に、僅かの時間を以て、其の間の関係者の勢《精?》力を、内容の充実と云ふ点に重きを置き、形式の点に付きましては、自然力を割く余裕がない。又此の際にはさう云ふ態度も是認せらるゝであらうと云ふ前提の下に進行致しました。尚又此の憲法は国民に対して大きな影響を持つのは、それが美術品であると云ふことではなく、其の内容に於て烈々として起り上るべき所の国民の信念が盛り込まれてある、国民の行くべき途が指し示されて居ると云ふ点に重点があらうと思ひましたので、その点をも考慮致しまして、決して弁解に特に駆る趣旨ではありませぬけれども、字句の点に於きまして、幾分美術品としての方面に於て思ひ至らなかつた点のあることは、是は認めなければならぬと思ひまするし、若し出来得るならば御許を願ひたいと考へて居るのであります。併しながら用語及び文体の中に於きまして、今日の此の広い標準に照しまして、許すべからざる程度のものであるかどうかと云ふ点になりますると、自ら各語句の問題に論点が分れて来る次第でありまして、昨日先生は七つ八つの点を挙げて御指摘になりました。それ等の一々に付きまして御答を致しますることは、此の場合不適当と考へまするが、例へば特に顕著に御指摘になりました所の「戦争抛棄」と云ふ、其の「抛棄」と云ふ言葉が如何にもをかしいではないかと云ふ御意見でありました。成る程其の「戦争の抛棄」と云ふ文字だけを特に注意周到に見

守りまするると、茲に慊らざる色々の感じが出て来るのであります。併しながら此の言葉は既に過去に於きまして不戦条約締結の当時に明らかに条約の中に認められて、（附録一九参照）既に慣熟せられ、其の言葉が生硬、生硬と云ふのはぎこちないと云ふ意味でありますが、生硬でないと同時に、又国民に対して理解に愬へ易い言葉であるのではないかと云ふ風に考へて居ります。民法の中には確か相続の抛棄と云ふやうな言葉もありまして、是も能く考へて見ますれば、多少不穏当なものであるかも知れませぬけれども、我々は長い間怪しまずに過ぎて来て居ります。まあさう云ふやうな点に於きまして広い意味で御覧を願へたならば仕合せであろうかと考へて居る次第であります。

議長　徳川家正君（公爵・火曜会）

休憩を致します。午後は一時十五分より開会致します。

議長　徳川家正君（公爵・火曜会）

休憩前に引続き会議を開きます。……

議長　徳川家正君（公爵・火曜会）

……佐々木惣一君

〔佐々木惣一君登壇〕

佐々木惣一君（無所属）

私は只今から帝国憲法改正案に付て質問を致すのでありますが、私の質問の問題は頗る多きに亙つて

居りますが、而もそれが苟も此の帝国憲法改正案を全体として可とするか、或は可とせずかと云ふことを決定することに付きましては、皆聯関して居るのでありまするから多くなりまするけれども、暫く御聴きを願ひたいと思ふのであります。仍て此の私の質問の問題を、詰り帝国憲法改正の前提に関する問題、帝国憲法改正の仕方に関する問題、及び帝国憲法改正の内容に関する問題の三類に分ちまして、最後に附加へて本案、即ち帝国憲法改正案の取扱に関する問題に付て質問致さうと思ふのであります。……

議長　徳川家正君（公爵・火曜会）

本院規則第五十八条に依り本日は是にて延会致します。明日は午前十時より開会致します。議事日程は本日と同一でございます。是にて散会致します。

貴族院本会議

昭和二一年八月二九日（木）

前一〇・二七開議　後一・〇〇休憩
後二・〇八開議　後三・五四散会

本来意義多様であることを認めながら、主権と云ふ言葉を法文中に用ひらるるに至つた事由

議長　徳川家正君（公爵・火曜会）

是より本日の会議を開きます。日程第一、帝国憲法改正案、衆議院送付、第一読会、前会の続、昨日に引続き佐々木惣一君の発言を許します。

〔佐々木惣一君登壇〕

佐々木惣一君（無所属）

昨日に引続きまして質問を致します。今日初には此の第三類改正内容の中の第十点となりますが、政府は自ら意義が不定であると知つて居らるゝ**主権と云ふ言葉**を法文中に用ひらるゝに至つた事由は、どう云ふ訳であるかと云ふことを御尋ね致したいのであります。主権と云ふ文字が、此の帝国憲法改正案に関係致しまして、屢〻用ひられて居るのであります。帝国議会外に於ける言論に於きましても亦、帝国議会内の言論、即ち衆議院に於きまして、又此の本院に於きましても、屢〻用ひられて居りまする。私の感じを率直に申上げますれば、此の言葉が今回の問題の中心を非常に誤らして居るのであります。

主権と云ふ言葉は意義頗る多様、即ち不明

実は斯う云ふ文字を法文に於て用ひ得べきものでないと私は信じて居るのであります。元来此の文字は、或は言葉は、是は**金森国務相**が自ら御認めになつて居りまする通りに意義頗る多様であります。多様であると云ふことは即ち其の意義が不明であると云ふことに帰着するのであります。併し或は学説上の所論に於て斯う云ふ文字を使ふことは、それが不明でありましても一々説明を加へることが出来るのでありまするから差支はありませぬけれども、法文、又其の法文の説明に当るべき前文と云ふやうなものの中に斯う云ふ文字を用ひると云ふことは実は私は賛成出来ないのでありまするが、私だけではない、金森国務相御自身が頗る此の文字は不明であると云ふ風に仰つしやつて居るのでありまするが、それは一体どう云ふ訳で御用ひになつたのでありませうか。初に政府原案の儘の時には所謂此の戦争抛棄と云ふことに関する第九条の規定の中に「**国の主権の発動たる戦争**」と云ふ文字がありました。此の主権と云ふことを殊に使つている、まあ英訳と云ふやうな方面と関係して私は茲に非常に九条の解釈上多大なる疑問を持つて居るのでありまするけれども、是は兎に角此の条文と致しましては、衆議院の修正に依つてなくなりましたが、併し衆議院は更にさう云ふ個々の一箇条と云ふことではなしに更に重い地位を与へまして、改正案の第一条に、天皇の此の地位と云ふものは**主権の存する国民至高の総意に基く**、政府の方の案に依りますると云ふと、単に「**日本国民の至高の総意に基く**」と云ふ文字を、今度は「至高の」と云ふ文字を変へて特に「主権の存する日本国民の」と斯う云ふ言葉に変りました。更に其の日本国憲法の前文に於きまして、「**ここに国民の総意が至高なる《ママ》ものであることを宣言し、**」と云ふ初

の政府の原案を特に変へまして、「**ここに主権が国民に存することを宣言し、**」と斯うなつて居りまするが、昨日の総理大臣の御説明に依りますれば、政府は此の衆議院の修正に同意を表せられたと云ふことであります。仍て本院に廻つたのでありまするが、特に斯う云ふ文字を御用ひになる所以のものはどう云ふ意味であるか、主権と云ふ文字は、使ふにしても本来意義多様であると云ふことを御認めになりつゝ尚且特に斯う云ふ風に御改めになることはどう云ふ理由であるか、是は明確なる所の御説明がなくてはならぬかと存ずるのであります。……

次に十五点ですが……我々が**世界主義**と云ふものを実現しなければならぬのであるけれども、併しそれは我々日本人の共生体だけがさう云ふ責任を持つて居るのではない。即ち天下に存して居る所の総ての**共生体**は皆一様に此の世界に正義を実現すると云ふやうな、さう云ふ責任を持つて居るのであるからして、さう云ふ建前を考へますると云ふと、即ち私は茲に昨日から話がありました所の条約の効力のことなども申したいけれども、是は余り重要性がないので止めてしまひますが、**戦争抛棄**に付きまして一つの私の愚見を申したいと思ふ。敢て不必要な謙遜の言葉ぢやない、本当に謙遜して居る者でありますが、此の戦争の抛棄と云ふことに付きましては、殆ど私共以外の者は皆、是は宜いことだ、正しいことだと云ふことに言はれて居るのでありまして、而して私は密かに之に付て疑を持つて居る者でありまするから、是はどうも自分の考が愚ぢやないかと実際思つて居るのです。そこで私の考へまするのに、

戦争抛棄についての愚見

世界は今申しましたやうに、平和的に正義を実現をするのであるが、併し此の平和的に正義を実現する

歴史的現実を離れた観念論は非常な危険

国際関係において戦争せぬと云ふ国際的義務を負ふことはよいが、国家法において、他に類例を見ない戦争抛棄の規定を何故に設定する必要があるか

と云ふことは日本だけのことぢやない、日本だけの責任ぢやないのだ、是は皆の国が相寄つて其のことに寄与すると云ふのでなくちやならぬ。それでありますから、我々は如何に平和的に正義を実現すると申しましても、此の世界の現実と云ふものを見なければならぬ、此の世界の歴史的現実と云ふものを離れて観念的に問題を考へることは、此処に非常な危険があるのみならず、是は本当の意味に於ての即ち共生体の理論に適はないと私は思ふのであります。現実に於きましては、此の間申しました通りに、兎に角他の国家に於きまして其の戦争と云ふものを致さなければならぬ事実があると云ふことは現実に示されて居る。現実に戦争して居ると云ふことを言ふのぢやありませぬよ。歴史的経験から見ますると、さう云ふことをせなければならぬ必要があるのだと云ふことが考へられる。然らば我が国に於きましても、我が国の国家と云ふものの性格自体から見ますると云ふと、自分からさう云ふ力を国内的に棄ててしまふと云ふことはどう云ふ訳か。是は但し外国との関係に於て、或は他の国家と条約に入る、或は聯盟に入つて、さうして自分は戦争をせないと云ふ国際的義務に入ることはそれは宜しい、私は今後それは大いに希望するのです。今後国際聯合に入るとか、其の他の時に当りまして、嘗ての不戦条約と同じやうに戦争はやらないと云ふことを皆で決めると云ふ関係に入ると云ふことは宜いが、自分の国が自分の力で以てそれを棄ててしまふと云ふことを何故宣言する必要があるか。宣言せないと云ふことは戦争をすると云ふことぢやありませぬよ。宣言しなくても戦争をすることが悪ければしなければ宜い、何故に之を国法的に宣言すると云ふ必要があるかと云ふことに付きまして非常な疑問を持つて居るのであ

ります。固より他の国との国際関係に於て戦争せぬと云ふ国際的義務を負ふことはそれは宜しい。併しながら国家法に於て何故に他の国に於て類例を見ない所の斯う云ふ規定を設ける必要があるかと云ふことに付て非常に疑問を持つのです。誤解されてはいけませぬです。戦争其のものを私が賛成して居ると云ふのでもなんでもない。それは戦争せぬと云ふことは国際的義務としては負うて然るべきである。それは他国も、共同に世界平和を実現する責任を持つて居る者皆が戦争せぬと云ふ責任を相互に負ふことは、それは非常に宜いことである、唯日本だけがさう云ふことを国法的に宣言すると云ふ、さう云ふことは言はぬでも宜いと思ふ。……

第十章最高法規に関する規定は全然無意味。全部削除するが宜い

今度は十七点になりますが、**最高法規**、是は非常に重大な点であります。憲法の第十章に「最高法規」と云ふ規定があります。……九十七条の如きは日本のことには当らぬ、全然削除したいのですけれども、それよりも九十八条と九十九条の如きも、是も我が国に於きましては全然無意味の規定であります。それは九十八条に於きましては、詰り修正に依りますと、此の憲法は国の最高法規でありまして、さうして其の条規に違反する所の法律命令云々のものは、其の効力を有しないとありまするが、是はどうも一昨日でありましたか、澤田議員も之に触れられたかと思ひますが、或は触れられなかつたか知れませぬが、不必要なことがあると言はれた時のことに属する、こんなものは実はない方が宜い。……第十章の如きは何等書く必要がない、こんなものは書かぬで置いたつて当然なことであります。書いたが為に特別の何か必要があるが如き意味を与へる、是は非常に面白くない規定だと思つて居る。私は全然

削除が宜いと思つて居るのであります。……

――是だけのことを以て私の質問を終ります。（拍手起る）

議長　徳川家正君（公爵・火曜会）

休憩を致します。午後二時より再開致します。

議長　徳川家正君（公爵・火曜会）

休憩前に引続き会議を開きます。金森国務大臣

〔国務大臣　金森徳次郎君登壇〕

国務大臣　金森徳次郎君

佐々木博士より連日に亙りまして、各種の広汎なる事項に付き御質疑がありました。其の論点は、憲法の改正案を研究致しますに付ての、必要なる各般の事項を、恐らくは一つも残らず網羅されて居らるるやうに考へまして、私共が御答弁の機会を十分に得ましたことを喜ばしいと考へて居る次第でございます。……

主権と云ふ言葉を用ひた衆議院の修正に賛成した理由

佐々木博士は主権の問題を御論議になりました。主権と云ふ文字は面白くない、然るに衆議院に於て、前文及び第一条の中に新たに主権と云ふ文字を加へたのであるが、之に政府が同意した其の理由如何と云ふ風の御尋でありました。是は前々から衆議院に於て私が申して居りました通り、佐々木博士も幸にして御賛成を下さいました通り、日本の言葉に於て、主権と云ふ言葉には幾つもの意味がある、

政府も本来佐々木博士と同意見

外国の言葉に於ても主権と云ふ言葉には幾つもの意味がある、其の多くの意味を持つて居りまする言葉を使ひますれば、其の間に同じ文字を使つて考ふる人の意味が皆違つて来る、議論は紛糾し、解決は混乱する、故に斯くの如き文字は避けることが好ましいと云ふ主張は堅持して居つた次第であります。従つて此の憲法に付きましての政府提案の原案に於きましては、主権と云ふ言葉は、国家其のものが外に向つて持つて居ると云ふやうな風の、国家の統一したる意思自体を言ふ為に国家の主権と云ふやうな言葉を用ひ、又前文の終り頃の所にもさう云ふやうな字が使つてある、詰り嵌箇所に極く平たい意味の主権と云ふ言葉を使つて、其の他の特殊なる意味の言葉は之を避けたのでありまして、それに代ふるに至高の意志《思？》と云ふやうな字を当嵌めたのであります。然るに**世の中の議論の道行**と致しまして、私共が意を用ひて字を選択して居りましたのに拘らず、是は却つて政府が曖昧なる言葉を以て事自体を曖昧にしようとする嫌ひがあると云ふ風の疑惑を受けたかの感があるのであります。私は衆議院に於きまして、或意味に於て主権と云ふのは国家意思の源泉を指すのである。其の意味の主権と云ふものは国民全体にあるとはつきり申しました。申しましたに拘らず、之に疑惑を組合されて何となく満足せられざるが如き向もあつたやに聞いて居りますが、恐らくはさう云ふことが一つの原因の中に加はつて、前文及第一条に、主権は国民にあると云ふ趣旨の規定が入つたのであると私は考へて居ります。意味に於きまして私共の当初からの考と寸毫の差はありませぬ。而して主権と云ふ言葉を今用ひましたやうな場合に使ひますれば、前後の関係に依つて自ら此の主権と云ふ言葉は何を意味して居るかがはつきりして来る

単純に主権と云ふ言葉を使へば紛糾の種。しかし前後の関係を見れば意義は分明

のであります。単純に主権と云ふ言葉を使へばそれは非常な紛糾の種になりまするが、主権が国民に在りと云ふやうな使ひ方でありまするならば、決して類例のないことでもなく、孤立したる見解でもありませぬ。自らはつきりした意味が出て来るのでありまして、衆議院に於て斯く修正せられる上に於ても同感であると申上げましたのは、其の理由に基いて居る訳であります。……

戦争抛棄については、有らゆる角度から本当に物を考へて、勇気を要することを断行した

次に国際活動と云ふ点に付きまして、詰り憲法第二章の平和的宣言と云ふことに付ての御疑点を御示しになりました。要は原案第九条の**戦ひを行はざる宣言、軍備を持たざるの宣言**と云ふものは、是は国際的なる約束としてやれば意義があるけれども、一国だけで、国内法的に主張したつて弊害あるのみであつて、実益はないのぢやないか、日本だけでものを言つても役に立たぬのぢやないか、斯う云ふ風の趣旨を以て御質疑になつたと思ふのであります。其の考へ方は確かに理由があると思ひます。人が寄つてたかつて初めて立派な事が行はれるのであります。自分一人ぢや出来ないのだ、だからやらずに置かう、或は言はずに置かう、此の考へ方が世界の秩序をして今日迄十分なる発達を為さしめずして、平和に対する望みを遠ざからしめて居るのではなからうか。有らゆる角度から本当に物を考へて、此の時日本が起つて、平和に対するはつきりした覚悟を示すと云ふことは、それこそ勇気を要することでありまするけれども、其の勇気を要することを断行したのでありまして、人がやる迄は、やらないとか、人の振りを見てのみ我が振りを決めて行くと云ふ考へ方は、斯の如き根本の問題に付ては我々は執りたくない、斯う考へて居る次第であります。……

各種の法規に体系を与へ、条約尊重に関する国際の誤解を一掃するためには、第十章の規定が必要

次に第十七点と致しまして、此の最高法規に関する政府提出案の九十四条、九十五条の規定は無意義の規定である、アメリカなればこそ意義があるかも知れぬが、日本に取つては意義はなからう、斯う云ふ御趣旨の疑点でありましたが、私は必ずしもさうは思ひませぬ。各種の法規に系統的な価値を認める、或は条約と云ふものを決して軽視しないと云ふ趣旨をはつきりさせるとか云ふことは、国内的に非常に必要なることであり、殊に条約の点に付きましては、日本の現に置かれて居る地位が、過去に於て条約を軽視したと云ふ疑を世界に撒き散らして居りまする時に、相当理由ある規定であると信じて疑ひませせぬ。……

私は是だけを以て御答と致します。

副議長　**徳川宗敬君**（伯爵・研究会）

本日は此の程度に於て延会したいと存じます。御異議ございませぬか。

〔「異議なし」と呼ぶ者あり〕

副議長　**徳川宗敬君**（伯爵・研究会）

御異議ないと認めます。明日は午前十時より開会致します。議事日程は本日と同一でございます。是にて散会致します。

貴族院本会議

昭和二一年八月三〇日（金）

前一〇・二五開議　後〇・四五休憩
後一・五二開議　後四・〇八散会

議長　徳川家正君（公爵・火曜会）
是より本日の会議を開きます。日程第一、帝国憲法改正案、衆議院送付、第一読会、前会の続、……

議長　徳川家正君（公爵・火曜会）
伯爵林博太郎君

〔伯爵林博太郎君登壇〕

林博太郎君（伯爵・研究会）
此の数日来、非常に有益な憲法の御議論を承りました後で、私共が蛇足を添へますと云ふことは、誠に恐懼でございますが、少しく今迄に伺へない点に付きまして、成るべく簡明に質問を致したいと思ひますから、暫く御清聴を煩します。問題は三つだけであります。

第一問は、先日来主権と云ふこと、主権在民、主権在君、国民の憧れであり、象徴である天皇のこと、治安維持法の方面に付ての御意見、其の万世一系云々の第一条の事柄が、今度の改正憲法には出て居らないと云ふやうな

ことから、之を否定したのではないかと云ふやうな御議論迄出たのでありますが、……

幣原国務相の戦争拋棄論は、観念上は御尤も

第二点は**戦争拋棄の条項**であります。**幣原国務相**は先般戦争拋棄の質問に対しまして御答になりまして、国際紛争から生ずる戦争は禁ずる、人類の滅亡を来す戦争と云ふものは之を禁止しなければならない、又最も要点とする所は、文化と戦争とは両立せざるものであると云ふことを言はれました。誠に理念の上、観念の上から行きましたならば、御尤もなことであると私は思ひます。平和と云ふことは、孰れの国に於きましても、国民の是は熱望して居る所であると思ひます。陛下の赤子を御思ひになる御考からしまして、御歴代の天皇に於ては御歌の中に、随分此の国家の安寧、平和的生活を常に御考になつたことが現れて居ります。**明治天皇**の御製に於ても御承知の通り、国民の平和のみならず、国際的の平和に付ても、実に良い御歌があると云ふことは、是も亦御承知の通りでありますから、御紹介をする必要はない。

歴代天皇も平和を御軫念

兵馬倥偬の間に於きまして、非常に御軫念あらせられた**後醍醐天皇**は、其の御歌に、幾つもございまするが、斯う云ふのがございます。「世治り民安かれといのるこそ我身につきぬ思ひなりけれ」、誠に、如何に戦乱と云ふものが国民を悩まし、国家を危きに陥れるものであるかと云ふことを御体験遊ばされた御歌であると思ひます。要するに歴代の天皇は、実に赤子を御思ひになりまして、国民の平和的生活を御軫念あらせられたと云ふことを承つて、誠に恐懼に堪へない次第であります。併し、**戦争は何故今迄絶えなかつたか**、又今回改正憲法に於てもう戦争は拋棄したのだ、国防も之を棄てなければならぬ、然るに国際情勢はどうでありますかと云ふことになると、是は余程考へなければならないのであ

国際情勢は余程考へなければならない

るが、条理の上から行きましたならば、平和と云ふことは、我々の理想であるに違ひないのであります。其の点には、一点疑ひを容れないのでありますが、**一体戦争と云ふものは、どうして起つて来るのであるか**と云ふと、それは原因は色々なことがありませう。

戦争原因の心理学的考察

人口が余り殖え過ぎたと云ふやうな所から、満洲に移民もしなければならない、それが又衝突の原因になつたと云ふことはあるかも知れない、色々原因もあるでせうが、先日来理論的には色々なことを聴きましたが、心理学的に見たら、国民心理の上から見たら、どう云ふ風なことだと云ふことを知ることも、政治家の体験すべきことであると思ひます。即ち国に於きましても、国民に於きましても、道徳、心理的方面もあれば、政治的方面もある、社会的方面もある、色々な方面もありますが、心理的の方面から見ますと云ふと、事実として我々の心の中には**本能**と云ふものを持つて居ります。而も遺伝の結果として、此の**本能生活**と云ふものは、又其の種類も相当多いのであります。文化が進むに従つて、其の意識的方面が段々と継続すると、知らず識らずの間に無意識となつて子孫に継続するものが本能となつて、知性的に見えるけれども、盲目的に其の本体が現れて来るものである。

戦争の起源は闘争本能

明かに戦争に対しては**闘争本能**と云ふのが其の起源を成して居ります。而も是が如何に文化の上に於て必要なものであるか、普通で言へば、闘争本能を棄てて、平和なる生活に入れと云ふやうに見えますけれども、それは常識論であつて、心理学の理解の無いものであります。其のことに付て、ちよつと述べさして戴きたい。本能の中には、今言つた通り闘争本能、今日では闇で社会に色々な問題が起つて来る、金を貯めたい、物を持ちたい、此の**所有本**

能、ポゼシング、是が長い間を見ると云ふと、随分人生の邪魔をして居ります。是は相当大きな力を持つた、大きな問題であります。小さな問題で言へば、小さい物を集める、郵便切手を集めたり、或は骨董を集める、色々な物を集める**蒐集本能**、是は所有本能の中で説明が附くと思ひます。もう一つ大きいものは、衣食住の中の食、**栄養本能**、人間は生きて居る上に於ては食物を摂らなければならない。八千万の人口があれば、九千万石の米が要る。然るに、如何に豊年と言つても、六千万石の米しか穫れないと云ふことになれば、茲に国民が食と云ふことに如何に関心を持つかと云ふことは、当然の本能であると思ひます。又近頃は大した悪人ではないが、藷を取つたり、馬鈴薯を取つたりする者があるけれども、是は必ずしも悪人と云ふ訳ではない。実際に於て食糧が足りないのだから、誰かが其の位のことをしなければならなくなる。**生活は権利であります**。個人主義、自由主義も権利であるが、**生活権**と云ふものは各個人が生きて居る以上は、どうしても是は棄てゝ置くことの出来ないものでありますから、此の栄養本能と云ふものは、如何に政治家が之を粉砕しようとしても、是はどうしたつて基本的なものであつて粉砕することは出来ない。それから**遊戯本能**と云ふのもあります。猫が仔を遊ばせるやうに遊戯本能と云ふことがありますが、是も亦本能としては極めて必要なもので、芸術の発達は遊戯の発達から起つて参ります。又勤労と云ふこともありますが、勤労に対しては矢張り休養と云ふことが必要であります。是は後に申しますが、休養は唯ぼんやり休んで居ることではなく、遊戯と云ふことに結び附けて行くと、大変宜いのでありますが、此の本能も非常に強いものでありますが、此の戦争中に於ては、軍

生活は権利である

本能は克服すべし、挫折すべからず

文明と文化の区別

平和は理想、但、闘争本能そのものを打ち砕くは、大間違

の命令で勤労ばかり骨を折らして置いて戦争をして、国家窮乏の際に休養、遊戯は一切為すこと相成らぬと云ふ訳で、芝居も止めたり、色々なことをやらせなかつたことは御承知の通りであります。是は以て勤労を益々悪くすると云ふことになると私は思ひます。そこで此の本能と云ふものは、之を克服するのは必要でありますが、本能を挫折して之を砕くと云ふことは考へ物であると云ふことを私は言ふのです。**文明と文化と云ふことの区別**も、茲にちよつと申して置かなければならないと思ひます。**文明**と云ふ言葉は元々ありましたが、此の言葉も色々曖昧になりますが、斯う見て置いても私は宜いと思ひます。其の中の一つの解釈、山があればトンネルを穿ち、レールを敷いて汽車を走らせる、是は自然物を相当破壊します。文明と云へば自然に克つことです。自然を壊しても人間の為に福利を図るのが文明である。然るに**文化**と云ふことは、是は自然を活かして、其の上に大地に著いた文化発展、人間の発展と云ふものに持つて行くのである。片方は自然を土台にし、他の方面は自然を覆して、さうして人間の知能で以て何処迄もやり遂げて行かうと云ふのであるから、其の点に違ひがある。本能と云ふものは、是は戦争のことでありますから、闘争本能のことを申しますが、之を打ち砕いて、さうして此の本能なしに平和的にやつて行かうと云ふことになると云ふと、大違ひなことが起る。昔、社会学者の**スペンサー**と云ふ人が平和論を唱へて居りますが、人間と云ふものは、皆慾が充実したならば真の平和が出来ると言つて居りますが、処が、そんな平和はユートピアであつて出来ない。皆が皆充されてしまつたら平和も何もない、死んだ平和であつて生きた平和はない、其の点は考へなければならない。其の所有慾

足利尊氏の成功は所有慾を政治的に活用し、闘争本能を上手に利用したによる

と云ふものが、如何に我々の戦争と結び附き、今迄の歴史に於てどの位文明の発達、文化の発達に邪魔をしたか知れない。御承知の通り謡に「**鉢木**」と云ふのがあります。今北条時頼が行つたか行かないか、是は嘘だと云ふことでありますが、其の文面から申しましても**佐野源左衛門常世**の時代には、常世のやうな人格の好い者は、親類に皆地所を取られてしまつた、領有を取られてしまつて、誠に情ないことになつたけれども、此の鉢の木の事柄が縁になつて、軈て鎌倉に行つた時に、北条氏から領有を返して貰つて、さうして非常に御褒美を貰つたと云ふことは御承知の通りであります。**吾妻鏡**を読みましても、源平時代からずつと徳川氏に至る迄、一体民間の裁判、司法事件と云ふものは、皆土地の問題ばかりであります。土地所有権の争ひばかりで歴史は埋まつて居ると見ても宜いのであります。其の位に人間の所有慾と云ふものは盛なものであつたのであります。延元元年に**足利尊氏**は大兵を率ゐて京都を占領しました。それを**義貞**や**名和長年**等が駆逐した。さうして尊氏は神戸へ遁げて行きました。さうすると茲で問題が起つた、尊氏は只では負けない、一体足利尊氏と云ふ人はどう云ふ人間かと言へば、初めは極めて忠義の人物であります。天皇から尊の字を戴いて尊氏となつた位の人なんであります。然るに弟**直義**は非常な政治家であります。是が中心になつて、尊氏が神戸に下りますと云ふと、将士を集めて参謀会議を開いた。而して先づ第一に中国に将士を配りまして、さうして兵士の勧誘並に大名の勧誘に努めたのであります。四国、九州でも努めたのであります。又錦旗を立てまして、所謂天皇中心と云ふことも利用して居ります。それから最も大事なことは所有慾であります。私の方に附いて来たならば、今の戦争に

勝てば領有は幾らでもやる、地所は幾らでもやる、此の所有慾を利用したと云ふことは、政治的の大きな理由があつて、此の点は、官軍の方は一向其の点に気が附かない、其処が政治的に、**藤原清忠一派**と直義との間の手腕に於ては問題にならない点である。それで西海に下つたのが延元元年の正月の晦日です。さうして西海から兵を集めたのは、前から支度してありますから直ぐです。**尊氏**は今で言へば軍艦、船を七千叟も集めて上つて参りました。直義は剽悍な薩摩隼人を中心にして、二十万の兵を以て湊川に向つて進んで来た。二月の十二日に大敗をしまして、**楠正成父子**の死んだのが五月二十五日ですから、僅か三箇月の間に是だけのことをやるだけの手腕が直義にあり得たと云ふことは、此の**所有慾**を政治に活用した為と、**闘争本能**と云ふことを上手に利用したからであると私は思ふ。此の故に、政治には本能の問題が大きな力を持つて居るものであるから、政治家は特に注意をしたければならない。**光秀**と云ふ人は、なか／＼芸術の方面に通じまして、茶道のみならず、大家と言つて宜いのです。色々な方面に於て趣味の深い人であつた。処が、信長の方から見ますと、どうも之を邪魔に思つた。終には、毛利氏を討つ時には其の領有の全部を削つてしまつた。そこで、光秀ばかりではない、其の下の将校連から見ても、是ではもうあなたの命も、帰つて来たらありはしない、土地全部を取られてしまふと云ふやうなことでは、もう将来がないから、いつそ**本能寺**へ攻め込んだ方が宜いと云ふので、そこで、あの本能寺の変が起つたのであります。本能を活用すれば成功し、本能を活用することが出来なければ敗れると云ふことは、良いことであるか悪いことであるか、其の正邪は別問題として、今迄の歴史に於ては、さ

本能を活用すれば成功し、本能を活用しなければ失敗

う云ふことで以て勝敗の分岐が決つたことは幾らでもあるだけに、本能と云ふことが必要であると云ふことが分ると思います。其の本能を潰しては、人間と云ふものの開発がなか〳〵むづかしいと云ふことには、一つの例を又挙げて見ませう。

アメリカの少年裁判

アメリカは自由主義の国であります。昭和四年に合衆国に行きましてシカゴに参りました。**少年裁判所**を参観致しました。裁判官は婦人であります。其処に被告に立つたのは十七、八の青年である、学校の生徒である、それが其の青年を預つて居る所の教員、学校の教育家が使嗾して、ショウ・ウインドーの品物を夜分に盗ませました。さうして逮捕されたのであります。日本ならば、直ぐに是は監獄に行くか、何か酷い目に遭ふ、其の時に裁判官は斯う云ふ判決をしました。お前はまだ青年であつて将来の見込がある、一旦さう云ふことをしたけれども、お前の本性ではないと思ふが、意志薄弱の為に斯う云ふことになつたと云ふには、又其の修養を積まなければならないから、今居る学校を退学して裁判所から是々の学校へ転学を命ずるから、将来大いに悔悟して勉強しろと言つて判決を与へたのであります。それから裁判が済みまして、応接間で其の裁判官が私共に会ひました。其の時に裁判官が曰く、我々は問題にならない罪は追及しませぬ。明かに是々の男が、教育があるくせに此の青年を使嗾して、此処迄やつたと云ふことには相違ないけれども、それは大局の上に於て必要のないことである、要は此の青年が悔悟して人間になると云ふことが我々の目的だから、所謂罪太夫に及ばずで止めて置くのだ、斯う云ふことを言つたのであります。其の二階に感化院がありまして、我々はそれを観ましたが、其の感化院に不良の青年を感化して居ると云ふことも、面白いことでありま

元来、善悪は便宜的に決められることが多い

政治の要諦は、本能を活かし、これを善導するにある

勤労に対する休息

すけれども、是は別の問題であります。さう云ふ風に人間の精神と云ふものは、一定のエネルギーを持つて居つて、之を挫いて之を別にしてしまつて挫折してしまふと云ふと、精神力がなくなつてしまふ。

元来善とか悪とかと云ふことは、社会の制裁から決めることが多いのである。先程も申しました如く、今日闇も出来ない者が、畑へ行つて芋を掘ると云ふことは自然の要求なんです。それを悪いと云ふのは法律が悪いと云ふことに決めたのであります。さうしなければ、社会の安寧が保てないと云ふことから来たのであると云ふことを考へますと、性の善悪と云ふことを超越して我々は事物を考へなければならない。本能其のものを活かして、之を良い方へ持つて行くと云ふことをやつて行くと云ふことが、裁判としては、裁判政治である。総ての政治が斯う行かなければ、私はいけないと思ふ。で、まあ本能は撲滅してはいけないのである。そこで大抵犯罪人などと云ふものは意志が弱くて、生存競争では勝てない。所謂正当なる闘争本能と云ふものを現はすことが出来ないから起つて来来たのである。社会の競争と云ふのは一つの戦争です。無形の戦争なのです。之の原動力としては、**勤労**と云ふことが必要であります。此の勤労と云ふことが**二十七条**に書いてあります。「すべて国民は、勤労の権利を有し、義務を負ふ。」とあるのであります。「賃金、就業時間、休息その他の勤労条件に関する基準は、法律でこれを定める。」としてありますが、此処で大事なことは**勤労に対する休息**と云ふことであります。此の事柄は矢張り其の奮闘、勤労と云ふことは戦闘本能と云ふものと、闘争本能と云ふものに結び附いて、さうして其の勤労の中には競争心と云ふものを起さなくてはならない、其の競争心と云ふものを起すに付ては、又能く

闘争の必要。学問上に闘争本能が現はれなければ、真の発達は出来ない

其の権利と義務を考へて、歪んだことをしないやうにしなければならぬと思ひます。此処に休息と云ふことを入れたのは、非常に良いことだと思ひます。此の休息と云ふことがなければ本当の勤労と云ふものは起らないものであると私は思ひます。今日の省線や都電を見ますと云ふと、ラッシュ・アワーは非常に混雑をして、遠い所から時間を無駄に使つて会社等に通つて居りますが、サンフランシスコに参りまして、ベークレーへ行く海岸通りには、夜になると煌々として電燈で照した所のベース・ボールのグラウンドが沢山あります。昼は会社に於て仕事をし、夕食後は此の運動場に於て、ベース・ボールが夜出来るだけの電燈を点けて運動をさせて、さうして大きなプールに行つて体を洗つて、さうして、寄宿舎で寝るやうに出来て居るのであります。其処迄の設備をすると云ふことは、是はどうしても必要なことであると私は思ひます。そこで**闘争の必要**と云ふことから考へますると云ふと、学者の発明とか、専売品が出来るとか、或は貿易上に於て、商業上に於て、天下に覇を握るとか、国際的の方面に於ても、国内的の方面に於きましても、此の勤労、競争と云ふものが必要であることはもう御承知の通りであります。それだけでも多少本能生活が克服されて居りますが、もつと是は、色々な方面に於ても言へますが、特に此の学問の方面に於きましては、薬などでは米国式の薬、所謂ペニシリンとかディ・ディ・ティとか云ふやうな大仕掛なものは、米国が盛でありますが、細かい機微に触れたものは、米国にも出来ないやうな細かいものはドイツで生産して居つたが、今はどうか知りませぬ。さう云ふ風に其の国々の特徴を以ちまして一種の精神的の競争、即ち一つの闘争本能の現はれが学問上に出て来なければ、真の

発達は出来ないと思ひます。今日迄は千二百倍位の顕微鏡を以て満足して居りましたが、是が電子と云ふものが発見されまして、其の結果、今は四万倍の顕微鏡が出来たのであります。電子顕微鏡が出来たのであります。是等は即ち学者間の競争、**ブルーヒエ**とか、**ヨハンゼン**とか云ふやうな人が奮闘努力して、さうして他国に負けないやうにと云ふやうな頭から出来た所の結果であると私は思ふ。ですから、此の文化の進展には、非常に此の点が必要なものであると私は思います。又、**二十九条**には**財産権の内容**が出て居ります。是は此の間、大臣からも御話がありました。営利会社と云ふものは営利を以てやつてはいけない、今後は公共の福祉に適合するやうに法律で定めると云ふことが言はれたのであります。ですから、此の本能の所有本能と云ふことで、株主が配当を貰ふとか何とか云ふ時代を経過して、公共の方に会社が専念すると云ふ所へ克服して、之を向上させて行く、本能生活を向上させて行くと云ふことが必要である。併し、大臣の仰しやつたことは極めて美しいのでありますが、然らばそれをどうしてやるか、公共へどうしてやるかと云ふ、其の道程に付ての御話がなかつたのでありますけれども、是が私は政治としては必要なことであらうと思ふ。是は古い話でありますが、大正十年に私は**デンマーク**に参りまして、コーペンハーゲンに参りました。其の時の文部大臣は矢張り婦人であります。其の時に心理学者として有名な**ヘフデング**と云ふ人が、是は世界的の学者です、其の学者を私は訪問した。処がどう云ふ所に住んで居るかと云ふと、ビール株式会社の社宅に住んで居ります。立派な別荘的の社宅が会社の傍にありまして、其処で私が面会をして、心理学的に男女両性の別に付いての意見を聴いた。処

財産権に関する憲法第二十九条

デンマークのビール会社

が、生理的には別として、心理的には男女平等だと云ふ理論を、もう既に大正十年に先生は述べて居つたのであります。ビール会社は一つの営利会社であるのに、それが其処に一流の学者、世界的の学者を社宅の中に入れて置いたと云ふことは、突飛のやうに見えますけれども、あの社会主義の盛なデンマークに於きましては、何でもないことである。国民に、もう既に一種の社会主義的の人生観と云ふものがありますから、公共の為には各個は犠牲になつても仕方がないと云ふ意味で、営利を総て公共の方面に之を結び附けて居るのであります。私は社会主義を主張するのではありませぬが、さう云ふ風な具体的な階段を履んで、初めて営利会社が営利から克服されて、新らしい立場に行き得ると思ふ。此の新らしい立場に行き得る道を講ずるのが、政治家の、或は財政家の必要な点であると思ふのであります。一口に言へば、本能を克服すると云ふことが必要であると思ふ。

戦争抛棄は理想。
但、闘争本能を撲滅してはいけない

処で、此の点に付きましては、先づ第一に司法大臣に伺ひたいことがある。それは先程も裁判所の話をしました。此の本能の挫折と云ふことはいけないのである。克服で行かなくてはいけないと云うことが此の司法制度に現はれて居るかどうか、日本の警察制度に現はれて居るかどうか。……内務大臣に於かれましては、高等文官試験と云ふものを、今度余程強力なものにするやうな風に新聞で見ましたが、是等の点に付きまして、新時代に相当するだけの御用意がありますかどうかと云うことを承りたいのであります。……次に民主主義を出発点として、教育の上に於て如何に活用しなければならないかと云ふことに付て、文相の御抱負を承りたいのであります。

……

誠に長い時間を御聴取り下さいまして有難うございました。

〔国務大臣　男爵幣原喜重郎君登壇〕

国務大臣　幣原喜重郎君（男爵）

今朝は吉田首相が已むを得ない用事が出来て、こちらに出席が出来ませぬので、私に代つて御答弁申上げて呉れと云ふことであります。……

戦争の抛棄のことであります。此のことに付きまして今林伯爵は、人間には闘争本能と云ふものがある、是は争ふべからざることである、之を利用してこそ始めて進歩と云ふものが現れて来るのであると言つたやうな御趣旨の御意見がありました。闘争的本能と申しましても、極く平和的な建設的な闘争でありますれば、其の本能の発達されることは望ましいことでありまして、其の方向に向つて、どうしても進まなければならぬと思ふのであります。斯う云つたやうな本能を棄てると云ふことでありますれば、世の中に進歩もありませぬ、発達もありませぬ。是は望ましいことでありまするが、又此の闘争的な、殺人的な、破壊的な闘争でありまするならば、是は我々は何処迄も否認しなければならぬのである。左様な本能がありまするならば、其の本能は矯めなければならぬと思ふのであります。昔と比べて見ますると云ふと、段々と武器の進歩、破壊的武器の進歩、発明と云ふものに伴ひまして、どうも此の戦争の惨憺たる惨虐なる有様が心の内に映じて参りますると云ふと、始めて戦争抛棄と云ふ議論が行はれて来て居るのであります。我々は今日、広い国際関係の原野に於きまして、単独に此の戦争抛棄の旗を掲げて行くのでありますけれども、他日必ず我々の後に蹤いて来る者があると私は確信致して居る者である。此のことを、私は憲法の案が初めて発表されました時に、外国の新聞記者が参りましたので、私は此の

戦争抛棄と闘争本能

殺人的、破壊的闘争は何処迄も否認。その本能は矯めなければならぬ

他日必ず蹤いて来る者があることを確信

戦争抛棄は理念だけのことではない。もう少し私は現実の点も考へて居る

従来の軍事費を平和産業の発達、科学文化の振興に転用。国家の財源、国民の活動力を挙げてこの方面に邁進

確信を其の当時、其の新聞記者に説明を致したのであります。何年後のことか知らぬけれども、斯う云つたやうな状況は、長く続けるものではない、**原子爆弾**と云ふものが発見されただけでも、或戦争論者に対して、余程再考を促すことになつて居る、斯う云つたやうな状況は長く打つちやつて置くべきことでない、斯う云つたやうなことを私は言ひまして、日本は今や、徹底的な平和運動の先頭に立つて、此の一つの大きな旗を担いで進んで行くものである、必ず此の後に蹤いて来るものがあると云ふことを私は言つたことがあります。私は左様に信じて居ります。単に是は、先刻仰せられた理念だけのことではありませぬ。もう少し私は現実の点も考へて居るのであります。**即ち戦争を抛棄すると云ふことになりますと云ふと、一切の軍備は不要になります。**軍備が不要になりますれば、我々が従来軍備の為に費して居つた費用と云ふものは是も亦当然不要になるのであります。斯様に考へまするならば、軍事費の為に、不生産的なる軍事費の為に、歳出の重要なる部分を消費致して居る諸国に比べますと云ふと、我が国は平和的活動の上に於て極めて有利な立場に立つのであります。国際間に於きまして我が国際的地位を高くするものは、是は即ち、我々の是からして後の平和産業の発達、科学文化の振興、之に如くものはありませぬ。此の平和的活動があつてこそ、日本の将来はあるものと私は考へて居るのであります。是は数年の中にはまだ戦争の敗け戦の跡始末の為に、其の善後策の為に、色々我々の活動力を奪はれるでありませうけれども、追つて是が一度片附きますれば、我々の前途と云ふものは大きな光で以て充ちて居ると思ふのであります。どうか、我々は皆様と共に此の理想を持つて、斯くの如く我々が平和活動

の上に於きまして、総ての全力、国家の財源、国民の活動力を挙げて、此の方面に進む日の一日も速かに来らむことを私は心から祈るものであります。（拍手）

議長　徳川家正君（公爵・火曜会）

休憩を致します。午後一時四十五分より開会致します。

副議長　徳川宗敬君（伯爵・研究会）

是より休憩前に引続き、会議を開きます。

林博太郎君（伯爵・研究会）

只今三大臣より御答弁を得まして、感謝致します。私は少し誤解された点に付きまして、ちよつと此の席から説明致して置きたいと思ふのであります。簡単に申上げますが、先程**幣原国務相**は、戦争と云ふものの拋棄すべき所以を御説きになりまして、又其の弊害を縷々御述べになりまして、戦争は是はもう拋棄すべきものであると云ふことを仰しやつた点は、私も其の通り申した積りであります。戦争は賛成であると云ふやうなことや、或は闘争本能が即ち戦争の本能であると云ふやうな風な意味に於て御話があつたやうでありますけれども、さうではないのであります。戦争は何処迄も拋棄すべし、此の条項は其の通り私は賛成であるのであります。唯闘争本能と云へば、蜂にもあります。蜂も喧嘩をしますし、螢合戦と云ひまして螢でさへ合戦をやります。雀も蟻も合戦を致します。人間に限らないのでありまます。だから本能生活と云ふものは動物的なものであつて、中には芸術的なものもありますけれども、

戦争は何処迄も拋棄すべし。但、闘争本能は挫折しないでもう一歩高い段階に持ち上げて行く、即ち克服するを要する

大体は動物的なものが多いから、本能生活に止るならば、人間は動物的な程度に止ると云ふことが大体なのだから、それはいけない。唯本能力と云ふ力を挫折してはいけないと云ふことを申上げたのであります。闘争即ち戦争と云ふのぢやありませぬ。戦争は闘争本能の一つの現れである、現れであるが戦争即ちそれが闘争本能の全部であると云ふやうな風な解釈を以て申上げたのではないのでありまして、本能を克服すると云ふことを申上げたのであります。本能は挫折しないで、もう一歩高い段階の上に持ち上げて行くと云ふことが、是が私の申上げたことで、向上させて行く、克服……《ママ》克服と云ふのは征服ぢやない、其の意味に於て申上げたのでありまして、先程御述べになりましたことは、少しく私の質問申上げたことと齟齬して居る点でありますから、其のことを申上げて置きます。…… 私の質問を終ります。

副議長 徳川宗敬君（伯爵・研究会）
　山田三良君

〔山田三良君登壇〕

山田三良君（無所属）
私は只今から条約の批准と云ふ問題と、参議院法と云ふことに付きまして、総理大臣に伺ひたいと思ふのであります。……
私が前回の質問の際に、述べました如く、私は元来大体に於て原案に賛成して居る者であります。且衆議院の幾多の修正に付きましても、大体至極同感でありますから、本院に於ける審議が此の意味に於きまして、大いに其

の負担を軽減せられたことを喜ぶ者であります。私が前回の質問の際に、草案の規定は是非修正を加へることが必要であると云ふ例証と致しまして更に五つの点を挙げたのでありまして、即ち第一には、第一条の始めに「天皇は日本国の元首である」と云ふ風に改める必要がある。第二に、第七条に法律の裁可と云ふことを入れ、又条約の批准と云ふことを明かにする必要がある。

第九条第二項を削除して、自衛権の行使を留保せよ

第三には、第九条第二項を削除しまして、自衛権の行使を留保するの必要がある。此の三点は原案に付て特に修正を要する著しき点であるとしたのであります。……是等の点は是非修正しなくてはならない点でありますから、政府は憲法草案の審議に際しては正当の理由ある修正は必ず入れられると云ふことを予め御考へ願はなくてはならないと申したのであります。

衆議院の修正は誠に適切。問題の大半は既に解決

併し是等の問題は衆議院に於て大半既に決定されて居るのであります。……又第九条に付きまして、即ち戦争の抛棄に付きましても重要なる修正を加へまして、第二項の規定を自主的に改めましたことは、誠に適切なる修正であると言はねばならないのであります。

原案の不備

私は先に第九条の第二項を削除せねばならないと申しましたのは、国家の自衛権を尊重すると云ふ必要からだけではなく、第九条第二項の規定の形が甚だ相応しくないのでありまして、即ち陸海軍の戦力を保持することは許されないとか、国家の交戦権は認められないとか、恰も何か外から制限せられ、圧迫せられたるが如き規定でありましたから、さう云ふ軍備の制限と云ふことは一国の憲法に於て規定すべきことではないのでありますから、是は是非改められなくてはならない。さう云ふ規定は、平和条約等に於きまして国家が軍備を制限せられると云ふやうな時には已むを得ない規定でありますけれども、我が憲法の規定として斯かる言葉で之を規定することは甚だ不穏当であるから、是は是非改正せら

衆議院の修正により、徹底的平和主義の堂々たる宣言となる

修正意見撤回、衆議院の修正に満腔の賛同

れなくてはならないと云ふことを主張したのでありまして、然るに今度**衆議院に於て修正**せられました所によりますと云ふと、大いに宜くなつて来たのでありまして、御承知のやうに「日本国民は、正義と秩序を基調とする国際平和を誠実に希求し、国権の発動たる戦争と、武力による威嚇又は武力の行使は、国際紛争を解決する手段としては、永久にこれを抛棄する。」、斯くの如くにして**徹底的の平和主義**を世界万国に対して堂々と宣言したるものでありまして、此の意味に於て、此の精神に於て第九条第一項は誠に立派なる、国際的にも大いに認めらるべき堂々たる宣言となつたのであります。而して第二項に於きまして、「前項の目的を達するため、陸海空軍その他の戦力は、これを保持しない。」、此の前項の目的を達する以上は徹底的に武備は要しない、斯う云ふ考で第二項を改めて規定してあります。是ならば私は此の形に於きまして之を是非削除せねばならないと云ふ必要を感じないのであります。或は国家自衛権の為には、斯う云ふ規定を置けば自衛権迄も抛棄すると云ふことになりまして、甚だ不都合であると云ふ議論もありますけれども、我が国の現状に顧みまして将来を慮ります時には、自衛権の行使の為に、或程度の武力を備へなくてはならないと主張する根拠は甚だ薄弱であると言はねばならないことになります。のみならず斯う云ふ規定を置くか置かないかが、まだ未定の問題であるならば宜しいんでありますけれども、既に一旦斯くの如き規定を置いて、武力は持たない、交戦権は行はないと、斯う云ひました後で、是は困るから、自衛権の為に此の規定を削除、或は改正しなくてはならぬ、斯う云ふことになりますと云ふと、現在の国際情勢に於きまして、我が国は、我が国民は外国から甚だ謂はれなき誤解を招

くと云ふことになりますから、一旦斯う云ふ規定を置きながら、新たに之を削除すると云ふことは、容易ならぬ理由がなくては出来ないことでありますから、私は前に主張しました**第二項**削除説を抛棄致しまして、衆議院の此の改正に満腔の賛同を表する者であります。……

之を以て私の質問を終ります。

議長　徳川家正君（公爵・火曜会）

是にて質疑は終了したるものと認めます。

特別委員の指名

戸澤正己君（子爵・研究会）

只今議題となりました帝国憲法改正案は重要なる法案でありますが故に、其の特別委員の数を四十五名とし、委員の指名を議長に一任するの動議を提出致します。

秋田重季君（子爵・研究会）

賛成

議長　徳川家正君（公爵・火曜会）

戸澤子爵の動議に御異議ございませぬか。

〔「異議なし」と呼ぶ者あり〕

議長　徳川家正君（公爵・火曜会）

御異議ないと認めます。特別委員の氏名を朗読致させます。

帝国憲法改正案特別委員

〔宮坂書記官朗読〕

帝国憲法改正案特別委員

侯爵　岩倉　具榮君（火曜会）　平塚　廣義君（研究会）　男爵　中御門經民君（公正会）
侯爵　細川　護立君（同　）　牧野　英一君（無所属）　男爵　渡邊　修二君（同　）
侯爵　中山　輔親君（同　）　佐々木惣一君（同　）　男爵　松平　齊光君（同　）
侯爵　淺野　長武君（同　）　松村眞一郎君（研究会）　田所　美治君（同和会）
伯爵　橋本　實斐君（研究会）　男爵　今園　國貞君（公正会）　野村　嘉六君（同成会）
伯爵　後藤　一藏君（同　）　村上　恭一君（同和会）　澤田　牛麿君（同和会）
三土　忠造君（同　）　男爵　飯田精太郎君（公正会）　松本　學君（研究会）
子爵　大河内輝耕君（同　）　霜山　精一君（無所属）　宮澤　俊義君（無所属）
大谷　正男君（同成会）　下條　康麿君（同成会）　結城　安次君（研究会）
男爵　白根　松介君（公正会）　川村　竹治君（交友俱楽部）　瀧川　儀作君（同　）
子爵　織田　信恒君（研究会）　岩田　宙造君（同和会）　小山　完吾君（交友俱楽部）
子爵　高橋　是賢君（同　）　安倍　能成君（同成会）　長谷川萬次郎（同　）
子爵　三島　通陽君（同　）　高柳　賢三君（研究会）　山本　勇造君（無所属）
子爵　松平　親義君（同　）　南原　繁君（無所属）　淺井　淸君（交友俱楽部）
子爵　山田　三良君（無所属）　男爵　松田　正之君（公正会）　渡邊　甚吉君（研究会）

議長　徳川家正君（公爵・火曜会）

本院規則第五十八条に依り是にて延会致します。尚次会は九月三日火曜日午前十時より開会致します。

議事日程は決定次第彙報を以て御通知に及びます。本日は之にて散会致します。

貴族院帝国憲法改正案特別委員会

昭和二一年八月三一日（土）

前一〇・一一開会　前一〇・四三散会

安倍委員長挨拶

理論的な要素の外に、現実的制約

委員長　安倍能成君（同成会）

是より帝国憲法改正案特別委員会を開会致します。委員長としてちよつと御挨拶申上げます。……

此の帝国憲法の改正が日本の現在及び将来に対して非常に重大なる影響を及すと云ふことは、是は本会議の時にも先輩諸君から縷々御説きになつたことでありまして、是は申す迄もないことでありますが、併し此の憲法が理論的な要素の外に、色々な現実的な制約を受けて居ると云ふことも、是も皆さん御存じの通りであります。私も、御存じの通りに、幣原内閣の一員として此の憲法の草案を提出したと云ふ責任が免れることは出来ない者でありまして、這般の事情に付ては幾らか知つて居る所もある訳であります。道理に従ひ純論理的に、又は政治上の正義と云ふやうな、さう云ふやうな要因、或は日本国民の自主独立と云ふやうな、さう云ふ点に於て、さう云ふ見地から此の憲法の色々な点が批判せられなければならないと云ふことは固よりでありまして、**マッカーサー**最高司令官も議会に於ては十分それを討議すると云ふことを認めて居るのであります。殊に此の委員会に於ては、此の専門の学者或は練達の方方を集めて、さうして十分慎重審議すると云ふ建前になつて居るのでありますからして、之を十分議を

委員長挨拶

尽すと云ふことは、さうして自由に御意見を吐いて戴くと云ふことは、是は固よりやらなければならないことでありまして、私も其の方針に副つてさうして出来るだけやりたいと思ひますが、又同時に、此の現実の深刻なる制約と云ふものに付ても、御考慮あらむことを願ひます。……

議事並に議決の定足数は過半数とす

委員長　安倍能成君（同成会）

……審査に入るに先立つて一つ御諮り申上げたいことがあるのであります。第一に議事を開き、又議決の際の定足数は外の委員会に於けると同様過半数を以て致したいと思ひます。左様御諒承願ひたいと思ひます。

〔「異議なし」と呼ぶ者あり〕

審議の順序

委員長　安倍能成君（同成会）

それから第二に質疑の順序は先づ総論的、若しくは大体論と云ふ風に願ひまして、それから次いで細部の審査は前文を先づやりまして、それから章別と云ふ順序で進みたいと存じます。尤も状況に応じましては、矢張り逗《逐?》条的に其の時の具体的の内容、或は事情に依りまして、逗《逐?》条的に致した方が宜い場合もあるかと思ひます。其の点は委員長の裁量に御任せを願ひたいと存じます。大体右のやうな順序で行きたいと思ひますが御異議ございませんか。御異議ないと認めます。……

委員長　安倍能成君（同成会）

……それでは本日は是で散会致します。次回は明後二日月曜日の午前十時から開会致します。

貴族院帝国憲法改正案特別委員会

昭和二一年九月二日（月）

前一〇・一一開会　後〇・一二休憩
後一・二七開会　後三・五九散会

委員長　安倍能成君（同成会）　それでは憲法委員会を開会致します。先づ第一に総理大臣から全体の御説明を伺ひます。

内閣総理大臣　吉田茂君　憲法改正案の精神、内容等に付ては、本会議、其の他に於て一応御説明申して置きましたが、尚此の機会に於きまして、詳細の点に亙りまして金森国務大臣より説明を申述べる筈になつて居ります。何卒宜しく御審議を願ひます。

憲法改正草案の大体の意味と衆議院の修正に対する政府の見解

国務大臣　金森徳次郎君　只今総理大臣から全体に付ての御話がございましたが、私より此の憲法改正草案の持つて居りまする大体の意味と、それから衆議院に於て大いなる範囲に亙りましての修正がございましたので、それに対しまする政府のあらましの考へ方を申上げたいと存じます。先づ本案は、御覧の如く、前文の外に十一の章に分かたれて居ります。其の中前文は、今回の憲法改正の目的と、それから此の改正憲法が拠つて

帝国憲法改正案説明

改正案の眼目とする精神は、凡そ前文中に尽されて居る。各条項は前文の思想と連絡を保ちつつ、相照応するもの

立つて居りまする根本の精神を或程度力強く且詳細に述べて居る次第でございまして、其の点から少しく所見を申上げたいと存じて居ります。先づ此の**前文の冒頭**に於きまして、日本国民が、我が国再建の唯一の途は、外に於ては諸国民との間に平和的協力を成立させ、内に於ては我が国の全土に亘つて基本的人権と自由の福祉とを確保する以外にはない、之に依つて政府の専断に依る戦争の再発も防止出来ると云ふ風に考へまして、**茲に国民の総意が至高のものであると宣言致しました**。其の趣旨に依つて従来の憲法を改正するものであると云ふことを述べて居る次第でございます。次に**右の基本の原理**と申しまするものは、要するに国政の終極の権威が国民に由来をして居り、其の権力は国民の代表者が之を行ひ、其の利益は国民が之を受けると云ふ、此の三つの点に依つて明かであることを述べて居りまして、過去の我が国に於て見られました所の、一部の権力者が国政を壟断致しました其の危険を防止する方針を規定して居る訳であります。次に更に前文に於きまして、**今後の我が国の行き途が**、国際社会の一員として再び名誉ある地位を占めむとする熱望に燃えて居ると云ふことを述べまして、其の為には我が国民の安全と生存とを挙げて平和愛好の諸国民の公正と信義に委ねる決意を持つものであると云ふことを明かにして居ります。更に其の次に於きまして、此の前文の中で**政治道徳の原則**は、何れの国家にも共通する普遍的のものでなければならぬと云ふことを強調致しまして、従来諸国が自国本位の原則を以て国際社会に臨みまして、それが為に非常な禍ひを生じて居りまするが、斯様な思想に基礎を置いて、広く世界各国に呼び掛けると云ふ高遠なる意味を有すると云ふやうな趣旨のことを規定して居り、此の事は一

面に於きましては、過去の我が国の態度に対する深い反省を示す趣旨である訳であります。次に**前文の最後の一節**に於きましては、日本国民は国家の名誉に懸けて此の高遠なる主義と目的を達成する為に全力を捧げるものであると云ふことを誓つて居るのであります。斯様に致しまして、**改正憲法の眼目**と致しまする精神は、大凡そ前文の中に表されて居るのでありまして、此の前文の中に表されて居りまする思想と連絡を保ちつゝ、此の憲法の中の各条項が出来て居るのでありまするから、前文と本体とは相照応すると云ふ趣旨を含んで居ると云ふことを申上げて置きたいと存じます。……

次に**第二章**になりまして、**戦争の抛棄**に関しまする規定が設けてありまするが、是は条文としては僅かに一箇条、第九条のみでありまするけれども、是こそは日本が捨身の態度に立ち、全世界平和愛好諸国の先頭に立たうとする趣旨を持つて居りまして、恒久平和を冀ふことは我が大理想であると云ふ趣旨を、且又之に基く諸般の方針を力強く闡明したものであります。……

御承知の如く衆議院に於きましては、幾多の箇所に於きまして修正を加へられて居ります。之に対しまする政府の見解に付きまして、比較的重要と思ふ点に付て申上げたいと存じまするが、先づ前文に関しましては多くの文字が修正せられて居りますが、大体は文字及び表現の修正でありまして、斯くの如く衆議院に於て修正することに依りまして、憲法の前文たる体裁を一層整備し得るものと考へられまして、謂はば修辞上の注意を凝らされたものと考へて居ります。政府は嚢に本会議に於ても述べましたやうに、政府原案の文章が、或程度の世の中に行はれ得る組立てと云ひますか……《ママ》を持つて居ると云ふ風

衆議院の修正は、大体に於て、文字及び表現の修正。実質の意味に於て変る所がない

に存じて居りまするが、其の実質の意味に於て変る所がなく、個々の点に於て是正せられる以上は、殊に此の前文に掲げて居りまする若干の点に於きまして、意味が一層明瞭になり得る、斯う云ふ風に考へましたので、同感の意を表して居る次第であります。……

第二章の第九条の修正は、我が国が戦争抛棄、軍備撤廃を決意致しました其の精神を更に積極的に明かにしようとする意図に出でたるものと了解して居ります。此の趣旨は既に前文の中でも遺憾なく示されて居るとは存じますけれども、本文の中でも更に之を明示することを又適当なることと考へて居る次第でございます。……

尚以上申上げました他に若干の条項に付きまして修正が加へられて居りまするが、それは茲に取立てて申上げませぬで、其の時々の御質疑に応じまして、所見を申上げたいと存じて居ります。（説明全文に付ては附録一二参照）

委員長　安倍能成君（同成会）

今日は是で散会致します。……

貴族院帝国憲法改正案特別委員会

昭和二一年九月三日（火）

前一〇・一五開会　後〇・二三休憩
後一・三三開会　後三・四〇散会

委員長　安倍能成君（同成会）　それでは始めます。松本委員

松本學君（研究会）　……御伺したいことは、戦争抛棄のことであります。**戦争抛棄と世界平和との関係**のことに付て本会議の質疑応答の中で、疑を持つたのであります。本会議での質問に対しての御答弁は将来国際聯合に加入するのだと云ふことが一つと、それから**幣原国務相**からは戦争は廃めるけれども、文化国家としての国内文化から強化して行く、又林伯爵の御質問に御答になつて、闘争の本能と云ふものもそれに依つて満足させるやうにするのだ、斯う云ふやうな御答であつた。私は是だけではどうも満足がいかない。**国際聯合加入**と云ふことになりますと、是は無論将来のことでありまして、是には自衛権と武備と云ふものが条件として加はるのではないかと思ひますが、此の点は私は詳しくは存じませぬので、其の加入すると云ふ時に当つて、全然自衛の武備を持たない国家として容易く入り得るかどうかと云ふこと

戦争抛棄と世界平和との関係

国際聯合への加入は、自衛権と武備とを条件とするのではないか

に疑問を持ちます。それから国内宣言として国内に向つて戦争の抛棄をした、さうして文化国家として起つたのだから国民も其の積りでやれと云ふことだけでは、どうも何だか戦争抛棄の大きな理想は十分でないと思ふ。苟くも**戦争抛棄**と云ふやうな劃期的な世界を驚かすやうな宣言を為さる、是は憲法の第九条と云ふ一条項でありますけれども、是は世界に向つての宣言だと思ふ。日本国の名誉に懸けての大宣言であります。この大宣言を為さる以上は国際聯合に加入して貰ふのだ位では済まぬ。適当な時が来たならば国際聯合に入れて貰ふ前提にやつたと云ふことだけでは済まぬと思ふ。又国内の文化力を強化すると云ふことだけでも片附かぬことである。世間では之をアメリカなんかでも**ユートピア**と批評して居る、成る程さうでありませう。アメリカ人から見れば斯んなに惨敗をして立つことも出来ぬやうな国情になり、全部の武備は拷ぎ取られてしまつて居る、無防備な、武備なき日本国民が戦争抛棄なんと云ふことは是は**負惜しみ**を言つて居るのだ、**曳かれ者の小唄**のやうなものだ、自分で実力を持つて居つて、其の実力を持つて居りながら戦争を抛棄するぞと言ふのならば成る程と言ひませうけれども、実力のない四等国、五等国になつた最も弱い此の日本国家が斯う云ふ理想を言つた所で、誰も納得する者はなくして、ユートピアと言ふのは是は無理もありませぬ。私は恐らく是だけの世界に向つての大宣言を為さつた以上は政府に於て必ずや世界平和への何かの具体案を持つておいでになるのだらうと思ふ。具体案なくして俺は戦争を廃めたと言つたのでは世界の物嗤ひになる。私は繰返して申しますが、第九条は決して一日本国憲法の一条項ではありませぬ、世界に向つての大宣言であります。世界人類の幸福の

戦争抛棄は世界に向つての大宣言

ユートピアと云ふ批評も無理はない

世界平和の具体案なくしての戦争抛棄は世界の物嗤

為に日本国民が本当の真心から出た叫び声であらうと思ふ。さうであるならば何か具体案を持つて居るに違ひない、文化国日本として世界人類、文化の為に貢献するに付て戦争と云ふやうなものは廃める、そして斯くの如き具体案に依つて世界に呼び掛けるぞ、君方賛成するかせぬか、斯う云ふ何か腹案を持つて居るのだらうと私は思ふ。それがなくして唯空念仏のやうなことを仰しやつて居るのではないか。

ローズヴエルト夫人の世界平和論

数年前確か昭和十三年だつたと思ひますが**ローズヴェルト**夫人**ミセス・ローズウエルト**が**ザ・トラブルド・ウァールド**と云ふ小さいパンフレットを著はしました。是は例の第二次世界大戦が将に始らむとして居るあの不安な世界情勢の中で此の著書を出したのでありますが、其の中に書いてありますことは、世界の平和と云ふものは人間性の根本的改革が起らなければいかぬのだ、さうして**ブラザーフッド・ラヴ、兄弟愛**と云ふものを基本に置いて世界人類が結んで、茲に初めて国際平和と云ふものが出来るのであつて、其の具体的な方法として紛争等が起つた場合の解決策としては国際結合を強化しなければならぬと云ふやうな意味の小さいパンフレットであります。斯う書いて居られるのであります。斯う云ふやうな一つの考へ方が或は**国際聯合の因**を成して居るのではないか、即ちミスター・ローズヴェルトがあの当時頻りに国政の上に表はして居つたことがミセス・ローズヴェルトの此の著書にも反映して居るやうに私は観た。是も一つの案で、具体案のない嘲りを受けるよりも同じユートピアと片附けられるにしても、斯く我は信ずると云ふ具体案を持つてユートピアと嗤はれるならば其の方が宜い。此のローズヴエルト夫人の説などは観様に依つてはユートピア、夢かも知れない。**併しながら私は夢を説くことが必**

政治家は夢を説き、ユートピアを説き、哲学を持て

要だと思ふ。殊に今日の此の世界情勢に処して、此の日本の難局を切り抜けて行かうとする時の政治家は夢を持たなければなりませぬ。其の日〳〵の出来事を唯片附けて行くとかと云ふことだけでは政治家の本当の素質ではない。夢を説き、ユートピアを説き、哲学を持たなければいかぬのであります。斯んな諺があります。ステイツマン・イズ・ザ・ウォーキング・フィロソフィア、政治家は**歩いて居る所の哲学者**である、是が私は必要だと思ふ。歩いて居る、活動する哲学者である、さうして夢を説かなければならぬ、夢を考へることが今日最も要求せられたる政治家ではないでありませうか。今から何百年かの前に、丁度**オランダ**が**イギリス**に段々と蚕食されて、イギリスの勢力が強くなつてオランダが段々下火になつて行つた時に、オープン・シーに於てイギリスの権力が非常に盛んになつて、オランダが圧迫された。其の当時国際法学者の**グローチウス**が**公海の自由**と云ふことを唱へたのであります。其の当時は物笑になりました。実力を持つて居るイギリスなんかからも一笑に附せられて居るのであります。

委員長　**安倍能成君**（同成会）

ちよつと松本委員に御注意致しますが、総理大臣が予算委員会に出席せられますので、成るべく簡潔に御願ひ致します。

松本學君（研究会）

此の**公海の自由**と云ふユートピアが二百年ばかりの後には、是が国際公法の原理になつた。今日具体案を御持ちになりますならば、其の具体案を世界に御発表になり、世界に呼掛けて戴くならば、今はユ

世界平和の具体案あらば、承はりたい

戦争抛棄の趣意は、平和日本の平和精神を世界に闡明するにあり、国聯加入のためこの条項を設けたのではない

世界平和の具体案については、国際情勢により、答弁に苦しむ

ートピアと云ふかも知れないが、何百年かの後には恐らく国際公法の原理になるかも知れませぬ。其の意味に於て何か具体案を御持ちになつて居るかどうか。之を総理大臣から承りたい。前に私が御尋したことは金森国務大臣から伺つて結構であります。もうあと一つ二つありますから、あとで質問を御許し願ひたいと思ひます。

内閣総理大臣　吉田茂君

松本委員に御答へ致しますが、**御質問の戦争抛棄の条項に関して**、私の説明が国際聯合に入る為にあの条項を作つたと云ふやうな意味合のやうにも承りましたが、是は屢々本会議其の他に於て申して居ります通り、所謂御話の、世界に先立つて戦争を抛棄することに依つて平和日本の平和精神を徹底せしめる、世界に闡明せしめると云ふのに先づ趣意があるのでありまして、単に国際聯合に入る為のみに此の条項を設けたのではない、是は松本委員に於ても無論御了承のことと思ひます。又此の条項を憲法に挿入した以上は、何か具体案を持つて居つての話であらうと云ふやうな御尋でありますが、政府と致しましては、現在の国際情勢及び将来の国際情勢を考へまして、斯かる戦争抛棄の決意をすると云ふことが現在の国際情勢に合ひ、又将来国家として存置する為にも宜しいと云ふ観点から挿入致しましたので、併今日に於て如何なる意味に、**如何なる具体案を持つかと云ふ御尋に対しては**、政府としては甚だ答弁に苦しむのであります。何となれば、政府と致しましては、政策と致しましては単に夢を見るばかりでなく、其の時〳〵の状況に於て考を決めるべきものであり、又今日の国際情勢及び将来の国際情勢は可

なり複雑を極め、現に微妙を極めて居りますので、今日斯う云ふ案を持つて居る、斯う云ふ考を持つて居ると云ふことを、仮にありました所が、発表することが宜いか悪いかと云ふ、国際関係もございますから、其の点に付ては説明を致し兼ねると御了承を願ひたいと思ひます。……

松本學君（研究会）　戦争抛棄のことに付て総理大臣から御答弁を得て満足を致します。私も質問の中で申上げました通りに、政府は御持ちになつて居るのだらうと思ふ。具体案なくして斯様なことを御発表になつて居る筈はない。ですから適当な時機に於て其の夢を一つ世界に御発表を願ひたい。それは其の日〳〵の国際情勢に依つて時機を御考にならなければならぬことは当然のことでありますから、さう云ふ立派な案を世界人類の為に世界に向つて御発表願ひたいのであります。其の希望を申上げて置きたいのであります。

適当の時機にその夢を世界に発表されたい

委員長　安倍能成君（同成会）　それでは休憩致します。午後は一時二十分から再開致します。

貴族院帝国憲法改正案特別委員会

昭和二一年九月五日（木）

前一〇・一一開会　前一一・五九休憩
後一・一三開会　後四・二五散会

委員長　安倍能成君（同成会）

会議を開きます。昨日に引続いて南原委員の質疑を続けます。

南原繁君（無所属）

昨日吉田外務大臣が御出席がございませぬでしたが為に、保留して置きました問題、即ち戦争拋棄に関聯致しまして、御尋ね申上げたいと存じます。

将来国際聯合加入の場合に、第九条の改正を予想するかどうか

一つは我が国が将来国際聯合加入の場合に、今回成立すべき新憲法の更に改正を予想するものでありますかどうかと云ふことを吉田外務大臣に御尋ね申上げたいのが第一点でございます。其の点は本会議に於ても私が申上げましたやうに、**国際聯合の憲章**に依りますと、其の加入国家の自衛権が一面に於て認められて居ります。其の外に重要なことは、兵力を提供する義務が課せられて居りますことは御存じの通りであります。然るに今回の我が憲法の改正草案に於きましては、自衛権の拋棄は勿論のことでありますけれども、一切の兵力を持ちませぬが為に、国際聯合へ加入の場合の国家としての義務と云ふも

のを、そこで実行することが出来ないと云ふ状態となつて居るのではないかと云ふ問題があるのではないかと存じます。処で一昨日でございましたか、本委員会に於きまして、吉田首相の御説明の中に此の憲法草案は国際聯合の場合を必ずしも直接に考へて起草して居ないと云ふやうな意味の御答弁があつたやうに私ちよつと承つたのでございます。それと併せて考へまする時に於て、将来愈〻現実的に国際聯合に加入すると云ふ場合が起つて来た場合に、さう云つた点に付て憲法の更に改正、詰り第九条を繞りまして、更に改正を予想せらるゝやうな意味でありますかどうかと云ふことを先づ吉田外務大臣に御尋ね申上げたいのであります。

国際団体への復帰は希望するが、国聯に加入するか否かは、講和条約締結後の内外の情勢によつて判断すべきもの

外務大臣　吉田茂君　御答へ致します。国際聯合に加入するかどうか、是は私の意味合は成るべく早く**国際団体に復帰する**ことは日本の利益であり、又日本国としても希望する所であり、又経済的利害の上から申しましても、政治的の関係から申しましても、国際団体に早く復帰すると云ふことが政府と致しましても、努力し、又希望も致して居る所であります。扨、**然らば国際聯合に加入するかどうか**、是は加入することは無論の希望せざる所ではありませぬが、併しながら加入には御話の通り色々な条件がありまして、其の条件を満し得ると言ひますか、満すだけの資格が満し得ない場合には或は加入を許さないと云ふこともありませうが、然らば如何なる条件で、如何なる事態に於て加入するかと云ふことは、今日の場合に予想出来ない所でありまして、今日我々の考へて居ります所は、国際団体に復帰する、其の前に講和会議

と言ひますか、講和条約を結ぶ、此の時期を成るべく早めると云ふことに専心努力して居るのでありまして、さうして講和条約の出来た、講和条約の締結前後の国際情勢、或は日本内部の情勢等を考へて、さうして国際聯合に入ることが善いか悪いかと云ふことも考へなければならぬ、現に又加入して居らない国もございますことは御承知の通りでございます。講和条約締結後のことを今日に於て直ちに斯う云ふ条件であるとか、或は憲法を改正することを予想するかと云ふことに付ては御答へしにくいのであります。其の時の講和条約締結後の国際情勢、国内情勢に依つて判断すべきもの、斯う私は考へます。

戦争抛棄後の国際政治政策

平和は単なる現状維持、安全第一であつてはならない

南原繁君（無所属）　只今の問題はそれ以上御尋ね申上げませぬ。第二点と致しまして、**戦争抛棄後の是から後の我が国の国際政治、政**《ママ》**策**は何を御執りにならうとするか、其の方向は何処に御執りにならうとするかと云ふことを吉田外務大臣に御尋ね申上げたいのであります。此の点も、実は本会議に於て私は御尋ね申上げた積りであります。けれどもどう云ふ御都合か御答を戴けなかつたのでありまして、今日は多少それを具体的に申上げまして簡単に御所見を伺ひたいと思ふのであります。是は極めて重要なる日本の今後の問題を含んで居ると考へます。即ち私共の考へる所に依りますると、**平和**と云ふこと、是は固より人類の偉大なる目標であり、理想でございまするけれども、それは単なる安全第一、即ち現状を其の儘保つて行くと云ふ現状維持の平和では決してあつてはならぬと考へるのでございます。此のことは御承知の通り此の前の第一次世界大戦の後、即ち**ヴエルサイユ**条約の結果と云ふものが、如何にあつたかと云ふこと

普遍的な国際正義に基いた平和でなければならない

人類の理性と良心に従ふ現状の平和的変更

一国のデモクラシーから国際の普遍的デモクラシーの実現へ

は、人類の苦い経験を嘗めた点でございます。即ち余りに第一次世界大戦後の其の時の現状と云ふものを何処迄も枠に嵌めて、之を維持せむとしたと云ふ意味に於きましては、或は是が**第二次世界大戦**を誘発した一つの原因であつたとも考へられるのでございます。さう云ふ意味に於きまして今回此の不幸なる人類が、有史以来の第二次世界大戦とも申すべき今回の此の大戦の後では、さう云つた失敗や苦い経験は決して繰返してはならぬと私共は考へる次第であります。従つて大事なことは何よりも正義に基いた世界に、**普遍的な所謂国際正義に基いた平和**を確立すると云ふことでなければならぬと考ふるのでございます。即ち単に**功利主義的な便宜主義的な安全第一主義**と云ふものの平和主義であつてはならぬと云ふことは、是は何人も異存のない点であらうと考へるのであります。従つて其の結果と致しまして、現状と云ふものを唯其の儘維持すると云ふのでなくして、**現状を変更すると云ふ一つの要請**、固より武力とか強力に依つて変更するのではありませぬで、人類の理性と良心に従つて平和的に変更する、言ひ換へて見ますると現状の平和的な変更と云ふことが当然です。それに伴つて来なければならぬと考へるのであります。此の点が実は国際的デモクラシーの確立であると考へるのであります。現在はデモクラシーを唱へますけれども、一国のデモクラシーと云ふことに急でありますけれども、更に当然の論理の帰結として、世界的に国際の普遍的のデモクラシーの実現と云ふことに向はなければ本当の理想にはならぬと思ひます。さう云ふ点に於きまして我が国は、誠に我々は過誤を犯したが為に、斯かるやうな状態になつたことは、是は我々の敗けた結果として甘受しなければならぬ、忍ばなければならぬと考へ

単なる戦争抛棄では相成らぬ、正義に基いた平和の確定こそ将来の国際政策

るのでございます。けれども我々の罪科を償うた以上は更に進みまして、是からさう云ふ意味に於て世界の正義の確立、正義に基いた平和の確立と云ふことに、及ばずながら将来国際団体の一員に加入を許された場合には努力し、其処に理想を向けて行くと云ふことが一番大事なことと考へるのであります。即ち単なる戦争を抛棄したと云ふことだけでは相成らぬのであります。抛棄した以上に今申した意味の正義に基いた平和と云ふことに向つての理想、是こそ日本の将来の大きな所の国際政策、世界に寄与すべき政策であると考へるのでございます。さうして**我が国の将来**を考へます場合に御覧の通りな政治上、殊に経済上、交通上、総ての点に於きまして我が国の将来と云ふものは極めて暗澹たるものなりと思ふのであります。此のことは十分世界に向つて愬へ、又合理的なる解決と云ふものを世界の輿論に依つて之を図ると云ふことが、一つの日本の政策でなければならぬと思ふのでございます。独り日本の為ばかりでなしに、進んで他の国、何処の国であらうとも、地球上の何処の国に起つたことであらうとも、正義を確立すると云ふことに向つて、互ひに諸民族の結合、協力を図ると云ふことが、大きな今後の外交政策でなければならぬと考へるのでございます。固より只今総理の仰せの通りに、我が国の現状はさう云ふ所迄行つて居ない、講和条約、更に国際団体に加入を許されると云ふことが目的であると仰しやいますが、誠に其の通りでございます。どうかそれを通して、矢張り此処に目標を置いて、現在迫つて居りまする所の講和会議に対しても対処する、真の正義、真の真理のある所を世界に愬へて其のことを達成すると云ふ、今から其の抱負と計画と云ふものを御持になることが大事ではないかと考へます

ので、此の点に関しましての政府の御所見を承りたいと思ふのでございます。

質問の御趣意は誠に御尤も。御趣意に副ふやう努力

外務大臣　吉田茂君　御質問の御趣意は誠に御尤もでございます。又私共と致しましても御趣意に副ふやうに努力致しつゝある積りで居ります。此の戦争拋棄と云ふ条項を特に憲法に掲げて、さうして世界に類例のない条項を憲法に掲げて、以て日本国家として平和を愛好し、平和に寄与せむと欲する希望及び抱負を憲法に明示致しますことに依つて、平和愛好の国民として世界に愬へると云ふ気持もありますが、同時に自ら武力を撤して、さうして平和団体の先頭に立つて平和を促進する、平和に寄与すると云ふ抱負を加へて、戦争拋棄の条項を憲法に掲げた考であるのでございます。

単なる平和でなく、正義に基いた平和、現状の平和的変更を理想とせよ

南原繁君（無所属）　只今総理から御答弁を戴きましたが、其の外に私の申上げましたのは、それが所謂単なる平和でなしに、正義に基いた平和と云ふ所に実は私は力点を置いて政府の御所見を伺ひ、又希望を申上げたのでありまして、それが単なる平和確立でなしに、正義に基く、即ちそれを具体的に申しますと、将来、詰り現状の平和的な変更、平和的手段に依る変更と云ふことを各国が協力して達成すると云ふ所迄発展すべき理想を持つて居るものであると云ふことを申上げたのでありまして、其の点はどうか外務大臣として御含みの上、十分将来帝国の為に御努力を願ひたいと思ふのでございます。第三点に伺ひたいのは、今回の改正案に依りまして、第九条に於て戦争拋棄を宣言致しましたが、過日衆議院に於きまして、それ

どう云ふ見地から政府は衆議院の修正に同意したか。

に修正を加へまして、其の冒頭に一句が加つて居るのであります。即ち「**日本国民は、正義と秩序を基調とする国際平和を誠実に希求し**」と云ふ一句が加つたのであります。之に付きましては、先般**金森国務相**から簡単な御説明が一応ありましたけれども、どう云ふ見地から政府は此の修正案に御同意になつたかと云ふことを金森国務相に御伺ひ致したいのであります。私の考に依りますると、衆議院が其のことを意図したかどうかと云ふことは、是は別問題と致しましても、先程第二点に於て私が申上げましたやうな意味に於て、即ち正義に基いた平和確立、単なる現状維持の平和でなしに、正義に基礎を置いた新たな平和と云ふ意味に解してこそ、又さう云ふことを意図してこそ是は重要なる意義を持つものと思ふのであります。今回の衆議院に於ける幾多の点に於ての政府原案に対する改正の中で最も是は重要なる意義を持つて居るものと私は考へて居るのでございます。是は政府はどう云ふ風に此のことを御解釈の上御同意になつたかと云ふことを、先づ金森国務大臣に伺ひたいのであります。

衆議院に於ける幾多の修正中、最も重要な意義を持つ

国務大臣　金森徳次郎君

第九条に於て衆議院で此の字句を直されました趣旨は、私は南原君の御言葉の中に現れましたやうに、正義と秩序を基調とする国際平和を希求すると云ふ点に力点を置いて直されたものと考へて居ります。

御説の如き見地に力点を置いたものと考へる

南原繁君（無所属）

誠に其のことが自覚され、又意図されて、衆議院が之を修正し、政府が同意したと云ふなれば、是は

此の憲法に於て戦争抛棄と相俟つて、或はそれ以上に世界的に実は重大なる一つの宣言であります。又帝国の理想を示したものとして、深く之を評価したいのであります。何故ならば、御承知の通りに現在の国際聯合の憲章に於きましても、其の点に付てはまだ問題であるのであります。そこ迄踏込んで居ないと私は解釈して居るのであります。けれども**民族協同体**、一国の国民協同体を超えて、其の根柢に**世界の協同体**と云ふことを理想として考へまする以上、斯う云つた**世界聯合の目的**、**計画**と云ふものは当然そこ迄行かなければならぬと私は考へるのであります。さう云ふ意味に於きまして、是は実は劃期的な日本の大きな理想の宣言であると私は思ふのであります。どうか政府に於かれましては、さう云ふ遠大なる計画の下に将来の計画を樹てられて、更にそれを間近かにある講和会議に於て、先づ其の一面を吐露されるやうに、今から政府の十分なる御努力を御願ひ申上げて置きたいのであります。……

衆議院の修正は、**戦争抛棄以上に重大な世界的宣言**

外務大臣　吉田茂君

御答へ致します。先程私の御答へ致した言葉が足りなかつた為に、重ねての御話でございますが、御趣意は能く了承致しましたのみならず、誠に御同感でございます。御趣意に副うて今後共、或は講和会議等に於ても、正義に基く平和の確立に付ては、政府と致しましても十分主張もし、努力も致す考であります。此の点は御了承願ひます。……

御趣意はよく了承、誠に御同感

委員長　安倍能成君（同成会）

それでは一旦休憩致しまして、午後は一時から再開することに致します。

委員長　安倍能成君　では会議を再開致します。

織田信恒君（子爵・研究会）……終戦後の一箇年の経過を眺めて見ますと、言論、政治の各面に亙つて、国際事情の考慮の非常に欠けた場面が多いと思ふ。非常に主観的な言ひ分がございまして、さうして壁に当つて打突かつて引込むと云つたやうな姿が私には見えるので、此のことは誠に残念なことで、決して、我々誇りとするものでないと思ふのでありますが、併し此の大きな原因が何処にあるのかと考へて見ると、色々原因もありませうが、**何と言つても相手方の事情を知らない**と云ふ所に大きな原因があるんぢやないかと私は思ふのであります。此のことは今起つたことばかりでなく、今度の戦に敗けたのも、大きな原因は矢張り外交がなかつた、相手方のことが分らないで、**外交のない戦**をしたと云ふ所に私は大きな原因があるんだと思ひます。此の点は一つ、今後十分御考慮を願はねばならぬことだと思ふのであります。一体**此の憲法が**、午前中冒頭に申上げましたやうに、山は世界の平和にある、さうしてデモクラシイ態勢は、此の山に登る旅姿であると云ふことを申しましたのでありまするが、**平和の問題**に対して、今迄衆議院以来の論議を全部私速記録を読んだ訳ではありませぬが、拝見すると、非常にそれが少いのであります。衆議院に於ては、**芦田委員長**の質問の中に大きくそれが出て来て居る位の程度で、非常に私は寂しいと思つて居つたのです。貴族院に参りまして、流石に平和問題が度々取扱はれ、**佐々木博士**からも、本会議

言論、政治の各方面において、国際事情の考慮を欠く

外交のない戦争

憲法と外交との関係

で以て平和の外交はどうするんだと云ふ御質問があり、又今日**南原博士**からも、平和問題に付て正義との関聯に付て御質問があり、誠に私は嬉しいことで、有難いことだと思つて居るのでありますが、此の大事な点が今迄寂しい感じを持つて居つたのであります。例へば私のやうな素人の者が外交上の質問を致すと云ふことも、実は私の本意ではないのでありまして、是は矢張り外交に経験のある方から、十分にして戴きたいと思つて居るのでありますが、御覧の通り**特別委員会**には、さう云ふ外交出身の御方の御顔触れがないと云ふやうなことは、私は非常に遺憾と思つて居るので、已むなく立つた訳でありまするが、此の**憲法と外交とは関係**が薄いんだなどと云ふやうな考へが、若しもおありだつたら、是は非常な誤りだと私は思ふのであります。それ程私は外交と憲法と重大に見たいと思ふのであります。例へば**戦争抛棄の条章**に関して、是も午前中に南原博士から御質問があつたので、実は私は御質問致さうと思つて居る種がなくなつてしまつたので、是は重複することを避けますが、併し唯、此の委員会に於ては、南原博士のみならず他の委員に於ても、戦争放棄と平和の問題、殊に正義の観念に付て心配し懸念して居る者があるんだと云ふことだけは、一つ世界的に認識して置いて戴きたい、斯う私は思ふのでありま

国際聯盟と国際聯合

す。**国際聯合の問題**でありますが、是はもう私は触れない積りで居りますが、併し少し之に附加へて私は申したいのは、是は政府としては、今迄国際聯合に入るとか入らないとかと云ふことに付て、色々な御答弁がありましたが、私が重点を置く点は国際聯合の精神と、将来どう云ふ方向に国際聯合が行くべきものであるかと云ふことが、私は大事だと思ふのであります。それで、午前中御話がありましたやう

国際聯盟の外交は
世界的封建制度

国際聯合の精神は
インターナショナ
ル・デモクラシイ

国際思潮、国際事
情を国民に周知せ
しめよ

に、私は国際聯盟の外交は滅びてしまつたのだ、さうして国際聯合精神の外交、国際聯合精神の外交と云ふものは、新らしく樹立された、是が外交の一つの劃期的なエポックを成すものぢやないか、さう云ふ風に私は思ひます。詰り**国際聯盟の外交**と云ふものは、矢張り世界的封建制度だらうと思ふ。所謂**主権国家**と云ふものにポイントを置いて、世界が封建的に割拠して、其の上に建てられたる一つの平和政策だらうと思ふ。此の**国際聯合の精神**は午前中南原博士から言はれた通り、封建を打破してインターナショナルのデモクラシーの精神に進むべきが方向だらうと思ふ。私は余り勉強した訳でありませぬから、能く分りませぬが、併しそれにしても、例へば最近ですか、何時の頃か知りませぬが、アメリカの方で**ワン・ワールド**と云つたやうな、**世界国家**であります。さう云ふやうな考へ方が議論され色々日常論議されて居ることを聞いて居ります。さう云ふやうな思想其のものが、国際聯合の下の思想にカーレントを成して居る、斯う云ふやうに私は思ふので、恐らく是からの外交方針と云ふものはさう云つたインターナショナル・コンミュニテイと云ふやうなものに進んで行くのが一つの方針ぢやないか、人類の要求して居る流れぢやないかと、斯う云ふやうに私は思ふのであります。さう云ふやうに考へて参りますと、何も国際事情其のものを国民に知らせる必要はないのでありまして、さう云ふやうな、将来人類が進んで、日本も是から一緒に足並みを揃へて、平和の山に登る準備としても、さう云ふ下を流れて居る思想を日本国民に、斯う云ふ意見があるのだ、斯う云ふ学説があるのだとか、それを基礎にして、此の国は斯うだと云つて、国際情勢でありますが、さう云つたやうなことを、是非是から国民に知らせ

て戴きたい。是は何も国際の秘密ではない、平和を樹立する手段であります。之に遠慮は何も要らないと思ふ。無論我が国は聯合国の占領治下にあります。報道の自由は無論制約されて居ることは承知して居りますが、併し兎に角憲法に此の国際的の大事業を掲げて置いて、さうして正確な知識がなかつたとしたならば、実際此の憲法の運営と云ふものは出来ない、木に魚を求める類だと私は思ふ。さう云ふことに何も秘密もなし、又聯合国に於ても、さう云ふ方向に国民を教育して行くことは、大きなデモクラシーの教育なのであります。**世界的デモクラシーの教育**なのでありますから、それを拒否する筈はないのであります。色々の書物、新聞雑誌、何でも宜い、さう云ふものを出来るだけ自由に入れると云ふことに御努力を願はねば、此の憲法の趣意とそぐはないことになつてしまふ、斯う云ふことに私は思ひます。私は過日**アメリカの或雑誌**を読みました中に、過去の国際聯盟と云ふやうな平和工作が失敗になつて居る、将来、それならばどう云ふ考へ方で平和を樹立するかと云ふ意見の一つに、将来は国際協約の対象と云ふものは、主権国家にばかり認めてはいかぬ、是は過去の失敗だ、だから今度、**国際協約の対象**を各国の人、個人に置いて、国際間の法律が各国民の個々の上に働くやうにしなければならないだらう、さう云ふことをしなければ、本当に将来の世界の平和と云ふものは出来ないだらう、丁度日本に於ても、封建時代に皆群雄割拠して居る、さうして皆武力を持つて居る、それでは平和は出来なかつた、矢張り国に統一されて、初めて国の法律に各封建諸侯が皆従つて、其処に初めて平和が出来たやうに、世界の平和も、世界に一つの中心に大きな法律上の力を持つて、それに各国の国民が直結して作用を受

国際知識なくしては、憲法の運営は出来ない

将来の平和運動の方向

国際軍事法廷は擬律だけを目的とせず、平和維持の高遠な理想を指導原理とせよ

国民外交の神随

けると云ふことにしなければ、世界の平和と云ふものは樹立しないだらうと云つたやうな意見が書いてありました。無論斯う云ふやうな意見は、必ずしも新らしい意見でないかも知れませぬが、併し戦の惨害を見まして、心の中から平和を慾求する新らしい人心の要求と云ふ方面から見れば、是は非常な矢張り新らしい議論として考へなくてはいけない、必ずしもユートピアでは私はないと思ふ。何か斯う云ふ考へ方から新しいものが生れて来る予言のやうに思ひまして、**将来の平和運動の方向**は、さう云ふ考へ方の中に暗示されて居ると云ふやうに思ふのであります。例へば目下我々の目前で、市ケ谷の岡の上で**国際軍事法廷**が開かれて居ります。之を今申しましたやうな理想から眺めて見ますと、此の法廷は単に罪を裁くと云つたやうな擬律だけの目的ではないと思ふ。之に依つて、将来の戦争を永久に防止する、世界の平和を維持しようと云ふ高遠な理想が其処に潜んで居るべきであらうと思ふのであります。でありまするから、裁く者も、裁かれる者も、又之を報道する者も、共に世界平和の将来の為に、各国民が尤もであると納得出来るやうな、立派な成果を挙げるやうに皆努力されて居るものだ、斯う私は信じて居る。是はまあ、一つの例でありますが、さう云ふ工合に能く注意をして見ますると、色々、問題が沢山あると思ふのであります。それを常に怠らないで見て居つて、さうして之を捉まへて国民の意識の中に隠されて居つた問題を意識の表面に浮び上らせると云ふことが是から外務当局の最も努力されなければならない点であらうと思ふ。所謂**国民外交**と云ふものを本当に指導して行くにはどうしてもさう云ふことをなさることが重要な点だらうと思ふ。矢張りさう云ふ問題を引出して国民にぱつと投げて、国民が

国際的の問題に付て、一生懸命に考へ議論する、其の出たものが外国の方に又知れる、日本ぢや斯う云ふ話がある、是が私、国民外交だらうと思ふ。私の親友の例を挙げては甚だ恐縮ですけれども、**松本學君**が**国際文化聯盟**と云ふやうなものに対する一つの構想を以て、ずつと前にパンフレットを書かれたことがあり、それが向ふに翻訳されて、実に日本に斯う云ふ声があると云つて、他の国の学者から手紙を貰はれたそうでありますが、詰り、それが、私は国民外交だらうと思ふ。さう云ふことが国民外交の神髄で、大事なことだらうと思ふのでありまするが、此の私の考が間違つて居るものでありませうか、幣原大臣の御意見を伺ひたい。

国際問題、平和問題については、時勢の進歩に遅れないように、国民全体相率ゐて、真剣に研究したい

国務大臣　幣原喜重郎君（男爵）

只今、**織田子爵**の御述べになりました御意見、如何にも御尤もであらうと思ひます。其の通りであらうと思ひます。日本国民が、本当に国際問題に関して深い興味を持つて貰ひたい、殊に平和を維持する問題に付て、特に注意して貰ひたい、どうすれば一緒に皆相率ゐて此の平和の方向に向つて進んで行くかと云ふことを真剣に研究して貰ひたいと云ふこと、是は織田子爵の述べられた通りであります。私もさう考へて居ります。併し先刻織田子爵は、何だか国際聯盟と云ふものは封建的の臭味を帯びて居る、今回の国際聯合は国際的の民主主義を示したものであると云ふやうな区別を説かれましたが、果してどう云ふ所にさう云ふ区別がありますか、私には余りはつきり分つて居ないと思ひます。私は国際聯合に付きまして、一種の考を持つて居りますけれども、今日此処でそれを論議する立場でないと思ひます。

併し孰れに致しましても、今日の時勢と云ふものは、最早戦争のことばかり考へて居る時期ぢやないと思ひます。必ず其の中には世界列国とも、戦争と云ふものは如何にも惨憺たるもので、斯う云ふものは、一つの組織として人類社会に存続して行くべからざるものであると云ふことを、必ず自分の実験的に悟る時機が来ると思ひますから、我々も其の時勢の進歩に遅れないやうに、国民全体相率ゐて、此の問題を真剣に研究すると云ふ気持になつて戴きたいと云ふことは、本当に私も切望する所であります。どうかさう云う風に行きたいと思つて居ります。

織田信恒君（子爵・研究会）

只今**幣原大臣**から、私が国際聯盟と国際聯合に付て申しましたことを、さう云ふ区別が果して今あるかどうか、自分は能く信じない、信じないと言ふよりも、必ずしもさう明確には言へないと仰しやいました。其の通りであつて、私も必ずしも現在がさうだと申したのではない、精神が其処にあると思うのであります。それはアメリカの雑誌にも書いてあります。次に第四番目に伺ひたいと思ひますのは、まあ以上申しましたことは、大体政府御当局に求めるやうな問題でありまするが、併し是等の事柄は又政府に任せて置いてばかりで宜いものではないと私は思ふ。矢張り国民自らが之を受け容れる態勢を整へなければならないと思ひます。抑〻**平和の運動**は申上げる迄もなく個々の人の心に愬へる事柄が非常に多いと思ふのであります。従つて日常生活の中に、国民個々に不断に働き掛ける作用が非常に大事なものではないか。習慣的に文化、平和と云ふやうなものと矛盾することも知らないで、無意識にやつた

平和運動は個々の人の心に愬へる事柄が非常に多い

日本の芝居の野蛮性

り言つたりして居ることが相当あります。例へば日本の芝居で首をぶら下げて歩いて居る、私は嘗て或劇場が国際人を呼んで日本の芸術を観せるのだから、お前もちよつと観てみろと言つて呼ばれて行つて見ると、其の場面に首をぶら下げて歩いて居る、いや是は日本人は観て、何とも思つて居ないかも知れないけれども、所謂高度の文化と言ふか、さう云ふものから言へば、甚だしい野蛮的なもので、是は却て日本のシェームになりはしないかと言つた処が、後で聴きますと、矢張り是は評判が悪かつたさうでありまます。悪いと思つてやつたのではないのでせうけれども、矢張り評判が悪かつたと云ふ話であります。若しくは何か社会運動をやるのに、或一つの戦争用語を使つて、さうして人の心に潜んで居る闘争心と云ふものを掻き立てて、さうして或運動の目的を達成しようと云ふやうなことも、是は正しい指導方法とは私は思へませぬ。其の外、例へば動物虐待と云つたことも、之を観て居るやうなことでは、矢張り人の心から平和を生ませることは絶対出来ないだらうと思ふ。さう云つたやうな事柄に付て、悪い気で皆やつて居るとは思ひませぬけれども、知らず識らずやつて居ることを反省する機関がないと云ふと、何時迄経つても改まらない、気が附かないと思ふ。そこで私は、矢張り自分の姿を斯う、しよつ中反省し、映す中心機関と云ふものが、一つ常置されなければならないだらうと思ひます。其の機関と云ふのは、私は内容は、今は何も具体的な考はありませぬが、必ずしも尨大なものは要らない、極く地味なもので宜いだらうと思ひます。唯それを構成する人が、矢張り終生平和の為に一生を捧げると云つたやうな人々の衆智を集めることは必要だと思ひますが、さうして政府と表裏になつて、常に此の人類平

社会運動において戦争用語を濫用するは正しくない

平和問題研究の中心機関

輿論は改正案を拍手を以て迎ふ。国民平和運動の方図を考へるは、時宜に適した政治的処置

和の科学的解剖をやつて行く、さうして心理学的にも、哲学的にも、法律的にも、経済的にも、之を深く研究致しまして、将来の戦争原因と云ふものを除去することに努めるやうにしなければならないと思ひます。のみならず、今我々は、実際此の戦争の惨禍と云ふものを眼の前に見まして、多年の経営された文化が瞬時にして人畜諸共、焼土に化して行く現実を見て、さうして此の戦争に対する呪ひ、平和に対する欲求と云ふものを、今国民は皆心の中に持つて居るのであります。段々年月が去つて、我々の子孫の時代になつて、さうして、さう云つたやうな気持が薄らぐやうになつて来ますると、此の憲法の平和と云ふものと、国民の気持と云ふものが、又遊離しないとも限らない。それを常に、永久に固く繋いで、本当に人類の平和の為に、理想と信仰を以て進むと云ふやうに之を導いて行く上からも、何かさう云ふ機関が中央になければならないと云ふことを私は思ふのであります。今眼を転じて世界を眺めますと、他の**民主的の文明国家群**と云ふものは既に国内情勢は皆態勢を完了してしまつて、先程から申すやうに、次の大きな目標に取掛つて居るのであります。で我々は唯目前の鹿を逐ふことばかりに没頭して此の大きな山を見ることを忘れたならば、将に天下の物笑ひになるのじやないかと、斯う思つて居ります。今度の草案が発《表?》生されまするど、我国の輿論と云ふものは、心から拍手を以て之を迎へて居る、中には進んで平和の天使としての誇りも感じて居る者も尠くないのであります。でありまするから、斯様に盛り上る此の人の**心**を促へて、直ちに此の**国民的平和運動**の方図を考へ、其の実行に入ると云ふことは、時宜に適した政治的処置だらうと私は思ふのであります。先程幣原国務大臣も、ちよつとそれに触

れられたやうな、即ち方法が大事だと云ふやうな御話がありましたが、将に今御伺ひして居るのは、一つのさう云つた方法はどうであらうかと云ふことを伺つて、之に対する御答弁を伺ひたい。

国務大臣　幣原喜重郎君（男爵）　日本国内に、一つ平和に関する宣伝と申しますか、其の機関を一つ設けて見る方が宜しからうかと云ふ御意見を伺ひました。御尤もであります。御承知の如く、今や日本は、**改正憲法第九条**に依りまして、徹底的な平和運動の大きな旗を担いで、広い国際社会の原野に歩み出したのであります。国民が之に共鳴して同じく力を協せて、此の目的を達成せしめることに尽して呉れますと云ふことは、是は是程望ましいことはないと考へます。従つて民間に於きまして、斯様な平和問題の研究、或は宣伝の機関が設けられますと云ふことは誠に私等の切望する所であります。是は成るべくならば、官製であつてはいけない、民製でなければならぬと思ひます。政府固より出来るだけの御世話致しませうけれども、其の機関の本体と云ふものは、民間の方から進んで斯様な機関を作ると云ふやうな気持になつて貰ふことが、一番宜しいのでなからうかと考へます。

平和問題の研究、宣伝機関は官製は不可、民製でなければならぬ

織田信恒君（子爵・研究会）　度々幣原国務大臣、又金森国務大臣、其の他政府委員からも、御親切な御答弁を戴きまして、私誠に満足致します。自分の疑義も大変解けまして仕合せでございます。私の質問は以上で終るのでありまするが、**唯最後に、私の希望を述べさせて戴きたいのであります。**それは、今度の憲法の草案の前文に、

政府の答弁に満足、疑義も解く

アメリカ国民の平和への援助を心から希望

我々国民は安全と生存を挙げて平和愛好諸国民の公正と信義に委ねると謳つてありまするやうに、聯合国の絶大の協力を求める次第でありますが、取分けポツダム宣言の実行と、日本再建の指導力として今日迄着々成果を挙げて来られましたマックアーサー元帥を通じてアメリカ合衆国国民の平和への援助を心から私は希望するのであります。此のやうな表現は、決して不自然なものではないと思ひます。此の平和の大道では昨日の敵は今日の味方であります。それぱかりでなく、過去に於ては日本に於てもアメリカと手を握つて、世界戦争の拡大を防止しなければならぬと云ふ輿論すらあつたのであります。併しながら不幸に致しまして、事、志と違ひ、戦ひを交へるの悲運に陥りましたことは返す返すも私は残念で堪りませぬ。是は私の希望でございますが、其の他、私の質問も多少ございますが、是はもう時間もなく他に沢山の質問者もおありでありますから、逐条審議の時に又、御質問致すことに致します。

委員長　安倍能成君（同成会）

会議を終ります。明日は午前十時から開会致します。

貴族院帝国憲法改正案特別委員会

昭和二一年九月六日（金）

前一〇・一三開会　後〇・二二休憩
後　一・三二開会　後三・五二散会

委員長　安倍能成君（同成会）

それでは会議を開きます。……

澤田牛麿君（同和会）

私は此の第二章に付て総理大臣兼外務大臣の御意見を伺ひたいと思ひます。初め**九条**を見ますと、是はどうも日本で言ふことぢやない、他人が言ふことだと思つた。「**これを保持してはならない。**」何か講和条件で押付けられた文句ならば是は正当であるけれども、此の憲法の文句ぢやをかしいと云ふ感じがするのであります。其の後衆議院に於て修正せられたやうでありますが、是は何ですか、**第二項**は、平和条件の中に相手方が加へないやうに、先走つて其の手を封ずる為に、日本の憲法で軍備は持たないと云ふことを言ふ、さうすれば相手方が一切軍備を持つてはならぬと云ふタームズ・オヴ・ピースの中に入れないで済むと云ふ御考でもありませうか。此の二項に付ては、ちよつとどうも私共の想像の出来ないことで、自分が憲法で決めるならば、陸海軍は所持せずと言へば宜い、「保持してはならない」「認

第九条は日本での言ふべきことではない、他人が言ふことだ

第二項は聯合国の機先を制すると云ふ趣旨か

二大国間の戦争に際し、中立を維持し得ざる場合に於ける第九条の効力如何

憲法で軍備を禁止すれば、聯合国が許しても、持てないことになる

めない」とか云ふことは、どうも相手方が言ふ言葉のやうに思ふ。唯言葉の問題でなしに、さう云ふ考が腹の底にあるから言葉に出て来るのぢやないかと思ひますが、此の点は如何でございませうか。**それからもう一つ**、是は非常な想像で、そんなことは迚も答へられないと言はれゝばそれ迄だが、併し第一次世界大戦の終りに、第二次世界大戦は絶対にないと云ふことを有識者は言つて居つたのが、二十年か三十年で第二次世界大戦が起つた。それで此の人類のことはさう断言は出来ないものと思ひますが、将来若し、是は稀有の場合でありますが、そんな場合には答へられないと云へばそれ迄ですが、若し二大国がどつかと戦争することがあつて、日本がどつちかに附かなければならぬ破目になつた時に、好んで何するのぢやありませぬが、附かなければならぬ破目になつた時に、此の二章の規定はどう云ふ効力を生ずるのであらうか、其の点がちよつと伺つて置きたいのであります。それから其の次には、此の頃の**パリー会議**の様子を、私は向ふのことは少しも知りませぬから、全く文盲でありますけれども、新聞で見ますと、ナチのサテライツの諸国に皆軍備を許して居る、是は極めて少量ではありますが、陸軍若しくは海軍迄許して居る状況もあります。さうすると世界が日本だけをディスアームすると云ふことはちよつと想像し難いのですが、それ程酷に聯合国が日本に当るであらうかどうか是も想像し難い所でありまして、日本にもヨーロッパの五つの国と同じやうに、極く少数の軍備を許されるかも知れぬ、是は全く想像ですが、そんな想像も出来ないことはないのであります。さう云ふ時に、憲法で禁止して居れば、折角相手国が許しても持てないと云ふことになる、それ迄にする必要はないのではないか。**それか**

或程度の軍備は、警察力の後楯として必要

ら又、軍備と云ふことに付ては、成る程是は悪用することは甚だ怪しからぬことであるが、警察力の何と云ふか、後楯として或程度の軍備を置いて置かなければ、国内の秩序の完全なる維持と云ふことは頗る困難なる場合も出来やしないかと思ふ。それは現に、今度の改正案ではどうか知りませぬが、地方長官の官制に、地方長官に出兵を要求する権利を与へて居ることは、何も地方長官が外国をどうするとか、斯うするとか云ふことでないので、内地の治安を保つ場合に、警察力ではなか／＼行かない場合には、地方長官が出兵を要求する権利、単に嘆願するのぢやない、要求する権利を認めて居る。是は即ち或種の兵備が国内治安維持に必要であると云ふ一つの証拠にはなりはしないか、是が絶対のものぢやないが、一つの証拠になりはしないかと思ふ。さう云ふ点に於て、総理大臣兼外務大臣はどう云ふ御考を持つて居られませうか、一応御教へを受けたいと思ひます。

日本に対する外国の誤解を一掃しようとする国外に対する判断から、他に類を見ざる本条の規定を憲法に挿入

内閣総理大臣　吉田茂君　御答へ致します。八《ママ》条、九条の規定は屢〻本会議に於て御説明申上げましたが、日本に対する戦争直後以来、日本に対する再軍備であるとか、平和を愛好せざる国であるとか色々の疑問があり、此の疑問、疑惑は日本人の立場として甚だ不利である。其の不利を除く為に、又日本が真に平和愛好国家として、世界に先立つて戦争を放棄することに依つて、日本の国民の意の在る所を徹底せしむる、所謂何と申しますか、国外の情勢に対する判断の上から言つて見ても、斯くの如き規定を、他の憲法に類を見ざる規定を置くことが宜しいと考へて政府は此の規定を憲法に挿入したのであります。又将来の問題、所

仮定の場合に付ては、甚だ御答へし難い

治安の問題は、警察に関する問題で仮定の問題ではない

戦争拋棄は結構だが、一切の軍備を持たないと云ふことを憲法に急いで規定する必要はないではないか

謂御話のやうな**戦争が再び起つた場合**に、日本が其の圧力を受けた場合と言ひますか、戦争の危険があつた場合はどうするか、是は所謂仮定の場合を私が外務大臣として今日此処で其の場合を想像して彼此申述べると云ふことは言明を避けたいと思ひます。それから**治安維持**の上から云つても必要ではないかと色々な御話もありましたが、是も仮定の問題であつて、私は万事は此の間此処で申上げましたが、講和条約が出来て後の状態に依つて判断すべきものであつて、今日治安の乱れた場合、或は戦争の危険が再び生じた場合にどうするかと云ふ仮定の場合に付ては甚だ御答へし難いのであります。

澤田牛麿君（同和会）

只今の御答で大体分りましたが、仮定でない場合のものと私は思ひます。即ち内地の**治安の問題**は警察に関する問題で、仮定の問題ではないのであります。無論現在事実起つて居ないから仮定と云ふ字をそこ迄持つて行けば仮定でありますけれども、是はあり得ることでありますから仮定と云ふ意味は私は承服し兼ねる。内地の警察力の強化の為と言ひますか、後ろ楯と言ひますか、少しばかりの軍備は置いて置く方が宜いのではないか、是は勿論相手国から軍備を禁止すると云ふなら、負けたものですから已むを得ませぬけれども、相手国が軍備を禁止すると云ふことを講和条約に入れるかどうか是も仮定でありませうけれども、さう云ふ点はむつかしい問題でありませうが、若し相手国が多少の軍備でも許す、一万でも、二万でも内地の治安の為に軍備を許すと云ふやうな意嚮があつた場合に、憲法で先に軍備をしないと云ふことを言つてしまつたら、折角の相手国の寛大さも無効になる、斯う云ふ点を私は少し惧

れると云ふか、残念に思ふと云ふか、それ迄急いで此の憲法に規定しないでも宜いのではないか。戦争を廃めると云ふことは結構な話で賛成でありますけれども、一切の軍備を持たないと云ふことを憲法に急いで規定する必要はないぢやないか、斯うも思はれるのです。

内閣総理大臣　吉田茂君

治安の維持に付ては日本政府と致しましては警察力の増強なり、其の他に付て有らゆる手段で以て治安の維持を図り得るのではないか、軍隊に拠らざれば治安の維持が出来ないとも考へられないと思ひます。又憲法に挿入致します理由は、先程申上げた通りであります。

軍隊に拠らざれば治安の維持が出来ないとも考へられない

委員長　安倍能成君（同成会）

今日は是で散会致します。明日は午前十時から開会致します。

貴族院帝国憲法改正案特別委員会

昭和二一年九月九日（月）

前一一・一一開会　前一一・四二休憩
後　一・〇七開会　後　三・四九散会

委員長　安倍能成君（同成会）　それぢや会議を開きます。先づ是から章別に移りますが、先づ前文から始めます。霜山精一君

前文に於て、「平等」について言及する所がない理由如何

霜山精一君（無所属）　……私が御質問申したいと思ひまするとことは、此の前文に依りまするとと、平和と自由と云ふことは能く強調して書いてありまする。併しながら、平等と云ふことに付ては何等言及する所がないのであります。此の平和と自由と平等と云ふことは、即ち世界不変の原理でありまして、世界人類の理想であります。此の点此の平等と云ふことを此の前文に強調せられなかつた理由を伺ひたいのであります。で日本の国は非常な**封建制度**が残つて居ると云ふことで、外国から非常に疑はれて居る、封建制が非常にまだ残つて居るのだ、成る程能く〳〵考へて見まするならば、社会的に、或は法律的にも、経済的にも、色々な人間の不平等と云ふものがありまして、是はまあ日本ばかりに限らぬかも知れませぬけれども、殊に甚だしいものがないではないと思ふのであります。而して此の新憲法に於きましては、**人間の平等**と

云ふことを、**法律の前に於ける人間の平等**と云ふことを規定致しまして、又**家族制度**の如きものも之を廃止すると云ふ所迄進んで参つて居ります。其の外経済上の面、社会上の面に於きましても、此の人間の平等と云ふことに段々此の憲法が其の方に進んで居ることは、憲法の前文を通して見ることが出来るのであります。国内的平等のみならず、国際的にも、各国が其の強弱大小を問はず、或は又其の人種、或は皮膚の色の如何を問はず、平等の立場に立つと云ふことが、是が又国際的の要請でなければならぬと思ふのであります。日本は嘗て**ウエルサイユ会議**の時に**人種平等案**と云ふものを提げて立ちましたけれども、其の精神は今日と雖も矢張り堅持して居なければならぬ点ではないかと思ふのであります。此の意味に於きまして**国内的の平等**、或は**国際的の平等**と云ふことに付きましては、此の憲法が最も力を入れて居なけりやならぬ点ではないかと思ふのであります。然るに此の前文を見ますると云ふと、平和と云ふこと、自由と云ふことに付ては十分に論及してあるに拘らず此の人間の平等と云ふ点に付ての何等の規定を持たないと云ふことは、私の了解するに苦しむ所でありまして、此の点に付て金森国務相の御考を御伺したいと思ふのであります。

国内的の平等、国際的の平等こそ、憲法が最も力を入れなければならぬ

国務大臣　金森徳次郎君　**平和を愛好**すると云ふことは分り切つたことではありまするけれども、人類が未だ十分なる目的を達すると云ふ方向に向つて居ないと云ふことは顕著なることでありまするが故に、我々の決心を示して、態度を明かにすることが必要であらうと思つて居ります。**平等の点に付きましては**、恐らくは之に付て

平等については、

間接的な方法を取り、言葉の含みの中に、その思想を表はして居る

大いなる疑惑はないのでありまして寧ろそれを怪しむ者が怪しまれて居ると云ふ姿のものではないかと考へて居ります。そこで此の憲法の前文に於きましては、平等の所は直接に之を描写をしないで、寧ろ間接的な方法を取つて、言葉の含みの中に其の思想を表はして居る訳であります。「専制と隷従」とを払拭すると云ふやうな言葉を用ひまして、其の気持を明かに致しましたり、何処の国も自国のことのみに専念して、他国を無視してはならないと云ふやうな言葉を以て言ひ表はしましたり、結局婉曲なる言葉を以て書表はして居りまするけれども、趣旨に於ては平等の主張が十分含まれて居ると考へて居ります。

委員長　安倍能成君（同成会）

次に山本勇造君の御申出がありましたけれども、病気で欠席されて居りますから、牧野君

牧野英一君（無所属）

金森国務相との行違ひ

東洋的遠慮を脱し、もつと積極的であつて然るべし

……本会議に於ける質問以来、**金森国務相**と私との間には、常に行違ひがあります。……金森国務相の言葉を以て言へば、此の憲法は極く地味に謂はば東洋的な遠慮をした行き方になつて居るとせられるのに対して、私としては将来の日本国を再建するに付て、国民に対して此の前文にある所謂高遠なる理想を明かにし、之を中外に明かにすることが望ましいと、斯う私は考へて居りまするので、例へば**基本権**に付てももつと積極的な規定があつて然るべきではないか、又**学問の自由**と云ふやうな条に付て考へて見ましても、独り伝統的に学問が権力に対して争つた歴史に付て、学問の自由を保護すると云ふ意味に止まらず、我々の文化的活動全部に付て即ち認識と創作と技術とに付、是が尊重をし、発展を期

戦争抛棄についても、単に「抛棄」と言はず、これを「否定」すると規定したら如何

すると云ふ規定が欲しいと云ふことを申上げたことが、どうしてもそこに僅かばかりの、併しながら恐らくは軽いのではない隔りがあることと存じます。例へば**戦争の抛棄**と云ふやうな規定に付ても之を単に抛棄すると云ふことに言はないで、戦争は之を否定すると云ふことに、御規定なすつたら如何でございまするかと、私は本会議に申上げて置きました。抛棄すると云ふ言葉と否定すると云ふ言葉では、其の文化的な意気込が大変違ふと思ひます。併し是は見解の相違になりまする。政府の御心持として極く地味な行き方で行かうと云ふことになりますれば、それ以上私としては私の立場を強く主張する意思はありませぬ。……

「政府の行為によつて再び戦争の惨禍が発生することのないやうに」としては如何

牧野英一君（無所属）

……質疑の第三に移ります。それは第四行目でございまして、二行目から三行目に亙る所に「**政府の行動によつて再び戦争の惨禍が発生しないやうにすることを決意し、**」とあります。此の文字の使ひ方が如何でございませうか。本会議に於て、エキザンプルの中に表はして置きました内容を離れて文字の使ひ方だけを見ますると云ふと、之を例へば代数の符号のやうなものに表はして見ますと、甲に依つて乙が発生しないやうにすることを決意すと云ふことになります。此の「政府」と云ふことに替へて、「国会」と云ふことに致しませう。国会の行為に依つて再び戦争の惨禍が発生しないやうにすることを決意したと、斯う致しますとどうなりませうか。国会の行動によつて再び戦争の災害が発生しないやうに我々は今骨を折つて居るのでありまするから、さう云ふ時には「行動によつて」と云ふのが「ない」と

ヒストリカル・グランマーを参酌して、出来るだけ正確に書いて戴きたい

云ふ所に掛つて居るのであります。一体本会議でも申上げました通り、「**政府の行動によつて**」と云ふのはアドバービアルフレーズでありますから、後に来る所の動詞なり形容詞なりを制限しなければならぬ性質のものであります。是は**ヨーロッパの文法**でも**日本の文法**でも同じであります。従つて是は、政府の行動に依つて戦争の災害が発生することのないやうにと云ふ御積りであるならば、さう云ふ風に明かにして戴きたい。此の一つの言葉を「政府」を「国会」に直すことに依つて悉く文脈が反対の意味になると云ふことでは誤解を生ずる虞があります。矢張り日本文は、金森国務相の御話の通り、相当に緩かにルーズに出来て居りますので、私自身も先程申上げました通り、自分ながらあとで恥かしい思ひをすることが多いのでありますけれども、併し書くべき人が書いた文章を見ますと、そんなに、ルーズなものではございませぬ。世の中の青年連中の書く文章と云ふものは、相当に此の頃は乱暴で、さう云ふ連中が乱暴な文章を書くからと云つてそれを追掛けて行く必要はありませぬので、矢張り日本の今日の文学の古典的の味ひのあるものは、どう云ふ風に文章を書いて居るかと云ふことを味ふと同時に、ヒストリカル・グランマーを参酌して、出来るだけ正確に文字をどう云ふ風に置き換へても意味の取り方には疑を招かないやうにはつきりと書いて戴きたいと思ふのです。勢ひ此処も、政府の行為が戦争の惨禍の発生になると云ふ御趣旨に違ひないのでありまするから、私としては率直に申しますが、「**政府の行為によつて再び戦争の惨禍が発生することのないやうに**」、斯う云ふ風に書いて戴きたいと思ひます。是は此処ばかりではございませぬ。あとにも同じ場合が出て参りまするので御詮議を願ひたい。斯う云

ふ書方は、漢学者が仮名混り文を書く時に能く用ひる書き方でありまして、**漢学者の日本文**と云ふものは、徳川時代に於ては御承知の通り日本の文法には拘泥しないでひどいものでありました。之を彼の**本居の諸家**がはつきりと直したのでありまして、従つて私は斯う云ふ書方は、彼の本居流の本格的の日本の国語学者に依つては書かれて居らぬと思ひまするし、此の点は直接に今材料はありませぬけれども、現代の文豪と称せられる模範的の人々は斯う云ふ風には書いて居らぬと心得て居ります。併し或は私の誤解かも知れませぬ。之を仮に「政府」を「国会」と置換へたとして御詮議を願ひたい。斯う云ふやうなことも出来るならば、分ると云ふ以上に疑の余地のないはつきりした書き方に御詮議を願つたら如何なものでございませうか。

議事の進行について

小山完吾君（交友倶楽部）　ちよつと伺ひますが宜しうございますか、議事の進行に付て《ママ》……

委員長　**安倍能成君**（同成会）　是が一段落付いてからに致しませう。

先ず原則を審議し、法文の文法的、修辞的修正は後廻しにしたら如何

小山完吾君（交友倶楽部）　其の一段落になることに付てちよつと二三言申上げたい。只今伺つて居ることは、殆ど法文の総仕上げの時に考へるべきことで、まだ原則に付て審議して居る時ですからあとに御廻し下さることは出来ないものでせうか。

牧野英一君（無所属）

是は委員長の御見込次第です。

文章の訂正については、小委員会で審議したら如何

委員長　安倍能成君（同成会）

是は前から文章の訂正に付ては、会議と並行して小委員みたいなものを或は有志で以てやつたらどうかと云ふやうな案もあつたのでございますが、若し牧野さんの御意見がまだ長時間に亙るやうであり、又是から今後斯う云ふ風な議論が有らゆる箇条に於て続出するとしたら、さう云ふ風にした方が便宜かと思ひますが、如何でせうか。

言葉の末を追掛けながら、思想的には余程違つた立場で質疑。その思想的意義を諒とせよ

牧野英一君（無所属）

率直に私の希望を申上げますれば、私が今申上げて居るのは、小さな言葉の末を追掛けて居りながら、併しながら、又思想的には余程大きな違つた立場で金森国務相に質疑を出して居るのであります。それでありますから矢張り心持を汲んで、我々がどう云ふ積りで一つの言葉の揚げ足を取つて居るのか、或はどう云ふ風な意気込でやつて居るのかと云ふことの思想的な意義を御諒解を仰ぎたいと思ひまするし、若し御許しを願へれば、百条に亙つて悉く此の質問があります。私は具さに検討も致しました。ですから総ての点に付て一通りの用意を致しまして総仕上げの時にと云ふことでなしに、此の際十分御詮議を願ひたいと思ひます。併しながらなんと下らぬ話をして居る、そんなむつかしいことを法文で言ひ争ふ必要はないと云ふ各人の御考であり、委員長もさう御認めになれば、無論牧野は立憲的に服

小山委員の意見は、法文の字句の修正は、総仕上げの時に一括して審議せよと云ふにあるか

委員長の議事進行方針に付て、注意を喚起しただけ

従致します。

委員長　安倍能成君（同成会）　牧野委員の御趣旨は、言葉の末のことでなしに、法文の精神に関係することである、斯う云ふ御意見なんでありまして、小山委員の御意見は、是は法文の意見と云ふよりも字句の修正であるからして、是は字句の総仕上げの時一括して為すべきものと思ふ斯う云ふ御意見なんですか。

小山完吾君（交友倶楽部）　私は牧野さんの御話に直接抗議を申すのではなくて委員長の議事進行の方針に付て唯注意を喚起致しただけでございますから、あなたの御裁量に委せます。

委員長　安倍能成君（同成会）　兎に角それでは今後の問題は別として、今日は牧野さんの質問を許します。

牧野英一君（無所属）　有難うございます。小山さん恐入りますけれども、もう少し御聴取りを願ひます。それに付てまだ国務相の御答を《ママ》……

国務大臣　金森徳次郎君　只今の「**惨禍が発生しないやうに**」と云ふ言葉を仰せになりました。是も文字を言葉通りに或見方を以て進行致しますれば、繋り方が面白くないと言ふ御意見は理由ありと思つて居ります。併しながら私

も斯様な風の字は普通には使ひませぬ。牧野先生も御承知の如く、私共**法制局**に居りまする時は斯様な文字の遣ひ方を嫌ひまして、常に発生することのないやうにと云ふやうな風に直すことを習慣と致して居りました。併しながら今日斯くの如き文字を妥当と見て居りまする所以のものは、日本の現在の文章が之を是認して居ると云ふ所に著想を持つて居る次第でございまして、**今日牧野先生からの言葉遣ひに関する御質疑に対しましての私の御答**は、先程色々の御批判もございましたが、根本と致しましては我我は現在世に行はれて居る日本語を以て日本の国法を明にしよう、日本語は如何に動くかと云ふことは、日本語の動く自然の力に依つて動くべき道行を通つて行くであらう、之に此の憲法は人為的の働き掛けをするものでない、だから言葉の方は別に動いて行くのであります。其の動き行く言葉の現段階を捉へて、さうして之を以て我々の持つて居る国家再建の内容を言ひ表はさうと云ふことが主でありまして、之を過去の形に依つて書き表はすと致しますれば矢張り時代に副はないではないか、又将来の理想を以て致しますれば、矢張り行過ぎになるのではなからうかと云ふ著想であります。でありますから私自身の立場から言へば、私の普通に使つて居る用語例を否定して居るのであります。否定しまして、さうして、現段階の国民の普通に使つて居る言葉に全幅の信頼を払つて居るのでありまして、是から百箇条に亙つて一々文句に付て御質疑があらうと思ひますけれども、本当に間違ひがあれば是は其の時に御詫を申上げます。然らざる限りは私の答は唯、今申上げました一言を以て尽きるのでございます。国民の口語体の文章に依る、斯う云ふ御答になることと存じて居ります。

現段階の国民の普通に使つて居る言葉に全幅の信頼を払ひ、動き行く言葉の現段階を捉へ現在世に行はれて居る日本語を以て日本の国法を明かにすることを主旨とする

質疑、応答共に出来るだけ簡潔に

仮りに「政府」と云ふ文字を「国会」と云ふ文字に書き換へると、同じ文章であつて意味が反対になる

憲法はこの文章以外のものを予想して居ない

金森国務相に似合はぬ此の度は御深切な御答弁

委員長　安倍能成君（同成会）

ちよつと委員長から希望を申上げますけれども、御問答両方共出来るだけ簡潔に御願ひ致します。

牧野英一君（無所属）

簡潔に申上げます。結局今の所はもう一遍伺つて相済みませぬけれども、**仮に政府と云ふ言葉を国会と云ふことに直しますと、同じ文章であつて意味が反対になりますね。**さう云ふやうなことは国務相はどう云ふ風に御考へになつて居りませうか。国会の行動に依つて再び戦争の惨禍が発生しないやうにすることを決意して居る、斯うなりますと其の懸り方が違ひますね。

国務大臣　金森徳次郎君

伺ひまして、違ふかどうか見境は付きませぬけれども、**憲法は別に此の文章以外のものを予想して居りませぬ**から、此の文章自身が錯覚を生ずるかどうかと云ふ点だけに付て御答をしたいと思つて居ります。

牧野英一君（無所属）

相当に金森国務相に似合はぬ此の度は御深切な御答弁であつたやうに思ひますが、どうぞ懇ろにお互ひに致すことに致したい。**国会の最高権**を認めることが戦争の惨禍が発生しない目的に出るのでありますから、政府と云ふ言葉を国会にすることに依つて同じ文字の遣ひ方が意味を反対にすると云ふことになるのは、それは仮令世の中がさう云ふ遣ひ方を多くの青年がして居るにしても、文字、言葉の正当の

遣ひと《方?》しては日本語は十分に区別することの出来る本質を持つて居る、それをごちや〳〵にして居ると云ふのが**今日の国語の乱脈性**でありまして、どうぞ一つ是も御詮議になることを希望致しまして其の程度に致します。……

委員長　安倍能成君（同成会）　それぢや高柳委員

高柳賢三君（研究会）　……御伺ひ致します。お終ひから二行目の所で「**日本国民は常に平和を念願し**」と云ふ文字がありますが、是は何時もさう云ふことを念願すると云ふ風に読めるのでありますが、**英訳文**の方で見ると**恒久平和を念願する**と云ふ風に書いてあります。（附録二参照）ピース・フォア・オール・タイム、是は即ちパーペテュアル・ピースと同じであらうかと思ひますが、此の懸りとして日本国民は恒久平和を念願しと云つた方が、常に平和を念願すると云ふよりも、思想としても斯う言つた方が宜いのではないかと云ふ風に考へられますが、此の文句でも矢張りさう云ふ意味になると云ふ御考へですかどうですか、「常に」と云ふのがどうも「念願」に懸るやうに考へられますが。

国務大臣　金森徳次郎君　意味は結局平和を念願することが常住であると云ふことであります。文法的に言へば、成る程「常に」は「念願」と云ふ動詞に懸りませうけれども、文章の意味から言へば、平和を念願すると云ふことが常

「常に平和を念願し」と云ふより、「恒久平和を念願する」と云ふ方が宜いのではないか

平和を念願することが常住であると云ふに帰着

英訳文にあつて、日本文にない字句がある。原文にないものを訳文に加へた理由如何

ナウ・スターリング・マンカインドの一句は、訳文にあつて、原文にない

であると云ふことに帰着すると思ひます。

田所美治君（同和会）

……御尋ねして見たいのは、英文が本ぢやないので、日本文が本に違ひない、日本文が先に出来て英文が後で出来た、或は同時に出来た所もあらうと思ひますが、英文の方にあつて、日本文の方に抜けて居る、態と御抜かしになつたのか知れませぬが、日本文の方にない、文字で言へば三つ字があるのであります。それは前文の方の二項に、デザイアリング・ピース・フォア・オール・タイム・エンド・フーリ・コンシャス・オブ・ザ・ハイ・アイデアルズ・コントローリング・ヒューマン・リレーションシップ・ナウ・スターリング・マンカインド、此の**ナウ・スターリング・マンカインド**と云ふ字が、皆さんも御気附きになつて居りませうが、英文にあつて日本文には全くない。（附録二参照）全くないだけならば宜しいが、斯う云ふ宣言的な、デクラレーションみたいな意味の前文です。是がある為に主張がはつきりして居る、又強くなつて来る、平和思想のアイデアル世界のヒューマン・リレーションシップをコントロールして居る所のアイデアル、而もそれはナウ・スターリング・マンカインド、今世界の国際平和の思想、世界の人心を振作興奮せしめて居る所の平和思想と云ふものに付て自覚と言ひますか、感得と云ふか、感知と云ふか、了得と云ふか、それを了得して茲に云々、其のナウ・スターリング・マンカインドと云ふのは訳文にあつて原文にはない、原文になきものをどうして訳文に加へたものでありませうか、之を御尋ねして見たい。私はそれはある方が宜いと思ふ。国際平和の思想を此の憲法の条規の第何条か

に破天荒に狙つて、世界に効果を挙げようと云ふ発端である時には、有効適切な文字は使ふ方が宜いと思ふ。英訳の方にはナウ・スターリング・マンカインドとあり、それが日本文には何処にもない、こつちには「日本国民は、常に平和を念願し、人間相互の関係を支配する高遠な理想を深く自覚するものであつて」とあるが、英文の方には、其の理想は今世界のマンカインドをスターリングして居る、ナウ・スターリング、なか／＼強い意味に使つて居るやうであります。是はどうして原文と一致しないのか、日本文と英訳とが一致しないのでありますか、又英文の方にはどうしてそんなものが加はつて居りますか、日本語を訳したのですから、こんな三字は要らぬと思ひます。訳者が余計に附けた、斯う思はなければならぬ、私はある方が宜いと思ひます。英文を日本文に訳したものではないのですから、そんな疑を持ちますので、其の辺に付て御一言願ひたいと思ひます。私はある方が宜いと思ふ。さうすると先程**牧野君**が言はれたやうに、ネガティヴで遠慮深い、もつとポジティヴになれ、もつと力強く、殊に平和の宣言などに付てはなか／＼力強く活動しなければならぬ。斯う云ふ場合に原文には大分弱く「自覚するものであつて」とある、之を強く言ふエクスプレッションは沢山あると思ひます。此処の**平和宣言**などの所でナウ・スターリング・マンカインドの訳文があり、本文にはそれがないが、是はあると強くなる、其の文字があるだけで、国際平和、今勃興しつゝある其の理想へ没頭して行くやうに思へる、読んで直ぐ分るが、斯う云ふ点に付て何か御答弁願へれば結構であります。

ナウ・スターリング・マンカインドの一句はある方が宜い。平和宣言は力強く、積極的であれ

国務大臣　金森徳次郎君

多分、日本文の中味を稍〻突込んで言ひ現はす趣旨

どうも英語のことは、実は能く読めませぬので、どう云ふ訳で英訳の時に此の三字を入れたかと云ふことははつきり申上げ兼ねますけれども、多分非常に気の利いた翻訳者が、日本文の中味を稍〻突込んで言ひ現はすと云ふ趣旨で用ひたものと理解して居ります。

田所美治君（同和会）

私もそんな感想を持つて居ります。尚御暇がありましたら、能く御調べの上に、此の次の時にでも宜しうございますから御教へを願ひます。

委員長　安倍能成君（同成会）

それでは今日は是で閉会致します。明日は午前十時から開会致します。

貴族院帝国憲法改正案特別委員会

昭和二一年九月一〇日（火）

前一〇・〇九開会　後〇・〇九休憩
後一・二二開会　後四・〇一散会

委員長　安倍能成君（同成会）　それでは会議を開きます。……

委員長　安倍能成君（同成会）　では長谷川委員昨日の前文の続きであります。

長谷川萬次郎君（交友倶楽部）　前文の前の方の色々字句の問題等に於て質問があつたのですけれども、此の前皆さんの御質問に依つて大体了解されましたので略しますが、後半の方の終ひから二番目の項でありますが、「**われらは、いづれの国家も、自国のことのみに専念して他国を無視してはならないのであつて、政治道徳の法則は、**云々」とありますが、どうも之を読んで見ると少しをかしいのですが、それは**自国のことのみに専念して他国を無視する**と云ふのは、是は此の憲法を出さない前の、此の憲法草案の作られない前の、詰り終戦以前の我が国の態度であつたと思ふのです。自国のことのみに専念して他国を無視すると云ふこと

いづれの国家も自国のことのみに専念して、他国を無視してはならないのであつて、政治道徳の法則は云々の表現では、世界に対する国家の責任が明かにされて居ない

は、それを翻して斯う云ふ憲法が作られた訳であります。自国のことのみに専念して他国を無視すると云ふことは問題にならない、それを愈々憲法で斯う云ふ風に持つて来る理由が分らないと思つたのですが**英訳の方を見ますと云ふと、**自分自身に対して責任があるのみでない、如何なる人民も自分自身に対してのみ責任があるのぢやない、**詰り政治的のモラリティ**と云ふものはユニバーサルのローであるから、それに如何なる国民も従はなければならぬ、斯う云ふ風に訳されて居りますが、(附録二参照)是は誤訳かも知れませぬが、此の誤訳の方が意味が徹底すると思ふ。詰り我が国は自国のことのみに専念して他国を無視したと云ふ態度を改める為此の憲法を作るのでありますが、此の憲法に於きましては一歩を進めまして、自国民に対する責任のみではなく世界の政治道徳に対する責任を持たなければならぬと云ふ風に規定してこそ此の前文の意味に適ふと思ふのです。既に改正した、昔の法則を持つて来て斯う云ふ風に、昔の態度に対することをここに持つて来るよりは一歩進んで訳文にあるやうな、自国の人民に対してのみ責任を持つものでないと云ふ所から、唯自国を前の封建的な体制を改めてさうして平和の国にしたと云ふことは、自国民に対しての責任はそれで果されるかも知れませぬが、如何なる人民も、さう云ふ点だけではいけない、詰り世界に対する責任を感じて居なければいけないと云ふ所に一歩を進めたのが此の所の意味であつて然るべきだと思ひますが、さうなつて居らないのであります。**どうして斯う云ふ風な書方になつたかと云ふことを推測して見まするど、**どうも我が国が詰りこゝに書いてあるやうな自国のことのみに専念して他国を無視すると云ふやうな態度の為に斯くの如く敗れた、然らば其

英訳文は誤訳かも知れぬが、この誤訳の方が意味が徹底する

この憲法に於ては、一歩を進め、自国民に対する責任のみではなく、世界の政治道徳に対する責任をも規定するこそ、前文の趣旨に適ふのではないか

日本国民の認識不足、戦争に対する国民としての責任感の不足と世界の政治道徳に対する責任感の不足

の以上にどう云ふ発展をすべきであるかと云ふ認識の不足だらうと思ふのでありますが、**第一の認識の不足**は斯う云ふ戦争を起したと云ふことに対する責任感の不足だらうと思ふ。**第二の不足**は、更にさう云ふ責任を持つものに代る、さう云ふ責任のあるなしに拘らず、世界国家の責任で、ポリティカル・モラリティと云ふものに対する責任を持つと云ふことは、如何なる国民に取つても訳文にあるやうに、如何なる国民に対してもさうなければならぬ。さう云ふ第二段の責任を感ずる訳である。併し第二段の責任迄進み得なかつたのは、第一段の責任の自国の起した戦争に付ての責任を此の憲法の起草者なり国民の多数なりが適切に感じて居らぬことだと思ふ。詰り戦争を起したのは今戦犯其の他で被告となり追放の対象となつて居る人々である。我々は其の後を引受けて日本の国家を建直すのだと云ふ風な考であるのぢやないかと思ふ。勿論今働いて居られる方は戦時中、戦前に於きましても斯う云ふ戦争の起ることには反対された方が多い。戦時中に於きましてもそれは国民として敗けてはならぬと云ふ所で協力はしましたが、其の程度の協力でありまして、決して戦争を肯定しての協力ではなかつた。今現に働いて居る方々は政府の方々を初め民間の人々と言ひ皆さうである。其の結果、何か自分だけは責任のないやうな気持を皆持つに至つて居るだらうと思ふ。ちよつと市中で話を聴きましても、何か戦争は外の者がやつて俺達は関係しなかつた、引摺り込まれたのであると云ふ風に唯感じて居るらしい。恐らく政府当局もさう云ふ御考である所から斯う云ふ文句を思はず挿入して、さうして其の先一歩進めた、常識で考へて一歩進むべきものと云ふ、此の文章を訳する者がさう云ふ誤訳をする程それは常識のことであ

りまず。さう云ふ常識的のことも忘れる位**国民としての責任**と云ふものを感じなかつたと云ふことではなかつたらうかと思ふのであります。此の点に付きましては、更に戦争抛棄の条項に対する場合に政府当局の御答を得ようと考へて居りますが、此の前文に於きましては、どう云ふ意味で日本の国家が唯、今迄の態度をしてはならないと云ふことを避けて、さうして是等の目的を掲げることをしなかつたかと云ふことに付て御答を得たいと思ひます。

国務大臣　金森徳次郎君

長谷川委員の御質疑の点は少し聴き落した点があるかも知れませぬが、「**われらは、いづれの国家も**」と云ふ所からの此の文章は、客観的に真理を言ひ現すと云ふ態度を採つて居りまして、日本がどう云ふ間違をしたか、之に対する自ら償ふ所の念慮が如何に厚いかと云ふことをはつきりこゝには言ひ現して居りませぬ。唯一般的な態度を採つて、斯く々々のことが正しいと思ふ、それで斯く々々することが各国の責務であらう、斯う客観描写をして居ります。併し斯様な風にものを言ひ現します根柢に於て、此の憲法全体が自らを反省して日本国民が本当に目醒むべきであり、其の目醒むべき段階を通り越え、目醒めて居ると云ふことを基本として書いて居りまする所以でありまして、英訳と違つて居るとか仰せになりましたが、左様な所に特別な差はないものと心得て居ります。

長谷川萬次郎君（交友倶楽部）

只今の御答弁は私の質問する所とは少し外れて居るやうに思はれますが、詰り此の憲法は私共として

この一節は、一般的な態度を採り、客観的に真理を言ひ現はしたもの。英訳と特別な差はないと思ふ

いづれの国家も世界に対して負ふ所の責任について規定しなかつた理由如何。これを規定することに不賛成であるか否か

は懺悔の憲法ではないのでありまして、もつと前進的のものだらうと思ふのです。全体がさう云ふ構成になつて居りまして、唯消極的に何々してはならぬと云ふやうなことではなく、寧ろ進んで斯うしなければならぬと云ふことを詰り主に規定して居られると思ふのであります。其の意味から申しますと、無論此の文句を入れたことが悪いと私は申したのではなく、一歩前進すると云ふ此の憲法の精神から当然入るべく、如何なる国家も世界に対して責任を負ふ所の其の責任をどうして御入れにならなかつたかと云ふことを御尋ねしたのでありますが、若し気付かれなかつたのならば、さう云ふ文句を御入れになつてはどうか、御入れになるには不賛成であるかと云ふことに付て御答弁を得たいと思ひます。

憲法自身の建前を日本の再興に置き、その国際的地位に相応しく、比較的謙抑なる態度を執る

国務大臣　金森徳次郎君　仰せは能く分りました。此の**憲法自身の建前**が兎もあれ日本の再興と云ふことに立場を置きまして、比較的謙抑なる態度を執つて居りまするが故に、日本以外の国を明かに茲に引出して、それに強く或義務を負はせるやうな風の規定を避けた訳でありまして、常に日本を中心とすると云ふ考の範囲に言葉を限定致しまして、日本の現在ある国際的な地位にも相応しき形を執らう、斯う云ふ風の考を以ちまして、従つて積極性が十分でないと云ふ御趣旨も起り得る訳でありまするが、考へ方自体は左様なことで出来て居る訳でございます。

然らば「いづれの国家も」の一句は削つた方がよい

長谷川萬次郎君（交友倶楽部）　さう致しますると、「**いづれの国家も**」と云ふことを御削りになつた方がいゝと考へますが、如何

でありますか。削られた方があなたの御趣旨に適するのぢやありませぬか。

国務大臣　金森德次郎君

徹底をすれば左様な考へ方も理由が成立つものと考へて居りまするが、こゝでは謙抑なる姿を以て我らは斯く信ずると云ふ大きな前提の下に、一つの普遍的な原理と考ふるものを此の程度に於て立証して居る次第でありまするから、そこ迄論理を徹底させなくともいゝのではないかと考へて居る次第であります。

そこまで論理を徹底させなくてもいいのではないか

長谷川萬次郎君（交友倶楽部）

併し「**いづれの国家も**」と云ふ言葉がある以上は、斯う云ふ消極的なものばかりでなく、矢張り進んで此の憲法の趣旨に適ふ所の**世界に対する国家の責任**と云ふものを明かに言はれた方がいゝと思ひますが、斯う云ふ問答を何時迄繰返して居つても駄目ですから、私の質問は此の点に関しては打切ります。

世界に対する国家の責任を明かにした方がいい

委員長　安倍能成君（同成会）

是で前文の質疑を終りまして、……

委員長　安倍能成君（同成会）

それでは休憩致します。一時十分より再開致します。

貴族院帝国憲法改正案特別委員会

昭和二一年九月一三日（金）

前一〇・二一開会　後〇・二九休憩
後　一・三七開会　後三・五九散会

委員長　安倍能成君（同成会）

それでは会議を開きます。……

松村眞一郎君（研究会）

……第二章に入ります。私は此の**戦争の抛棄**と云ふことが非常に大切なことであらうと思ふのでありまして、是はどなたも無論異議はないと思ひます。**我は良き戦ひを戦へり**と云ふ言葉がありますが、私は日本が今迄戦つて来た戦争が果して聖戦であつたかどうか

委員長　安倍能成君（同成会）

ちよつと御待ち下さい。第二章の方は後で御願ひ致します。……

委員長　安倍能成君（同成会）

第一章に関する質疑を終りましたから、是から第二章に移ります。佐々木委員

佐々木惣一君（無所属）

問題の核心は、憲法の中に、戦争抛棄を規定することの可否にあり、戦争をするが宜いかどうかではない

世界平和の維持、確定は世界共同の責務

私は此の**草案の第二章**、戦争の条文としては**第九条**だけですけれども、それに付て、少し明かにして置きたいことがあります。質疑を申上げたいことは色々ありますが、総理大臣に御願ひすることは沢山ありますけれども、色々の御関係でおいでにならなければ別に総理大臣でなくてもどなたでも宜しうございます。それで此の憲法の規定としての戦争抛棄のことを色々考へますに当りまして、**先づ明かにして置きたいのは**、此の問題は憲法の中に戦争を抛棄すると云ふことを規定をして置く、さう云ふことに**関する問題**であつて、戦争をするが宜いかどうか、さう云ふやうな問題でないと云ふことを明かにして論ずる必要があると思ふのです。是は分り切つたことですけれども、非常に混同されて、時に誤解を生じます。例へば仮に、或者が戦争抛棄の規定を此の憲法の中に入れることはいけない、或は必要なしと云ふやうなことを言ひまする時には、如何にも、それが戦争其のものを愛する戦争論者であると云ふかの如き誤解を生じて、さうして其の下で其の人の説を彼此、言ふと云ふ風潮があり得るし、又現にある。問題は、私は少くとも、此の憲法の中に戦争抛棄と云ふ規定を設くること、其のことに付て、明かにして置きたいと云ふのでありまして、決して戦争其のものを彼此、言ふのぢやありませぬ。併しさう云ふ誤解を生じまするから、戦争其のものに付て、私の考へを申しますれば、**私は申上げる迄もなく平和論者であります。**戦争と云ふものに常に反対の者であります。一般的に今でもさう思つて居りますが、此のことを明かにして置いて、此の問題に入る。

そこで**第一**として、明かにして御説明を願ひたいと思ひまするのは、**世界平和の理想と其の実現の為**

世界平和は自然事実ぢやない、我々の理想

世界平和の理想は、一国のみの努力によつて実現出来るものではない

世界平和実現のための世界共同の努力に寄与するが、わが国の責務

の、**世界及び我が国の責務**と云ふことに付て、少し御尋ねして見たいと思ふのであります。只今申しましたことからも分りまする通りに、私個人と致しましては勿論、一般に人間と致しまして、世界の在り方と云ふものは、言ふ迄もなく平和でなくちやいかぬ、其の故に戦争なんと云ふものは、是はあつてはいけないと云ふのが私の立場でありまして、さう云ふことを前提として置くのでありますが、併し是は**自然事実**ぢやないのです。戦争があるとか平和があるとか云ふことは、人間の行為に依ることでありまするから、是は我々の一つの自然現象的の因果関係で決まることぢやない。我々の**理想**、さう云ふことに価値を置くと云ふ我々の理想でありますから其の理想の実現と云ふ問題から考へなければならぬ。即ちそれは結局我々、根本的には人間が、それに努力すると云ふことにありますが、此処から問題に入るのでありまして、我々人間が努力すると云ふことは、結局国家を構成して居りまする各国の人間と致しましては、国家が努力すると云ふことになる訳であります。そこで斯う云ふ世界に平和を持ち来し、それからして戦争をなくすると云ふ、斯う云ふ理想実現の為の努力は、是はどうも、其の世界に国をして居るものが、皆共同して、初めて共同の行為に依つて、さう云ふことが実現出来るのだと私は思ふのです、が、単に一国のみがさう云ふ努力をしても出来るものではない、斯う云ふ風に私は思ふのでありますが、そこで其の故に、結局一国の方面から見まするとしても出来るものではない。斯う云ふ風に私は思ふのでありますが、そこで其の故に、結局一国の方面から見ますると云ふと、其の理想実現の努力と云ふものは、自分の国だけが自分の国の責務として努力すると云ふことではなしに、結局世界が共

同してさう云ふことに努力すると云ふ、其の世界共同の努力に寄与すると云ふ責務だらうと私は思つて居る。此の点はえらい詰らぬやうなことであるけれども、此の点から総ての現実の規定が定まることだらうと、斯う云ふ風に思ふものでありますから、そこで此の点に付きまして、私の只今申しましたやうな出発点が誤つて居るかどうかを御尋ねして見たい、是だけのことでございます。

国務大臣　金森徳次郎君　御尋になりました第九条は、第九条と申しまするか、或は世界平和を達成する手段を以て動くと云ふことは、日本だけでは出来ないのだ、世界共同して、努力して、其の一端に貢献すべきであると云ふ、斯う云ふ御趣旨を基にされて居ると存じます。私も終局の意味に於ては左様になるべき筋合のものと思ふのであります。併しながらものの出発点と云ひますか、何処かの国がそれをやり出さなければ、全体の空気も起りませぬ。日本は今為し得る範囲に於て、先づ我々が起つと云ふことを表はしましたものが、第九条でありまして、其の前途に於て描いて居るものは、此の文字の外に存在するものと考へて居ります。

終局の意味に於ては、左様の筋合

佐々木惣一君（無所属）

そこで、此の世界共同の努力に寄与すると云ふ為の規定だ、斯う云ふ風な御立場でありますことは、私は大変嬉しく思ふのでありますが、唯さうなりますると云ふと、果して斯くの如き我が憲法に、私共が我が国に取つてだけ、一方的に、国内法たる憲法に規定すると云ふことが、さう云ふ世界共同の責務

憲法に戦争抛棄を規定することが、果して世界共同の努力への寄与となるかどうか

わが国だけでは出来ないと思はれるやうなことを憲法に規定することは却つて外国をして誤解を懐かしめはしないか

への努力への寄与と云ふことに役立つかどうかと云ふことを、唯御尋ねするのでもありますですが、此の規定の出来ましたことに付きまして、**総理大臣**なり**金森国務大臣**などの是迄の御説明を、言葉通りに覚えては居りませぬですけれども、是は我が国が従来好戦国といふ風に思はれて居るからして、其の誤解と申しますか、それを解く為の規定である、さう云ふことの為に茲に宣言するのであると云ふやうなことを伺つたと思ふのでありますが、単にそれだけでありますまい。ですけれども、さう云ふことに致しますると云ふと、是は私は段々と後で御尋ねして、斯う云ふことが現実に我が国だけで出来ることであるかどうかと云ふことから出発して、仮に結論を私の認識から申しますれば、出来ない、我が国だけでは、こんな憲法を決定しても出来ない、我が国だけでは出来ないと私共が思ひまするやうなことを憲法に規定すると云ふことは、却て、誤解を解くに役立つばかり《どころ?》ではありませぬで、何か誤解を外国をして懐《か?》はしめはしないか、斯う云ふ私は感じを持つのでありまして、本来の目的以外に、却て其の誤解を増すといふ虞はないか、斯う云ふ考を持つのですが、其の点に付て如何ですか。

世界の誤解の一掃と云ふは、目的と云ふよりは、結果から考へたもの

国務大臣　金森徳次郎君　**御尋は二点と考へて居ります。第一**は世界の誤解を解く為に、此の規定が出来て居るのだと、私は今迄、どう云ふ言葉が使はれて居つたか能く存じませぬ。大体さう云ふ風に、主とする意味を考へて宜いと思ひます。唯正確に言へば、之に依つて誤解が解けると云ふ結果を生ずるであらう、斯う申上げた方が寧ろ好いのでありまして、目的と云ふよりも、何と云ひますか、結果の方から考へた方が正しき考

ではないかと思つて居ります。それから**第二**に日本だけでやつたつて斯う云ふことは役に立たないではないか、斯う云ふ御尋ねでありました。日本だけで出来ないことであるから、従つて斯様な規定を設くると云ふことが、それ自身誤解を増す所以ではないか、斯う云ふ御尋ねであります。それを仮に私の考に依つて翻訳して見ますれば、人を瞞すやうな規定だ、或は子供瞞しのやうな、出来ないことを唯高らかに言つて居るに過ぎないやうだ、斯う云ふ風に世界が却て誤解するではなからうか、斯う云ふ御心配であらうと存じて居ります。**此の点に付きましては**、成る程法文だけで、世界の人が十分に得心をするかどうかと云ふことは、私には見透しが附きませぬ。併しながら、日本が是から執りまする態度如何に依つて、世界が今後誤解を持たないであらうし、若しも誤解を持つならば、それを消してしまふことが出来るであらう、斯う云ふことを考へまして、同時に独りだけで、出来ないことをやり掛るのはをかしいではないか、斯う云ふ御気持であつたと思ひまするが、此の考自身が今迄此の世界を混乱の巷に陥れたのではなからうか、斯う云ふ考を私は持つて居ります。善いことは誰でもやりたいけれども、又やるに忍びざる方面を持つて居る。其の時に先づ突進して、善い方に向つて行つて、悪い方から来る若干の損害等は我慢をしてしまふと云ふ、大乗的なる勇気を揮ふ者がない限り、此の問題は世界的に解決せられないのでありまして、日本は将に其の役割を努めようと、斯う云ふ趣旨と考へて居ります。

さう云ふ考へ自身が今迄世界を混乱の巷に陥れたのではあるまいか

戦争を無くするこ

佐々木惣一君（無所属）

私は言葉を成るべく略さうと思ひますから、正当に解されて居ないと思ひますが、将来戦争を無くす

とが出来ても出来なくても、我々は積極的に努力しなければならない。ただこれを憲法に規定することはどうか

もつと積極的に、世界各国をして戦争を為さないために努力する必要を認めないか

ると云ふ、世界にそれが出来る出来ないと云ふことを言つたのではないのです。それは段々と質問を申上げて分ると思ひます。それは出来ても出来なくても、我々は積極的に努力しなければならぬと云ふ考を持つて居る、只其のことを、日本の憲法に規定すると云ふこと、其の意味なんです。日本がさう云ふことに努力しても駄目だから、努力せぬ方が宜いと云ふことを言ふのではないのですよ。初めから申しましたやうに、憲法にさう云ふことを規定すると云ふことが、意味がないのぢやないかと云ふことを申上げたのですから、どうかそれだけのことを。それで、だから日本が無論出来るか出来ないか分らぬけれども、積極的に努力しなければならぬと云ふ趣旨は、固より私共もさう思つて居るのです。

そこで他の点に移つて伺ひますのですが、私はもつと積極的に、詰り世界の総ての国をして戦争を為さしめないと云ふ、さう云ふことに努力すると云ふ必要を御認めにならないか、是は自分が戦争をせぬと云ふことなんです。自分が自国に於て戦争をせぬと云ふ、自国に於ける戦争能力を奪つて、せぬと云ふことだけでありまして、是は決して他国をして誤解せしめぬとか、他国に宣言すると云ふ御話がありましたけれども、それは反射作用でありまして、此の規定自身は、決して他国に向つて言ふのではない、国内法ですから。そこで私の考では、斯う云ふ規定を国内法的に設けると云ふことよりも、もつと積極的に、世界の他の国家をして戦争を為さしめないやうに努力すると云ふことに付て、政府は何等か必要を御感じになつて居ないか、何か考案を御持ちになつて居るかと云ふ、斯う云ふ点の御尋をして見たい。

国務大臣　金森德次郎君　斯様な規定を憲法に規定致しますことは、在来の日本風の考へ方から見れば、稍ゝ類例を超越して居ることと思ふのでありますが、併し憲法に書きますことは、他の何物に書きますよりも、恐らくは最も効果的である。それは国内に対して効果的であると同時に、外国をして了知せしめる上に於ても効果的である。何となれば、是は最高法であり、而も左様なことは、法規として維持することに根拠を持つて居る次第であります。さうして更に佐々木委員の御質問は、もつと積極的に、世界に呼び掛ける、努力して之を導くやうにすべきであると云ふ御趣旨に付きましては、実は之を御答へ致しますことは、私自身の持つて居る実際上の権能の範囲を超越致して居りまして、稍ゝ申上げましても、却て先程仰せになりましたやうな、柄にないことと云ふやうな気持のことになると思ひますが、是は当然、世界に向つて呼び掛けて、大いに努力すべき方面のことと考へて居ります。併し今、日本の置かれて居ります立場は、之を為す段階にはまだ至つて居ないのでありまして、それで前途の理想として、御示しになつたやうなことを念頭に置きつゝ、目下此の憲法に依つて、先づ其の日本の考へ方を明かにしよう、斯う云ふ趣旨でございます。

憲法に規定することは、対内的にも、対外的にも、最も効果的

当然世界に呼び掛くべきであるが、未だその段階に至つて居ない

佐々木惣一君（無所属）　それで、私の言葉が足らぬのですが、それは積極的に、他の国家をして戦争をせしめないと云ふことに努力をすると云ふやうなことはどうかと申上げましたことに対しまして、無論それは考へることは必

世界から戦争を無くすることについて何か考へがあるか

要でありますが、そこで、私は世界の戦争が一体どうすれば無くなるものであらうかと云ふことに付て、今日本の努力は別として、それでどう云ふ風にしたならば、世界に戦争と云ふものが無くなるかと云ふやうなことに、さう云ふ問題に付て、何等か御考がありますでせうか、それを伺ひたい。

国務大臣　金森徳次郎君

それは固より、政府に於て考へて居るべき筈のことであると思つて居りまするが、私は此の憲法の直接関与する部分に於てのみ研究を致して居りますので、此の際私から御答へを申上げることは、憲法と密接の関係を持つ限りに限局したいと思ひます。

答弁は憲法と直接関係を持つ限りに限局したい

佐々木惣一君（無所属）

宜しうございます。それでちよつと伺ひますが、**私の考へに依りますれば**、此の戦争を世界から無くすると云ふことに付ては、我々の此の思想的の、戦争と云ふものは厭だ、私もさうでありますが、平和が宜い、此の思想的の方面から戦争を無くすると云ふやうなこともありませうが、併し世界的の秩序からして、さう云ふ風に戦争の出来ないやうに為すと云ふ秩序を作ると云ふことが大事である。嘗て、例へば私もさう云ふことを古くから言つて居るのでありまして、**カント**等が永久平和、それを或は空論とか、日本で非常に言つた時に、それはさうでない、思想の方面から見て出来る出来ぬは別だけれども、あゝ云ふ思想に依つて世界に戦争の出来ないやうな、平和のみしか行はれないやうな秩序を世界的に作つたら宜い、斯う云ふことを私は、予てさう考へて居りますが、其の秩序と云ふものの成立に日本

思想的方面から努力することも必要だが、平和維持の世界的秩序を作ることが大事

国際聯合、世界の平和について、何等か政府の考へを述べることは出来ないものか

が参与すると云ふやうなことに努力すると云ふことは、是は矢張り、さう云ふ私の申しましたやうな積極的に平和、戦争を無くすると云ふことに参与する所以だらうと私は思ひますけれども、先刻それは憲法論とは別だと仰しやいましたから御尋ねはしませぬ。又さう云ふ出来ました所の平和維持の秩序と云ふものを破壊すると云ふことが行はれむとした時に、それを其の破壊を妨げると云ふことに日本が参与すると云ふやうなことも、是も詰り私の言ふ積極的努力だらうと思ひますが、結局是は、思想だけで行つたつていけないのでありまして、結局、さう云ふ世界的な秩序と云ふものを作ると云ふことに私は考へられるのでありまするが、そこで、即ち現に、斯くの如き世界的の秩序と云ふやうな、平和実現の為の世界的秩序と云ふやうなことが、嘗て国際聯盟と云ふやうなものに依つて、大体に於て企てられたのであります。国際聯盟と云ふものは、終ひには皆さん御存じの通りに、日本では非常な反対を受けまして、あゝ云ふやうなことになりましたが、今現に行はれて居りまする所の国際聯合と云ふものが、色々細かいことは違つて居つても、国際聯盟と根本の思想は同じでありますが、そこで此の国際聯合と云ふやうな方面のことに付て、まあ、無論其の法的に意見を述べると云ふやうな資格は固よりありませぬけれども、併し此の国際聯合と云ふやうな方面に、何等か直接にでも、間接にでも、世界の平和と云ふやうなことに付て、我が国の考へを述べると云ふやうなことは、是はどうも出来ないものでありませうか。是は憲法論以外だと仰しやればそれで宜いのでありますが、どうでせうか、どなたでも宜いのです。

国務大臣　幣原喜重郎君（男爵）

国際聯合の如何に拘はらず、日本の将来を考へれば、平和に精進するとの決心が必要

只今国際聯合のことの御話がありました。御承知の如く国際聯盟は既に失敗の歴史であります。国際聯合なるものは、果して成功の歴史になるかどうかと云ふことは、是は私、今の立場に於て批判することを好みませぬ。其の立場でないと思ひます。併しながら、列国がどう考へやうが国際聯合が如何なる手段を執らうが、我々、日本の将来を考へますれば、どうしても、此の平和に精進すると云ふことの決心が必要だらうと思ひます。此の決心、是が即ち、日本の根本的の国策と認めて、我々は之を憲法の上に於て宣明すると云ふことは、是は決して意味のないことぢやない、深い意味のあることだらうと私は考へて居ります。

佐々木惣一君（無所属）

私は、それ以上御伺ひしても仕様がないですから、私は兎に角、無論国際聯合、国際聯盟の比較、各各の特色、利害得失と云ふものは、無論研究すべき範囲に属しますが、唯斯う云ふ世界平和の秩序と云ふものを、一つの実証的に、思想的に、唯頭の中で色々のことを言ふのでなしに、実証的に、実定的にさう云ふ秩序が具現されむとする時に、何等かそれに付て、仮に国際聯合がまだ疑はしい、従つて賛成せむとして見ても、然らばそれをどう云ふ風に向けた方が宜いとか、何とか云ふことに付ては、日本が何か言ひ得るやうな状況があれば宜い、私は唯さう思つて居るだけでありまして、是以上、其の点に付て質問しても仕様がありませぬから申上げませぬ。

戦争抛棄の条項に付ての、法律上の意義、法意上の疑点

それから三点には、第九条の**戦争抛棄の条項**に付ての法律上の意義、法意上の疑点が少しあるもので

戦争抛棄の規定は世界に稀有の例

ありまするから、実は、それでちよつと御尋ねして見たいと思ふのであります。それは斯う云ふ規定を設けたのは、憲法に類例はないと云ふことは、屢〻誰も言ふことでありますが、アメリカの憲法にはあるのです。あるけれども、それは矢張り、詰り各支分国が、各アメリカの合衆国の意思と云ふものと無関係には戦争をせないと云ふことを、してはいけぬと云ふことを決める為に、合衆国の憲法にありますのですが、併しそれは、それですから全然違ふ。だから、稀有の例だと言つて宜いと思ひますが、そこで、さう云ふものでありまするから、斯う云ふことを憲法の規定に入れまするに当りましては、私は外の規定とは違つて、非常に其の法的意義をはつきりとして置かなければならぬ、殊に戦争が良いとか悪いとか云ふ思想でなくして、法上の法意と云ふものを非常にはつきりとして置かなければならぬ、斯う云ふ考を持つて居る訳でありますが、それで色々、幾多の法意上の疑問もありますけれども、時間を取りますからそれは止めまして、只一点だけ、「国権の発動たる戦争」と云ふことがありますが、「国権の発動」と云ふことは、特に「国権の発動」と云ふことを規定してある意味はどういう意味であるか、是が元の政府の案に依りまするど、「国の主権の発動」となつて居る、而して衆議院に於きまして之を「国権の発動」とした。そこで第一、「主権の発動たる戦争」と云ふことの意味自体が少し分らぬし、それから、それを更に特に「国権」と云ふやうに直した意味、是等のことを唯、法的の意味ですから、意見の何でありませぬですか《ママ》、何かありませうか。

「主権の発動たる戦争」と云ふ意味が少しも分らぬ。これを「国権の発動」と修正した法的意味如何

国務大臣　金森徳次郎君

「国の主権」と言ひ、「国権」と言ふも、この場合、実質的には意味の差はないものと考へる

第九条の「**国の主権**」と云ふ政府原案が衆議院に於きまして「国権」と云ふ言葉に変りましたのは、衆議院の本当の肚は固より存じませぬけれども、私共の解釈して居る所では、実質的には意味の差はないものと考へて居ります。是は事情を申上げましたならば、少しく御了解を得易いかと存じまするが、度々申しまするやうに、政府の原案には**国民主権**と云ふ言葉はなかつたのでありまして、其の所は、**国民至高の意思**と云ふ言葉で言ひ現して居りまして、さうして**主権**と云ふ言葉は、第九条の原案と、それから前文の終りから二項目と申しますか、終りから四行目の所に「自国の主権を維持し」と云ふ所に使つて居りまして、詰り主権と云ふ言葉が二つ此の憲法の草案にあつて、さうして国民主権と云ふ所に当るべき所には、主権と云ふ言葉を使はないで、至高の意思と云ふ言葉を使つて居つたのであります。是は衆議院に於ては、どうも国民至高の意思と云ふことだけでは意味が的確に感ぜられない、そこで、其の国家の意思の基本の源泉が何処にあるかと云ふことを明かにする意味に於て、**主権が国民に存する**と云ふ風に前文を直しました。第一条に於て又「**主権の存する**」と云ふ言葉を使ひまして、そこで在来の第九条の「**国の主権の発動たる**」と云ふ言葉と違つた意味に於て使はれると云ふことになるのでありますから、それで之を避けて国権と云ふ言葉に直したものと思ふのであります。平たく申せば、普通憲法学者が言つて居りまする**国家意思**、国家に意思があるかどうか存じませぬが、国家に意思あるものとして、其の言葉を基として、諸般の現象を説明して居ります。其の説明の基礎となる**意味**に於ける国家意思と同じ意味に於て、是は使はれて居ると考へます。

案九条・憲九条　貴族院帝国憲法改正案特別委員会議事速記録　第一二号

占領軍司令官が日本に向つて、参戦を要求した場合如何

佐々木惣一君（無所属）

御考になつて居る意味は、それではつきり致しました。少し法の解釈に付て多少疑問があります。それは何としまして、そこで、ちよつと此の適用に付て、例へば、是で外国と詰り戦争をすると云ふことに付て、外国と戦争するのでありませぬ、某国と某国と戦争すると云ふことに付て、他の外国との関係に付て御尋ねしたい。具体的に申しますれば、例へば、詰り現に我が国を占領して居りまする司令官が、何等かの必要上、日本に向つて戦争に参加しろと云ふやうなことでも言うて来ると云ふやうな場合にはどうなりますか。

詰り、参戦しないことになる

国務大臣　金森徳次郎君

多分それは憲法の法的解釈に付ての御質疑と存じます。法的解釈に於きましては、此の九条の示すが如く、永久に之を放抛《棄?》して居りますから、其の結果に従つて行動します。詰りしないと云ふことになります。

占領下においては国の主権は司令官の意思に従属して居る。其の点の関係如何

佐々木惣一君（無所属）

処が、詰り今占領されて居る下に於きましては、我が国の国権はサヴジェクト、司令官の意思にサヴジェクトして居る。日本の《ママ》オーソリテイに従属して居ると云ふことは、積極的と消極的の両面があるので、斯う云ふことをしていかぬと云ふのも従属であります、斯う云ふことをしろと云ふのも従属でありますが、さうすると其の場合に、其の点に付ての関係はどうなりませうか。

国務大臣　金森徳次郎君

日本の国内法と、ポツダム宣言受諾に基いて、占領軍と日本との間に置かれた国際法的秩序と云ふものの関係が、如何に調節せられるかと云ふ一般論に帰著すると存じます。斯様な場合に於ては自ら其の国際法と国内法の関係に於て理解されるものでありまして、今此処で、其の仮想的な御答を申上げなくても、もう既に結論は御了解のことだらうと存じて居ります。

仮想的な答弁をしなくても、結論は既に御了解の筈

佐々木惣一君（無所属）

私は実際結論に迷つて居るから御尋ねするのです。それはポツダム宣言の方を正当に理解すれば、戦争をしなければならぬと云ふことになりはせぬかと思ふ。曖昧かも知れませぬが、私の今の考ではさう思ひます。それで私は、矢張り戦争をしなければならぬ状況に置かれはせぬか、例へばポツダム宣言の中の或国が、相互間でも宜うございますが、他国と戦争した、偶々日本が其の交戦国の意見、判断に依れば、日本に戦争をさせる方が自国の為に宜いと思ふやうな場合がないとも限りませぬが、さう云ふ場合に戦争に入れと云ふことを言つた時に、いや、俺の国はどうも戦争をやらないと云ふことが言へるかどうか、唯是だけの問題です。何も此処で決して仮想のことを伺つて居るのでありませぬ。屢々金森国務大臣は外の委員の方の質問に対して、仮想々々と仰つしやるけれども、現状の与へられた歴史的事実に依つて起るかも知れないと云ふ場合のある時は、それは決して仮想ぢやない。今現に起つて居ないから想定せられた事実でありますけれども、仮想せられた事実ではない。それでありますから、此の問題

ポツダム宣言を正当に理解すれば、参戦の義務がありはしないか

想定された事実であるが、仮想された事実ではない

は今此処で返事を戴かなくても宜い、私も実は判断に苦しんで居りますので、研究さして戴きますが、どうか御研究を御願ひ致したいと思ひます。

戦争抛棄は国家の独立性を喪ふ危険がありはしないか

それから戦争のことに関する第四と致しまして、此の規定は**国家の独立性**を喪ふと云ふやうな考を与へられはしないか。但し独立と云ふのは国際法上の学問上の意味に於て言ふのではありませぬ。世俗通常、是は独立して居るとか、居ないとかと云ふ意味に於ての独立でありますが、さう云ふ意味に於て、国家の独立性を喪つて居ると云ふやうに思はせる危険があると思つて御尋ねするのであります。国際法学者の説明に依りますれば、一体国家に**独立の権**と云ふやうなものがあるかどうか、日本の学説ではさう云ふものはないと仰しやつて居る方もあるが、それにしても、それは法的意味の権はないのであつて、併しながら事実上の問題として、宣戦を為すとか、其の他適当と認める所に依つて外交官が処理すると云ふことは、是は別に法的権利として認められなくても、当然と云ふやうなことを言つて居られますが、さう云ふことは別として、さう云ふ意味に於て独立と云ふ立場から見て、此の戦争を絶対にしないと云ふことと、何か牴触するやうなことがありはしないか。無論私共は思想的には戦争に反対である。併し今日の国際生活を為して居る以上は、時には戦争に訴へると云ふやうなことがあることは皆予想して居る。例へば、所謂**不戦条約**に於てもはつきりと、それを説明する学者は、不戦条約は戦争其のものを否定して居るのではない、不戦条約を締結する国の間には、戦争其のものを否定して居るのではないと云ふやうなことを書いて居られます。それは後の不戦条約の条項其のものにもありますが、それに基

不戦条約も戦争そのものを否定して居るのではない

今日の国際生活をなして居る以上、場合によつては、戦争も已むを得ないと思ふが、さう云ふ考は誤りか

いて説明して居る所の、外国の国際法学者にもありますから、さう致しますと、詰り国際生活、世界生活を国が為す時には、場合に依つては戦争があると云ふ事実は、是はどうも已むを得ぬと認めて居るのではないかと思ふのでありますが、さう云ふ考へ方は誤りだと、斯う云ふ風に考へて宜しうございますか。

国務大臣　金森徳次郎君

第九条の根本義

第一項は不戦条約を明かにしたもの、諸国の憲法中類例もあるが、第二項は更に大飛躍を試みた劃期的なもの

第九条の規定は、前に申しましたやうに本当に人類の目覚めの道を日本が第一歩を踏んで、模範を垂れる積りで進んで行かう、斯う云ふ勇断を伴つた規定である訳であります。それに付きましても、先程御質疑の中にありましたやうに、此の**第一項に該当しまする部分**、詰り**不戦条約**を明かにする、不戦条約の趣旨を明かにするやうな規定は、世界の諸国の憲法中類例を若干見得るものであります。日本ばかりが先駆けて居ることではございませぬ。が併し其の第一項の規定、詰り或種の戦争はやらないと云ふことをはつきり明言するだけではどうも十分なる目的は達し得ないのでありまして、諸国の憲法も之に類する定めは甚だ不十分であります。さうなりますと更に大飛躍を考へて、**第二項**の如き戦争に必要なる一切の手段及び戦争から生ずる交戦者の権利をもなくすると云ふ所に迄進んで、以て、此の劃期的な道義を愛する思想を規定することが適当なこととなつたと思ふのであります。其の結果と致しまして、

所謂独立性を維持する上に於て、相当苦心を要することは、自然の結果

国が現実に世俗的に申しまする独立性を確保致しまする上に於きましては、相当苦心を要することは、是は自然の結果であらうと思ひますけれども、それをやらない限りは世界は救はれない、斯う云ふ考へ

でありまして、此の規定は示されたるが如く、確実に、適正に日本が守つて行くことに依つて、大きな世界の波瀾を、良き意味に於ける波瀾を起し得るであらうと云ふことを前途に置きつゝ起案せられたものであるのであります。

戦争抛棄の国際法的意味

佐々木惣一君（無所属）　それに付て、其の必要もあるでせうが、少しまだ御説明で納得せぬこともあるが、それは止めて置きます。第五点は、此の戦争抛棄の、此の憲法の規定の持つ**国際法的意味**……《ママ》、茲には実際的意味となつて居りますが、是は間違ひでありまして、国際法的意味であります。其の国際法的意味と云ふことを御尋ねしたいのであります。それで第一斯う云ふ規定は何か国際法的に意味が、効果が生ずるものでございませうか。

これは明白に国内法的の規定

国務大臣　金森德次郎君　是は明白に国内法的の規定でありまするが故に、其の効力も其の範囲に止まるものと思ひます。

外国から挑戦された場合に、戦争することは、国際法上許されるか

佐々木惣一君（無所属）　さう致しますと、外国が我が国に対しまして、此の規定があつても、戦争を為して来ることは国際法上勿論出来る訳であるのですね。其の時に日本として戦争を為すと云ふことが国際法上出来るでせうか。是は国内法的には出来ない。併し日本に戦ひを持つて来たに対して戦ひをすると云ふことは国際法上許されるのですか。

国際法上は毫も禁止されて居ない

国務大臣　金森德次郎君　国際法上は毫も禁ぜられて居る所はないと存じます。

我国から戦争を仕掛けることも国際法上は許される訳

佐々木惣一君（無所属）　さう致しますと、今度は反対に我が国からも、此の規定があつても、外国に対して戦争を為すと云ふことが国際法上許される訳でありますな。

さう云ふ方向に於て議論することはなるべく申上げたくない

国務大臣　金森德次郎君　法律論の範囲に於ては、是はまあ出来ると云ふ結論になり得るものと思ふのでありまするけれども、併し此の憲法が前文にも明かにして居りまするやうに、世界に対して平和の呼び掛けをして居る訳でありまして、さう云ふことを組合せて、余り明白に御答を……《ママ》、明白に御答しましたけれども、併しさう云ふ方向に於て此の論議を致しますることは矢張り何か……《ママ》是が学術の研究室であれば兎も角も、自然之に伴ふ或影響があり得ると思ひもして、まあ成るべく申上げたくないと思つて居ります。

戦争抛棄の規定は国際法的に無意味

佐々木惣一君（無所属）　私の申上げて居るのは、是は矢張り結局国際法的に無意味なものだ、それで戦争と云ふものを真になくすると云ふ理想を実現して、さうして平和の世界を現実に実現すると云ふ為には、結局世界の国家が共同に努力すると云ふ方がどうも根本的の必要だからと、斯う云ふやうなことを、さうぢやないかと云ふことを御尋ね申上げまして、さうしてそれが初に申上げましたやうに、国際的の、世界の国家がさう

戦争抛棄は、思想的には賛成だが、これを国内法に規定しても、何にもならぬ

云ふ方面に努力すると云ふ、世界平和の秩序の確立と云ふやうなことの為に努力すると云ふ方が先きなのぢやないか。国内法で斯う云ふことを決めて置きましても、現実の世界生活其のものには関係がない。唯是で国内の思想を、戦争をせぬとか、抜けると云ふ、それは別なことです。それは能く分つて居りますが、併しながら思想的にはさう云ふことの目的ではないのです。それで初めから申上げましたやうに、此の思想其のものが、私共の思想其のものが併しこんなことを国内法に書いても何にもならぬ、斯う思ふのでありますが、もう一つ茲で、茲には書いて居りませぬですけれども、附加へて置きたいのは、**戦争抛棄の規定の実際的な意味**、今のは総て法理的な意味です、其の実際的な意味と云ふものは、

戦争抛棄は講和会議の要件となつて居るのか

国外関係の……《ママ》、斯う云ふ規定を設けると云ふことが、今現に**講和条約**を我々が与へられるとか、それに参加せしめられるとか、現にさう云ふことに関する何等か……《ママ》無論法的ではございませぬが、実際的の要件になるとか、或はなつて居ると云ふ風なことはないのでございませうか。それも言へぬと云へばそれ迄ですが……《ママ》。

国務大臣　金森徳次郎君

憲法は法理学的な面と共に、多分に政治的要素をもつ。国民に対し、多くの心理作用を

段々御質疑のことを伺つて居りまするど、**佐々木委員**は法律学的に、或は法理学的な正確さを以て常に私を御紕明になつて居りますが、**憲法**は勿論其の法理学的な面を持つことは持つて居りますけれども、他に多くの政治的空気を其の周りに持つて居ります。一面に於きましては国民に対して多くの心理作用を持ち、又他面に於きましては国外に対して大きな面を持ち、其の全体が恐らく議会に於ける論議の的

もつと同時に、国際的意義を有する

となる訳でございまして、其の場合の私共の言葉遣ひと云ふものにも相当に注意をしなければならぬと存じます。殊に此の憲法の持つて居る味ひと申しまするか、或は日本が今置かれて居る全体の空気と申しまするか、従来は国と云ふものを完全に外国と切り離して、所謂独立最高の原理に依つて他所の方を余り顧みないやうに出来て居りましたが、それが法律的には変つたとか云ふ訳ではございませぬけれども、此の**憲法の前文**が明かに言つて居りまするやうに、世界と云ふものを常に目掛けて言つて居りますから、国内法でありながらも、同時に効果に於ては、法的な冷やかな論を離れました効果に於ては、世界的意義を持つて居るもののやうに思つて居ります。従つて国内法的に拵へても、国際法的に大した法的効力はないと云ふ御言葉は、法理学的には固より正当な御見解と存じまするけれども、自然之を綜合的に見られる場合もありまするので、私は成るべく之を国際的にも影響力あるもののやうな気持を持つて読みたいと存じて居る次第であります。而して是が来るべき世界の色々な審議せらるゝ事件の資料となるかどうかと云ふことは、私は実は存じませぬ。全く盲であります。併し斯様な態度を示すと云ふことが、若し一時の出来心でなくて、本当に之に従つて行動すると云ふ意義を以て世界に採り入れられまするならば、決して無意義に終らないものと信じて居ります。

佐々木惣一君（無所属）

それで私の法理の御尋は法理で総て解決はしない。けれども今は国際法上の御尋をしたのでありまして、其の規定を置くことは初めから申上げました全般から来るのですから、今法理の点を御尋ね

したのである。それで**もう一つ御尋ねしたいのは**、さうすると実は総理大臣の説明でありましたか、国務大臣の御説明でありましたか、何か此の規定と云ふものが出来るか出来ぬかと云ふことに依つて講和会議が早くなり得るか、なり得ないかのやうな風に私の誤解でしたか、思はれるやうな御言葉があつたと思はれます。それでさう云ふ風なことがあるとするならば、既に我々がちよつと申上げたことがありますが、冷やかな法理とか、国法とか仰つしやいますけれども、さうでない、我々矢張り世界に於ける日本と云ふことを常に頭の中に考へて居る。唯此の点を論ずる時には其の点に集中して論ずるだけでありまして、決して政治面を考へないことはない。そんな誤解のないやうに願ひます。私は法を論ずる、唯併しそれが政治とどう云ふ連絡を持つかと云ふことを始終考へて居る。どんなものでも……《ママ》此処でもさうであります。それであればこそ御尋ねしたのです。それであればこそ置く、置かぬと云ふことが、即ち来るべき講和会議と云ふものが開かれるとか、開かれないとか、早くなるとか、ならぬとか云ふことにどう云ふ影響を与へるだらうかと云ふことを御尋ねしたのであります、決して法理でありませぬ。其のことを御尋ねしたのです。さうしないと初めから是は我々が考へる余地はないことになつてしまひます。それだけのことをどうか誤解のないやうに……《ママ》それで対外関係はもつと御尋ねしたいのですが、時間がありませぬから止めて置きまして、**国内的意味**を御尋ねしたいのです。斯う云ふ規定を詰り憲法に掲ぐることは、我が国内の国民に対して如何なる影響を持つかと云ふことに付きまして御考になつたことがあるでせうかと云ふことを伺ひたいと思ひます。

法を論ずる場合、世界に於ける日本を念頭に置き、政治との連関を考へて居る

戦争抛棄の規定が国民に対して、如何なる影響を持つと考へるか

国務大臣　金森徳次郎君　我が国内の一般民衆に対しまして、日本は過去と全然考へ方を変へて戦争は愛好しない国民になつたと云ふ確信を高める所の大いなる力を持つて居るものと考へて居ります。尚先程私は具体的なる、今後の世界の行為との関係は申上げませぬでしたけれども、併しポツダム宣言の内容が日本国民をして平和的なる国家を建設せしむると云ふ趣旨を含んで居りますが故に、憲法にあると否とは別と致しまして、平和的なる国家建設と云ふことはポツダム宣言受諾の趣旨に欠くべからざる要素となつて居ると考へて居ります。

従来の考へを一変し、平和愛好国民であるとの確信を高める

佐々木惣一君（無所属）　初めから私が申上げたやうに、戦争せぬと云ふことは宜いと思つて居りますけれども、私は今大臣も御説明がありましたけれども、既にはつきりと独立国家と云ふものの性格としては、まあ必要に応じて戦争を為すやうな力を持つて居ると云ふやうなことを国際法学者の説明もあるやうでございまして、それで詰り一般の国家の性格、国家と云ふものの性格として自ら外国との条約、或は世界的の協約に依つて戦争をせぬ、例へば不戦条約見たやうに、それは国際的の関係で制限を受くることは別として、それ以外に自分で、自分の力から戦争をすると云ふ力はないものだと云ふ風に、自分の一般的の能力から戦争と云ふ能力は自分で国際関係でなしに自分で取つてしまふ、それを国民に示すと云ふ時には、固より今仰せられたやうに、日本の国は従来とは成る程考は変つたと云ふことは分りませうけれども、併しな

戦争抛棄の結果、独立性を失ひ、自主的でない、卑屈な気持を持たせはしないか

戦争抛棄を憲法に規定せず、開戦の決定を法的に、実際的に非常に困難ならしめるように規定したら宜いではないか

がら半面に於きまして国民は何だか自分は国を為す人間として自主的でない、何か独立性を失つたやうな、従つて朗かでない、自分は戦争は厭だけれども、戦争は自分はやる力は法的にないのだと云ふやうな考へを持ちます時には、日本の国民は果して少しも卑屈のやうな気持を持つことがないと云ふ風に安心出来るものでありませうか。是はどうも判断のものでありますから、別に御意見を伺ふ必要はないが、私は非常に憂へるのであります。併し私は実は初めに申上げましたやうに非常な平和論者である。是は皆さん大抵御存じの方が多いと思ひますけれども、斯う云ふことを国法に於てはつきり書くと云ふことはどうも一般国民に与へる影響と云ふものを相当憂へて居るのであります。是で卑屈な国民になると云ふやうなことがありやしないか、なければ宜いでありませうが、ありやしないかと云ふ風に思つて居りまして、そこで私は実は**修正意見**を出すのではありませぬけれども、無理に憲法上全然自分の能力から、国家としての能力から戦争力を取つてしまふと云ふやうな規定を書くに非ずして、どうせ其の時時の国務機関が行ふことでありますから、そこで事実戦争行為を為すと云ふことを決定することが法的に、実際的に非常に困難なやうに規定にしたら宜い。即ち言ひ換へて見れば、日本が戦争を為すと云ふ時には、或は例へば議会に於きまして……《ママ》例へですよ、例へば三分の一の反対があれば出来ない。三分の二とか、出来るのでなしに、三分の一の反対があれば出来ない。或は又進んでは国民一般の意見を国民投票にでも問ふ、其の場合にそれに依つてやると云ふやうな規定に一体此の検討をしたら宜いと云ふ私の意見であります。何も戦争能力其のものを国として一般的に取つてしまふと云ふやうな規定を設ける必

要はない。其の時々の政府者なり、議会なりが、具体的の戦争行動に入るのに非常に困難なやうにしたら、宜いぢやないか。是は私の意見でありますから、答弁を求める訳でありませぬ。全般的に私は戦争を我が国が避けて、将来平和の国家として行かうと云ふことは我々の平素の考へでありますけれども、併しそれは国民一般的の国家能力から戦争と云ふことはないと云ふ風に国の憲法で規定すると云ふことはどうも妥当でない。自分の意見だけ申上げて置きます。是で私の質問を終ります。

委員長　安倍能成君（同成会）

是で休憩致します。ちよつと申上げて置きます。此の次は長谷川委員の順番になつて居りますが、長谷川委員は御病気で欠席でありますから山本委員に御願ひ致します。それから続いて牧野委員、松村委員、高柳委員、平塚委員、斯う云ふ順序に致します。一時三十分から再開致します。

委員長　安倍能成君（同成会）

それでは会議を再開致します。山本委員の発言に先立て岩倉委員から佐々木委員の質疑に対する関聯質疑があります。岩倉君……《ママ》、それでは岩倉委員は御止めになるさうでありますから、では山本委員

山本勇造君（無所属）

私は憲法の前書のことに付て発言の通告を致して置きましたが、病気をして欠席を致しました為に発言の機会を失ひましたが、適当の処で之を言はして戴けるやうにして戴きたいと思ひます。今日は戦争抛棄の条文に入つて居りますので、**戦争抛棄と云ふ言葉**のことに関してだけ御質問を致したいと思ひま

す。此の言葉に付きましては衆議院の方でも問題になつたやうでありますが、それに対しまして政府は前に用例があると云ふ言葉で以て其の儘此の戦争抛棄と云ふ言葉を依然御用ひになつて居ります。併し此の抛棄の抛と云ふ字を今度は抛つと云ふ字でなしに放つと云ふやさしい字に変へて居ります。是は漢字制限と云ふやうな声が世間で喧しくなつて居りますので、民意を考へまして衆議院でさう云ふ風に御修正になつたものだと思ひます。民のことを考へまして衆議院がさう云ふ風なやさしい字を使つて呉れたと云ふことを私は嬉しく思ふのでありますが、併しながら抛棄と云ふ字が残つて居ります限り私には此の言葉に疑問を持つて居りますので、少し質問をしたいと思ふのであります。私は此の文字に付きまして、此の言葉に付きまして、其の言葉の意義と、それから用例と、さうして此の言葉の後に潜んで居ります所の思想と、其の三つのことに付て先づ考へて見たいと思ふのでございます。最初に其の意味でありますが、此の頃では戦争抛棄、戦争抛棄と無暗に言ひますので、殆どなたでもそれ程此の言葉ををかしく感ずる方はないのではないかと思ひますが、それは此の漢字と云ふもののマジックに掛つて居るからではないかと私には考へられるのであります。之を若し日本語に直して見ますと、此の言葉のをかしいことが直ぐに分つて来るのであります。戦争抛棄と云ふ言葉を純粋の日本語に致しますと、戦争を抛つとか、戦争を棄てるとかと云ふことになります。戦争と云ふものは捨てたり、拾つたり出来るものではございませぬ。さう云ふ意味で実にをかしい言葉だと私は思ふのであります。若し戦争権を抛棄すると云ふのならば是は分ります。或は又戦争を否認するとか、戦争を否定すると云ふのであります

戦争抛棄と云ふ言葉の意義と用例と思想的背景

「戦争の否認」と言ふなら分るが、「戦争抛棄」では意味をなさない

戦争抛棄と云ふ言葉には、果して不戦条約にその用例があるかどうか

不戦条約批准頃までの一般の用例は「**抛棄**」でなくて「**廃棄**」であった

れば、是も私に能く分ります。併し戦争を抛つとか戦争を放り出すと云ふのでありましては、是は日本語として意味をなさないやうに私には考へられるのであります。さう云ふ風な日本語として意味をなさないやうな言葉を憲法に入れると云ふことは如何なものであるか、私は第一にそれを疑問に思ふのであります。**第二に、用例に付てでありますが**、私は斯う云ふ条文等のことに付ては、門外漢でございますから一向に知らないのであります。併しながら唯戦争抛棄と云ふ字を見ました時に、自分の語感からどうもをかしいと云ふ気がしまして、先程のやうな考へ方を持つたのであります。併し斯う云ふのが何か用例にあるのかどうか分りませぬので、私の控室の専門の方に伺ひました所が、それは**不戦条約**に出て居る、斯う云ふことを聴きましたので、それからさう云ふ条文を私は調べて見たいと思つたのでありますが、何しろさう云ふ条文集のやうなものを手許に私持つて居りませぬ。それから図書館で其の方を調べたいと思ひました処が、条約のものはあるけれども、生憎そこの所が抜けて居る、斯う云ふのであります。そこで已むを得ないで私は家にあります所の**朝日新聞の縮刷版**を出して見たのであります。此の不戦条約は千九百二十八年のことだと云ふので、それは丁度昭和三年になりますから、そこの所を出して見ました処が、此の朝日新聞の八月二十七日の所に、十五箇国の巨星会して**不戦条約調印式**と云ふ大きな見出しの下に沢山の記事があります。其の中に条約文が載つて居るのでありますが、其の条約文を見ますと云ふと、第一条の中の必要な所だけを読みますと「締約国相互間ノ国策ノ具トシテノ戦争ヲ**廃棄**スルコトヲ茲ニ厳粛ニ宣言ス」と書いてあるのであります。抛棄とございませぬで、**廃棄**すると斯う

書いてあるのであります。廃棄ならば私は分るのであります。此の廃棄と云ふ言葉が良い言葉かどうかは姑く別と致しまして、廃棄ならば私は意味を為すと思ふのでありますが、抛棄では全く意味をなさないと思ふのであります。併し新聞が或は間違つて居るかも知れぬ、さう一応考へたのでありますが、御承知のやうにあの縮刷版は写真で縮めたものでありますから、あの当時としては誤植があると云ふことはないのであります。其の一の新聞だけを見まして、それが用例だとは考へられませぬから、其の当時の私雑誌を調べたのであります。さうしますと、昭和三年十月の**中央公論**に**蠟山氏**が「不戦条約と太平洋の将来」と云ふ論文を書いて居るのであります。其の論文の中に、条文は出て居りませぬけれども、其の条文の中の言葉を取りまして、さうして戦争の廃棄とか、戦争を廃棄するとかと云ふ言葉を使つて居るのであります。さうして抛棄と云ふ言葉は其の中に一つも出て来ないのであります。それから其の翌年の昭和四年の六月号の**改造**を見ますと云ふと、此処に御列席の**高柳さん**が、「我国外交の基調」と云ふものを書いて居りますが、其の中にも戦争廃棄と云ふ字が使つてあるのであります。詰りさう云ふ風にして見て行きますと云ふと、昭和三年八月の日本で新聞等に発表されましたものも廃棄でありますし、其の後約一年間位日本では此の所で**廃棄**と云ふ文字を使つて居るのであります。併しながら条約文の方を見ますと、政府の言ひますやうに確かに抛棄になつて居ります。（附録一九参照）ですから政府に用例がある、斯う云ふことを言ふのは不思議ではないのでありますが、併し其の条約文と云ふものも、私は本を見て居りませぬが、矢張り**朝日新聞の縮刷版**に依りまして、昭和四年七月二十五日のものでありま

すが、此の日本のあれが批准されて行きましたものですから効力を発生するに至つたので、アメリカのホワイトハウスで以て**フーヴァー大統領**が不戦条約効力発生の宣言と云ふのを致して居りますが、それに依りますと、其の宣言の中に書いてあるのは、余は茲に国家政策の手段としての戦争を廃棄すべき不戦条約、斯う云ふ風に書いてあるのであります。**戦争を廃棄すべき不戦条約**、是は丁度日本の不戦条約の文章が出たと同じ日に出て居るのでありますが、斯う云ふ風にして見ますと云ふと、世の中での少くとも其の時迄では用例は廃棄であつたやうに思はれるのでありますけれども、今申しました通り、何と言つても条約文に抛棄とあります以上は、是は抛棄を尊重しなければならないのは当然でございます。併しながらさう云ふ条約文に一つの用例があつたから今度の憲法に於ても其の用例に従つて行くかどうかと云ふことに付ては私には尚疑問があるのであります。どう云ふ訳で今迄廃棄と使つて居つたものが、此の批准のされた後に発表された条約文に於ては抛棄となつたのでありますか、門外漢であります私には一向分りませぬ。さう云ふことに付きましてはどなたか其の間の事情を御承知の方から御発表を願ふより外に私には知る途はないのでありますが、併し**私に若し想像を許させて戴きますならば**、今迄さう云ふ風に廃棄と使つて居つたのが急に批准の後に抛棄となつたものだとしますならば、恐らくはそれは枢密院に於てさう云ふ風に訂正されたものではないかとそんな風に想像されるのであります。若しそれが枢密院で直したものと仮定しますれば、枢密院には学識経験の最も優れたる方が集つて居るのでありますから、先程私が申しましたやうな抛棄と云ふのは意味を為さぬ、さう云ふ風位のことは分らな

不戦条約に「抛棄」とあるとすれば、「廃棄」から「抛棄」と改められたのはどう云ふ訳か

「抛棄」と云ふ言葉には、その背景に、帝国主義的、侵略主義的思想が潜んで居るやうに思はれる

い筈はないのであります。それをどう云ふ訳で斯う云ふ風に其の時に変つたか、勿論私には分りませぬけれども非常に不思議に思ふのであります。非常に私はそれが不思議でありますけれども、又考へて見まするど云ふと、其の時代に於ては或はそれが不思議でなかつたのかも知れないとこんな風にも想像されるのであります。御承知のやうに不戦条約の批准の際には、例の「人民ノ名ニ於テ」と云ふ言葉が挿んでありました為に非常に問題になりまして、さうして全権で署名をなされた所の内田さんが顧問官を辞めなければならぬと云ふやうな問題になり、後には是れ一つだけではありませぬけれども其の内閣が潰れて居るやうなことになつた程大事な問題の一つなのであります。「人民ノ名ニ於テ」と云ふやうな言葉は非常に怪しからぬものだ、国体を害するものだと云ふやうな意見があの当時非常に盛であつたことは皆さんの私よりもずつと御承知になつて居る所であります。さう云ふ空気の時でありましたが、更にあの当時のことを回顧して見ますと云ふと、此の御批准になりました前年の昭和三年と云ふ時は、どう云ふ時であつたかと考へて見まするど、あの時は一方では最初の普通選挙が行はれたと云ふやうなことがございましたが、併し又一方では三・一五事件として最も有名な所の共産党の大検挙があつた年であります。又非常に悪法と謂はれる治安維持法の改正が行はれたのも、亦此の年でございます。さうしてそれだけではなしに、満洲事変の発端とも云ふべき張作霖爆死事件と云ふ事件も亦実に此の年に起つて居るのでございます。斯う云ふ空気が其の時を支配して居つたのでありますからして、従つて其の空気は枢密院の方にも陰に陽に大きな影響を投げ掛けたのではないかと私には思はれるのであります。果

昭和三年への回顧

してそれは枢密院で直したのかどうか、私は本当のことは知らないのでありますけれども、若しさうであるとしますれば、今迄「廢棄」と云ふ字を使つて居たのに、急に「抛棄」と云ふ風に直したと云ふことが、さうでないとちよつと我々には分り兼ねるのであります。さうして此の「抛棄」と云ふやうな字を何故態々斯う云ふ時に使つたのか非常に不思議ではございますけれども、今のやうな空気から察しますと云ふと、是は戦争を止めると云ふやうなことに、其の当時の空気が余り喜んで之に加入しようと云ふやうな気持がなかつたのではないかと云ふやうな気さへするのであります。詰り普通で云つたら、戦争の廃棄とか、廃止とか、否定とか、否認と云ふやうな、当り前に誰にでも分るやうな言葉を使ふべきでありますのに、態々「抛棄」と云ふ字に変へると云ふことは、不戦条約其のものには反対は出来ませぬから反対は致しませぬが、何だか嫌々ながら、俺は戦争すれば何時でも出来るのだと云ふやうな気持が、さう云ふ未練なものが其の後ろにあるやうに思はれるのであります。此の「抛棄」と云ふ文字の蔭には帝国主義的なものと云ひますか、侵略主義的なものと云ひますか、何かさう云つた思想が此の文字の後に潜んで居るやうに私には考へられてならないのであります。不戦条約が批准をされる当時に於きましては、或はさう云ふ言葉が使はれても仕方がなかつたかも知れませぬけれども、**併し今日は時代が全く一変して居るのであります。**此の憲法の中に戦争を止める、我々は武器を捨てて、さうして戦争と云ふものを否認するのだと云ふ、此の建前で使つて居ります所の我々の気持と云ふものは、不戦条約の時のやうな、或は昭和三年の時のやうな、さう云ふやうな時の気持とは全く違ふのであります。国家の

政府は用例と言ふが、これは憲法にその儘用ひて宜いものであらうか

意味をなさない言葉を憲法に入れることは、国語の立場からも非常に疑問

法律上の用語は、自ら一定の意味を立法の趣旨、前後の関係から導き出されるに至る。「戦争抛棄」には既に用例もあり、これに代るべきものが見付からないから、これを選んだ

運命も、我々の運命も生命も総て投げ掛けて此の大きな問題を憲法の中に入れようとして居るのであります。でありますからして、是は「抛棄」と云ふやうな、其の文字の後に何か忌はしい糟が着いて居る文字を今度使ひますことは、果して宜いでありませうか。**政府**は用例と、斯う云ふ風に申しますけれども、此の用例と云ふものは果して好い用例でありませうか。憲法に使ふのに斯う云ふ用例を其の儘用例だとして使つて宜しいのでございませうか。殊に憲法に於きましては意味を成さないやうな言葉を此の中に入れると云ひますことは、非常に後後に悪い影響を与へるものでございますからして、**国語の立場**の上から行きましても、私には非常に疑問があるのであります。此の点に付きまして金森国務大臣の御答弁を得たいと思ひます。

国務大臣　金森徳次郎君

只今御尋を戴きました「**戦争の抛棄**」の言葉でありますが、私も嘗て何かの機会で申上げましたやうに、言葉を分離して考へて見ますると、可なり落着かない言葉であることは確かであらうと考へて居りますが、此の**法律の方で用ひます文字**の中には、多少さう云ふものが混つて居りまして、各〻斯様な文字が出来るには色々の由来はありますけれども、出来上つてから用ひますると、自然それが自ら一定の意味を前後の関係、立法の趣旨等から導き出されまして、其の範囲の空気に侵つて居るものには特別な疑惑を持たないやうに存じて居ります。**今回の憲法草案**の中に「抛棄」の言葉が用ひられましたのは、大体其のやうな考へ方から来て居りまするのと、他の一面には、既に斯様な言葉が世に行はれて居

用例は、不戦条約及び民法第五編相続に関する規定等にある

不戦条約中にこの語を用ひるに至つた経緯

りまする時に、取つて之に代るべき更に良き言葉が色々過不及がありまして、良きものが見付からないからして、相相《ママ》応して此の言葉を選んだのであります。**第二は用例として**此の「戦争の拋棄」と云ふ言葉は、**不戦条約**、或は**ケロッグ条約**の時に、大体今回の憲法の中に現はれて居りますると同じやうな文例の中に用ひられて居る。詰り其の条約の前文の中にも用ひられて居りまするし、本文の中にも用ひられて居る。戦争を拋棄することとか、共同拋棄とかと云ふやうな字が使はれて居ります。其の**拋棄と云ふ言葉**は、先程御質疑になりましたやうに、当時**枢密院**に於て直つたかどうかと云ふやうな気持の御質疑と思つて居りましたが、非常に正確には記憶して居りませぬけれども、私はそれは枢密院に於て直つたのではなくつて、**政府の原案**に含まれて居つたものと記憶して居ります。して、**新聞紙**等に「廃棄」と云ふ字があるにも拘らず、此の条約に拋棄となつて居るのはどう云ふ訳であるかと云ふ顛末は存じませぬ。が併し当時此の言葉は**外務省**に於て相当の研究を積まれて、此の形を以て条約案が順次手続を運んで、最後に枢密院の御諮詢を経、御裁可を得ることになつたものと思つて居ります。又其の問題の中に「拋棄」と云ふことに忌はしき聯想を特に加へるやうな根拠は全然なかつたと私は記憶致して居ります。次に此の「拋棄」と云ふ言葉がどう云ふ訳で此のケロッグ条約の翻訳の場合に用ひられたであらうかと云ふこと迄遡つて見なければなりませぬが、是等の事情は其の翻訳に従事した人、又それを**監督**、管理した人々の綜合的意思の結果とも謂ふべきものでありまして、今日之を辿つて調べると云ふことは容易ではないと存じて居りまするが、**微かに私の記憶して居りまする所では**、之に類似した用

例が民法法典の中にありまして、御承知の如く民法が編纂せられまする時に、当時の第一流の識者が一字一字用語を選択して起案をされたらしいのでありますが、其の中の相続の所に可なり幾つも相続の拋棄と云ふ言葉が使つてあります。例へば千三十八条、千三十九条、千四十条等にありまするし、又其の表題を成して居る第三節と云ふ所にも其の字が使つてあるのであります。(註)是から先は私の記憶を辿つて、半ば想像を加へたのでありまするが、此のケロッグ条約を翻訳する時に、どうも此の場合にぴつたり当嵌る文字がない、遡つて見れば、民法に拋棄と云ふ字が使はれてある、全然同じことには使はれて居ないけれども、思想の組合せ方をして見れば類例であると言へないことはない、そこで特に此の字を選んで翻訳文にせられたことと解釈して居ります。さうして今回の憲法の草案は同じやうなことで、もう既に国民的に、部分的ではありまするにしても使はれて居る文字であるから、其の儘受継いだと、斯う云ふ趣旨と考へて居ります。

註＝民法第五編相続　第三章相続ノ承認及ヒ拋棄　第三節拋棄

第千三十八条　相続ノ拋棄ヲ為サント欲スル者ハ其旨ヲ裁判所ニ申述スルコトヲ要ス

第千三十九条　拋棄ハ相続開始ノ時ニ遡リテ其効力ヲ生ス

数人ノ遺産相続人アル場合ニ於テ其一人カ拋棄ヲ為シタルトキハ其相続分ハ他ノ相続人ノ相続分ニ応シテ之ニ帰属ス

第千四十条　相続ノ拋棄ヲ為シタル者ハ其拋棄ニ因リテ相続人ト為リタル者カ相続財産ノ管理ヲ始ムルコトヲ得ルマテ自己ノ財産ニ於ケルト同一ノ注意ヲ以テ其財産ノ管理ヲ継続スルコトヲ要ス

山本勇造君（無所属）　只今の御説明で分りましたけれども、兎に角**金森国務大臣**も拋棄と云ふ言葉が適当でないものだと云ふ、拋棄と云ふ言葉の

適当でないことを御承知ならば、用例の如何に拘はらず、適当の言葉を用ひてはどうか

リナウンシエイションの訳語は、拋棄に限らず、否認、否定等がある

「拋棄」と云ふ言葉を用ひて悪いとは申上げぬ、法律家の立場から見れば、斯様な特殊の発達をした文字を其儘尊重して行くことにも一理がある

ふことだけは御承知になつて居るやうであります。それでありますならば、前に仮に民法にあつたとか、何にあつたとか致しましても、悪いと云ふことを御承知になつて居るならば、今度の憲法では良いものにする方がもつと適当なものであらうと思ひます。殊に今度の武器を棄てて我々は戦争を否認すると、斯う云ふ建前でありまするならば、非常な覚悟を持つてやるのでありますから、無念さうに拋つなどと云ふ、さう云ふやうな言葉を御使にならないで、**リナウンシエイション**と云ふのは**拋棄**と云ふ字以外にないのではないのだ、外に**否認**するとか、**否定**するとか云ふ字があるので、さう云ふやうな字がないならば、否認なら否認と、すらつと誰にも分るやうに御変へになることが、今度の憲法の斯様な点を改めて行く上からも其の性質に副ふものではないかと考へるのであります。さつきどなたでありましたか、武器を棄てて平和でやつて行くのは、国策としてやつて行くと云ふ強い言葉を使はれて居ります。それならば誰でも分るやうな、本当にすらつとしたやうな言葉を使ふ方が適当ではないかと考へるのであります。如何なものでありませうか。

国務大臣　**金森徳次郎君**　御質問者は文字に付て常に周到な御苦心を為さつておいでになりまするからして、此の場合に対する言葉の持つ感覚に付ても大いに尊敬をすべきものと考へて居ります。併し**法律家の癖の付て居る者の立場**から見ますと、斯様な特殊の発達をした文字を其の儘尊重して行くと云ふことにも一理あるではないかと云ふ風に考へて居りまするし、又此の**否認と云ふ御言葉**を一つ御出しになりましたが、此の否認と

云ふ言葉が、之を長く使へば分るやうになるかも知れませぬけれども、此の憲法草案の抛棄の文字に取替ふる範囲に於きましては、稍〻意味が変つて行くやうな感じを見る者に与へはしないかと、斯う云ふ疑惑を持つて居る次第であります。私は先に抛棄と云ふ言葉が此の場合に使つて悪いと云ふことは申上げませぬ。一字々々切離して見た時には可なり不自然な字であると、斯う云ふことを申しましたのです。言葉は一つのことが繋りを持つて意味を成すやうなことも、まあ法律の範囲ではそんなに稀有なことではないと存じて居ります。唯是は私の所見を述べただけであつて、其の限度に止つて、謂はば申訳の意味を以て御答をして居る訳であります。

文字乃至用語の改訂については、予め考慮を願つて置き、後で一括して審議したい

委員長　安倍能成君（同成会）

山本委員にちよつと申上げて置きますが、文字のことはむづかしいので、文字だけでなく内容にも関係があると、さう云ふ御主張も肯けることでありますが、大体議事の進行を図る上に於て、**文字乃至は用語の改訂**は書出して戴いて、さうしてそれを印刷して委員諸君に御廻しして、考へて置いて戴いて、後で引つ括めてやると、斯う云ふことに致しましたから、特別に重大な場合の外は其の例に倣つて戴きたいと思ひます。丁度あなたは御休みになつて居たかと思ひます。

牧野英一君（無所属）

私は此の九条に付て五つばかり疑を抱きましたのですが、其の中の二点はもう大分御評議になりましたのですが、兎に角五つのものを列べて当局の御説明を仰ぎたい。

衆議院の修正はポツダム宣言の新秩序の三原則を聯想せしむ。同院が三原則の一「安全」を「秩序」と替へた理由如何

先づ第一に、「**日本国民は、正義と秩序を基調とする国際平和を誠実に希求し**」とあります。是は衆議院の修正であります。**ポツダム宣言**には**新秩序の三つの原則**として、平和、安全及び正義と云ふことを言つて居ります。（附録二三参照）それを直ちに私は聯想致したのであります。此処では其の安全、セキユリテイに替へるのに秩序と云ふ言葉が用ひられて居ります。私自身「ポツダム」宣言の新秩序の三つの原則を聯想したことが、甚だしく聯想として当を失することでありませうか、如何でせうか。それに関聯して、若し私の聯想が必ずしも無理でないと云ふ風に御考へ下さるならば、其の安全を秩序と書直されたと云ふ所に何か意味のあるものでございませうか。それを御伺ひ致したい。

その思想上の途行は了知しない

国務大臣　金森徳次郎君　此の修正が衆議院で行はれました結果を我々が承知致したのみでありまするが故に、斯様な思想上の途行のことは実は了知致しませぬ。

「国の主権の発動」と「国権の発動」とどれ程違ふか

牧野英一君（無所属）　御尤もに存じます。若し私の聯想した処が、多少でも意味があると云ふ風に御認め下さるならば、此の文字を連絡を付けると云ふことが如何なものであらうかどうかと云ふことに付て一つ御考慮を仰ぎたいと思ひます。第一問はそれであります。

第二問は、**国の主権の発動**と云ふことと**国権の発動**と云ふこととはどれ程違ひますかと、是も衆議院の修正を伺ふ趣旨でありましたが、是は既に問題になつて当局の釈明がありましたから、是は此の儘に

致して置きます。

戦争と武力の行使とはどれ程違ふか

第三の質疑は、此の「国権の発動たる戦争」と、其の外に「武力による威嚇又は武力の行使」と云ふことがありますが、「戦争」と云ふことと、「武力による威嚇又は武力の行使」と云ふこととはどの位違ふのでありませうか。之を一つ御釈明願ひたい。

国務大臣　金森德次郎君

言葉の精密なる分析は甚だ困難。国際法的にも自ら一定の意義があり、大体常識的に判断される

言葉の精密なる分析は私に取つては甚だ困難で、知識が少し此の場合に於てまだ熟成して居りませぬが、唯大体私共の理解して居りました処は、**戦争と云ふ言葉**は自ら国際法的にも一定の意義があると思ふのであります。それから其の後を覗きますると、**武力に依る威嚇**と云ふのは、現実の武力行使の段階に至つて居ない状況でありまして、其の武力の行使が或はあるかも知れぬと云ふ状況の下に人の意思に対して圧迫を加ふる姿を言ふものと思つて居ります。其の後の此の**武力の行使**は前後の関係から見まして、戦争と云ふ段階迄行かないで、武力を行使すると云ふ意味に了解して居りまするが故に、言葉通りに**武力の中味**も、時に依つては違ひませうけれども、大体常識的に武力の境が作れますから、行使も自ら分ることと考へて居ります。

牧野英一君（無所属）

武力の行使等は戦争の延長に過ぎな

一応了解致しましたが、要するに「**武力に依る威嚇又は武力の行使**」と云ふことは戦争の延長に過ぎないので、若し戦争と云ふものが根本的に抛棄せられますれば、当然の結果として武力を用いて威嚇を

い。簡単に、戦争は之を抛棄すると言つては如何

自分だけが抛棄するのではなく、戦争は全面的に之を否定する、わが国も否定するが、世界の諸国も否定せよと云ふ積極的意味を現はしたい

戦力を保持しないことにしながら、更に交戦権を認めないと云ふ理由如何

する、或は戦争に至らない程度に於て武力を行使すると云ふやうなことも許されない訳であらうと思ひますするので、私自身の考へとしては極くさつぱりと戦争は之を抛棄する、斯う云ふことに短かくした方が宜いのではないかと考へて居るやうな次第でございまするが是も倘一つ御考慮を願ひたい。

第四番目には**抛棄と云ふ言葉**でございます。今山本委員より詳細の御意見がありました。私も此の抛棄と云ふ言葉が、言葉としては矢張りどうも少し滑かさが足りないと云ふことを考へて本会議でも申上げた次第でございましたが、併し言葉として抛棄と云ふのが形の上で面白くないばかりではなく、もつと積極的に、此の憲法全体の精神が消極的であるのを、もつと積極的に踏出したい、斯う云ふ精神から考へまして、寧ろ否定する、斯う云ふ所迄行きたい、戦争は之を否定するのである、世界全体に亙つて否定するのである、我が国も否定するが世界の諸国も否定しろ、自分だけ権利を抛棄するのでないと云ふ意味を現したい位に思ひますが、是もまあもう御答へは分つて居る次第で、抛棄で宜しいと云ふことでおありになるのでございますから、是れ以上特に御釈明を煩しませぬ。私が疑ひを抱いて居ると云ふことだけを御承知を願つて置きたい。

第五と致しまして第二項でございますが、「**戦力は、これを保持しない。国の交戦権は、これを認めない。**」特に交戦権に付て断りがしてあると云ふのは、戦力を保持しない以上に、何か特別の意味があるのでございませうか、其の点に付て御説明を伺ひたい。

国務大臣　金森徳次郎君

戦争の段階に至らない武力の行使等も、避けるやうにしなければならない

第一項は外国の憲法中にも類例があり、原則を規定したに止まる

第二項は新しき主題を含み、原則を実現する手続上の手段を規定したもの

遡つて前の方で御意見を御示しになりましたる点に付て一応御答へを申しまするが、**戦争と威嚇と行使**、此の三つを列べてありまして、之を戦争だけに集約しても宜いのぢやないかと云ふやうな御気持であつたと考へて居りまするが、是は**ケロッグ条約**等に於ては戦争と云ふことを主題に供して居る訳であります。戦争だけでは言葉が少ない、戦争に未だ至らざる段階に於きましても武力の威嚇及び使用と云ふものを避けるやうにしなければならぬと云ふ訳で、特に附加へた趣旨と考へて居りまするが故に、之を俄にケロッグ条約の段階の簡単な言葉を以て言ひ現すと云ふことが果して宜いのであらうか、悪いであらうか。此の表題の所は唯戦争の抛棄だけですが、是は表題でありまして、中味に於て多少或程度発展せしむると云ふことが宜いのではなからうかと、斯う云ふ風の気持を持つて居る次第であります。次の第二項に於きまして、**戦力は保持しない、交戦権は之を認めない**と云ふ此の二段備へになりましたのは午前中にも申しましたやうに、此の条文の第一項に当るべきものは、既に或諸外国の条約、憲法に此の趣旨が現れて居ります。(附録一八参照)併しそれだけでは唯一つの極り文句のやうであつて、実際的な此の平和の実現の手段を伴つて居ないのであります。そこで此の**第二項**と云ふものが新しき主題を含みまして、独り原則を認めるばかりではないが、原則を実現する手続上の手段、或は利用法となるべきものは之を廃棄して、そこで武力は持たないと云ふことと、**交戦権**と云ふのは、私は此の語を詳しく知りませぬが、聴いて居りまする所では、戦争を行ふと云ふことに基いて生ずる種々なる権利であると存ずるのでありまするが、斯様な規定を置くことに依りまして平和の現出が余程確保せらるゝので

はないか、若し此の交戦権に関する規定がないと、相当程度迄事実上戦争状態を現出せしむる、是がなければなか〳〵さうは行かない、戦争中に外国の船舶を拿捕することも出来ないし、戦争と云ふのは事実上の戦争の如きものを始めましても、外国の船を拿捕すると云ふことも出来ないし、或は又其の**占領地**と云ふものも、国際公法に認める保護を受けないし、俘虜などと云ふことも起つて来ないと云ふことに依りまして、大分平和の実現に近い条件になるものと考へて居ります。

牧野英一君（無所属）今の御説明に依ると云ふと、私誤解をしたのかも知れませぬが、**説明の前半分**では戦力を保持しないと云ふ原則の適用を示すが為に、国の交戦権は之を認めないのである、斯う云ふ風に御説明になつたかのやうに伺ひました。要するに同じ事柄を裏と表とから書いた規定で、結局重複こそして居れ、此の国の交戦権と云ふことに特別な意味がないのかと云ふ風に伺ひましたが、後の半分ではさうではないので、拿捕と云ふやうな例を御持ちになつて、矢張り之に特別の規定があるやうに御説明になりましたが、既に戦争と云ふものを拋棄致しますれば、もうそれでさう云ふ拿捕と云ふやうなことは出来ない筈でありまするので、矢張り結局之には特別の意味がないことになりはしますまいか。私としては只今の御説明の中で、矢張り戦争の拋棄の外に、武力に依る威嚇又は武力の行使と云ふことがあつて、更に周到に規定が設けられるのであると云ふ御説明に対しては、既に戦争が拋棄されゝば戦争を以て人を嚇かし、又武力の行使と云ふことが戦争に至らないでも、結局更に一歩を進めれば戦争になるべきもの、ま

戦力は保持しない、交戦権は之を認めないと云ふことは同じ事柄の表裏に外ならず、重複こそして居れ、特別の意味がないのではないか

「戦争拋棄」は、当然に「武力の行使」をも含む。これを並べて規定するは、無用の言葉を重ねたものではないか、

交戦権云々と云ふのも亦同様ではないか

あ我々のやつて居る日常の法律で申しますれば、**執行の時の仮処分**とか、**仮差押**のやうなものになるのであらうと思ひますので、矢張り**訴訟を抛棄する**と言へば、さう云ふものは出来ない訳なんであります。**戦争を抛棄する**と言へば、戦争の抛棄と云ふ原則の下に当然武力に依る威嚇、武力の行使と云ふ戦争前の行為も許されないことになるので、是は無用の言葉を重ねたものと考へるのでありまするが、それと同じやうに国の交戦権と云ふことも無用の言葉を重ねたことのやうにも私は理解するのでございますけれども、どうも何か之には意味がありさうに思はれてなりませぬので、御伺ひを致した訳でございますが、尚私も此の言葉に付ては研究致します。どうも今の御答の程度では、それでさう心得て果して宜いものかと云ふことに付て誠に懸念がありまするので、之を是れ以上論ずることも如何かと存じまするが、どう云ふものでございませうか。

戦争と威嚇と行使の三段階を抑へて置く方が趣旨が徹底する

国務大臣　金森徳次郎君

私の申上げ方がはつきりして居なかつたことはないと思ひまするけれども、或ははつきりして居なかつたかも知れませぬ。**第一項**に於きまして戦争と、威嚇と、行使と、此の三つを挙げましたのは、矢張り此の三つの段階を抑へて置くことの方が、能く場合を尽し得るのである。戦争迄至らない段階に於て、武力の行使を不法にやつても、それはいけないことでありまするが故に、矢張り不法なることを、詰り悪いことを防止すると云ふ時には、色々悪い段階を抑へて置く方が、趣旨として徹底するものではなからうかと思つて居る訳であります。**第二項**の所は重複すると云ふ風に御取りになりましたが、さう

前段は事実の変化を起し得る有形的なものを考へて居る。後段は法律上の保護を規定する。両者は内容的に重複する可能性はない

第一項には、紛争の解決の手段として、とあるので、防禦戦争を含まない。但、第二項に於て、一切の場合に於ける手段を封鎖して居る

云ふ風に申上げたのではなくつて、前後《段?》は事実力を持ち得ざらしむるのであります。武力と云ふのは事実の変化を起し得る物的なものと、物的とは限りませぬが、或は人的も含みますが、兎に角何か働きをする、有形的なものを考へて居ります。後段の方は法律上の保護を現して居ります。それで決して此の二つのものは内容的に重複する可能性のあるものではございませぬ。是は規定致します時に、物的の面だけで戦争の防止をするやうに考へる、又併せて法律的な方面のもの、手段迄も封鎖して、戦争の起らないやうにすると云ふこと、が問題になるのでありまして、**原案者**は矢張り物的と法律的との両方面から、戦争の起らないやうにすることが、適当であらうとしたのだと思ふのであります。尚何か深い意味があるかと云ふことを仰せになりましたが、特別に深い意味はないと考へて居ります。唯強ひて申しますれば、第一項は「**他国との間の紛争の解決の手段として**」と云ふ条件が附いて居ります。従つて防禦的戦争と云ふものが、此の中に入つて居るか、入つて居らぬかと云ふ疑問が起る訳であります。言葉としては入つて居ないと云ふ風に解釈出来るだらうと思ひます。処が第二項の場合に於きましては、一切の場合に於ける手段を封鎖して居ります。物的に武力を持つてはならぬ、並に人的に武力を持つてはならぬと云ふことと、法律上交戦権を認めないと云ふ、二段のものがありまして、是は戦争類似行動が如何なる種類のものであるとを問はず、働いて来るのでありまするが故に、相当の影響がありまして、第一項よりも第二項の関係する所が、幅が広いと云ふことにはなると思つて居ります。

牧野英一君（無所属）

少ししつこいことを御尋ねするやうなことになるかも知れませぬけれども、**尚心得の為にもう一度御釈明を願ひたい。**第二項は重複関係ではない、一つは戦力の実体を規定し、一つは法律上の関係を規定したのであると、斯う云ふ風に御話を伺つたやうに心得まするが、それはどうも矢張り一つは現実の力の方面から、一つは現実の力を法律に依つて行使する適用の方面から、矢張り楯を両面から御説明になつたのであらうと考へるのであります。若し是が重複関係がないと致しますると、戦力がなくても交戦を行ふ場合が想像し得られるので、さう云ふ場合には**戦力を用ひない交戦権**と云ふものがある、それをも封じて居る、斯う云ふ意味にならねば論理を全うし得ないやうに思ひまするが、さう云ふ特別な場合があると云ふ風に心得て宜いものでございませうか。

若し、重複関係がないとすれば「戦力を用ひない交戦権」と云ふものがあり、それをも封じようと云ふわけであるか

国務大臣　金森徳次郎君

戦力のない戦争を予想することは甚だ困難であります。併し法は飽く迄法でありまして、其の違反のある場合も法の上では予見しなければなりませぬ。まあさう云ふ考も起つて来ると思ふのであります。**だから二段構へで防衛すると云ふことは理由があるのである、**平素から武力を保存してはならぬ、是は明瞭なことであります。併し極く切羽詰つた場合に、此の規定の精神を破つて、急に間に合せの武力を何等かの方法で手に入れて、事を始めると云ふことがあるとは申しませぬけれども、懸念をすれば有り得るのであります。其の時にさうすれば国際法上の交戦権を得つつ、戦さが出来るとするのが宜いのか、さう云ふ場合にそんなことをやつて見たつて、国際法上の利益を持ち得ない。国内的秩序の建前

「戦力のない戦争」を予想することは、甚だ困難。但、かく二段構への規定を設けることには、理由がある

から言へば、持ち得ないとする方が宜いかと云ふ、斯う云ふ問題でありまして、此の双方面よりして規律することが宜くはなからうかと思つて居ります。

牧野英一君（無所属）

只今の御説明で大分理解することが出来ました。結局**竹槍を以て交戦権を行使する**と云ふ場合も、想像出来る訳になりますが、其の場合に於ても其の交戦権は許さない、斯う云ふ意味になり得るものかと心得ました。即ち此処で文字の議論を致しましたのは、事柄の実体に非常に大きな影響がありますので、言葉は余り露骨に用ひますることは、注意を要する事柄で、午前に於ても金森国務相から此の点に付ては御注意がござりましたが、そこに私も重きを置いて、寧ろ**交戦権**と云ふ文字は取去つて欲しいと迄思ふ。交戦権を退けて此の規定を説明することに依つて、矢張りそこに**重大なる国民思想の確立**と云ふものを考へることが出来ると思ふのであります。前の方の第一項に付ても、私は矢張り用意周到に、戦争、威嚇、行使とせられないで、もう**ケロツグ条約**を承けて、戦争は廃める、断念する、否定すると簡単に書き、従つて戦力は之を保持しないと、簡単明瞭に大筋だけを言ひ放つて置いて、さうして後は余裕を残すと云ふ所に、私は望ましいものがあると云ふことを考へるのであります。決して卑劣な考をそこに貯へようと云ふ積はございませぬけれども、矢張りそこに或るものを予想することが出来ると思ひますので、規定の形式は簡単にして明瞭なることを、此の場合に尊しとするのではないかと思ひまするが、斯うなりますると見解の相違と云ふことになりませう。私の質問は是で打切ります。

竹槍を以てする場合にも、交戦権を許さない趣旨と心得る

戦争は廃める、否定する、戦力は保持しない、と大筋だけを言ひ放ち、交戦権と云ふ文字を削除して余裕を残せ

規定の形式は簡単・明瞭なることを尊しとする

松村眞一郎君（研究会）

私は此の「**戦争の抛棄**」と云ふ第二章に付ては、私は前に斯う云ふことを質問のことに書いて置きました。国体の種々の意義に付てと云ふことを申しました。そこで二つしか申して居りませぬ。此処で国体の意義を、聯関して申上げます。戦争の抛棄と云ふことは、日本の或意味に於ける国体の大変革であると私は確く信ずるのであります。「**我善き戦を戦へり**」と云ふこともあります。私は日本は過去を顧みまして、善き戦を戦へりと云ふことをどう云ふやうに考へるであらう、**支那事変**以来国内の人心を統一する意味に於きまして、且之を合理視せしむる意味でもありませうか、**聖戦**であると云ふことを唱へて参つたやうであります。それが果して聖戦でありましたでせうか、私は茲に国民は深く反省しなければならぬと思ふのであります。そこで戦争を抛棄をすると云ふことが日本国民としては真剣に考へなければならぬ問題でありまして、私は徹底したる平和国家が此の第二章の規定を誠実に実行することに依つて実現せられるものであると云ふことを確く信ずるのであります。

戦争抛棄は、或意味に於ける国体の大変革

戦争抛棄と自衛権

此の戦争抛棄に付きまして種々論議せられました中に、斯う云ふことがあるのであります。**国家自衛**の為には戦争をしなければならぬぢやないか、其のことは勿論のことであるが故に、或は場合に依つては書かなくてもそれは出来るのであると云ふ説をなす者があり、それだけは書いて置かなければいけないのぢやないかと云ふ説をなす者があり、それに対しまして**総理大臣**は、自衛と云ふ名の下に於て色々な戦争が行はれたと云ふことを言はれた。私は御尤もであると思ひます。私はこの戦争抛棄と云ふことそれ自身が日本の自衛の為に必要で

戦争を抛棄することそれ自身が日本の自衛のために必要

あると云ふことを深く確信致すのでありまして、自衛の為に戦争すると云ふ思想よりも倘脱却して、終戦の結果、戦に負けた今日の日本の事態を能く考へたならば、戦争を抛棄することそれ自身が日本の国の自衛の為であると云ふことを確く信ずるのであります。それ故に戦争は抛棄しなければならない、斯う云ふ考を以て此の条文を見て居るのであります。そこで斯う云ふ言葉があります。是は**聖書**の言葉です。**「人新たに生れざれば神の国を見ることを得ず」**其の言葉は今日**二荒さん**が仰せられた**神の国**の問題に非常に関係がある。日本が従来神の国と言つて居つたことは、是は二荒さんの申されたことでありますが、或点に於てはもう少し御伺ひして見なければ能く分りませぬが**汎神論的**に自分も神様であると云ふやうなことを考へて、極く安価に自己も神であると云ふ思想で、日本は汎神論的に眺められて居つたと云ふことが誤りの元であると私は考へる。

日本を誤つたものは、安価な汎神論

神話伝説と云ふものはどうしても民族の歴史であり生命でありますから、是は或点に於て味はなければならぬ。**天の安河原**に八百万の神が集つたと云ふのは非常に意味がある。日本の由来は矢張り皆神です。何の神〳〵、**思兼神**、皆神と云ふことになつて居る、此の意味に能く徹底しなければいかぬ。処が安価に汎神論を申しまするると、自分が神移りになる、それがいけない、従来日本を誤つたものは神移りです。神移りであつたからであります。さう云ふやうな神移りでないのであつて、**神移り**と云ふのは現在を神と見るからさう云ふ風になる、非常に突飛なことを言ふ人は**神移り**、**神懸り**です。神憑りになつて居る、神憑りと云ふやうな思想はいけないと云ふのです。それは現在を神と考へるからいけないのであつて、将来を見て居るのでありますから、自分は決して神ぢ

日本は、日本の伝統から考へた敬虔なる良心に愧ぢざる神の国運動を戦争抛棄によつて行ふべきもの

神憑りはいけない、神憧れは宜い。天皇憧れは宜い、天皇憑りは不可

やない、神たらむことを願ふ、だから新たに生れずんば神の国を見ること能はず、斯う云ふ思想になるのであります。私は何も宗教的のことを申して居るのではありませぬ。日本の国の神とは何であるかと云ふと、身体精神と云ふ其の精神の神です。良心、即ちコンセンスの国のことであります。神の国を日本は目標にして居ると云ふことを私は確く信じますが故に、徹底的に戦争抛棄と云ふものは実行すべきものであると云ふやうに私は考へるのであります。日本は**神の国の運動**をするがいゝでせう。**キリスト教国**は聖書に基いての国の《ママ》運動をするのが宜からうと思ふ。それを通じて全世界は初めて戦争なき世界になると考へますが故に、大いに神の運動をなすべきが宜いと思ふ。日本は日本伝統から考へたる敬虔なる自己の良心に愧ぢざる神の国運動を此の戦争抛棄に依つて行ふべきものであると考へます。決して安直なる汎神論を以て眺めて居りませぬ。自分が神であるとさう云ふ僭越なことを考へて居りませぬ。神たらむことを憧憬すると云ふ意味です。其の意味に於きまして私は**金森さん**が天皇と国民の関係は憧れの関係であると斯う言はれて居ります。神憑りはいけませぬが、神憧れは私は宜いと思ひます。天皇を憧れることは宜いのでありますが、天皇憑りはいけませぬ。従来**袞龍の袖**に隠れて色々のことが行はれたことは、皆是は天皇を神憑りと同じやうに天皇憑りをやつて居る、それではいかぬ。本当に憧れると云ふことは、さう云ふ利用すると云ふやうな意味ではありませぬ。**岩田委員**から先達て仰せられましたが、政治を**天皇の親権政治**にしなければならぬと云ふ名の下に如何なることが行はれて居つたか、是れ矢張り袞龍の袖に隠れて居つたのである、斯う云ふ政治ではいけないと云ふことを私は考へる。其

日本の外交は由来誠実外交

貴族院勅語奉答文に於て、叡聖文武天皇陛下と申し上げて居ない。即ち国体は全然変つて居る

の意味に於きまして、戦争を拋棄しました場合に於て、是はどう云ふことになりますか、武を捨てた国になる、**日本の外交**に関係する訳でありますが、日本の外交は由来誠実外交で一貫して居つた。**陸奥外交**から始り、**小村外交**、**内田外交**、**石井外交**、**幣原外交**、ずつと順を逐ふて居ります。幣原外交に至つて世間之を評して**軟弱外交**であるとか言つたことがあります。併し是は時代の背景が変つて来たからでありまして、兎に角日本の外交は嘘を言はないと云ふ外交になつて居る、それで一貫して居つた、それが近くなつてから軍に依つて引摺られた外交になつた、それが今日をなした原因であると云ふことを私は深く信ずるのであります。さう云ふ訳でありますから、此の戦争拋棄に依つて日本の国体が変ると云ふことを私は申すのであります。それはどう云ふことかと申しますと、是はあり／＼と此処に現れて居る。それは**貴族院の開院式の奉答文**に於て現れて居る、貴族院が如何なる場合に於ても奉答致します時に「**叡聖文武天皇陛下ニ上奏ス**」と申して居る、今後は叡聖文武天皇陛下と申すことは出来ますか、武と云ふことは言へないと私は思ひます。そこで昭和二十年十一月二十八日の議会、是は**徳川圀順公爵**の時の議会であります。それは昭和二十年十一月二十八日ですね、其の奉答文には「貴族院議長臣徳川圀順誠恐誠惶謹テ叡聖文武天皇陛下ニ上奏ス」と斯うあります。それから昭和二十一年六月二十一日の奉答文、昭和二十一年、今年です。今年の六月二十一日の奉答文には何と書いてあるか、「貴族院議長臣徳川家正頓首頓首謹ミテ奏ス爰ニ第九十回帝国議会開院ノ盛典ヲ行ハセラレ優渥ナル勅語ヲ賜フ」とある、叡聖文武天皇陛下と云ふ文字はありませぬ。是はどう云ふことを意味しますか。従来は「謹テ叡聖

戦争抛棄の規定が施行された場合に於て、国体が変るかどうか

今後は、平和の一路を捨身になつて進むことになり、国体の新しい意味も生じて来るであらう

この憲法によつて排除さるべき詔勅は如何なるものであるか

文武天皇陛下ニ上奏ス」と言つて居るのです。今度は「頓首頓首謹ミテ奏ス」と言つて、其の間に何故「天皇陛下」を除いたのか、何故「文武」と云ふことは言はないのですか、是は深く国民は思ひ合さなければいかぬと思います。恐らくは貴族院の上奏文は、今後天皇陛下に対しまして、「叡聖文武天皇陛下」と申上げることは出来ぬでありませう、それを我々は考へなければいかぬと思ひます。此の意味に於て日本の国体は全然変つて居ります。そこで金森さんに伺ひますが、斯くの如き国体は憲法が施行されたる場合に於きまして変りますかどうですかと云ふことを伺ひます。

国務大臣　金森徳次郎君　私の申上げて居りました国体と云ふ言葉の中味に当て嵌めますると、今御尋になりましたことは私より御答へすることの出来ない組合せのことになる訳であります。併し今仰せになりましたやうに、積極的に日本が今後平和の一路を捨身になつて進むと云ふことになるのだと云ふことは、此の憲法実施の時から疑ふべくもなく左様になるものと思ひます。さう云ふことに付て国体の一つの新らしい意味も御考になりますならば、それも一つの御考であらうと想像致して居ります。

松村眞一郎君（研究会）　そこで此の今度の憲法の前文は不備でないと云ふことを終始一貫言はれて居るやうでありますが、「**一切の憲法、法令及び詔勅を排除する**」と云ふ、此の詔勅には何と何とを含んで居ると云ふことは政府は大抵御考になつて居りませう。そこで先づ御尋ね致しますが、此の**教育勅語**、教育勅語の中に

教育勅語の「一旦緩急アレハ」の一句には武を含むか

「**一旦緩急アレハ**」と云ふことがあります。此の意味は武と云ふことに付ての意味を包容して居りませぬか、居りますか、一応伺ひます。

勿論武を想定した文字と思ふ

国務大臣　金森徳次郎君

勿論武を用ゆる場合を想定して居つた所の文字であらうと思ふのであります。然し他の情勢が変れば其の文字は如何様に書いて然るべきかと云ふことは更に研究を要することと考へて居ります。

軍人勅諭に所謂国体は、この憲法によつて改むべきものと考へるか

松村眞一郎君（研究会）

兎も角之を御定になりました当時に於て、武を含むと云ふことは、金森国務大臣が明瞭に御答弁になつたことであります。それであるのに私は教育勅語の中の此の部分は此の憲法の前文に依つて排除されるものであると云ふことを私は断言致します。次にもう一つ国体を申します。それは**明治天皇**が御出しになつて居るのであります。是は**軍人の五箇条**と云ふことを、軍人は必ず心得として読んで居るのでありまして、明治十五年一月四日に出て居ります。是は勿論軍人に対するものであることは申す迄もないのでありますが、軍人に対する関係で申されて居るのですが、此の中に国体と云ふ字がございますから申すのであります。斯う云ふことが書いてあります。是はずつと武家政治のことを書いてあります。「凡七百年の間、武家の政治とはなりぬ。世の様の移り換りて斯なれるは、人力もて挽回すへきものにあらすとはいひなから、且は我国体に戻り」と斯うあります。此の国体は此の憲法が出ましたならば、是は改むべきものだと考へて居りますか、如何でありますか。

国務大臣　金森徳次郎君　甚だ難問でありまするが、左様な場合に御使になつて居る国体と云ふ言葉にはどう云ふ中味を御含みになつて居るかと云ふことに付きまして、誠に御恥しいのでありまするが、十分なる研究を致して居りませぬ。篤と研究したいと思うて居ります。

甚だ難問、篤と研究する

松村眞一郎君（研究会）　何れにしましても是は排除される詔勅の中に入るのでありますから、全体に於て排除される……《ママ》「国体に戻り」と云ふ文字も排除される、是は明瞭な事実であります。是だけ申上げて置きます。それから昭和十四年に御出しになつて居る勅語があります。是は戦争前でありますから、そこで申上げます。それは昭和十四年五月二十二日**青少年学徒に下賜されたる御勅語**です。其の中に斯う云ふことがあります。「各其ノ本分ヲ恪守シ文ヲ修メ武ヲ練リ、質実剛健ノ気風ヲ振励シ以テ負荷ノ大任ヲ全クセムコトヲ期セヨ」此の「**武ヲ練リ**」と云ふことは今日では申すことは出来ないと思ひますが如何ですか。

青少年学徒に下賜されたる勅語に所謂「武ヲ練リ」と云ふことは如何

国務大臣　金森徳次郎君　**武を練る**と云ふことは、其の言葉の示さるゝ普通の意味に於きましては、最初此の憲法の実施と共に排除せらるべきものと思つて居ります。尚念の為に所見の一端を述べて、寧ろ是は御教へを請ひたいのでありますが、前文の中の「**一切の憲法、法令及び詔勅を排除する**」と云ふ言葉の中にもありまする、**排除せらるべき詔勅**と云ふのは何を指すのであるかと云ふことでありまするが、私共の今迄に言ふ解釈

普通の意味に於ける「武ヲ練ル」と云ふことは、新憲法の実施と共に、排除さるべきものと思ふ

この憲法の実施により、排除せらるべき詔勅は、法規の如き拘束力を有する詔勅であつて、教訓的なものは含まない

日本の国体は文武一体である

は是は衆議院に於て文字が変りました為に、果して其の解釈が其の儘維持出来るかどうかは先程**松村委員**から御意見がありまして、尚御研究を仰がなければならぬと思ひますが、政府としては初めの原案の「廃止する」斯う云ふ状態の下に於きまして、是は権力的なる意味に於て行はるゝ趣旨の詔勅を言ふのであります。言ひ換へまするど、法律命令の如き国民を拘束する意味に於てのものを指すのである。でありますから、拘束する意味を持たない全くの教訓的なものは此の中に入らないで、別の見地を以て之を取扱つて行くべきものであると云ふことです。それから過去に於て効果がなくなりまして、将来に向つて其の効力の存続して居ないものは、此の規定は当嵌らない、斯う云ふ風に考へて居ります。一口に言へば将来に向つて法的効果を持つものに対してのみ当嵌る、斯う思つて居る次第であります。御指摘になりました幾つかのものがあつて、之に当嵌るものもあるし、当嵌らないものもありまするし、相当むつかしい問題を含んで居るのです。自分ながらまだ実際のことは迷つて居るやうですから御教へを請ひたいと思ひます。

松本學君（研究会）

ちよつと関聯貭問で……《ママ》、只今**松村委員**からの御尋ねでありますが、九条の戦争抛棄のことでありますが、国体が変革したと云ふ御意見が出たが、**金森国務大臣**からの御答弁は、私はまだはつきりしないのであります。戦争を抛棄すると云ふことと武を捨てると云ふことが同じであるのでありませうか。日本の国体は、私共の考へて居る所に依れば、**文武一体**と云ふ国体であるやうに思ふのです。而も其の**武**

「武の精神」は戈を止むるにあり、武の精神こそ平和の精神、戦争抛棄は武の精神を捨てることであると云ふのは、非常な間違ひ

の精神と云ふものは、決して戦争の精神ではないのです。武は是は漢字の解釈ですけれども、支那に於てでも此の思想は**戈を止むる**にあり、武と云ふものは戦争をしないやうにすることが武の本当の精神である、是は支那でもさう言つて居るのであります。此の武と云ふ字を解剖して見ますれば、戈を止むるにある、戦争をしないやうにすることが武の本当の精神である。真武の、真の武の精神と云ふものは、是は日本国民が長い間持つて来た精神であつて、此の武の精神こそ平和の精神である、私共はさう云ふ風に考へて居る。でありますから、此の第九条が規定されたからと言つて戦争を抛棄すること、即ち武の精神を捨てることである……《ママ》、是は非常な間違ひではないかと私は考へるのでありますが、一応其の点に付て御考を承りたいと思ひます。

国務大臣　金森徳次郎君

第九条の精神に反する限りに於て、諸般の武に関する言葉は反省せらるべきである

私の申上げました言葉が足りなかつたかとも思ひまするが、私は第九条の精神と反する限りに於て、諸般の武に関係する言葉は反省せらるべきである、大体**牧野委員**の御示しになりましたものの中には、常識的に言つて第九条の趣旨のものを含んで居るであらう、其の含んで居る面に於て補正せらるべきだ、斯う云ふ趣旨で以て御答した訳であります。

松村眞一郎君（研究会）

私は私のことから起つて居りますから申します。

松本學君（研究会）

ちょつとこちらはもう少し申上げて見たい……《ママ》

松村眞一郎君（研究会）

あなたの今の御話から申上げます。武と云ふのは戈を止むると云ふ字です。それは当然なことであります。併しながら茲で武力と云ふのは、戈を止むる力ではありませぬ。戈の力です。第九条をあなたはどう御読みになるのです。此の**武力**と申しますのは、明かに戈を執つて立つと云ふ字なんです。武と云ふものの精神は、戈を止むる精神であると云ふことには共鳴します。だけれども、此の武と云ふものは戈を執ると云ふ字です。さう云ふことを茲で質問して居つてはいけませぬが、其の武の精神と云ふことの持つて居る其の意味は、私は矢張り何も捨てると云ふのではありませぬ。私の言ふのは、武と云ふのは戈に遡へる武と云ふ意味なんです。

松本學君（研究会）

只今それを申上げようと思つて居つた所であります。茲に**武力**と申しますのは、後の第二項に出て居ります**戦力**と同じものと解釈すべきものではないか、解釈するよりも、若し此の九条と云ふものがある為に、**松村委員**が言はれるやうに、是がある為に国体が変革すると云ふやうな議論が起るならば、武力と云ふ文字を修正しても宜いと私は思ふ。武力と云ふ文字を戦力と云ふ風に御変へになつて然るべきものぢやないか。何故さう申すかと言へば、翻訳文を読んで見ますと、是は翻訳文の英語にない為かも知れませぬが、戦力を**フォース**と書いてある、武力と云ふ所もフォースと書いてある。どうして此の翻訳

武とは、明かに戈を執つて立つと云ふ文字。私の言ふ武とは戈に遡へる武と云ふ意味

「武力」と「戦力」とは同じものと解すべきではないか。武力は何処までも戈を止むるとは云ふ精神、戈を執る力と解する間違

文に同じ文字で現されて居るか、苟くも**武力**と云ふものを、今戈を執る力なんて解釈されることが間違ひなんで、武力と云ふものは何処迄も戈を止むると云ふ精神、であるから若し武力と云ふことがいけないならば、私は戦力と御修正になつても宜いのぢやないか、そこ迄しないと云ふと、九条に依つて国体が変革したと云ふやうな議論になることは、重大な問題であります。政府に於てもはつきりそこを御答弁になることが必要であらうと思ふ。それで私は申上げて居る。其の点に付て如何でありませうか。

戦争をすること、戦力を保有することとは、この憲法によつて変更を受ける。その範囲に於て諸般の制度は変らなければならない

国務大臣　金森德次郎君　私の御答へ致しましたのは、戦さをすると云ふこと、兵力を保有すると云ふことが此の憲法に依つて変更を受けると云ふのでありまして、結局其の変更を受ける範囲に於て、諸般の制度は変らなければならないと云ふ趣旨であるのであります。私は曩に**国体**のことに関聯して**軍人に対する勅諭**を御読みになりました時に、能くそこに御使になつて居る国体と云ふ言葉の意味が我々には十分呑み込めて居りませぬので、研究をしないと御答が出来ないと云ふことを述べて置きました。今松本委員の仰せになりました所と方向に於て必ずしも異る所はないと考へて居ります。

戦争抛棄によつて国体が変ると云ふ議論があり、議論の原因が武力と云

松本學君（研究会）　私が此の緊急の関聯質問を致しましたのは、そこにあるのであります。政府の御研究がまだ十分でないと思ひます。斯う云ふ問題は咄嗟の場合に突然の質問に依つて、まだ十分準備が整つて居ない御答弁だけで決定すべきものぢやないと私は思ふから、茲に関聯質問を致した訳であります。是は重大なる問

題であります。戦争を止めると云ふことを言つたからと言つて、日本の国体が変ると云ふやうなことは、是は若しさう云ふことが政府でも御答弁が十分に出来ないで、我々委員に於てもはつきりしないと云ふことになり、若しさう云ふ結果になるならば、而もさう云ふ議論の起る原因が、武力と云ふ所に原因して居ると云ふことになるならば、之を後の第二項に出て来る戦力と云ふ文字に御書き換へになつてでも、此の問題は御解決にならなければ、ならぬと云ふことを私は考へるから申上げたのであります。何とか政府に於て御考は出来ないものでありませうか。

ふ文字にあるならば、これを戦力と書き換へてもよいではないか

国務大臣　金森徳次郎君

私の積極的に申上げて居りました国体の観念は従来とも寸毫も違ふ所はないのでありまするからして、其の点に於て此の第九条から来る関係に於て国体が変ると云ふことは全然ない訳であります。私が今御答の猶予を願つたと云ふのは、其の軍人に対する勅諭の中に現に御使になつて居る国体と云ふ言葉、其の言葉の内容がはつきりしないから直ちには御答が出来ぬと言つたのでありまして、我々の通念として認めて居る国体と云ふものは之に依つて影響を受けないと云ふことは予々から申して居る趣旨に依つて明かであらうと存じて居ります。

私の所謂国体観念、社会通念としての国体観念は、第九条によつて変ると云ふことは全然ない

松本學君（研究会）

それで私も能く分りました。第九条がある為に国体が変革したと云ふことは政府は御考になつて居ないと云ふことに了解致します。

よく了解した

私は国体は変更しないと断言する。しかし変更するやうに読めるから、余程考へなければいけない

松村眞一郎君（研究会）

私は質問をして居るのでありまして、それでは何を国体と考へて居るか、何を考へて居るかと云ふことはまだ申して居りませぬ。余り皆さん御心配になりますから申しますが、私は国体は変更せずと云ふ信念を持つて居ることを茲に明言致して置きます。是は色々意見になりますから、私今申しませぬ。色色な意味に読めるぞ《ママ》、ですからそれは全然違ひます。是は能く御考になつて戴きたい。今私は討論して居るのぢやない、こんなやうに読めるから国体と云ふことを御取扱になる時には余程御考にならなければいけませぬぞと云ふことを言つて居るのでありまして、私は国体は変更しないと云ふことを断言致します。其の理由は又申します。

第二章第九条と不戦条約

高柳賢三君（研究会）

九条の一項、二項に付きまして、第一項の字句を読みまして所謂**ケロッグ・ブリアン条約**（附録一九参照）を思ひ出すのであります。尤も其所では**国策の手段として**と云ふ文字が使つてあるのに対して、此処では**国際紛争を解決する手段**と云ふ風に変つて居ります。又不戦条約では戦争のみが抛棄されることになつて居りますが、此所では不戦条約の解釈に付て学者の間に非常な争ひがあつた。**武力に依る威嚇、武力の行使**、是が所謂平和的手段、パシィフィック・メヂャーと云ふことが言へるかどうかと云ふことは国際法学者の間に非常に議論が分れて居つたのが、此処では其の一派の意見に従つて、それが廃棄の対象として此所に入つて居る、さう云ふことが之を読んで感ずるのであります。此の不戦条約の後に出来

戦争を廃棄する憲法の条項は必ずしも珍らしいものではない

自衛権は、国内法に於ける正当防衛権とは違ふ

従来の憲法の戦争抛棄に関する規定に於ても、不戦条約に於ても、自衛権は保留されて居る

ました千九百三十一年の**スペインの憲法**には矢張り戦争の廃棄が謳つてあり、更に**ラテン・アメリカの諸国の憲法**の中にも同様な規定があり、更にずつと古く遡つて言へば**フランス革命後の千七百九十一年の憲法**の中にも、戦争を廃棄すると云ふ条項が見出だされる。(附録一八参照) それ等の意味で必ずしも戦争を廃棄すると云ふ憲法の条項は珍らしいものではないと思ふのでありますが、併しそれ等の総ての過去に於ける憲法の戦争抛棄に関する条項と云ふものは**自衛権**と云ふものが留保され、不戦条約に於ても自衛権と云ふものが留保され、而も其の自衛権と云ふものは国内法に於ける**正当防衛権**と違ふのでありまして、国内法に於きましては、正当なりや否やを決定すべき第三者たる裁判所と云ふものが最高の決定権を持つて居る。然るに国際社会に於てはさう云ふ第三者に自衛権の行使の判定と云ふものを委せることを、従来孰れの国と雖も承諾しなかつた、従つて**不戦条約**に於て戦争は棄てられましたけれども、自衛戦争と云ふものは棄てられない、而も自衛なりや否やは、各国の自衛権を行使する国の判断と云ふものが最終的なものである。是は国際法の一般的に了解された国際法規でありますから、不戦条約と云ふものは大した意味はないのだと云ふのが当時の国際法学者の通説であつたのであります。唯昔は正当な戦争と正しからざる戦争との区別であつたのが、侵略戦争と防衛戦争との区別に言葉が変つただけだ、斯う云ふことが言はれたのであります。のみならず戦争は廃棄しましたけれども、戦力を廃棄すると云ふことは何処の国でもやらない、斯う云ふ訳でどうも不戦条約と云ふやうな条約が出来て之を基礎にした憲法が出来ても大した実際上の意味と云ふものが出て来ないと云ふことが国際関係と云ふものを研究

第二章第九条は従来の条約及び諸国の憲法に見出される戦争抛棄とは本質的に異り、非常に劃期的

原子爆弾の発明により従来の武装せる主権国家はナンセンス

将来の世界、世界聯邦と云ふものに照らして、はじめて意味がある

して居る人達の十分に熟知、認識して居つた所であると考へます。**然るに私共第二項を読みますると、**従来のそれ等の戦争抛棄とは非常に違ふので、第一は戦力を抛棄する、是は何処の国でもやらなかつたことである。第二は国の交戦権を抛棄する、是で恐らくは自衛権も抛棄する、斯う云ふ意味合が出て来るのであります。さう云ふやうな意味で此の九条の第一項と第二項と云ふものを併せて読みますると、従来の条約或は憲法の条項に於て見出される戦争抛棄とは本質的に違つた条項であると云ふことを感ずるのでございます。さう云ふやうな意味で私は此の条項は非常に劃期的なものである、併しながら現代に於ては戦争の分野に於て陸軍や海軍、従来のやうな意味の陸軍や海軍が何処迄役に立つかと云ふことが段々怪しくなつて来た、**アトミック・ボーム**、原子爆弾と云ふものの発見以来、武力の問題に付ても従来の考へ方と云ふものに革命が起つて来て居る。之に依つて従来**武装された主権国家**と云ふものが殆どナンセンスになつて来たのではないか、寧ろ世界と云ふものが聯邦となつて、そこに**警察力**と云ふものが、何処の国にも属しない警察力と云ふものが世界の平和を確保する、さう云ふ時代に向ふべきものではないか、さう云ふやうな意味と照合致しまして初めて此の条項と云ふものが活きて来るのである、さう云ふ世界と云ふものが来れば是は孰れの国家も此の条文のやうな条項を採用しなければならない、丁度**アメリカの各州**と云ふものが武力を持たないと同じやうに、各国と云ふものは武力を持たないと云ふことが原則になると云ふことが**世界平和確保**に対して必要なことであると云ふ風になる、さう云ふ一つの将来の世界と云ふものに照して此の条項の意味があるのだらうと云ふことを総会で簡単に申上げま

侵略を受けた場合に於ても、この原則によれば武力抗争をせず、一時は侵略に委ねることになると思ふが、どうか

した。さうでありますので此の規定は非常に重大だと思はれますが、併し一般の国民は此の条項の意味と云ふものを十分に恐らくは理解しないのではないか、少くも法律家でも是はどう云ふ意味合があるのであるかと云ふことを十分に理解すると云ふことはなか〳〵困難だと思ひます。併しそれはどう云ふ事態が来るのかと云ふことをはつきり我々の意識に上ぼせて置くと云ふことが必要なことではないかと思ふのであります。そこで数個の点に付きまして、政府の見解を御尋ねしたいと思ふのであります。極めて具体的な点から申上げます。日本が或国から侵略を受けた場合でも、改正案の原則と云ふものは之に対して武力抗争をしないと云ふこと、即ち少くも一時は侵略に委せると云ふことになると思ふが、其の点はどうですか。

武力なくしての防衛は自ら限度があり、自然さう云ふことになる

国務大臣　金森徳次郎君　ちよつと聴き落しましたが、多分戦争を仕掛けられた時に、こちらに防衛力はないのであるからして、一時其の戦争の禍を我が国が受けると云ふことになるのではないかと云ふこと、それは場合に依りましてさう云ふことになることは避け得られぬと云ふことに考へて居ります。武力なくして防衛することは自ら限定されて居りますからして、自然さうなります。

第九条の精神はガンヂーの無抵抗主義にあるものと理解して宜しいか

高柳賢三君（研究会）　即ち謂はば**ガンヂーの無抵抗主義**に依つて、侵略に委せる、併し後は世界の正義公平と云ふものに信頼してさう云ふことが是正されて行く、斯う云ふことを信じて、一時は武力に対して武を以て抗争する

と云ふことはしない、斯う云ふことが即ち此の**第九条の精神**であると云ふ風に理解して宜しうございますか。

国務大臣　金森徳次郎君　実際の場合の想定がないと云ふと、之に対してはつきり御答は出来ないのでありまするが、**第二項**は、武力は持つことを禁止して居りますけれども、武力以外の方法に依つて或程度防衛して損害の限度を少くすると云ふ余地は残つて居ると思ひます。でありますから、今御尋になりました所は事の情勢に依つて考へなければならぬのでありまして、どうせ戦争は是は出来ませぬ。第一項に於きましては自衛戦争を必ずしも禁止して居りませぬ。が今御示になりましたやうに第二項になつて自衛戦争を行ふべき力を全然奪はれて居りますからして、其の形は出来ませぬ。併し各人が自己を保全すると云ふことは固より可能なことと思ひますから、戦争以外の方法でのみ防衛する、其の他は御説の通りです。

武力以外の方法に依つて或程度防衛する余地は残されて居る。戦争以外の方法でのみ防衛する。その他は御説の通り

高柳賢三君（研究会）　此の憲法に依りまして自衛戦争と云ふものを抛棄致しましても、それだけでは右の場合に日本は国際法上の自衛権を喪失せざるものと思ひますが、此の点はどうでありますか。即ち侵略者に対して武力抗争をすればそれは憲法違反にはなるけれども、国際法違反にはならないものと解釈致しますが、此の点はどうですか。

憲法に依つて自衛戦争を抛棄しても、国際法上の自衛権は喪失しない。自衛戦争は憲法違反になるが、国際法違反にはならない

国務大臣　金森徳次郎君

法律学的に申せば、御説の通り

交戦国の権利義務に関する条約等は、憲法の規定にかかはらず、依然存続するものと思ふがどうか

国際法的には存続する

正式に国際法上の要件を備へた「群民蜂起」の国際法上及び国内法上の地位はどうか

法律学的に申しますれば御説の通りと考へて居ります。元来さう云ふ徹底したる自衛権抛棄の方が正当なことかとも思ひますけれども、是は憲法でありまするが故に、其の能ふ限りに於てのみ効果を持つことになるのであります。

高柳賢三君（研究会）

交戦国の権利義務に関する色々な条約、それから俘虜の待遇に関する日本の国際法上の権利義務、それ等は此の憲法の規定に拘らず、其の儘日本に存続するものと云ふ風に私は理解しまするけれども此の点は如何ですか。

国務大臣　金森徳次郎君

国際法的には存続するものと考へて居ります。

高柳賢三君（研究会）

外国の軍隊に依つて侵略を受けた場合に、所謂国際法で知られて居る**群民蜂起**と申しますか、**ルヴェー・アン・マス**、正式に国際法の要件を備へた群民蜂起の場合には防衛の為に群民蜂起が起る、さう云ふやうな場合に、其の国際法上及び国内法上の地位はどうか、私は国際法的には是は適法であつて、交戦者は戦闘員として矢張り取扱はれ、又俘虜になれば俘虜たる待遇を受けると云ふことになると思ひますが、（註）国内法では国の交戦権を否認した憲法上の規定に反することになると云ふことになると思ひますが、其の点はどうでありますか。

註＝『陸戦の法規慣例に関する条約
一九〇七年一〇月一八日　海牙にて調印
一九一一年一一月　六日　日本批准
同　年一二月一三日　日本批准書寄託

条約附属書
陸戦の法規慣例に関する規則（抄）
第一款　交戦者
第一章　交戦者の資格

第一条　戦争の法規及権利義務は、単に之を軍に適用するのみならす、左の条件を具備する民兵及義勇兵団にも之を適用す。
一　部下の為に責任を負ふ者其の頭に在ること
二　遠方より認識し得へき固著の特殊徽章を有すること
三　公然兵器を携帯すること
四　其の動作に付戦争の法規慣例を遵守すること
民兵又は義勇兵団を以て軍の全部又は一部を組織する国に在りては、之を軍の名称中に包含す。

第二条　占領せられたる地方の人民にして、敵の接近するに当り、第一条に依りて編成を為すの遑なく、侵入軍隊に抗敵する為自ら兵器を操る者か公然兵器を携帯し、且戦争の法規慣例を遵守するときは、之を交戦者と認む。

第三条　交戦当事者の兵力は、戦闘員及非戦闘員を以て之を編成することを得。敵に捕はれたる場合に於ては、二者均しく俘虜の取扱を受くるの権利を有す。』

国務大臣　金森徳次郎君　正当防衛の原理が解釈の根拠となるものかと考へる

左様の場合はどう云ふことになりますか、新らしき事態に伴ふ種々なる法律上の研究を要すると思ひ

ますが、緊急必要な正当防衛の原理が当嵌つて、解釈の根拠となるものかと考へて居ります。

高柳賢三君（研究会）

今の御答は国際法的に……《ママ》

国務大臣　金森徳次郎君

国内法的に……《ママ》

侵略に対する共同制裁を目的とする条約等も憲法違反と思ふが、どうか

高柳賢三君（研究会）

此の憲法の条項に依つて所謂**攻守同盟条約**、又所謂**侵略国に対する共同制裁を目的とする国際的な取決め**、国際条約と云ふものを締結することは、憲法違反になると思ひますが、其の点はどうですか。

第九条に違反する趣旨の条約は憲法違反

国務大臣　金森徳次郎君

当然に第九条第一項第二項に違反するやうな形に於ける趣旨の条約でありますれば、固より憲法違反になると存じます。併し場合に依りましては、或は第一条第二項のやうなことをしなくても済むやうな条約が結べるとすれば、其の場合には又別に考へなければならぬと思ひます。

自衛戦争拋棄は、自衛の名の下に侵略の行はれた通弊に照らして為されたものか

高柳賢三君（研究会）

自衛権を拋棄したと云ふ言葉は、是は自衛の名の下に所謂国策の手段としての戦争が行はれる国際間の通弊に照して為されたものと云ふ御説明がありましたが、其の通りでございませうか。

国務大臣　金森徳次郎君

全くその通り

共同制裁を目的とした戦争を抛棄するは、戦争そのものが人類の福祉に反すると云ふ根本思想に基くのではないか

普通の形を予想すれば、御説の通り

国聯憲章の平和思想と改正案の平和思想

改正案は国聯憲章を断乎排撃せむとするものであるか

全く其の通りでありまして、従つて第一項で正式に自衛権に依る戦争は抛棄して居りませぬ。併し第二項に依つて実質上抛棄して居る、斯う云ふ形になります。

高柳賢三君（研究会）

共同制裁を目的とした戦争への加入と云ふものを封じて居ると云ふことは、共同制裁と云ふものを目的とする戦争も矢張り国策の手段として行はれると云ふ弊害に照してなされたものと見て宜いか、即ち自衛権或は共同制裁と云ふやうな名目の下に戦争が行はれるのであるけれども、それは名目であつて戦争其のものがいけないのである、戦争其のものが人類の福祉に反すると云ふ根本思想に此の規定は基くのではないか、其の点を御説明願ひたい。

国務大臣　金森德次郎君

是も実際の具体的な形を想定しないと正確には御答へ申し兼ねるのでありますけれども、普通の形を予想しますれば御説の通りと考へます。

高柳賢三君（研究会）

国際聯合の憲章と云ふものは、是は**自衛戦争**、それから**共同制裁としての**戦争と云ふものを認めて居るのでありますが、此の改正案は其の孰れをも断乎排撃せむとするのである、従つて国際聯合憲章の世界平和思想と、改正案の世界平和思想とは、根本的に其の哲学を異にするものであると云ふ風に思ひますが、其の点はどうでありませうか。

国務大臣（金森徳次郎君） 国際聯合の趣旨と此の条とが如何なる点に於て違つて居るか、同じであるかと云ふことに付きましては、必ずしも一括して之を解決することは出来ないと思つて居ります。此の案は国際聯合の規定して居りまする個々の趣旨を必ずしも批判することとなくして、日本自身が適当と認むる所に於て限界を定めて規定をした訳であります。衆議院に於きましても、其の関係に於きまして御質疑があつて、国際聯合に入る場合に於て、何処かに破綻を生ずるのではないかと云ふやうな御尋がありました。政府の只今の考へ方は、自分達の見て正しいと思ふ所に規定を置きましたから、それより起る国際聯合との関係は別途将来の問題として必要があれば研究すべき余地があると思ひます。

本条は自ら見て正しいと思ふ所を規定したもので、国聯憲章を批判したものではない。国聯との関係は、別途将来の問題として研究する

高柳賢三君（研究会） スイスは永世中立国たる地位に鑑みて、国際聯合に加入しないことに決したと云ふ風に伝へられて居ります。日本は新憲法の独自の世界平和政策と云ふものに鑑みて、国際聯合とは全然哲学を異にする、国際聯合には寧ろ加入せざる方が憲法を認めて居る我が国策に忠なる所以ではないか、或は又もう少し妥協的に此の中に入り込んで行つて、此の憲法の趣旨を全世界に伝播しようと、斯う云ふ御考でありませうか、其の点に付いて政府の御考を承りたい。

日本は、新憲法の独自の世界平和政策に鑑み、国聯に加入せざる方が、国策に忠なる所以ではないか

国務大臣　金森徳次郎君 此の憲法の趣旨が国際聯合の趣旨と違ふ所のあることは、今仰せになりました如くであります。従つ

憲法の趣旨と国聯憲章の趣旨とは違

ふ所がある。これを如何に調節するかは将来の問題

戦争抛棄の結果、中立国としての義務履行が出来なくなり、日本が戦場化する危険が濃厚ではないか

て今後日本が**国際聯合との関係**に於て、如何なる態度を執るかと云ふことは、広い視野からして多角形に考ふべき余地を残して居ると存じますが、現実の問題として今日考ふるのは未だ其の時ではないのでありますが、若し必要が起れば此の二つのものの間に、適当なる調節を図り得る途も色々あると云ふ風に考へて、研究と云ふ迄の段階にはなつて居りませぬけれども、心の中にはそれを描いて居ります。

高柳賢三君（研究会）

次に第三国の間に戦争が勃発した場合に、**日本の中立の問題**が起りますが、中立国と云ふものは**中立国としての義務**がある。例へば一方の交戦国の飛行場を日本に作らせると云ふやうなことをしてはいかぬ、或は海軍根拠地を提供してはいかぬと云ふやうな義務を中立国として当然負ふことになると思ひますが、日本は武力を全然抛棄した場合に於きましては、此の中立国の義務は、実質上に於て履行すると云ふことは出来なくなり、従つて他の交戦国は一方の交戦国に対してさう云ふことを許したと云ふので、同様なる行為を報復的にやると云ふやうな状態になつて、其処で日本が戦場化するといふやうな危険が相当濃厚ではないか、其の点を一応御説明を御願ひ致します。

国務大臣　幣原喜重郎君（男爵）

一言私の意見だけを申上げます。是から世界の将来を考へて見ますると、どうしても世界の輿論と云ふものを、日本に有利な方に導入するより外仕方がない、是が即ち日本の安全を守る唯一の良い方法であらうと思ひます。日本が袋叩きになつて、世界の輿論が侵略国である、悪い国であると云ふやうな感

国聯加入に際しては、第九条の精神に基き、国聯憲章による再軍備及び制裁戦争への参加を保留しなければならない

軍備を持たないこと、交戦権のないことは、日本の権利・自由を守る最良の方法

じを持つて居ります以上は、日本が如何に武力を持つて居つたつて、実は役に立たないと思ひます。我等の進んで行く途が正しければ「**徳孤ならず必ず隣りあり**」で、日本の進んで行く途は必ずそれから拓けて行くものだと私は考へて居るのであります。只今の**御質問の点**も私は同様に考へて居るのであります。日本は如何にも武力は持つて居りませぬ。それ故に若し現実の問題として、**日本が国際聯合に加入すると云ふ問題**が起つて参りました時は、我々はどうしても憲法と云ふものの適用、第九条の適用と云ふことを申して、之を留保しなければならぬと思ひます。是でも宜しいかと云ふことでありますれば、国際聯合の趣旨目的と云ふものは実は我々の共鳴する所が少くないのである、大体の目的はそれで宜しいのでありますから、我々は協力するけれども、併し我々の憲法の第九条がある以上は、此の適用に付ては我々は留保しなければならない。即ち我々の中立を破つて、さうして何処かの国に制裁を加へると云ふのに、協力をしなければならぬと云ふやうな命令と云ふか、さう云ふ註文を日本にして来る場合がありますれば、それは到底出来ぬ、留保に依つてそれは出来ないと云ふやうな方針を執つて行くのが一番宜からう、我々は其の方針を以て進んで行きますならば、世界の輿論は翕然として日本に集つて来るだらうと思ひます。兵隊のない、武力のない、交戦権のないと云ふことは、別に意とするに足りない、それが一番日本の権利、自由を守るのに良い方法である、私等はさう云ふ信念から出発致して居るのでございますから、ちよつと一言附加へて置きます。

高柳賢三君（研究会）

国民が個人として、第三国間の戦争に参加するを禁止する立法が必要ではないか

能く分りました。最後に此の条項は国に関する規定でありますが、国民に付ても此の同じ精神で、例へば他国間に戦争がある場合に於て其の一方の国の軍隊と云ふものに入つて戦争をやると云ふやうなことは之を禁止する、丁度イギリスのフオーレン・エンリストメント・アクトと云ふのが千八百七十年でしたかの法律でありますが、それと同種類のやうな法律と云ふものを拵へて、日本人が外国の軍隊に入つて外国の武器を使つて戦争をすると云ふやうなことをもしないやうにすること迄国内法的に徹底させると云ふことが此の憲法の精神の上から必要であると思ふが、其の点に付てどうでせうか。

全く同感

国務大臣　金森徳次郎君　今御示しのありました処は全く同感でありまして、必要に応じて機宜の措置を法律的に設けることは心掛けて居る処でございます。

高柳賢三君（研究会）　是で私の質問を終ります。

佐々木惣一君（無所属）　私の戦争抛棄と云ふ午前に御伺ひしましたことは実は時間上非常に端折つてやつたのですが、併し只今高柳さんからの質問及び之に対する御答弁で実は私が言はなくても宜かつたと云ふことをはつきりしましたが、唯此の戦争抛棄の問題は一面外国、詰り国際的と、それから一面国内的と両面に亙りますから非常に複雑な問題が起るのであります。それで実は今私が午前に御尋ね致しましたのは、詰り目下国

幣原氏の所謂留保を申出る時期は何時か。独立前か、若くは独立後か

第九条の規定により、日本だけが不当の挑戦に対し武力抵抗を許されないやうな場合が実際に生じた時に於ける国民感情

際聯合と云ふやうなこととの関聯に於て日本が何かそれに対して働き掛ける、意思表示をすると云ふやうなことがないかと云ふ風に申上げたのは、結局入つても入れないことになる、入つても役に立たないですから、**共同制裁の戦力**《争?》に加入すると云ふことが出来ないことになりますから、それは併し今**幣原国務大臣**の御答弁でさう云ふ事情を言うて、と云ふことになりまして、それは非常に宜いですけれども、其の事情を言ふと云ふことが、併しながら前以て言ふのですか、国際聯合に入るとか入らぬとか云ふことが具体的に問題になつた時に至つて言ふのであるか、さう云ふやうなことはまだ問題として残つて居ります。それは例へば今の、詰り外交関係に日本が認められるやうになつてから言ふのであるか、それ前に今でも言ふのであるかと云ふやうなことがまだ残つて居りますけれども、それはまあ御尋ね致しませぬ。それよりも、一つ**もう一点御尋ね致したいのは**、詰り外国から不当に戦争でも日本に挑んで来ました時に、それでも今の不戦条約に依ると云ふと、さう云ふ即ち**セルフ・デフェンス**の手段としての戦争抛棄は是は決して許されぬのではない、牢固として残つて居るんだと云ふ意味であるやうであります。さう云ふ許された客観的に誰が見ても許されるやうなセルフ・デフェンスと考へられるやうな時でも、日本は国内的にはどうも今の憲法の規定があつて戦争することが出来ないと云ふ状態に今置かれて居る。私は其の時に、今度国際関係でなしに国内の国民がさう云ふ場合にどう云ふ感じを持つであらうかと云ふやうなことも懸念をして昼前御尋ねしたのでありますが、其処迄言ふ時間がなかつた。そこで誰が見ても客観的に日本が攻められることが不当である、日本を攻めることが不都合だ、許されること

ではない、従つて日本から言へばパーミシブルに許されたセルフ・デフェンスと云ふ時でも、倘憲法の規定に依つてじつとして居らなければならぬと云ふ、さう云ふ場合が出て来ると云ふことは考へられるのですが、国民はどう云ふ感じを持つだらう、斯う云ふことをちよつと御尋ね致したいのであります。昼迄の問題に関係するから金森国務大臣に……《ママ》さう云ふ時に果して国民はそれで納得するだらうかと云ふやうなことですが。

国務大臣　金森德次郎君　此の第二章の規定は実は大乗的にと云ふことを繰返して言ひましたし、本当に捨身になつて国際平和の為に貢献すると云ふことでありますから、それより起る普通の眼で見た若干の故障は予め覚悟の前と云ふ形になつて居る訳であります。従つて今御示になりましたやうな場合に於て自衛権は法律上は国内法的に行使して、自衛戦争は其の場合に行ふことは国内法的に禁止されて居りませぬけれども、武力も何にもない訳でありますから、事実防衛は出来ない、国民が相当の変つた状況に置かれるやうになると云ふことは、是は已むを得ぬと思ふ訳であります。併し其時に国民が何とか考へるであらうと云ふことは、今から架空に予想することは困難でありますが、国民亦斯くの如き大きな世界平和に進む其の道程に於て若干の不愉快なことが起つて来ることは覚悟して、之を何等か適切な方法で通り抜けようとする努力をするものと考へて居ります。

佐々木惣一君（無所属）

第二章は、捨身になつて国際平和のために貢献しやうとする大乗的規定。それより起る若干の故障は予め覚悟の前。御質問の点は、架空に予想することは困難

架空な想像と考へず、これを採入れて立法すべし

是れ以上別に御尋ねすることはないですが、唯私共はさう云ふ場合を架空な想像と考へずに、立法の場合はさう云ふことをも採入れて立法すべしと云ふ意見を持つて居ります。ちよつとそれを加へます。是で私の質問を打切ります。

平塚廣義君（研究会）

第九条は誠に重要な問題、憲法として公布される場合には、政府としても十分な注意が肝要

私は九条の二項の前段に付て御尋を致したいと思つて居つたのであります。今朝より**佐々木委員**、それから只今は**高柳委員**から詳細な質問が寄せられまして、当局より明確な御答を拝聴致しましたので、私の質問を致したいと思つて居りました点は殆ど全部了解を致したのであります。殊に午前中**金森国務大臣**が佐々木博士の御質問に御答へする時に当りまして、言葉の中に含みたる色々の御説明を承りましたので、私は只今高柳委員から質問せられましたのを繰返すことを止めます。又此の九条に付きましては誠に重要な問題でありまして、是が憲法として発布せられました暁に於きまして、政府に於かれましては十分な御注意があるだらうと考へて居りますので、其の点に付きましては、此の際は質問を致さぬことに致しますが、左様御承知を願ひたいのであります。

各地駐屯兵力と保安との関係

私が**第二項の前段**と云ふことを特に申上げてありますのは、先刻来自衛権でありまするとか、或は国の秩序の問題、保安上の問題にも関聯して居るやうに考へまするし、殊に従来各地に駐屯して居る所の兵力、日本の兵力と云ふものと保安と云ふことは非常に密接な関係を持つて居つたのでありまするから、是等の点に付きましても御質疑致したいと考へて居つた次第でありますが、是は内務大臣の御説明も承りたいと思ひますから、他の機会に譲りま

して、本日は私は全部今申上げた点だけに止めまして、質問を差控へる考であります。どうぞ適当の機会に御願ひ致しました時には御許しを願ひたいと思ひます。

澤田牛麿君（同和会）

地方治安の維持上、兵力の必要を生ずることは、実例があり、仮定の事実ではない

パリ会議の模様を見れば、聯合国側も若干の兵力保有を許すものと想像される。それ迄遠慮する必要はないぢやないか

只今平塚委員の申されましたやうに、此の間の質問に其のことを申して置きましたが、総理大臣はさう云ふ仮定の事実にはちよつと答へられぬと云ふやうな御返答でありました。私は警察の問題、即ち地方の治安問題に付て、地方長官が出兵を要求する権利を持つて居る訳で、仮想のことではない、現に私が福岡県知事をして居つた時分、大震災が起つて実は出兵を要求したのであります。朝鮮の労務者が沢山居るので不穏な噂が伝つたので、公式文書ではないけれども、出兵を要求したら、旅団長が承諾して適当な処置を執つたと云ふやうに、仮定の事実ではない。さう云ふ場合には矢張り軍隊が少しある方が宜いぢやないかと云ふことを申上げた処が、総理大臣は仮定の事実には返答出来ないと云ふやうな御話があつたから、私は前に質問したのです。又平塚君の御質問は多分それと同じだらうと思ひますから是は尚機会があつたら私も承知したいことであります。それと同時に是も総理大臣兼外務大臣から何の御答もなかつたのでありますが、パリー会議の進行の模様を見ますと、旧枢軸側の国に各〻陸軍海軍、イタリーには海軍を許すやうであります。まだはつきり分つて居りませぬが、私外交のことは知りませぬが、新聞の見る所では矢張り枢軸側にも多少の軍備を認める様子でありますから、世界で日本だけ一つ軍備を聯合国側から禁ずると云ふことはどうもちよつと想像しにくいのであります。若し国内の警察

の裏付として一万なり二万なりの兵でも置いて構はないと云ふやうに講和条約でなつた時に、憲法に先決つて居ると云ふと一万も五千も置けないと云ふことになる、それ迄に遠慮する必要はないぢやないかと云ふ考を私持つて居るのであります。若し御差支がなければ幣原国務相から其の点に付て御意見を願へれば結構だと思ひます。

国務大臣　幣原喜重郎君（男爵）

直接私御答になるかならぬか能く分りませぬが、衆議院の方で修正を致しました之を御覧下されば能く分ります。即ち「日本国民は、正義と秩序を基調とする国際平和を誠実に希求し」と其の目的が書いてあり、日本国内の秩序を保つと云ふことは是には関係無いことであります。又第二項には「前項の目的を達するため」「戦力は、これを保持しない」と斯う書いてあります。警察力を充実することは差支ないと思います。併し外国と戦争することが出来るやうな兵力を持つと云ふことは出来ない、此のことは明瞭であると思ひます。其の点だけちよつと附加へて置きます。

澤田牛麿君（同和会）

さうすると、第九条は日本の軍備を全部持たないと云ふ意味ではないのでありますな。条約で許されれば幾らか軍備を持つと云ふ意味でありますか。ちよつと私にはつきり聴取れなかつたのであります。無論外国と戦争する為の軍備はいけないけれども、さうでない場合に、若し平和条約に於て幾分の軍備を許される場合には、其の軍備は保持して差支ないと云ふ趣旨でありますか、ちよつともう一度伺ひた

警察力を充実することは差支ない。外国と戦争することが出来るやうな兵力を持つことは出来ない

第九条は、全然持たないと云ふのではなく、条約で許されれば幾らか持つと云ふ意味であるか

い。

国務大臣　幣原喜重郎君（男爵）

其の問題は結局、兵備はどう云ふものであるか、軍力はどう云ふものであるかと云ふ問題が掛つて来はせぬかと思ひます。是は戦力であると云ふことになりますと之を保持しないと云ふことになつて居ります。詰り国際平和を希求する目的を達する為に戦力は持たない、斯う云ふことになつて居ります。だから外国との戦争に関係のあるやうな戦力は是は持てないと云ふことは明瞭であります。併し**国内の警察力の充実と云ふことは是は戦力と認めるかどうか**、戦力と云ふ言葉を例へば機関銃一つ持つて居ることも戦力と云ふことであるならば、是は警察力を持てないと云ふことになるかも知れませぬが、此の趣旨はさう云ふことは禁止してあるのぢやないと思ひます。日本に兵力を許すと云ふことになりましても、僅か一個師団二個師団と云ふやうなものを許して呉れると云ふならば、それは何も有難いことはない、私はそんなことは恩恵と考へて居りませぬ。却て非常に累をなす所以と私は確信して、平和を希求する其の精神から発達して居るのだから、僅かの兵力を持つことを許して呉れても私はさう云ふものを何も利用する必要はないと思ひます。併し国内の秩序を保つ為の力、是は謂はば**警察力**と名を附けて宜いものであります。是は持つことは当然であらうと私はさう云ふ風に考へて居ります。

外国との戦争に関係ある戦力を持てないことは明瞭。併し、国内警察力充実のため、機関銃を持つことまで禁止するものではないと思ふ

澤田牛麿君（同和会）

警察力と云ふ意味での軍備、それはあつても宜いと云ふことになるのでありますか、はつきり御伺ひ

外国と戦争するた

めの軍備はいけないが、警察力と云ふ意味での軍備は宜いと云ふ意味か

国民同士戦争するための軍備はあるべきものではない。警察力で沢山

騒擾等に際し、現に軍隊がした場合がある。治安維持のための軍備は置く方がよいではないか

して置きたいと思ひます。何か此の九条を読むと、陸海空軍と云ふものだから総て軍備と云ふものは絶対にいけないやうにちよつと読まれるのですが、さう云ふ意味でなく、外国と戦争する為の軍備はいけないけれども、さうでない兵力、一個師団にしても二個師団にしてもそれは置いても宜いと云ふ意味でありませうか。ちよつと少し疑を持つのであります。

国務大臣　幣原喜重郎君（男爵）

国内で国民同士互に戦争する為の武力とか軍備と云ふものはあるべきものでないと思ひます。是は警察力で沢山なものである、私はさう思つて居る。軍備は固よりいけませぬ。軍備と云ふものは詰り外国と戦争する為の戦備である、日本の国内で戦争する、戦闘する、さう云ふものを考へる必要はないと思ひます。

澤田牛麿君（同和会）

私はさうは考へませぬ。現に先程申上げたやうな例があつて、騒擾の際に於ては、警察力が足りない場合は軍隊が治安の維持に、警察に尽力する為に出動する、国内で戦争すると云ふ意味でなく、治安維持、警備等の為に今迄は軍隊が実際出動して居る場合がある。理想としてはどうか知りませぬけれども、現にさう云ふ場合は時にあるで《ママ》すから、さう云ふことの為に若し多少の軍備が許されるならばそれは置いて置く方が宜いと私共は思ひます。そこは意見の相違になりますけれども、国内で戦争すると云ふやうなことは私共も考へて居りませぬ。戦争ではないので、治安の維持であります。其の意味で御聴

きしたのであります。

治安維持のための力は、警察力と言へばよい、軍備とは言へない

国務大臣　幣原喜重郎君（男爵）

同じことでありますが、度々申しますが、要するに治安の維持の為の力は何も軍備と云ふ名前を附ける必要はないと思ひます。私はさう云ふものは軍備と言へないものだと思ひます。唯警察力と云ふ名前を附けて置けばそれで宜いぢやないか、私はさう云ふ考で居ります。

戦力と云ふ言葉の内容は近代科学文化を標準にするのか、竹槍をも武力と見るのか、戦力の意味如何

織田信恒君（子爵・研究会）

私は実は先程**牧野委員**の御質疑の関聯質問として御尋ね致したいと思ひますが、議事の進行を御妨げしてはいけないと思ひまして、御遠慮して最後に廻して戴いたのであります。それは牧野委員がさつき御述になりまして、其の後他の委員からも御質問が出たのでありますが、**戦力と云ふ言葉の内容**であります。大体武力と同じやうに使つて居ると云ふ話でありまするが、戦力と云ふのはどう云ふ意味を持つて居りませうか、纏めて私の方から御尋ねして御答弁の便利を図りたいと思ひますが、或一つの兵器、科学的兵器と云ふものと、それに伴ふ戦争を目的とした組織体、それを合せたものが戦力と言ふのでありませうか、それが一つ。それから次には戦力と云ふものが今仮定しましたやうなことにして、武器の内容と云ふものが特に科学文明の或一定の文化を中心にして、それを兵器と申しますのですか。例へばさつき牧野委員の御話しに**竹槍**を持つて行つてやるのも武力だと云ふやうな御話しがありましたが、そこ迄広く広範囲に見るのですか。近代科学文化を目標にして或一つの兵器と云ふものから考へるもので

「戦力」とは、戦争又はこれに類似する行為に於て、これを使用することによつて目的を達成し得る一切の人的及び物的力を言ふ。竹槍は戦力にはならぬ

ウラニューム等、科学的文化の戦力化防止のための管理が問題。その限界を明確にして学者の疑懼を除くことが必要

ありますか。是は矢張り将来の取締に影響すると思ふのでありますが、如何でありますか。先づ其の二点を伺つて置きます。

国務大臣　金森德次郎君

此の戦力と申しますのは、戦争又は之に類似する行為に於て、之を使用することに依つて目的を達成し得る一切の人的及び物的力と云ふことにならうと考へて居ります。従つて御尋になつて居りまする或戦争目的に用ひることを本質とする科学的な或力の元、及び之を作成するに必要なる設備と云ふものは戦力と云ふことにならうと思つて居るのであります。又次に竹槍の類が問題になりましたが、斯様な戦力と云ふものは、其の国其の時代の文化を標準として判断をしなければならぬのでありますから、臨時に拵へた竹槍と云ふものは戦力にはならぬものと実は思つて居ります。

織田信恒君（子爵・研究会）

それではつきり致しました。只今の御答弁の結果としましては、或科学的文明と言ひますか、科学文明が戦力化する其のプロセスをストップすると云ふ場面が矢張り起つて来る。さう考へますと、非常に範囲が狭くなりますが、或は少数の科学者でありますとか、少数の工場とか云ふものに限られて来るかも知れませぬが、其の必要な発明を戦力化する其のプロセスをしよつ中ストップするそれを法律に依りますか、どうなりますか、恐らく国際的には一番今後重要な点として残るのだらうと私は想像します。何年間か日本を管理すると云ふのは、全般を漠然と管理するのでなくて、戦力の根源、今のやうな或学

専ら戦争に用ひることを本体とするものは不可。その用途の広いものは其の儘では戦力とは考へられない

者、例へば**ウラニューム**ならウラニュームの日本の学者、それに対する注意を払ふ、それが平和の方面に使用されるのはいゝが、戦力化することを国際的に監視する、さう云ふ問題が起つて来るのだらうと思ふ。現に新聞を見ますと、ウラニュームは平和的に研究することは許すのだ、戦力化することは禁ずるのだと云ふやうなことが**パリー会議**かなんかの結果で出て居つたと思ひます。今後科学的発明と云ふやうなものは色々なものが、新奇なものが発明されませうが、それが戦力化する方はチェックされる、さうでない方は自由に研究が継続される、それを矢張り国内的にも或程度取締つて、又国際的の疑惑を受けないやうにすると云ふやうな場面が相当起ると思ひます。之をはつきりして置きませぬと、是からの色々の科学的の研究の上にも学者が疑惧を懐くやうなことがあると私は之を非常に心配することなんで、実は非常に自由に研究して戴かなければならぬと思ふ問題で、はつきりして置かなければいけないと思つて伺つて居る訳であります。政府の所見を伺ひます。

国務大臣　金森徳次郎君

私は先に申しましたやうに戦争に用ひることを本体とするものがいけないのでありまして、其の用途が広くして、或場合に合理的な転換を経て戦力に供せられると云ふ段階のものであれば、物自身其の儘戦力になるとは考へられませぬ。例へば化学肥料を拵へます一つの工業施設と云ふものが其の儘戦力であると云ふ判断は出来ない、斯う云ふ風に見解を取つて居ります。併し是等の問題は事実上は相当面倒な判断の問題になりませうけれども、考へ方は戦争に用ひることを本体とすると云ふ所に重点を置いて

考へて居ります。

織田信恒君（子爵・研究会）

関聯質問は終ります。

大河内輝耕君（子爵・研究会）

先程ずつと間が開いたので分らなかつたのですが、私の伺ひ違ひだといけないから、一つ簡単に確めて置きます。**自衛の戦争**は国際法上でも自由であると斯う云ふやうな風に私は伺つて居りますが、さう私は簡単に片附けるべきものでないと思ふ。ポツダム宣言を受諾した前後の経緯から、如何に自衛のものだつて日本としてはそれは禁止せられて居ると思ふのが当然のことぢやないかと思ふ。斯う云ふ規定あれば勿論、此の規定の意義を又ほじくることは止しますが、自衛と雖も戦争は出来ないと云ふ風なことでずつと来て居るものだと云ふ風に私は解されるやうに思ひますが、如何なものでせう。

国務大臣　金森徳次郎君

仰せになりました所は、大体のと言ひますか、事柄としては其の通りであります。唯私の方の説明が第一項では自衛戦争は出来ることになつて居ります、第二項では出来なくなる、斯う云ふ風に申しました。第九条の第一項では自衛戦争が出来ないと云ふ規定を含んで居りませぬ。処が第二項へ行きまして自衛戦争たると何たるとを問はず、戦力は之を持つていけない、又何か事を仕出かしても交戦権は之を認めない、さうすると自衛の目的を以て始めましても交戦権は認められないのですから、本当の戦争に

自衛の戦争と雖も、当然禁止されて居るものと思ふが、どうか

事柄としては、その通り。第一項では出来ることになつて居るが、第二項で出来なくなる

はなりませぬ、だから結果から言ふと、今一項には入らないが、二項の結果として自衛戦争はやれないと云ふことになります。

大河内輝耕君（子爵・研究会）

能く意味は分りましたが、私の伺ふ所は国際的に考へても日本は自衛戦争はやれない、戦争は一切やるべきものでないと云ふやうな風に国際の形勢の動き方からさう云ふ風に見るのが穏当ぢやないかと斯う云ふ意味なんです。

国務大臣　金森徳次郎君

其の点は今ちよつと私から右と申しても左と申しても結果が恐しいものですから御答へ出来ませぬ。常識として此の憲法が認めるやうな趣旨だらうと思つて居ります。

大河内輝耕君（子爵・研究会）

宜しうございます。私の質問は速記から除いても宜しうございますから、委員長に御任せ致します。

委員長　安倍能成君（同成会）

是で第二章に関する質疑は終ることに致します。今日は是で散会に致します。明日は午前十時から開会致します。

国際的に考へても、戦争は一切やるべきものではないと見るが穏当ではないか

憲法の明文に現はれて居るやうな趣旨

貴族院帝国憲法改正案特別委員会

昭和二一年九月一九日（木）

前九・三九開会　後〇・〇四休憩
後一・〇八開会　後四・四二散会

委員長　安倍能成君　会議を開きます。……

結城安次君（研究会）　私のは**第二十六条**でありますが、此処に金森国務大臣と書いてありますが、私は文部大臣に御質問する積りで書いて出してありますから、誤りでありますから文部大臣に御願ひ致します。………実は此の憲法の草案を拝見しました時に戦争抛棄と云ふ条項では実に驚いたのであります。併し段々中を読んで参りますと、此の二十六条を見ました時に、是があれば戦争を抛棄しても宜いのだと云ふやうな考を私は持つたのであります。戦争、所謂軍備を撤廃する、軍備と云ふものは大体従来に於ては国力の基準になつて居る。国交、通商共に国力をバックとして居つた。其の国力と云ふのは主として軍備、戦力であると云ふ時に、今の日本が仮に軍備を持つて宜いと言はれた処、大した軍備は現在の状態としては当分の間は出来ないでありませう。さうすると日本はどうなるのだらう。丸で裸で外国からどう云ふ目に

第二十六条（教育を受ける権利、教育する義務）の規定があれば、戦争を抛棄しても宜い

少しばかりの軍備は拋棄するに如かず

遭ふだらうかと思ひましたが、併し更に翻つて考へますと、少しばかりの軍備を持つた所で何にもならぬ、それなら寧ろ進んで拋棄して、従来の国力観念、外交観念を百八十度転回して、日本は武力を背景とする外交をするのぢやない、国交をするのぢやない、所謂此の戦争拋棄の条項にある「正義と秩序を基調とする国際平和を誠実に希求」すると云ふ此の観念を以て我々はやるのだと云ふことを主張して、而も現実に行へば十分に日本は今迄以上の国になれる、併しそれには現在の如き状態では到底いけない、国民の教養、文化の点に於て、又産業に於てどこの国にも負けを取らないと云ふ位迄国民の力を引上げると云ふ為にはどうしても本当に教育を拡充する、立派な人間を造ると云ふ所に行つて、それを外国が認めたならば必ず日本は従来以上の日本になれると云ふことを考へました時に、初めて戦争拋棄と

第九条と第二十六条とは表裏一体

此の二十六条と云ふものは謂はば表裏一体を成すものだと云ふ考を持ちました時に、戦争拋棄はちつとも苦にならぬ、安心して棄てられると云ふ考を持つたのでありますが、併し現在の日本の状態を見ますると、最早私から申上げる迄もなく皆様御承知の通り、道義頽廃有らゆる方面に於て殆ど我々が想像して居らなかつた程ひどい有様であります。是等を十分に直して本当に日本人を造る、武器のない外交と

教育を受ける権利と共に義務を負はせ、同時にその義務を国家が履行させることが必要

して、軍備のない日本が世界に浮び上るには特別に教育と云ふ所に力を注がなくちやならぬとすれば、此の際此の二十六条に教育を受ける権利ばかりでなく義務を負はせ、同時に其の義務を国家が履行する必要があるのぢやなからうか、此の点に関して文部大臣の御所見を伺ひたい。

文部大臣　田中耕太郎君

教育を受ける義務迄規定すれば、国民の負担は過重となるので、憲法としては権利を規定するに止めるが妥当

御答へ申上げます。只今縷ゝ御話がありましたやうな趣旨で、教育の充実と云ふことが将来極めて必要であることは申す迄もありませぬ。……処でそれ等の教育を受ける権利が更に義務迄伴ふと云ふことになりますると、国民に非常な負担を負はせることになりますし、又国家と雖も負担を過重する訳になるのでありまして、従つて教育を受ける権利のみを全般的に与へて、国家はさう云ふ教育施設を整備して置く、義務の方面は併し必要な限度に止めると云ふことにするのが憲法の建前から申しまして妥当であると考へます次第であります。

委員長　安倍能成君　今日は是で閉会致します。明日は矢張り午前九時半から致します。

貴族院帝国憲法改正案特別委員会

昭和二一年九月二六日（木）

前九・三九開会　前一一・五一休憩
後一・四一開会　後四・五四散会

委員長　安倍能成君（同成会）

会議を開きます。昨日の第九章の改正に付て大河内委員の御質疑がありますが、植原、齋藤両大臣の御出席がありませぬから、都合に依つてそれは後廻しにして「第十章最高法規」に移りますが、御通知順は牧野委員が最初になつて居りますけれども、高木委員が拠ところない用事があつて御退席になるさうです。前に高木委員に質疑を許可することに致します。高木委員

高木八尺君（同成会）

御許を得まして特に発言の機会を戴きましたことを恐縮に存じますが、簡単に質疑の要点を申述べたいと思ひます。私の質疑は略〻三つの点に関係致すのでありますが、此の最高法規に関する点のみを只今は申述べたいと思ひます。一口に申しますと、**第十章の最高法規に含まれます三箇条**を削除することに付ての質疑であります。……日本の此の改正草案の原案、九十四条を見まして、此の憲法並に之に基いて制定せられた法律及び条約は国の最高法規として居ります根拠が十分に明確でないものと思はれ

第十章（最高法規）の三箇条を削除しては如何。原案第九十四条。憲法を最高法規とする根

拠が明確でない。これを削除することが至当でないか

憲法と法律の効力の優劣に関し疑義を生ずる惧もあり、法律によつて憲法の改正される可能性も懸念されるから、最高法規たることを規定すべき十分な理由がある

るのであります。**聯邦制**と云ふもののない所に何の必要があつて要石《ママ》と云ふやうな意味を持つ最高法規の規定が必要であるかと云ふ疑問が起るのであります。衆議院の修正に依つて、今の「並びにこれに基いて制定された法律及び条約は」の一句が削除されまして、之を補つて第二項の規定が設けられて居りますが、私は寧ろ一歩を進めて、此の条文全体を削除することが至当ではないか、更に此の十章其のものに付ての疑問を抱く訳でありまして、是等に付ての御見解を伺ひたい。最高法規に関する私の質問でございます。

国務大臣　金森徳次郎君

最高法規の章の三箇条の規定が無用ではないかと云ふ趣旨の御質疑に付きまして一応御答を申上げたいと思ひます……**第九十八条の規定**は、是は衆議院で修正をされまして、今御話のやうに、衆議院で修正をされましたことに依つて此の規定は幾分良くなつたやうに私は理解して居りまして、原案よりも修正の方が良いと信じて居る次第でありますが、修正を基礎として考へて見ますと、各種の法規の中で憲法が国の最高法規であると云ふことであります。是はなくても**勿論解釈**に依つて補はれ得ることではあらうと思ひますけれども、併し国法体系を法律的に観察して行きますと、左様なことは規定すべき十分な理由があるのでありまして、何も解釈に委して置くと云ふよりも、寧ろ直截簡明に之をはつきりさせて、憲法の重んずべき所以を明かにすることが適当であらうと考へます訳であります。此の憲法制定の手続と云ふやうな点、或は此の基本的なる関係に於て、憲法が法律の基礎を為して居ると云ふことは固

より言へますけれども、併しそれが果して効力の点に於て如何であるかと云ふことは、能く申しまする**フレキシブル・コンスティテューション**と云ふこともありまして、単に規定を設くる憲法と云ふものが出来たと云ふことだけでは、法律との間の何か効力の関係に付きまして疑義を生じ、法律を以て此の憲法に変更の可能性ある増加をすると云ふことも、ないとは思ひますけれども懸念されますからして、此の規定をはつきり設けた訳であります。先に最高裁判所の点に触れて仰せになりましたけれども、結局最高裁判所は憲法を以て基本とする準拠の規定も九十八条に之を認めるであらうと思はれますので、二つの規定が重複して居るとは思はぬ訳であります。尚其の条文の最後の項に、衆議院に於て修正されました**条約及び国際法規尊重の規定**は、日本が在来執つて居りました行動に付て世の批判もあり、又国内法に於ける外国の疑義もありますが故に、之を設けますことは、是は実貭的に意義があるものと思つて居る次第であります。従来の考へ方に於て日本の現行の秩序に於て、条約と法律とはどう云ふ関係にあるか、或は条約と云ふものは果して国内法として、或は国内の法律秩序に於て、如何なる程度に之を尊重すべきかと云ふ点に付ては、可なり不明の点があるものとして取扱はれて居つたやうに存じて居るのであります。此の規定を置きますことに依つて相当明白になつて来るものと思ふ訳であります。……

委員長　安倍能成君（同成会）

大河内委員から第九十八条に付ての御貭疑があつたのを問違へて第九章の方へ入れて居りましたから……《ママ》大河内委員

現行憲法に於ては、条約と法律との関係及び国内の法律秩序に於て、如何なる程度にこれを尊重すべきかは可なり不明の点がある。条約及び国際法規尊重を規定する所以である

大河内輝耕君（子爵・研究会）

私は第九十八条に付て質問を致したいのでありますが、是は分らなくなつて来たのであります。憲法と条約とは、是は衝突した場合にどちらが強いのですか、ちよつと言つて見ると条約は条約として公布になつてそれで国民を拘束する力があるのだらうと思ふのですが、まあそれを一つ伺つて、それはそこにあるのだ、条約が公布されたつて法律か、命令か何かにならなければ拘束する力がないと云ふなら、それきりですが、若しありとすればそれは憲法とどつちが強いのですか、それを伺ひたい。

憲法と条約とが衝突した場合に、どちらが強いか

国務大臣　金森德次郎君

条約は、其の当面の働きから申しますると、国と国との間の約束でありまするが故に、国内の人民を国の手で規律すると云ふ意味の法律とは違ふと云ふ論が一応成立し得るものと思ひます。詰り国と国との関係を規律致しまする条約は、其の儘直ちに、国と国民との間の関係を規律する力を持つとは言ひ切れないのでありまして、多数の条約は国と国との間の、例へば**同盟条約**であるとか、或は**修好条約**と云ふものは其の限度に効力が止るものと思ふのであります。さう云ふものは国で公布を致しましても、矢張り国と国との関係を規律するだけでありまするから、国民は其の存在を承認しなければなりませぬけれども、普通の法律のやうに直ちに国民の権利義務を拘束することはないと考へて居ります。処が条**約にも色々な種類があります**まして、或種の条約は国と国とを規律すると同時に其の形が、国と国民との間を規律するが如き姿を呈して居るものがある訳であります。例へて申しますると、**第一次欧洲戦**の結末

条約は、本来、国と国との約束、その効力もその限度に止る

或種の条約は、国と国とを規律すると同時に、国と国民との間を規律する

の時に、**平和条約**が結ばれた訳です。例へば**日本とドイツとの間に戦争終末に関する条約**が結ばれました。其の条約の中に於きましては、日本に於ける特許権とか、或は民法上の或種の権利とか云ふものの中味迄も決めて居つたのであります。左様な条約は、国と国との関係を規律すると云ふよりも、同時に国の持つて居る国内法上の権利をも規律して居る形を執つて居るのであります。斯様な国内法的のものは、如何にして出来たか、と云ふことは、是は条約自身ではなくして、実は国内法の解釈になるものと考へて居ります。此の**明治の憲法**が出来まして以来、条約は直ちに法律としての効力があるものかどうかと云ふことに付きましては、相当議論が闘はされて居つたやうであります。併し日本が公に解釈として執つて居りまする態度は、其の国内法としての内容を持つて居りまする条約は、之を公布すれば直ちに国内法としての力を持つて居る。でありますから特許権などを規定致しましたものは、直ちに此の条約の公布に依りまして、法律と同じ効力を持つ、斯う云ふ風に解釈をして居ります。今後と雖も其の解釈を変ふる所はないと信じて居る訳であります。そこで問題は、今最後に御質疑になりました点、是は或は条約は国内法上の効力を持つかどうかと云ふことを御答へすれば、それで十分と思ひまするが、少し其の前の方で御尋になりました、**条約は憲法との関係**に於てどう云ふ効力を持つて来るか、斯う云ふまあ御尋であつたと存じて居りまするが、一国が憲法を本にして一切の国内秩序を整へて居りまする限り、国内法的には憲法に違反する条約的法律が行はるゝ筈はないと、斯う云ふ風に原則的に考へて宜からうと思ひます。詰り国内の秩序を決めまする根本の原理は、憲法でありまするから、憲法に違反する

国内法的条約の一例

政府が執つて来た公式の見解によれば、国内法としての内容を有する条約は、これを公布すれば、直ちに国内法としての効力を持つ

条約と憲法との関係。原則としては、憲法に違反する内容の条約は、国内法的上効力を持ち得ない

条約は直ちに憲法以下と云ふ結論は下しにくい、先づ大体は憲法以下。但、ポ宣言の場合の如く、然らざる場合もあり得る

国内法的条約と国の法律との関係

内容の条約が、国内法的の効力を持つと云ふことは、普通の道理としては考へ得られない筈であります。処が此の条約と云ふものには、種々なる種類があらうと思ふのであります。国と国との間の関係を規律するのでありまするから、国自身を拘束し得る訳であります。従つて国内のことは条約に依つて影響を受けないと云ふ斯う云ふ原理は必ずしもそれを決定することが出来ないのであります。まあ普通の場合にはさう云ふことはないと云ふことは云へまするけれども、特殊の場合にはさう云ふことも国際法の見地から見てあり得ると考へなければならないと思ふ訳であります。例へば**ポツダム**宣言の受諾に於きまして、此の憲法の認めて居りまする重要なる原則が、或点に於て進駐して居る所の力に依つて制約を受ける、斯う云ふことは認めなければなりませぬ。さう考へて来ますと、条約と云ふものが直ちに憲法以下のものであると云ふ結論を下しにくいと思ふ訳であります。先づ大体は憲法以下、普通の場合に於きましては憲法以下のものとして考へて宜い。けれども稀にさうでない場合が、国際法的に起り得る。斯う云ふ風に考へまして、そこで此の上論《ママ》の二項に於きましては、其の両方を含めまして、多少言葉は広過ぎまして、的確を欠く虞はありまするけれども、さう云ふ種々なる関係を命令的《ママ》に規定をすると云ふことは、なか〳〵やりにくいのでありますから、斯様な広い言葉を以て遵守することを必要とすると云ふことを書きまして、それから以下は解釈に依つて判断に依つてさせると云ふ方法に出でたのであります。是で恐らくはつきりして来ると思ひます。政府は従来普通の意味の**国内法的条約**、**国の法律**と云ふ二つがありまする時に、どつちが勝つかと云ふことに付きまして相当疑はしい、疑はしいのでは

ない、甚だ紛らはしいと云ふことに迄なつて居つたと思ふのであります。それは妙なことではありますけれども、国内法の或規定を変へる条約が出来るのであります。私最近の知識を持ちませぬので古い事例しか存じませぬが、曾て海難の救援救助、船が衝突した時の色々の損害補塡に関する条約でありますが、それは常時の海商法、日本の商法の一部でありまする海商法の規定の中にはつきりある規定であります。処が、其の規定を活す所の大したことではありませぬけれども、例へば一年の時効を二年にすると云ふ修正、実質上修正する条約が出来まして其の条約に依つて商法の規定が変つたかどうかと云ふ議論が起りました。其の当時の政府の採りました解釈は、条約は公布すれば商法の規定は、それで変るのだと云ふ風に致しまして、詰り条約が前から出来て居るものを其の限度に於て変更したのであります。処が、的確に其の例を空んじて居りませぬけれども、過去に於て労働関係の条約がありました。例へば一日何時間未成年者は就業せしむる、詰り年少者の就業に関しまする制限などに付きまして、条約があつたり、又法律があつたり斯う云ふやうなことがあります。さう云ふ場合にどう解釈するであらうか。普通の原理に依りまして、前法後法と言ひますか、後から出来たものが勝を占めるか、それとも条約と云ふものは一国だけで自由にならない国際的な関係があるとして、矢張り強いものに附く、斯んなやうな議論も出まして、多分未解決、実質的には解決して居りまするけれども、学問的には、ことに依ると未解決になつたのではないかと存じて居ります。さう云ふやうなことが今回の規定の第二項に依つて「これを誠実に遵守する」と云ふ含蓄の中に、条約が後から出来た法律にも勝つて儼然として動かな

政府の公式の見解並に実際に於ては、条約を以て国内法の規定を変更することが出来る。国内法的条約については、前法後法の理論は適用されない。「誠実に遵守する」とは、かような意味を含蓄する

条約は公布されれば国民を拘束する。その効力は、場合によつては、憲法をも動かすことが出来る、法律に対しては優先する。後法もこれに反することは出来ない。かく解して宜いか

大体、御説の通り。但、公布しないでも、国際的の関係で憲法が制約を受けることがある

公布しないでも拘束力があると云ふはをかしい

条約を締結すれば公布するとせざる

い、此の中から汲取ることが出来ると斯んな風に考へます。

大河内輝耕君（子爵・研究会）

伺ひ違ふといけませぬからもう一遍私繰返しますが、さうすると条約は公布されゝば国民を拘束するのである。其の効力は憲法に於ても動かすことが出来る場合も《ぬ?》ある。それから法律に対しては寧ろ法律より以上に、仮令後法が出来ても条約は条約として何処迄も効力があつて、さうして後法で之に反する規定をしてもそれはいけない、況んや「命令、詔勅及び国務に関するその他の行為の全部又は一部は、その効力を有しない。」是は条約に依つて制限を受くべきものである、是で宜しうございますか。

国務大臣　金森徳次郎君

大体御説の通りと思ひます。唯、一番初めに条約を公布すれば憲法にも影響すると仰しやいましたが、ことに依ると公布しないでも国際的の関係で憲法に制約を受けることになりますから、そこだけちよつと御言葉が《ママ》……後は御説の通りと考へて居ります。

大河内輝耕君（子爵・研究会）

併し公布しないでも国民に拘束力があると云ふのはをかしうございますが、そこは如何でございますか。

国務大臣　金森徳次郎君

御説の通り、唯国民と云ふと是も少し語弊が起りますが、条約を締結致しますれば公布するとせざる

とに拘らず、国は義務を負ふ、従つて憲法の規定にして、その制限を受けることがある

もう少し分るやうに書いたら如何

条約に関する部分は、学問の発達に俟つものが多い。政府の見解は私見の通り

条約と憲法・法律との関係をはつきり規定して置かないと、厄介な問題が起る

とに拘らず国は義務を負ひまする。憲法の或種の規定で国に関することは其の制限を受けるものであらうと考へます。国民に直接に響くものは公布がなければなりませぬ。

大河内輝耕君（子爵・研究会）

大変むづかしうございまして、専門家の方には能く分るでせうが、私共には実に分らない。今の御答弁は少し経つたら忘れちやいさうですが、もう少し分るやうにさう云ふ点を御書きになつたら如何でせう。

国務大臣　金森徳次郎君

条約に関しまする部分は学問に依つて発達すべき部分が非常に多いのでありまして、之を法律で、憲法ではつきり書くと云ふことに付きましては尚遠慮して宜い部分がありまして、斯様な規定の下に後は学問で十分一つ内容を示して行きたい、政府の持つて居ります見解は私の持つて居ります通りであります。斯う云ふ風にして進行して居ります。

大河内輝耕君（子爵・研究会）

非常に重大なことですから、どうも規定がないと云ふと、其の度に相剋摩擦を起して非常に困ると思ひますが、政府の仰つしやる所は如何にも御尤もで、余り憲法に具体的に書くことは、成るべく避けられるものなら避けたいと云ふ考は万々でありまして、如何にも御尤もですけれども、其の為に政治上の色々な、国際的又国内的にごた〱を起すと云ふ虞があるので、其の点甚だ心配でございますが、さう云ふことは如何でせう。どうも少しは杓子定規でもちつと書いて置く方がはつきりした方が政治的に考

へて宜いのではないか、何か条約を結んだ時に、是は法律以上のものとか以下のものであるとか、憲法がどうなるとか、きつと是は厄介な問題が起つて来ます。其の点支障なくおやりになりますか。

第二項に於て、条約及び国際法規尊重を規定して居るから、政治的には疑の余地は全然ない

国務大臣　金森徳次郎君　それは今迄現行憲法には斯様な趣旨の規定がなくても亦或程度迄差支なく来て居ります。今度は尊重すると云ふ規定を置きましたから、今度は政治的には疑は全然余地がないと思ひます。法律解釈の範囲に於きましては斯様な広い範囲でございますから、学問的な色々な難点を考へますならば、何分にも国内法と国際法の交渉して居る点であります。国内法のことは日本だけで一応決められますけれども、併し国際法の原理と矛盾したものを決めると云ふことは、是はやつても弊害のあることでありますから、其の点は学問に委せて置くと云ふことより外に安全な的確な途はないと考へて居るのであります。

大河内輝耕君（子爵・研究会）　此《ママ》の以上は議論になりますから、第九十九《八?》条は此の程度で止めて置きます。

条約と憲法・法律との関係について

牧野英一君（無所属）　……九十七条には、例に依つて文句の疑がありまするけれども、それはまあ稍々末梢的なことになりまするからそれだけに致しまして、九十八条に付て御伺ひ致したいと思ひます。……

第二項に付て疑を立てる訳でございますが、之に付ては今**大河内子爵**より御質問になつた通りのことを私も疑つて居ります。**条約・憲法と、及び法律との関係**と云ふことは、既に今日ではまあ慣習法とで

は、現憲法では、政府の見解は一貫して居る。但、学説では議論がある

最高法規並に国際法規尊重の規定は、取止めた方が却つて宜くはないか

も申しませうか、現行憲法では少くとも政府の見解と云ふものが一貫して居る訳であります。けれども、学説に於ては御承知の通り、大変議論のある所であり、而も今**金森国務相**は、此の問題は学説に於て更に発展を希望すべき問題であるが、政府の考は斯うである、斯う云ふ御答でございました。此の規定では学説の発展の基礎にもなつて居りませぬし、又政府の御考を明かにして居ないことは、大河内子爵の仰しやつた通り、まああつても邪魔にもなりますまい、**国際条約は之を誠実に遵守する**と云ふものですから……《ママ》、けれども、特に此の規定を置く、国務相は、是で大分良くなつたと云ふ御話でございましたけれども、私から見ると云ふと、毒にも薬にもならないやうな規定のやうに思ひまするので、斯う云ふものを**衆議院が特に掲げた趣旨**が分らないやうに思ふのです。只稍〻邪推をして申上げますれば、九十七条でもさうでございますが、我が国は今日迄基本的人権を蹂躙して憚らなかつたやうな疑を一種の方面から受けて居り、又此の九十八条の第二項に付ても、兎角条約を蹂躙するたちの悪い国であると云ふやうな評判を或方面から受けて居るのであります。そればかりではございませぬ。前々私が申しまする第三章の規定に致しましても、まあどうも能くもこんな恥を自ら憲法に規定したかと思ふやうな規定があるやうな心持が致しまするのですが、第三章などへ帰ることは慎まなければならぬが、斯う云ふ心持から致しまして、条約を誠実に守らなければならぬと云ふやうなことを、特に憲法に書くと云ふことは、さう云ふ疑を受けた国柄だけに、或意味に於ては残念でございます。残念ばかりではない、当り前のことでありますから、矢張り一項、二項に亙つて、斯う云ふものは矢張り私取止めになつた方

憲法改正の手続によらないで、条約を以て憲法を改正する途が開かれて居るが、政府は改正案の精神上、当然のことと考へて居るか

が却つて宜くないかと思ふ。其の方が自由に学説が発達し、又政府も自由に、条約と特に新しい憲法との関係に付て御説明がありましたが、是は相当に由々しい問題でありまして、憲法改正の手続を経ないで、単に条約締結の国会の承認だけで憲法の改正が出来ると解釈になるから、大河内子爵の御話の通り、是が甚だ重大な問題であります。是が決して此処で明かにされて居ないと私は思ひますので、是は矢張り御取止めになつた方が如何でございませうかと、斯う思ひますが、是も先走つて政府の心持を申上げては済みませぬが、結局見解の相違と云ふことになるのであらうかと思ひます。特に政府に伺ひたいのは、憲法改正の手続に依らないで、条約を以て憲法を改正する途が開かれて居るのでございますが、致し方がないと云ふことになりますか、それが此の憲法の精神上当然なことであると、斯う云ふ風に御考になつておいでになりますのか、一応其の点を重ねて御伺ひ致して置きたい。

条約及び国際法規尊重の規定の主たる意味は政治的。但、法律的にも相当の影響を及ぼす

国務大臣　金森徳次郎君

……九十八条の第二項でありますが、是は主たる意味は政治的であることは、是は言ふ迄もありませぬ。「遵守する」と云ふ言葉自身が法律的な的確さを十分には備へて居りませぬ。でありますけれども、此の政治的なる主張を茲にはつきりさして置くと云ふことが、従来此の世界を眼目とせずして動もすれば行動する虞のあつた所の日本の態度は、之に依つてさうではないと云ふ意味に於て明かにして置く力があるのでありまして、是は重要な内容を含んで居ると思ふのであります。又此の原理が政治的にでもはつきりせしめられることに依りまして、法律的なる物の考へ方にも相当影響のあり得ることは当

然であらうと考へて居る訳であります。だから全体に付きまして、毒にもならぬ、薬にもならない規定であると私共は考へて居ない次第であります。

委員長　安倍能成君（同成会）　……佐々木委員

国際法規を誠実に遵守することを必要とするとは、条約が同時に国内法として働く、妥当すると云ふ意味か

佐々木惣一君（無所属）　……第二項に付てちよつと御尋ね致したいのですが、先刻来御尋がありましたけれども、条約と国際法規と云ふことであります。便宜上国際法規から御尋ね致しますが、「これを誠実に遵守することを必要とする」とある、先刻来の御話では国際法規は曽てドイツの憲法にあつたやうに、国内法としてギルテイヒとか、働く、妥当すると云ふ意味に解するのでありませうか、唯誠実に国際法を守らなければならぬと云ふ意味でありませうか、その所を一つ……《ママ》

当然国内法と云ふ所迄踏込んで居る

国務大臣　金森徳次郎君　此の規定の方面の内容としては、誠実に尊重すると云ふだけでありますから、当然にそれが国内法と云ふ所に迄踏込んで居ります。

条約の定める所も、当然日本の国法と

佐々木惣一君（無所属）　宜しうございます。はつきりと致しました。矢張り条約に付ても御尋ね致したいのですが、条約は勿論、或定めを成すものである。国家間の……《ママ》それで条約の定めもそれ自身は当然に誠実に守らなければ

なると云ふ訳であるか

国際法規と同じことになる

国際間の条約で、憲法の条規と異る約束をすれば、その範囲に於て、憲法は当然に変更されたと解釈するのであるか

なりませぬが、条約の定むる所がそれ自身に当然に日本の国法となつたと云ふ訳でもないんですね、同じことですか、どうでございますか。……《ママ》

国務大臣　金森徳次郎君　同じことになると思ひます。

佐々木惣一君（無所属）　そこで今度は其の意味其のものがはつきりしたと致しまして、実は之に付てはつきりとしなかつたものですから、そこでさう云ふ意味の「**誠実に遵守する**」なんて云ふことを、憲法が特に書く必要があるかどうかと云ふことは、又色々な議論がありませうが、私は書かなくても宜い、書いても別に差支ない、と云ふ位に私は思ふのですけれども、それはあゝ書かなくても当然のことである。それは別と致しまして……《ママ》そこで詰り先刻来御話がありましたのですが、是は大河内子爵の御質問で、私も質問しようと思つたことをはつきり質問して戴いたやうな気持がするのですが、尚私自身がはつきりして置きたい。そこで第一に是はどうでございませうか。**国際間の条約**で我が国の憲法の条規と異なるやうな定めを約束する、約束してもそれは構はぬが、約束したならば我が国に於きましては、我が国の憲法を変更するやうな何か計ひをすると云ふ義務を外国に対して負ふのでありませうけれども、併しそれが為に当然に我が国の憲法の条規が其の範囲に於て変更されたと解釈すると云ふ風にも聞えたのですが、さうでありませぬか。大臣の先刻の御説明は……《ママ》

変更されたと言はず、影響を受けると云ふ言葉を使つたと思ふ。学問上の抽象論は兎角行き過ぎる

国務大臣　金森徳次郎君

私は変更されたと云ふ言葉は使はなかつたと思ひます。**影響を受ける**と云ふやうな言葉を使つたと思つて居りまするが、それが変更を受けると云ふことと同じ意味になるかならないかと云ふことは、それから先に発展する問題であります。そこで、そこの解釈と云ふものは学問的に決まるものでありまして、成るべくならば個々の具体のことに関聯して我々が意見を決める方が比較的安全であらうと思つて居ります。学問的に申しますると全然眼前にないこと迄抽象的に考を進めて行きまするので、どうかすると行き過ぎますので、私は言葉を遠慮して決《使?》つて居るのであります。

憲法論であるから架空の問題ではない

影響を受けるとは法的影響か、政治的影響か

佐々木惣一君（無所属）

能く了解致しました。影響とか云ふことは少しそこにはつきりせぬものがありますのですが、今憲法論を言つて居るのですから。さう云ふ条約を締結することが憲法上許されるや否やと云ふ問題ですから、架空の問題ではないので此の憲法の問題ですから、そして非常に重大なことかと思つて居ります。是は先刻**牧野委員**が別の方面からそれは重大なことだと仰つしやつたが、私も全く同感でありまして、兎に角憲法の改正と云ふことがまあ仮に国家の政府者の《ママ》……日本の内閣と外国の政府との間に何等か話合があれば、何か憲法の変更と云ふものが当然に、影響を受ける。政治的に影響を受けることは別ですが法的の意味に於て何等かの影響を受けると云ふことに相成りますと《ママ》……影響と云ふことは**法的影響**か**政治的影響**か此の問題です。政治的影響はそれは色々受けるでせうが、法的影響を受けると云ふことに

法的影響を受けるとすれば、憲法改正の手続を空文化する惧がある

相成りますと、是は非常に重大なことでありまして、**憲法の変更の手続**なんと云ふものは、日本で憲法の上でやかましく言つても何にもならぬことで、政府者同志がまあぐるになると云ふとをかしいが、何か話合をすれば、どんなにも憲法を変更出来る。少くとも法的影響を受けると云ふことになつたら大変だと思ひます。併しそこの所は唯私はさう云ふ問題を申上げて、法的の影響を受ける、さう云ふ御説明に尚まあ御考へ置きの余地があれば結構だ、其の点はそれで宜しうございます。それから**条約と法律との関係**でありますが、是は先刻来大臣の御話のやうに、詰り憲法に於きまして法律でなければ決められぬこともあるけれども、条約で以て其の内容を同じことを憲法上の法律事項を決めれば、それで直ぐ其の事柄が決つてしまふのだと云ふことになるのでございませうか、ちよつとそれだけのことを《ママ》……

憲法上の立法事項を規定した条約が国内法としてその儘有効であるか

国務大臣（金森徳次郎君）　それは先にも申しましたやうに、憲法制定以来色々な疑惑を、兎もすれば議論を生じた問題でありまして、**条約改正論**の起るあの頃から根が残つて、学者の間にも種々なる見解が起り、正直に言へば政府の執つて居つた態度にも迂余曲折のものがあつて、一貫したる原理は先づなかつたと考へて客観的に批評しなければならぬと思つて居ります。併し其の後今はつきり記憶はございませぬが、大正三年頃からと思つて居りますが、先にちよつと例を上げました**海難の救援救助に関する条約**、今一つ同時に結ばれた二つの条約がありまして、其の条約が国内法を、それを公布することに依つて当然変更すると云ふ解釈を採らなければ動きの付かないやうな形を以て、行政的には扱はれて来て居る、司法的にも扱はれて

憲法上の立法事項を規定した条約の取扱に関する先例

来て居るやうに思ひます。左様にして伸びて来ました考へが漸次度が進んで来まして、さうして第一次戦争の結末に関する**ヴェルサイユ条約**を実施致しまするに際して、ヴェルサイユ条約と云ふものは中に国民を拘束する司法的規定が相当に沢山入つて居たのであります。併しながら其のヴェルサイユ条約に応じて国内立法をすることはしなかつたのであります。ヴェルサイユ条約の中で幾らか司法的のことでも、余裕のある、国内で多少或範囲内に於て具体的に決め得るやうな点だけを拾つて、それを法律として制定せられたのであります。それ等の経緯に於きましては、帝国議会が其の程度に於て他のことを含みつゝ協賛をされたものと思つて居ります。大体其の辺に於て国内の実際面に於ける解釈と云ふものは略〻一定して、学者の範囲に於きましては依然としてそれは論議の的になつて居つたと、さう云ふ風に記憶して居ります。然るに第一次戦争のヴェルサイユ条約で其の方針が決りますと、あの法規、色々な国際条約、例へば先に述べたやうな**国際労働会議**で決めました一つの決議を国内法に盛込むと云ふ場面に於きましても、同じやうな考の趣旨に依つて漸次発展して来た。現在に於きましては理論は別と致しまして、実際例の上から言ふと、条約にして国内法的内容を有するものは、是が締結せられ、さうして一般の方法に依つて公布せられますれば、国内法的な効力をも持つのだ、斯う云ふ解釈になつて居るやうに記憶致して居ります。此の憲法も其の解釈の流れを負ふものと考へて居ります。

現在に於ては、実際例の上から云ふと、条約にして、国内法的内容を有するものは、正規の方法に依つて公布されれば、国内法としての効力を有するものとされて居る。この憲法もこの見解に立脚する

委員長　安倍能成君（同成会）　それでは是で休憩致します。午後は一時半から開きたいと思ひます。

第十章最高法規に関する条規は非常に重要

条約及び国際法規尊重の原則を規定したことは結構だが、これを最高法規の中に入れたために、技術的に見て、そぐはない感じがする

「国務に関するその他の行為」と云ふ中に条約が含まれるか

委員長　安倍能成君（同成会）

それでは会議を再開致します。第十章の高柳委員の御質疑を願ひます。

高柳賢三君（研究会）

第十章の最高法規に付て、只今迄色々な方面から御質問がありました。是は全部無用であると云ふ御論も出たやうであります。私は此の規定は非常に重要な章であつて、是非とも是は残して置かなければならないと云ふ意見でありまして、其の点で**佐々木委員**其の他の方々の御意見とは、全然反対の意見を持つて居るのであります。……

唯技術的に申しまして、九十八条に**条約及び国際法規尊重の原則**が、第二項として衆議院に依つて挿入された結果として、非常に思想的混乱が生じて来たやうに思はれるのでありまして、条約尊重の原則と云ふものが、最高法規の中に入つて居ると云ふのが、何だか変なやうな感じがします。此の条文自体は結構なものと思ひますけれども、是が最高法規の所へ入つて来て居るのが、何だか少しそぐはないやうな感じがするばかりでなく、憲法と条約との関係、及び国内法と国際法規との関係等の問題を直ちに頭に浮べさせるので、そこで色々な問題が起つて来るやうに思はれるのであります。従つて私の質問は、其の技術的な点だけに集中させたいと思ふのでありまして、本会議に於きまして政府に質問した点でありまして、それに対してはつきりした御回答がなかつたやうに記憶して居りまする点は、「**国務に関するその他の行為**」と云ふ中に条約が含まれるのかどうか、斯う云ふ点、此の点はまだ御回答がなか

つたやうに思ひますので、其の点を先づ御回答を願ひたいと思ひます。

国務大臣　金森徳次郎君

九十八条の「国務に関するその他の行為」の中に条約が含まれるかどうかと云ふことでありますが、条約を締結致しまするこ と自身は固より国務でありますから、条約の締結の致し方等が憲法に違反して居りまするならば、第九十八条に依りまして、其の憲法に違反する限度に於て、効力を失ふと云ふことは当然であらうと思ふのであります。唯適法に制定する手続を経て作られたる条約の効力と云ふことになりまするると、茲に憲法と条約との効力関係如何と云ふ根本の問題になりまして、それは学理的なる判断に依つて解決する場面が起つて来ると存じて居る訳であります。譬へて申しまするると、ポツダム宣言の如きものを受諾する場合になりまするると、稍〻特殊なる解釈を要すると云ふことにならうと思ひます。国内法的の関係に於きましては、固より第九十八条が当て嵌まるものと考へて居ります。

高柳賢三君（研究会）

第二項でありますが、第二項の此の「**遵守することを必要とする。**」と云ふ意味は、是は国及び国家の公務員と云ふものが遵守することを要する、斯う云ふ意味に取つて差支へないかどうか。それからもう一つは、第二は、此の規定は国際的な意味、国際法的な意味、勿論国際法上さう云ふ意味がある、斯う云ふ意味と、国内法的にも意味がある、斯う云ふ二つの意味があるのではないか。他国に対して遵守義務がある、斯う云ふ意味と、他面は、国内に於ても、国際法規及び条約と云ふものを尊重すると云ふ建

当然含まれる。但、適法なる手続を経て制定された条約の効力については、茲に憲法と条約の効力関係如何と云ふ根本の問題を生ずる

「遵守することを必要とする」とは、国及び国の公務員が遵守することを要すると解して差支へないか。また、これには、国際的意味と国内法的意

味とがあるものと理解して宜いか

御質問の前段については、仰せの如し。この規定の本来の意味は、主としては国内法的

条約が、憲法違反の理由によつて、国内法的に無効であるとしても、国際法的に国家の責任を解除することにはならぬと理解して宜いか

固より左様に考へる

前に於て、現在の法の解釈、適用と云ふものをやらなければならぬ、斯う云ふ二つの意味があるやうに理解して宜いかどうか、其の点に付ての政府の御考を伺ひたい。

国務大臣　金森徳次郎君　是は「遵守することを必要とする」と云ふことは、仰せの如く、国も遵守する、同時に国務を担任して居る所の国家諸機関等が之を遵守することが必要だと云ふ意味になると思ふのであります。此の規定の効果が国際法的に及ぶものであるか、国内法的に及ぶものであるかと云ふ点に於きましては、是は国内法的に及ぶものと考へて居ります。併し国内法的に遵守すると云ふことは、結局国際法的にも日本の立場が非常にはつきりして、秩序整然たる法規遵守の形を取ると云ふことが承認せられると思ふのであります。唯義務として他の国に対すると云ふやうな意味に於ては、此の規定は働かないものと考へて居ります。

高柳賢三君（研究会）　国内法的に、条約が憲法違反の理由に依つて無効であるとしても、それは国際的に日本国家の責任と云ふものを解除することにはならぬと理解しますけれども、さう云ふ風に理解して宜しうございますか。

国務大臣　金森徳次郎君　固より国内法的の問題を以て、国際法的の義務、或は責任を遠ざける根拠とはならないものと考へて

居ります。

高柳賢三君（研究会）　それは其の通りだらうと私も思ひます。次に国内的な面に移りまして、国際法と云ふもの、国際法規と云ふものは、之を遵守する義務がある、是は国家の各機関が之を遵守する義務がある、斯う云ふことになると云ふ御回答でありました。そこで問題になるのは、**行政機関の国際法の解釈と云ふものと、最高法院の国際法の解釈と云ふものは**、どう云ふ関係に立つのか、例へば新国家の承認でありまするとか、新政府の承認と云ふやうなことを政府がやる、其の場合に於て、果して其の承認と云ふものは、国際法に合致して居るかどうかと云ふことを最高法院は審査して、同政府とは異なつた国際法の解釈を為す権限を持つかどうか、或は戦争の開始、又は終了の時期、是は其の点に付て政府が一定の見解の下に国際法を解釈して、国際法に照して一定の認定をした場合に裁判所は其の点に付て、国際法の上の解釈は、政府の解釈とは違ふと云ふ建前に依つて、自己独特の見解に基いて之を解釈すると云ふことが新憲法の上に於て許されるかどうか、其の点を御伺ひ致します。

国際法に関する行政機関の解釈と最高法院の解釈とは、どう云ふ関係に立つか

最高法院は国際法に関し、政府と異つた解釈をなす権限を持つか

国務大臣　金森德次郎君　今のやうな場合が、裁判所に現れ出づるかどうかと云ふ問題になると思ひまするが、裁判所の持つて居る審判の事項の範囲内に現はるゝ問題が、左様な問題が現れまするならば、固より最高裁判所も、其の問題を判定し得ることにならねばならぬことになると思ひます。例へば締結の手続等が、此の憲法の

その権限の範囲に属する限り、最高裁判所は、固より判定し得る

最高裁判所に関する条規、及び第九十八条は、憲法と条約との関係について規定する所なく、全く学説に委せて居る

条約及び国際法規尊重は必ずしも憲法に規定する必要はない

要請する所に当るや否やと云ふやうな点に付きましては、最高裁判所が判断をすることがあることは、固よりと思ひます。又条約自身であつても、最高裁判所に問題が現れる場面もあらうと思ひまするけれども、此の憲法は第九十八条に於て、憲法と条約との効力の関係に於ては規定を致して居りませぬし、又最高裁判所のことを規定する所に於きましても、最高裁判所が憲法と条約との間の関係を規律することを認めて居りませぬ。詰り条約其のものに付きましては両方の規定共触れて居ないのであります。それだから、全く学説に委せて宜いと云ふ態度を執つて居る訳であります。

山田三良君（無所属）

私は別に御質問する考はなかつたのでありますが、段々と今朝以来の皆さんの御質問を伺つて居りまして、さうして其の結果が、此の儘で置くことが甚だ不適当であると云ふことを確信するに至つたのであります。そこで質問致すのでありますが、条約を尊重したり、或は国際法規を尊重すると云ふことを何処かに於て現すと云ふことは、或は適当であるかも知れませぬが、併し、それは必ずしも憲法に規定するの必要はないことでありまして、我が国民が条約を尊重し、国際法規を尊重すると云ふことは、他の方面に於て現されると云ふことが、寧ろ適当であらうと思ひます。茲で**衆議院が第一項を修正**せられて、第二項を加へたのは、第一項の中に条約と云ふものが、憲法と共に国の最高法規である、斯うせられたものでありますから、我が国に於ては、国際条約を最高法規として憲法と並んでずると云ふことは不適当であると云ふことを発見しまして、第二項の規定に移したのであらうと思ひます。**アメリカの憲**

衆議院の修正は一応有理だが、これを第九十八条第二項として掲げることは、如何にも不適当

条約・国際法規と憲法・法律との関係は、学説と裁判所の解釈に一任するが最も適当

国によつては、国際法は国内法の一部。国によつては条約は法律

法のやうに、国際条約は最高の法律である、斯う憲法に明言してある所は、又アメリカにはさう云ふことを明言する必要があつて、国際条約と云ふものを最高法律と、斯うして居るのであります。我が国に於きましては、条約は条約であり、憲法は憲法でありまして、又法律は法規でありまして、各〻違つた方面と効力を持つて居るのでありますから、条約を最高法律と書くことは、固より不適当であります。されぱと言ひまして、其の条約のことを此の最高法規の中の第二項として掲げると云ふことは、尚条約は最高法律であるかの如き考が残つて居りまして、それは最高法律とすることは不適当であると云ふので、茲に斯う云ふ言葉で現したのであらうと思ひますが、さうすれば是は唯単に国際条約を尊重し、国際法規を尊重する、是だけのことでありますから、最高法規の中に之を掲げて置くと云ふことは如何にも不適当であります。でありますから、是は他の場所に掲げられるならば別でありますけれども、此の最高法規の中に第二項として之を掲げると云ふことは、甚だ不適当であらうと信じます。且**条約は、法律・憲法とどう云ふ関係にあるか**とか、国際法規はどう云ふ関係にあるかと云ふことは、是は憲法や法律に規定すべき事柄でなくして、学説と裁判所の解釈に一任せらるるのが最も適当であらうと思ふのであります。国に依りましては、国際法は国内法の一部分である、斯う云ふ風に謂ふ国もあります。インターナショナル・ロー・オブ・ザ・ランド或はロー・オブ・カントリーの一部分である、斯う云ふ解釈を執つて居る国もあります。条約は法律と云ふ解釈を執つて居る国もあります。例へば**フランス**の如きは、条約は法律であります。**条約法**と云ふ法律であります。それは議会に於て両方共法律と同様の手

第九十八条第二項は、その精神は宜いが、此処に掲ぐべき規定ではない。此処では削除する方が正当

続に依つて、さう云ふ議会の承諾を必要とする条約に付きましては、両院の法律制定の手続に依るのでありますから、条約と云ふ名前が法律である。ロー・オブ第何号、何々条約、斯うして発表になるのでありますから、さう云ふ国に於きましては、条約と法律とは各〻等しく法律でありますから、唯前法後法の関係があるだけでありまして、孰れが強いと云ふことは解釈の問題であります。**我が国に於きましては、**条約は今迄の処は条約として締結になつて居る。条約は議会の今度は承認を要すると云ふことになりまして、先のどなたかの説明にありましたやうに、法律としての承認でなくして、唯条約に賛成すると云ふ意味の承認でありますれば、それは議会の承認に依つて条約が法律となつたと云ふことは私は言へないのであらうと思ひます。併し是は将来の解釈問題でありまして、立法手続と同じ国会が承諾した以上は法律と云ふ名前がないけれども、条約は国内に於て法律の力を有すると云ふ解釈が成り立つこともあるだらうと思ひます。其のことは学説及び裁判例の解釈に一任せられて宜いことでありまして、憲法若しくは其の他の所に、さう云ふことを規定される必要はないと思ひますから、第九十八条第二項の規定は、其の精神に於ては宜しいのでありますけれども、此処に掲ぐべき規定でないと思ひますから、是は他の法に……《ママ》、此処では削除せられる方が正当であらうと、斯う信ずるのであります。此の点に付きまして金森国務大臣の御意見を伺ひたいと思ひます。……

国務大臣　金森徳次郎君

第一点の第九十八条の第二項に条約に関する規定がありますることは、沿革的なる事情は、衆議院に

条約の遵守について規定しなければ、憲法は条約の遵守について無関心であるかの如き誤解を受ける。これを規定するとすれば、此の辺がまあ適当

最高法規でない条約を最高法規の中に規定するは、甚だ場所を得ない

於て本文の中の条約と云ふ文字を削除せられた結果として、条約の取扱ひ方に付て、此の憲法が何等の考慮を持つて居ないやうな感じを持つが故にと云ふことを考の動機として、九十八条の二項に斯くの如き規定を設けられた次第と了解して居ります。此処に条約の規定を置きましたことが適当であるかどうかと云ふことは、是は又一つの問題であらうと思ひまするが、大体此の憲法の中に此の種の規定を収むると致しますると、大凡此の辺がまあ適当であると云ふやうな包括的な考であらうと私は推察して居ります。従つて最高法規と云ふことと緊密なる関係は必ずしもないものと思ひます。……

山田三良君（無所属）

只今御説明を承りましたが、其の中で条約のことを第一項の中から削りつ放しでは、条約に付てまあ誤解を来す虞があると云ふことを御考になつて、第二項に入れられたと云ふことでありますが、兎も角も、最高法規でないと云ふことだけは御認になつて居ることであります。最高法規に非ざるものでありまして、而も特殊な条約、国際法、斯う云ふものを最高法規の中に掲げて置かれると云ふことそれ自体が、甚だ場所を得ないことと思ふのでありますから、私は今の御説明には満足することを得ないのでありますが、是以上は意見の相違になりますから、敢て御説明を再び煩すことを致しませぬ。……

委員長　**安倍能成君**（同成会）

第十章を終つて、第十一章に移ります。第十一章補則

大河内輝耕君（子爵・研究会）

条約は最高法規であると今朝は答弁された。それに相違はないか

私は第十章最高法規のことでちよつと政府当局に御尋を致したいと思ひます。各委員は色々なことを仰しやいますけれども、私に対する今朝の条約の効力に付きましては、はつきり御答があつて、私は承知して居るのですが、各委員の方は、さうでないやうなことを言つて頻に解釈は異なつて居る。併し政府の仰しやることは、無論私に今朝御答になつたやうに、条約は最高法規だ、斯う云ふ風に御答になつたと思つて居るのでありますが、今朝御答になつたことは、其の儘にして宜しいですが、尚政府の言ふことは、後から読んで見ると曖昧であると云ふやうなことを後世に疑はれますと、甚だ面白くないと思ひますから、あの通りで宜ければ、それで宜しいのですが、しつかりした政府の意向であると云ふことであれば承知しますけれども、甚だ愚念を押すやうでありますが、金森国務大臣に御伺ひ致したい。

条約は最高法規たる憲法に影響し得るものである。条約は、国内法の見地に於ては、法律に代る力を持つて居る

国務大臣　金森徳次郎君　条約が最高法規であると申上げたかどうか、私にははつきりした記憶はございませぬ。条約が憲法に影響し得ることはあると云ふことは申上げました。詰り憲法と云ふものが最高の法規であり、而も之に影響し得るものである。実例を申しますれば、今回の事変の終りに於きまする国際交渉と国内法との関係に於て、左様な場合があると云ふことを含みつゝ、左様なことを申しました。さうして条約は、法律よりも国内法的には、詰り国内法の見地に於きましては、法律に代る力を持つて居る。さうして法律に関する効力の関係に於て若干申上げたと云ふことは覚えて居りますが、条約それ自身が最高法規だと言つたのは、今の憲法との関係に於て申上げた以外は覚えて居りませぬ。其の他嘘を吐いた覚はありませ

ぬ。

大河内輝耕君（子爵・研究会）　さう云ふ意味で申したのではありませぬ。さうすると、法律よりも条約は国内法的には上に在ると云ふことは言ひ得ますか。

国内法的には、条約は法律よりも上にあるか

国務大臣　金森徳次郎君　此の憲法は、条約の方が法律よりも上に在ると解釈して居ります。

この憲法によれば条約は法律の上にある

大河内輝耕君（子爵・研究会）　さうしますと、憲法との関係だけが残つて来たのですが、私は今朝伺つたのは、私は伺ひ方が悪かつたかも知れませぬが、条約が批准される以上、公布されると否とに拘らず、法律よりも上に在るのだ、是は例が悪かつたら後から速記を取消しても何でも宜しうございます。外国が攻守同盟条約を以てやつて来る、斯う云ふことになつて、どれだけの兵を置くんだと云ふやうな条約を仮にやつたと致しますと、さうすると、其の結果に依ると云ふと、此の憲法の不戦事項と云ふものは当然変更されて来ると云ふ風になりますし、さうでなければどうなんだか、其の時の調子なんだと云ふやうなことになりますんですが、私は何も例を固執する訳でもございませぬが、苟も国家が条約を結んで、それを批准した以上は、国内法上にも憲法を以てそれに対抗すると云ふことは無理でもあるし、面白くないと思ふ。如何ですか。

攻守同盟条約を締結すれば、憲法の不戦条項は、当然に変更されるわけであるか

条約の性質にもよるが、或種の条約を締結すれば憲法は若干の制約を受ける

条約と憲法とどちらが強いか、政治的には制約を受けるが、法律的には憲法は効力を失はないと解して宜いか

結局は、国と世界との関係を如何に理解するかの問題に帰着する。一般に条約は憲法を否定し得るかと云ふやうな問題には、答へにくい

国務大臣　金森徳次郎君

詰り条約の性質にも依ることと存じて居ります。今朝佐々木委員からして、多少の疑を御持ちになつた御質疑を受けましたけれども、例へば日本の政府の持つて居る権力が、条約に依つて何か或権力の下に置かれると云ふことは、日本の憲法だけでは説明の出来ないことでありまして、矢張り憲法に加ふるに若干の制約が条約から起つて来ると云ふこと、斯くの如き場合には認めなければならぬと、斯う云ふ風に考へて今朝の御説明を申上げた次第であります。

大河内輝耕君（子爵・研究会）

さうすると、それは事実上、政治的にさう云ふ風になると云ふ御話なんで、法律的に憲法が効力を失ふんじやない、法律の方ぢや条約の方が上にあるんだから、法律に異なる条約をしたらば、法律は効力を失ふ、況や命令、詔勅、其の他の其の他のことは皆効力を失ふんですが、憲法に限りましては効力を失はないんだと、さう云ふやうに解釈して宜しいですか。さうすると条約と憲法とどつちが強いか。

国務大臣　金森徳次郎君

其の場面の考へ方は、結局国と世界との関係を如何に理解するかと云ふ問題になりまして、さう簡単には答へ切れないものであらうと存ずるのであります。でありまするから、私は今朝来現実の問題を前に置いて御答へ申上げると云ふことは出来ますけれども、一般的に言ふと云ふことは、非常に私共としてはやりにくい、斯う云ふことを申上げて居る次第でありまして、此の一番顕著なる事例と致しまして

ポツダム宣言と憲法制定権力との関係

は、今回の憲法改正の前提と致しまして、**ポツダム宣言**を結んだことに依つて、**日本の憲法の制定権**と云ふものが、当然変更されたかどうかと云ふ問題が起りまして、それは世間で相当に論議されて居りました。学問上の問題としては今日も恐らく疑点があるかも知れませぬ。併し政府は、此の現実の場合に於きましては、国の憲法は、其の意味に於ては何等の変更を受けて居ない、唯国家はポツダム宣言に基いて動いて行くべき義務を負うて居るのである、そこで政府と致しましては、憲法に基いて此の憲法を改正し、而もポツダム宣言に依つて負つて居る国際義務をも其の中に於て履行する、それを現実の姿に現したのが今回の手続である、斯う云ふやうな形に於て、総て此の複雑なる問題を御説明申上げて居る訳でありまして、之を抽象的に、一般に条約は憲法を否定し得るか、斯う云ふやうな形になりますると云ふと、甚だ大事を取ると云ひまするか、今御答へしにくい立場にあると考へて居ります。

大河内輝耕君（子爵・研究会）

私の質問は、此の点に付きましては之で止めて置きます。

委員長　安倍能成君（同成会）

是で大体全体に対する質疑を終りましたが、尚補遺的の質疑がありますから、さうして文書で以て質疑をされた方に対する回答を金森国務大臣から煩すことに致します。……

委員長　安倍能成君（同成会）

では織田委員

戦争放棄の精神に鑑み、総理大臣、国務大臣等は、軍人を避け、シヴィリアンによつて、その地位が占められることを確保して行きたい

織田信恒君（子爵・研究会）

……私は総論の時から御質問して居るやうに、私一人の観方かも知れませぬが、**新憲法の一番の山**は国際平和、第二章戦争放棄、此の平和の山に登る為に我々は一つのデモクラシー体制を採つて国際間に伍して行かうと云ふ、非常に国際的な性格を之に持つて居ります。此の平和の条章、之に相反するやうなことは絶対に避けなければならぬ。そこで起つて来るのは、総理大臣とか国務大臣、政治の最高級に立つて政治をする人が、平和と相反するやうな人が立つたならば、是は国民として許されないでせうし、国際的にも許されないことだと思ひます。それで是は少し取越し苦労になるかも知れぬけれども、国際的には日本が又元のやうな形になりはせぬかと云ふ心配、疑念は誰しも持つだらうと思ひます。無論今度は日本は武装を解除して居りますから、総てはシヴィルでありますけれども、将来矢張り総理大臣とか国務大臣と云ふものは昔みたいに軍人がなると云ふことを避けて、シヴィリアンに依つて其の地位が占められて行くと云ふことが、矢張り第二章を中心として考へても将来確保したい一つの行き方だらうと思ひます。（拍手）此の点一つ御意見を伺ひたいと思ひます。

国務大臣　金森徳次郎君

……**国務大臣、総理大臣が軍人がなると云ふことはどうか**、斯う云ふ御質疑であつたのであります。御説の通り此の憲法は、第二章に於きまして戦争の放棄と云ふ規定を設けまして、将来日本は国際関係に於きまして最も平和的な態度を執ると云ふことを闡明して居ります。又統帥に関する規定とか、

其の外之に関聯する一切の規定を省きまして、国内の必要を満たして居ることは勿論、国際関係に於ける疑惑を解くことに十分努め、其の趣旨は前文にも明かにして居る次第であります。そこで今迄過去に於きまして職業的なと申しますか、本来それを望んで軍人となつて、軍人として大いに世の中に努力せられたと云ふことは、其の当時々々の立場としては極めて正当であつた場合が多からうと存じまするけれども、此の憲法の建前を執りまする限り、左様な職業軍人の方々が若干の世の疑惑の空気を持つて居らるる。単り日本人が疑惑の空気を持つと云ふ訳ではなく、何となく世間の目で疑惑の目を持つて居らるると云ふことはないであらうかと云ふ懸念が起つて来る訳であります。戦を好む立場であるか、平和的であるかと云ふことは、其の人其の人の個性に依つて決るのでありまして、過去に於て軍人であつたからどうと云ふことは、純粋なる理論と致しましては筋違ひのものと思はれまするけれども、事自身が非常に重大なることであり、何としても矢張り過去の経歴が其の人の精神に対して影響を持ち得る可能性は多いのでありまするが、其の点に付て若干の考慮を用ふべき余地があり得ると考へて居るのであります。が、其の中で最も神経質に考へられまするのは、行政権を主管致しまする内閣の構成に……《ママ》むづかしく申しましたけれども、結局内閣総理大臣と其の他の国務大臣と云ふものは非常に限られた人でありまして、其の人達が或一つの特殊なる考を持ちますると、自然国政全般の行き道に大きな影響を持ちまするので、過去の閲歴に依つてさう云ふ職分にならるることの途を閉すと云ふことは、一面に於て非常に無理な点があるかも知れぬとは思ひまするけれども、併し他の面から申しますると、世の疑惑を

旧職業軍人を国務大臣等の地位から、制度として排除することは、非常に無理があるが、成るべくはさうする方が宜いのではないかと考へる

改正案には特別の規定を設けて居ないが、実際の場合に、恐らく妥当なる途が講ぜられて行くのではなからうか

解いて、又国家を極度に安定に導いて行く。兎に角社会的に見て略〻許され得る範囲の判断を以て考へて行きまするると、相成るべくはさう云ふ人達が総理大臣及国務大臣になられないやうにする方が宜いのではないかと考へて居るのであります。併し此の憲法はそれに付きまして特別なる規定は設けて居りませぬ。是は御承知の通りであります。唯第三章等の規定を噛合せて実際の場合に恐らく然るべき妥当な途が講ぜられて行くのではなからうか、斯う云ふ風に考へて別段の規定を設けて居りませぬ。精神に於きましては大いに考ふべき問題があると斯う考へて居ります。

委員長　安倍能成君（同成会）それでは是で質疑を終ることに致しまして、明日九時半から懇談会を致します。

委員長　安倍能成君（同成会）……散会致します。

貴族院帝国憲法改正案特別委員会

昭和二一年九月二八日（土）

前一〇・一二開会　前一〇・三五散会

小委員会を設けて、修正案の審査を願つては如何

委員長　安倍能成君（同成会）　それでは是から開会致します。御承知の通りに、質疑は一応一昨日で終了したのでありますが、それで昨日は懇談会を開きました。其の結果多数の方の御意見に依りますと、修正を要する箇所があるやうに思はれるのであります。就ては此の際小委員会を設けて、大体前文と第十五条、第四十三条及び第六十六条等に付て更に小委員の審査を御願ひしたら如何かと思ひます。念の為申上げますけれども、小委員の報告を願つた後に改めて討論に入りますから、委員としては賛否又は修正の御意見を陳述する機会は其の時にある訳であります。小委員会を設けることに御異議ございませぬか。

〔「異議なし」と呼ぶ者あり〕

小委員の数及び選定の方法

委員長　安倍能成君（同成会）　御異議ないものと認めます。次に小委員の数及び選定の方法に付て御諮り致します。

小委員の数は十五名、選定の方法は委員長に一任

織田信恒君（子爵・研究会）　今御諮りになりました小委員の数、選定の方法等は、小委員の数は十五名としたらどうかと思ひます。

小委員の氏名

戦争拋棄に関連して、国体問題が明瞭になつて居ない。金森国務大臣の言ふ国体を認めるかどうかを小委員会に付託願ひたい

それから選定の方法等に付ては委員長に御一任致したいと思ひます。さう云ふ動議を提出致します。

〔「賛成」と呼ぶ者あり〕

委員長　安倍能成君（同成会）　只今の織田委員の動議に異議はございませぬか。

〔「異議なし」と呼ぶ者あり〕

委員長　安倍能成君（同成会）　御異議ないと認めます。それでは御一任に基いて小委員の氏名を申上げます。侯爵淺野長武君、伯爵橋本實斐君、子爵織田信恒君、山田三良君、牧野英一君、男爵飯田精太郎君、霜山精一君、下條康麿君、川村竹治君、高柳賢三君、田所美治君、松本學君、宮澤俊義君、淺井清君、高木八尺君、以上十五名に御願ひします。以上小委員の方は審査結了次第、本委員会に御報告を願つて置きます。……

松村眞一郎君（研究会）　私は斯う云ふことも小委員《会?》に付して戴きたい。……私は国体と云ふ意味を色々申した。其の外に教育勅語に於ける国体と云ふことをも申しました。それから軍人に賜つた五箇条の御勅諭の中にある国体と云ふことも申した。私は色々な意味に於て国体と云ふものを考へ、是はどうかと云ふことを申した。詰り文武が天皇の手に統轄されて居る国体が、今後は戦争を拋棄するならば、武と云ふものはなくなるから、其の意味の国体が変更するや否やと云ふことを私は質問致したのでありますが、其の時松本委員は

「武」は戈を止めることだと言はれた。それは国体の議論に関係ありませぬ。さう云ふことを言うて居られて、其の国体の問題はどうなるかと云ふことは明瞭になつて居りませぬ。非常に重大な問題で、此の委員会では非常に沢山の議論を続けられて居る。さうして瀧川委員は、もう是だけ国体の議論を言うたなら、国体の議論は止めたら宜いぢやないか、質問の終結の提議があつたに拘らず、尚我々は研究すべしと云ふことで、進んで来て居るのでありますから、金森国務大臣の言はれた其の国体を、此の委員会としては、それは宜しいと認めるかどうかと云ふことを、私は政府に対して決定すべき責任があると思ひます。此の委員会は……《ママ》尚それを小委員会に御付託願ひたい。……

三土忠造君（研究会）

私は小委員会でさう云ふ問題を扱ふのは如何かと思ひます。又さう云ふ問題に付て委員会が意見を、解釈を一致するなんと云ふことは、不可能であります。（「ヒヤヒヤ」と呼ぶ者あり）又政府がどう説明をしようが、我々は我々独自の考で決めて行けば宜い。（拍手）又憲法成立後に於きましても、学者は各種各様の議論をするかも知れませぬ。だから、そんなことは一向構はないで、我々は我々として態度を決めれば宜いのでありますから、そんなものを小委員会に付することは不穏当と考へます。

かかる問題を小委員会に付託するは不穏当。われわれ独自の考で決めて行けば宜い

松村眞一郎君（研究会）

だから、どう云ふ態度を御決めになりますか、それを伺つて居る。各自が決めると云ふ態度はどう云ふ態度ですか。

どう云ふ態度を決めるのか

各自が賛否を決めれば宜い

政府は国体は変更すると言つて居る

憲法の解釈を政府に頼るが如きは、不見識極まる

小委員会に付議せられむことを希望する

政府の見解ははつきりしない

三土忠造君（研究会）

各自が賛成するかせぬか決めたら宜いのです。

松村眞一郎君（研究会）

政府は明瞭に言うて居るのですから……《ママ》斯くの如き国体は変更する、変更しないと云ふことを、言うて居るのですから……《ママ》

三土忠造君（研究会）

政府がどう言はうが、我々はそれに左右されないのです。憲法の解釈を政府の意見に頼るなんと云ふことは、そんことは不見識極まる。

松村眞一郎君（研究会）

不見識であるが故に、私は総て初から明確です。自分の意見を以て衝いて来て居るのです。併しながら（「採決々々」と呼ぶ者あり）併しながら此方で、斯う云ふものは、国体は変更したものなりと言うたら宜いぢやないかと云ふことは、此の委員の中から言つて居るではありませぬか、其の委員はどう見て居られますか、それを言はなくちやいかぬと私は思ひます。委員長、私はそれを小委員会に付議せられむことを希望致します。賛否を採つて戴きたい。

川村竹治君（交友倶楽部）

政府が憲法草案を出す以上は、自分の解釈をちやんと決めて、さうして我々に示さなければならぬ。

処が、政府としては決つて居らぬ。（「決つて居ります」「明文で見れば分る」「はつきりして居る」「極めて明瞭です」と呼ぶ者あり）我々の考と違つて居る。（「違つて居るけれども、決つて居る」と呼ぶ者あり）違つて居るのみならず、はつきりしない。

委員長　安倍能成君（同成会）　松村委員の御提議に付て、国体問題に付て明確なる態度を小委員会で決めて貰ひたいと云ふ、それを小委員会の議題に付したいと云ふ御意見に御賛成の方は、御起立を願ひます。

〔起立者少数〕

採決

委員長　安倍能成君（同成会）　少数であります。

否決

委員長　安倍能成君（同成会）　……今日は是で委員会は散会致します。

貴族院帝国憲法改正案特別委員会小委員会

昭和二一年一〇月二日（水）　後三・五三開会　後四・二九散会

委員長　橋本實斐君（伯爵・研究会）　それでは更めて茲に開会致します。今日は速記を附けて審議を継続致します。**本小委員会**は去る九月二十八日以来今日迄、四日間に亙りまして、各員から詳細な御意見を懇談裡に進めて参りました。御意見のある所を能く了承致しました。此の間、必要に応じまして吉田内閣総理大臣及び金森国務大臣の御出席を求めまして、必要の箇所に付きまして、各員との間に十分なる質疑応答も重ねられたのであります。連日の各員の御努力に依りまして、此の小委員会に付託せられました前文案の修正、第十五条の修正、第四十三条、第六十六条、第七十九条、此の五項目に付きまして、十分な懇談を遂げました。皆さんの御意思も十分分りましたから、今や、質疑応答の時期も済みました今日、此の案を採決に付しまして、本委員会の是等の諸案に対しまする態度を決する時期に到達したと考へます。仍て各員の御異議がなければ、是より討論に入りたいと存じます。仍て、先づ此の際前文を討議の問題に供したいと思ひます。

小委員会の審議は四日間に亙る

前文を討議の問題に供す

田所美治君（同和会）

前文の内容の意味を少し変へることなく、少し文字を変へ、或は前後を多少変へて、了解し易く、なだらかに、出来るだけ完備なものに修正

委員会から付託されました諸項の中、前文に付きましては御手許に廻してございまする案のやうな工合に、修正を少し加へたらどうかと存じます。此の前文は、今回新憲法に依りまして、憲法の条項もさうでありますが、前文も亦所謂言文一致体で、言葉の通りに初めて出来たものでございます。其の文体の上から見ましても、なだらかさを欠く点もありますし、中には了解に苦しむやうな点もないではありませぬ。是は初めての試みでありますから、又、時日も十分にあつたと云ふ訳ではないのでありますから、生硬の文章が、十分に融和されないで出て居るやうな点がぽつ〳〵あるのであります。衆議院に於きましても、多少の修正を加へられまして本院に廻つて来た訳でありますが、尚それを精査検討しまして、又繰返して之を詳読しまして、理解しにくいやうな点は、改める方が宜いではないか、こんなにも考へられます。又中には、内容を変へると云ふことではありませぬが、日本の此の憲法の前文としては、少し文字も変へて、意味を変へないで文字を変へましたならば、尚其の原意が徹底すると云ふやうな所もあります。それ故私は、此の**前文の内容の意味**は、即ち主権が国民に在る、平和主義に基いた宣言、我が国の将来の理想、それを世界と共に協力しまして維持して行かう、斯う云ふ意味の内容に付きましては、少しも変へることなしに、曩に申上げましたやうな了解し易く、なだらかに、此の急いだ際に於きましても、出来得るだけ完備なものに致したいと云ふことの為に、十分ではございませぬけれども、此の際御手許に廻してございますやうな文字の大体修正でありますが、或は前後を多少変へましたとか云ふやうな位で、元の文よりは、或は衆議院の修正よりは、尚少しでも、さう云ふ意味に於きましては、

改善を加へる意味に於きまして、御手許へ草案を差出してありますから、御熟読の上、どうぞ御賛成を願ひます。

委員長　橋本實斐君（伯爵・研究会）

御諮り致しますが、只今、田所委員から御動議が出ました前文に付きまして、是は朗読を致すことが適当と存じまするが、時間も掛りますこと故、且読み違ひ等もあつても困りまするから、此の案文を速記録に載せたいと存じますが、御異議なければ、左様致したいと思ひますが。

〔「異議なし」と呼ぶ者あり〕

委員長　橋本實斐君（伯爵・研究会）

それでは左様取計らひます。之に対しまして、何か御意見がございますか。

〔「賛成」と呼ぶ者あり〕

委員長　橋本實斐君（伯爵・研究会）

全会一致、前文の修正案可決

御異議がないやうでございますから《ママ》……それでは御異議がなく全会一致を以て前文の修正案は可決すべきものと云ふことになりました。………

織田信恒君（子爵・研究会）

第六十六条の修正案。第二項、内閣総理大臣その他の国務大臣は文民でなければならない

第六十六条、是も一つ修正案として一項目を挿入したいのでありますが、是は第二項に「**内閣総理大臣その他の国務大臣は文民でなければならない**。」以上であります。此の「**文民**」とは文の民と書きます。

文民とは、武臣に対照しまして、英語で申しますならば、シビリアンと云ふ言葉に当て嵌ると思ひます。以上を修正案として提出致します。

〔「異議なし」「賛成」と呼ぶ者あり〕

委員長　橋本實斐君（伯爵・研究会）　只今の織田委員の御意見に対しまして、御異議ございませぬか。

〔「異議なし」と呼ぶ者あり〕

委員長　橋本實斐君（伯爵・研究会）　御異議がないやうでありますから……《ママ》

高木八尺君（同成会）　意見は重ねて申出を致しませぬ。

委員長　橋本實斐君（伯爵・研究会）　御意見は重ねて御申出がない……《ママ》

霜山精一君（無所属）　今の修正案は、第六十六条の一項の後段に続けて書くのではなかつたでせうか。第二項に挿入すると云ふことでせうか。

委員長　橋本實斐君（伯爵・研究会）　修正案は第二項に挿入するのか

第二項に挿入

霜山委員に御答へ致しますが、第二項に挿入することに決つたやうであります。

霜山精一君（無所属）

分りました。

委員長　橋本實斐君（伯爵・研究会）

それでは只今の六十六条も、別に御異議がなければ、左様に決定すべきものと致しまして、委員会に報告致します。

高木八尺君（同成会）

決を御採りになります時には、私は不賛成と云ふ考を持つて居ります。

宮澤俊義君（無所属）

異議なしで御決めになるのですから、満場一致と仰しやらなくても宜しいのではないかと思ひます。多数で決るならば……《ママ》

委員長　橋本實斐君（伯爵・研究会）

承知致しました。多数に依つて是が決つたことを宣告致します。

多数を以て可決

田所美治君（同和会）

満場一致で決つたことを満場一致と御願ひ致しまして……《ママ》

委員長　橋本實斐君（伯爵・研究会）

左様了解致して居ります。……

小委員長挨拶

委員長（橋本實斐君）（伯爵・研究会）　それでは、之を以て本小委員会は、総て議了致しましたことでございます。此の機会に於きまして、ちよつと御挨拶を申上げます。去る九月二十八日以来、此の小委員会を開催致しましたのでありましたが、連日に亙りまして、各位が良く御出席を戴きまして、非常に御熱心に、而も和気靄々として、誠に円滑に議事を進行致すことを得ましたことは、誠に不馴れであります私と致しましては、望外の仕合せに存ずる次第であります。是れ偏へに此の議案の非常に重いことにも依りますけれども、又各位が、特別の御同情と御支援を、不肖、私に御与へ戴きました結果に外ならないのでありまして、小委員長と致しまして、誠に有難く存ずる次第でございます。其の間議事の取運び等に付きまして、多々不行届の点がございましたことは、私、不馴れの致す処でございまするが、平に御容赦を願ひたいのであります。之を以ちまして、無事に此の責を果しましたことに付きまして、一言御礼を申上げまして御挨拶に代へます。之を以て散会致します。

貴族院帝国憲法改正案特別委員会

昭和二一年一〇月三日（木）

前一〇・一六開会　後〇・〇九休憩
後一・四五開会　後二・〇一休憩
後　三・一二開会　後四・五三散会

本日の議事の進行順序

委員長　安倍能成君（同成会）　それでは是より開会致します。先づ本日の議事の進行順序に付て申上げます。最初に小委員会の経過並に結果の御報告を願ひます。引続いて之に対する御質疑のある方の御発言及び其の他の質疑を行ひ、是が終りましたら討論に入りたいと存じます。討論の際は賛否の意見なり、修正意見なり、修正案の提出及び説明なり、又小委員会の修正報告に対する御意見なり、各位の御発言を願ひ、御意見の開陳が悉く終りましたらば採決に入ると、斯う云ふ順序で進みたいと存じます。尚採決の順序に付て申上げます。最初は小委員会委員長報告以外の修正案、即ち各委員の提出に係る修正案を致します。それから其の次に小委員会委員長の報告に係る修正案をやりまして、最後に以上の如くにして決定した修正の個所を除き、衆議院送付に係る帝国憲法改正案全部に付採決を致すことにしたいと思ひます。御異議はございませぬか。

山田三良君（無所属）

小委員長報告

小委員会の修正案の採決を先きに願ひたい

ちよつと伺ひますが、今の御報告の順序ですね、小委員会で報告になりました其の案の採決を先きに願ひたいと思ひますが、小委員会で認められたる案ですね、それを先きに願ひたいと思ひます。討論と表決は、さうして外の案は其の以後に願ひたいと思ひます。

議事の慣例上都合が悪い

委員長　安倍能成君（同成会）

是は議事の慣例上それは都合が悪いので、矢張り今提議した順序に従つて戴きたいと思ひます。

〔「異議なし」と呼ぶ者あり〕

委員長　安倍能成君（同成会）

御異議はございませぬか。

〔「異議なし」と呼ぶ者あり〕

委員長　安倍能成君（同成会）

それでは此の議事の順序に付ては御異疑ないと認めます。小委員長の御報告を願ひます。

小委員長報告

橋本實斐君（伯爵・研究会）

小委員会の委員長報告を申上げます。只今議題となりました**小委員会に於ける議事の経過並に結果**を御報告申上げます。小委員会は去る九月二十八日以来四回之を開きまして、御委託の五案に付終始慎重に検討を加へ、昨十月二日之を討論に付し、次いで採決致しまして、多分只今御手許に配付申上げてあると存じまする**前文の修正案**外第十五条に於て第三項と致して、「公務員の選挙については、成年者に

よる普通選挙を保障する。」を挿入致し、第四十三条は其の儘、第六十六条は第二項として「内閣総理大臣その他の国務大臣は文民でなければならない」を加へ、第七十九条に付ては、其の第二項、第三項及び第四項を削るべきであると云ふことに多数意見の一致を見ました。此の間**小委員会の議事**は終始懇談の形式を用ひまして、速記は必要の場合の外之を附しませぬでした。議事は又議員を除く外非公開と致しました。而して新聞発表は小委員長より之を行つて参ることに致しました。又其の間金森国務大臣は三回、総理大臣は一回出席を求めまして、其の説明を聴取致しました。是より各案に付きまして簡単に御説明を加へて参りたいと存じます。先づ**前文**でありまするが、修正の方針を努めて衆議院修正の原文を維持しながら、文章の簡易、平明化を期しましたる関係上、文章の大きな移動は之を避けまして、文字の修正に止めたのであります。又努めて英文の文意を忠実に伝へることを期した次第であります。御手許に小委員会の修正案文を御配付致しましたから、之に就て御覧を願ひたいと思ひます。……

議事は非公開、新聞発表は小委員長より行ふ

前文修正の方針

次に**第六十六条**でありますが、先刻も申上げましたるが如く、其の第二項に「**内閣総理大臣その他の国務大臣は文民でなければならない**」と云ふことに修正意見が纒りましたが、是は第二章第九条の戦争放棄の規定と相照応致しまして、世界平和を末永く続かせて行く為の考慮から出たものと思ひます。茲に「**文民**」と申しまするることは、武臣に相対する言葉で、之を英語で言へばシビリアンズとでも云ふ積りの文字であります。聊か慣れない感なきにしもあらずでございまするが、慣熟して参りますれば、段々シビリアンズの気持が滲み出て来ることと考へる次第であります。委員会に於きましては、初めは

第六十六条の修正は第九条戦争放棄の規定と相照応

「文人」であるとか、「文治人」であるとか、「文臣」であるとか、「平人」であるとか、「民人」であるとか、色々の案が出たのでございまするが、結局「文民」に落ち著いた次第でございます。又委員の一人は、之を内閣法に書くことに致しまして、憲法上の規定を避くることの意見もございました。更に将来の国民を拘束するやうな修正に対しても賛成を留保したいとの御意見もございましたが、結局是も多数を以て、以上申上げましたやうな修正案に落ち著いた次第でございます。……

私の報告申上げますことは是で終ります。（報告全文に付ては附録一六参照）

委員長　安倍能成君（同成会）　小委員長の御報告に対して御質問のある方はどうぞ御願ひ致します。

織田信恒君（子爵・研究会）　議事進行で申上げます。配付になりました修正案の刷物でありますが、第六十六条第二項の中に「内閣総理大臣及び」と、斯うなつて居りますが、是は誤りで、「及び」は取ることになります。「及び」はないのであります。「内閣総理大臣その他の国務大臣」と、斯う直接になります。「及び」は第一項にありますので、重複しない為に是は取ることになつて居つたのです。それだけ申上げます。

委員長　安倍能成君（同成会）　是で休憩します。開会は一時から致します。

会議を開きます。午前に引続き討論を続行します。……

委員長　安倍能成君（同成会）

審議の都合上暫く休憩致します。御相談致したいと思ひますから、委員の方と国務大臣、それから事務を執る人だけ御残りを願ひまして、其の他は御退場を願ひます。

委員長　安倍能成君（同成会）

会議を再開致します。……

委員長　安倍能成君（同成会）

……それでは此の前文に対する小委員会の修正に対して、御賛成の方は御起立を願ひます。

前文に対する小委員会修正案採決

〔起立者多数〕

委員長　安倍能成君（同成会）

三十九人中三十人の多数です。是で此の前文の修正案は可決になりました。……

三十九人中、三十人の多数を以て可決

委員長　安倍能成君（同成会）

……それから次に第六十六条第二項として、左の如く加ふ。**「内閣総理大臣その他の国務大臣は文民でなければならない。」**御意見がなければ《ママ》……

第六十六条の修正案

松村眞一郎君（研究会）

私は反対でございます。元来既に第二章に於て戦争を放棄し、戦力を保持して居ないとなつて居る

第六十六条の修正案に反対。既に戦争が放棄された以上、日本国民は総て文民である筈

以上は、日本の国民は総て文民であります。若し第六十六条第二項の修正案の如くするならば、日本国民の中には文民に非ざる者と云ふものがあると云ふことを想はせる規定になると思ひます。若し文民なりや否やと云ふことが問題になつた場合には、国務大臣が任命されたことが無効であるかどうかと云ふ問題も私は茲に起ると思ひます。さうして、其の国務大臣が為した行為それ自身が無効であると云ふやうな問題を起し、延いて裁判所の問題になると云ふことになると思ひますが故に、此の規定は存置することを不適当なりと考へます。国民中に、所謂文民と云ふのはどう云ふ意味か存じませぬけれども、此の趣旨に適さない者があつたなれば、それは任命されないでありませう。さう云ふこと迄細かいことを私は書く必要はないと思ひます。今日公職に適せざる者として、公職から所謂追放と云ふものの境遇に置かれて居られる方があります。斯う云ふ方は、只今直ぐに国務大臣に任ぜられると云ふやうなことは、是はないことは当然であると存じます。併し元来、**所謂公職の追放**と云ふ地位に居られる方は、身分をどう云ふ法律関係に置かれて居るのであるかと云ふことを、私は法律で規定される必要があると思ひます。是は一種の**公権剝奪**であると考へます。それでありますから、如何なる場合に、其の公権は復権せらるゝものであるかと云ふやうなことも、私は想像することは必要であると思ひますから、さう云ふやうな規定が出来たならば、さう云ふ公権剝奪者は、自然国務大臣にもなれないと云ふやうなことになるのでありますから、斯くの如き規定を置くと云ふことは、私は宜くないと考へます。殊に嘗て所謂**職業軍人**であつた人は、是はどう云ふことに解釈するのであるか、非常に是は曖昧なことになりますか

所謂公職追放は一種の公権剝奪

ら、何と致しましても、斯くの如き規定の存することは当を得ないものでありますから、私は反対致します。

国務大臣が文民でなければならぬとすれば、憲法第十四条と矛盾しはしないか

山田三良君（無所属）

私は此の案を審議する際に気が附かなかつたのでありますが、斯う云ふ風に国務大臣が文民でなければならないと云ふことにしますと、此の**憲法第十四条**に「すべて国民は、法の下に平等であつて、人種、信条、性別、社会的身分又は門地により、政治的、経済的又は社会的関係において、差別されない。」此の政治的関係に於て差別されないと云ふ条項に、是は矛盾するやうに思ひますが、此の点を御説明を願ひます。

文民と云ふ条件が入れば、第十四条と矛盾するが、致し方がない。これこそ憲法の眼目

国務大臣　金森徳次郎君

第六十六条に「文民」と云ふ条件が入りますると、今仰せになりましたやうに、一般の資格に、斯様な区別があると云ふやうな結果になるのであります。而して左様な結果をはつきり憲法の上に明かに致しまして、此の場合に於ては、左様な点に於て区別されても致し方がない。それこそ、憲法の眼目として居る所である。斯う云ふことの意味が出て来るのでありまして、若しも此の六十六条の今回御改正の案に上つて居りまするやうな規定がありませぬと、場合に依りまして、過去に於て職業軍人であつた人を排除致しまする場合に、憲法上の論議の余地が発生する虞ありと考へて居ります。

山田三良君（無所属）

提案者の説明を求む

今ので分りました。私は国務大臣の説明を求めたのではないのでありまして、此の提案者の説明を求めたのであります。

論理上面白くない点もあるが、熱心なる討議の結果ここに至る

織田信恒君（子爵・研究会）

此の「文民」の言葉に付きましては、申上げる迄もなく、山田委員も同じ小委員で一緒に我々と御研究になつた訳でありまするが、先程**松村委員**から仰しやつたやうに、論理上甚だ面白くない点も起るかと思ふのであります。併し之に付ては、色々此の憲法の戦争放棄の条章に関聯して、斯う行ふやうな規定を入れた方が将来日本の国家の為に有利ではあるまいかと云つたやうな観点から、小委員会に於ても態々総理大臣の御出席を求めて、各委員から熱心に此の問題に付て御討議があつた結果、此処に収つた、斯う云ふことを私、御報告申します。

第六十六条修正案採決

委員長　安倍能成君（同成会）

それでは決を採ることに致しませう。第六十六条第二項として左の如く加ふ、「内閣総理大臣その他の国務大臣は文民でなければならない。」之に御賛成の方は御起立を願ひます。

〔起立者多数〕

多数を以て可決

委員長　安倍能成君（同成会）

多数でございます。……

委員長　安倍能成君（同成会）

前文及び第六十六条修正案可決

……小委員会付託の案の中で、前文の修正案は可決になりました。……それから第三に第六十六条第二項として左の如く加ふ、「内閣総理大臣その他の国務大臣は文民でなければならない。」是は可決になりました。……以上を以て修正の決定した点を除き、衆議院送付に係る所の帝国憲法改正案全部を問題に供します。

修正の決定した点を除く帝国憲法改正案全部の採決

委員長　安倍能成君（同成会）……修正の決定した点を除き、衆議院送付に係る帝国憲法改正案、全部を採決に付します。御賛成の方は御起立を願ひます。

〔起立者多数〕

帝国憲法改正案多数を以て修正可決

委員長　安倍能成君（同成会）多数でございます。仍て本委員会に付託となりました帝国憲法改正案は多数を以て修正可決されました。

安倍委員長挨拶

委員長　安倍能成君（同成会）……でちよつと御挨拶を致します、八月三十一日に始まりまして今日に至る迄、数十回の特別委員会並に小委員会に於て、熱心に憲法改正案に付て御審議下さいまして、色々の点に付て、時日の関係とか、或は色々な事情に依つて、十分に我々の理想とするやうな、さう云ふ風な案には達し得なかつたと云ふやうな、さう云ふ懸念も幾分かはありますけれども、併しながら、憲法改正に関する有らゆる問題が、

有らゆる委員に依つて、殆ど論じ尽されるだけ尽されたと云ふことは、我々の本懐とする処でございます。其の間、委員各位が非常に熱心に、朝から晩迄、御討議下さつたと云ふ、其の御骨折に対して、深く感謝致します。私は初めて貴族院に参りました者でありまして、此の委員会に臨みますと、丁度ぽつと出の田舎者が、非常に乗り換への多い満員電車にでも乗つたやうな有様でありまして、度々まごついて、醜態を暴露致しまして、甚だ恥しく存じますが、併し委員長を引受けた時に、既に其のことは覚悟のことでありまして、先づ之に依つて、大体委員各位の御考を尽すことが出来、さうして今日の結論に到達したと云ふことを以て、満足致します。色々な点で御迷惑を掛けましたことを、深く御詫び致します。終りに臨んで委員各位の御健康を祈ります。(拍手)それでは是で散会致します。

憲法改正に関する有らゆる問題が、有らゆる委員に依つて、殆ど論じ尽さる

貴族院本会議

昭和二一年一〇月五日（土）

前一〇・四五開議　後〇・〇九休憩
後　一・三九開議　後　五・一六散会

帝国憲法改正案、衆議院送付、第一読会の続

議長　徳川家正君（公爵・火曜会）

是より本日の会議を開きます。日程第一、帝国憲法改正案、衆議院送付、第一読会の続、委員長報告、委員長安倍能成君

〔安倍能成君登壇〕

安倍能成君（同成会）

委員会における経過

本院に於ける**憲法改正特別委員会**は、八月三十一日から憲法改正の審議に入り、前後二十二回の会合を開きました。九月二十六日に質疑を終了して、懇談会に入つて、其の結果、小委員会を設けて、各委員から提出せられた修正案の審議を行ひました。小委員会は四回に亙つて開かれまして、其の修正案を得て、十月三日に之を委員会に報告し、同日委員会は本案及び各修正案に付討論を行ひ、結局本案及び修正案を可決したのであります。其の間に於ける質疑応答の概要及び修正案文に付ての説明を致したいと思ひます。……

委員長報告　貴族院議事速記録 第三九号

先づ総論的質疑に於ける主要なる論点に付て報告致します。……

次には章別審議に移りましてからの質疑応答の概要に付て御報告を申上げます。

前文の法律的効力に関する政府の見解

一切の憲法云々を排除すると云ふとの意義に関する政府の見解

前文の文章は生硬未熟。その内容は消極的

先づ**前文に付ては其の法律的効力**に付て、二三の委員から否定的な意見が表明され、従つて其の結果、或は之を削除したらどうか、或は之を単に本文の制定の由来なり経歴なりを示すに止まるべきものと考へるが、それで宜いかと云ふ風に政府の意嚮を質されたのに対して、政府からは前文は条文の形を採つては居ないが、形式的効力の点に於ては本文と同様であり、従つて法規としての効力を有する箇所もあり、又少くとも本文各条の解釈に当つて其の指針となると云ふ、さう云ふ法的意味があると云ふことの答弁がありました。次に衆議院の修正に係る「**一切の憲法云々を排除する**」と云ふ、さう云ふ箇所に付て、「一切の憲法」と云ふのは、我が国のやうに現行憲法が唯一つしかない、さう云ふ国では理解し難いと云ふ意見と、「排除する」と云ふのは、廃止すると云ふのとどう違ふのかと云ふ疑問が提示されましたが、政府の了解する所に依りますと、「**一切の**」と云ふ形容詞は単に現行憲法のみならず、将来とも民主政治の原理に反する憲法は、如何なるものも其の存在を認めない、斯う云ふ趣旨の下に附せられたのであり、又「**排除する**」とは、現行の法は之を廃止し、将来の法としては其の発生を認めないと云ふ趣旨の表現であつて、単なる廃止と云ふ言葉に比して、政治的な意味が加味されて居ると云ふことでありました。前にも申しました通りに、前文に付ては特に其の文章の生硬不熟なことが指摘せられまして、又内容としては、更に積極的な雄健明朗な、是からの日本国民を立たしめるやうな、さう云ふ性格を与へ

る為の内容の改正や充実も提議されましたが、是は政府の容るゝ所とはならなかつたのでありました。

次に第一章に移ります。……或委員からは、従来のやうな天皇は、現人神だと云ふ神秘的思想は脱却しなければならないが、日本人が「神」的であることは必要である、日本人が新たに謙遜な良心に基いて、将来の日本国を「神の国」にすると云ふ固い決意を有さずして、どうして戦争拋棄、軍備撤廃が出来やうか、と云ふ見解が述べられました。……

第二章戦争拋棄に関する政府の見解

第二章でありますが、第二章は、此の改正憲法にのみあつて、外国の憲法にない規定であります。学者の説に依りますと、第二項の**戦争拋棄**は外にも稀なる例があるさうでありますが、**戦力並に交戦権否認**と云ふことは、未だ曾て何処の国の憲法にも見ざる所だと言はれて居ります。之に対する政府の所論を御紹介致しますと、先づ**世界恒久平和**は全人類に与へられた宿題であるが、我が国の現状は積極的に其の達成に付て国際的努力を払ふと云ふ、さう云ふ所迄は許されて居らない。そこで差当り可能なることは、此の憲法改正に当つて、我が国の**徹底的なる平和主義**の態度を内外に闡明して、之を世界に先んじて為さむとするものである。此の点我が国に対する聯合国の疑惑の払拭と云ふことは、是は結果であつて必ずしも目的ではない。又逆に斯様な規定を憲法に掲げることに依つて世界を瞞著するものだと云ふさう云ふ非議《難?》に対しては、今後に於ける我が国の態度が終始最も明確に之を反駁することにならうと云ふことでありました。併し本条は固より国内法であつて、国際的には政治的な意味を持つに過ぎないのであつて、法律的なる意義を持つことは出来ない。

自衛権の問題

尚所謂**自衛権の問題**が大分問題になりましたが、

国聯憲章との関係

此の自衛権は戦力撤廃、交戦権否認の結果として自ら発動が困難になるのでありまして、外国と攻守同盟条約を締結することも結局不可能となり、**国際聯合憲章**の規定する自衛戦争、共同防衛戦争等との関係は、将来国際聯合に加入することとなつた場合に別個に考へるべきではあるが、寧ろ其の際は我が国としては、兵力の提供義務を留保すると云ふことを考へることになるであらう。要するに此の**戦争の抛棄**、**戦力の撤廃**、**交戦権の否認**と云ふことを此の憲法の中に入れたと云ふことは、是は全く捨身の態度であつて、身を捨ててこそ浮ぶ瀬もあれと云ふ、さう云ふ風な異常な決心に基くと云ふ政府の開陳でありました。……

第十章最高法規

第十章最高法規は、或は他の法規と重複し、或は自明の理であるとして全章を削除すべしとの論も強かつたのでありますが、政府は其の存置の必要を主張し、又委員の間にも政府と所見を同うする向もあつて、此の点は其の儘になつたのであります。

特別委員会の修正案

次に此の特別委員会に於て修正せられた修正案に付て申上げます。……第六十六条、「内閣は、法律の定めるところにより、その首長たる内閣総理大臣及びその他の国務大臣でこれを組織する。内閣は、行政権の行使について、国会に対し連帯して責任を負ふ。」此の第一項と第二項との間に「内閣総理大臣その他の国務大臣は、**文民**でなければならない。」斯う云ふ修正が下されたのであります。是は第二章、第九条の戦争抛棄の規定と相照応して世界平和を末永く続かせて行くと云ふ、さう云ふ考慮から修正されたものであります。

文民の意義と文民の条件を付けた理由

文民と云ふ言葉が多少不熟な感がありますが、此の文民に代るものとしては或は

文人、文治人、文臣、平人、民人と云ふやうな、さう云ふ風な案も提出されたのでありますが、其の中で比較的一番良いと思はれる文人と云ふのは官吏に限られると云ふ、さう云ふ風な虞があるので、文民と云ふ所に落著いたのであります。文民は武臣に対する所の言葉であります。……

帝国憲法の改正は必然的

此の憲法改正と云ふことが、現行憲法と云ふものを自ら毀つた、我が国民の過去に於ける所の行跡から考へて免るべからざる所の必然的なものであると云ふことは、是は言ふ迄もないことでありまして、其の点に付ては一般の民衆は兎も角として、政府者も議員も学者も、それからして官吏も、皆悉く其の責任を免れることは出来ないものであつて、今後の新しい憲法と云ふものを実現する所の責任は、さう云ふ風な過誤を犯した所の日本国民全体が之を負ふべきものであると考へるのであります。私は此の憲法を審議するに当つて、実に感慨無量なものがありまして、此の新憲法に対して必ずしも欣びを感ずることは出来ないのでありますが、併し唯之を履まへて此の憲法の良き精神を発揮して、さうして日本の将来に於ける所の欣びと幸とを拓いて行きたいと考へるのであります。（拍手起る）（報告全文に付ては附録一七参照）

議長　徳川家正君（公爵・火曜会）

休憩を致します。午後は一時三十分より開会致します。

討論

議長　徳川家正君（公爵・火曜会）

休憩前に引続き会議を開きます。是より討論に移ります。通告順に依り発言を許します。佐々木惣一君。

〔佐々木惣一君登壇〕

佐々木惣一君（無所属）　私は帝国憲法改正案反対の意見を有する者であります。此の私の意見を我が貴族院の壇上に於て述べますことは、私に取つて実に言ひ難き苦痛であります。今日帝国憲法を改正することを考へること其のことは、私も政府と全く同じ考でありますが、唯、今回提案の如くに改正することは、私の賛成せざる所であります。冒頭、私が帝国憲法改正案に対しまして、賛否を決するに当つて如何なる点に標準を置くかと云ふことに付て一言致します。次の二つのことを考へる必要があります。**其の一つ**、今回の改正案は、改正とは申しまするけれども、憲法中の一部を特に定めて改正せむとするのではありませぬ。其の全部に亙つて改正せむとするのであります。改正の名の下に新制定をなさむとするのであります。故に其の案全体の是非を判断するに当つては、改正案の規定中、特定の或ものだけを取上げて見ても、決して適正なる結果を得ることは私には出来ませぬ。改正案の規定を全部を関聯せしめて見て、其の改正案の規定せむとする事項の軽重を考へるの外はないのであります。我が国として重んずべきものが捨てられますならば、他のものに採るべき点がありましても、改正案全体としては之を不可とせざるを得ないと信ずるのであります。**其の二つ**、今回我々が帝国憲法の改正を考へると云ふことは抑ゝ如何なる必要に依つて生じたことでありませうか、それは要するに次のことに帰著致します。我々は最近の経験に徴して、将来の活動に付て痛切なる要求を持つに至りました。即ち我が国は終戦前迄執つて居た所の

帝国憲法改正案に反対。今回提案の如く改正することは賛成しない

賛否を決するに当つての標準二項

一、改正案の個々の規定を取上げて見ても適正なる判断を下すことは出来ない。全部を関聯させて見なければならない

二、敗戦による内外の要求を充たすに必要な改正に止め、この必要に応ずることの出来る規定を変更したり、若

くはこの必要に応ずることの出来ない規定を新設することは避けねばならない

軍国主義的、極国家主義的の誤れる態度を捨てて、平和主義的、道義的の正しい態度を執り、人類の幸福を増進することを使命とせなくてはならない、此の使命を達するが為には、先づ国家の活動に於て破壊されて居るデモクラティック体制、即ち民意主義体制を復活強化しなくてはならぬ。次に国民の自由が実際に尊重され、其の基本的人権が確保されなくてはならぬ。民意主義的体制の復活強化と国民の自由の実際の尊重とに依り、近年の如く軍国主義的、極国家主義的の傾向を持つ者が政治を担当すると云ふ事実の再び現れて来る余地をなくしなくてはならぬ、是が我々の痛切なる要求であります。斯う云ふ考は我々国民自身の間に起つたのでありまするが、是は当然のことであります。加ふるに敗戦して受諾しました彼の**ポツダム宣言**が厳粛に之を命じて居るのであります。即ち右に述べました要求は、内外の事情から我々が今痛切に感じて居る要求なのでありまして、我々は此の要求を満す為に適当なる活動をなさなければなりませぬ。然るに此の要求を満す為の適当なる活動は、現在の儘の帝国憲法の下では十分に行ふことが出来ない、そこで帝国憲法の改正と云ふことを考へたのであります。**以上述べました所を結んで申せば、**今帝国憲法の改正を為すと云ふことに付ては我々の今後の活動上の要求、詳しく言へば民意主義体制の復活強化と国民の自由の実際上の尊重、而して之に依り軍国主義的、極国家主義的の傾向を有する者の政治担当と云ふ事実の再現を防止すると云ふ要求を満す為に必要な改正であると云ふことを忘れてはならぬのであります。故に或は此の必要に応ずることの出来る現在の規定を変更したり、或は此の要求に応ずることの出来ぬ規定を新設したりすることは、今回の帝国憲法の改正に於ては努め

帝国憲法改正案を全体として見て不可と断定する理由十項

て避くべきことであります。右の如き見地に立つて私は今回の帝国憲法改正案に付て討究し、且政府の説明を聴き、又政府に質疑し、其の結果、帝国憲法改正案を全体として見て不可と断定するに至つたのであります。頗る遺憾に存じます。其の理由の主なるもの次の通りであります。

第一、我が国の政治的基本性格は之を変更してはなりませぬ。……第二、天皇への協力機関の徹底的改革を行ふことを超えて、政治的基本性格たる国体の変更に進むことは不必要であります。……第三、天皇に特殊の重大天職の存すると云ふことを見落してはなりませぬ。帝国憲法改正案に依りますれば、此の事が見落されて居ります。……第四、天皇を政治に関して無能力の者と定むることを以て天皇に責を帰し奉らぬことであると誤解してはなりませぬ。……第五、天皇無答責を規定することを忘れてはなりませぬ。今回の帝国憲法改正案に依りますれば、此のことが忘れられて居ます。……第六、天皇を媒介とする三権分立の機関の心理的帰一と云ふことに注意すべきでありますが、帝国憲法改正案に依りますれば、右のことが注意されて居りませぬ。……第七、「ポツダム」宣言の趣旨を誤解して、之に依り我が国が君主国より民主国に転じたものと思ひ、又さう転じなくてはならないものとなつたと思つてはなりませぬ。……第八、我が国の政治的基本性格たる国体の変更は、延いて結局精神的、倫理的方面より見たる国柄、即ち別の意味の国体の変更を来す危険があると云ふことを忘れてはなりませぬ。帝国憲法改正案に依れば、是が忘れられて居ります。……

我が国今後の平和主義的、道義的使命の達成は、国家の個性を基礎とする活動によらなくてはならない。この点に関する注意が、改正案に於ては不十分

第九、**我が国の今後の平和主義的、道義的の使命**は、我が国家の個性を基礎とする活動に依らなくては、之を達成することは出来ないと云ふ点が注意されなくてはなりませぬ。帝国憲法改正案に依れば、右の注意が不十分であると思ふのであります。我が国家は、今後国内生活に於きましても、国際生活に於きましても、平和主義的、道義的国家として、人間社会の平和、道義を実現することを使命とするのでありまするが、其の使命を達成するには、我が国家の個性に基礎を置いて、そして活動するのでなく

改正案に対する可否を決するに当つては、之を全体として、一体として見なければならな

ては、到底有効なる結果を齎すことは出来ないのであります。固より人間は、総ての社会の人間が普遍的な性質を持つて居ることは言ふ迄もありませぬけれども、今日斯くの如く幾多の国家が相分れて、各各其の国家群として社会生活をなして居りまする以上は、其の活動の様式に於きましても、必ず其の国家々々に存在して居りまする所の個性に基礎を置かずしては、其の活動は結局無効に終ると思ふのであります。此のことに付きましては、もう時間もありませぬから詳しく申上げることは止めて置きます。此のことは唯、我が国の国内生活のみでなく、国際生活に付て特に感ずるのであります。それで世界の人間は、皆一様に平等的、道義的の社会生活の実現に努力しなくちやならぬのでありまするけれども、併しながら其の努力は、各国家々々に特別なる所の個性に相応しきものでなくては、到底其の効果を挙げることは出来ないと思ふのであります。将来我が国が従来の誤れる所の国際的態度を改めて、大いに世界と相提携しまして、平和的道義を実現すると云ふことは当然のことでありまするが、それであればある程、我が国の活動の状況を、我が国の個性に適合したものとせなくてはならないと考へるのであります。此の点に於きまして、帝国憲法改正案では、少しく其の用意が不十分であるかと思ふのであります。反対せざるを得ませぬ。

第十、帝国憲法の改正案の個々の条項の可、不可と云ふことは、それ自身では、私の判断する立場に於きましては、帝国憲法改正案を一体として見て其の可、不可を決定するの材料とはなりませぬ。帝国憲法改正案の条項を個々のものとして見まする時は、可なるものも不可なるものも色々あります。私の

大いに賛成するものも決して少くはありませぬ。併しながら何れに致しましても、今回の如き改正案に対する判断と致しましては、之を全体として、一体として見て、其の可否を決定しなくては、ならぬと私は思ふのでありまするから、私が今回の改正案中、可とするものがある、従つて其の点に於ては賛成するものがありましても、而も全体として其の改正案を不可とするのは已むを得ない、斯う云ふ意向であります。其の理由は前刻来申上げた通りであります。……

い。個々の条項としては賛成するものもあるが、全体として見て、これを不可とせざるを得ない

翻つて思ひますれば、現内閣が前内閣の志を継がれて、今回の帝国憲法改正案を帝国議会に提出せられてより今日に至る迄、或は説明に、或は其の維持の為に、多大の努力を払はれたことは、私の衷心、敬意を表する所であります。固より私は此の案に反対する者でありまするけれども、此の諸公の苦衷の存する所は能く分つて居ります。衆議院に於きましては先に可決致しました。我が貴族院に於ても久しく審議を致し、今将に其の議決に至らむとして居るのであります。斯かる憲法案と云ふが如きものに付きましては、出来るならば、一人の不可とする者の存在せざることが勿論望ましいのであります。私も固よりさう云ふことは分つて居る、内閣の諸公、我が貴族院の議員諸君も同様であらうと思ふのでありまするが、併しながら私は前に述べました所の意見に依りまして反対の意を此処で表明せざるを得ないことに相成つたのであります。実は誠に苦痛の至りであります。若し之が為に我が貴族院の同僚諸君の御気持を損ふやうなことがありましたならば、私は唯々、諸君に向つて私の頑愚なるを笑つて御許し下されむことを御願ひするのであります。斯かる強く、又弱き思ひを懐きながら、私は今此の壇を降る

内閣の努力に敬意を表す

のであります。（拍手起る）

議長　徳川家正君（公爵・火曜会）　松村眞一郎君

〔松村眞一郎君登壇〕

松村眞一郎君（研究会）

本案に賛成

私は本案に賛成する者であります。大日本帝国憲法は全部改正せられて、新たに日本国憲法が生まれむとするのであります。**何故に憲法を改正するの必要があるのであるか**、我等国民は心に之を問ひ、大日本帝国憲法と本法案とを心を以て読み、本法案の成立を可とすべきや否やを我々各自は各自の心に懐く所の法理に依りて判断せなければならないのであります。私が本法案に対する賛否を決するが為に準拠する素朴、未熟なる法理として私の心に懐く所のものは、是より陳述する通りのものであります。

凡そ国体なるものは国の存在と共に定つて居るのであります。……次に政体に付て陳述致します。……

日本民族は過去の過誤を悔い改め、神の国を建設しなければならない

法案第二章は**戦争の放棄**を規定して居ります。人の国は戦争を放棄することは出来ないでありませう。併し良心の神の国にして初めて戦争を放棄し、世界平和を齎し得るのであると考へます。「**人新たに生れずば神の国を見ること能はず**」、日本民族は過去の大なる過誤を悔い改め、神の国を建設せねばなりませぬ。日本が神の国であると云ふのは、道徳上の神の国、即ち良心の国であるべきことを意味すると思ひます。惟神の国、良心さながらの国を見むことを冀ふのであります。凡そ国の存する以上は、

戦争権は天賦の国権ではない

自衛権は存するのであつて、自衛権は国の固有権であると考へ、従つて自衛権行使として戦争を行ふことは、国存在上当然であるとの考も存するでありませう。基本的人権が天賦の人権であるが如く、戦争権は国の根本的本質権である、故に一時は戦争を放棄しても、何れは従来の面目に復帰すべきものであるとの考へも起るでありませう。併し**戦争権**は天賦の国権ではありませぬ。神と悪魔とは両立を許さざるが如くに、平和と戦争とは両立を許さざるものと私は考へます。……

新憲法の三要綱
一、戦争抛棄
二、三権分立、国会最高、責任内閣制
三、基本的人権の確立、尊重

要約すれば**新憲法は三要綱**を骨子として居ります。**第一**、日本国は各国に率先して戦争を放棄し、文化国家として、世界永遠の平和の成立に貢献せむとするものであります。**第二**、日本国の国体は天皇を中心としたる主権集中国体であつて、新憲法に依りて日本国は新たに中央《ママ》分政権、国会最高、内閣全責任、民主主義、憲政の政体を樹立するのであります。**第三**、基本的人権が広く深く尊重せられ、国民の自由福祉が永久に確保せらるゝのであります。我等国民は敗戦に至る迄に陥りたる大なる過誤を、未来永劫重ねてはならないのであります。我等国民は一層深く広く国政に関心し、政治上の責任の益〻重加し来れることを心に銘じ、和楽、協働して平和日本建設に勇往邁進し、世界の福祉増進に貢献せむことを期するものであります。以上の見地に立脚して本法案に賛成致します。（拍手）

議長　徳川家正君（公爵・火曜会）

子爵大河内輝耕君

〔子爵大河内輝耕君登壇〕

大河内輝耕君（子爵・研究会）

遅く迄皆さんを御引留めして相済みませぬ。只今諸先輩から色々賛成論、反対論を伺ひました。誠に一々御尤も、誠に私も良い教訓を受け、政府に於ても、又社会一般に取つても大変良い影響を与へたこととして、茲に感謝を致します。……

憲法改正案に対して賛成を表する

偖然らば将来新日本の建設に対して如何なる所に我々は目標を置くべきであるか、是は申すまでもなく民主主義と平和主義とでございます。それでこの憲法の中を通覧して見まするると、成る程御話の通り、文章も甚だ上手ではないやうである。殊に文法などもどうかと云ふと、此の文法に付ては、私は余計なことを言ふやうですが、それは恕さなければならないので、今口語体の文法と云ふものは決つて居らないから、多少とも滅茶苦茶になつて居るのは仕方がない。それを無理に決めたり、口語体に持つて行つて本居の文法を嵌めるより、口語体をもつと発達させて、其の発達した処で文法を決めた方が宜いのですから、文法上は仕方がないので、文章は上手ではないと思ひますけれども、併し此の憲法に於て、平和主義と民主主義が明白に現れて居ると云ふことは申上げて宜い。……

新日本建設の目標は民主主義と平和主義

少し御うるさいやうでございますが、中へ入つて一つ其の事例を二三言はして戴きたい、二三ぢやない、事柄が少し多いから恐縮します。そこは悪しからず。

前文には、平和主義と民主主義が立派に現はれて居る

前文に於ては平和主義と民主主義が立派に現れて居る。成る程文章はどうか知りませぬけれども、其の何を言つて居るのかと云ふことは能く分る。第一章に於きましては、天皇の権威を明かにし、且其の

第六条以下には天皇の権限を明確に致しまして、天皇を御安泰の地位に置く。第二章に於ては、自衛の戦争と雖も之を禁じて、さうして平和主義の大宣言を世界に向つて致して居ります。

第三章に於きましては、国民の基本的人権を定め、……第四章の国会に於きましては、……

内閣の規定に付きましては、内閣員が穏健なる思想者であると云ふことを明かにせむが為に内閣大臣《ママ》が文民に限ると云ふことの規定を挿入されました。是は委員長からも御説明もございましたが、私は一つ是は私の見解を述べさして戴きたい。委員会で議して居りまする中に、どうも皆さんの御意嚮が、内閣の大臣は穏健な思想の所有者でなけりやいかぬと云ふ空気がぽつぽつ現れて来た。それで誰言ふとなく、それを綜合して見ると云ふと、それは文章の此の中へ入れても宜いぢやないか、此の中へ入れて宜いのぢやないかと云つてどんな言葉が宜いだらうかと言つて居ると、或人が言ふには、それは英語ならある、シヴィリアンと云ふ字なんだ、斯う仰しやつた。それで成る程それが能く穏な思想の所有者だと云ふことを表して居る、能く表して居るが、偖之を日本語に訳したらどうだと云ふことで、色々御苦心になつた結果、**文民**と云ふ字が現れて来たのでございます。誠に此の字は今迄ない字でございまして、さうして、其の点から言ふと余り何ですが、文化人と申すと、其の儘受取れば宜しうございますが、少し斯う何か平家の公達みたいなものを聯想して参ります。それから文人と云ふのも文人墨客と云ふので何だかをかしい。それはさう云ふ言葉は宜いのですから、虚心担懐に取ればそれで宜いのですけれども、穏健な思想の所有者と云ふことは表れませうけれども、どうも外にも意味があるものですから使い

内閣大臣が穏健な思想者でなければならないことを明かにするため、第二項を挿入し、これを文民に限ることにした

第二項挿入の経緯
文民と云ふ訳語の由来

文民の字義は、委員会では決定しなかつた。文民の意義かく解して然るべし

第二項を挿入したのは、現に不穏なる思想の所持者を排除するためであつて、過去に於て或官歴を持つた者を、その官歴の故に排除するためではない。これを明かにして本案に賛成

難い。遂に斯う云ふ言葉に落著いたのでございますが、是は私と致しまして御伺ひした時此の字義はいかぬ、此の字義は実は委員会では御決定はなかつた。私は併し皆様の御研究、皆様の教を仰ぐ便宜の為に、此の私の解釈を申上げたいと思ふ。文民、此の意味は前文にすつかり表れて居る。前文は何かと云ふと、民主主義と平和主義とを唱へて居る、さうして専制と、隷従と、圧迫と偏狭とを地上から永遠に除去しようと努めて居ると斯う書いてある。其の民主主義と平和主義を体得し、そして専制と隷従と、圧迫と偏狭とを排除する、是が所謂シヴィルの思想です。シヴィルとかシヴィライズとか、シヴィリゼーションとか云ふのは皆斯う云ふやうな思想であらうと思ひます。即ち**文民と云ふものは**、積極的に言へば平和主義、民主主義を体得し、専制、隷従、圧迫、偏狭を排除する。それから消極的に申せば、偏狭なる思想、軍国主義、或は偏狭な、極端なる国家主義を排除する、此の人達の中から取らなきやならぬと私は斯う解釈して、然るべきと存じます。従つて先達て新聞にございました如くに、或官歴を持つた人は排除するなんて云ふやうなことは私は到底そんな心は起りませぬ。嘗てどんな職に在つた人でも穏健なる思想の所有者であれば、是は大臣とするも何とするも少しも差支ない、大手を振つて大臣になり得るものと私は確信致して居ります。是は私は此の賛成理由を述べるに付きまして必要と存じまするから、私の解釈を茲に明かに致して置きます。……

第六章司法の所に於きましては、……

第十章に最高法規を定めて国の基本を定め、国民の最も重んずべき所を教へ、殊に九十八条には条約

の効力を此処に明定して、さうして今迄の疑問を解決した。……

是等の点に能く御注意下されまして、附属法規も立派に出来、又運用も宜しきを得たならば、立派な華を此の東洋の一角に咲かせることは決して困難ではない、極めて容易なこと、民主主義国家、平和主義国家は世界の模範として此の土地に栄えることにならうと私は確信して疑はない。此の意味に於て私は此の憲法改正案に対して賛成を表する一人でございます。（拍手）

議長　徳川家正君（公爵・火曜会）

本日は此の程度に於て延会致し、明日午前十時より本日に引続き帝国憲法改正案、其の他の議案の会議を開きます。議事日程は決定次第彙報を以て御通知に及びます。本日は之にて散会致します。

貴族院本会議

昭和二一年一〇月六日（日）

前一〇・一八開議　後〇・二七休憩
後一・五七開議　後五・四五散会

議長　徳川家正君（公爵・火曜会）

是より本日の会議を開きます。日程第一、帝国憲法改正案、衆議院送付、第一読会の続、昨日に引続き討論を継続致します。……

議長　徳川家正君（公爵・火曜会）

松本學君

〔松本學君登壇〕

松本學君（研究会）

私は憲法改正案の委員長報告の修正に賛成の意を表する者であります。……

先づ第一に主権が国民に在ると云ふことが前文及び第一条に明記されて居ることであります。……

其の第二の点は九条の規定であります所の**戦争放棄**と云ふあの平和宣言、私はあの九条は憲法に規定せられたる一箇条ではありますけれども、我が国が世界各国に向つて堂々たる平和宣言をしたものだと

委員長報告に対する討論　貴族院議事速記録　第四〇号

憲法改正案には日本的性格が十分に現はれて居るものと解して、委員長報告に賛成

第九条は、世界各国に対する堂々た

る平和宣言と解釈する。日本的性格、日本本来の面目はここに存する

解釈致すのであります。戦争を放棄して恒久の平和を維持すると云ふことを、捨身になつて世界に宣言をして居る是は大宣言であります。処が、或は之を評して日本は全部武装を解除し、軍備を持たない国でありながら、今更戦争放棄と云ひ、世界平和を宣言するなんと云ふことはユートピヤに過ぎない、引かれ者の小唄である、負けた者の負け惜しみぢやないかと云ふことで評せらるるかも知れませぬ。又我々が侵略国民である、或は帝国主義的な、好戦的な国民であると云ふことを世間から、之を是迄世界各国から思はれて疑はれて居つたから、其の疑を解く為に戦争放棄と云ふやうなことを箇条として書き上げて居ると云ふが如き考の方もあるかも知れぬと思ふのであります。そこで私は決して左様な意味でなく、此の戦争を放棄して平和日本を作り、而も日本が平和であり、文化国であると云ふだけでなく、世界に向つて此の平和の大きな旗を翻へして呼び掛けて行くと云ふ其の根本には、先刻申上げました所の私の申す日本的性格、日本本来の面目が存して居ると云ふことを信ずるのであります。

〔議長退席、副議長著席〕

古典と神話

それはなぜかと申しますれば、皆様も御承知の通りに古典に国々の思想と云ふものを我々は持つて居ります。今日此の壇上に於て神話を説くならば、彼は神秘的な神懸りを言ふと云ふ批評があるかも知れませぬ。

神話なき国民程気の毒なものはない

併しながら神話は国民に取つて最も大切なものであります。神話のなき国民程気の毒なものはないと思ふのであります。古典の中に、二柱の神に依つて神々が生れ、国々が生れて居るのであります。此の**国を生むと云ふ思想**は決して他の国を侵略し、他の国を奪ひ、其の国民を虐げ、或は是から搾取し

国を生むと云ふ思想こそ日本民族の平和思想

て自分のみが利益を得ようとするやうな、さう云ふ侵略的な、帝国主義的な思想では絶対にないのであります。**生むと云ふ思想**、或ものを生み出して之を育てる、即ち**生々発展すると云ふ思想**こそ、日本国民の民族性であり、我々が祖先伝来持つて来て居る所の心の奥底に在る日本精神であると思ふのであります。只今此の**国生み**のことを此処で私は長々と申上げる迄もないことであります。皆様も御承知の通りでありまして、此の思想こそ日本民族の持つて居る平和思想、平和愛好の国民であると云ふことをはつきりと示す事実ではないでありませうか。**生むと云ふこと**は決して他所のものを奪ひ取るのでなくして、其の土地に於て或ものを生み出し、其の生産されたものを以て世界人類福祉の為に之を用ひると云ふ意味に生々と云ふことが考へられると思ふのであります。又我が国は**尚武の国**であると申します。武を尚ぶ国である、その為に往々にして我が国民が好戦国民である、戦を好む国民であると云ふ風に言はれるのでありますが、一体**我が国の武と云ふ観念**はどう云ふことでありませうか。中国に於ては、武を

日本は尚武の国

文字に依つて戈を止めるに在りと申しますけれども、我が国の方は、それ等の考へ方よりももつともつと深刻な、もつと深いものであります。是は**大江匡房卿**の作と伝へられて居る所の我が国の古来の武経の一つに斯う云ふことが書いてあります。我が武は天地の初に在りて一気天地を分つこと**雛の卵を割るが如し**、故に我が道は万物を根源にして百家の権輿なり、是が第一章に書いてあるのであります。雛の

我が国の武と云ふ観念

卵を割るが如し、此の言葉をゆつくりと玩味して見ましたならば、初めて**我が国の神武の本当の心持**が分り、決して武と云ふものは唯無暗に力を用ひるものではない、総ての力の根源をなして居るものであ

る。小さい雛が今生れ出ようとする、其の卵の殻を小さいあの嘴で以て突き破つて出て来る、あの力、あの気持、あの気合、それが我が国に謂ふ所謂武であります。斯くの如き哲学的な非常に深い意味を持つて居る此の精神其のものを我々は尊ぶのであります。そこで我々日本国民は尚武の国民と言ひ得るのであります。是等のことが若し外国の、西洋各国の人々に十分に徹底して、十分に理解を深めることが出来ましたならば、恐らく今日迄我々が疑はれた所の色々な疑問は釈然として解けるのではないかと思ふのであります。是が私の第二に挙げました平和宣言の基本に於て、我々はあの九条の基本に於て日本的な本来の面目を発揮し、日本的性格を十分に表して居ると云ふことを申上げたいのであります。

第九条は、わが国生みの思想、尚武の精神を発揮し、日本的性格を十分に表はして居る

〔副議長退席、議長著席〕

第三に申上げたいことは、憲法改正案の第三章の規定に付いてであります。……第四に日本的な性格と申しますか、日本本来の面目を発揮して居るものと考へられますことは、第八十八条及び第八条の二つの関係にあります皇室財産に関する規定であります。……

憲法改正案の内外に対する意義

倩、私が只今迄申上げました意味に於て、此の憲法改正案を賛成を致すのでありますが、只今申上げましたやうな意味に於ける此の改正憲法と云ふものは、私は斯う考へます。即ち内に向つては、即ち国民に向つては此の憲法が拠るべき指針を示して居るのであります。外、諸外国に対しては我が国の本当の姿を明かにして、同時に正義と秩序を基調とする国際平和を熱心に希求して居ると云ふことを宣言して居るものであると解釈を致すのであります。此の二つの意味を以て国内及び国外に向つての大きなる

戦争放棄を憲法に規定する以上、世界平和招来の具体案を提案すべきではないか

一例として、文化国際聯盟、第五インターナショナルの提唱

意義を此の憲法改正案が持つて居ると致しますならば、先づ世界平和に貢献せむとし、恒久の平和を希求して戦争の放棄と云ふ思切つたる処置を採つて、之を第九条に規定して居ると云ふ以上は、何か世界に向つて日本国から世界平和を招来すると云ふ何かの具体案を提案すべきではないでありませうか、此のことは私は委員会に於て、総理大臣に御質問をしたのでありますが、恐らく政府は何か具体案を御持ちになつて居るだらうと申したのであります。それは何故さう申すかと言へば、唯、漫然と戦争を放棄するとか、平和主義であると云ふことを言ひ放しにしたのでは何を言つて居るのか、ユートピアだ、或は負け惜みだらうと言はれる虞があるのであります。でありますから、是だけの決心をして、憲法に此の条項を堂々と御書きになつた以上は、世界に向つて何か具体案を御示しにならなければならぬでありませうし、恐らく御持ちになつて居るだらうと云ふことを申したのであります。適当な時機に於てさう云ふことを考へると云ふ御答弁でありました。私は当然さうであらうと思ひます。然らば如何なる具体案であるべきでありませうか。現在国際聯合と云ふ組織で以て世界各国は世界の平和を維持せむとして努力を致して居ります。是は一つの方法であります。併しながら政治、経済と云ふやうな各国の利害関係の非常に深刻である事柄を基礎に置いた国際聯合の此の組織と云ふものが是亦必要でありませう。併しながらそれよりももつと根本的な、もつと奥底を行く所の各国の文化を基礎とした、即ち世界各国が互の国の、各国の文化を十分に理解し、之を互に尊重し合つて、さうして文化を基礎にして、互に理解し、尊重し合ふと云ふやうな、何か国際的な組織があつて宜いのではないか。現在国際聯合として政

治、経済、外交、所謂各国が今日迄、**国際聯盟**としてやり来つたやうなやり方を行つて居りまするが、別に我が国から、**文化国際聯合**とでも言ふべき組織を世界に向つて呼び掛けてはどうでありませうか。実は只今から十年程前、昭和十一年に私一個の渺たる一個人が、其の当時国際聯盟があんな状況になつて居りましたので、別に文化国際聯盟の提唱、それから対立観に対する一如観を基礎とした所の、奇抜なる名前でありますが、**第五インターナショナルの主張**と云ふものを世界の知識人、学者、思想家等に呼び掛けたことがあるのであります。其の時に其の反響は非常に大きかつた、小さい一個人がやつた此の運動が相当大きな反響を呼んだのであります。其の中の一つに**ハーバート大学**の政治学の教授の**ブルース・シー・ホツパー**教授が私に手紙を寄越して、其の手紙の中に丁寧な言葉で自分のやつて居ることに非常な賛意を表して、さうしてチャペール・サービスに於て之を私は学生に話して居る、其のチャペール・サービスに於て話した講義をして居る内容を此処に送つて来たのでありますが、其の中に、満洲事変、国際聯盟離脱後、日本人は自己弁護より、自己反省をして、固有の政治哲学への序曲として、西洋文化の本質的なる再検討に向はむとして居ると、斯う書いて居ります。さうして、最後に附加へて我々米国人の役目は、日本の行動を徒に傍観したり、軍艦を造つて対抗することではなくして、忍耐を以て、日本人を研究し、そこに創造されつゝある新政治哲学を研究することであらうと云ふことを附加へて参つて居るのであります。私は小さい一個人が微力を以て思ひ切つてやつたことに、世界各国から相当に反響があつたのでありますから、現在新らしい世界を造らうとして、世界各国が悩み抜いて

憲法改正案は、昏迷に陥つて居る国民に指針を与ふ

居り、如何にして平和に向はむかと努力して居る。此の機会に於て我が国は戦争を放棄して、平和の国を建てる宣言と共に、何か一つ、斯う云ふ具体的なものを以て、世界に臨まれむことを切望して已まないのであります。政府御自身としては、或はむづかしいかも知れませぬが、日本の国の中に、斯う云ふ運動が起ることが焦眉の急ではなからうかと思ふのであります。次に国内に向つての此の憲法の役目は、国民に指針を与へると云ふことであります。今日の国内状勢を見れば、終戦後、虚脱から今日では昏迷の状態になつて居ると思ひます。国民は今迷ひ抜いて居ります。日本国民は今何処に行かむとするか、指針を求めて居ります。新たなる国民の時代を造ると云ふ此の機会に於きまして、日本の正しい姿を認識すると云ふことに依つて、此のことが出来るのではないかと思ひます。……

只今迄申上げました四つの点に於て、日本的な性格が十分に現はれて居ると云ふことを、私自身の解釈でありますが、左様に解釈を致しまして、憲法草案に賛成する者であります。(拍手)

議長　徳川家正君(公爵・火曜会)

木下謙次郎君

〔木下謙次郎君登壇〕

新憲法の前途を祝福し、本案に賛成

木下謙次郎君(交友倶楽部)

本憲法に於ての審議が、既に天下の才を集め二箇月に亙つて、専門家、学者より精密詳細なる研究の御議論を拝聴致し我々素人に於ては啓発する所少からず、深く感謝する次第であります。私は憲法上の

学問には全然素人でありまするからして、斯く論議された後に何等申上げることはないのであります。唯純素人の立場として、私一個の感想に付て本案を批評し、之を批評することに依つて、本案に賛成の意思を表明致したいと考へます。……

論語の言葉は、新憲法の精神と契合融和

私の結論を明確にする為に、又甚だ古いことで恐縮を致しますが、**孔子先生**の言葉を借用するの御許しを得たいと思ひます。孔子先生の御弟子に、御承知の通りでありますが、**子貢**と云ふ人があつた。是は当年ちやき〳〵の政治家であつたが、其の政治家たる子貢が先生に伺ひを立てた言葉に、国が破れて愈〻行詰つて、国の再建をしなければならぬと云ふ時には、どう云ふ事から先に手を著けたならば宜しいかと云ふ御尋をした。丁度二千五百年後の日本の今日の現状を子貢が想定して先生に御尋ねしたものと見える。処が孔子は、是は皆様御承知の通りでありますが、**論語**にある「**兵を去れ、食を去れ、古より人皆死あり、信なくば立たず**」と云ふ名句を吐かれた。兵を去れ、軍備を撤廃せよ、今の言葉で言へば戦争放棄をやれ、是が一番、其の次に食糧問題も大事であるが、併しそれより先づ信を立てて、国の信を立てて国の内外の信を繋げ、是が国家再建の第一条件である。信と云ふものは御承知の通り、儒教に於ける政治の根本義である、此の信を分解して、或は演繹するか、或は帰納するかして、之を成文に書いたものが、今我々が言ふ憲法である。今我々が戦争放棄を翳して、国家多事の際に斯くも憲法審議に熱中し取急いで居ることは、孔子先生の言葉と思ひ合せて、人生の真理は万古を一貫したる不変のものであると云ふことに深い感銘を覚えるものであります。……斯くして二千五百年前の古聖人の教へが

今日我々の今議定しつゝある最も新らしき此の新憲法の精神と契合融和する点を深く玩味することに於て、我々は東洋人として大いなる感激を覚える者であります。而して此の感激は、新日本の建設に付て一層の熱情を加へるものがあります。此の感激と熱情に依つて我々は新日本の建設に依り、外は列国の信用を博し、内は国民の安寧を保ち、進んで世界の平和に貢献し、人類の幸福に寄与することあるべきことが、我々今日の理想であります。此の理想を飽く迄達成すべく努力せねばならぬことが、日本国民に課せられたる一大責務であると我々は覚悟を致して居る次第であります。而して新憲法の目指す意図も、蓋し之に外ならざることを信じまして、此の意味に於て、新憲法の前途を祝福し、茲に私は本案賛成の意思を表明する者であります。(拍手)

議長　徳川家正君(公爵・火曜会)　是にて討論は終結致します。採決を致します。本案の第二読会を開くことに賛成の諸君の起立を請ひます。

〔起立者多数〕

議長　徳川家正君(公爵・火曜会)　三分の二以上と認めます。仍て第二読会を開くことに決しました。

西大路吉光君(子爵・研究会)　直ちに本案の第二読会を開かれむことを希望致します。

植村家治君(子爵・研究会)

討論終結

第二読会

休憩後直ちに第二読会を開くの動議に賛成を致します。

議長　徳川家正君（公爵・火曜会）　西大路子爵の動議に御異議ございませぬか。

〔「異議なし」と呼ぶ者あり〕

議長　徳川家正君（公爵・火曜会）　御異議ないと認めます。休憩を致します。午後は一時三十分より開会致します。

議長　徳川家正君（公爵・火曜会）　休憩前に引続き、会議を開きます。帝国憲法改正案の第二読会を開きます。……

委員会の修正に係はる部分採決

議長　徳川家正君（公爵・火曜会）　是より委員会の修正に係る部分を採決致します。先づ前文を問題に供します。委員会の修正に賛成の諸君の起立を請ひます。

〔起立者多数〕

三分の二以上の多数を以て可決

議長　徳川家正君（公爵・火曜会）　三分の二以上と認めます。仍て委員会の修正通り決しました。……

議長　徳川家正君（公爵・火曜会）　……次に第六十六条を問題に供します。委員会の修正に賛成の諸君の起立を請ひます。

修正箇所を除く、原案の全部、即ち衆議院送付案採決

〔起立者多数〕

議長　**徳川家正君**（公爵・火曜会）

三分の二以上と認めます。仍て委員会の修正通り決しました。是にて委員会の修正に係る修正案全部の採決を終りました。次に只今迄に可決せられました修正箇所を除く残り全部を問題に供します。残り全部原案即ち衆議院送付案に賛成の諸君の起立を請ひます。

〔起立者多数〕

三分の二以上の多数を以て原案通り可決

議長　**徳川家正君**（公爵・火曜会）

三分の二以上と認めます。仍て原案通り可決せられました。（拍手起る）

議長　**徳川家正君**（公爵・火曜会）

是にて第二読会を終ります。

第三読会

西大路吉光君（子爵・研究会）

直ちに本案の第三読会を開かれむことを希望致します。

植村家治君（子爵・研究会）

賛成

議長　**徳川家正君**（公爵・火曜会）

西大路子爵の動議に御異議ございませぬか。

採決

〔「異議なし」と呼ぶ者あり〕

議長　**徳川家正君**（公爵・火曜会）

御異議ないと認めます。

議長　**徳川家正君**（公爵・火曜会）

本案の第三読会を開きます。本案全部第二読会の決議通りに議決することに賛成の諸君の起立を請ひます。

第二読会の議決について採決

〔起立者多数〕

議長　**徳川家正君**（公爵・火曜会）

起立者三分の二以上と認めます。仍て第二読会の決議通り致しました。（拍手起る）

三分の二以上の多数を以て議決

議長　**徳川家正君**（公爵・火曜会）

内閣総理大臣より発言を求められて居ります。吉田内閣総理大臣。

〔国務大臣吉田茂君登壇〕

吉田内閣総理大臣挨拶

内閣総理大臣　**吉田茂君**

只今本院に於て憲法改正案が可決せられました。此の機会に政府を代表致しまして一言御挨拶を申述べたいと思ひます。去る八月二十六日衆議院より送付せられました憲法改正案が本院に上程せられまして以来、本会議委員会等を通じ、議員各位が終始慎重且熱心な御努力に対しましては、心から政府と致

しまして敬意を表する次第であります。申す迄もなく本案は新日本建設の礎石を築き、世界平和を招来せむとするものでありまして、本院に於ける議員各位の御発言は、即ち国民の知識階級の総意を代表するものとしまして、内外に反響をし、本案の意義特色を能く内外に了解せしめたことと確信して疑はないのであります。誠に欣快に堪へない所であります。本案は是より更に衆議院の審議に付せられることとなるのでありまするが、茲に議員各位の御努力に対して、政府と致しまして感謝の意を表する次第であります。（拍手起る）

議長　徳川家正君（公爵・火曜会）是にて帝国憲法改正案を議了致しました。

復刻版
分類帝國憲法改正審議録　戦争放棄編

平成29年11月3日　初　版　発　行

発行者　新日本法規出版株式会社
代表者　服　部　昭　三

発行所　新日本法規出版株式会社
本　社
総轄本部　(460-8455)　名古屋市中区栄1－23－20
電話　代表　052(211)1525
東京本社　(162-8407)　東京都新宿区市谷砂土原町2－6
電話　代表　03(3269)2220
支　社　札幌・仙台・東京・関東・名古屋・大阪・広島
高松・福岡
ホームページ　http://www.sn-hoki.co.jp/

ISBN978-4-7882-8342-8
3235 復刻帝國憲法改正

昭和二十七年十月 十 日印刷
昭和二十七年十月十六日発行

帝国憲法改正審議録 戦争放棄編
定価 一、〇〇〇円

編者 参議院事務局

編纂責任者 市川正義

発行兼印刷者 河合善次郎

発行所 新日本法規出版株式会社
本社 東京都新宿区西大久保二ノ一八五
電話 四谷 〇〇二〇番
綜合営業所 名古屋市中区南園町二ノ五二

人　名　索　引

1．配列は五十音順に依る。但し、議員、国務大臣、学者、わが国歴史上の人物、外国人名の順序とす。
2．（貴）は貴族院議員、（衆）は衆議院議員を表わす。
3．（議長）（副議長）はそれぞれ貴族院、衆議院の議長、副議長を表わす。
4．（委員長）はそれぞれ貴族院、衆議院の帝国憲法改正案委員会の委員長を表わす。

あ

青木泰助（衆）……73
赤澤正道（衆）……73．104．105
秋田重季（貴）……326
秋田大助（衆）……73
淺井清（貴）……327．803
淺野長武（貴）……327．503
芦田均（衆）（委員長）……72．75．125．127．128．129．130．131．135．196．198．200．205．206．207
安倍能成（貴）（委員長）……327．329．330．371．372．420．502．503．513．517．520．521．523
明智光秀……314
足利尊氏……313
足利直義……313．314

い

井伊誠一（衆）……73
井上赳（衆）……73
井上德命（衆）……73
飯田精太郎（貴）……327．503
池上隆祐（衆）……73
石川金次郎（衆）……73
犬養健（衆）……73．74．198．223
荊木一久（衆）……73
今園國貞（貴）……327
岩倉具榮（貴）……327
岩田宙造（貴）……327

う

植村家治（貴）……547．549
宇田國榮（衆）……73
內田康哉……414
內村鑑三……266

え

江藤夏雄（衆）……72．198

お

及川規（衆）……73
大石ヨシエ（衆）……73
大河內輝耕（貴）……327．465．466．473．477．478

479．494．496
497．535
大久保留次郎（衆）……………………72
大島多藏（衆）…………73．198．233
大谷瑩潤（衆）……………………73
大谷正男（貴）……………………327
大橋喜美（貴）……………………73
大村清一（内務大臣）………………69
尾崎行雄（衆）……………………215
織田信恒（貴）…………327．349．355
462．463．464
499．502．503
509．516．520
小野孝（衆）……………………72
大江匡房……………………541
織田信長……………………314
思兼神……………………431

か

笠井重治（衆）…………161．162．163
164．198
柏原義則（衆）……………………204
片山哲（衆）……………………4．9．225
加藤一雄（衆）…………152．155．157
158
加藤シヅエ（衆）……………………73
加藤宗平（衆）……………………72
金森德次郎（国務大臣）………（目次参照）
川村竹治（貴）…………327．503．505
神田博（衆）……………………72
上林山榮吉（衆）…………72．120．121
カント…………226．230．231
232．393
ガンヂー……………………445

き

菊地養之輔（衆）……………………73
木島義夫（衆）……………………72
木村公平（衆）……………………72
木村篤太郎（司法大臣）……29．187．189
190
木村義夫（衆）……………………72
木下謙次郎（貴）……………………545
木村小左衛門（衆）（副議長）……………60
北昤吉（衆）…………36．72．78
221
北浦圭太郎（衆）…………72．88．89
90．142．159
189．190．191
192．194
キーナン……………………37
キリスト……………………18．230

く

黒田壽男（衆）…………73．84．85
86
楠正成……………………314
グローチウス……………………338

け

ゲーテ……………………226

こ

越原はる（衆）……………………73

小島徹三(衆)……72
小山完吾(貴)……327、370、372
後藤一雄(貴)……327
後醍醐天皇……309
孔　子……18、230、546

さ

酒井俊雄(衆)……73
佐々木惣一(貴)……252、256、257、297、299、304、327、386、388、390、392、393、395、398、399、402、403、405、407、454、482、483、484、528
笹森順造(衆)……20、180、182、184、185、188
澤田牛麿(貴)……270、327、360、363、457、459、460、461
佐野源左衛門……313

し

椎熊三郎(衆)……73
幣原喜重郎(国務大臣)……287、320、354、358、394、459、461
下條康麿(貴)……327、503
霜山精一(貴)……327、365、503、510、511
白根松介(貴)……327
神武天皇……229
子　貢……546
釋　迦……18、230

す

杉本勝次(衆)……73
鈴木周次郎(衆)……73
鈴木義男(衆)……50、53、145、146、198
スターリン……93
スペンサー……312

せ

關谷勝利(衆)……73

そ

ソクラテス……230

た

高木八尺(貴)……470、503、510、511
高橋英吉(衆)……72、80、81、82、170、171、177、178、179
高橋是賢(貴)……327
高橋泰雄(衆)……72
高柳賢三(貴)……264、269、327、375、442、445、446、447、448、449、450、451、542、453、454、487、488、489、490、503
瀧川儀作(貴)……327
武田キヨ(衆)……72
武田信之助(衆)……72、136

竹谷源太郎（衆）……………… 73．113
田所美治（貴）……… 327．376．378
503．507．511
田中耕太郎（文部大臣）‥ 70 .155．256
468
田中久雄（衆）……………… 73．234
田原春次（衆）………………………… 73
棚橋小虎（衆）………………………… 73
タゴール…………………………… 230

ち

張作霖………………………… 414

つ

塚田十一郎（衆）……………………… 72

て

天武天皇…………………… 165．166

と

徳川家正（貴）（議長）‥ 259．327．547
548．549．550
徳川宗敬（貴）（副議長）……………… 246
徳田球一（衆）…………24 .26 .30
戸澤正己（貴）…………………… 326
徳川圀順…………………………… 433
トルストイ………………………… 230

な

長井 源（衆）……………………… 73
中御門經民（貴）………………… 327
中山輔親（貴）…………………… 327
南原 繁（貴）……… 280．327．341
343．346．347
名和長年……………………………… 313

に

西大路吉光（貴）………… 547．549
西尾末廣（衆）……………………… 73
新田義貞……………………… 313

の

野坂參三（衆）……… 60．62．63
64．67．71
73．137．138
139．140．141
219
野村嘉六（貴）…………………… 327
ノーラン……………………………63

は

橋本實斐（貴）（小委員長）……327．503
507．509．512
514
橋本二郎（衆）…………………………73
長谷川萬次郎（貴）……… 327．379．382
383．384
廿日出 彪（衆）……………… 72．198
早川 崇（衆）……………… 73．143
林 博太郎（貴）……………… 308．322
林 平馬（衆）…………73．96．102
198．227
林 連（衆）………………………… 73
原 健三郎（衆）………………………… 73

原　彪之助（衆）……………………… 73
原　夫次郎（衆）………………… 45, 73

ひ

樋貝詮三（衆）（議長）…… 1, 32, 72
平塚廣義（貴）……………… 327, 457
稗田阿禮………………………… 166
ヒトラー………………………… 57

ふ

藤田　榮（衆）…………73, 114, 118, 119
藤原清忠………………………… 314
フーヴアー……………………… 413
プラトン………………………… 230
ブルーヒエ……………………… 318

へ

ヘフデング……………………… 318

ほ

星　一（衆）…………………73, 74
細川護立（貴）………………… 327
穗積七郎（衆）…………… 73, 91, 95
保利　茂（衆）………………… 73
本田英作（衆）………………… 72
北條時賴………………………… 313
ホツパー（ブルース・シー）………… 544

ま

牧野英一（貴）…… 290, 327, 367, 368, 371, 372, 374, 420, 421, 422, 425, 427, 429, 479, 503
松澤兼人（衆）………………… 73
松田正之（貴）………………… 327
松平齊光（貴）………………… 327
松平親義（貴）………………… 327
松原一彥（衆）………………… 16
松村眞一郎（貴）…… 327, 385, 430, 434, 435, 436, 438, 439, 442, 503, 504, 505, 517, 533
松本　學（貴）…… 327, 335, 338, 340, 437, 438, 439, 440, 441, 503, 539
松本烝治………………………… 287
マツカーサー（ダグラス）……36, 37, 39, 98, 99, 102, 127, 128, 142, 159, 160, 162, 222, 288, 329, 359
マホメツト……………………… 230
マルクス………………………… 18

み

三浦寅之助（衆）……… 72, 106, 109
三島通陽（貴）………………… 327
三土忠造（貴）……… 327, 504, 505
宮澤俊義（貴）……… 327, 503, 511
美濃部達吉……………………… 277
源　賴朝………………………… 107

む

村上恭一（貴）…………………… 327

め

明治天皇……………………… 309

も

森　三樹二（衆）…………73．111．122．123．124．125
森戸辰男（衆）……………… 73．198
森山ヨネ（衆）…………………… 73
毛利輝元……………………… 314

や

山口喜久一郎（衆）…………14．53．58．72．217．218．237
山崎岩男（衆）…………73．165．168．170
山崎　猛（衆）（議長）… 207．236．237．238．239．240．242
山田悟六（衆）……… 147．148．149．150．151
山田三良（貴）……… 247．250．323．327．491．494．503．513．519
山本正一（衆）…………………… 73
山本勇造（貴）……… 327．409．418

ゆ

結城安治（貴）……………327．467

よ

吉田　茂（内閣総理大臣兼外務大臣）…（目次参照）
吉田　安（衆）……… 55．73．198．203

ら

ラツセル（バートランド）………… 153

る

ルーテル…………………………… 230

ろ

蠟山政道…………………………… 412
ローズヴエルト（セオドル）………… 337
ローズヴエルト（エリノア）………… 337

わ

渡邊修二（貴）…………………… 327
渡邊甚吉（貴）…………………… 327

件名索引

1．配列は五十音順に依る。

2．片仮名文字の件名中必要と思われるものには原語を附した。

3．数字は頁を示す。

あ

朝日新聞（昭和3年8月27日附）…… 411

——縮刷版（昭和4年7月25日附）… 412

熱田神宮…… 166

吾妻鏡…… 313

天の安河原…… 431

安全保障…… 52，117

——条約……52

——制度…… 117

アトミック・ボーム（atomic bomb）…444

アナクロニズム……52

アメリカ…… 336

——合衆国憲法……396，491

——の教育…… 257

い

帷幄上奏権……64

石井外交…… 433

イギリス…… 126

インターナショナル

——コンミュニテイ…… 351

——デモクラシー…… 351

第五——…… 544

う

内田外交…… 433

ヴェルサイユ会議…… 366

ウクライナ…… 126

U.N.O (United National Organization)

……（国際聯盟参照） 101

ウラニウム…… 464

え

A級戦争犯罪人……37

——裁判……63

永世局外中立……52

——運動……8

永世中立国…… 451

英仏戦争……17

栄養本能…… 311

お

オープン・シー（open sea）…… 338

か

戒厳令…… 108

外交

——政策…… 345

——方針……92

改造（昭和4年6月号）…… 412

科学文化…… 321

学問の自由…… 367

家族制度…… 366

神の国…… 431

漢字制限……………………………410
官　　僚
——主義……………………………66
——制度……………………………69

き

議会政治……………………………29
基本的人権…………………………534
教育勅語……………………434．503
教　育　法…………………………156
教　　権……………………………157
兄　弟　愛…………………………337
共同制裁……………………450．455
共同防衛戦争………………………526
極東委員会…………………………121
九箇国条約…………………………222
勤労階級……………………………87
キリスト教…………………………6
——国………………………………432
——文明……………………………6
ギリシャ文化………………………6

く

草　薙　剣…………………………165
軍　刑　法…………………………29
軍国主義………………………64．70
——と国家主義……………………4
軍事施設……………………………183
軍　　人……………………………499
——に対する勅諭……………440．503
——の五箇条………………………435
軍縮会議……………………………88
軍　　閥……………………………166
—政治………………………………107
軍　　備………………163．228．229．
363．458．461．
467
——制限……………………………324
—全廃………………………………22
——撤去……………………………41
群民蜂起……………………………447

け

経済圧迫……………………………158
警　　察……………………363．458
——官………………………………168
——官制度…………………………169
——権………………………114．185
——力………………………………109
京浜地方の大震災(大正12年)……108
原子爆弾……………22．204．266．
321．444
原　子　力…………………………104
憲　　法……………………………404
——改正……………………77．161．481
—— 改正の勅書……………………210
——議会……………………………9
——と外交…………………………350
——と条約……………268．487．488
権力政治……………………………155
ケロッグ条約(ケロッグ・ブリアン条約)417

こ

公海の自由…… 338
公権剝奪…… 518
公職追放…… 189
公正と信義…… 10．139
公法学説…… 147
公務員法……69
皇　室……42
攻守同盟条約…… 449．496．526
交戦権……49．100．182．424．428．429
——否認…… 116．119．526
——抛棄…… 20．100
国際法上の——…… 428
侵略による——…… 100
交戦国…… 452
交戦団体…… 119
講　和
——会議…… 23．171
——条約……124．343．404
——論（カント）…… 231
五箇条の御誓文……62
国　家
——意思……79．175．305．397
——権力の主体……82
——主義…… 4
——主権説…… 82．177
——の最高権力……147．145
——の独立性…… 400
——防衛権……68
国会の最高権…… 374
国　権……79．146．174．397
——の発動たる戦争…… 336
国際安全保障…… 117
国際軍事法廷…… 353
国際裁判所……37
国際信義…… 84．85．183
国際政治…… 155
国際的デモクラシー…… 344
国際文化聯盟…… 354
国際紛争解決の手段…… 442
国際平和団体…… 68．100
国際法
——上の交戦権…… 428
——上の自衛権…… 446
——上の保護国…… 167
国際聯合…… 267．284．350．354．395．451
——加入……164．342
——機構…… 196
——憲章…… 101．129．130．162．211．341
国際聯邦…… 104
国際聯盟……47
国際労働会議…… 436
国　体……442．503

——観念…………………………… 441
——の変革…………………………… 430
国　法　学…………………………… 173
国　　　民
——外交…………………………… 353
——協同体…………………………… 173
——思想の確立…………………………… 429
——主権…………………………… 79．397
——の総意…………………… 78．81．176．249
古　事　記…………………………… 166
小村外交…………………………… 433

さ

財　産　権…………………………… 318
——擁護…………………………… 25
財閥の解体…………………………… 66
三・一五事件…………………………… 414
三権分立…………………………… 6
——の思想…………………………… 37
三種の神器…………………………… 144．165
三十年戦争…………………………… 17

し

自　衛　権…………………… 47．49．53．130．187．283
——行使…………………………… 52．131
——発動…………………………… 38．187
——抛棄…………………………… 447
——と武備…………………………… 335
——による交戦権…………………………… 100
——による戦争…………… 100．115．450
国際法上の…………………………… 446
自衛戦争…………… 116．138．446．450．465
自　主　権…………………………… 125
自　　　由…………………………… 6
——競争…………………………… 6
——平等…………………………… 227
学問の——…………………………… 367
至高の総意…………………………… 176
思想教育…………………………… 155
七十年戦争…………………………… 17
幣原外交…………………………… 433
幣原内閣…………………………… 329
師範教育制度…………………………… 70
支那事変…………………… 87．166．430
資本主義
——抛棄…………………………… 29
——の内部矛盾…………………………… 26
——の本髄…………………………… 25
日本の——…………………………… 87
社　　　会
——科学…………………………… 18
——主義…………………………… 18
——制裁…………………………… 316
上海事変…………………………… 166
宗教教育…………………………… 204
修好条約…………………………… 473
蒐集本能…………………………… 311

十八世紀憲法……………………… 226
主　　　権……………………79, 145, 172, 177, 179, 308, 397
——国家…………………………351, 444
——在国家説……………………… 172
——在国民………………………… 263
——在君……………………………66
——在君説………………………… 172
——在民……………………………66
——在民説………………………… 172
——者……………………………… 172
——性…………………………176, 177
——の総覧者……………………… 179
——の発動………………136, 146, 174
——の発動たる戦争……………… 396
国の——………………………… 79, 397
条　　　約……………………89, 110, 268, 473
——改正論………………………… 485
——と憲法……………………474, 488, 492, 497
——と法律……………………273, 472, 479, 485
憲法違反の——………………………88, 89
国際法上の——…………………… 118
労働関係——……………………… 476
職 業 軍 人…………………………518, 519
食 糧 危 機……………………………… 5
所 有 本 能………………………… 310
神 秘 主 義……………………………37
神　　　話………………………431, 540
侵　　　略……………………………93
——国民…………………………… 540
——主義……………………………70
——戦争…………………………49, 65, 68, 100, 210
——による交戦権………………… 100
人　　　権………………………… 107
人 口 問 題…………………154, 158, 159
人 民 戦 線……………………………40
シビリアン (civilian) …………499, 536

す

水難救助に関する条約…………… 476
枢　軸　国……………………………… 5
ス　イ　ス………………………… 451
スペイン憲法 (1931年) ………… 443
スラヴ民族……………………………93

せ

生　活　権………………………… 311
生活保護法………………………… 111
生　存　権………………………… 158
聖　　　書………………………… 431
正当防衛権………………………… 443
制 裁 戦 争………………………… 115
政 党 政 治……………………………29
政府の行為…………………136, 138, 291, 368

青少年学徒に賜りたる勅語…………………… 436
西　南　役…………………………………… 184
世　　界
——国家…………………………48．267．351
——主義…………………………………… 301
——戦争……………………………… 25．266
——平和の理想…………………………… 386
——平和政策……………………………… 451
——聯邦…………………………………… 266
戦　　争……………………… 64．97．309
——犧牲者…………………………………37
——基地…………………………………… 182
——行為…………………………………… 408
——裁判…………………………116．118
——責任者…………………………………29
——宣言…………………………………… 116
——挑　発　者…………………………… 117
——の慘禍………………………… 78．138
——の被害………………………………… 122
——の「抛棄」，「廃棄」，「廃止」，
「否定」，「否認」……… 149．292．
296．410．412．
415．416．419．
420．423
——犯罪人…………………………27．65．
——抛棄…………………… 35．58．64．
78．155．162．
210．263．282．
301．339．430．
444
——抛棄宣言………………………51．84．91
——用語…………………………………… 356
共同制裁の——…………………………… 450
国権の発動たる——……………………… 396
自衛権による——……… 100．115．450
主権の発動たる——…… 136．145．396
侵略による——………………………100．115
制裁——…………………………………… 115
紛争解決の手段としての——……… 115
防衛——…………………………… 65．443
戦闘本能…………………………………… 316
戦　　　力……………………………439．460
——撤廃…………………………………… 526
——と武力………………………………… 185
——の意義……………………………462．463
警察力と——……………………………… 460
陸海空軍の——………………………116．185
前　衛　隊…………………………………93
占　領　軍…………………………………21
占　領　地………………………………… 425

そ

総　　　意…………………………………79
国民の——…………………78．81．176．
249
至高の——………………………………… 176
相続の抛棄………………………………… 297
ソ聯の革命………………………………… 6

た

対日理事会………………………………… 102
大　　　権………………………………… 277

大東亜戦争……………………49．160
太平洋戦争…………………87．264
大陸侵略……………………………87
第一次欧洲戦争……………47．473
第一次世界戦争………………5．57
第二次世界戦争………………5．93．344
361
第五インターナショナル…………544
拿　捕…………………………425

ち

治　安…………………………109
――維持……………………30．168．363．
461
――維持法……………………414
国内――……………………108．114
中央公論（昭和3年10月号）…………412
中国の民族…………………………25
中立国……………………………452
張作霖爆死事件……………………414
朝鮮の労務者………………………458

つ

剣…………………………155．156

て

帝国主義……………………………24
諦念主義……………………………283
天賦人権説……………………………6
天　皇
――主権説…………………………82
――象徴……………………………226
――親権政治………………………432
――制……………………25．56．121
デモクラシー（民主主義参照）…………39
――教育……………………………352

と

東條内閣……………………………194
統帥権……………………………272
統治権……………………82．172．174．
177
闘争本能……………………310．320．323
特権階級……………………………37．107
独裁機構……………………………66
独占資本……………………………87
独立国家……………………………407
土地改革……………………………66
土地所有制度………………………66
ドイツ憲法…………………………222．482

な

内　乱……………………………119
軟弱外交……………………………433
南洋の民族…………………………25
ナチス運動…………………………40

に

日英同盟……………………………167
日　本
――精神……………………………541
――の軍隊…………………………171

――民族…………………………533
日華事変…………………………264
日米条約…………………………88

の

農業立国…………………………159
農地調整法…………………………66

は

敗戦…………………………126
――ドイツ…………………………226
幕府政治…………………………107
叛徒団体…………………………119．120
汎神論…………………………431
反戦兵士…………………………28
反動団体…………………………66
反乱…………………………184
藩閥政府…………………………216
ハーバート大学…………………………544
パリー会議…………………………361．458．464

ひ

非常事態…………………………113
非常大権…………………………193
比島…………………………19
百年戦争…………………………17
ヒトラー運動…………………………39

ふ

武…………………………435．439．504
――の観念…………………………541
武器…………………………139．184．454．468
武經…………………………541
武家政治（徳川三百年）…………………………107
武士階級…………………………107
武臣…………………………510
武装解除…………………………38
武備…………………………335
武力…………………………47．131．184．266．439．440．444
――行使…………………………184．422．425
――抗争…………………………445
――制裁…………………………288
――戦争…………………………94
――による威嚇…………………………422．425
不戦条約…………………………150．401．413．417．443
――調印式…………………………411
文化
――国家…………………………132．133
――国際聯合…………………………544
――と戦争…………………………309
文臣…………………………516．527
文人…………………………516．527
文治人…………………………516．527
文民…………………………515．519．536
文明
――と戦争…………………………288
――と文化…………………………312

紛争解決の手段としての戦争……115
ファシズム運動……40
フオーレン・エンリストメント・アクト (Foreign Enlistment Act) …454
ブラザーフッド・ラヴ……337
ブラジル憲法……210
フランス
——革命……145，147，162
——憲法……162，210，443
プロシャ憲法……62
プロレタリヤ……204

へ

兵器……462
兵備……283，362
兵力……101，341，460
——量……88
平人……516，527
平和
——愛好国民……102
——産業……321
——思想……204
——主義……70，525
——条約……8，474
——宣言……10，13，14
——論（カント）……231

ほ

防衛……284
——戦争……65，443
封建政治……107
封建制度……365
保護国……167
戈……438，439
本能
——生活……310
栄養——……311
蒐集——……311
所有——……310
戦闘——……316
闘争——……310，320，323
遊戯——……311
本能寺の変……314
ポツダム宣言……34，101，171，179，234，277，399，407，488，498
ホワイト・ハウス……413

ま

松本案……42
満洲
——移民……310
——事変……25，49，64，87，166，222
——の民族……25
マッカーサー元帥の声明……36，159

み

未帰還邦人……102
未帰還復員部隊……102
民主国家……281
民主主義……7，12，70

——憲法……………………………………69
——政治……………………………………5．39
——政体…………………………………… 160
——と平和主義…………………………4．539
経済上の——…………………………………… 6
産業上の——…………………………………… 6
生活上の——…………………………………… 6
民主戦線……………………………………40
民　　人……………………………516．527
民　　族……………………………………99
——協同体…………………………………… 348
——共同体…………………………………… 284
——性…………………………………… 541
——独立…………………………………… 220
——問題……………………………………93
中国の——……………………………………25
南洋の——……………………………………25
満洲の——……………………………………25

む

無条件降伏…………………………80．81
無抵抗主義（ガンヂー）……………… 284
陸奥外交…………………………………… 433

め

明治維新…………………………………… 107
明治憲法の特色…………………………… 277

ゆ

唯物史観…………………………………… 6
遊戯本能…………………………………… 311
ユートピア（Utopia）………17．336．540

よ

揚子江…………………………………… 126
ヨーロッパ文明…………………………… 6

ら

ラテン・アメリカの憲法……………… 443

り

陸海空軍……………………………………47
——の戦力……………………116．185
立憲思想…………………………………… 6
吏僚制度……………………………………69

る

ルヴェー・アン・マス（lev'ee en masse）……………… 447

れ

聯合国日本管理理事会……………………98
聯合国四国委員会………………………… 162

ろ

労働権……………………………………25
論語…………………………………… 546
ローマ法学………………………………… 6
ロシヤの軍隊……………………………………93
ロンドン軍縮会議……………………………88

わ

隅板内閣…………………………………… 217
ワイマール憲法……………………39．222

附録

〔編注〕復刻版では553頁から664頁までは割愛いたしました